संपूर्ण नाटक–1

वाणी प्रकाशन
नयी दिल्ली-110002
फोन : 3273167, 3275710 • फैक्स : 3275710
e-mail : vani_prakashan@yahoo.com
vani_prakashan@mantraonline.com

संपूर्ण नाटक

1

डॉ. चरणदास सिद्धू

ISBN 81-7055-813-1

वाणी प्रकाशन
21-ए, दरियागंज, नयी दिल्ली-110002
द्वारा प्रकाशित

प्रथम संस्करण : 2002

मूल्य : 500.00

शुभम ऑफसेट, दिल्ली-110032
में मुद्रित

SAMPOORN NAATAK-1
by Dr. Charan Dass Sidhu

अनुक्रमणिका

पहला खंड

डॉ. चरण दास सिद्धू और उनका नाटकीय परिवार : पत्नी ज्ञान कौर; बेटियां (बायें से दायें) नूपुर, पंकजा, प्रमिला, वीणा, आशा।

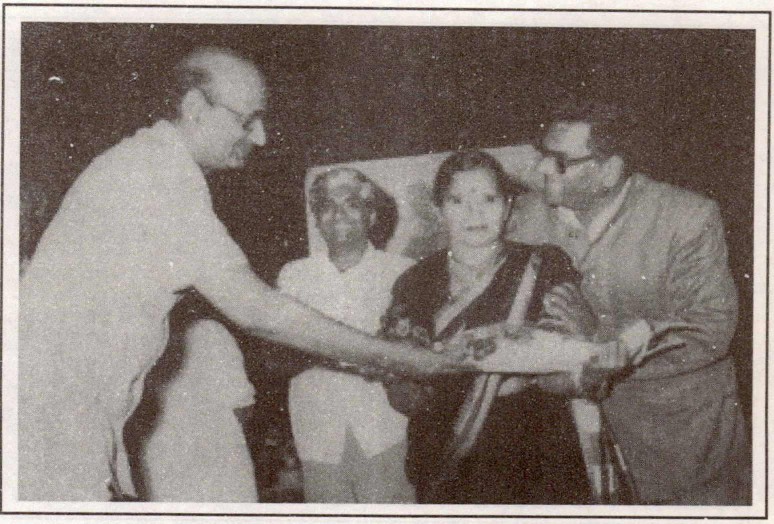

दिल्ली नाट्य संघ के प्रधान प्रसिद्ध नाटककार रेबती चरण शर्मा डॉ. सिद्धू और उनकी पत्नी को सम्मान प्रदान करते हुए।

दिल्ली के मुख्यमंत्री डॉ. सिद्धू को 'परम साहित्यकार सम्मान 1994' प्रदान करते वक्त

नाटक 'इंदुमती सत्यदेव' का एक दृश्य

'स्वामी जी' नाटक की एक झांकी

नाटक 'स्वामी जी' का एक दृश्य

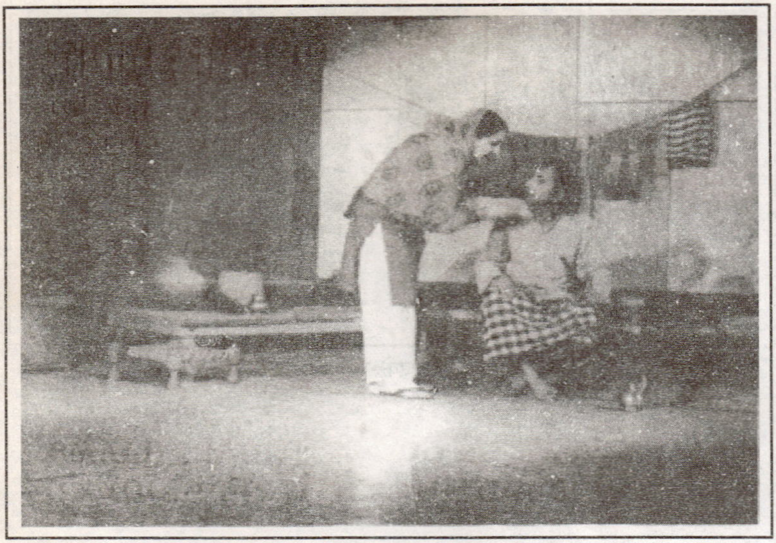

'भजनो' का एक दृश्य

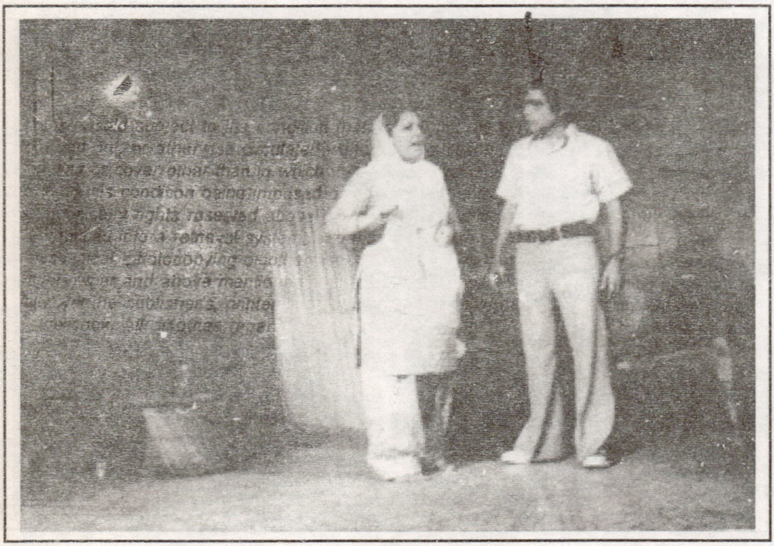

'भजनो' का एक दृश्य

'बाबा बंतू' की एक झांकी

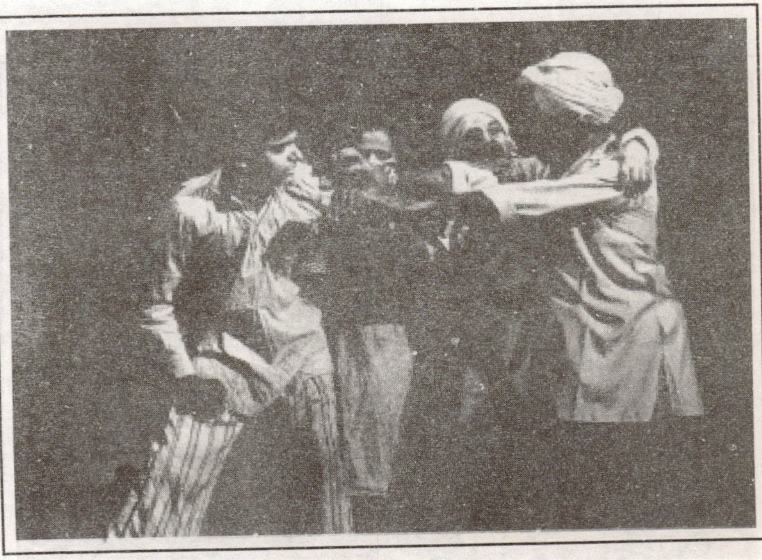

नाटक 'बाबा बंतू' का एक दृश्य

डॉ. सिद्धू दिल्ली सरकार से 'परम साहित्यकार सम्मान 1994' प्राप्त करते वक्त

'अंबियों को तरसेगी' की एक झांकी

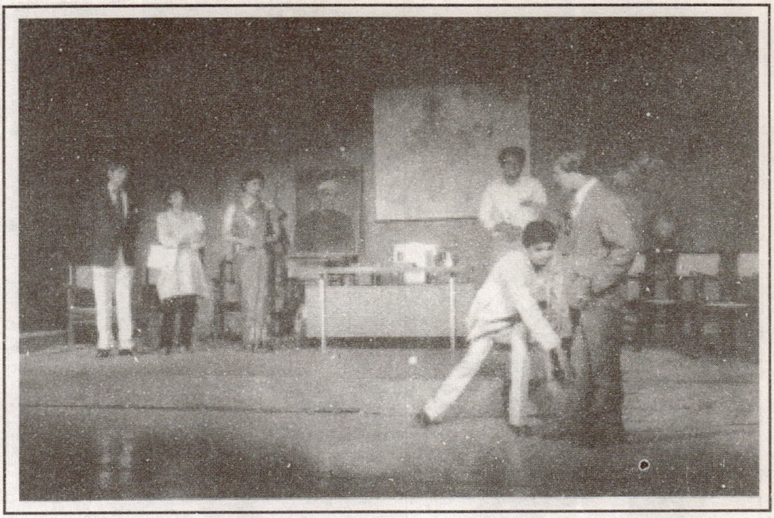

'कल कालेज बंद रहेगा' का एक दृश्य

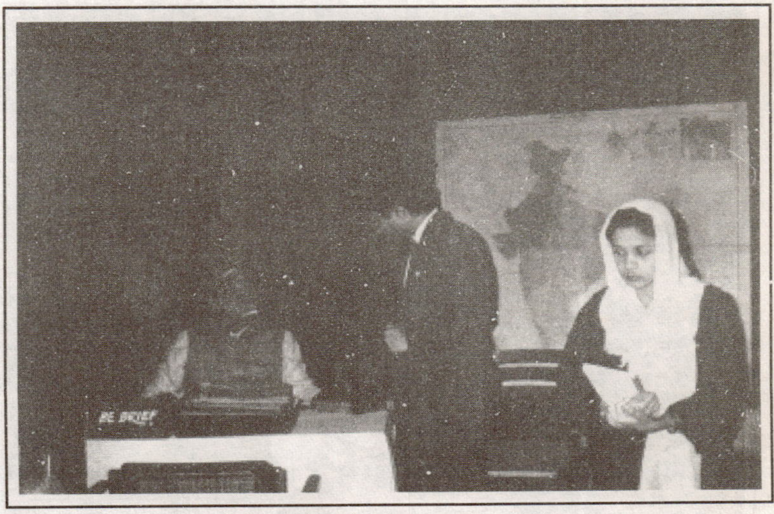

नाटक 'कल कालेज बंद रहेगा' का एक मार्मिक क्षण

'पंज कुएं वाले' का एक निर्णायक क्षण

नाटक 'पंज कुएं वाले' की एक झांकी

कुछ अपने बारे में

क्या मुझे नाटक लिखना आ गया है?

बत्तीस नाटक लिखने और खेलने के बाद भी मुझे यक़ीन नहीं होता कि मैं नाटक लिखना सीख गया हूँ।

पिछले तीस साल से मैं नाटक लिखने में जुटा हूँ। अमरीका में अंग्रेज़ी साहित्य में पीएच.डी. की उपाधि के लिए शोध कार्य करते समय, तीन साल अंग्रेज़ी और यौरोपियन साहित्य का अध्ययन किया। नाटक की विशिष्ठ खोज की तथा बर्नर्ड शॉ के नाटकों पर शोध ग्रंथ लिखा। 1970 में मैं भारत लौटा। मेरे पास दिल्ली विश्वविद्यालय (**हंसराज कॉलेज**) की पक्की नौकरी थी, पक्की पत्नी और चार बच्चे थे। मेरे माता-पिता जीवित थे—और अगर मैं पढ़ने लिखने की कोई लंबी योजना बनाता, तो वे मेरी हर प्रकार की सहायता कर सकते थे। बत्तीस साल की उम्र में इतना कुछ समेट लेने के बाद, मैंने अपने सामने एक समस्या खड़ी पाई : कॉलेज में पढ़ाने के बाद जो समय और शक्ति बचते हैं, उनको मैं किस काम में लगाऊँ?

प्रिंसीपल-प्रोफेसर जैसी प्रशासनिक नौकरी में मुझे दिलचस्पी नहीं थी। तो क्या मैं पूरा जीवन किताबें लिखने पर लगाऊँ? कैसी किताबें? आलोचना की? नाटककारों पर? जैसी मैं बर्नर्ड शॉ के नाटकों पर मैडीसन, विसकॉनसिन, में लिख चुका था?—मेरा मन नहीं माना। आलोचक से सर्जक बनना बेहतर है।

मैंने फैसला किया—पूरी ज़िंदगी मैं नाटक देखने, पढ़ने, लिखने और खेलने पर लगाऊँगा। और मैं तीस बरस से इस फैसले पर अटल हूँ। फिर भी शायद मुझे अच्छा नाटक लिखने में सफलता न प्राप्त हुई हो। तो भी कोई दुःख की बात नहीं। नाटक जैसी कठिन कला में आंशिक कामयाबी भी काफी समझनी चाहिए। मैं संतुष्ट हूँ। मैंने इस प्रयत्न को जारी रखा है। साधना को टूटने नहीं दिया।

मेरे विचार में, जितनी कोशिश एक नाटक लेखक को अपनी कला सीखने में करनी चाहिए, मैंने की है। मेरा बचपन पंजाब के दुआबा इलाक़े में बीता। 1947 तक दुआबा लोक नाटक का गढ़ माना जाता था। अनेक टोलियाँ नक़्ल-रास खेलने में सरगर्म थीं। मैं नाटक देखने दूर-दूर के देहात तक पहुँचा करता था। क़सबा होशियारपुर में मेरे

पिता की दुकान थी। यहाँ मुझे मथुरा वृंदावन तक से आए हुए कलाकारों की कला का आनन्द प्राप्त होता रहा। गाँव के स्कूल में मास्टर दिलबाग सिंह ने मुझ से मंच पर अभिनय करवाया। कॉलेज में तो और भी बढ़िया नाटक देखने और पढ़ने का सुअवसर मिला। पंजाब यूनिवर्सिटी के विभागों को 1947 में लाहौर से सीधे होशियारपुर लाया गया था। इस बड़े और समृद्ध कॉलेज में मुझे शेक्सपीयर का 'हैमलेट', गॉल्ज़वर्दी का 'इन्साफ', मुंशी प्रेमचंद का 'गोदान' (**नाट्य रूप, हरिकृष्ण प्रेमी द्वारा**) आदि कई प्रसिद्ध नाटक देखने को मिले। इंग्लिश ऑनर्ज़ में शेक्सपीयर और बर्नर्ड शॉ पाठ्यक्रम का हिस्सा थे। शॉ ने तो जैसे मुझे सदा के लिए अपने साथ बाँध लिया। मैंने उसके सारे नाटक पढ़ डाले और उसकी 'नाटकीय' जीवनी का बार-बार पाठ किया।

1958 में दिल्ली विश्वविद्यालय ने छात्रवृत्ति देकर मुझे महानगर में बुला लिया। तब से आज तक मैं, विविध भाषाओं में, दिल्ली का रंगमंच निरंतर देखता रहा हूँ। देश-विदेश के नाटक देखने की मेरे पास सुखद यादें हैं। अमरीका से लौटते वक़्त मैंने यौरोप के नाट्य मंदिरों की यात्रा की। लंदन, पैरिस और ऐथन्ज़ में शेक्सपीयर, मोलियर और सॉफोक्लीज़ की महान कृतियों के दर्शन किए। और इन महानुभावों से अपनी नाट्य साधना के लिए आशीर्वाद माँगा।

रंगमंच के पर्याप्त ज्ञान के बिना, सफल नाटक नहीं लिखा जा सकता। इस कमी को पूरा करने के लिए, मैं कई नाट्य गुरुओं का चेला बना। जिन निर्देशकों, रंग-कर्मियों की कार्यशालाओं में विद्यार्थी बनकर, प्रस्तुतियों में अभिनेता बनकर, अथवा सहकर्मी बनकर, मैंने नाट्य कला की शिक्षा ग्रहण की, उनमें मुख्य नाम हैं : बैरी जॉन, राजेंद्र नाथ, एम.के. रायना, रंजीत कपूर, जे.एन. कौशल, रेवती चरण शर्मा, मोहन महर्षि तथा राम गोपाल बजाज। प्रसिद्ध नाट्य-गुरु एब्राहीम अलकाज़ी के मैं सीधा संपर्क में आया 1992 से 1994 तक—जब उन्होंने 'दी लिविंग थियेटर' नाम का स्कूल खोला। बेशक तब तक मैं बाईस मौलिक नाटक लिख कर खेल चुका था, मुझे लगा अपनी 54 वर्ष की आयु में भी अगर मैं अलकाज़ी साहिब से कुछ सीख सकूँ तो मेरा सौभाग्य होगा। यहाँ मुझे उनके परिवार के दिग्गज नाट्य कर्मियों अमाल अल्लाना और निसार अल्लाना की कक्षाओं में भी बैठने का मौका मिला। इस बीच कुछ फिल्म जगत् के निर्देशकों से भी सीखने का संयोग हुआ। श्याम बेनीगल, एम.एस. सथ्यू और बासु चैटर्जी की निगरानी में अभिनय किया। और उनको, कला निर्माण में रत, घंटों ताका।

नाटककार को अच्छा अभिनेता भी होना चाहिए। एक पात्र के दिल में बैठकर, उसका हाड़-माँस-चमड़ी ओढ़कर, उसका जीवन जी सकना, पात्र-चित्रण की पहली पौड़ी है। जीवंत पात्र गढ़ने के लिए मैंने एक रोचक ढंग ढूँढ़ा। इक्कीस साल से लगातार मैं देहात में घूमने जाया करता हूँ—साल में कम से कम दस दिन—कभी पाँच-पाँच दिन, कभी इकट्ठे दस-बारह दिन। पंजाब के, ख़ासकर दुआबा के, हर गाँव को, कसबे को, छूने की कोशिश की है। हिमाचल, हरियाणा, पश्चिमी उत्तर प्रदेश, उत्तरी राजस्थान का

काफी हिस्सा, मैं पैदल घूमा हूँ। अलग-अलग भेस बनाकर, फेरी वाला बनकर, अँगूठियाँ मालायें बेची हैं। ज्योतिष के पाखंड उधेड़ने के लिए, हस्त रेखा पढ़ने वाला पंडा बनकर पैसे बटोरे हैं। 'नीना महावीर' नाटक को प्रामाणिक बनाने के लिए, साधु के वेश में, हस्तिनापुर पहुँचा। वहाँ से गंगा में नहाकर पैदल मथुरा पहुँचा और यमुना में नहाया। एक पात्र के जीवन को अपनाने का और उसके किरदार को कई दिनों तक निभाने का अभ्यास किया। लक्ष्य था : नाटक लिखते वक़्त मैं अपने पात्र संग समरूप हो सकूँ और उसे कलम से ज़िंदा पकड़ सकूँ।

देहात में, देहाती कपड़ों में, घूमने के कुछ दूसरे फायदे भी मिले। मेरे बचपन की यादें ताज़ा होती रहीं और मैं अपने गाँव के क़िस्से नाटकों में सुना सका, संजो सका। ताज़ा बोली, कोरे खनकते शब्द, सुनने का हर मोड़ पर मौका मिला। फिर मीलों तक अकेले, देहात की सुनसान पगडंडियों पर, रास्तों पर, कभी तारों की छाँव में कभी चाँदनी से सराबोर, जीवन के बारे में सोचता रहा। जीवन-दर्शन खोजता रहा। नाटक के लिए नये-नये विषय तलाशता रहा, तोलता रहा।

नाटक लिखना तो मुश्किल है ही, उसका मंचन करना, करवाना, उससे भी अधिक जटिल समस्या है। दिल्ली में, हिंदी-पंजाबी-उर्दू में, व्यवसायिक रंगमंच का अभाव है। नामवर निर्देशक नए नाटक का जोख़िम उठाने से कतराते हैं। पुराने मशहूर, विशेषकर विदेशी नाटककारों की कृतियों के लिए पैसा जुटाना थोड़ा आसान है। दर्शक खेंचना आसान है। अब मेरे सामने बहुत बड़ी चुनौती थी। अपने आलेख को मंच की कसौटी पर कैसे परखूँ? नामवर निर्देशकों ने मुझे घास नहीं डाली। मैं हार मानने वाला बंदा नहीं हूँ। 1978 में अपनी टोली कॉलेजिएट ड्रामा सोसायटी स्थापित की। दिल्ली विश्वविद्यालय के सहकर्मियों को, छात्रों को, पड़ोसियों को, रिश्तेदारों को, परिवार को, अभिनेता बनाकर, अपने नाटकों को मंच पर पहुँचाया। दर्शकों के सम्मुख, कहानी की, विषय की, रोचकता की, प्रभाव की, परीक्षा ली। ढीले अंगों को कसा। कमज़ोर पहलुओं को सशक्त बनाया। भूलों को सुधारा। कच्चे आलेखों को मंच योग्य बनाने का प्रयत्न किया। कड़ा परिश्रम करना पड़ा। खर्च उठाना पड़ा। नौसिखिये अभिनेताओं को सिखाने में मग्ज़पच्ची करनी पड़ी। महत्वाकांक्षी साथियों का दिया हुआ मानसिक तनाव झेलना पड़ा। मगर अपनी टोली द्वारा पढ़ा हुआ अपना नाटक सुनने का, उसकी हर पंक्ति जाँचने का, हर लफ्ज़ को सौ-सौ बार तोलने का, भरपूर मौक़ा मिला।

नाटककार के सिर पर निर्देशन का बोझ लादना आज के रंगमंच में संभव नहीं है। सॉफोक्लीज़, शेक्सपीयर, मोलियर, पिरैनडैलो, ब्रैख़्त जैसे दिग्गज नाटककार-निर्देशक-अभिनेता थोड़े ही हुए हैं। मेरे लिए निर्देशन का काम काफी कठिन था। पर यहाँ भी मैंने हार नहीं मानी। सफल नाटककारों की कृतियों को मंचित करके निर्देशन सीखना चाहा। इस पहलू को मैंने साधा हंसराज कॉलेज के अंग्रेज़ी विभाग की सहायता से। दिल्ली विश्वविद्यालय में पाठ्य पुस्तक के तौर पर पढ़ाए जाने वाले नाटकों का प्रस्तुतिकरण

आरंभ किया। रोमन नाटककार प्लॉटस का 'पॉट ऑफ गोल्ड', सॉफोक्लीज़ का 'ऐंटीगनी', शेक्सपीयर के 'मच अडू' और 'मेकबथ', मिलटन का 'पैराडाईज़ लॉस्ट', बैकिट का 'वेटिंग फॉर गोडो'–विद्यार्थियों से खेलवाए। आर्थर मिलर का 'ऑल माई सन्ज़' लगातार पाँच वर्ष तक खेला। तकरीबन 90 शो किए। दिल्ली के विभिन्न कॉलेजों में खेला। कभी क्लास रूम में, कभी खुले सेहन में, कभी लॉन में। (मेरे सामने उदाहरण था मोलियर का। पैरिस में पिटने के बाद मोलियर ने बरसों तक छोटे कसबों में दर्शकों को रिझाने की मश्क़ की। परिपक्व होकर लौटा और पैरिस को फतह किया) पाठ्यक्रम के इन महान नाटकों की समस्याएँ सुलझाते वक़्त, मैंने अपने नाटकों को बेहतर बनाने के सैकड़ो राज़ ढूँढ़ निकाले।

नाटक के अभिनेताओं के साथ मिलकर अभिनय करने से आलेख के कुछ और पहलू रोशन होते हैं। इसलिए मैंने 13 नाटकों में छोटे-बड़े किरदार निभाए हैं।—ताकि अभिनेताओं की नज़र से, नाटककार का काम परख सकूँ, संवार सकूँ।

क्या अब भी कोई यत्न बाकी है जिसे मैं करूँ और कामयाब नाटक लिखना सीखूँ?

जनवरी 1983 को मेरी कला को ज़बरदस्त झटका लगा। मेरा 'कल कॉलेज बंद रहेगा' की बेजोड़ कामयाबी का नशा उतरा नहीं था कि मुझे दमे ने आ दबोचा। माँ से बिरासत में पाई यह बीमारी अब पूरी ज़िंदगी मेरा साथ देगी। ऐसे में क्या मैं अपनी नाटकीय प्रतिभा का पूर्ण विकास कर सकूँगा? पैंतालीस बरस की उम्र में लगी इस घातक बीमारी का डटकर मुक़ाबला करना लाज़िमी था। डॉक्टर ने कहा, शराब का एक आध पेग दमे के मरीज़ के लिए नुक़सानदेह नहीं होता। मगर मैं अपने स्वभाव से भली भांति वाक़िफ हूँ। डॉक्टर की दी हुई ढील को ठुकरा दिया। तेरह-चौदह साल शराब को छुआ तक नहीं।

लिखने की दौड़ अधिक लिखने वाला नहीं जीतता, बल्कि मौलिक ़लिखने वाला जीतता है। यह सोच कर, बीस बाईस नाटक लिखने के बाद, मैं सहम गया। कहीं मेरे बच्चे सही तो नहीं कह रहे? क्या मैं सचमुच काग़ज़ों पर कूड़ा इकट्ठा कर रहा हूँ? विषयों के, पात्रों के, घटनाओं के, दोहराव से कैसे बचूँ?—मैंने तय करके, लिखने से दो साल की छुट्टी ली। 1992 से 1994 तक कोई नया नाटक नहीं लिखा।

अब तक हमारी टोली लगभग 50 नाटक खेल चुकी है, जिनमें मेरे 32 मौलिक नाटक शामिल हैं। इनको मंचित करने का तक़रीबन पौना ख़र्च मैंने अपनी तन्ख़ाह से, प्रॉवीडेंट फँड से, जुटाया है। मेरी पत्नी, पाँच बेटियाँ, पाँच दामाद, दो दोहतियाँ, दो दोहते, मेरी इस यात्रा में हर क़दम पर मेरे साथ रहे हैं। मैं सदियों तक उनका आभारी रहूँगा।

अनेक साथियों ने, यारों-दोस्तों ने मेरी रंगयात्रा में सहायता की है। हौसला बढ़ाया है। बीसियों संस्थाओं ने सम्मान देकर, पुरस्कार देकर, मेरी हिम्मत बँधाए रखी है। देश-विदेश के एक दर्जन से अधिक विश्वविद्यालय इन नाटकों को पढ़ा रहे हैं, इन पर शोध

ग्रंथ लिखवा रहे हैं, और आलोचना सामग्री छपवा रहे हैं। प्राध्यापक दोस्तों की टिप्पणियाँ बरसों से मेरा उत्साह बढ़ाती रही हैं।

अगर फिर भी कोई पाठक, कोई दर्शक, कहे कि मेरा एक भी नाटक अच्छा नहीं बन पाया, मुझे अफसोस नहीं है। तीस साल पहले मैंने जो फैसला लिया था, वो सही था। मेरा वक़्त अच्छा कट गया। ज़िंदगी गुज़र गई।

अपने हर मददगार को लाख-लाख धन्यवाद!

1 जनवरी, 2001

चरणदास सिद्धू
इला अपार्टमेंट्स (ए-104)
बी-7, वसुंधरा ऐनक्लेव,
नई दिल्ली-110096

1

इंदुमती सत्यदेव

–"प्राचीन भारत के बारे में आधुनिक नाटक"–

छिंदी

(1938-1966)
के
निमित्त

तेरी जगह, ओ गबरू चरवाहे,
मर जाते, कई और,
पेट भरने को अपना ही जो,
सेंध लगावें बाड़े में।

–मिल्टन : 'लिसिडस'

लेखक और निर्देशक की तरफ से

छिंदी, दो बातें तेरे से

तुझे मरे हुए पंद्रह सोलह साल हो गए। पर मुझे तू कभी मरा हुआ नहीं लगता। मैं कितनी बार तेरे से बातें करता हूँ, बहस करता हूँ, वादे करता हूँ।

यह नाटक भी तेरे साथ किए हुए एक वादे का फल है। तो यह तेरे निमित्त।

तू बारह फरवरी को जन्मा था, एबराहम लिंकन की तरह। तू कहा करता था, "मैं भी दुनिया को एक क़दम आगे बढ़ाऊँगा। संसार की भलाई के लिए, सुधार के लिए, जीवन लगाऊँगा।"

पर तुझे बहुत जीना नहीं मिला। और मैं, हिम्मत करके भी, मैं तेरे हिस्से का जीवन नहीं जी सकता। तेरे हिस्से का काम पूरा नहीं कर सकता।

यह मेरी कमज़ोरी समझ या वहमपरस्ती, तेरे बिना मैं अपना लेखन शुरू नहीं कर सकता था। मुझे तेरी ज़रूरत पड़ी। मैंने तुझे ज़िंदा कर लिया। अपना सत्यदेव बना कर सामने बैठा लिया। और घड़ी-घड़ी तुझे पूछता रहा, "छिंदी, अगर तू ज़िंदा रहता, क्या तू देश के लिए, दुनिया के लिए, यही कुछ करता? अपने साँसों को किस अर्थ लगाता तू?"

यह तेरा नाटक है। मैं तेरे साथ इसके बारे में कुछ बातें करना चाहता हूँ। ख़ामियों के लिए माफी माँगना चाहता हूँ। तुझे यह बताना चाहता हूँ कि मैं क्या बनाने की सोच रहा था—और तेरे से सुनना चाहता हूँ, "पर क्या से क्या बन गया!"

तेरा बुत तराशा है मैंने। तू जान डाल दे इसमें!

(1)

'इंदुमती सत्यदेव' मेरा सब से पहले लिखा नाटक है (**1973**)। पर इसको खेलने और छापने के लिए मुझे कई बरस इंतज़ार करनी पड़ी।

पहले नाटक में काफी कुछ अनसुलझा रह जाता है। इसी कारण मैंने इसे स्टेज पर लाने की जल्दी नहीं की। कई बार लिखा, सुधारा। दूसरे कई नाटकों का निर्देशन करके, तजरबा हासिल किया। तब ही हौसला हुआ इस इतने बड़े नाटक को दर्शकों के सामने

लाने का।

कुछ एक सवाल यारों दोस्तों ने मेरे से पूछे। मेरे कलाकारों ने, दर्शकों ने, आलोचकों ने, उठाए। वैसे तो मेरा विश्वास है कि यह नाटक अपने आप सभी जवाब उघाड़ देता है, फिर भी···

'इंदुमती सत्यदेव' में मैंने कई चीज़ों को बाहों में जकड़ने की कोशिश की है। इसके विषय को, थीम को, एक दो पंक्तियों में नहीं पिरोया जा सकता। कोई भी बड़ा नाटक या नावल कभी एक थीम की रस्सी में नहीं बँधता। अपनी तरफ से, हौसला करके, मैंने क्लासिक नाटक लिखा है—जो संसार के माने हुए क्लासिक्स के पास, एक ही शैल्फ पर, बैठ सके!!! इस मुद्दे में मैं कितना कामयाब हुआ हूँ, यह सिर्फ पाठक, दर्शक—और समय—बता सकेंगे।

कालिदास के नाटक 'अभिज्ञान शाकुंतलम्' की लड़ी को अगर आगे चलाया जाए तो दूसरा नाटक चरणदास का 'इंदुमती सत्यदेव' हो सकता है।

मेरे नाटक का मूल कई सवालों से बँधा था। उनमें से एक मसला था : हमारे देश 'भारतवर्ष' की सामाजिक, सियासी, मंदी हालत। जो कोढ़ हमारी धरती को अभी तक ग्रस रहे हैं, उनका कारण ढूँढ़ना, उनका दारू खोजना, हर शहरी का, हर लेखक का, ज़िम्मा है। नाटककार के तौर पर मैंने ये सवाल उठाने चाहे। अपने आप मुझे राजा 'भरत' की सरकार से बात चलानी पड़ी। भरत कालिदास की शकुंतला का छः बरस का पुत्र है, जो शेरों के दाँत गिनता है, सर्वदमन कहलाता है। उसी वीर पुरुष के नाम पर हमारे मुल्क का नाम 'भारतवर्ष' पड़ा।

इन क़िस्से कहानियों की बाबत, इस 'मिथिहास' के पात्रों की बाबत, मैं काफी देर सोचता रहा। मुझे लगा, कालिदास ने पॉपूलर लव स्टोरी लिखी है। सामाजिक और सियासी पिछवाड़े को, समस्याओं को, कालिदास ने बिना विचारे छोड़ दिया। अपने पात्रों के समुंदर से गहरे दिलों के अन्दर कालिदास ने डुबकी नहीं लगाई। उसके शकुंतला और दुष्यंत ब्याह-गौने भेजे जाने वाली कठपुतली हैं—जिनकी डोर खींच रहे हैं 'धर्म' और 'फर्ज़'। दोनों पात्र जीवन की दूसरी कई दर्दों से खाली हैं, जज़्बों से खोखले हैं। (जब दुष्यंत को पता चला, शकुंतला एक अप्सरा और ऋषि की 'त्यागी' हुई बेटी है, वह खुश होता है। उसे सिर्फ अपने इश्क़ की बात सूझती है। शकुंतला से कोई हमदर्दी नहीं होती। झट, एक तरफ होकर, अपने आपको बताता है, "अब मेरा काम बन जाएगा।") कालिदास के दोनों मुख्य पात्र चपटे हैं, पतले हैं। उलझे हुए, गहरे या गोल पात्र नहीं। शकुंतला का जीवन सुख भरा जीवन नहीं, पर शकुंतला की त्रासदी को कालिदास पूरी तरह रेखांकित नहीं करना चाहता। मैंने शकुंतला जैसी माँ के दिल के अंदर झाँककर, उसके पुत्र 'भरत' को समझने की कोशिश की है।

शकुंतला को, जन्म लेते ही, उसकी माँ ने झाड़ियों-सरकंडों में फेंक दिया—क्योंकि वह 'नाजाइज़' औलाद थी, 'ग़ैरक़ानूनी' बच्ची थी, 'जुर्म' का नतीजा थी, 'पाप' का फल

थी। माँ मेनका इन्द्र की रखैल थी और उसके हुक्म की बँधी, एक ऋषि को मोह कर ख़्वार करने आई थी। और बाप विश्वामित्र, वह डरपोक था जिसके पास अपनी करनी को क़बूलने का जिगरा नहीं। वह निर्दयी था जिसके पास अपनी जाई को अपनाने वाला दिल नहीं। शकुंतला के मन को कितना कड़वा, दिल को कितना दाग़ी, करके फेंक गए होंगे, इन जैसे माँ बाप!

और वह शकुंतला, जिसकी जान पखेरुयों ने चुग्गा खिला कर बचायी, जिसको उठाकर पराए ने पाला, जब वह जवान हुई, एक राजा ने मोह लिया, फँसा लिया और गर्भिणी करके छोड़ गया। लंबी इंतज़ार के बाद, जब एक दिन, गर्भवती शकुंतला आप राजा के महल में पहुँची, राजा ने फटकार कर निकाल दिया!

इस तरह छः साल तक, भरत एक छोड़ी हुई ज़नानी का बिना बाप का बच्चा था। जिस लड़के की नानी और माँ के साथ, धर्म के ठेकेदारों ने, इस जैसा सलूक किया हो, जिसको बचपन में पिता का मुँह देखना भी नसीब न हो, वह लड़का दिल का कितना दिलेर बनेगा? वह अपने आपको कितना भाग्यवान् समझेगा?

जो बच्चा इस तरह जन्मा और पला हो, वह सयाना होकर, चाहते हुए भी, शायद, मुल्क की मुश्किलें हल न कर सके। इस कारण, मेरे नाटक का राजा भरत पचास बरस का, हारा हुआ, समाज-सुधारक है, जो अपनी मुजरिम ज़मीर को शराब और सेक्स की थपकी देता रहता है।

मैं ये सवाल पूछ कर चला था : अगर कालिदास का आश्रमवासी भरत शहर में आकर राजा बना था, उसने हमारे देश में किस किस्म की सरकार की नींव रखी? किस भांति की समाज की जड़ बोई?

और राजा भरत से लेकर, आज के भारतवर्ष तक···?

इस मिथिहास का आज के इतिहास के साथ कितना मेल-जोल है?

इन तीन हज़ार सालों में, मुझे ख़ास तबदीलियाँ नज़र नहीं आई।[1] मुझे लगता है, हम हज़ारों बरस पहले की कुरीतियों को 'धर्म' का लेबल चिपका कर, अभी तक, अपने इर्द-गिर्द लपेटे हुए हैं। आज की और प्राचीन हिंदुस्तान की सामाजिक, सियासी और

---

1. भूत और वर्तमान, नाटक और जीवन, कितने नज़दीक हो सकते हैं, देखो 4 अगस्त, 1982 की 'दैनिक ट्रिब्यून' में छपी यह ख़बर—

'ग़रीबी से तंग आकर माँ ने बच्चे मारे'

बड़ोदा, 3 अगस्त (यू.एन.आई.) इंदुमती गांधी नामिक एक मज़दूर औरत ने अपने दो बच्चों को परसों रात अपने हाथों पानी में बहा दिया। पुलिस सूत्रों के अनुसार, इंदुमती ने घर की घोर ग़रीबी से तंग आकर और अपने बेरोज़गार पति और सास-ससुर से दुःखी होकर, उपर्युक्त कदम उठाया। दोनों बच्चों की लाशें नहीं मिलीं। पुलिस ने इंदुमती को क़त्ल के दोष में गिरफ्तार कर लिया है।

मज़हबी समानता को उभारना इस नाटक का मुख्य उद्देश्य है।

विष्णु पुराण के मुताबिक, राजा भरत के बाद, भारद्वाज वंश का राजा गद्दी पर बैठा था। क्यों? क्या राजा भरत के संतान नहीं हुई? क्या राजा और पिता के नाते, भरत नपुंसक था, बाँझ था? यह भारद्वाज कौन था? उसके कुल के पास राज कैसे गया? क्या यह दुर्भाग्य था हमारे देश का? इसका आने वाली पीढ़ियों पर क्या असर पड़ा?

मैं इन सवालों के बारे में कई बरस सोचता रहा। कल्पना का सहारा लेकर, मैंने थोड़े से तथ्य और गढ़े, जो विष्णु पुराण या दूसरे इतिहास नुमां ग्रंथों में नहीं मिलते। नतीजा था, नाटक की मूल समस्या—भारतवर्ष की राजगद्दी ख़ातिर लड़ाई। राजा भरत की बेटी को स्वयंवर में जीतकर, कौन हिंदुस्तान का राज क़ाबू करेगा? यानि, अखाड़े में उतरे, राजगद्दी के लोभी नेताओं में से, कौन सा आदमी असली हक़दार है? कौन चाहिए हमारा नेता? सदियों से लेकर आज तक, किसके हाथों में चाहिए, देश की बागडोर?

मुझे आशा है, ऐसे ज़रूरी सवाल दर्शक और पाठक अपने आप से पूछेंगे।

(2)

बेशक, नाटककार की यह ज़िम्मेदारी नहीं कि वह हर सवाल का जवाब दे सके, हर मसले का हल सुझा सके। फिर भी, मैंने कोशिश की है कि सही और ग़लत का पता दर्शकों को सहज ही लग सके। है तो यह शायद मेरा ओछापन, पर मैं समझता हूँ, लेखक को इस बात की खोज पहले करके चलना चाहिए, कि सामाजिक नज़रिए से : पाप क्या है, पुण्य क्या है? झूठ क्या है? सच क्या है?—खुदा के पक्ष और शैतान के पक्ष के बीच मेंड़ बाँधना हर लेखक का फर्ज़ बनता है।

सो, 'इंदुमती सत्यदेव' आधुनिक भी उतना ही है जितना ऐतिहासिक।

एक सफाई ऐतिहासिक 'भूलों' या 'काल दोषों' के बारे में। नाटक लिखने से पहले, मैंने पुरातन भारतवर्ष बाबत बहुत किताबें पढ़ीं। कई बातों पर विद्वान सहमत नहीं। तक़रीबन 1500 ईस्वी पूर्व से लेकर 400 ईस्वी तक हमारे इतिहास के तथ्य—वंश, पीढ़ियाँ, नाम, स्थान, ग्रंथ, ऋषि, मुनि, राजा—काल अनुसार सही तरतीब में नहीं रखे जा सकते। वे आगे पीछे घटे हो सकते हैं। मैंने कवियों वाली छूट बरती है। जान बूझकर कुछ चुने हुए नामों को इस्तेमाल किया है, भले ही वे राजा भरत के बाद में आए हों।

रामायण और महाभारत ही ले लो। विद्वानों के कहने के मुताबिक, रामचंद्र राजा भरत का बुजुर्ग नहीं था, बल्कि कई सौ साल बाद जन्मा था। ऐसे ही, महाभारत के पात्र भी भरत से कई सदियों बाद मशहूर हुए। मैं ने इस मिथिहास को आगे पीछे इस करके किया, मशहूर नाम इस करके बरते, ताकि, जाने पहचाने नामों के ज़रिए, अनजाने इतिहास को आसानी से समझा सकूँ।

मेरी नज़र में राम, कृष्ण, मनु, चाणक्य सरीखे नाम किसी एक ख़ास व्यक्ति का

नाम नहीं। इन नामों से मेरा भाव है एक विचारधारा, जीवन फलसफा, सोचने का ढंग। मनु, चाणक्य, राम, रावण, कृष्ण जैसे शब्द हमारे मुल्क में, चिरकाल से, विशेष जीवन दृष्टियों के लिए रूढ़ हो चुके हैं। मैंने इन नाम-शब्दों को इसी तरह के अर्थों में बरता है। आज की बोली के मुताबिक, इन के अर्थ सही हैं—बेशक इनकी जन्म तिथि में किसी इतिहासकार को हेर फेर दिखे।

कुछ पात्रों की बोली को भी—दूसरे अनैतिहासिक तथ्यों की तरह—मैंने टैकनीक के तौर पर बरता है। हर युग का बुद्धिजीवी, कलाकार, जानबूझकर मुश्किल लफ्ज़ इस्तेमाल करता है। अपनी पंडिताई का दिखावा क्लासीकल या विदेशी भाषा बोलकर करता है। कल का लफ्फ़ाज हिंदुस्तानी संस्कृत या अरबी-फारसी बोलता था। आज का लफ़्फाज़ हिंदुस्तानी अंग्रेज़ी बोलता है। प्रोफेसर विद्यासागर और निर्देशक कलासिद्ध के मुँह से मैंने कहीं-कहीं अंग्रेज़ी लफ़्ज़ बुलवाए हैं। यह दर्शकों को हँसाने का तरीका मात्र नहीं है। आज के प्रोफेसरों और ड्रामा डायरेक्टरों की खिचड़ी बोली, नाटक की पुरातन घटनाओं और पात्रों को, दर्शकों के सम्मुख, साथ ही साथ, समकालीन बनाती जाती है।

(३)

दो क़ौमों की लड़ाई, दो नसलों की लड़ाई, दो धर्मों की लड़ाई, हमलावर और गुलाम देश की लड़ाई—किसी भी सतह पर 'इंदुमती सत्यदेव' को खेला जा सकता है। कोई तंगदिल पाठक ही इसे केवल आर्य-आदिवासी लड़ाई बताएगा। यह लड़ाई हमारे सामने कभी गोरे-काले की बनकर आती है, कभी कंस-कृष्ण की, कभी विष्णु-शिव की, तो कभी राम-रहीम की। इसका असली रूप है : अमीरों और ग़रीबों की लड़ाई, ज़ोरावरों और कमज़ोरों की लड़ाई। इस नाटक की घटनाओं को इसी बड़े डीलडौल का बना कर खेला जाए। सिर्फ आर्य-अछूत के घेरे अंदर बाँधे रखने से नाटक सिकुड़ जाएगा और इसके समूचे अर्थ समझने में कठिनाई होगी।

मोटे तौर पर कहा जाए तो 'इंदुमती सत्यदेव' का विषय है : धर्म क्या है? पत्थर-पोथियाँ पूजना? और अपने से अलग पत्थर-पोथियाँ पूजने वालों का नाश करना? या, धर्म का अर्थ है, वे क़ानून जो सबको बराबर बनाएँ? वे रस्म-रहित जज़्बे जो आदमी को आदमी का यार बेली बनाएँ? अमीर-ग़रीब का, गोरे-काले का, स्त्री-मर्द का, भेद मिटाएँ? सत्यदेव के जीने—और मरने—से मैंने इन सवालों के जवाब ढूँढ़ने की कोशिश की है।

सत्यदेव सिर्फ हाड़ माँस का एक व्यक्ति विशेष ही नहीं। सत्यदेव मनुष्य की वह खोज है जो धरती को स्वर्ग बनाना चाहती है। वह कामना है जो दुनिया के दुःख दूर करने के लिए सब कुछ कुर्बान कर देती है। यह शक्ति कई देशों में, कई वेशों में, कई कालों में, देखी जा सकती है। कभी महात्मा बुद्ध बनकर, कभी सुकरात और ईसा बनकर, कभी नानक और कबीर बनकर, कभी मुहम्मद और जोन ऑफ आर्क बनकर, कभी भगतसिंह बनकर तो कभी गांधी बनकर—यह शक्ति हमारी धरती पर उतरती है।

पर अफसोस! हम, अक़्ल के अँधे, अपनी लौ को आप ही बुझा डालते हैं। त्रासदी सत्यदेव की नहीं। असल त्रासदी है हमारी, हमारे समाज की। अपने सच्चे ख़ैरख़्वाह को, रहनुमा को, हम सूली चढ़ा देते हैं। शक्ति के रूप में सत्यदेव अमर है। जबर जुल्म को जहाँ भी कोई शेर ललकारेगा, उसकी गरज में, सत्यदेव की गरज होगी। उन भविष्य के शेर बबरों को और छिंदी, मेरे दोस्त, तुझे पेश है यह मेरा पहलौठी का नाटक।

इला अपार्टमैंट्स (104-ए) चरणदास सिद्धू
बी-7, वसुंधरा ऐनक्लेव,
नई दिल्ली-110096

पहला मंचन

'इंदुमती सत्यदेव' कॉलेजियेट डरामा सोसाइटी, दिल्ली, के कलाकारों ने पहली बार 19, 20 मई, 1981 को गांधी मैमोरियल हॉल, नई दिल्ली में खेला। निर्देशन डॉ. चरणदास सिद्धू ने किया। कलाकार थे—

आर्य

राजा भरत : डॉ. राम नारायण मैनी
रानी मद्यंती : कांता वडेरा / इंद्रजीत कौर
इंदुमती : नवरूप छाबड़ा / चारूता भार्गव
विष्णु गुप्त बृहस्पति : इलाक्ष / कल्पेश देसाई
मोहन कुमार भारद्वाज : डॉ. रवि महाजन/ राजेश खट्टर
विद्यासागर भारद्वाज : पवन शर्मा / इलाक्ष
मोहिनी : मोहिनी गिल / अंजु मदान
भद्रसेन : राजकुमार साहनी
लक्ष्मीदास : हिमांशु देसाई / सतीश भल्ला
कलासिद्ध : विनोद दूआ / रवीन्द्र तनेजा
दुर्गा उग्रा : वीणा सिद्धू
सावित्री : पिंकी आहलूवालिया / प्रमिला सिद्धू
हीरा सिंह : अनिल / आदित्य आहलूवालिया
होरी : प्रो. द्विजेंद्र नाथ कालिया
देवदत्त : रवींद्र तनेजा / अरुण कुमार
रेणुका : कांती गुप्ता / अंजु चौहान
मुंशी : प्रो. बी.के. ग्रोवर
विद्यार्थी : अनिल / आदित्य आहलूवालिया
लड़का : अमित माथुर / अंशु तनेजा

आदिवासी

सत्यदेव : प्रो. सत्यनारायण शर्मा
मोरां : कृष्णा चौधरी / मोहिनी गिल
महादेव : डॉ. अशोक कुमार मोंगा / डॉ. रवि महाजन
धन्नो : ज्ञान कौर सिद्धू
जगता : प्रो. सतिंदर सिंह

सीता स्वयंवर

जनक : राजकुमार साहनी
सीता : अंशु तनेजा / अमित माथुर
विश्वामित्र : प्रो. सतिंद्र सिंह
राम : अनिल / आदित्य आहलूवालिया
लक्ष्मण : प्रो. बी.के. ग्रोवर
अहिरावण : रवि तनेजा / अरुण कुमार
रावण : डॉ. रवि महाजन / राजेश खट्टर
सिपाही : किरण भाटिया, कल्पेश देसाई, विनोद तनेजा, ईश्वर सिंह
नौकर : प्रो. बी.के. ग्रोवर
नौकरानियाँ : बबीता, आशा, पंकजा सिद्धू

नोट : साहित्य कला परिषद, दिल्ली, के नाट्य महोत्सव 1981 में 'इंदुमती सत्यदेव' ने आलेख का प्रथम पुरस्कार जीता।

पात्र

आर्य

राजा भरत	:	उम्र 50
रानी मद्यंती	:	उम्र 31
इंदुमती	:	उनकी बेटी, 15
विष्णुगुप्त वृहस्पति	:	मुख्य मंत्री, मुख्य पुरोहित, 74
मोहन कुमार भारद्वाज		
विद्यासागर भारद्वाज	:	पुरोहित के धर्मपुत्र, जुड़वाँ, 24
मोहिनी	:	मोहन कुमार का बदला रूप, 16
भद्रसेन	:	पुलिस अफसर, 35
लक्ष्मीदास	:	व्यापारियों का प्रधान, 45
कलासिद्ध	:	सूत्रधार, श्रृंगारकर्ता, 35
दुर्गा उग्रा	:	उम्र 25
सावित्री	:	उम्र 25
हीरासिंह	:	उसका पति, 40
होरी	:	किसान, 45
देवदत्त	:	पुजारी, 30
रेणुका	:	गोली, 16
मुंशी	:	उम्र, 25
विद्यार्थी	:	उम्र 18
लड़का	:	उम्र 13

आदिवासी

सत्यदेव	:	काशी क़बीले का अगुआ, 21
मोरां	:	उसकी माँ, 45
महादेव	:	आदिवासियों का गुरु, 60
धन्नो	:	नंबरदारनी, 50
जगता	:	भंगी, 35

जनक	:	(जगता)
सीता	:	(लड़का)
विश्वामित्र	:	(होरी)
राम	:	(विद्यार्थी)
लक्ष्मण	:	(मुंशी)
अहिरावण	:	(देवदत्त)
रावण	:	(मोहनकुमार)

सिपाही, नौकर, राजा की रक्षा के लिए
दो यूनानी लड़कियाँ।

स्थान : बनारस और पड़ोस के गाँव
काल : लगभग 1000 वर्ष ईस्वी पूर्व

आरती

(दोनों जातियाँ राजा के दायें-बायें। कलासिद्ध आगे बढ़ता है)

कलासिद्ध : हे सरस्वती!
पँख उगे शब्दों की देवी!
सारे : दे वरदान
खुदायी वाक् का!
बना दे शब्द
गा रही तस्वीरें!
झुनका
स्वर्ग की वीणा,
माता मिट्ठिये!
कलासिद्ध : हे गणेश!
हे हाथी-मुहें देवता
शिवजी सुपुत्र सूरमा
शक्ति सुपुत्र सूरमा
सारे : आ जा पास,
भर दे जान,
हमरे अँग अँग!
विष्णुगुप्त : हे विष्णु!
चला चक्कर सुदर्शन
बजा दे शँख
धर्मी युद्ध का!
आर्य : कर दे ख़त्म दानव!
कर दे ख़त्म दानव!
महादेव : ओ शिवजी,
ओ तीन शूले

ओ तीन आँखें
ढाल बन
देवों मनुक्खों की!

आदिवासी : बजा डमरू, बजा डमरू
नाच तांडव, नाच तांडव
करदे ख़त्म दुश्मन!
करदे ख़त्म दुश्मन!
(दोनों धड़े लड़ने को तैयार)

आर्य : करदे ख़त्म दानव!!!

आदिवासी : करदे ख़त्म दुश्मन!!!

आर्य : करदे ख़त्म दानव!!!

आदिवासी : करदे ख़त्म दुश्मन!!!
(कलासिद्ध के इशारे पर शाँत होकर, फिर इकट्ठे गाते हैं)

सारे : वर दो, ऐ देवी देवता
हमरे यतन कमाल
करो दर्शक निहाल
करो निहाल! करो निहाल! करो निहाल!
(कलासिद्ध आगे बढ़कर)

जान-पहचान

आओ, आपको ले चलूँ
धवल हिमालय के देश
घने हरे जंगलों के बीच
युग युगाँतर पहले
आओ, आपको ले चलूँ
लहलहाते खेत सोना जन्मते
चाँदी चिट्टी मस्त गँगा मटकती
आओ,
यह बनारस
'धर्म नगरी'
ताको
अचरज आँख
महल इसके, बाग इसके, बुर्ज-मंदिर
करो यहाँ

कुछ चिर बसेरा
अमर आसन
शक्ति शिव का
देखो,
इसके वर्ण, इसके मज़हब, ज़ातें
राजा, पुरोहित, व्यापारी
किसान और कुम्हार
मोची और ग्वाल
देखो, कैसे
पड़ कुरस्ते
ये मूर्ख
'धर्म' के नाम पर
'मज़हब' के नाम पर
धँसाते सींग
इकदूजे के पेट में
कैसे
इनके लोभ, इनके भय, इनकी वासना
झुलाते जुल्म
बहाते ख़ून
कहके 'सच्चा' धर्म
मान के 'सच्चा' मज़हब
बाँचो
ये शक्लें
टटोलो
ये चेहरे
जानो
पहचानो
ये हैं
आज की
इसी देश की
शक्लें, सूरतें
तुम्हारी!!!

दृश्य : 1

शाही बाग : बसंत

(राजा का खुला दरबार। सुबह की धूप में गंगा झिलमिला रही है। सब ने फूलों के हार और गजरे पहने हैं। पीले रंग का ज़ोर। हँसी मज़ाक, मौज-मस्ती का माहौल। नौकर आख़िरी हार टाँग रहा है।)

कलासिद्ध : जा! देखकर आ! सत्यदेव और दूसरे बाग़ी—आदिवासी—अखाड़े में पहुँच गए? और उनको रौंद कर मारने वाला हाथी? तैयार है? **(नौकर जाने लगता है)**··· अ··· अ···नहीं··· भद्रसेन को भेज··· यहाँ।

(नौकर जाता है। विद्यासागर भारद्वाज, लक्ष्मीदास और मोहन कुमार भारद्वाज आते हैं। विद्यासागर पिये हुए है)

विद्यासागर : बसंत मुबारक, कलासिद्ध।

कलासिद्ध : मुबारक! बसंत भी! नया साल भी।

विद्यासागर : दक्षिणी दरवाज़े पर तो कमाल की सजावट है। अप्सरा! दुलहन के कपड़े पहने।

कलासिद्ध : **(घमंड से)** कलासिद्ध का ब्रिलियण्ट आइडिया! अ ब्यूटिफुल शो! राजकुमारी इंदुमती के 'स्वागत' के लिए।

मोहन कुमार : या, राजा भरत की 'विदाई' के लिए? अपना आख़िरी बसंत मेला मना रहा है, राजा, आज।

विद्यासागर : लेकिन इंदुमती का स्वयंवर तो नहीं आज?

लक्ष्मीदास : आज का दिन इंदुमती के विवाह जितनी ख़ुशी का दिन है, प्रोफेसर साहब।

कलासिद्ध : सोचो ज़रा! पूरे तीन साल! तहख़ाने में! तप करना! प्रायश्चित्त करना! तीन बरसों के बाद सूर्य देखेगी आज, राजकुमारी।

विद्यासागर : **(चुसकी लेकर)** बेचारी! तगड़ी जवान हो गई होगी—पर मर्द का साथ नहीं मिला।

मोहन कुमार : (**डाँट कर**) मंगलीक है! नीच ग्रहों को शुभ बनाना पड़ता है। तपस्या द्वारा।

विद्यासागर : बकवास! कोरा वहम!—भई, मैं अपने इस 'जुड़वाँ' भाई की तारीफ करता हूँ। अक्ल से? अन्धा! गधा! सो मज़हब में? कट्टर!

कलासिद्ध : (**लक्ष्मीदास से**) दो बूँद ज़्यादा चढ़ा गया!

विद्यासागर : मुझे मोहन का साथ अच्छा नहीं लगा। ममता माँ की कोख में भी नहीं। सो, दुलत्ती मारी, यों! एक घण्टा पहले ही—फटक्क! बाहर धकेल मारा। अब, यह बड़ा भाई, मैं छोटा भाई। (**कलासिद्ध और लक्ष्मीदास हँसते हैं लेकिन मोहन आग बबूला**) मोहन और मैं, जुड़वाँ तो पैदा हुए थे। लेकिन मुझे पक्का मालूम है, हम दोनों के बाप, अलग-अलग थे। विष्णु गुप्त, हम दोनों का पालक पिता, मोहन का असली बाप होगा।

मोहन कुमार : विद्या!!

लक्ष्मीदास : (**कानों को छू कर**) विष्णु! अपनी माता से मज़ाक।

विद्यासागर : लक्ष्मीदास, मैं साइंसदान हूँ। नो शेम! तेरी तरह 'दुकानदार' नहीं।

लक्ष्मीदास : (**मानहानि पर गुस्से**) बनारस के व्यापारियों का प्रेज़ीडेंट 'दुकानदार' नहीं कहलाता।

मोहन कुमार : (**गुस्से से काँपता**) लक्ष्मीदास! बदचलन कुत्ते! इस जैसे! यही हैं दानव—नष्ट कर रहे, हमारे देश को! बुजुर्गों का आदर नहीं। गऊ ब्राह्मण की इज़्ज़त नहीं। नतीजा? सूखा! और भुखमरी! चारों तरफ।

विद्यासागर : (**हर शब्द पर ज़ोर देकर**) पर कल शाम तो, मोहन, तू कह रहा था—कि—हमारे मुल्क में भुखमरी और सूखा होने की एक ही वजह है : राजा भरत नशेबाज़ है। रँडीबाज़ है।

मोहन : झूठे! कब कहा मैंने?

कलासिद्ध : घबरा मत, मोहन। (**चुगली करता हुआ**) सब रानियाँ यही कहती हैं। रानी मद्यंती को पूछ देखो। (**नक़ल उतार कर**) "एक ही बेटी। कोई पुत्र नहीं।" कहती, "पाप मेरा पति करता है। कोख मेरी सरापी गयी।"

(**विद्यासागर और लक्ष्मीदास हँसते हैं**)

मोहन : विद्या, जीभ को लगाम लगा। पिता विष्णुगुप्त ने चेताया था तुझे : "ख़बरदार! राजा जल्दबाज़ है। न जाने, कब, क्या कर बैठे।... वह"...

(**भद्रसेन आता है**)

विद्यासागर : तो क्या हुआ? जा तो रहा है, राजा भरत, एक साल बाद। गद्दी छोड़कर।

कलासिद्ध : भद्रसेन, हाथी?

भद्रसेन : शराब से पागल! दानव है—खूँखार। (**लम्बे चौड़े इशारों से**) बीस तलवारें, सूँड के साथ बँधी। माथे पर—लोहे की चादरें। सलाखें–तीखी–बाहर को खड़ीं। यों। लोहे की चादरें–बगलों पर। तलवारें घुमाता, ज़ँजीरें खनखनाता। सत्यदेव को, काशी क़बीले के सभी बाग़ियों को, रौंद रौंद कर, घानी बना देगा।

कलासिद्ध : कलासिद्ध का ब्रिलियंट आइडिया! द ग्रेटैस्ट शो! बरसों तक नहीं भूलेंगे, बनारस के लोग।

विद्यासागर : (**व्यंग्य से**) वाह, आर्यों का इंसाफ! "ख़त्म कर दो, आदिवासी। बग़ैर मुक़द्दमा चलाए।"

कलासिद्ध : (**गुस्से में**) कानून के मुताबिक मुक़द्दमा चलेगा, विद्यासागर। द डियू प्रॉसैस अव् लॉ। (**प्रोग्राम दिखा कर**) मैंने पूरे पाँच मिनट रखे हैं, मुक़द्दमे के लिए।

भद्रसेन : मेरी तरक़्क़ी?

कलासिद्ध : (**हौसला देते**) लिख रखा है मैंने। देख। पुलिस अफसर से, तरक़्क़ी करके, आज तू ज़रूर बड़ा जज बनेगा।

(**बाहर नारा—"भरत महाराज : ज़िंदाबाद!" कलासिद्ध दौड़ कर जाता है**)

लक्ष्मीदास : मोहन, मैंने सुना है, तुम्हारे धर्मपिता, विष्णुगुप्त जी, संन्यास ले रहे हैं? आश्रम जा रहे हैं?

मोहन : हाँ! पिता जी ने महाराज को कल सूचना दे दी।

लक्ष्मीदास : तब तो, तुम दोनों जुड़वाँ भाइयों में से, एक भाई हमारा प्रधान मंत्री बनेगा। कौन बनेगा? आप या विद्यासागर?

मोहन : अभी नहीं! पिता विष्णुगुप्त अगले बरस, बसन्त मेले पर संन्यास लेंगे।

विद्यासागर : (**हँसी रोकता**) जो बात तुम्हारे दिमाग़ों पर छाई हुई है, वो बात मत छेड़ना।

मोहन : (**डंक खाया**) क्या मतलब?

विद्यासागर : राजगद्दी!! राजकुमारी इंदुमती से शादी कौन करेगा? अगला राजा कौन बनेगा? विद्यासागर या मोहन? क्यों, मोहन?

मोहन : (**दोषी**) मैं यह नहीं था सोच रहा।

कलासिद्ध : **(एलान करते हुए)** चंद्रवंश के जवाहर, शकुन्तला और दुष्यंत के सुपुत्र, शेरों वाले, शहंशाह भरत, यहाँ रोशनी करने आ रहे हैं।

(राजा, रानी, विष्णुगुप्त और सिपाही आते हैं। दो यूनानी लड़कियाँ राजा की संरक्षक। रेणुका शराब पिलाती है।)

राजा : पिओ! और हँसो। और मज़े लूटो, प्यार के। बसन्त बार-बार नहीं आता। —लेकिन मेरे लिए—अफसोस—यह मेला अब सिर्फ एक बार आएगा। **(पीता है। नौकर भागा आता है)** मेरी बिटिया?

नौकर : राजकुमारी जी पहुँच गई हैं, महाराज। कामिनी, उनकी हथिनी, दक्खिनी दरवाज़े पर है।

(कलासिद्ध भाग कर जाता है)

राजा : आओ, खुशी मनाएँ। आज, मेरी बेटी का दूसरा जन्म हुआ है। **(इंदुमती आती है)** मेरी इंदु! प्रियदर्शिनी!

मोहन : **(ऊँचे)** राजकुमारी इंदुमती!

दरबारी : ज़िंदाबाद!

राजा : खुला, खिला कमल! बौराया गुलाब! तीन बरसों में!—कान्ह कन्हैया वर चाहिए अब तुम्हें?

इंदुमती : **(लजाती)** पिता जी।

राजा : कलासिद्ध, कार्यवाही।

कलासिद्ध : **(प्रोग्राम से)** सत्यदेव और काशी क़बीले के दूसरे बाग़ियों को मौत की सज़ा। फिर, हल चलाने की रस्म—

राजा : **(इशारे से चुप कराके)** मुझे आज के दिन का इंतज़ार था। अपनी बेटी का इंतज़ार था—कब इंदुमती पुरोहितों की 'क़ैद' से छुटेगी।

मोहन : क़ैद? **(विष्णुगुप्त की तरफ देखता है)**

राजा : **(हाथ से रोक कर)** जैसा कि मेरी उम्र के इनसान का धर्म बनता है, मैं, वैसा ही करने जा रहा हूँ। गृहस्थ को त्याग दूँगा। अगले बरस। बसन्त के मेले पर।—अपने आश्रम को लौट जाऊँगा। इस राजगद्दी पर इंदुमती का पति बैठेगा।

रानी : **(तीखी)** अगर मेरे गर्भ में बच्चा हुआ, तो राजगद्दी मेरी होगी। अभी मेरी उम्र ही क्या है? विष्णु की कृपा हुई, तो मैं अभी भी लड़का जन्म सकती हूँ।

राजा : **(यादों में)** फिर वही नज़ारे। बचपन के।

विष्णुगुप्त : महाराज, इंदुमती का वर चुनने का तरीका?

राजा : इंदु जिसे चाहे ब्याह ले।

इंदुमती : वर ढूँढ़ना आपका धर्म है, पिता जी।

विष्णुगुप्त : सही कहा, राजकुमारी।

मोहन : ऋषि मुनि ऐसा ही लिख गए हैं।

विद्यासागर : महाराज! (**राजा बोलने का इशारा करता है। विद्या पण्डिताऊ, किताबी ज्ञान के रौब से**) सबसे ज़्यादा क़ाबिल आदमी चुनिए। कम्पीटीशन करवाइये। रामचंद्र ने तीर कमान के कम्पीटीशन में सीता जीती। कृष्ण ने मुख़ालिफों को हरा कर रुक्मिणी जीती। अर्जुन ने फेरे लए द्रौपदी संग—

राजा : तीर कमान का मुकाबला करवाएँ हम भी?

भद्रसेन : तीर चलाना या तलवार से गतका, या रथों की दौड़।

विद्या : पर महाराज, ज़माना बदल चुका है। आज कल गवर्नमैंट चलाने के लिए सबसे अच्छा आदमी तीर कमान वाला नहीं। पहलवान नहीं। ज़रूरत है किसी—ज्ञानी की। स्कॉलर की। इंटैलैक्चुअल की।

मोहन : धर्म-युद्ध करे जो। गऊ, ब्राह्मण और वेदों की रक्षा करे।

भद्रसेन : हाथी घोड़े सीधे कर सके।

कलासिद्ध : आर्टिस्ट हो।

लक्ष्मीदास : ख़ज़ाने का सोना सम्भाल सके।

विद्या : फिलॉस्फर।

मोहन : चाणक्य की कूटनीति में माहिर।

कलासिद्ध : सिक्सटी फोर फाइन आर्ट्स में एक्सपर्ट।

विद्या : छः शास्त्रों का पण्डित।

रानी : अरे बंद करो, यह काँव-काँव। ऐसा कन्हैया कहाँ से जन्मोगे? इस छोकरी के लिए? विष्णु जानता है, हम ज़नानियों को, जैसा बुरा भला ख़सम मिले, गुज़ारा करना पड़े।

राजा : अच्छा, सुनो। अगले बसंत मेले पर, मैं अपना जमाई चुनूँगा। मेरे बाद मेरा जमाई राज करेगा! (**जाने को उठता है**) पर,इंदु पुत्र, तुम अपनी मरज़ी का पति चुन लेना।

कलासिद्ध : सत्यदेव का मुक़द्दमा—

भद्रसेन : जज को ओहदा?

(**बाहर शोरगुल। आवाज़ें : ''काशी छूट गए! पकड़ो! दौड़ो! छूट गए! बचाओ!'' भद्रसेन बाहर भागता है। सिपाही आता है, हाँफता, भयभीत, शराबी**)

सिपाही : सत्तो छूट गया! काशी क़बीला! ज़ंजीरें तोड़ लीं। छूट गए!

राजा : सिपाही?

सिपाही : पिट गए। शराबी हैं।

(डर से काँपता भद्रसेन पिछले पैर आ रहा है, तलवार की नोक सत्यदेव की छाती की तरफ। सत्यदेव निर्भय, अडोल। सिर्फ हिरन की खाल का लँगोट पहने है। कलायी से टूटी ज़ंजीर लटक रही है। यूनानी लड़कियाँ झट राजा के आगे। दरबारी भी तलवारें नंगी कर लेते हैं। रानी और राजकुमारी सत्यदेव पर मोहित)

सत्यदेव : परे हट! मुझे राजा से बात पूछनी है।
(भद्रसेन तलवार छाती के नज़दीक ले जाता है। चकमा देकर, सत्यदेव ज़ंजीर तलवार पर मारता है, नीचे लेटा लेता है। तलवार छीन कर, सीना चीरने को तैयार)

राजा : सत्तो, अपनी ताक़त अज़मायी मेरे अफसरों पर मत कर। **(सत्यदेव तलवार एक तरफ फेंक देता है)** बोल।

सत्यदेव : दग़ेबाज़! यह सुलह की थी तूने? यह वचन दिया था? यह हरजाना भरा? हमारे साथ की हुई बेइनसाफी का? यह छल-कपट? हमारा क़त्ल?

विष्णुगुप्त : **(घमंड से)** यह चाल मैंने सोची थी। वरना तेरे जैसे, वनों के बन्दर को, कौन क़ाबू कर सकता है?
(बधाई की बुड़-बुड़)

सत्यदेव : बदला लेंगे हम। बचकर रहना, भेड़ियो। बंद करो अब, हमारा लहू पीना। विदेशियो। हमलावर कुत्तो। हमारे खेत उजाड़ फेंके। चरागाह तबाह कर दीं। जंगल जला डाले। सभ्यता के नाम पर। तहज़ीब के नाम पर। मज़हब के नाम पर। मेरी क़ौम को तुमने—भिखारी बना छोड़ा। भिखारी। जो रोज़ भूख से, बीमारी से, मुशक़्क़त से, मरते जा रहे हैं। बंद करो जब। लौट जाओ, अपने हस्तिनापुर। ख़बरदार! अगर एक बार मेरे जंगली जत्थे छूट गए, तुम्हें मिट्टी में गूंध-गूंध कर, घानी बना देंगे।

मोहन : बग़ावत।

रानी : **(उठकर, बुड़बुड़ाहट बंद करा के)** माँगें क्या हैं तेरी, सत्तो?

सत्य : **(रुक कर)** ज़मीन उसकी जो हलवाहा हो। वापस करो हमें, हमारे खेत! हमारे खेत, जो तुम्हारे ज़मींदारों ने, पुरोहितों ने, साहूकारों ने, छीन लिए हमसे। छीन लिए, धोखे से, धींगा धींगी। पुरोहितायी के जादू टोने करके।—और अपनी पोथियाँ, हमारे कानों में मत ठूँसो। ज़बरदस्ती! हमारे शिव और शक्ति और भूत और चुड़ैल, हमारे लिए काफी हैं।—और हमें अपनी माँ-बोली बोलने दो। माँ-बोली! छोड़ दो हमारा पीछा! नहीं तो, याद रखना, बदले की जंग लड़ेंगे।

हज़ारों साल! बदले की जंग!

रानी : ज़मीन के बग़ैर, यह क़ौम रोटी कहाँ से खाएगी?

इंदुमती : हम, जबरन, इनसे आर्य देवी-देवताओं की पूजा क्यों करवाते हैं?

मोहन : ख़त्म करो, बाग़ी को। अभी।

लक्ष्मीदास : हलवाहों को ज़मींदारों के बराबर समझता है। नीचों-मज़दूरों को व्यापारियों के बराबर समझता है।

विष्णुगुप्त : हमारी प्रजा को आग लगा रहा है। नास्तिक बना रहा है। शिकंजे में फाँसकर—मौत!

विद्यासागर : महाराज—

मोहन : कल आकर कहेगा, गधे की पूजा करो गऊ माता के बराबर।

राजा : बोल, प्रोफेसर।

विद्या : महाराज, यह बड़े अफसोस की बात है कि अभी तक, अलग-अलग, कम गिनती जातियों की प्रॉब्लम की कोई सिस्टेमैटिक स्ट्डी नहीं की गई। रिसर्च और स्टेटिस्टिक्स के बग़ैर, इस वक़्त कोई फाइनल रिक्मैंडेशन नहीं की जा सकती। इसलिए, राजगद्दी की तरफ से एक कमिशन मुक़र्रर किया जाए—ताकि माइनॉरिटीज़ के राइट्स और डियूटीज़ डिफाइन किए जा सकें।

मोहन : और सत्यदेव?

विद्या : सत्यदेव और उसके दस आदिवासी—

मोहन : बीस।

विद्या : कमिशन के रिपोर्ट सबमिट करने तक—साल डेढ़ साल तक—सत्यदेव और उसके साथियों को जेल में रखा जाए।

सत्यदेव : डेढ़ साल! **(थूक कर)** थूह तेरे पर! तेरे सालों पर!

मोहन : आज ही ख़ात्मा करो, इनका।

कलासिद्ध : मैंने शहर के लोगों से वादा किया था। द शो मस्ट गो ऑन।

रानी : आज़ाद कर दो इनको, भरत।

इंदुमती : पिता जी, आप सत्यदेव को उस कमिशन का मेम्बर क्यों नहीं बना देते?

(भद्रसेन के इशारे पर सत्यदेव को सिपाहियों ने घेर लिया है)

राजा : फैसला सुनो। सत्यदेव और दूसरे बाग़ियों को—

(बाहर शोरगुल। चीख़ें। पागल हाथी की गरजना। भद्रसेन, कलासिद्ध, कुछ सिपाही भागते हैं। भयभीत कलासिद्ध दौड़ा आता है)

कलासिद्ध : हाथी! छूट गया! ज़ंजीरें तोड़ लीं। मार डाले! आदमी! दरख़्त उखाड़ता! दौड़ो! जानें बचाओ! महाराज! भागो!

(भद्रसेन आता है। काँपते हुए दरबारी कोने में खड़े हैं। इंदुमती को खींच कर, मोहन दूसरी तरफ ले जा रहा है। गले लगाने की कोशिश करता है)

राजा : मारो हाथी! कुत्तो।

भद्रसेन : नहीं मर सकता। लोहे की चादरें, माथे पर। सलाखें और चादरें। दौड़ो, महाराज।

कलासिद्ध : **(बाहर देखकर)** सीधा यहाँ को। दौड़ो! भागो!

सत्यदेव : **(भाला छीनकर, सख़्ती से)** खड़े रहो, यहीं। सब लोग। **(मोहन को)** ओए, उल्लू के पट्ठे! छोरी को उस तरफ मत घसीट। उधर हथिनी है कोई। गरम हुई हथिनी। सूँघ नहीं सकता तू? बसंत का मौसम है। हाथी भाग रहा है, हथिनी के पीछे।

(भाला लेकर दौड़ता है। रानी और राजकुमारी इकट्ठी बोलकर)

रानी : सत्तो! मत जा!

इंदुमती : सत्तो! **(वह जा चुका है)** विष्णु सहायी हो।

(इंदुमती मोहन की बाहों से छूट जाती है। सभी, साँस रोके, ध्यान से, सत्यदेव को देख रहे हैं)

रानी : दरख़्त पर—ऊँचा!

इंदुमती : चढ़ गया!

विद्या : सीधा ऊपर। छलाँग मारी। बंदर की तरह।

राजा : खुदग़र्ज़। अकेली अपनी जान बचाने चला है।

विद्या : हाथी! सीधा यहाँ को!

(वक्फा। मरते हुए हाथी की दहाड़। प्रशंसा तथा ख़ुशी भरी आवाज़ों के बीच, कुछ लफ़ज़ साफ-साफ सुनाई देते हैं)

विद्या : छलाँग मार दी! छलाँग! नीचे!

सभी : वाह! शाबाश!

रानी : माथे के ऐन बीच!

इंदूमती : भाला! सारे का सारा!

कलासिद्ध : माथे के आर पार!

भद्रसेन : लोहे की चादरें चीर कर!

राजा : वाह! वाह!

कई : मर गया! मर गया! ख़त्म!

(सुख की साँसें। राजा बाहर भागता है। मोहन इंदुमती का हाथ पकड़ता है पर वह झटके से छुड़ा लेती है और सत्यदेव को मिलने के लिए दौड़ती है। वक़्फा। राजा सत्यदेव को लेकर आता है।

सत्यदेव का साँस फूला है। पसीना पोंछता है। हाथ घने काले लहू से लथ-पथ। इंदु उसके बाजू को चिपटी, मुस्कानें बिखेरती)

रानी : बहादुर जवान!

इंदुमती : हमारी जानें बचा लीं!

राजा : मेरा बहादुर बेटा! हमारा रखवाला!—सुनो! जब तक मैं राजा हूँ, सत्यदेव, पुलिस का अफसर होगा। जज बनकर फैसले करेगा।

विष्णुगुप्त : **(गरज कर)** इसकी जाति!!!

राजा : बहादुरी की जाति नहीं पूछा करते।

मोहन : **(गला फाड़कर)** शिव की पूजा करता है।

रानी : नेकी की नस्ल नहीं पूछा करते।

राजा : **(कलासिद्ध को)** डिंढोरा पिटवा। एलान कर दे।

सत्यदेव : नहीं, राजा! मैं यह नौकरी क़बूल नहीं कर सकता।

राजा : क्या कहा??—तुझे शक है? मेरे एलान पर? मैंने कहा न तुमको। मुझे अपना पहला वचन तोड़ने पर बहुत शरम है। इस मुआमले में अब मैं अपने पुरोहित की कोई बात नहीं सुनूँगा।—कलासिद्ध।

कलासिद्ध : जी, महाराज।

राजा : संविधान में लिख दो : आज से भारतवर्ष धर्म-निरपेक्ष देश है।

कलासिद्ध : सैकूलर स्टेट?

राजा : हाँ! **(कलासिद्ध लिखता है)** लिख लिया?

कलासिद्ध : हाँ, जी।

राजा : वाह वाह! आज से हमारे मुल्क में कोई आदमी मज़हब के नाम पर दँगा फसाद नहीं करेगा। सत्यदेव, आज ही माइनॉरिटीज कमिशन मुक़र्रर किया जाता है। और तुम्हें उसका मेम्बर बनाया जाता है।

सत्यदेव : नहीं, राजा। समझौता नहीं करूँगा। जब तक रगों में ख़ून का एक भी क़तरा खौल रहा है, हम लड़ेंगे।

राजा : नौजवान, हाकिम को गाली निकालना आसान है। आ, ख़ुद हाकिम बन। तुझे फ़र्क पता चल जाएगा।—मैं तुम्हें ललकारता हूँ। मौक़ा देता हूँ। और वचन देता हूँ—तुम्हारे काम में क़तई दख़लअंदाज़ी नहीं होगी।

रानी : ओहदा संभाल ले, सत्तो।

इंदुमती : मान जा, सत्तो।

(सत्यदेव सोच में है)

राजा : हमें ज़रूरत है—तुम्हारे जैसे बहादुरों की।

सत्यदेव : महाराज, मोहलत दो मुझे। पर पक्का नहीं कह सकता। पहले, माँ

से पूछना होगा।

इंदुमती : **(चिढ़ाते हुए)** माँ से?

सत्यदेव : **(मुस्करा कर)** राजकुमारी, ज़नानियों के राज को नहीं जानती तुम। सख़्ती करती हैं।—महाराज, मुझे अपने बुजुर्गों से इजाज़त लेनी पड़ेगी। नंबरदारनी धन्नो से। गुरु महादेव से।

राजा : कल आ जा, पूछ कर।

सत्यदेव : होली के बाद आऊँगा। **(जाता है)**

इंदुमती व रानी : **(उसे देखती हुई)** आदमी कमाल है!

राजा : चलो। मेले की भीड़ में।

(राजा और कुछ दरबारी जाते हैं)

मोहन : अछूत!

विद्या : इल्लिट्रेट!

लक्ष्मीदास : कलंक है!

भद्रसेन : तौहीन हो गई। राजपूतों की!

विष्णुगुप्त : तौबा, यह राजा।

विद्या : कन्स्टीट्यूशन में इस तरह अमैंडमैंट नहीं की जा सकती। राजा डिक्टेटर नहीं बन सकता।

विष्णुगुप्त : अभी तो शुक्र करो, विष्णु भगवान का। एक ही साल बचा है, इसके राज का।

(लक्ष्मीदास और भद्रसेन जाते हैं)

मोहन : नीची जाति का! म्लेच्छ!

विष्णुगुप्त : मुझे इस छोकरे पर दया आवे। यह अपने वनों में ही भला था।—**(चाल गढ़ कर)** दोनों, तुम! पाँसों पर निगाह रखो। चौकन्ने रहो। एक भाई ज़रूर जीत सकता है—राजगद्दी।

विद्या : राजगद्दी!

(मोहन सोचता हुआ हाँ में सिर हिलाता है। दोनों जाते हैं।)

विद्या : द थरोन!!!

(अँधेरा)

दृश्य 2

महादेव की कुटिया : होली

(दूर से मद्धम आवाज़ें। ढोल, गीत और नाच। कुटिया के पीछे, गंगा की धारा, चाँदनी में!

बड़ के पेड़ के नीचे, शक्ति की काले रंग की मूर्ति। लहू-रंगी जीभ बाहर, खोपड़ियाँ की माला, पाँव पर फूल। कुछ पत्थर, शिलाएँ। एक बड़ा शिवलिंग।

महादेव की गद्दी धूनी के पास है। त्रिशूल और डमरू खड़े। एक छोटी फूलों की टोकरी।

महादेव की जटा, रस्सीनुमा। काली दाढ़ी और मूँछें। आँखें तीखी, नशेबाज़ों वाली। सफेद कानों के बाले। लाल बिल्लौरी कंगन। रंग बिरंगे मनकों की मालाएँ।—कुटिया का सरकंडे का दरवाज़ा उठाकर एक तरफ रखता है। हिरन की खाल की धोती बाँधता हुआ बाहर आता है। घबराया, बेचैन। जलती हुई चिताओं की लाल लौ चेहरे पर पड़ती है। सावित्री चटाई पर से गरदन बाहर निकालती है— ख़ुश, ठँडी, चुलबुली)

सावित्री : मतलबी यार है तू, गुरु। गँवार डाँगर।

महादेव : जा अब। झटपट।

(धोती सँवारती बाहर आती है)

सावित्री : अपना काम किया, छड़प्प छलाँग मारी, बिस्तर से बाहर। न गलबहियाँ, न चुम्बन!—कामसूत्र का पाठ किया कर।

महादेव : **(परेशान, गंगा वाली पगडंडी देख कर)** किसी ने आना है। अभी।

सावित्री : **(अँगड़ाई लेकर)** है तो गँवार डाँगर पर करा देता है—तसल्ली!— गुरु, मुझे लगता है, मेरा जी, सबसे ज़्यादा, पूर्णमासी को करता है। आज की तरह। सो, मैं आ गई। 'एहसान' करने! तेरे पर।

महादेव : एहसान? मेरे पर? यह एहसान उसी नामर्द पर किया कर। हीरा

सिंह पर। जिसने तेरे साथ 'ब्याह' किया था।

सावित्री : मैं सोचती हूँ, गुरु—जो मर्द ज़नानी का एहसान मानते हैं, वे कुछ कर करा नहीं सकते। जो मर्द कुछ कर करा सकते हैं, वे एहसान नहीं मानते।—क्या वजह होगी, भला?

महादेव : तुझे कहा, कोई आने वाला है।

सावित्री : 'पूजा' करवाने? एक और ज़नानी? बेचारी! लड़का जमाने के लिए तड़पती होगी। मेरी तरह। **(चिढ़ा कर)** मेरा साँड!

महादेव : सुन, सावित्री। दुःखी हो चुका हूँ मैं, तुम सभी से। मैंने यहाँ भूतों प्रेतों के पास, जलते हुए मुरदों के पास, डेरा इसलिए नहीं था बनाया कि तेरे जैसी राँडों को चाटने वाला पिल्ला बना रहूँ। मुझे क्या मिलता है? इसमें से? क्या मिलता है मुझे? आख़िर हूँ तो मैं वही—"मँगता! फकीर! काले जादू वाला! अछूत!" दफा हो, यहाँ से। जा अपने विष्णु के पुजारी के पास—जिसके पाद सूँघता है, रोज़, तेरा ख़सम, हीरा सिंह।

सावित्री : पर, गुरु, तुमने तो मुझे बताया था—मेरी सहेली पार्वती को भी तूने यही कहा था—तुम्हें हम गोरी औरतें ज़्यादा स्वाद लगती हैं। तुम्हारी आदिवासी औरतों से ज़्यादा स्वाद।

महादेव : भट्टी में पड़ें, आदिवासी और साथ में तुम। तुम घूस देती हो, देवताओं को, कि—लौंडे जनमें। वे खिलाती पिलाती हैं, बंदरों को, कौवों को, साँपों को, कि—लौंडियाँ जनमें। और महादेव? बीच-बिचौलिया? दोनों से दुःखी। **(अपने पर तरस खाकर)** कितना मूर्ख निकला मैं। अगर ब्याह करवा लेता, आज, मेरे अपने बेटे-बेटियाँ होते। कंजरी की तरह किया मैंने। जब जवानी थी, होश नहीं किया। कभी चित्त नहीं दिया। बुढ़ापे में? अकेले का अकेला!

सावित्री : **(दिल से)** अकेला? गुरु, मेरा प्यार है तेरे सँग। मेरी सहेली पार्वती प्यार करती है तुम्हें। हम रोज़ तुम्हें दुआ देती हैं। अगर लड़का न जनमती, पार्वती भिखरिन बनी धक्के खाती, गली-गली। मेरे साथ भी यही होता। लेकिन अब? दो लड़के हैं मेरे। सोने जैसे। सब तेरी मेहर हुई। और मेरा ख़सम! **(नक़ल उतार कर)** "नंबरदाड़ हीजड़ा सिंह"! शील गऊ बना रहे अब। मेरे आगे। शील गऊ। **(हँसती है)** वह समझता है, मैं इस वक़्त विष्णु मन्दिर में हूँ, 'पूजा' करती। वह क्या जाने, मेरा विष्णु कौन है! और वह मेरे अन्दर कौन-सी ताक़त उंडेलता है।

महादेव : **(घबराहट में इधर-उधर देखकर)** दफा भी हो जा अब, राँड।

सावित्री : अपनी 'ब्याहता' को विदा करने का यह सलीका?

महादेव : सौगंध काली की, ख़ून पी जाऊँगा मैं। अक़्ल में नहीं आता तेरे? **(समझा कर)** अगर साले हीरा सिंह को पता चल गया, मुझे ज़िंदा जला डालेगा।

सावित्री : आख़िरी एक–

महादेव : **(कान उठा कर)** पैरों की आवाज़! **(सरसरा चुंबन लेकर धक्का देता है)** बस?

(सावित्री जकड़कर चुंबन लेती है)

सावित्री : यह बनी बात!—कल!

(जानबूझ कर बायीं तरफ जाती है। वह उछल कर रोकता है। दूसरे रास्ते को धकेलता है)

महादेव : गंगा वाली पगडंडी जा, कुतिया।

(कुटिया के पीछे जाती है। महादेव मुड़ता है। फूलों की टोकरी देखकर, उठाकर पीछे फेंकता है)

महादेव : सावित्री! यह साली—

(वह फूल चुनकर, जीभ से चिढ़ा कर जाती है। सत्यदेव चुपचाप आ चुका है। रंग भरा कुड़ता, हार, गजरे। महादेव मुड़कर, समाधि लगा कर बैठता है। उसको सत्यदेव के आने का तब पता चलता है जब हाँफती हुई मोरां पास पहुँचती है। आँखें खोलता है)

महादेव : सत्यदेव? इस वक़्त? सुखी रहो, बच्चा।

(सत्यदेव जाती हुई सावित्री को देख रहा है)

मोरां : गुरु, यह छोरा—सौदाई हो गया। बिगड़ता जा रहा। दिन पर दिन।

महादेव : मोरां, क्या हो गया?

मोरां : **(माथा ठोक कर)** मेरा काल जनमा है, यह लौंडा। **(तीखी)** सत्तो। अगर अब खिसका, तू मुझे जानता है भला चंगा। वे कुतियायें! जो छातियाँ निकाले नाच रहीं, वहाँ, मेरे से छुपी नहीं। तू नहीं जाएगा अब! इधर आ!—तावीज़ दे इसको, गुरु। ज़नानियों से बचाव कर। किसी ने टोना कर दिया, इस पर।

सत्यदेव : अरे छोड़, माँ।

मोरां : विष्णु पूजने वाले, दग़ाबाज़ हैं, सब! मैं जानती हूँ। पहले, इसके बाप को क़त्ल किया उन्होंने। अब इसकी जान के पीछे पड़े हैं।—अजी, वह राजे की छोरी। संध्या वेला, गाँव आई हमारे। **(नकल उतार कर)** कहे, "मैं आदिवासी नाच सीखूँगी।" कहे, "होली का

मेला देखूँगी।'' भूतनी! आँखें फाड़-फाड़ के लगी थी ताकने, मेरे बेटे को। मैं क्या समझती नहीं? वह कंजरी कौन-सा नाच नचाने आई थी, मेरे पुत्र को।

(दूर से किसी आदमी की चीख़, छुरे से मारे जाने पर)

सत्यदेव : उधर क्या हुआ?

महादेव : गीदड़ होगा। बैठ जा, बेटे।

(सत्यदेव को यकीन नहीं होता)

मोरां : मोहिनी छोड़ रखी है, इस पर, किसी ने।

महादेव : नहीं, मोरां।

मोरां : है क्यों नहीं, गुरु? पागल तो हो चुका। पूछ इससे : हम ग्वाले हैं। भला इसका क्या काम है, नीची जातियों से मिलना बरतना? चमारों के, कुम्हारों के, लोहारों के, लौंडों संग? नांह! एक नहीं माने मेरी। गोरों की सरकार से टक्कर लेनी चाहवे। काशी क़बीले की आज़ादी वापस जीतनी चाहवे। अपने बाप की तरह। क्या बताऊँ मैं तुझे, गुरु? सिर फिर गया इसका। दो बरस हुए। इस छोकरे ने गऊयें ढँग से नहीं चराईं। एक दिन नहीं। हर वेला, अपने जत्थे संग। कभी बाण बनाते, कभी कमानें कसते, कभी बरछे तेज़ करते! रोज! तीर चलाते, कुश्ती लड़ते, गतका खेलते। रोज़! और रात को? चोरों की तरह खाट से खिसक जावें। गंगा पार करें। सारे। शक्ति मंदिर को जावें। नाग पर्वत पर चढ़ें।—सत्तो, बेटा, मुझे एक-एक बात पता है।

महादेव : सुलह तो कर ली अब इसने, सरकार से? अब तो ख़ुश हो?

मोरां : ख़ुश! हाय हाय! पूरी बात नहीं सुनी तुमने, गुरु। पता है, क्या चाहवे अब यह?—राजे का नौकर चला है बनने!! और कहे, शहर में बसूँगा!!! मुझ से दूर! गुरु, वे इसे सोना देंगे। और देखना तुम, क्या होता है? तब पता चलेगा, जब, किसी बाहमणी ने फँसा लिया। क्या करेंगे हम तब? **(रोती हुई)** मेरी क़िस्मत। मेरे कर्म। अगर आज मेरी बेटी होती एक। बुढ़ापे में, यों, मैं दर-दर की धूल न चाटती।

महादेव : मोरां, सत्तो को यह बात पक्की तरह पता है—हम, काशी क़बीले के मर्द, किसी गोरी ज़नानी को हाथ नहीं लगाने देते।

सत्यदेव : **(मख़ौल उड़ाता)** ज़रूर! हाथ कहाँ लगाने देवे तू!

मोरां : देखा! देखा! इस अकड़बाज़ को। **(रोती हुई)** अगर मेरे पास पाँच गऊयें होतीं, ताज़ी ब्यायी। इसके दहेज के वास्ते! आज ही, अभी,

मैं इसका हाथ धन्नो की बेटी को थमा देती। और भार उतार फेंकती, अपनी छाती से।

महादेव : बच्चा, याद रखना। ज़नानी की परछाईं पड़ी, मर्द की जान ख़तरे में फँसी। वचन दे मुझे, और अपनी माँ को, तुम्हें कोई गोरी हाथ नहीं लगाएगी।

मोरां : सौगंध खा, काली माँ के आगे।

सत्यदेव : यह सौगंध तो मैं झट खा लेता। आज संध्या तक। बिना सोचे समझे। पर—अब नहीं।

मोरां : टोना हुआ है।

महादेव : **(दिल में चोर)** क्या मतलब है तेरा?

सत्यदेव : सब समझता है तू, गुरु। इसे नहीं पता। बता दे इसे भी।—चला है मुझे ब्रह्मचर्य सिखाने? हूँ!

महादेव : कहना क्या चाहवे, ओए, तू?

सत्यदेव : हीरासिंह की जोरू, और तेरे बारे—कई बरसों से—लोग घुसर-मुसर कर रहे हैं। आज! आज मैंने आँखों से देख लिया। **(मोरां को)** पता चला अब?

मोरां : हा! हा! ग़द्दार! क़ौम के दुश्मन जमा रहा है तू!

(वक़्फा। महादेव एकदम गम्भीर और शांत चित्त हो जाता है। उसके शब्द सच्चे दिल से निकले हुए लगते हैं)

महादेव : पुत्र, चंगा हुआ, तू ने देख लिया आज।

मोरां : ओए मर्दो! ज़नानियाँ भट्टा बैठा देंगी, तुम्हारा।

(मोहन कुमार भारद्वाज गंगा की तरफ से आता है। देखकर पीछे हट जाता है। चेहरा काले कंबल से आधा ढका हुआ)

महादेव : सत्तो, ज़नानी से बचना।

सत्यदेव : **(अफसोस से)** संन्यासी! बुड्ढा!

महादेव : **(उठकर, धीरे-धीरे)** हाँ, बुड्ढा संन्यासी। बेटा, तुम जवान हो। नेक हो। पर जिस नेकी की अभी परख नहीं हुई, जिस नेकी की आज़माइश नहीं हुई, वह नेकी अभी नेकी नहीं। अभी वह भोलापन है। अल्हड़पन है। नेक सिर्फ उस आदमी को समझो, जो लोभ-लालच जीत चुका है। विषय विकार क़ाबू कर चुका है। पुत्र, संसार में जा। काम-धंधों में फँस। और उनमें से, बचकर निकल आना—नेक का नेक, सच्चा, निर्मल। मेरी असीस तेरे साथ है।—इस बात पर विचार करना। अगर बुड्ढा संन्यासी भी ज़नाने शरीर के जादू में फँस सकता है, तो तेरे जैसे जवान का ख़ून, ज़नानी के नज़दीक

जाकर, कितना कमज़ोर, कितना लाचार, कितना परवश हो जाता होगा। पुत्र, इस बुड्ढे संन्यासी से, बल्कि, तू उलटा सबक सीख। अपने गुरु वाली कमज़ोरियाँ, अपने में कभी मत आने देना।

(वक़्फ़ा। सत्यदेव पूरी तरह बदल चुका है। सोच में पड़ा, गम्भीर, दृढ़ निश्चय)

सत्यदेव : गुरु, तू वली है। मुझे ताक़त बख़्श—इस कठिन काम में मेरी जीत हो। मैं राजा का अफसर बनूँगा। जज का ओहदा संभालूँगा। और अपना नेक चाल-चलन बिगड़ने नहीं दूँगा।—और राजा के सोने को, हाथ नहीं लगाऊँगा।

महादेव : शक्ति और शिव तेरी राखी करें!

(सत्यदेव गुरु और देवी को प्रमाण करके जाता है)

मोरां : ठीक किया, गुरु।—सीधा चल, अपनी खाट को।—मुझे पता है, उस रास लीला के अंत में कौन सा नाच होगा।

(सत्यदेव जा चुका है)

महादेव : **(परदे से)** मोरां! **(मुड़ती है)** संन्यासी का धर्म, गृहस्थी के धर्म से, अलग होता है। समझ गई तू? **(सिर हिलाती है)** बात मत करना, किसी से।

मोरां : **(कान में)** नहीं बताती। **(बाहर से मुड़कर, हँसती)** याद आ गया मुझे। गुरु, इस छोकरे का जनक, कहा करता था : "ज़मींदारों से बदला निकालने का एक ही तरीका है। इनकी बहन-बेटियों को गाभिन कर दो।" **(जाती है)**

(मोहन कुमार चोरों की तरह अंदर आता है। हाथ में कासा और सुराही। महादेव उठकर मिलता है। दोनों बेहद जोश में काँपते हुए)

महादेव : निकाल लिया?

मोहन : हाँ, यह लो। और यह, शराब।

महादेव : जेठा था?

मोहन : हाँ। भिखारिन का पुत्र। पुलिस कुछ नहीं करेगी।—पटरी पर सोई पड़ी थी, भिखारिन। विष्णु मन्दिर के सामने। बच्चे को उठाया, सुनारों की गली में से होकर, तीर की तरह, सीधा—गंगा। मल्लाह ने, बेड़ी में बैठा कर, नाग पर्वत पहुँचा दिया।

महादेव : **(फिक्र में)** मल्लाह?

मोहन : **(ढाड़स बँधाता)** उसको मैंने संभाल लिया।—मैंने कहा, इंतज़ार करना मेरी। मैं नाग पर्वत पर पहुँचा। **(इशारे इस्तेमाल करके)** बच्चा किया। लहू कासे में निचोड़ा। दिल निकाल कर काली को

खिलाया। और पहाड़ी से नीचे, दौड़ आया।

महादेव : स्नान?

मोहन : लहू शरीर को मला। गगा में डुबकी लगाई। नई धोती पहनी। फिर, बेड़ी इस किनारे लगी। छुरा निकाला, मल्लाह की छाती में घोंप दिया।

महादेव : शाबाश।

मोहन : जादू टोना संपूर्ण कर लिया मैंने कि नहीं? क्या मैं अब, जिस वक़्त मेरा दिल चाहे, अपने आपको, ज़नानी बना सकता हूँ?

महादेव : हाँ, अब, तू जब चाहे, अपने आपको, मोहन कुमार से बदल कर, 'मोहिनी' बना सकता है। **(इशारे से)** वह चिता देख रहे हो? बेरी से तीसरी? वह लड़की मंगलवार को मरी थी। राख ला उसकी। मुट्ठी भर। **(मोहन जा चुका है)** मंत्र मत भूलना।

(हाथ जोड़कर महादेव काली के आगे बुड़-बुड़ करता है। मोहन को राख, शराब और लहू मिलाने के इशारे करता है। मोहन मूर्तियों को छींटे देता है। खाल के लंगोट से, महादेव चमकता हुआ लाल स्वस्तिक निकालता है)

मोहन : वाहवाह! गुरु!

महादेव : **(दहशत में)** मेरी—बाँह काँप रही है। दाईं आँख फड़कती है।

मोहन : मातृभूमि की भलाई वास्ते कर रहा हूँ, सब कुछ।

महादेव : मोहन, तू हठ का पक्का है। कड़ा चालीसा काटा है तूने। यह सिद्धि थोड़े ही आदमी कमा सकते हैं। ताबीज़ देने की, अब मैं, मनाही नहीं कर सकता। लेकिन देखना! यह शक्ति दानव है। मोहिनी असल में दानव है। कोई देवता ही इसे बस में रख सकता है। अभी भी मेरा कहा मान। मुड़ जा।

मोहन : अब नहीं, गुरु।

महादेव : **(पछतावा)** अँधी जवानी थी, मुझ पर। एक औरत मुझे ठोकर मारकर चली गई। आग लग गई मुझे। औरतों को मोहित करने के लिए, मैंने सिद्धि कमाई। लेकिन अब?—होश आ गया अब मुझे।

मोहन : मोहन पछतावा नहीं जानता।

महादेव : शर्तें सख़्त हैं। भूलना मत। **(धीरे)** मोहिनी बन कर जिस मर्द के साथ तू सोएगी, उसकी ताक़त पतली पड़ जाएगी।

मोहन : मुझे ख़ाक चिंता होगी, इस बात की?

महादेव : मोहिनी की कोख कभी नहीं भर सकती।

मोहन : यह तो और भी अच्छा है।

महादेव : अगर तूने, इस करामात को, पाप के लिए बरता, ध्यान रख, जब तेरा ब्याह होगा, तेरी बीवी की कोख़ को सराप लग जाएगा। अकाल पड़ेगा। महामारी फैलेगी। तेरी पीढ़ी दर पीढ़ी।

मोहन : अनजनमों को मैं क्यों रोऊँ?

महादेव : अच्छा, तो यह ले। स्वस्तिक ताबीज़। जिस वक़्त तू मर्द, मोहन कुमार, बनना चाहे, गले में डाल लेना।

(ख़ूनी रंग का स्वस्तिक मोहन की छाती पर चमक रहा है)

महादेव : छक जा।

दोनों : **(मंत्र गुनगुनाते)** मोहिनी मा प्रेषय शक्ते!

(मोहन काली और महादेव को प्रणाम करके पीने लगता है। उल्लू को हूक। गिद्धों का चीख़ना। महादेव काँप जाता है)

मोहन : **(ऊपर देखकर)** उल्लू है। और मुरदार खाने वाली गिद्ध। **(पीता है। लबों से लहू पोंछकर)** दे अब। दूजा ताबीज़।

(पान पत्ते की शक्ल का ख़ून रंगा बड़ा ताबीज़ देता है)

महादेव : फनवाले साँप के सिर से निकली मणि है। जब तू—ज़नानी—बनना चाहे, गले में पहन लेना।

(मोहन डालने लगता है)

महादेव : **(ऊँचा)** ठहर! **(धीरे)** शीशा ले। एकटक अपनी आँखों में देख। मंत्र का जाप किए जा। स्वस्तिक उतार ले। और फनदार साँप की मणि, गले में डाल ले।

मोहन : आज़मा कर देखूँगा। अभी।

महादेव : अंदर घुस। अकेला। ताबीज़ अदला बदली करते वक्त किसी आदमी की नज़र न पड़े, तेरे पर।

(मोहन अंदर भाग जाता है)

मोहन : **(अंदर से)** शीशा कहाँ है?

महादेव : बीच की खूँटी पर।

मोहन : मिल गया।

महादेव : हे शिव! हे शक्ति! रक्खिया कर, अपने बच्चे की।

(वक़्फ़ा। मोहिनी आती है। शक्ल सूरत और कपड़े आदिवासियों जैसे। शीशा हाथ में। अपने आप पर मोहित। आँखें, बाल आदि शीशे में परखती है)

मोहिनी : वाहवाह! इतनी सुंदर! सपनों की साथिन।

महादेव : महामाई, जय जयकार तेरी।

मोहिनी : ख़ूबसूरत तो तू भी घना है, महादेव। बाजू कितने ठोस। और

सीना! चौड़ा! **(काली को)** थूह! यह कितनी कुरूप है।

महादेव : **(दहशत में)** मोहन!

मोहिनी : **(सिखाती हुई)** मोहिनी ई ई···!

महादेव : **(गुस्से में)** स्वस्तिक पहन। दोबारा मोहन कुमार बन जा। और दौड़ जा, शहर को।

मोहिनी : अभी मैं मर्द नहीं बनूँगी। पहले, बरत के देख लूँ—ज़नाने अँग।

महादेव : **(चीख़कर)** नहीं!

मोहिनी : **(ठंडी)** सवेरे चलेंगे। दोनों। **(मोहित करती हुई)** तेरा दिल नहीं करता?

महादेव : **(खिंचाव और झिझक से दिल दो पाट)** नां, मोहिनी। मुझे मत मोह।

(नागमणि सामने झुलाती है। महादेव, बाँध टूटे बाढ़ की तरह)

महादेव : मोहिनी! मेरी मोहिनी! मेरे साथ रह। मेरे पास रह।

मोहिनी : **(ख़ुशी में नाचती)** चलता है! जादू चलता है!

महादेव : मोहिनी! **(पकड़ने लगता है। वह बचती है। शायराना)** स्वर्ग से उतरी सुंदरी! इंद्र की सेज से उठी अप्सरा!

मोहिनी : पहले—वचन दे।

महादेव : ले लेना वचन। जो मरज़ी। चल। बाद में सही।

मोहिनी : वचन पहले!

महादेव : हुकम दे तू। मैं मानूँगा।

मोहिनी : कल सुबह मेरे साथ चल। राजा के पास। उसको कहना—मुझे, मोहन कुमार को, अपनी बेटी की सहेली, मोहिनी, बनाकर रखे।

महादेव : **(हक्का बक्का)** क्या! राजकुमारी को मोहित करना चाहवे तू? मर्द बनकर, धोखे से, अपने प्यार में फँसाना चाहवे?

मोहिनी : सिर्फ राजगद्दी ख़ातिर।

महादेव : सराप लगेगा तुझे!

मोहिनी : सराप को छोड़ तू। वचन दे।

महादेव : अगर राजा को पता चल गया, मुझे जान से मरवा देगा।

मोहिनी : जितना सख़्त जोखिम, उतना सुंदर इनाम।

महादेव : **(हार मानकर)** अच्छा मोहिनी मैं वचन देता हूँ। पर कुछ रातें मेरे साथ!

मोहिनी : मेरा काम देव!

(गलबहियाँ होकर, अपने आपको घसीटते, कुटिया के अंदर जाते हैं। वक़्फ़ा। रानी आती है, गंगा की तरफ से। चेहरा ढका हुआ। रेणुका को)

रानी : इंतज़ार कर। बेड़ी में। **(रेणुका जाती है)** गुरु महादेव!

महादेव : कौन है? **(खाल बाँधता हुआ, बाहर। आवाज़ में डर, गुस्सा, घबराहट)** तू?

रानी : **(जोश में)** तुम्हारा संदेश—आधी रात को आने का था?

महादेव : **(माथे पर हाथ मार कर)** रानी, मैं इस वक़्त—मोहि· · माँ काली की—सेवा में लगा हूँ। तू जा।

रानी : **(पाँव पड़के)** मेहर कर मेरे पर, गुरु। एक पुत्र दे दे। राजगद्दी ख़ातिर।

महादेव : पति को कह, बूटियाँ बरते। वह तेल बरते। और तुझे समझाया था मैंने, कौन-कौन सी रात—

रानी : राजा तेल और बूटियाँ नहीं बरतता, गुरु!—कुछ नहीं करने योग्य। उस बादल का पानी तो घाटी के भीतर पहुँचने से पहले ही बरस चुकता है। **(चोली से थैली निकालती हुई)** मैं 'पूजा' करने को तैय्यार हूँ। तेरे साथ।

महादेव : **(लालच में)** 'पूजा'?

रानी : हाँ।

महादेव : हूँ। **(दरवाज़े पर नज़र मार कर, एकदम)** नहीं। मैं तेरे साथ 'पूजा' नहीं कर सकता। अब नहीं। मैं नहीं। **(थैली पाँव पर रखती है)** बूटियाँ और तेल, तू आप बरत। और किसी गबरू संग· · पूजा कर · · · जिसने अभी अपनी जवानी पतली नहीं होने दी।

रानी : महलों में· ·बड़ा मुश्किल।· ·किसी रात—मैं—यहाँ· ·गबरू संग· ·?

महादेव : दलाल बनूँ मैं? तेरा? नहीं! फूट यहाँ से।

रानी : तुम्हारा चेला?—सत्यदेव?

महादेव : सत्तो? नहीं!!! शक्ति माँ बचाए मेरे सत्तो को। **(ठंडा)** पर गबरू हो सत्यदेव जैसा।

रानी : सत्यदेव जैसा? धन्यवाद। मिन्नत है मेरी· · बात मत करना, किसी से। **(जाती है)**

महादेव : पाखंडिनें! वेश्यायें!

(मोहिनी, गरदन बाहर निकालती है, सावित्री की तरह)

मोहिनी : मेरा बताशा यार है तू, महादेव। मेरा मिसरी यार। **(महादेव थैली उठाकर अंदर को मुड़ता है)** कंजरी! धोखा करे! राजगद्दी ख़ातिर! **(महादेव ठोककर दरवाज़ा बँद करता है)**

(अँधेरा)

दृश्य : 3

सत्यदेव की अदालत

(दूर नारा : "सत्यदेव : ज़िंदीबाद।" एक तरफ खड़े हैं : विष्णुगुप्त, देवदत्त, हीरा सिंह, सिपाही। बातें करता हुआ सत्यदेव दाख़िल होता है। पीछे विद्यासागर, लक्ष्मीदास, भद्रसेन और नौकर चाकर। सत्यदेव ने आर्य धोती बाँधी है।)

सत्यदेव : नहीं, विद्या! राजगद्दी की तरफ से इंसाफ तुरंत होना चाहिए। बिजली की तरह। ये व्यापारी रहम के क़ाबिल नहीं।

विद्यासागर : परन्तु डियू प्रॉसेस अव् लॉ—

सत्यदेव : जासूसों की रपटें?

मुंशी : तैयार हैं, जी।

(सत्यदेव आसन पर बैठता है। बेआराम है। गद्दा उठाकर फेंकता है—नौकर पकड़ लेता है। दूसरा नौकर चंवर डुलाता है)

सत्यदेव : बँद कर यह। मैं इतना नाजुक नहीं।

विद्या : सत्तो, यह चंवर जज के रुतबे की शान है। मान है।

सत्यदेव : जज के काम की 'शान' भंगी के काम की 'शान' से बढ़कर नहीं। **(मख़ौल में कुछ एक की हँसी)**

सत्यदेव : मुलजिम।

मुंशी : नंबरदार हीरा सिंह, साकिन पीपलवाला, वाल्मीकि जगता के ख़िलाफ मुक़द्दमा पेश करे।

(सिपाही जगते को अंदर धकेलता है। हाय बँधे, कुरता चिथड़े। आर्य पीछे हट जाते हैं। सत्यदेव सिपाही को हथकड़ी खोलने का इशारा करता है)

हीरासिंह : सत्यदेव! यह भंगी, बदकारी फैला रहा है। छः हरामज़ादे जमा चुका है।

जगता : **(उँगली खड़ी करके)** कुल चार, नंबरदार जी।

(**कुछ सिपाही हँसते हैं**)

हीरासिंह : इसने अपने बच्चों की माँ के साथ ब्याह की रस्म बिलकुल नहीं की।

सत्यदेव : सफाई दो, जगता।

जगता : रस्म काहे की? मेरी ज़नानी मेरे बच्चे जमाए जा रही है। ब्याह और किसे कहते हैं, भई?

हीरासिंह : धर्म-कर्म छोड़कर? रस्म छोड़कर?

जगता : नहीं, नंबरदार। तेरे 'धर्म-कर्म' जोग, मेरे पास ख़र्च नहीं। मैं दावत नहीं खिला सकता। अपनी जात के सूअरों को। वे तो चाहते थे—रकम मेरी ख़र्च हो। पेट वे भरें। (**लक्ष्मीदास की तरफ इशारा करके**) और तुम्हारे साहूकार ने, मूल और ब्याज ने, मेरे ब्याह का मातम बना दिया होता। ना बाबा, मुझे माफ करो। हमारे जोग फूलों की माला बहुतेरी थी। फूल मुफ्त आवें।—सरकार, तारो और मैं, नाग देवता की मढ़ी पर गए। बेरी के नीचे। हार पहना दिए। इक दूजे की।

हीरासिह : तेरी ज़ात के लोग कहें—

जगता : वे तो वही कहेंगे जो तू उनसे कहलवाना चाहवे। गीदड़ साले। मेरी जोरू को पूछ जाकर। बेटे बेटियों को पूछ।—नहीं तो राजा भरत से पूछ।

सत्यदेव : (**उलझन में**) राजा से?

जगता : भरत के बाप दुष्यंत ने, शकुन्तला संग, कैसे ब्याह किया था? माला पहना कर। भरत के नाने, विश्वामित्र ने, मेनका संग, कैसे ब्याह किया था? माला पहना कर। और कैसे?

हीरासिंह : तू! भंगी! अपना और अपनी रखैल का मुक़ाबला ऋषियों से करे? राजाओं से करे?

जगता : (**चिढ़ा कर**) अगर तेरे रिखी और राजे, तेरे 'धड़म-कड़म' को सिर पर नहीं उठा सकते, जगत राम भी नहीं उठा सक़ता।

सत्यदेव : नंबरदार, एक बात बता। जगता और तारो कई बरसों से इकट्ठे रहते हैं। हैं कि नहीं? तो अब, एकदम, तुझे 'धर्म-कर्म' की फ़िक्र कैसे पड़ गई?

हीरासिंह : बात यों है जी··· मेरा मतलब···

जगता : (**हँसी रोकता**) वजह मैं बताऊँ, सरकार?

सत्यदेव : बोल।

जगता : सरकार, वजह है—सारा गाँव जाने है—इसकी जोरू, सावित्री,

चिनगारी छोड़ती है। वह कहे, सरकार, रोज कहे, "हीरासिंह नामर्द है! कुछ नहीं होता इससे।"—और मेरी तारो की कोख से? बच्चे, खीलों की तरह, फड़क्क फड़क्क, गिरें।

(सिपाही ठहाका मारते हैं)

हीरासिंह : झूठे! कुत्ते अछूत!

जगता : **(आग बबूला)** अच्छा, नंबरदार। ऐसे तो ऐसे सही। मेरी अपनी जात, बिरादरी, बुजुर्गों ने, टाँके लगा रखे थे, मेरे मुँह को। अभी तक। बुड्ढे कहते, "हमें चैन से दो जून रोटी खाने दे।" पर मैं चुप नहीं रहूँगा। अब चुप नहीं रहूँगा।—सरकार, नंबरदार ने, ताबड़तोड़, मुझे मुक़द्दमे में फँसाया, कचहरी चढ़ाया, क्योंकि—क्योंकि—मैंने अपनी ज़ात को कहा, "इस ज़ालिम को वोट मत बेचो। गुलाम मत बनो इसके। दो कौड़ी के बदले।" —इसने, इसके भाड़े के गुंडों ने, हम ग़रीबों को, बेज़मीनों को, दहशत में डाल रखा है। शामिलात से सारी फसल ये काटें। बेगार करावें हम से। जबरन। साल दर साल। ये ज़मीनों के मालिक, ये भेड़िए, हमें खेतों में पाँव नहीं धरने देते। जंगल-पानी जाने तक की तंगी है हमें। नाकाबंदी कर रखी है। हमारी झोंपड़ियाँ जलावें। हमारी माँ बहन पर थूकें। हमारी बेटियों से जबरजनाह करें। और यह! यह नामर्द! पक्का बदमाश है साला। **(ठंडा)** अब कर लो, जो करना। मरना तो हैगा, पर एक बार तो सच बोल दिया, इस कुत्ते के बीज की बाबत। **(हाथ सिपाही की तरफ बढ़ाता है और जाने को होता है)** पर याद रखना, हीरासिंह, एक दिन आएगा, तेरे पर भी। जिस दिन नाग देवता बदला लेगा तेरे से—मेरी मौत का बदला।

सत्यदेव : जासूस क्या कहते हैं?

मुंशी : जगता ने नंबरदार के बारे में सही कहा।

सत्यदेव : **(लिखाते हुए)** जगता का ब्याह कानून के मुताबिक है। उसकी घरवाली तारो सुखी है। आगे। झूठे मुक़द्दमे में फँसाने के बदले, हीरासिंह हरजाना भरे। जगता को। एक सौ मोहरें।

(जगता हैरान है—सत्यदेव के पाँव पर गिरता है)

सत्यदेव : पैर मत छू। **(जगता पीछे हटता है)** तेरी ज़ात कारण नहीं। आ। **(बगलगीर होता है। जगता की आँखों में आँसू हैं)** पंचायत के चुनाव में बेइमानी करने पर, हीरासिंह से नंबरदारी छीनी जाती है। **(विष्णुगुप्त के पक्ष वाले हैरान। गरदन अकड़ाए, हीरासिंह जाता है)**

जगता : मेहरबानी, सत्तो। **(आँसू पोंछता हुआ जाता है)**

सत्यदेव : अगला।

मुंशी : दुर्गा उग्रा। सूबेदार वीर सिंह की विधवा। पुलिस अफसर भद्रसेन मुकद्दमा पेश करें।

(दुर्गा मर्दों जैसी तगड़ी, पर जवान और सुंदर है)

दुर्गा : मैं हूँ दुर्गा उग्रा! जिसने सिपाही क़त्ल किया। कपतान शेरसिंह की बेटी, जिसने सत्तो के बाप का सिर क़लम किया था।

(कुछ की दबी हँसी)

सत्यदेव : **(शाँत, दोस्ताना)** दुर्गा, तू एक बहादुर योद्धा की बेटी है।—हाथ खोलो!

(बाहर नारा : ''सत्यदेव : ज़िंदाबाद'')

भद्रसेन : नहीं, सत्यदेव। **(सिपाहियों की हँसी उड़ाता हुआ)** ये सब डरते हैं इससे।

सत्यदेव : **(तीखा)** बेड़ियाँ खोलो! **(सिपाही खोलता है)** दुर्गा, हमारा आदमी क्यों क़त्ल किया तूने?

भद्रसेन : एक जुर्म और है इसका। **(चुसकी लेकर)** बदकारी! जब हमारा सिपाही इसकी पूछ पड़ताल लगा था करने, यह अपने यार के घर से लौट रही थी।

दुर्गा : ओए कुत्ते, मैं यार क्यों न बनाऊँ? मैं विधवा हूँ।

भद्रसेन : **(बरछा गले पर रखकर)** कुतिया, जीभ खींच लूँगा तेरी।

दुर्गा : देख! **(चालाकी से बरछा छीनकर भद्रसेन को नीचे गिरा लेती है। छाती पर पाँव रखकर)** पुत्र, तेरे हाथों नहीं।—इस बिलौटे को धरती से बींध दूँ?

भद्रसेन : हाय माँ! जान बख़्श मेरी! हे काली माँ!

दुर्गा : **(बरछा फेंक कर)** देखे, अपने हाकिम? जिस बुद्धू को मैंने डुबोया, वह भी इस चूहे जैसा था।

सत्यदेव : हाँ?—

दुर्गा : अच्छा... रात... मैं चली आ रही थी।... इत्र फुलेल वालों की गली में। **(सोचती हुई)** जान तो तुम ले ही लोगे। **(ऊँचा)** हाँ, मैंने यार बना रखा है। **(अचानक, चँडी का रूप)** कुत्तो! जाओ। बताओ उस शराबी को, जो बेवकूफ राजगद्दी पर बैठा है। उसने मेरे पति का ख़ून किया। उसने मेरे पिता का ख़ून किया। पापी की लड़ाइयाँ लड़ते मारे गए। अभी मेहंदी नहीं थी उतरी, मेरे ब्याह की। हुक्म आ गया : दक्खिन के कालों को मारो। कभी, पूरब के पीलों को मारो। कभी, पच्छिम के गोरों को मारो।... वह तो विष्णु की कृपा

हुई, मेरे पति की लाश नहीं मिली। नहीं तो, ये बाहमण?··· ये मेरी जान ले लेते। उसकी चिता में जला देते। **(मख़ौल उड़ाती)** "आर्य नारी का धर्म है, सती होना। बैकुंठ में वास होगा।" **(गहरी दर्द से)** पर अच्छा ही होता। ज़िंदा जल जाती, तो अच्छा ही होता। ये बाहमण, दूजा ब्याह नहीं करने देंगे। "नहीं। विधवा ब्याह नहीं कर सकती।" **(बाग़ी)** हाँ, मैं बदकार हूँ। विष्णु करे, बदकारी मुझे और स्वाद बख़्शे।

सत्यदेव : वह सिपाही, क्या किया था उसने?

दुर्गा : उसने देखा, शराबी थी मैं। केश बिखरे। धमकी दी। कहता, "मुझे भी खुश कर दे। नहीं तो···"

सत्यदेव : **(झट)** तूने नांह कर दी।

दुर्गा : **(हँसकर)** नांह! इतनी मूर्ख नहीं मैं, सत्तो। बड़ा सुडौल था, वह गबरू। मैं घर ले गई। पर मैं थी थकी हुई। उनींदी। मैंने कहा, "कल आ जाना।" वह नहीं माना। मैंने बहाना गढ़ा, "मैं··· मैं ···गँदी हूँ··· समझ गए न तुम?" वह बोला, "कोई परवाह नहीं। गंदी सही। मैं, बाद में, गायत्री मंत्र का जाप कर लूँगा।" मैंने कहा, "अच्छा ··· तो मैं··· हाथ-मुँह धो लूँ।"—कुएँ से पानी का डोल लगा निकालने। कुएँ पर झुका था। एकदम, मेरा ख़ून ख़ौल उठा। धींगा जोरी? कपतान शेरसिंह की बेटी से? कुएँ पर लटका था। यों। टाँगों से उठाया—धड़म्म नीचे! कुएँ में!

मुंशी : जासूस···

सत्यदेव : रहने दे। जासूस तो पुलिस के बंदे हैं।

भद्रसेन : पर मेरे महकमे।

सत्यदेव : बस! लिख!

दुर्गा : सत्तो, लटकाना मत मुझे। बरछे से बेंध दे।

सत्यदेव : **(लिखाता है)** दुर्गा उग्रा को मुशक़्क़त की सज़ा। सरकार की चाकरी करनी होगी। आगे। भद्रसेन नाक़ाबिल है। पुलिस के महकमें से निकाला जाता है। **(लोग दंग—बुड़-बुड़ाहट)** उसकी जगह, दुर्गा काम करेगी। **(दुर्गा को)** जासूसों पर हाकिम।

दुर्गा : क्या!!!

विष्णुगुप्त : ज़नानी???

दुर्गा : **(आँसू बहाती)** सत्तो!

(भद्रसेन दुर्गा को तलवार पकड़ाने लगता है)

सत्यदेव : **(खड़ा होकर)** पकड़ा! **(दुर्गा को पेश करता है। भद्रसेन जाता है)**

अगला!

मुंशी : होरी किसान, ज़ात आर्य, साकिन भाम। मुख्य पुरोहित विष्णुगुप्त बृहस्पति मुकद्दमा पेश करें।

(होरी को लाते हैं। हाथ खोलते हैं। होरी हड्डियों की मुट्ठी भर है।)

विष्णुगुप्त : इस दुष्ट ने महापाप किया है। महापाप! गऊ हत्या!! प्रायश्चित्त करने से भी इनकारी है। गऊ हत्या का यज्ञ नहीं किया।

(हैरानी की बुड़-बुड़ाहट)

सत्यदेव : होरी, जवाब दे।

होरी : कोई जवाब नहीं, सरकार, कोई जवाब नहीं। **(रोने को दबाता)** मैंने अपने बैलों को जला डाला। कमाऊ पुत्रों को फूँक दिया। मैंने गऊ माता को जला डाला। कुटुम्ब की माँ को मार डाला। यह सच है। बिलकुल सच है। यज्ञ करने के लिए, मेरे पास, एक दमड़ी नहीं। बच्चों के खाने को, एक जून आटे के लिए, दमड़ी नहीं। मैं पापी हूँ, सरकार! मुझे मौत दे दो! मौत!

देवदत्त : जलाओ इस पापी को। सत्तो, आग में झुलसाओ। जैसे इसने गऊ माता को झुलसाया।

सत्यदेव : पशु कैसे मरे थे?

होरी : हत्यारी रात वह! दुर्भागी। महाराज, मेरा पिता—बुड्ढा।, अँधा ही समझो। गऊओं के बाड़े में सोता है। उस अँधेरी रात, बेचारा! कड़ाके की ठंड थी। उसने आग जला ली। और, उसे दिखा नहीं—चिनगारी उड़ी। छत को जा पड़ी। घास-फूस की छत! पास ही भूसा था। बस! हाँक भी नहीं मार सका।—आग फैल गई। चार चुफेरे! लपटें भड़क उठीं। मेरे बैल! वो चीखा पुकारा! मेरे पुत्रों ने, वो चीखा पुकारा! ऊँचे ऊँचे!—कोयले हो गए! मेरे पुत्र, कोयले हो गए। मैंने अपने पुत्र जला डाले। कमाऊ शेर जला डाले।

विष्णुगुप्त : अपना ढीठपना भी बता दे अब। कैसे, महापाप धोने वाला यज्ञ नहीं किया।

होरी : महाराज, मैं यज्ञ का ख़र्च नहीं झेल सकता। **(मँगता बनकर)** मेरे पास, खेत में बोने के लिए, एक दाना नहीं। बच्चों के मुँह में डालने के लिए, एक दाना नहीं। हज़ार ब्राह्मणों को रोटी मैं कहाँ से खिलाऊँ?

सत्यदेव : **(आँसू रोकता)** गऊ-हत्या का यह प्रायश्चित्त होता है?

विष्णुगुप्त : हाँ, सत्यदेव! यह महतो, झूठा है। अब इसका दूसरा पाप सुनो!

वह भी गऊ हत्या जितना घोर पाप है। अपनी बेटी को धर्म-कर्म से बर्जा। विष्णु मन्दिर में सेविका नहीं बनने दिया। **(हैरानी की बुड़-बुड़)** तू बता, देवदत्त।

देवदत्त : मैं इसको सौ, सोने की मोहरें, दे रहा था। इसकी बेटी के बदले। यज्ञ करने के लिए बहुतेरी थी, यह रक़म।

सत्यदेव : **(अनजान)** बेटी के बदले में पैसे?

विष्णुगुप्त : सत्तो, तुम्हें हमारे धर्म के बारे में नहीं पता। **(अपनी जाति को)** कुछ बरसों से, विष्णु मन्दिर सभा रक़में देती है। लड़कियों के माँ-बाप को। ताकि—लड़कियाँ विष्णु संग नाच सकें। भक्तों की दिलजोई कर सकें। ख़ुशी ख़ुशी।—पैसे देने पड़ते हैं हमें!!! कैसा कलियुग आ गया है। धर्म कर्म के लिए, अब, हम मन्दिरों वाले, लोगों को घूस देते हैं!!!

सत्यदेव : होरी, तेरी बिटिया ने आप कहा था? मन्दिर चढ़ने के लिए?

होरी : **(रुक कर)** हाँ, सरकार। मेरी बेटी, सह नहीं सकी। सह नहीं सकी। बारह बरस की है। कुल। उसके छोटे भाई, बहनें··· मैं मर क्यों न गया उस दिन।··· मार क्यों न दिया उनको!··· खाने को, कुछ नहीं था घर में। मेरे बच्चे, रो रहे थे। रोटी माँगते। कुछ नहीं था हमारे पास, उनको देने के लिए।—मेरा बूढ़ा बाप। रो रहा था। भूखा। कई दिनों से भूखा! मेरी बेटी सह नहीं पाई। पुजारी के पास गई। उस पुजारी के पास। **(दिल चीरती हुई चीख)** नहीं! नहीं! मैं अपनी बच्ची को कँजरी नहीं बनने दूँगा। **(रोता है। वक़्फ़ा)**

सत्यदेव : तूने पैसे देने किए थे, लड़की को?

देवदत्त : गंगा की सौगन्ध है मुझे। मैंने वचन दिया। सोने की मोहरें। पूरी सौ। मैंने इसे समझाया, बहुत। लड़की को भी पक्का किया। भक्तों की टहल सेवा के लिए। परन्तु यह नीच! सात जन्मों का पापी है।

सत्यदेव : जासूस?

मुंशी : होरी के बाड़े में आग—हादसा था। होरी के खेत, सेठ लक्ष्मीदास के पास गिरवी हैं।

लक्ष्मीदास : न मूल, न ब्याज! नाम ही नहीं लेता, लौटाने का। ये बहियाँ काली करी पड़ी हैं।

सत्यदेव : यह पुजारी?

मुंशी : होरी की बेटी को, देवदत्त चिर से फुसला रहा है। यह कई

लड़कियाँ पूरबी जज़ीरों के नए मन्दिरों को भेज चुका हूँ। पश्चिम के पुराने मन्दिरों को भी।

सत्यदेव : **(लिखाता है)** हादसे का पाप नहीं लगता। सरकार होरी को यज्ञ मुआफ करती है। आगे। नन्हीं बच्ची को कँजरी बनाने की कोशिश के लिए, विष्णु मन्दिर को हज़ार मोहरें जुर्माना। इस रक़म से होरी किसान गाय, बैल ख़रीदे। **(खड़ा, आगे बढ़कर, गुस्से से पागल)** और इस नरक के कीड़े को, जो विष्णु के नाम पर, ग़रीबों की बेटियों को ख़रीद कर, कँजरी बनाता है, ले जाओ इसे। शहर के दरमियान। सिर काट दो। **(सिपाही देवदत्त को ले जाते हैं। वक़्फा। मुंशी को)** नक़लें बना इसकी। बीस। दुर्गा, तेरे चिट्‌ठीरसाँ कबूतर—दिन चढ़ते ही उड़ने चाहिएं। हस्तिनापुर के जजों को, दूसरे शहरों के जजों को, इन फैसलों की नकलें पहुँचाओ। कल दोपहर तक।

(जाता है। दुर्गा और दूसरे कई लोग जाते हैं। भद्रसेन दबे पाँव लौटता है)

विद्यासागर : हमारी सेक्रिड कन्स्टिट्यूशन को सब्वर्ट कर दिया।

विष्णुगुप्त : राजगद्दी! यह राजगद्दी छीन लेगा।

विद्या : राजगद्दी?

लक्ष्मीदास : व्यापारी मार डालेगा यह।

भद्रसेन : क़त्ल करो।

विष्णुगुप्त : **(पक्का तरीका सोच कर)** मोहन! सिर्फ मोहन बचा सकता है! राजगद्दी! हमें मिलो। मंदिर में। कल संध्या बेला। **(वे सिर हिलाते हैं। उँगली लबों पर)** परन्तु बड़बड़ाना मत! हरे विष्णु! देवदत्त का क़त्ल! ·· मैं जाता हूँ, सवेरे, राजा के पास। अगर अब भी, वह शराबी, मेरी बात मान ले।—कल! संध्या की आरती से पहले **(जाते हैं)**

विद्यासागर : राजगद्दी!! द थ्रोन!!!

(अँधेरा)

दृश्य 4

राजा का कमरा

रानी : **(आँखें भरकर)** राजगद्दी ख़ातिर नहीं कहती मैं। गति नहीं होती। पुत्र के बग़ैर! क्रिया-कर्म कौन करेगा हमारा?

राजा : एक ही ड्रामा! हज़ार बार खेल चुकी है तू।

रानी : तरस करो मेरे पर। **(प्यार से)** एक बात मानोगे?

राजा : **(उछल कर)** वही सियापा! दोबारा नहीं करूँगा मैं। **(उलटी करता)** हः! तू! तेरे तेल! तेरे मुहूर्त! योग आसन! थूह। न बाबा, मुआफ कर। मैं ठीक ठाक हूँ। जा, पूछ ले जाकर! ड्रामे वाली लड़की से। जो रात थी मेरे साथ। तुझे बताया, यह मेरा आख़िरी साल है। विष्णु कसम, एक-एक मिनट पूरा स्वाद लेकर जिऊँगा।

रानी : मैं यह तो नहीं कह रही। सुनो न। आपने कुछ नहीं करना।

राजा : **(शक्की पर मानते हुए)** क्या चाहवे फिर तू?

रानी : **(जोश में)** वचन दो।

राजा : बोल तो सही।

रानी : आपको वह बात याद है? बड़े पुरोहित ने बताई थी? नियोग के बारे?

राजा : नियोग? वह क्या होवे?

रानी : **(धीरे)** पति दूसरे मर्द को कह सकता है, "मेरी पत्नी को गर्भ कर दो।" यह रिवाज बहुत पुराना है। पांडव, पाँचों भाई, आपको पता ही है, कैसे जन्मे थे?

राजा : **(थोड़ा सोचकर)** जा। कर ले जो कुछ करना है।

रानी : मैं कैसे कर सकती हूँ? आपकी आज्ञा के बिना? उसको आपका पुत्र कौन मानेगा?

राजा : **(दया करके)** अच्छा मद्यंती, मैं कह दूँगा, लड़का मेरा ही है।

रानी : **(बेहद ख़ुशी)** सच! मेरे भरत जी!

राजा : अगर तूने लड़का जनमा!

(रेणुका आती है)

रेणुका : महाराज, एक ब्राह्मण—आपको मिलना चाहता है।

राजा : **(खीझ में)** विष्णु गुप्त? फिर आ गया? कह दे, मैं नहीं मिलूँगा। सत्तो के ख़िलाफ मैं एक लफ्ज़ नहीं सुनूँगा।

रेणुका : राही है, महाराज। दूर से आया।

राजा : राही? तो भेज दो। **(जाती है)**

रानी : सुना है, बहुत शोरशराबा है? शहर में? सत्तो इन भड़के हुए ब्राह्मणों को, व्यापारियों को, संभाल भी सकेगा?

राजा : **(बाप वाले फख़्र से)** मेरा सत्तो? कुल दुनिया संभाल सकता है। अकेला।

रानी : लोग कहते हैं, इंद्र डर गया, सत्तो से। मेंह बरसा दिया।

राजा : पर बुड्ढा विष्णु गुप्त! कहता, सत्तो राजगद्दी छीनना चाहता है।

(महादेव, मोहिनी और रेणुका आते हैं। महादेव के सिर पर ब्राह्मणों वाली पगड़ी। मोहिनी निडर, हुस्न दिखाती हुई। राजा मोहित हो जाता है)

राजा : **(शायराना)** स्वर्ग से उतरी सुंदरी! इंद्र की सेज से उठी अप्सरा!

महादेव : पंजाब से आए हैं हम, महाराज! तक्षशिला से।

राजा : बेटी है तेरी?

महादेव : हाँ, जी। मेरी मंदभागी बेटी।

राजा : मंदभागी? इसकी भग—इसके भाग तो देवता भी—भोगना चाहेंगे।

महादेव : मंगलीक है, महाराज।

राजा : **(झट पीछे)** मंगलीक!

रानी : **(ज़हर भरी)** हमारी बेटी की तरह।

राजा : बकवास! मेरी इंदु के नीच ग्रह ठीक हो गए हैं। दान-पुण्य किया। तपस्या की उसने।

महादेव : हम भी, महाराज, तीर्थ करने निकले हैं। केदारनाथ, बद्रीनाथ।

राजा : पैसे कम पड़ गए?

महादेव : नहीं, महाराज। सिर्फ एक कृपा करो। लड़की पहाड़ों पर नहीं चढ़ सकती, मेरे साथ। इसे अपने पास रख लो। एक बरस। राजकुमारी की सहेली बनाकर।

राजा : रह ले। कोई हर्ज नहीं। इंदु को भेज।

(रेणुका जाती है)

महादेव : सिर्फ रात के वक़्त, महाराज! दिन में, अकेली रहेगी। व्रत रखेगी।

(**रानी को**) रात के समय··· आप जानते हैं···

रानी : शास्त्र कहते हैं, रात वेला, बाप तक को नज़दीक नहीं सोना चाहिए।

महादेव : सत्य है, महारानी।

राजा : चिंता मत कर, ब्राह्मण। कोरी क्वाँरी रहेगी, तेरी कन्या। आदि क्वाँरी माता है, मेरी रानी। दिन-रात पहरा देगी। (**जाता है**)

रानी : अगर तेरा दिल कहे, तू रात को, मेरे महल में, सो जाया कर।

मोहिनी : जी··· पर मेरा दिल था···

रानी : (**नाक चढ़ा कर**) तेरा दिल कहे तो!

(**इंदुमती आती है हाथ में रंगों की पट्टी, पान पत्ते जैसी, और बुरुश**)

इंदुमती : हैं? मैंने सोचा, पिता जी ने बुलाया।

(**मोहिनी की आँखों से बिंध जाती है**)

रानी : इंदु, तेरे बाप का हुक्म है, रात के वक़्त, किसी तरह, इस ब्राह्मण छोकरी को बचा के रखना। अपने बाप से।

इंदुमती : वाहवाह! वाहवाह! मुझे भी सहेली की ज़रूरत है। सहेली बनेगी मेरी?

मोहिनी : ज़रूर। अगर मौक़ा दो।

इंदुमती : इंदु! तू?

मोहिनी : मोहिनी।

इंदुमती : मोहिनी? नाम कितना सुंदर!—वाह, मैं ईर्ष्या क्यों करूँ?

(**बातें करती रहती हैं**)

रानी : (**अँगूठी देकर**) मेरा चढ़ावा भी चढ़ा देना। बद्रीनाथ मुझे बेटा बख़्शे।

महादेव : बहुत अच्छा जी!

(**रानी जाती है**)

मोहिनी : (**आँखों में आँखें**) संध्या की आरती के बाद।

(**जाते हैं**)

इंदुमती : (**मोहित**) मोहिनी! (**घुटनों पर**) हे विष्णु! हे शिव! मेरे सत्तो की नज़र मोहिनी पर मत पड़े।

(**अँधेरा**)

दृश्य 5

विष्णु मन्दिर

(विष्णु गुप्त पीछे खड़ा है, बेचैन, घबराया। दायें से, लक्ष्मीदास और भद्रसेन। बायें से, विद्यासागर।)

विद्यासागर : उड़ंतर! फुर्रर।

लक्ष्मीदास

भद्रसेन : **(दहशत में)** कौन? क्या?

विद्या : **(शायराना)** स्वर्ग से उतरी सुंदरी! इंद्र की सेज से उठी अप्सरा!

भद्र : ओह! मैंने सोचा···

लक्ष्मी : मैं समझा व्यापारी मरा कोई···

(बायें से मोहन कुमार आता है)

विद्या : मोहन, तूने वह लड़की देखी? पान पत्ता लाल लटकन पहने?

मोहन : **(काटने दौड़ता)** लड़की? लड़कियों की बातें करने आया है तू? जब मौत मंडरा रही है? हमारे सिरों पर?

विद्या : **(सहम कर)** माफी दो मुझे।

(विष्णु गुप्त आगे आता है। पंचायत लगाते हैं)

मोहन : राजगद्दी! राजगद्दी ख़तरे में है। भाइयो, भारतवर्ष की हुकूमत, ख़तरे में है। हम ख़तरे में हैं। हम! ऋषियों की संतान। योद्धाओं की संतान। हम संगीन ख़तरे में हैं। **(रुक कर)** याद रखना, अकेले सत्यदेव को क़त्ल करना काफी नहीं। **(भद्रसेन को देखकर)** आज यह सत्यदेव, कल वह सत्यदेव। बरसों से यही हो रहा है। ख़ातमा करना है तो, सारी ज़ात का ख़ातमा करो। सारे अछूतों का। भूलना मत। **(रुक कर)** जागो, भाइयो, नींद को त्यागो। **(चीख़ता, जोश से काँपता)** साँपों के सिर कुचल डालो। ख़ातमा कर दो। नहीं तो, ये म्लेच्छ, तुम्हारा ख़ातमा कर देंगे। मेरा ख़ातमा कर देंगे। हमारी बहनें उठा लेंगे। हमारी माताओं से जबरजनाह करेंगे। **(ठंडा)**

इनका ख़ातमा कैसे करें? कैसे? ताक़त से? या, धोखे से? बोलो। सलाह दो।

भद्र : क़त्ल करो। एकदम! बदला! बदला लेंगे हम! ज़रूर! ब्राह्मण क़त्ल करे। योद्धा नीचे गिरावे। गऊ का निरादर करे। और कितना चिर इंतज़ार करोगे? सिर फाड़ डालो!—पर धोखे से नहीं। बुज़दिलों की तरह नहीं। आज रात को! छुपकर बैठो। रास्ते में। टुकड़े-टुकड़े कर दो।—और उसकी ज़ात बिरादरी? आसान काम है। हमारे में से, हर आदमी, सिर्फ पाँच अछूत क़त्ल करे। कुल पाँच। जड़ों से उखाड़ फेंको। अस्तित्व मिटा डालो। बाकी रहा सत्यदेव? **(चेहरे पर हाथ फेर कर)** मैं अपने बाप का जना नहीं। मुँह पर थूकना मेरे! अगर मैं अकेला, इस कुत्ते को क़त्ल न करूँ।

विद्या : गुस्सा, दोस्तो, गला-घोटू गुस्सा, अच्छा नहीं होता। हंडिया उबलेगी, तो अपनी बगलें जलाएगी। **(रुक कर)** मोहन, मैं तेरे से एग्री नहीं करता। माइनॉरिटीज़ कमिश्न का प्रेज़ीडैंट होने के नाते, मैं ज़िम्मेदारी से बोल रहा हूँ। नीची ज़ातों का ख़ातमा करना, अक़्ल की बात नहीं। एक चीज़ याद रखो। संस्कृति के नेता—हमारे इंटेलेक्चुअल, आर्टिस्ट्स, आइ मीन, बुद्धिजीवी, शायर, कलाकार—इनको ज़रूरत है—फुर्सत की। लय्यीयर की। नो लय्यीयर, नो कल्चर!—लेकिन यह फुर्सत, हमें, मिलेगी कैसे? कैसे मिलेगी? **(धीरे)** एक ही तरीक़ा है : नीची ज़ातों की कमाई खाओ। गुलामों की, भंगियों की, कमाई खाओ। इन ज़ातों को क़ायम रखो। मुश्किल कामों के लिए। गंदे कामों के लिए। सबका ख़ातमा करोगे, तो अपने पाँव कुल्हाड़ा मारोगे। इट्स सुयेसाइड। **(रुक कर)** दूसरी बात। यह ख़ातमा मुमकिन नहीं। फीज़ीबल नहीं। करोड़ों लोगों को, तुम, नहीं मार सकते। अनगिनत जंगलों को, तुम, नहीं जला सकते।

मोहन : श्रीकृष्ण ने, अर्जुन ने, नाग पूजने वालों को, कैसे जीता था? राजधानी इंद्रप्रस्थ के लिए, यमुना किनारे, उन्होंने ज़मीन कैसे खाली करवाई थी? खांडव जंगल जलाया था कि नहीं?

विद्या : हमें श्रीकृष्ण की तरह नहीं करना चाहिए। पॉलिसी अपनानी है तो श्री रामचन्द्र वाली अपनाओ। जंगली लोगों को सभ्यता सिखाओ। **(मोहन सिर हिलाता है)** मोहन! मैं मूर्ख नहीं। मैं सात रंगे इंद्रधनुष पर नहीं झूल रहा।—सभ्यता सिखाई जा सकती है। प्रॉपेगेंडा करके। पढ़ाई करवा के। वहशी मत बनो। क़त्ल मत करो। इन से काम करवाओ।

मोहन : सत्यदेव के बारे में, एक लफ़्ज़ नहीं बोला, अभी तक।

विद्या : सत्यदेव? सुनो। अब मैं उस आदमी की तह तक पहुँच चुका हूँ। मैं उसके साथ काम करता हूँ। कमिश्न में। मुझे पता है, वह क्या चाहता है, अपने लोगों के लिए। यक़ीन करो मेरा। ताज और तख़्त नहीं छीनेगा वह। राजगद्दी नहीं चाहता। तेरे मन का भय, मोहन बेबुनियाद है।—फिर भी, जज तो सत्यदेव को रहना नहीं चाहिए। अनपढ़ है। क़ानून की डिगरी पास नहीं। इस ओहदे से तो उसे हटाना ही होगा। पर क़ानूनी तरीक़े से। लीगल तरीक़ा। मॉरल तरीक़ा। केस सुप्रीम कोर्ट ले चलो। राजा की कचहरी में। इम्पीच करो। और डिस्मिस कराओ।—बाई ए डियू प्रॉसेस अव् लॉ। डिस्मिस! यह नहीं कि—खुद गुंडे बन के, दूजे गुंडे को, टुकड़े-टुकड़े काट फेंको।

लक्ष्मी : **(बहुत दीन बन कर)** पूज्य ब्राह्मण देवता, और क्षत्रिय जी! आप हमारे हाकिम हैं। दुकानदारों के राखे हैं। आपको सलाह देना, मशवरा देना, हमारा धर्म नहीं बनता।—हमारे लिए, आप समझो, देस नरक बन गया है। बाड़ ख़ुद फसल को खाने लगी है।—हम अमन चाहते हैं। हमेशा। दंगा-फसाद हम नहीं चाहते। गली मुहल्ले फसाद हो जाए, तो नुक़सान हमारा ही होता है। हमारी दुकानें लूटते हैं। हमारे कारख़ाने जलाते हैं। मैं प्रोफेसर विद्यासागर जी से सहमत हूँ। अकेला यही एक आदमी है। जिसके पंख निकले हैं। जिसको एक तरफ लगाने की ज़रूरत है। सारी ज़ात नहीं।—किसी तरह, उसे रिश्वत दो। मौक़े पर पकड़ लो। उतरवा दो, ओहदे से।—या, घूस दो, काशी क़बीले को। काम तमाम कर दें उसका।—हम उसकी ज़ात को, अपने पक्ष में कर सकते हैं। सहज ही। दाने देकर। पैसे देकर। थोड़े-थोड़े। भूख तो, शेर को भी, गीदड़ बना देती है। पेट ही तो पापी है, डरपोक बनावे जो हमें।—क़बीला उसका साथ छोड़ देगा। मुझे पक्की उम्मीद है।—फिर : किसी सूरमा की मिन्नत करो। भद्रसिंह जी को विनती करो। काम तमाम कर दे, उसका। धन्यवाद!

(गोली आती है)

विष्णु गुप्त : क्या बात? तुझे हुक्म···

गोली : दुर्गा उग्रा। कहती, मिलना है। अभी।

मोहन : **(डर से काँपता)** दुर्गा?

(विद्यासागर को छोड़कर, बाकी सब हक्के-बक्के। विष्णु गुप्त बाहर

जाने को होता है पर मोहन रोकता है। सबको बायें धकेलता है)

मोहन : यहाँ बुलाओ।

विष्णु गुप्त : भेज दो। **(जाती है)**

विद्या : पर क्यों?

(दुर्गा जासूसों की तरह चारों तरफ ताड़ती है। छुरे से खेल रही है)

दुर्गा : अकेले? सुना था, पंचायत बैठी है।

विष्णु : महाराज का संदेश है कोई?

दुर्गा : हाँ, सत्यदेव का।

विष्णु : **(मानहानि)** अच्छा!

दुर्गा : एलान करना है एक। संध्या वेला की सभा में।

विष्णु : किस बारे में?

दुर्गा : भिखारियों ने, मल्लाहों ने, हुड़दंग मचा रखा है। नारे लगाते, हवा महल गए। सत्तो कहता है, पड़ताल तुरंत करो। हमारा अंदाज़ा है, आदमी वही था। एक ही, जिसने बच्चा उठाया और मल्लाह को क़त्ल किया। काली चादर से चेहरा ढका था। पुजारियों के घरों से, पिछले फाटक से, निकला लगता है। शायद वही क़ातिल हो।— जो भी कोई और अता-पता बताए, सरकार इनाम देगी।

विष्णु : हम एलान कर देंगे।

दुर्गा : मैं अपने आप बोलूँगी। ठहर कर आती हूँ। **(जाती हुई, मुड़कर)** यह छुरा पहचानते हैं?

विष्णु : छुरा? मैं? होश कर कुछ।

दुर्गा : मैंने सोचा, शायद··· विष्णु की शक्ल खुदी है ऊपर।··· मल्लाह के सीने में गड़ा था। लोहार कहता है, किसी पुजारी ने ख़रीदा था। **(चलती है)**

विष्णु : काफी परेशानी होगी? इस नौकरी में?

दुर्गा : परेशानी काहे की? स्वाद आ रहा है, मुझे तो।

विष्णु : ज़नानी हो न—?

दुर्गा : पुलिस का महकमा तो सिर्फ ज़नानियों के लिए होना चाहिए।

विष्णु : जासूसी भी? मुलज़िमों की खुरी सूँघते फिरना?

दुर्गा : (हँसती हुई) गुरु, मर्दों को नहीं जानते आप। ज़नानी के लिए जासूसी करना बहुत आसान है। ब्याहे मर्द, अपनी बीवी को, बेशक दो टुकड़े लफ्ज़ न फेंकें। पर कभी देखो उनको, दो घूँट चढ़ा कर, दूसरे की बीवी संग। कैसे ज़बान दुलत्तियाँ चलाती है। ऐसे-ऐसे जुर्मों की डींग हाँकते हैं, जो उनकी दादी के सपने में नहीं

आए होंगे।

(जाती है। सब अंदर लौटते हैं)

मोहन : **(काँपता)** पिता जी, ऐसे इजाज़त मत देना, आगे को। वह हमें, हमारे अगुओं को, फँसाना चाहता है। झूठे मुक़द्दमें में। झूठे गवाह। मनघड़ंत सबूत। पुराने दाव पेंच हैं।

विष्णु : पुत्रो, अब केवल एक ही सहारा है हमारा : विष्णु! भगवान विष्णु को विनती करो। अवतार धारण करे। **(गाता हुआ)** ''पापियों का नाश करने के लिए! साधुओं की रक्षा करने के लिए।'' कल, विष्णु यज्ञ आरम्भ करो। घी जलाओ। दिन-रात। वेदों का पाठ करो। सारे पाप इसी राजा के राज के साथ समाप्त हो जाएँ।

लक्ष्मी : यज्ञ का ख़र्च हम भरेंगे।

विष्णु : विष्णु दस गुना बढ़ाएगा।

मोहन : भाइयो, शुक्रिया। आपने सयानी बातें बतायी हैं। हाँ, लक्ष्मीदास, पैसे देकर, उसका क़बीला, हम अपनी तरफ कर लेंगे। उस अकेले को फाँसी लटकने दो। पर भद्रसेन, इतनी तेज़ी नहीं। ख़तरा है। हमें वक़्त चाहिए। तैय्यारी के लिए। धीरे चलो।—पर इतना धीरे भी नहीं। विद्या वाला तरीका नहीं। पढ़ाई साँप को गऊ नहीं बना सकती। **(रुक कर)** मेरी योजना सुनो। विष्णु ने दानवों के साथ छल किया था। कौन-सा छल? मोहिनी का अवतार धारण करके। शराब पिलाती मोहिनी। सो, ज़नानी और शराब। ये हथियार बरतो। पैसा नहीं, ज़नानी।—पर यह करेगा कौन? इंतज़ाम कौन करेगा? **(सारे इनकार में सिर हिलाते हैं)** अच्छा, तो, मैं करूँगा। मैं ब्राह्मण लड़की ढूँढूँगा। वह काम बना देगी।

विद्या : क़त्ल करेगी, सत्तो को?

मोहन : नहीं, वह नहीं··· भद्रसेन, तू माहिर है, इस काम में। तुझे तजरबा है। **(धीरे)** अगले कुछ महीनों में, तू सेना खड़ी कर। विष्णु सेना! हर कसबे में शाख़ा। हर गाँव में शाख़ा। तंदुरुस्त लड़के। तगड़े जवान। सिखलायी दो। कसरत कराओ। ऊपर से सब, शांत! अमन-अमान! धार्मिक!—मुझे यक़ीन है, तू कर सकता है। कबूतर पाल। चिट्ठियाँ ले जाने के लिए। सारा कुछ एक अफसर के अधीन। एक दफतर के अधीन। कर सकते हो? यह बंदोबस्त?

भद्र : पक्का।

मोहन : ख़ूब! जब, हमारे जत्थे तैय्यार हो गए, एक दिन··· वह लड़की, सत्यदेव को मिलती है। हमारे आदमी छिपकर इंतज़ार करेंगे।

नज़दीक ही। वह कुत्ता, लड़की को छूता है। लड़की चीख मारती है। ज़रा सोचो। ''अछूत! ब्राह्मण की बेटी से, जबरजनाह!'' और हमारे आदमी—क़त्ल कर देंगे। भीड़ मिलकर हड्डी-हड्डी कर देगी। किसी अकेले आदमी पर इलज़ाम नहीं आ सकता। जत्थे लेकर घूम जाओ। गली गली। सोये हुओं को दबोच लो। अछूतों को। अगुए क़त्ल कर दो। अचानक। और दूसरे दिन, ख़बर हस्तिनापुर पहुँचे। और दूजे शहरों में। दूजे देहात में। लीडर क़त्ल कर दो। हर जगह! एक ही बार! **(मूसला चलाता)** एक ही तगड़ी मारू चोट से—ख़त्म!

(विद्या के बिना, सभी मोहन के मान में सिर हिलाते हैं)

मोहन : मंजूर है न?··· चंगा। शुक्रिया। हथियार तो हमारे पास दूसरे भी हैं। **(परदे की बात)** रानी मद्यंती को मैं मजबूर कर सकता हूँ, कि वह हमारी मदद करे। मैं उसका एक भेद जानता हूँ। पर अभी नहीं।—और भाइयो! पाप पुण्य की मत सोचो। कृष्ण जी कह गए हैं, सियासत तो सियासत है। राजगद्दी आर्यों के पास रहे। हमेशा। राजगद्दी। और यह शिव और शक्ति को पूजने वाले, म्लेच्छ! अगर इन्होंने भारतवर्ष में बसना है, तो ये आर्य बनें। सब के नाम तक आर्य हों। और भाइयो, जीत हमारी होगी। राज करेगा विष्णु, बाकी रहे न कोई!

(शंख और घंटियाँ बजते हैं। आरती के लिए उठते हैं)

सभी : विष्णु भगवान की जय! आर्य जाति विश्व पर राज करे! ऊँ शांति! शांति! शांति!

(अँधेरा)

दृश्य 6

सत्यदेव का कमरा

मोरां : अपनी गऊओं से बिछुड़ कर, तू जी कैसे रहा है? मोती से बिछुड़ कर, तू जी कैसे रहा है? मोती के वियोग में, तू तड़पा करता था। और वह, बेचारी, अब तुम्हें आवाज़ें लगाती है। दिन-रात, तेरी राह देखती है। सिर उठा-उठाकर। कि—अभी सत्तो आया! अभी सत्तो आया! नदियों नीर बहावे, मोती, तेरे लिए। **(जोश में)** हाँ रे, सत्तो। तेरी मोती भी बच्छा देने वाली है! पहलौठा बच्छा। मोती भी, कालो भी, तिखसिंगी भी।—सभी बच्छे देंगी। आते बसन्त को। हमारे पास पाँच गऊएँ हो जाएँगी। दूध देती। पाँच! महामाई ने मेहर की, हमारे पर। चल पुत्र, गाँव को मुड़ चल।

धन्नो : मुझे चँगा नहीं लगता, मेरी बेटी के पतियों के बारे में, लोग उलटी सीधी सोचें।

मोरां : और तू कौन-सा तनख़ाह लेवे? राजा से? कौन-सा पैसा बचावे, दहेज वास्ते?

धन्नो : दहेज की ज़रूरत नहीं है मुझे। पाँच गऊएँ बहुतेरी हैं।

मोरां : **(डराती)** विष्णु के पुजारी, कहें—तू राजगद्दी छीनना चाहवे।

धन्नो : काशी कबीला, हमारा। सारे कहें, "अपने लिए करे सब कुछ। बड़ा बनना चाहवे।" आदिवासियों को अब भरोसा बिलकुल नहीं। तेरे पर।

मोरां : बेटे, चल हमारे साथ। चार एक महीने और हैं। पाँच दुधारू गऊएँ हो जाएँगी, हमारे पास। फिर, तेरा ब्याह!

धन्नो : खुशी-खुशी, रोटी खा, नन्हें मुन्ने पाल। घर में बैठकर। **(सत्यदेव का साँस तेज़ हो जाता है। मुट्ठियाँ भींचता है, पर दिल से हिलता नहीं)**

मोरां : **(आँसू रोकती)** तरस कर कुछ, मेरे पर। मेरी बुड्ढी हड्डियों पर।

तेरे बिना, कौन है मेरा, इस दुनियाँ में? **(वक़्फ़ा। गुस्से से पागल)** बोलता क्यों नहीं तू? चलेगा कि नहीं? हमारे सँग?

सत्यदेव : (दृढ) नहीं, माँ। मैं तुम्हारे साथ नहीं जाऊँगा। मैंने वचन लिया था। एक बरस का। मैं वचन नहीं तोड़ूँगा।

मोरां : **(ज़हरीली)** जान से मार देंगे, ये, तुम्हें।

सत्यदेव : **(रुक कर)** मार देंगे?··· माँ, मेरे चारों तरफ, मैं देखता हूँ, रोज़, कितने ही आदमी, औरतें, मरते हैं। रोज़। और अगर हम अपनी गऊओं को, बच्छों को भी गिन लें, छेरे-छेरियों को भी गिन लें—पशु भी बेचारे, हमारी तरह, दर्द से डरते हैं, मौत से डरते हैं—इन सब जीवों के बीच में खड़ा, इन करोड़ों, अरबों, जीवों के बीच में खड़ा, इस भरी भराई धरती पर, मैं, एक नन्हा सा जीव हूँ। साँस लेता, नन्हा सा जीव! भगवान करे, मैं यह तो सीख चुका हूँ, कि अपनी इस नन्हीं सी जान को, इतनी प्यारी न समझूँ। और अगर मेरा वचन पूरा करने के लिए, शिव जी मेरी जान भी माँगे, मैं डरपोक बनकर, मँगता बनकर, शिव जी से, ज़िंदगी के, दो और दुःख भरे साँसों की भीख नहीं माँगूँगा।

मोरां : हाय! मेरा ही बेटा बचा था? इस काम के लिए? सत्तो, तू ही क्यों?

धन्नो : **(विष घोलती)** तू समझता है, तू अकेला ही सत्य का ठेकेदार है?

सत्यदेव : **(जैसे अपने आपसे बातें कर रहा हो)** माँ धन्नो, और माँ मोरां, मैं, अब, एक बात समझ गया हूँ। सत्य, आम लोगों के दिलों में, सत्य, घर नहीं करता। **(दोनों ख़ुशी से आँखें मिलाती हैं)** मैं अब यह भी समझ गया हूँ—सत्य ख़ातिर मेरी लड़ाई, शायद कामयाब न हो। और अगर मैं जानता हूँ, मैं कामयाब नहीं हूँगा, फिर भी, मैं सत्य की ख़ातिर लड़ता रहूँ, यह निरा अहँकार होगा। घमंड होगा। बेहतर यही है, मैं हार मान लूँ। कोशिश छोड़ दूँ।

मोरां व धन्नो : हाँ?

सत्यदेव : **(अनंत अहंकार से)** पर अगर सत्यदेव ने भी कोशिश छोड़ दी, इस धरती पर, और कौन माई का लाल, कोशिश करेगा? **(धन्नो पैर पटक कर जाती है। मोरां सिसकी लेती है)**

(अँधेरा)

दृश्य : 7

इंदुमती का कमरा : तीज का त्यौहार

(धीमी रोशनी में पलँग। दूर से घुँघरुओं की आवाज़, संगीत और गाना। इंदुमती और मोहिनी, गजरे-माला पहने। इंदुमती शराबी है)

मोहिनी : **(पकड़कर लाती है)** इसी पूर्णमासी को, कृष्ण ने, कँस से, राजगद्दी छीनी थी।

इंदुमती : यह वर्षा! हाय! आग लगा दी इसने। मोहिनी, लपट उठ रही है, मेरे अंदर।

मोहिनी : **(शराब पकड़ाकर)** आराम कर थोड़ा। इतना नाची, झूला झूली, खाया पिया।—तुम्हें देख के, हाथ लगा के, भगवान को भूल जाती हूँ मैं।

इंदुमती : भगवान? क्यों?

मोहिनी : अगर मैं भगवान होती, तुम्हें सिर्फ, अपने वास्ते रखती। दिन को भी, रात को भी। तुझे बनाकर, 'भग-वान' ने साँचा तोड़ दिया।

इंदुमती : तू बता·· मर्द मुझे सुंदर भी समझेगा? उस तरह?

मोहिनी : हाय री मेरी रुक्मिणी। अपनी नानी मेनका से भी ज़्यादा सुंदर है तू। अगर मैं मर्द होती, तेरी गुलाम बनके रहती।

इंदुमती : **(हँसती हुई)** गोलियाँ! कमाल करती हैं, कभी-कभी। वह रास लीला! बिजली, मेरे शरीर में से, चीरती हुई गुज़र गई।

मोहिनी : काश तू राधा होती। मैं, कृष्ण।

इंदुमती : फिर कहानी सुना। वह गबरू—गेहूँ के खेत में।

मोहिनी : तू आप कभी नहीं बताती। अपने बारे में।

इंदुमती : मेरे पास कुछ भी नहीं। बताने को। तीन साल तहखाने में।

मोहिनी : किसी मर्द ने, कभी भी, तुझे, हाथ नहीं लगाया?

इंदुमती : सोच लेने दे।—हाँ, एक बार। पलक भर के लिए।

मोहिनी : हाँ?

इंदुमती : इस बसंत को। सत्तो मेरी रूह खींच कर ले गया।

मोहिनी : सत्तो ने छुआ था?

इंदुमती : मेरा भाग्य इतना बड़ा कहाँ?

मोहिनी : और किसने?

इंदुमती : मोहन कुमार भारद्वाज ने।

मोहिनी : काश मैं मोहन कुमार होती। आज की रात।

इंदुमती : उस गड़बड़ाहट में, एक लम्हे के लिए, मोहन कुमार ने मेरी छाती छुई। हाथ तो मोहन का था, पर रूह मेरी सत्तो संग थी। **(आह भरकर)** ज़नानी! बेचारी। छूए एक मर्द, सपना दूजे का।—हाय री, मोहिनी।— अच्छा, वचन दे। कहेगी तो नहीं तू? किसी को?

मोहिनी : कभी नहीं।

इंदुमती : मेरा दिल चाहवे आज की रात किसी तरह, तू कोई मर्द महलों में घुसा सकती।

मोहिनी : सच?

इंदुमती : पर अगर किसी को पता न चले। अँधेरे में। उसे कहना, गोली है।

मोहिनी : दिल से कह।

इंदुमती : तू मर्द ला नहीं सकती। यही तो मजबूरी है।

मोहिनी : अगर मैं ले आऊँ? सुन, इंदु—अगर तू वचन दे—

इंदुमती : क्यों?

मोहिनी : मैं मंत्र जानती हूँ, एक।

इंदुमती : मंत्र?

मोहिनी : कसम है तुझे। बात अपने तक ही रखना।

इंदुमती : अच्छा।

मोहिनी : मैं अपना—लिंग, बदल सकती हूँ।

इंदुमती : हैं? सचमुच?

मोहिनी : हाँ।

इंदुमती : आज की रात, सिर्फ?

मोहिनी : आँखें बंद रखना। आख़िर तक।

इंदुमती : अच्छा।

मोहिनी : पहले, इक दूजे को, माला पहनानी होगी। गांधर्व विवाह की तरह।

इंदूमती : माला?

मोहिनी : (उठकर) आँखें बंद। मेरी इंदु!

(मोहिनी जाती है। इंदु गले की माला उतार कर, हाथ में पकड़कर, तैयार है। मोहनकुमार भारद्वाज माला पकड़े आता है)

मोहनकुमार : इंदु! **(विवाह के मंत्र की तरह इंदु पीछे-पीछे दोहराती है)—**

मैं पुरुष, तू स्त्री
मैं आकाश, तू पृथ्वी
मैं संगीत, तू शब्द
आ, करें विवाह
बख़्शें बच्चे, धरती माँ को
भगवान करे, हम दोनों
प्यार से
सुखी सुखी
ज़िंदा रहें
सौ बसंत! **(एक दूसरे को माला पहनाते हैं)**

मोहनकुमार : इंदु! मेरी इंदु! **(गले में बाहें डालता है)**

इंदुमती : ओह! ओह!

(अँधेरा)

(मध्यांतर)

दृश्य 8

राजमहल : दशहरा

(राजमहल की नाट्यशाला। 'सीता स्वयंवर' के 'दर्शक' पीछे बायीं तरफ से आते हैं। स्टेज के बीचों बीच आगे बायें से पीछे दायें तक, इस तरतीब से बैठते हैं : इंदुमती, विद्यासागर, रानी, राजा, लक्ष्मीदास। वे बातें करने के इशारे जारी रखते हैं। एक वक़्त पर हमें सिर्फ दो-तीन लोग ही बोलते सुनायी देते हैं।)

(रामलीला के कलाकार दायें, आगे से दाख़िल होते हैं। धनुष- बाण रखने के लिए चौकी—जिसके गिर्द, बायें से दायें, बैठते हैं : जनक, सीता, विश्वामित्र, राम, लक्ष्मण, अहिरावण और रावण। 'सूत्रधार' कलासिद्ध, दायीं तरफ खड़ा दिखता है)

(रेणुका शराब पिलाती है)

लक्ष्मीदास : **(गिलास पकड़ा कर)** इम्पोरटिड है, महाराज।

राजा : मिश्र से आई? **(घूँट भरता है)**

लक्ष्मीदास : नहीं, जी। **(फ़ख़्र से)** लैसबियन है!

राजा : स्वर्ग के हिलोरे देवे।

(बहस में मग्न इंदुमती और विद्यासागर आते हैं)

विद्यासागर : माइनॉरिटीज़ कमिशन मे हैडलॉक होने का कारण देवी-देवता बिलकुल नहीं हैं। सत्यदेव से, मैं एक बात पर सहमत हूँ। पूजे जा रहे पत्थर की शकल क्या है, इस बात से ख़ास फ़र्क नहीं पड़ता।

इंदुमती : विष्णु हो, या शिव, दोनों मुक्ति दिला सकते हैं।

विद्या : परी-साईज़ली! पर सत्तो की इस बात से तसल्ली नहीं होती न। वह तो हमारी संस्कृति को, कल्चर को, कन्स्टीटिऊशन को, तबाह करने पर तुला है। सोचो ज़रा : नाई की कमाई, ब्राह्मण की कमाई के बराबर कैसे हो सकती है? दर्ज़ी को प्रोफेसर जितनी तनख़ाह कैसे दी जा सकती है? अलग-अलग ज़ातों को, एक जितना धन,

कैसे बाँटा जा सकता है? ब्राह्मण ब्राह्मण है, नाई, नाई!

इंदु : **(जोश में, ऊँचे)** ज़रूरते, शरीर की—ज़रूरतें बराबर हैं कि नहीं? किसान को, हलवाहे को, प्रोफेसर जितनी, भूख, लगती है कि नहीं? मीरासी को, राजा जितनी, ठंड, लगती है कि नहीं? जैसे, व्यापारी को सिर पर छत की ज़रूरत है—वैसे ही, दर्ज़ी को ज़रूरत है। नाई को ज़रूरत है। पेट ज़ात नहीं पूछता। एक ज़ात के पास, दूसरी ज़ात से ज़्यादा, धन- दौलत क्यों हो? ज़्यादा ज़मीन-जायदाद क्यों हो? ये चीज़ें, बराबर-बराबर, बाँटी जा सकती हैं। इनको, लाज़िमी, बराबर-बराबर, बाँटना चाहिए।

विद्यासागर : धन दौलत ही सब कुछ नहीं है। आदमी की 'आत्मा' है। आदमी 'परम आत्मा' का हिस्सा है। द सोल इज़ द रीयल थिंग। द बॉडी इज़ माया, इलियूयन। मैन डज़ नॉट लिव बाई ब्रैड अलोन।

इंदु : ग़रीबों को, ग़रीबी में, फँसाए रखने के लिए, हर बदमाश, सदियों से, यही दलील देता आया है।

विद्यासागर : बड़ा तीखा है, आपका दिमाग़। इंदु जी, कभी हमारे सैमिनार में दर्शन दीजिए। मेरे विद्यार्थी बहुत ख़ुश होंगे।

(सूत्रधार कलासिद्ध ड्रामायी अंदाज़ में बोलता है)

सूत्रधार : सियापति रामचंद्र की—

सारे : जय!

सूत्रधार : "रामलीला कमेटी, बनारस, पेश करती है : सीता स्वयंवर।" **(अपनी आम आवाज़ में)** महाराज, आइम सॉरी। शो ज़रा लेट स्टार्ट हुआ। ग्रीन रूम में आपस में छेड़खानी चल पड़ी। दर्ज़ी का, और नाई का, ईंट-कुत्ते का वैर होता है। हमारा जनक है—दर्ज़ी! **(ऊँची हँसी)** और रावण है—नाई!! **(और भी ऊँची हँसी)** पर अब, मैंने, दोनों ठंडे कर लिए। **(जाता है)**

(लक्ष्मीदास इंदुमती को हार पकड़ाता है)

लक्ष्मीदास : इम्पोर्टिड है, जी।

इंदुमती : नहीं, मैं नहीं···

लक्ष्मीदास : मैंने सिर्फ आपके लिए मँगवाया है। **(ज़बरदस्ती गले में पहना देता है)**

राजा : विद्या, मोहन कुमार नहीं आया?

विद्यासागर : कट्टर आर्य समाजी है, मोहन। यह पीना पिलाना, यह नाटकबाज़ी, उसे पसंद नहीं।

राजा : ऊत है।

विद्यासागर : **(इंदु को)** पश्चिम से आए, ऐसे कुछ एक विचार बुरे नहीं। म्लेछों ने ज़रूर हमसे चुराए होंगे। पढ़े-लिखों को राजा बनाने वाली बात ही सोच लो। द इंटेलेक्चुअल ऐज़ अ रूलर। बुद्धिजीवियों द्वारा, सरकार।

इंदु : बे-अक़्ली।

विद्या : वह कैसे?

इंदु : राजा वह, जो काम करे। सुधार करे। और पढ़े-लिखे? तेरे जैसे?— सिर्फ डींग हाँक सकते हैं। लफ़्ज़ों का ताना बाना बुन सकते हैं। बुराई का मख़ौल उड़ा दिया, बस, बुद्धिजीवी समझता है, बुराई छू-मंत्र हो गई।

(सूत्रधार 'आरती' करने आता है)

सूत्रधार : ''सुरसती, रचायो रास,
हमारे अँगों में।
गणपति, नाचो भँगड़ा,
हमारी जँधों में।''

(जाता है। जनक आता है)

जनक : ''मैं हूँ राजा जनक,
सुंदर सीता का बापू।
जमाई बनाऊँ राम को,
विष्णु है जो आपू।।''

विद्यासागर : अगर तू पहले ही जानता है, सीता राम को चुनेगी, तो स्वयंवर का स्वाँग क्यों रचा?

जनक : राम को शिवजी का धनुष तोड़ना पड़ेगा। यों ही नहीं ब्याह सकता, मेरी बेटी।

विद्यासागर : तेरी बेटी? 'दर्ज़ी' की?

जनक : **(चिढ़ कर)** जनक की बेटी। स्टेज पर मैं 'दर्ज़ी' नहीं। **(सूत्रधार नौकर को)**
''उठा ला बे, शिवजी की, भारी तीर कमान।
कह दे सुंदर सीता से, बैठे हैं मेहमान।
चमके मेरी चाँदनी, आ के बीच मैदान।।''

(बैठता है। सूत्रधार जाता है। दुलहन के कपड़ों में सीता आती है)

सीता : ''मैं हूँ सुंदर सीता, भगतनी राम की।
सीने मेरे घुसी, कटारी काम की।।
गई थी मैं बाग में, उठी सवेरे तड़के।

चोरी ताका पति को, बेलों भीतर खड़के।।
चेहरा मेरे चाँद का, कमलताल में लटके।
गोरी के कानों में जैसे, काला बाला मटके।।"
(बैठती है। सूत्रधार धनुष-बाण चौकी के ऊपर रखता है)

विद्यासागर : **(मज़ाक उड़ाकर)** लड़का है! लड़की के कपड़े पहने।

इंदु : **(दर्द दबाती)** लड़के और लड़की की पहचान कौन कर सकता है? आजकल?
(विश्वामित्र आता है)

विश्वामित्र : "मैं हूँ विश्वामित्र, महारिखी मशहूर।
तप, ताक़त, और अक़्ल के, बजे नगाड़े दूर-दूर।।
करके यज्ञ सम्पूर्ण, आया हूँ इस स्वयंवर।
साथ लाया हूँ दो गबरू, लछमण और रामचंद्र।।
सीता को जीतेगा, दशरथ-पुत्र राम।
हारेगा हुँकारी रावण, होकर जाएगा बदनाम।।
(बैठता है। बायें से, सत्यदेव! दायें से, राम! सत्यदेव आगे बायें खड़ा होता है)

राम : "मैं हूँ रामचंद्र, दुश्मन काटूँ बोटी बोटी।
धर्मी की करूँ राखी, पापी खाऊँ जैसे रोटी।।
पर हाय! मेरी सिया!
तूने क्या, टोना किया?
मैंने इश्क़ तेरे का,
ज़हर प्याला पिया।
फूल तोड़ती तुझको,
सवेरे मैंने देखा।
पर हाय, मेरी शरमीली,
तूने सिर नीचे क्यों रखा?"

सूत्रधार : **(ऊँचे, इशारा)** "सीता, शरमीली।
एकटिंग कर!"
(जनक समझ जाता है! ज़बरदस्ती सीता की ठुड्डी नीचे कर देता है।)

राम : "काश डराता हाथी,
कोई तुझको एकाएक।
गलबहियाँ डाल बचाता,
ज्यों बाड़ बचावे खेत।।"

(बैठता है। बायें से दुर्गा, दायें से लक्ष्मण। लड़खड़ाता हुआ लक्ष्मीदास दुर्गा को हार और थैली पकड़ाने लगता है)

लक्ष्मीदास : बहादुर हसीना। उस··· अछूत को··· रिश्वत दे दे।

दुर्गा : **(तीखी)** सीधा खड़ा हो।

लक्ष्मी : इम्पोर्टिड है। सिर्फ तेरे लिए मँगवाया।

(ठोकर मार कर गिरा देती है। फिर, खड़ा करती है)

दुर्गा : उठ।

लक्ष्मण : "मैं हूँ लछमण, राम भगत।
करे बड़ाई, कुल जगत।।
अपनी बीवी, छोड़ूँ घर पर।
सीता भाभी, रखूँ दिल पर।।"

(इंदुमती चोरी से आकर सत्यदेव को छूती है)

सत्यदेव : **(जागकर)** अरे! स्वयंवर हो चुका?

इंदु : कई महीने बाकी हैं अभी तो। सीता तो, वैसे, अपने राम को, सदा सीने से लगाए रखती है।

सत्यदेव : बेशक रावण ही उठाकर ले जाए।

इंदु : रावण कभी भी सीता की रूह नहीं छू सकता। सीता अपने राम के लिए तड़पती है—जन्म-जन्मांतर।

सत्यदेव : और राम को, रावण से जूझना पड़ता है—साल दर साल।

(अहिरावण आता है)

अहिरावण : "शहनशाह पाताल का
देखो मैं हूँ अहिरावण।
आया अक़्ल के तीर चलाने,
सुंदर सीता को ब्याहने।
रावण है मेरा जुड़वाँ भाई,
बदमाश है पक्का, और बदनाम।
कर चालाकी मैं छीनूँगा,
उससे सीता सा इनाम।।

विद्यासागर : गरज से बोला! प्रोफेसरों की तरह। यह ज़रूर जीतेगा।

(रानी सत्यदेव के पास जाती है। इंदुमती पीछे हट जाती है। रावण दाएं से, मोहिनी बाएं से। रावण के सिर टेढ़े हैं)

मोहिनी : **(मिन्नत करके)** इंदु! **(इंदु गुस्से से देखती है और दूर चली जाती है)**

सूत्रधार : **(ऊँची फुसफुसाहट)** "रावण! तेरे सिर!"

(रावण सिर ठीक करता हुआ ठहाके लगाता है)

रावण : ''रावण हूँ मैं तगड़ा, सोने की लंका है मेरी।
सीता को मैं करूँगा क़ाबू, ज़ोर लगे, या हेराफेरी।।
मेरी होगी जीत हमेशा, शिवजी ने है दिया यह मंत्र।
शक्लें बदलूँ, ज्यों छलावा, हो जाऊँ झट छू उडंतर।।
मेरी मुश्की सिया।
मेरा दिल छीन लिया।।
मैंने प्रेम प्याला,
नयनों से पिया।।
बना के रानी,
तुझे महल में रक्खूँ।
सेज की शोभा,
दिन-रात को चक्खूँ।।''

(बैठता है)

विद्यासागर : गऊ की क़सम! वही लड़की। **(मोहिनी के पास जाता है)**

जनक : ''भद्र मेहमानो! बहादुर योद्धाओ!
···भद्र मेहमानो! बहादुर योद्धाओ!'' ···

(दुखी, सूत्रधार की तरफ देखता है)

सूत्रधार : ''अपनी ताकत··''

जनक : **(झटपट)** ''याद आ गया'' **(ऊँचे)**
''अपनी ताक़त को, ज़रा जगाओ।
सामने पड़ा इनाम, बहु··· बहु···
(खीझकर, सूत्रधार से) बहु!!''

सूत्रधार : ''बहुत प्यारी सिया।''

जनक : ''··· बहुत प्यारी सिया।
वह बैठा है धनुष, शंकर का दिया।।
उठायो धनुष, चढ़ायो चिल्ला,
फेंको तीर निशाने में।
जोरू मिलेगी जानकी,
सुंदर कुल ज़माने में।।''

रानी : सत्तो, मान जा। पत्नी का हक़ बनता है। यह तो हमारे शास्त्रों में लिखा है।—तेरा गुरु, वह भी कहता था—सत्तो के साथ··

सत्यदेव : महादेव? मेरे गुरु ने कहा था? **(सँभल कर)** अगर हर चेला, हमेशा, अपने गुरु की तरह, कीचड़ में फँसा रहे, यह दुनिया कभी तरक़्क़ी नहीं कर सकती। माफ करना, मैं आपकी यह सेवा नहीं कर

सकता।

रानी : **(आँसू भरी)** तेरे भले की बात है। तेरा सपना : क़ौमों का एका करना।

सत्यदेव : रानी, मैं तुम्हारे, कालेजों में पढ़ने वाले, उन इनक़लाबियों जैसा नहीं, जिनके इनक़लाब की सीमा, कमर का निचला हिस्सा है।

जनक : **(हँसकर)** "हिम्मत नहीं पड़ी, पहल करने की?
डर गए, मेरे बहादुर योद्धा?
आवे हँसी है, सबके ऊपर,
बुला बैठा क्यों, इतने शुहदा!"

रानी : सत्तो, मैं तेरी हो चुकी हूँ। मुझे तेरी ज़रूरत है।

(पीछे जाती है)

अहिरावण : "जनक राजा, ख़बरदार।
बोली मत,ओए, मार।।
धनुष उठाऊँ, झट-पट।
तीर घुसेड़ूँ, फटा-फट।।"

(अकड़ कर जाता है। उठाने के लिए ज़ोर लगाता है)

विद्यासागर : एक ही रात, अप्सरा। सिर्फ एक बार।

मोहिनी : इतना मत ललचाओ, जी। ज़नानी का माँस कोमल होवे।

विद्या : **(जोश में)** कब? कब?

मोहिनी : **(अपने आपको)** मंत्री तो तू अच्छा बन सकेगा। बेटे-बेटियों बग़ैर।

विद्या : टुनाइट?

मोहिनी : **(हाथ मिलाकर)** जल्दी मिलेंगे! **(इंदुमती की तरफ जाती है)**

अहिरावण : **(पसीना पोंछकर)**
"री कंजरी कमान, तुझे आग लगे।
तेरे भड़वे बढ़ई का, न भाग जगे।
अगर मेरी बाँह, और मेरा तीर।
नहीं सकते, तेरी छाती चीर।।"

(जनक के दरबारी हँसते हैं। सूत्रधार जनक को उठने का इशारा करता है।)

सूत्रधार : "शश··· शश···"

(जनक नहीं सुनता)

राजा : **(दुर्गा के पास जाकर)** मल्लाह सभी, भिखारी सभी, शहद की मक्खियों की तरह पीछे पड़े हैं मेरे। क़ातिल पकड़ा नहीं क्या अभी तक?

दुर्गा : कोशिश तो कर रहे हैं, महाराज।

(कुछ देर बातें करके राजा बैठता है)

सूत्रधार : ''शश ....''

जनक : **(जागकर)**

''धनुष यह तगड़ा भारी,
उठा नही सकता कोई।
पति मिलने की पॉसिबिलिटी,
पुत्री, तूने खोई।।''

मोहिनी : **(प्यार में पागल)** इंदु!

इंदुमती : थूथन मत दिखा मुझे।

मोहिनी : **(मिन्नत करती)** मैं तेरे बिना ज़िंदा नहीं रह सकता। उस रात से लेकर, आज तक, इंदु, सच मान, जिस दिन से तूने ठुकराया है, मुझे नींद नहीं आती।

इंदु : साँप, दफा हो। नहीं तो, अभी, मैं पिता जी को बता दूँगी।

मोहिनी : **(हर लफ़्ज़ चुभो कर)** कहीं यह मूर्खता मत कर बैठना। फाँसी तू भी चढ़ेगी। मेरे साथ।

इंदु : चोर!

मोहिनी : वेश्या!

इंदु : धोखेबाज़!

मोहिनी : कंजरी!

(इंदु जख़्मी, अँधी, दूर हट जाती है)

रावण : **(गाता है)**

''गुस्सा न दिला मुझे, मूरख राजा।
मेरी छोटी उँगली, बजाए तेरा बाजा।।''

जनक : **(गाता है)** ''डींगें मत हाँक, सुन, नामर्द नाई।''

रावण : **(गुस्से से पागल)** ''गाली दी मुझे? दमड़ी के दग़ाबाज़ दर्ज़ी! **(सूत्रधार को)** देखा। ''नासमझ भाई'' की जगह, इसने जाने-बूझे कहा, ''नामर्द नाई।'' इसने शुरू किया, फिर से।

जनक : **(सच्चे पछतावे से)** ''मुँह से निकल गया। क़सम है मुझे। जानबूझ कर नहीं कहा।''

रावण : ''जानकर कहा तूने, कुत्ते।''

जनक : **(गुस्से में)** ''अच्छा! ऐसा, तो ऐसा सही। नासमझ, नामर्द नाई।''

रावण : **(पीटने दौड़ता है)** ''गरदन मरोड़ दूँगा मैं, साले! दादीख़सम, दुलत्तीमार, दारूपिया, दोमुँहा, दुराचारी, दोलिंगा, दोस्तमार, दरिद्री, दिवालिया,—दर्ज़ी।''

जनक : ''तू? नानीख़सम, नाककटा, नीच, नशेबाज़, नलीचोचो, नरकी, नंगा, नाख़ूनमार, नक़लिया, नाचार, निखट्टू, नामुराद, निहंग, निर्लज्ज, नासमझ, नपुंसक, नामर्द नाई।''

सूत्रधार : ''ओए चुप करो! स्टेज पर हो तुम लोग।''

रावण : ''पछताएगा तू, कुत्ते के पुत्र!''

जनक : ''माँ अपनी के ख़सम!''

(रावण धनुष के टोटे करके, सिर गिराकर, सूत्रधार को) ''पकड़ अपना, नाटक फाटक। मैं चला।''

(अकड़ से बाहर)

सूत्रधार : **(राजा को)** आइम सॉरी, सर। मना कर लाता हूँ मैं।

राजा : **(उठकर)** बस! अच्छा हुआ, या बुरा। धनुष तो टूट ही गया। रामलीला यहीं ख़त्म करो।

लक्ष्मीदास : **(पाप से काँपता)** बदशगुन हो गया! विष्णु का निरादर!

राजा : डर मत, लक्ष्मीदास। नाटक में गहरी बात नहीं होती। **('कलाकारों' को)** जाओ। दारू चढ़ाओ! और भुला दो, वैर विरोध।

कलासिद्ध : अपनी-अपनी प्रापर्टी इंचार्ज को संभाल कर जाना।

('कलाकार' जाते हैं। बाकी लोग, पार्टी की तरह, दो-दो, तीन-तीन खड़े होकर पीते हैं)

दुर्गा : सत्तो, कल तुझे मेरे साथ ज़रूर चलना है।

सत्यदेव : कहाँ?

दुर्गा : गुरु महादेव की कुटिया।

सत्यदेव : दुर्गा, तू ग़लत निशानों का पीछा कर रही है।

दुर्गा : **(उतावली)** ख़ाक और राख! मेरी बात क्यों नहीं सुनता तू? मैं यह नहीं कह रही—क़त्ल महादेव ने किया था। पर उस रात, क़ातिल, महादेव के पास, गया ज़रूर था। बेड़ी कुटिया के पास अटकी खड़ी थी। मल्लाह की लाश भी, छुरा घुँपा। होली की रात।

सत्यदेव : होली? उस रात तो मैं वहाँ गया था।

दुर्गा : तुम?

सत्यदेव : हाँ। माँ के साथ। **(याद करके)** शायद मरते हुए मल्लाह की चीख़ थी।

दुर्गा : तुमने सुनी थी?

सत्यदेव : अच्छा, दुर्गा, चलेंगे। पर कल नहीं। दीवाली को सही।

दुर्गा : भूलना मत। **(जाती है)**

मोहिनी : जज साहिब, एक नज़र, आशिक़ों को भी देख लिया करो।

सत्यदेव : सिर्फ एक नज़र? तेरे ऊपर तो, पूरी ज़िंदगी, आँख रखनी चाहिए।

मोहिनी : **(कान में)** नाव है, मेरे पास। मौज मस्ती वास्ते! मेरी मोरनी! संध्या वेला।

(राजा सत्यदेव के पास पहुँचता है। बाकी लोग पीछे हटके, अपनी बातों में मग्न हैं)

राजा : सत्तो, मैं तेरे बहुत गुण गाता हूँ। पुत्र है, तू मेरा। बिलकुल तेरे सरीखा था मैं। जवानी में! मैं भी चाहता था, हर आँख से, आँसू हटा दूँ!—पर मुझे राजगद्‌दी मिल गई। **(उदास)** और मैंने देखा : राज मैं नहीं चलाता। मैं तो कठपुतली हूँ। कठपुतली! जिसको नचा रहे हैं—पुजारी, और व्यापारी, और ज़मींदार! राजा तो ये लोग हैं, सत्तो। मैं कुछ नहीं था कर सकता। **(जोश में)** मैंने विरोध किया! ये कहने लगे, "जो राजा पुजारियों का हुक्म नहीं मानता, जो राजा लखपतियों का राखा नहीं बनता, उसको गद्‌दी से नीचे धकेलो। ज़ात बिरादरी से बाहर निकालो।" **(ढीला पड़कर)** मैं चुप हो गया। गला घुट गया मेरा।… देश की बागडोर, मैंने, इनके हाथों थमा दी। और अपने आपको, तनख़ाह लगाकर, अलग हटा लिया।—मुझे नफरत है। अपने आपसे।—पर मैं हुआ करता था, तेरे जैसा।—तुझे पता है? बचपन में, मैं, यतीम था? **(आँसू पीता)** पिता के बग़ैर! छः साल! बिना बाप का बच्चा! और मेरी माँ! शकुंतला! अभागिन! सारी उम्र, दुःखों की चिता में। यतीम थी वह भी। एक 'अप्सरा' की बेटी। 'ऋषि' की संतान। जिसको माँ-बाप ने जन्मा, और फेंक दिया। शरम के मारे। 'इज़्ज़त' के मारे। और पराए पुरुष ने पाला। कण्व ऋषि ने पाला। और जवान हुई तो? एक बाहमण ने, सराप दे दिया। एक राजा ने, इज़्ज़त लूटी। इज़्ज़त लूटी, और थूक कर चला गया। **(संभल कर)** पर वाह! वे बरस, जो मैंने वन में बिताए! आश्रम में काटे। मैं नहीं था जानता, ज़ात क्या होवे? अमीर कौन होवे? ग़रीब कौन होवे? शेरों से खेला! मैं हरिणों से खेला! कुछ फ़र्क नहीं था पता मुझे। स्वर्ग था! निरा स्वर्ग!—**(धीरे)** और फिर, एक दिन, पिता जी पहुँचे। हमें 'शहर' में ले आए। हस्तिनापुर! और क्या देखता हूँ मैं? शहर में, भिखारी! मँगतों के टोले! गंदगी में लिबड़े! मक्खियों के खाये! और गुलाम। और अछूत। चमार! चूहड़े! चाँडाल। कुलबुल करते। गू के कीड़े। मुझे घृणा हुई। घृणा! और ख़ून खौल उठा मेरा।

बग़ावत से। और मैंने सपने देखे। सपने! ख़त्म कर दूँ। जुल्म! बेइनसाफी!—और शहर में वही प्यार, वही यारी, वही अमन चैन ले आऊँ, जो मुझे, वन में मिले थे। आश्रम में मिले थे।—पर मैं कुछ नहीं कर सका। सत्तो,, मैं कुछ नहीं कर सका। घृणा है मुझे, अपने आपसे! घृणा!—**(घमंड से)** पर मैं संविधान में तबदीलियाँ लाया। तेरी ज़ात को, ओहदे दिए। ज़ातपात तोड़ी। मैंने! चंद्रवंश के जवाहर ने! राजा भरत ने! और किसी में हिम्मत नहीं इतनी।—**(मुजरिम)** पर मैं तुझे अभी बताए देता हूँ। मेरे भरोसे मत रहना। खार खावें तेरे साथ। सबके सब।—**(आँसू भरकर)** अगर मेरा एक पुत्र होता, तेरे समान! राज, जैसा मुझे मिला था, मैं उससे भी ख़राब छोड़े जा रहा हूँ।—पर मैं आदमी बुरा नहीं, सत्तो। मैं बुरा था नहीं।

सत्यदेव : महाराज, मैं आपका बहुत मान करता हूँ।

राजा : **(ख़ुश)** सचमुच? पर ध्यान रखना, पुत्र। बचकर।

कलासिद्ध : महाराज, प्राइवेट शो। ऑल फिमेल कास्ट।

राजा : **(ऊँचे)** चलो अब। कल्लोल देखें। महलों की परियों के।

(जाता है। बाकी भी, बारी बारी)

रानी : आएगा न तू?

सत्यदेव : नहीं, रानी।

रानी : **(ज़हरीली)** आना! वरना, जान बचा कर रखना। **(जाती है)**

लक्ष्मीदास : **(दुर्गा को)** जाल में फँसा। पैसा जितना मरज़ी ले लेना। **(जाता है)**

मोहिनी : **(विष भरी)** मेरे किए को, अब तू, अनकिया, नहीं बना सकती।

इंदुमती : **(डंक खायी)** मेरे भगवान!

विद्यासागर : **(सत्यदेव को)** कमिशन का प्रेज़िडेंट होने के नाते, सत्तो, मैं तुझे मशवरा देता हूँ। चल, डेडलॉक का हल निकालें।

सत्यदेव : तेरी शर्तों पर नहीं।

विद्या : **(आसमान से)** मैं होता अगर सत्यदेव। मैं राज़ीनामा कर लेता।

सत्यदेव : **(कीचड़ के कीड़े को)** मैं भी राज़ीनामा कर लेता, मैं होता अगर 'विद्यासागर'।

विद्या : **(कूदकर, मोहिनी को, शायराना)** स्वर्ग से उतरी सुंदरी! इंद्र की सेज से उठी अप्सरा!

मोहिनी : वचन पक्का! **(सत्यदेव के पास जाती है)**

विद्या : **(इंदुमती को)** मेरे सेमिनार में

(इंदु मोहिनी की तरफ देख रही है। विद्यासागर, हारकर, जाता है)

मोहिनी : मोरनी के अंदर! संध्या की आरती के वक़्त! **(जाती है)**

(इंदुमती दौड़कर, सत्यदेव के गले में बाहें डालकर रोती है)

इंदुमती : चुड़ैल को मत बुला, सत्तो! कहीं ले चल मुझे! दूर ले चल!

(दोनों धीरे-धीरे चलते हैं। कोने में खड़ी दुर्गा दोनो को देख रही है)

(अँधेरा)

दृश्य : 9

महादेव की कुटिया : दीवाली

(दूर से, पटाखों की आवाज़। किसी आतिशबाज़ी की चमक। मूर्तियों के आगे दिए। महादेव बूढ़ा और कमज़ोर : दाढ़ी सफ़ेद है)

सावित्री : एक कौर! मेरे हाथ से!

महादेव : **(हिचकी लेकर)** मोहिनी ला दो मुझे। मेरी मोहिनी।

सावित्री : खाए बिना आदमी ज़िंदा कैसे रहेगा?

महादेव : सती हो जाऊँगा! मैं मर जाऊँगा?

सावित्री : कहाँ से ला दूँ मैं तुझे? तेरी मोहिनी? तू बताता भी नहीं—वह है कौन?

महादेव : मैं बता नहीं सकता। मुझे मार डालेगी वह। निर्दयी!—वचन दिया था मुझे। कहती थी, आया करूँगी। जल्दी जल्दी।

सावित्री : **(शेर का पंजा बनाकर, काली बनकर)** एक बार मेरे हाथ लग जाए, रंडी। आँखें निकाल लूँ, खुरच कर। जिगर चीरकर, ख़ून पी जाऊँ।

महादेव : छोड़ गई मुझे! अकेला! कोई नहीं मेरा! आज मेरा कोई नहीं!

सावित्री : गुरु, मैं हूँ तेरी। मुझे किसी की परवाह नहीं। मैं सदा तेरी रहूँगी।

महादेव : मेरी मोहिनी!

सावित्री : क्यों जान खोवे तू? इस तरह? **(उठकर)** बिस्तरे के पास रखने लगी हूँ। खा लेना, ज़रूर।

(कुटिया में ले जाती है। मोरां आती है)

मोरां : बहन, कैसा हाल है आज?

सावित्री : कोई फ़र्क नहीं। सूखता ही जा रहा।

मोरां : कर्मों का चक्कर है, बहन।

सावित्री : हाँ। लेना-देना होता है, पिछले जन्म का। उसकी बातें, वही जाने। तू? कैसे आई?

मोरां : **(रोने को)** पुत्र मेरा! क़बीले की औरतें! पंचायत लगा कर बैठी हैं।

बिरादरी से बाहर निकालने को।

सावित्री : कुतिया कहीं की! सत्तो बेचारे ने, इतना कुछ किया, इनके लिए।

मोरां : गुरु के पास आई थी मैं।

सावित्री : तुझे दिखती है, हालत।

मोरां : कहते हैं, मंत्री का पुत्र, मोहन कुमार। **(महादेव सिर उठाता है)** उसने, तीस मोहरें भेजी हैं। धन्नो नंबरदारनी को। **(रोती हुई)** मेरा पुत्र, मार देंगे ये।

सावित्री : दिल छोटा मत कर। काली माँ बचाएगी सत्यदेव को। **(महादेव को)** मैं जा रही हूँ। रोटी ज़रूर खाना। कल कौन सी चीज़ खाने की रूह करे? **(वह सिर हिलाता है)** अच्छा, हौसला रख। **(जाती है)** **(वक़्फ़ा। धन्नो आती है)**

धन्नो : हुं।! यहाँ आई है? टोना करने? हमारा ख़ातमा करने?

मोरां : नहीं, नंबरदारनी।

(सत्यदेव और दुर्गा, चोरों की तरह पीछे आते हैं। सत्यदेव ने काली चादर से चेहरा आधा ढका हुआ है, जैसे दूसरे दृश्य में मोहनकुमार ने ढका था।—पर दोनों झट पीछे हटते हैं)

धन्नो : जादू मत चलाना। नहीं तो जानती है तू—नतीजा! सुन ले, पंचायत का फैसला। कल शहर जा। ख़सम को कह, सत्तो को, 'ओहदा छोड़ दे।' नहीं तो, तू, और तेरा बछड़ा, काशी क़बीले से बाहर!—गुरु, सुना तुमने भी? कहीं, बाद में गला फाड़ो? हम पर?

मोरां : धन्नो, कसूर कौन सा है? मेरे लाल का? कसूर हो कोई तो—

धन्नो : कसूर? मुझे पूछे तू, कसूर उसका? अक़्ल कौन सी खूँटी बाँध के आई हो? दूसरी ज़ातों में घुसना, कसूर नहीं होता? उन जैसे कपड़े पहनना, कसूर नहीं होता? साथ बैठ के खाना, कसूर नहीं होता? भाईचारे के तौर तरीके छोड़ना, कसूर नहीं होता? पराई ज़नानियों संग बोलना, दारू पीना, कसूर नही होता? वह तो, मैंने पंचायत की मिन्नत की, रहम करो, छोकरे पर। **(गाँव की तरफ बाजू करके)** नहीं तो, पता तुझे? वे सारी औरतें, राजा के पास जाने को तैयार खड़ी हैं। फाँसी लगवाने! तेरे कँजर को!

मोरां : **(रोती हुई)** मेरे कन्हैया! किधर गई, तेरी कुर्बानियाँ।

धन्नो : कुर्बानियाँ! किस माँ को चरावे तू? कौन नहीं समझता? तेरे सँपोले की चाल? वह वेश्या? राजे की बेटी। एक बार हँस कर बुला लिया। तेरा बछड़ा, समझने लगा—राजगद्दी नांद में आ गिरी है। समझे, उड़ के, स्वर्ग को पहुँच जाएगा। त्रिशंकू की तरह। राजा

बनेगा। मूर्ख! देवता मर गए क्या? जैसे, राजगद्दी झुनझुना हो। इस जैसे कुत्तों की हवस पूरी करने वाला, झुनझुना।

मोरां : नेता बनता था, इनका, मेरा पुत्र!

धन्नो : 'नेता'! ज़रूर नेता है, वह हमारा! हर मतलबी गुंडा, नेता कहलावे, आजकल। शिव जी बचाए हमें, ऐसे नेता से।

मोरां : मैं जाकर शहर से ले आती हूँ, सत्तो को। हम तुम्हें पाँच ताज़ी ब्यायी गऊएँ दे देंगे। बहन, बेशक मुझे मँगती बनना पड़े। गली गली भीख माँगनी पड़े। लड़के का दहेज में ज़रूर पूरा करके दूँगी तुझे।

धन्नो : अक़्ल ठिकाने है तेरी? इतना अनर्थ होने के बाद, तू समझे, मैं तेरे कटरे को, अपनी बेटी के ख़समो में शामिल करूँगी? पता है, क्या कहें लोग? शहर में? मुझे एक भंगिन ने बताया। "दुर्गा का रखैल! दुर्गा का यार।" यह बुलावें हैं तेरे सत्तड़ो को। और तू सपने लेवे, धन्नो नंबरदारनी, उसको जमाई बनाएगी, अपना। वाह! सिर की ख़ैर माँग तू, अपने 'कन्हैया' की!

(अँधेरी की तरह बाहर जाती है। सत्यदेव खाँसता है। महादेव झट से उठता है)

महादेव : मोहिनी!!!

(दुर्गा हैरान और ख़ुश)

मोरां : सत्तो! मेरे लाल!

(महादेव बेहद निराश। हिचकी लेता बैठता है)

सत्यदेव : बस, माँ। चुप।

मोरां : धन्नो कहती—

सत्यदेव : मैंने सुन लिया, सब कुछ। गुरु—

(मोरां इशारे से मना करती है)

दुर्गा : हे भगवान! कैसी कैसी बातें करें लोग। तेरे और मेरे बारे में।

मोरां : गाँव को लौट आ। मोती के पास लौट आ।

दुर्गा : क्या करोगे अब? छोड़ दोगे? ग़रीबों की ख़ातिर लड़ना?

सत्यदेव : **(बक्फ़ा)** कई महीने हुए, जब, धन्नो ने मुझे बताया। पहली बार बताया। मेरे अपने लोग, इलज़ाम लगा रहे हैं, मेरे पर, राजा बनने का! मैं, दुर्गा, मैं झूठ नहीं बोलता, वह चोट लगी, मेरे होश उड़ गए। मैं घूमता रहा, बगीची में। सारी रात! सूली पर टँगा हूँ, जैसे। विश्वासघात! सत्यदेव के साथ! मुझे लगा, भगवान ने त्याग दिया है मुझे। **(शांत)** पर अब, दुर्गा, अब इतना दर्द नहीं होता।

दुर्गा : नीयत! तेरी नीयत को कितनी बुरी समझते हैं।

सत्यदेव : **(मुस्करा कर)** बेचारे! अच्छी नीयत की बात, नेक नीयत की बात, ये लोग सोच ही नहीं सकते। इनका कसूर भी कोई नहीं। सारी ज़िंदगी, ग़रीबी की ज़िंदगी! दुःखी! तंगी के मारे। लड़ते हैं। आपस में। जैसे, मुरदा ढोर के, मांस के, एक-एक टुकड़े के लिए, हड्डा रोड़ी के कुत्ते लड़ते हैं।—ये लोग, आदमी को, पशु से ऊँचा समझ ही नहीं सकते। पशु सरीखा भुक्खड़, लोभी, कामी, समझते हैं। ग़रीबी की लानतों में से, यह लानत, सबसे बुरी है : मनुष्य को मनुष्य न समझ सकना।

मोरा : **(चिनगारी)** यह सब कुछ तू करता किसके लिए है?

सत्यदेव : सच पूछो तो, किसी के लिए नहीं। किसी ख़ास क़बीले के लिए नहीं।

दुर्गा : क्या! आदिवासियों के लिए नहीं? बेज़मीनों के लिए? अछूतों के लिए?

सत्यदेव : नहीं, दुर्गा। अब मैं किसी एक क़बीले को 'अपना' नहीं समझ सकता। अब, मुझे कोई भी क़बीला 'पराया' नहीं लगता।

मोरां : मरने किसके लिए जा रहा है, फिर तू? मेरी बलि तू किस लिए दे रहा है?

दुर्गा : क्षमा करना मुझे, सत्तो। मैं तेरी बहुत इज़्ज़त करती हूँ। फिर भी, मुझे लगता है, तू सातरंगे इंद्रधनुष को पकड़ने भाग रहा है। कई बार, सयानापन इसी में होता है, रक्षा इसी में होती है, कि आदमी—पीछे हट जाए। हार मान ले। जैसे तैसे, राज़ीनामा कर ले। समझौता कर ले।

सत्यदेव : **(शांत, मन का पक्का, संत)** नहीं, दुर्गा। मेहरबानी तेरी।—मैं, राज़ीनामा नहीं करूँगा। समझौता नहीं करूँगा। मैं चाहता हूँ अपने आपकी आँखों में देख सकूँ। सत्यदेव की आँखों में देख सकूँ! हमेशा! अब मैं, सिर्फ, अपने लिए कर रहा हूँ। मैं इसलिए कर रहा हूँ—इसको करना लाज़िमी है। मैं इसलिए कर रहा हूँ—आत्म-घृणा के दानव से टक्कर ले सकूँ! भगवान जानता है मेरा, 'अपने आपके लिए नफरत'—इस जैसा, मारू दानव, और कोई नहीं! मुँह लटकाए घूमना। कोनों में बैठे रहना। काम न कर सकना, कोई भी। बेहिम्मती। ढहा दिल। इन भूतों के आगे भागना। हौसला हार के, सारी उम्र, मामूली आदमी बने रहना। डरपोक बने रहना। बौना बने रहना। **(घमंड से)** नहीं। सत्यदेव समझौता नहीं करेगा।

मरे या जिये, सत्यदेव वही करेगा, जो उसके भीतर बैठा भगवान कहता है।

दुर्गा : **(रुक कर, गंभीर)** तेरा अंत तो मैं नहीं पा सकती। मेरी रूह कहती है, तू सही कर रहा है। **(घुटनों पर गिरकर)** मेरी एक मनोकामना पूरी कर दे, सत्तो।

सत्यदेव : बोल, दुर्गा।

दुर्गा : **(आँसुओं में से)** मैं पापिन थी। अवगुण भरी। तूने तार दिया मुझे। हूँ तो मैं इस क़ाबिल भी नहीं, कि तेरे पैर धो सकूँ पर सत्तो, मुझे, अपनी—बहन बना ले।

सत्यदेव : **(उठाकर)** मेरी शक्ति, मेरा सिपाही, मेरी बहन ही तो है तू, इतने चिर से।

दुर्गा : धन्य भाग मेरे, भैया।—माँ, अब तेरी भी एक बेटी हो गई।

मोरां : **(गले लगाकर)** मैं जानती हूँ, इस छोरे को। हठ करे। बाप की तरह। पर तू, दुर्गा, ढाल बनके रहना, इसकी।

दुर्गा : **(ठोक कर)** जब तक, कपतान शेरसिंह की बेटी की रगों में ख़ून दौड़ता है, कौन है, जो मेरे सत्तो को बुरी आँख से देख सके?

मोरां : **(आँसू पोछकर)** गुरु भला करे, बेटी तेरा!—अरे सत्तो सौदायी! आधी रात हो गई। घर चल। मोती रंभा रही होगी। उदास खड़ी।

सत्यदेव : गुरु, उठ। सो जा, अंदर। **(चला कर ले जाता है)** कोई सेवा बता, गुरु।

(अंदर ले जाकर दरवाज़ा बंद करता है। मोरां काली के आगे)

मोरां : इधर आ। माँ से असीस ले।

दुर्गा : तू ने ध्यान दिया था? 'मोहिनी' पुकारा था उसने तुम्हें।

सत्यदेव : इससे कुछ साबित नहीं होता।

दुर्गा : तू भी, बस, जैसे माँ कहती है, सौदायी रहेगा।

मोरां : बातें ख़त्म नहीं हुई अभी?

दुर्गा : मैंने पूछना था, गुरु से—

सत्यदेव : गाँव पहुँच कर, जो पहली ज़नानी मिली, उससे पूछ लेना। सभी जानती हैं, कौन से काले जादू में नन्हे मुन्ने की बलि देते हैं।

दुर्गा : अच्छा, रहने दो।

(तीनों काली के आगे)

मोरां : हे काली माँ—

दुर्गा : दानवों का नाश कर!

सत्यदेव : देवताओं की रक्षा कर!

(अँधेरा)

दृश्य : 10

शहर का बाग

मोहिनी : गुलाब की क्यारी है न? वह? सूर्यमुखी के पीछे? **(लड़का सिर हिलाता है)** वहाँ बैठ। आँख रखना। इन बेलों पर।

भद्रसेन : जब मोहिनी सत्यदेव को वहाँ ले जाए, एकदम—

मोहिनी : नहीं। रुको, थोड़ा चिर। जब हम दोनों बैठ जाएँ, तब! मैं चीख मारूँगी। दौड़ जाना। शोर मचाता।

लड़का : "अछूत! ब्राह्मण की बेटी से। जबरजनाह।"

मोहिनी : शाबाश! सीधा, तीर की मानिंद। उस भीड़ के पास।

लड़का : अशोक के पेड़ों तले?

भद्रसेन : हाँ, सपेरे के इर्द-गिर्द। हमारे आदमी खड़े हैं वहाँ। वे आदमी इधर को भाग पड़ेंगे। पर तू, तू दौड़ता जाना। आगे को। दूसरी भीड़ के पास। वोह! बाज़ीगरों के इर्द-गिर्द। समझ गया? **(लड़का सिर हिलाता है)** छिप जा। गुलाबों में।

(लड़का दायें जाता है)

मोहिनी : **(दूर देख कर)** वोह रथ, उसका नहीं? फाटक के पास?

भद्रसेन : आ गया। अच्छा, ध्यान से!

मोहिनी : चौकन्ने कर दे। बिजली की तरह!

(भद्रसेन दायें दौड़ता है। मोहिनी बेचैन, घबराई हुई)

विद्यासागर की आवाज : नहीं! ग़लत है।

मोहिनी : सत्यानाश!

(पीठ कर लेती है। विद्यासागर और विद्यार्थी आते हैं)

विद्या : रिसर्च पेपर में लाज़िमी है कि जितनी अलग-अलग दलीलें हों, उनका जवाब दिया जाए। मनु, याज्ञवल्क्य, चाणक्य तक ने भी, वे इनकन्सिसटेंसियाँ निकाल कर नहीं दिखायीं, जो मैंने दिखायी हैं!

विद्यार्थी : जी, मैंने इन लेखकों का हवाला दिया। फुटनोट में।

विद्या : पर तू लेटस्ट इंद्रप्रटेशनों को तो छोड़ ही गया। इस प्रॉब्लम पर मेरा आर्टीकल—जिसका, लगे हाथ मैं तुम्हें बता दूँ, माइनॉरिटीज़ कमिशन के कुछ मेंबरों ने सरगर्म स्वागत किया है—भारतवर्ष की ग़रीबी और पिछड़ेपन पर जितना लिट्रेचर लिखा है, उसमें, मेरा आर्टीकल एक मील-पत्थर है··· अ··· अ··· मैं क्या कह रहा था?

विद्यार्थी : **(ज़ोर देकर)** आपका यह कहना सरासर ग़लत है—कि—मुल्क की मुसीबतों का एक ही कारण है : बढ़ती हुई आबादी। धन दौलत का, ज़मीन जायदाद का, बेइंसाफी वाला बँटवारा—

विद्या : देख, ओए! विदेशों से आए, उलटे सीधे विचारों ने, तेरा दिमाग़ ख़राब कर दिया है। मैं जानता हूँ, इन वेस्ट के थिंकरों को। आज तुम, इनकी बात मानकर, ज़मीन जायदाद साँझी कर लो। कल को, तुम कहोगे, औरतें और बच्चे साँझेकर लो। बस, हो गया सत्यानाश! हमारी पुरातन सभ्यता का। कल्चर का। सुन लौंडे!—आदमी का स्वभाव, उसकी नेचर, कोई फिलॉसफर, कभी नहीं, बदल सकता।

विद्यार्थी : सूअर।

विद्या : **(उछल कर)** क्या?

विद्यार्थी : आपकी निगाह में, आदमी तो, सूअर है। कीचड़ और गंद मंद में लोटता हुआ, सूअर! सिर्फ अपना पेट भरने ख़ातिर।

विद्या : तू ईडियट है। रोमांटिक फूल। **(समझाकर)** हमारे क़ानून, हमारी सरकार का ढाँचा, समाज का ढाँचा—सब एक बात पक्की मान कर बनाने चाहिएं। आदमी, सब आदमी, औरतें, लोभी हैं। खुदग़रज़ हैं। कामी ढोर हैं। **(मोहिनी को देखकर)** गऊ माँ की क़सम! मोहिनी!— देख, ओए, अगर तू इन विदेशी, बेसिर पैर के विचारों की दलदल में धँसा रहा, तुझे, इस पेपर में, पास मार्क्स नहीं मिलेंगे?—मेरी एक अपाइंटमेंट है। गुड नाइट!

विद्यार्थी : कामी-सूअर! **(जाता है)**

विद्या : मेरी मेनका! वाह वाह! यहाँ मिल गई!

मोहिनी : अकेली ठहरना है मुझे। तू जा। झटपट!

विद्या : **(शांत, दृढ़)** इतनी जल्दी कैसे, मेरी सुंदरी? आ—बेलों के पीछे।

मोहिनी : **(घबराई, इधर-उधर देख कर)** विद्या, जा! तुरंत! इस वक़्त मैं बात नहीं कर सकती। फिर कभी। बाद में।

विद्या : हूर परी, एक बार से तो मेरी भूख और बढ़ गई। महीनों बाद

मिलाप हुआ है। मुझ से तू इतनी जल्दी नहीं छूटेगी।

मोहिनी : जा। नहीं तो मैं—**(जूते से पीटती है)** बहन को फँसा! माँ को फँसा!

(दायें से सत्यदेव आता है)

सत्यदेव : ज़रा दम ले ले, लड़की।

मोहिनी : हरामज़ादा! सूअर!

सत्यदेव : प्रोफेसर भारद्वाज!!

विद्या : मैंने कुछ नहीं किया, सत्तो। विष्णु क़सम, कुछ नहीं किया। मैं तो सीधा सेमिनार से चला आ रहा हूँ।

सत्यदेव : ठीक है, विद्या, दौड़ तू। यह पढ़ाओ-और-हाथ—लगाओ वाला टोटका, हर लड़की पर मत चलाया कर।

विद्यासागर : मैंने कुछ नहीं कहा।

सत्यदेव : हाँ-हाँ। जा अब।

विद्या : **(चारों तरफ देखकर)** शुक्र है, भगवान का। किसी ने मुझे देखा नहीं। वरना, इनसल्ट हो जाती। **(जाता है)**

(चाँदनी पूरी तरह फैल चुकी है)

मोहिनी : धन्यवाद, मेरे कृष्ण जी। इज़्ज़त बचा ली मेरी।

सत्यदेव : अकेली हो? क्यों?

मोहिनी : मेरा गोपाल है मेरे साथ।

सत्यदेव : बाग में, अकेली लड़की का घूमना मना है। जा!

मोहिनी : तुझे ही तो मिलने आई हूँ मैं?

(लड़के की चीख़—झट बंद)

सत्यदेव : मैं दौरे पर हूँ। सो, चलती हो।

मोहिनी : इतना निर्मोही मत बन, सत्तो। बट्टा मत बन। एक बार, सिर्फ। आ। बैठ मेरे पास।—कुछ दिनों बाद, मेरे पिता तीर्थों से लौट आएँगे और मैं वापस पंजाब चली जाऊँगी। आ!

सत्यदेव : सुंदर तो तू—

(मोहिनी नज़दीक खिसकती है)

दुर्गा : **(दूर से चीख़)** सत्तो!!! हाथ मत लगाना!! **(नंगी तलवार पकड़े, हाँफती हुई आती है)** क़ातिल है। ज़हर लगाई, होंठों पर। साज़िश है। भाग चल! अभी! एकदम! दौड़!

सत्यदेव : **(ठंडा)** पहचाना नहीं इसे?

दुर्गा : मैं नहीं जानती, कौन है यह। रथ को! सीधा। इसके साथ मैं निपट लूँगी।

सत्यदेव : **(सख़्त)** कोई वक़्त हुक्म मानने का भी होता है।

दुर्गा : **(हठी)** कोई वक़्त हुक्म उदूली का भी होता है!—**(ताकीद करती)** सत्तो, तुझे बाद में बता दूँगी। सब कुछ। अब जा। रथ में।

मोहिनी : बड़ा अफसर कौन है भला?

दुर्गा : मैं हूँ, बड़ा अफसर। मैं! दुर्गा उग्रा! कपतान शेर सिंह की बेटी! राजा के जज की रक्षा मेरा ज़िम्मा है। सत्तो का कोई दख़ल नहीं, मेरे इस काम में। सुना तूने?

(दूर से चीख़ें : ''साँप! साँप! पकड़ो! साँप!'' भद्रसेन का रुदन : ''बचाओ! मुझे बचावो! साँप से।'')

दुर्गा : री ज़हरीली। अपने आदमियों को समझा देना। कुछ सपेरे मारू साँप रखते हैं। और नन्हें बच्चे मत बरतो। उस लौंडे को खोल जाके। दफा हो। नहीं तो मैं, अभी हथकड़ी लगा लूँगी—बग़ैर लाइसेंस के, गाहक फँसाने के जुर्म में।

मोहिनी : **(आँसुओं में से)** तुझे प्यार करने का, यह फल मिला है मुझे। रोज़, तेरी इंतज़ार करती रही। **(जाती है, दायें)**

दुर्गा : त्योरी मत चढ़ा, सत्तो। यह हो, या कोई और। साज़िश है ज़रूर। पक्की! यह, यह काग़ज़! चंद मिनिट पहले, वह सपेरा, वह अपना मुलाज़िम है। उसने देखा, भीड़ में फुसर-फुसर चल रही थी। और भद्रसेन! एक-एक के पास गया। हमारा जासूस, वह बोला, ''जादू का खेल देखो!''—इस काग़ज़ पर लिखा। संदेश घसीटा। तू जानता है न, खेल? काग़ज़ को फुर्र करके, कबूतर बना देना! संदेश कबूतर के गले बाँधा। और उड़ा दिया! शुकर करो, मैं दूर नहीं थी। रथ में थी। तैयार खड़ी। कबूतर मेरे कँधे पर उतरा। मैं उड़कर आ गई। तेरे पीछे। सचमुच लौंडा था। वहाँ। तुम दोनों को ताक रहा। दौड़ने को तैयार। गुलाबों में! मैंने मुँह बाँध दिया। पैर बाँध दिए।

सत्यदेव : **(हँसकर)** कमाल है, दुर्गा तेरा दिमाग़ भी, क्या कुछ, गढ़ सकता है।

दुर्गा : हाँ, हाँ, आज सवेरे, पता है? हमारे बाज़ ने क्या पकड़ा! एक कबूतर! संदेश ले कर जा रहा था। हस्तिनापुर को। ग़ैरकानूनी डाक का महकमा खुला है! राजा को इत्तलाह करनी चाहिए। आज ही!

सत्यदेच : अच्छा, बाबा, चल। पर मोहिनी को मत सताना। मैं उसकी रग पहचानता हूँ। और वह है भी हमारी मेहमान।

दुर्गा : मेहमान!! दादी लगे तेरी! रथ को!

(बायें जाते हैं। वक़्फ़ा। लड़का आता है। मोहिनी को इशारा करता है। वह आती है)

लड़का : गए! रथ में!

मोहिनी : हाँ। तू जा! शाबाश!

(लड़का बायें जाता है। दहला हुआ भद्रसेन आता है)

भद्रसेन : क्या हुआ? आया तो था, यहाँ।—हाय विष्णु! फनियर साँप! मर जाता मैं! पिटारी से छूट गया। मेरी टाँगों के इर्द-गिर्द—लपेट में जकड़ लिया!! हाय!! लहू सूख गया। दूसरा जन्म समझ मेरा!—हाँ, तो, क्या हुआ?

मोहिनी : रखैल उसकी, आँधी की तरह बरस पड़ी। लगा ही था, चूमने।

भद्रसेन : दुर्गा? वह कैसे आ गई? उसने तो छते कुएँ वाले चौक जाना था। मेरे जासूसों की ख़बर थी।

मोहिनी : **(गहरी घृणा से)** तेरे जासूस! नामर्द कहीं का! वह माँ तेरी, सारा भेद जान गई।

भद्रसेन : क्या! उसे कैसे पता चल गया?

मोहिनी : सपेरा, तेरा बापू, जासूस है। और वह फनियर! पटारी से 'छुटा' नहीं था। जान के छोड़ा गया था। तेरे आदमियों में भगदड़ मचाने के लिए।

भद्रसेन : पकड़ लेंगे अब, हमें।—मोहन क्या कहेगा?

मोहिनी : मोहन को चाहिए, तेरी खाल उधेड़ दे।

भद्रसेन : **(काँपता हुआ)** मोहिनी, अब क्या करें?—**(नई चाल सूझने पर, उछल कर)** समझ गया! मैं समझ गया—आज रात को, मैंने क्या करना है। भीड़ से क़त्ल करवाने के बारे में भूल जा। मैं उसके घर, अपना गुलाम भेजूँगा। उसके कमरे में। साँप, तीन चार साँप, छोड़ देगा। **(चुटकी बजाकर)** दिन चढ़ने तक, ख़त्म! मरा पड़ा!

मोहिनी : ख़ूब। अब उन्हें अपना गुलाम पकड़वा दे। ताकि, कोड़े मार-मार के, दुर्गा गुलाम से हम सब के नाम पूछ निकाले! क्या दिमाग़ है!

भद्रसेन : इधर गुलाम ने साँप अंदर फेंके, उधर मेरा छुरा उसकी पसलियों के आर-पार।

मोहिनी : ऐसे सत्तो ज़रूर मरेगा! सारी उम्र साँपों भरे जंगलों में काटी उसने। और तू? तू साँप भेज रहा है, उसे डसने? बन्दर भी कभी साँपों से मरते हैं? नेवले भी कभी साँपों से मरते हैं? वह तेरे गुलाम की गर्दन मरोड़ देगा। साथ में तेरी भी।

(वक़्फ़ा)

भद्रसेन : **(बेबस)** अब हम करें क्या?

मोहिनी : **(संभल कर)** जा, घर जा। मोहन को मैं बता दूँगी।—अपने आदमियों को कह, 'जासूसी बँद करो। कुछ दिन, ढीले चलो। लोगों को भड़काओ। घर-घर जाओ। बसंत के मेले पर! एक आवाज़ से! मौत माँगो उसकी! चौकन्ने रहो।''—**(जोश में)** मैं सँभाल लूँगी। अभी भी, मोहन सँभाल लेगा। तेरा कुछ नहीं बिगड़ेगा। रानी हमारी सहायता करेगी। मोहन मजबूर कर देगा रानी को। और धन्नो! काशी क़बीले के कई बंदे! हमारे धड़े में हैं। उसको दग़ा देंगे। हम जान से मार देंगे। वन का फनियर साँप, हमारे शहर से, अपने सिर का, टोटा टोटा, करवाए बग़ैर, नहीं निकल सकता! कभी नहीं निकल सकता!

(इकट्ठे मुस्कराते हैं)

(अँधेरा)

दृश्य : 11

शाही बाग : बसंत

(खुला दरबार, दृश्य 1 की तरह। नौकर आख़िरी हार टाँग रहा है। कलासिद्ध निगरानी कर रहा है। हाथ में मोटी किताब उठाए, बिद्यासागर आता है। पीछे ही मोहन कुमार, लक्ष्मीदास, हीरासिंह और धन्नो। नौकर जाता है)

विद्यासागर : बसंत मुबारक, कलासिद्ध।

कलासिद्ध : नया साल मुबारक! वाहवाह! **(कुरता सूँघ कर)** बड़े बाँके बने हो।

विद्या : ख़ास दिन जो हुआ, आज।

कला : विष्णु क़सम, है तो ख़ास। **(उँगलियों पर गिनकर)** स्वयंवर, एक। ताजपोशी, दो। विदाई, तीन। मुश्किल हो गया, मेरे लिए : डैकोरेशन्ज़ में, तीन थीमों में से, किस थीम पर ज़ोर दूँ?

विद्या : **(किताब दिखा कर)** भारी बड़ी। कहीं रख न दूँ?

कला : गिफ्ट है?

विद्या : **(घमंड से)** माईनॉरिटीज़ कमिशन की—रिपोर्ट।

मोहन : **(हँसी उड़ाता)** अड़ंगा पड़ा था। कई महीनों से!
(हँसी)

विद्या : डैडलॉक हो या न हो। प्रैज़िडेंट रिपोर्ट ज़रूर लिखेगा।

धन्नो : क्या लिखा है आपने, परफेसर साब!

विद्या : बात ऐसे है, नंबरदारनी—
(दूर से नारा : ''महाराज भरत की : जय जयकार!'' कलासिद्ध भागता है। सत्यदेव और दुर्गा आते हैं। भद्रसेन, दूसरी तरफ, दरवाज़े के पास। मोहन उसके कानों में कुछ कहता है। भद्रसेन भागता है)

विद्या : **(चौड़ा होकर)** मैंने हिस्टॉरिकल बैग्राउंड को खोजा है। दोनों नस्लों की मैंटल मेकअप स्टडी की है। नीची ज़ातों का--इन्फिरिऑरिटी

कंपलैक्स! पर्ज़ीक्यूशन् मेनिया! और ऊँची ज़ातों का—गिल्ट कंपलैक्स! **(उँगलियाँ फँसा कर)** इंट्रलॉकिंग अव साइकोलॉजिकल कंपलैक्सिटीज!! मेरा स्लियूशन् है—

(राजा और दरबारी आते हैं)

लक्ष्मी : **(ऊँचे)** महाराज भरत!

सारे : ज़िंदाबाद!

मोहन : **(चीख़ता)** सारी दुनिया को!

कई : आर्य बनाओ!

(दूर, भीड़ एक सुर से नारा लगा रही है—"हमारी माँग : सत्तो की मौत!" भद्रसेन आकर एक तरफ खड़ा होता है)

राजा : सो, आख़िरी दिन आ गया मेरा। शहर में कल, यहाँ, नया राजा बैठेगा! **(झटके से)** इंदु कहाँ है? याद आया मुझे। कितनी अचम्भे की बात है। इंदु को मैंने, कई महीने हुए, देखा नहीं। क्या वजह?

रानी : **(ज़हर भरी)** और किसको देखा है तुमने? इतने महीने?

राजा : **(मुआफी माँगता)** तुझे पता ही है, मद्यंती। मैं कसर पूरी कर रहा था। आगे आने वाले, बेस्वाद संन्यास के सालों की। आश्रम में न शराब, न हुस्न!

विष्णु : महाराज, ये महीने, राजकुमारी ने, पाठ पूजा में गुज़ारे होंगे। व्रत रख कर। अपने महल में। नेक पति प्राप्त करने के लिए। मैंने, चार एक महीने पहले, इंदुमती को यह सीख दी थी।

राजा : और कोई मामला है आज?

कला : खेत में हल चलाने की रस्म—

राजा : हल तो नया राजा चलाएगा।

मोहन : सत्यदेव—

राजा : **(झट, दबाव डालकर)** जज के ओहदे के वास्ते सत्यदेव से बेहतर आदमी नहीं मिलेगा। नए राजा का जज भी सत्तो रहे!—सिर्फ एक बार चूके हो तुम, सत्तो। वे दो क़त्ल : भिखारिन का पुत्र और मल्लाह!

(सत्यदेव दुर्गा को इशारा करता है)

दुर्गा : हमने कोशिश छोड़ी नहीं, महाराज।

मोहन : राजा! यह मुजरिम! बचकर नहीं जा सकता! **(काग़ज़ लहरा कर)** जुर्म, ये रहे जुर्म! और गवाह! गऊ ब्राह्मण के हत्यारे को—मौत की सज़ा!

कई : इंसाफ करो! मुक़द्दमा करो!

(इंदुमती आती है। दुलहन के कपड़े। गर्भ के कारण, सिर नीचा, आँखों में आँसू। दरबारी मुँह खोले)

लक्ष्मी : पाँव भारी!!

विष्णु : गर्भवती!!!

रानी : **(डंक मारती)** मुबारक, महाराज!

लक्ष्मी : **(भयभीत)** महापाप!

विष्णु : सत्यानाश होगा, देश का।

रानी : फूलों की वर्षा करो। आरती उतारो, विष्णु की।

राजा : **(तलवार खींच कर)** वेश्या! यह क्या है?

सत्यदेव : न महाराज! धीरज रखें!

मोहन : ठहर, राजा! जल्दबाज़ी मत कर।

रानी : बाप पर गई! हू-ब-हू!

राजा : बदमाश का नाम बता। दोनों को, आग में!

सत्यदेव : रुको, महाराज।

मोहन : **(खुश)** ठंडा हो, भरत। आप ही बता देगी।

विष्णु : **(चीख़ता)** मोहन! पापिन का पक्ष मत ले!

सत्यदेव : बता देगी, खुद ही।

(राजा को ले जाकर बैठाता है। राजा का गुस्सा हिचकी में बदल जाता है)

राजा : यही दिन देखने को ज़िंदा रहा मैं। पिछले जन्मों के पाप!

(मोहन रानी को इशारा करता है)

सत्यदेव : गांधर्व ब्याह किया हो, शायद! माला पहना कर।

रानी : जानती हूँ मैं, तेरी माला! और गांधर्वा ब्याह! सुनो,सारे जने। इस अछूत कुत्ते ने, तुम्हारी महारानी को भी मैली आँख से देखा था। **(सब हैरान)** ज़िंदा जलाओ! दोनों को!

(सत्यदेव निधड़क है। डरा कर, जैसे भेद खोलने लगा हो)

सत्यदेव : कोरा झूठ! निरा कपट! एक बार, फिर सोच ले, रानी। नहीं तो मैं ··· **(आँखें फेर लेती है)** राजकुमारी, पिता को बता दे।

विष्णु : गांधर्व विवाह—बदकारी है! मनु, याज्ञवल्क्य, घोर पाप लिखते हैं इसे। सती करो। दोनों दुष्टों को।

सत्यदेव : मासूम बच्ची को, क़त्ल करने की इतनी जल्दी मत मचा, पुजारी।

रानी : जीभ खींच लो, इसकी

राजा : **(सत्यदेव के बारे)** यही है··· तेरे··· बच्चे का बाप?

इंदुमती : नहीं! नहीं!

राजा : नाम बता, उसका।

मोहन : **(जीत के फ़ख्र से)** स्वयंवर तो हो चुका, राजा। इंदु ने अपनी पसंद का पति चुन लिया। **(तीखा)** इंदु! बता दे, भरत को।

इंदुमती : पिता जी, छल हुआ मेरे साथ! छल!

दुर्गा : महाराज! **(राजा इशारे से इजाज़त देता है)** राजकुमारी अनजान है। भोली है। शायद, उस आदमी से, अब, ब्याह नहीं करना चाहती। हो जाता है ऐसा, कई बार। जवानी की नन्हीं सी भूल—ज़िंदगी भर की बदनामी और पछतावा! हो सकता है, यही बात है। अगर ऐसा हो, मैं विनती करती हूँ, आप महाराज हैं, पिता हैं। राजकुमारी को कहें, अब, अपना पति चुन लो।

रानी : गाभिन रंडी को कौन ब्याहेगा?

मोहन : **(गुस्से में)** इंदु! पति का नाम बता दो।

विष्णु : **(बवंडर की तरह, जाते हुए)** राजा, तेरे पापी दरबार में, मैं एक क्षण नहीं ठहरूँगा। मैं जाकर विष्णु यज्ञ संपूर्ण करता हूँ।

राजा : **(भीख माँगता)** मिन्नत है मेरी, पुरोहित जी। थोड़ी देर रुकिए। सलाह दीजिए। सहायता करिए मेरी।

(विष्णु गुप्त लौटता है)

विद्या : महाराज, मैं दुर्गा से सहमत हूँ। अभी भी आप डिज़र्विंग आदमी, चुन सकते हैं। मेरे कमिशन की रिपोर्ट—

मोहन : **(गला फाड़कर)** इंदू!! बकती क्यों नहीं?

दुर्गा : कुंती क्वाँरी थी, जब उसने कर्ण जनमा था।

विष्णु : **(झपट कर)** सूर्य देवता का वर था!!!

लक्ष्मी : महाराज, जिस आदमी ने, राजकुमारी को कुरास्ते डाला है, मजबूर करो उसे, शादी करे। ख़ानदान की इज़्ज़त···

विद्या : वाह! बदमाश के साथ ज़बरदस्ती शादी कर दो! और इंदुमती, पूरी उम्र, उस बदमाश को नफरत करती हुई, गुज़ारे! ज़िंदगी भर का सुख तबाह कर दो। ख़ानदान की 'इज़्ज़त' के बदले!

सत्यदेव : सयानी बात कही, महाराज।

इंदुमती : शराबी थी मैं। ब्याह नहीं किया।

मोहन : **(चिल्लाकर)** नहीं किया ब्याह! सच, भौंक दे! नहीं तो—

(राजा को उबाल आ जाता है। तलवार खींच कर मोहन पर गरजता है)

राजा : धमकी मत दे, ऐसे! मेरी बिटिया को! मेरे होते, मेरी बिटिया को, धमकी नहीं दे सकता कोई! राजगद्दी छोड़ी नहीं मैंने अभी।

मोहन : **(काँपता)** पर महाराज—

राजा : थूथन बँद रख! नहीं तो, विष्णु क़सम, सिर काट दूँगा। तू भी सुन ले, रानी। बहुत सह चुकी, मेरी बिटिया। वक़्त की मारी! **(आँसू रोकता, कँधे पर हाथ रख कर)** कितना दुःख झेला मेरी बच्ची ने! इतने महीने! माँ शकुंतला की तरह! धुआँ-धुआँ होकर मरना। चुपचाप! इतनी देर! **(दबाव से)** मैं अपनी बच्ची को यह सज़ा कभी नहीं दूँगा—कि वह—ज़िंदगी भर शिकंजे में कसी रहे। आँसू बहाए। —पुत्र, अगर तू गुमराह करने वाले दुष्ट के साथ, ब्याह नहीं करना चाहती, मत कर।—नाम बता तू, है कौन वह। तेल के कड़ाहे में, उबालूँगा।—और जिसको भी तू सच्चा प्यार करती है, उसका वरण कर ले।

इंदुमती : पिता जी!

राजा : मैं तेरी राह में काँटा नहीं बनूँगा।

इंदुमती : जिसका मरज़ी नाम ले दूँ?

राजा : कोई भी आदमी—अगर वह तुम्हें अपना ले।

इंदुमती : तब तो·· मेरा पति है—सत्यदेव!

(मनाही और हैरानी की आवाज़ें)

विष्णु : अछूत राजा बनेगा हमारा?

कई : क़त्ल करो। जान से मारो!

सत्यदेव : **(नम्र)** महाराज–

राजा : चुप!!! **(आवाज़ें बँद)**

सत्यदेव : राजकुमारी जी, धन्यवाद।—दोस्तो, चिंता मत करो। मैं जानता हूँ, मैं इंदु जी के क़ाबिल नहीं।

विष्णु : ग्वाला!

दुर्गा : मनु लिखता है, गुणवान ग्वाला, बदचलन बाहमन से ऊँचा होता है।

विद्या : अनपढ़!

लक्ष्मी : चरवाहा!

राजा : सत्तो, बेटा, इस वक़्त, यक़ीन कर मेरा, मेरी बच्ची की ख़ुशी से ज़्यादा प्यारी चीज़ मुझे, और कोई नहीं।

सत्यदेव : महाराज, मैं इनके लायक नहीं।

इंदुमती : **(तड़प से)** क्यों नहीं, सत्तो? क्यों?

सत्यदेव : एक ही कारण है, राजकुमारी जी।—आपका पति राजगद्दी संभालेगा। मैं गद्दी नहीं लेना चाहता।

राजा : राजा का काम, जज के काम से, ज़्यादा मुश्किल नहीं है, सत्तो।

सत्यदेव : मुश्किल करके नहीं, महाराज!—राजा भी, जज की तरह, आदमी के बनाए कानून का गुलाम होता है।

विष्णु : **(गुस्से से)** राजा का धर्म है—कानून की रक्षा करना।

सत्यदेव : **(सख़्ती से)** अगर यह क़ानून बेइंसाफी का हो? अगर यह क़ानून जुल्म और नफरत, और ग़रीबी को क़ायम रखने के लिए बनाया गया हो? मैं ऐसे क़ानून की 'रक्षा' नहीं करना चाहता। मैं ऐसा क़ानून जड़ से उखाड़ना चाहता हूँ। मैं वह ताक़त चाहता हूँ, जो, आदमी के क़ानून की जगह भगवान का क़ानून लाए! मैं चाहता हूँ, वह क़ानून, जो प्यार बढ़ाए। बंदे को बंदे का साथी बनाए! भाई बनाए! यार बेली बनाए! **(शीत)** महाराज, राजगद्दी यह ताक़त नहीं दे सकती। राजगद्दी ताक़त देती नहीं। उलटा, राजगद्दी यह ताक़त छीनती है।

राजा : राजा उपदेश दे सकता है। सलाह दे सकता है। दोस्त बनकर।

सत्यदेव : इस चमत्कार में, अब मुझे, विश्वास नहीं रहा। महाराज, पाप को उपदेशों से, झाड़ फूँक से, नहीं निकाला जा सकता। दानव बड़े चालाक हैं। दोस्त कभी नहीं बन सकते। पाप को, जड़ से, एक ही चीज़ उखाड़ सकती है।

इंदुमती : कौन सी?

सत्यदेव : ताक़त।

इंदुमती : यह ताक़त तुम्हें मिलेगी कहाँ से?

सत्यदेव : कमज़ोरों से।

(कुछ लोग हँसते हैं)

विद्या : **(मख़ौल से)** कमज़ोरों से ताक़त!

सत्यदेव : इकट्ठे हो जाएँ, तो कमज़ोर, कमज़ोर नहीं रहते। इकट्ठी हो जाएँ, तो चिड़ियाँ, बाज़ को खा जाएँ। मैं करूँगा इकट्ठे। ग़रीबों को। मज़दूरों को।

धन्नो : लोग मूर्ख नहीं रहे। तेरे जैसों के झाँसे में नहीं फसेंगे। अमन अमान चाहवें लोग।

सत्यदेव : हाँ। इस समय, लोग डरपोक लगते हैं। ग़रीबी के लताड़े हुए। कुछ चिर, शायद, मुझे अकेले ही लड़ना पड़े। पर मैं लड़ूँगा ज़रूर!—लेकिन राजगद्दी पर बैठके नहीं, इंदु जी।

विद्या : ख़त्म हुई बात। महाराज, मेरी रिपोर्ट—

राजा : इंदु तेरे योग्य है, सत्तो।

इंदुमती : पिता जी, मुझे राज नहीं चाहिए। मुझे सत्तो संग गाँव जाने

दीजिए।

विष्णु : तेरी जाति!!

दुर्गा : अपने आप ज़ात छोड़ रही है!

मोहन : **(आगे बढ़कर)** महाराज, मुझे आज्ञा दीजिए—

राजा : ठहर!—सत्तो, दिल मत तोड़, मेरी बच्ची का।

(वक्फ़ा)

सत्यदेव : तब, महाराज, विनती है मेरी। मुझे अपनी पुत्री के योग्य समझें।

(राजा दोनों के हाथ मिलाने लगता है। मोहन नंगी तलवार लेकर कूद पड़ता है)

मोहन : रुक जा!!! नहीं कर सकता तू!! मेरी ब्याहता सँग नहीं।

राजा : तेरी ब्याहता!!!

(कई लोग : "मोहन! कमाल है! ब्याहता!")

विद्या : कपटी!!

विष्णु : सच है?

विद्या : दग़ाबाज़!

मोहन : हाँ, पिता जी! मेरी है इंदु! और इसकी कोख में बच्चा, मेरा है।

राजा : इंदु?

इंदुमती : धोखा किया! मुझे होश नहीं था।

सत्यदेव : अब, इंदुमती, तुझे नहीं चाहती।

मोहन : मैं इस पर 'कब्ज़ा' कर चुका हूँ।

सत्यदेव : क़ब्ज़ा 'मिलकियत' नहीं होता!

मोहन : होता है। ज़नानी हो तो यही होता है।

सत्यदेव : चोर, चोरी के माल का, 'मालिक' नहीं होता।

मोहन : चोर? ब्याह किया था मैंने।

विद्या : छल किया!

मोहन : तू बकना बंद कर, ओए।

विद्या : धोखा! बग़ैर मंत्र पूजा के? बगैर 'रस्मों' के!

मोहन : धार्मिक 'रस्में' भूलने वालों में, मोहन कुमार भारद्वाज का नाम नहीं आता, विद्यासागर जी! न ही मैं उनमें से हूँ जो, भारत माता पर, अछूतों को राज करने दें। या, तेरे जैसे बाँझ भौंके को, राज करने दें। **(दूसरों को)** पाप के ख़िलाफ जंग थी मेरी! मुहब्बत के ज़रिए, जंग! **(सत्यदेव और विद्या को)** मैंने स्वयंवर जीत लिया। तुम हार गए। बात ख़त्म!

विद्या : चालबाज़!

दुर्गा : चोर!

विष्णु : माला पहनायी तुमने? एक दूजे को?

मोहन : हाँ!

विष्णु : वेद मंत्र पढ़ा था?

मोहन : हाँ!

विष्णु : **(उछल कर)** बस फिर, राजा। विवाह क़ानून के मुताबिक है!

दुर्गा : इंदु नफरत करती है इसे।

विद्या : जुल्म मत होने दीजिए, महाराज।

विष्णु : कौन तोड़ सकता है? जिसकी विष्णु बनाई जोड़ी?

राजा : इंदु, मंत्र पढ़ा था इसने?

इंदुमती : हाँ!

विष्णु : **(जीत के नशे में)** 'संपूर्ण' हो गई, 'रस्म'!

राजा : अपनी चिता तूने आप चुन ली, बेवकूफ़! **(जाने लगता है)**

भद्रसेन : **(नारा)** महाराज मोहन कुमार!

कई : ज़िंदाबाद!

मोहन : इस बाग़ी पर मुक़द्दमा?

राजा : सत्तो, गाँव लौट जा।

मोहन : यह तू क्या कह रहा है, भरत?

(कई लोग : ''मुक़द्दमा! मारो! बदला!'' बाहर से, एक स्वर ''हमारी माँग : सत्तो की मौत।'' राजा दुचित्ता खड़ा है)

मोहन : तू इस साँप को, दूध पिलाता रहा है। हमारी क़ौम की, हमारे धर्म की, तबाही करवाता रहा है।

विष्णु : न्याय होना चाहिए। धर्म कहता है।

कलासिद्ध : अजंडे का लास्ट आइटम है, महाराज।

मोहन : ये रहे इलज़ाम! और गवाह!

(राजा गद्दी पर बैठकर शराब चढ़ाता है)

मोहन : काशी क़बीले का राजा बनने का दावा।

धन्नो : मैं गवाह हूँ।

राजा : **(यकीन न करके)** सच है, सत्तो?

सत्यदेव : **(मुस्कराता)** ये लोग कहते हैं, महाराज!

मोहन : राजकुमारी को प्यार में फँसाने की कोशिश।

रानी : मैं गवाह हूँ।

इंदुमती : झूठ है।

मोहन : ब्राह्मण की हत्या।

विष्णु : मैं गवाह हूँ।

मोहन : गऊ हत्या को बढ़ावा दिया।

विष्णु : मैं गवाह हूँ।

मोहन : व्यापारियों से पैसे निकलवाने के लिए सख़्ती की।

लक्ष्मी : मैं गवाह हूँ।

मोहन : अफसर क़त्ल करने के लिए लोगों को भड़काया।

भद्रसेन : मैं गवाह हूँ।

राजा : बस कर।

मोहन : धार्मिक रस्मों का निरादर किया।

हीरासिंह : मैं गवाह हूँ।

मोहन : विद्यार्थियों को उकसाया कि वे आर्य ऋषियों का, वेदों शास्त्रों का, मज़ाक उड़ाएँ।

विद्या : मैं गवाह बनने से इनकार करता हूँ।

विष्णु : शिकंजे में जकड़कर मौत!

दुर्गा : झूठ! निरा झूठ!

राजा : सत्तो, तेरी सफाई?

सत्यदेव : (ठंडा) मैं बेकसूर हूँ। मेरा राजा जानता है।

(तड़पता हुआ राजा, मुँह मोड़ लेता है)

दुर्गा : झूठो! कसम उठायो।

सारे : हम ''विष्णु/शिव/शक्ति'' (**तीनों का मिलाजुला शोर**) की कसम खाते हैं, सत्यदेव काशी क़ातिल है। देश का दुश्मन है।

राजा : (**डरा हुआ, कमज़ोर**) आदमी बेकसूर है। इसकी मौत का पाप, तुम्हारे सिर!

सारे : सत्तो की मौत का ज़िम्मा हमारे सिर!

मोहन : ले जाओ!! (**सिपाही नज़दीक होते हैं**)

दुर्गा : बचा लो, महाराज!

इंदुमती : पिता जी, सत्तो को बचाओ।

मोहन : पीपल के साथ! कील ठोको। हाथों में! पैरों में! बरछा घुसा कर, दिल चीर डालो!

इंदुमती : सत्तो!!

राजा : (**दयनीय**) क्षमा करना, सत्तो। मैंने जताया था तुझे। मेरा बस नहीं कोई।—परमात्मा तेरी आत्मा को मुक्ति बख़्शे!

(सत्यदेव का भय, धीरे-धीरे, मौत पर क़ाबू पा कर, दृढ़ निश्चय में बदलता है)

सत्यदेव : नहीं, महाराज! अभी मुझे, मुक्ति नहीं चाहिए। मेरी आत्मा, अभी, परमात्मा संग एकाकार होने के लिए, तैयार नहीं। मेरा काम, अभी, पूरा नहीं हुआ।

दुर्गा : **(रोती हुई)** मुझे भी मार डालो! सत्तो के साथ!

सत्यदेव : नहीं, बहन दुर्गा। तू अभी जिये जा। दानवों से युद्ध किए जा। अकेला मैं ही, अपनी रूह का यह वस्त्र **(शरीर को इशारा)** उतार के, नया जामा पहनूँगा। माँ मोरां का बेटा भी, बेटी भी, अब तू ही है। और मेरी गउओं का साथी, यार बेली, तू ही है। हाँ, दुर्गा, मेरी मोती को, मेरी दूध- चिट्टी मोती को, मेरा प्यार देना। मेरी थपकी देना।—माँ धन्नो, मैं खिमा करता हूँ तुम्हें। तू नहीं जानती, तू, किसके पीछे लग कर, क्या कर रही है!—भाई मोहन, तू ज़्यादा देर अकेला नहीं रहेगा। आज, यह सत्यदेव! कल, दूसरा सत्यदेव!—इंदुमती, मैं कभी तेरे से अलग नहीं। कभी तेरे से दूर नहीं। मैं आऊँगा, बार-बार! कई रूप में। कई भेस में। आऊँगा ज़रूर। हर काल में। हर युग में। मैं आऊँगा!—महाराज, अपनी आत्मा को शांत रखिए। अगर मेरी करनी को, मेरे सुंदर देस में, जुर्म समझा जाता है, तो यह जुर्म, मैं, बार-बार करूँगा। जन्म जन्मांतर करूँगा! कितनी बार, क़त्ल कर सकेंगे, ये मुझे? कितनी बार? कितनी बार?

(सिपाहियों के साथ जाता है)

इंदुमती : सत्तो!!!

दुर्गा : महाराज, बचा लो। सत्तो को बचा लो!

राजा : राज तिलक है तेरा आज। रहम कर।

मोहन : व्यापारी छोड़ दूँगा। सत्तो नहीं।

(दुर्गा बाहर को दौड़ती है। दरबार बरखास्त होने लगता है। महादेव को सावित्री सहारा दिए लाती है। सिर पर ब्राह्मणों की पगड़ी)

दुर्गा : **(पहचान कर)** महादेव?

महादेव : मेरी मोहिनी मोड़ो मुझे!

राजा : कौन?

सावित्री : पंजाब से ब्राह्मण।

महादेव : रानी, मेरी मोहिनी मोड़ मुझे।

मोहन : **(चीख)** ठग है! **(पगड़ी खींच कर)** देखा! बाग़ियों का गुरु! सिर कलम कर दो!

(रानी, पहचान कर, दौड़ जाती है)

महादेव : **(बदला निकालता)** छल किया तूने मेरे साथ! वचन देकर तोड़ दिया!

दुर्गा : क़ातिल है!

राजा : **(याद करके)** हाँ, लड़की कहाँ वह? इसकी बेटी?

इंदुमती : यही है मोहिनी। यह अपना, रूप बदल सकता है।

दुर्गा : काली के आगे बच्चा इसने काटा था। मल्लाह को इसने क़त्ल किया!

मोहन : गवाह कौन है?

सावित्री : मैं गवाह हूँ! मैंने देखा था तुझे! मल्लाह के छुरा घोंपते।

हीरासिंह : तू वहाँ क्या करने गई थी? आधी रात को?

सावित्री : **(तीखी)** तू चुप रह, ओए।

(घबराकर हीरासिंह पीछे हट जाता है)

महादेव : यही मोहिनी है!

मोहन : हाँ, मैंने क़त्ल किए। भारत माता के कल्याण के लिए। ले जाओ। मार दो इसे। राजा अब मैं हूँ! राजा कोई कसूर नहीं करता। मोहन कुमार है राजा!

राजा : अभी नहीं, हरामज़ादे! यह 'रस्म' अभी 'संपूर्ण' नहीं हुई है। अभी तक, मैं राजा हूँ।

मोहन : लगाओ हाथ मुझे। आओ, जिसकी हिम्मत है। मैं राजा हूँ। तू जान बचा अपनी, भरत! दफा हो, यहाँ से! छोड़ दे सब कुछ मेरे पर। विष्णु सेना तैयार खड़ी है! चारों तरफ! लड़ेंगे! हम लड़ेंगे!

दुर्गा : यही साज़िश है, महाराज! मज़हब के भेस में! आदिवासियों का ख़ातमा!

राजा : क़त्ल करो! नमक हराम को!!

(मोहन राजा पर हमला करने भागता है। यूनानी लड़कियाँ राजा को बचाने के लिए आगे हो जाती हैं। तलवार लेकर दुर्गा रोकती है। बाहर अचानक शोर। दोनों लड़ते हैं)

दुर्गा : क़ातिल!

मोहन : वेश्या!

दुर्गा : दानव!

मोहन : बदकार!

(दुर्गा तलवार छुड़वा देती है। मोहन भागकर दरवाज़े के पास पहुँचता है। दुर्गा नीचे गिरा कर तलवार सीने पर रखती है)

राजा : ख़त्म कर!

(दुर्गा तलवार दिल में गाड़ देती है)

मोहन : आह ह ह···! भारत माता··· तेरे पुत्र की आत्मा··· गऊ··· ब्राह्मण ··· **(मर जाता है)**

(शोर पास आता है। महादेव और सावित्री खिसक जाते हैं)

राजा : टोनेबाज़ को—क़त्ल करो।

(सिपाही जाता है)

दुर्गा : सत्तो! महाराज!

राजा : भाग! बचा उसे! **(दुर्गा बाहर है)** दौड़!

(महादेव के मरने की चीख। सावित्री का विलाप। वक़्फा। मोरां, होरी, जगता और दुर्गा सत्तो को उठाकर लाते हैं। कुरता लहू से लथपथ। हाथ पाँव पर लहू। दुर्गा, होरी और जगता पीछे बायें। मोरां, दायें—माइकल ऐंजलो के सांता मार्या दल फ्यूरि के प्याता की तरह। मोरां पत्थर आँखों से खला में देखती है। इंदुमती और राजा उठकर आते हैं। इंदुमती मुड़कर आसन पर गिरती है)

राजा : क्षमा कर, पुत्र, मुझे! मैं तुझे बचा नहीं सका। क्षमा कर, सत्तो।

(धन्नो की दिल-चीरती चीख। बाल नोचती है। मोहरों की थैली मोहन पर फेंक कर)

धन्नो : हाय!!! हाय शिवजी! हाय पार्वती! मैंने अपना, पुत्र मार डाला! अपना राखा मार डाला! हाय! **(पागल बनी बाहर भागती है)**

राजा : रोको उसे! **(सिपाही जाता है)**

(मोरां बहाव में, मीठा मुस्कराती, जैसे पड़ोसिन से बातें कर रही हो)

मोरां : गउएँ चराने गया है, मेरा सत्तो। बड़ा प्यार करें उसे! बहुत स्नेह करें। **(थोड़ा रुक कर, जैसे जवाब सुन रही हो। सिर हिला कर)** आता होगा, लौट के। संध्या वेला! आते ही, भेज दूँगी।

(राजा पीछे खड़ा, विद्यासागर और इंदुमती के हाथ मिलाता है। विद्या के सिर पर ताज रखता है)

सिपाही : **(भागा आकर)** धन्नो, महाराज, गंगा में! ख़त्म!

(वक़्फा)

विष्णु : विष्णु यज्ञ की समाप्ति, महाराज!

(धीरे-धीरे दरबारी बाहर जाते हैं। कलासिद्ध आख़िर में, मोहन की लाश उठवाकर ले जाता है। रोशनी सिर्फ मोरां और सत्यदेव पर)

मोरां : **(खुशी की ख़बर देती, जोश से)** सत्तो! पाँच गउएँ हो गईं, हमारी! दूध देती! हाँ, हाँ, तीन नए बच्छे! तेरी लाडली, तेरी मोती! पुत्र जना है उसने। पहलौठी का! निरा माँ पर गया! हू-ब-हू! दूध-चिट्टा मोती। इत्ता मान करे!! पूछे मुझे : "सत्तो, आ के मेरा बेटा

देख!" (**हिचकी नहीं रोक पाती**) मोती को अब तू—कभी नहीं मिलेगा! ···माँ को अब तू, कभी नहीं मिलेगा! (**रोती है**) मुझे, कभी नहीं मिलेगा··· कभी नहीं मिलेगा··· कभी नहीं···

(परदा धीरे धीरे गिरता है)

(अँधेरा)

—समाप्त—

(पहला प्रालेख : जून, 1973)

2

स्वामी जी

लाला जी,

यह 'स्वामी जी' आपके निमित्त
4 जून, 1980
आपकी देह होशियारपुर जल रही थी।
मेरा शंकर दिल्ली में जन्म रहा था
क्षमा करना, पिता जी,
यह आप की ही सीख थी मुझे :
"काम अधूरा नहीं छोड़ना कभी कोई"
नाटक अधूरा छोड़कर
आपके आखिरी साँसों की वेला
आपके इतना चाहने पर भी
मैं आपके पास
नहीं बैठ सका
पक्की उम्मीद थी मुझे
आप पुत्र को
दो दिन ज़रूर बख़्शोगे
मेरा पेशा पसंद नहीं था आपको—
पर इतनी भी जल्दी नहीं करते
यों पुत्रों को
सदा के लिए
मुजरिम बना कर नहीं जाते—

लेखक और निर्देशक की तरफ़ से

शंकर कहाँ पहुँचेगा? चढ़ती जवानी है। सारी ज़िन्दगी सामने है। कौन-सा रास्ता अपनाएगा? पूरन वाला? भीम सिंह वाला? दूसरों की कमाई निगलेगा? या, आत्माभिमानी बन कर, अपने आप को, भिखारीपन से ऊपर उठा लेगा? कैसे इस्तेमाल करेगा शंकर अपने जीवन को, जवानी को, ताक़त को? सिर्फ शारीरिक भूख मिटाने के लिए सारी ज़िन्दगी लगा देगा? या कुछ और भी है इन्सान के करने लायक इस दुनिया में?

क्या शंकर सदा माँ के साथ बँधा रहेगा? या किसी सुन्दर नूरां के साथ? सोमा के साथ? या पैसे के साथ? इन बेड़ियों को तोड़कर अगर शंकर आज़ाद हुआ भी, तो क्या करेगा? ज़िन्दगी के लिए क्या लक्ष्य चुनेगा?

दूसरी बात : धर्म क्या है? धर्मात्मा कौन है? हमारे देश की सामाजिक कुरीतियों में से कौन सी कुरीतियाँ सबसे ज़्यादा ख़तरनाक हैं? उन कुरीतियों की जड़ कहाँ है? उन्हें कैसे उखाड़ा जा सकता है?

ये कुछ सवाल 'स्वामी जी' नाटक उठाने की कोशिश करता है।

सदियों से, हमारे धर्म का सबसे बुरा अँग रहा है—भीख माँगने को अच्छा समझना। हीनता की भावना को हमारे अंदर कूट-कूट कर भरा जाता है। अपने आपको बार-बार निकम्मे, पापी और दुराचारी कह कर हम सच्चे भक्त बनते हैं। बड़े-बड़े डेरों के तख़्तनशीन गुरु प्रवचनों, भाषणों, के ज़रिए, हमारी हीन भावना को पक्का करते हैं। पत्थरों, पोथियों, के आगे माथा रगड़ने को, भगवे कपड़ों से भीख माँगने को, ही हम धर्म समझ बैठे हैं।

इस भिखारीपन के हमारे देश में कई रूप हैं। बहुत से साधु तो सिर्फ निठल्ले बैठकर रोटी तोड़ने के लिए भगवे कपड़े पहनते हैं। गृहस्थ जीवन में भिखारीपन की सबसे बुरी मिसाल है—दाज दहेज का रिवाज। ससुराल वालों की कमाई छीनना कोई फख़्र की बात नहीं। पूरन और भीम सिंह हमारे लड़के-लड़कियों के आगे कोई आत्मसम्मान की मिसाल नहीं पेश करते।

न ही धर्म का अर्थ है : सुबह-शाम बुड़-बुड़ करना। पूजा-पाठ, सिर्फ पंडितों, पाठियों, का रोटी का धंधा बन गए हैं। धर्म का सच्चा मतलब शायद शंकर समझ सके।

आख़िरकार जिस जगह शंकर पहुँचता है, वहाँ धर्म का अर्थ है—दुनिया के दुःख दूर करने के ढँग ढूँढ़ना। और दुनिया की भलाई के लिए जीवन लगा देना। आज का गौतम बीमारों को देखकर, बूढ़े कमज़ोरों को देखकर, जँगलों में नहीं जाएगा। दुःखों और बीमारियों का इलाज भगवान के पास नहीं है। इलाज एक दिन इन्सान ही ढूँढ़ेगा। इन्सान की मुसीबतें दूर करने वाला इन्सान ही सच्चा साधु है। भगवान का रूप है।

हमारे देश में जहाँ भिखमँगों की भरमार रही है, वहाँ सच्चे योगी भी कम नहीं हुए हैं। वाल्मीकि, गौतम बुद्ध, धनवंतरी, आर्य भट्ट, नानक, कबीर, विवेकानंद, सी.वी. रमण, महात्मा गांधी—सब इसी तरह के सच्चे संत थे। सर्जक थे। भिखारीपन से ऊपर उठकर, शंकर इसी रास्ते पर चलने की कोशिश करेगा।

मैंने इस कहानी की पृष्ठभूमि, भक्तिकाल, जानबूझकर चुनी है। धार्मिक और आर्थिक दृष्टि से हम अभी भी सोलहवीं सदी में हैं। रजवाड़ाशाही आज भी उसी तरह हावी है। बड़े-बड़े डेरों के मालिक, राजाओं की तरह, पूजे जाते हैं। ये अपने गुलामों के मन में हर रोज़ भय, भ्रम और हीनता की भावना भरते हैं। लोगों को सदा अपने आगे भिखारी बने रहने की सीख देते हैं, जिससे इन निठल्लों का शाही ठाठ-बाठ बना रहे।

अगर हमारे पीछे आने वाली पीढ़ियों में से एक भी लड़की या लड़का 'स्वामी जी' नाटक देखकर या पढ़कर अपने अन्दर शंकर वाली ख़ुद्दारी, ताक़त और मानसिक स्वतंत्रता पैदा कर सके, तो मैं अपनी कृति को सफल समझूँगा।

चरणदास सिद्धू

इला अपार्टमैंट्स (ए 104)
बी-7, वसुंधरा ऐनक्लेव
दिल्ली-110096

पहला मंचन

'स्वामी जी' पहली बार, 4 और 5 जून, 1980 को कालेजिएट ड्रामा सोसाइटी, दिल्ली द्वारा गांधी मैमोरियल हाल, नई दिल्ली, में खेला गया।

संगीत, वीणा सिद्धू; मंच सज्जा, अशोक जैन; वस्त्र, वीणा और प्रमिला सिद्धू; निर्देशन, डॉ. चरणदास सिद्धू। कलाकार थे :

शंकर	:	प्रो. सत्यनारायण शर्मा
पूरन	:	डॉ. रवि महाजन/अरूण सहगल
बिषनी	:	कृष्णा चौधरी
वज़ीर	:	प्रो. अश्वनी शर्मा
पुरोहित	:	इलाक्ष
भीम सिंह	:	पवन शर्मा
नूरां	:	प्रो. नीरा सहगल/प्रमिला सिद्धू
राजा सूरज मल	:	डॉ. राम नारायण मैनी
सोमा	:	मोहिनी गिल
कांता	:	वीणा सिद्धू
गोपी	:	प्रो. सिंथिया मसीह
मोहना	:	प्रो. सतिंद्र सिंह
भगत राम	:	राज कुमार साहनी
राजो	:	कृष्णा चौधरी
रामदेई	:	प्रो. सिंथिया मसीह/ज्ञान कौर सिद्धू
सिपाही	:	राजकुमार साहनी, रविंद्र तनेजा

पात्र

पुरुष

शंकर : उम्र 18-19 बरस
पूरन : शंकर का लंगोटिया यार, 21
राजा सूरज मल : कांगड़ा का राजा, 60
वज़ीर : उम्र 50
भीम सिंह : वज़ीर का पुत्र, 20
पुरोहित : उम्र 50
भगत राम : व्यापारी, 45
मोहना : झूठ मूठ का साधु, 25
सिपाही : दो

स्त्रियाँ

विषनी : शंकर की माँ, 60
नूरां : शंकर की माशूका, 23-24
सोमा : राजकुमारी, 16
कांता : वज़ीर की बेटी, 16
रामदेई : उम्र 22-23
राजो : रामदेई की सास, 50
गोपी : गोली, 20

(पुरोहित, भगतराम, मोहना—ये तीनों रोल एक बँदा खेल सकता है। बिषनी और राजो के भाग मिलाये जा सकते हैं। गोपी का हिस्सा भी रामदेई खेल सकती है)

स्थान : लाहौर के पास एक गाँव, और काँगड़ा की वादी।
समय : अकबर का जमाना, 1590 ईसवी के लगभग।

आरती

(सारे कालकार मँच पर खड़े हैं। संगीत)

गीत - 1

मैं न आऊँ तेरी मसजिद
मैं न आऊँ तेरे मंदिर
भीख न माँगूँ तेरे से मैं
रब्ब ढूँढूँ मैं अपने अंदर।

दुनिया देख तू अपनी, रब्बा,
दुख सताई, भूख सताई।
तंगी का मारा हर कोई बँदा
खुरचें माँस, चलावें नाहुंदर
रब्ब खोजूँ मैं अपने अंदर।

अधवाटे तू ने दुनिया छोड़ी
पूरा इसको करना बंदे।
लाख भूल जो रब्ब करता हो
उस रब्ब से क्या डरना, बँदे?
नये चढ़ाऊँ सूरज चंदर
रब्ब ढूँढूँ मैं अपने अंदर।

जब तक स्वास हैं मेरे तन में
दुनिया नई रचाऊँ मैं।
धरती मेरी, खलक़त मेरी
प्यार की साँझ बनाऊँ मैं।
कामगार मैं मस्त कलंदर
रब्ब समझूँ मैं अपने अंदर।

दृश्य : 1

(गाँव में गरीब-सा घर, आँगन। घनी धूप)

शंकर : शेर तो बड़ा ही अच्छा। फिर बताना तो—''भागती फिरती थी वो हम से''—

पूरन : ''भागती फिरती थी दुनिया, जब तलब करते थे हम।''

शंकर : ''भागती फिरती थी दुनिया, जब तलब करते थे हम।''

पूरन : ''अब कि जब नफरत हुई''—

शंकर : —वो बेकरार आने को है।''

पूरन : ''अब कि जब नफरत हुई, वो बेकरार आने को है।''

शंकर : शेर तो कमाल का है। मगर मैं हैरान हूँ, तुझ गधे को कहाँ से सुन गया?

पूरन : तेरी बात सुनकर याद आ गया। लाहौर गया था न मैं? होली से पहले? भाई संग? मंडी में गुड़ बेचने? वहाँ एक पगला-सा शायर सुना रहा था। वो नया बाग है न? जो बीस एक बरस पहले अकबर बादशाह ने लगवाया? उस बाग को देखने गए थे हम। तब सुना था यह शेर।

शंकर : ''अब कि जब नफरत हुई, वो बेक़रार आने को है।''

पूरन : बिलकुल यही बात हुई न? तेरे साथ?

शंकर : पूरे तीन बरस!

पूरन : नूरां के पीछे तू भागता रहा। **(नक्ल उतारता)** गली में खँखार मारता हुआ गुज़रता। आहें भरता। हीर-राँझा सुनाता। मगर नूरां? पत्थर बनी रही, पत्थर!

शंकर : तीन साल!

पूरन : पर देखा, संतों का कमाल? यों ही तू हमारा चेला बना, यों ही तूने संतों का कहना माना, नूरां से मुँह मोड़ा, जब तूने उसकी ननद सलमा पर आँख रखी, आ गई न, नूरां, सीधे रास्ते पर?

शंकर : मेंने मन में पक्की ठान ली थी, नूरां की तरफ आँख उठाकर नहीं देखूँगा। चिढ़ हो गई थी उससे। उसके ऩखरे! हुस्न पर घमँड! और मेरा तीन साल का तप! गुस्से में मैंने फैसला कर लिया—नूरां गिरे गड्डे में। मगर नतीजा क्या निकला? आ धमकी रात को, यारों के पास। सारी रात! कस के बगलगीर हुई।

पूरन : अजब है यह दुनिया, भाई। न माँगों, तो मिलते मोती। माँगो, तो सिर पड़ती जूती।

शंकर : **(नशे में)** मेरी नूरां! नूरे जहाँ! कितना प्यार भरा है तेरे में। अब मैं कभी तेरे से जुदा नहीं हो सकता।—जी करे, अपनी नूरां के लिए, कोई बड़ा काम करूँ। कुर्बानी! बेशक जान देनी पड़े। हमारा नाम हो जाए। दोनों का। मशहूर आशिक़ों में। अमर प्रेमियों में।

पूरन : क्या पागलों की तरह लगा है? राग अलापने? आसमान से नहीं गिरी, नूरां। ज़नानी है आख़िर। बाज़ार में चवन्नी की बिकती है।

शंकर : भौंक मत, ओए। नूरां ऐरा ग़ैरा ज़नानी नहीं।

पूरन : अच्छा भई, तेरी नूरां तो सीता है। सावित्री है। पर तू यह बता, आज बाज़ी कहाँ जमेगी?

शंकर : बाज़ी? जुए की! **(गहरी सोच में)** एक तरह ज़िंदगी भी जुआ है। तीन साल! बाज़ी पर बाज़ी! मैं हारता ही गया। अब आकर कहीं जीतने लगा हूँ।—नूरां, मेरा इम्तिहान ले। मेरे इश्क़ को आज़मा के देख।

पूरन : वाह ओए, आशिक़! चल। कुछ पीने-पिलाने का बंदोबस्त करें।

शंकर : नहीं, पूरन। आज मुझे शराब की ज़रूरत नहीं। आज मुझे मेरी नूरां चढ़ी है। रगों में लहू की तरह दौड़ रही है।

पूरन : तेरी नूरां है तो सचमुच की शराब। बैरिन ने सारे गाँव को नशा चढ़ा रखा है। कहीं रात तेरी जगह मैं होता न!

शंकर : **(उबलकर)** चुप कर, ओए। नूरां सिर्फ मेरी है। शंकर की नूरां। हमेशा, हमेशा मेरी।

पूरन : पागलों के सिर पर क्या सींग होंवें? कँवारी कन्या नहीं है, तेरी नूरजहाँ। बारह बरस की खिलती हुई कली नहीं है—अगर उसके गंजे ख़सम को पता चल गया, तो वो कुल्हाड़े से, इस खोपड़ी की कक्कड़ी बना डालेगा।

शंकर : ख़सम साले को भी देख लेंगे। **(हिलोर में)** नूरां, जी करे, उड़ाकर ले चलूँ तुझे। दूर! कैलाश की चोटी पर। हिमालय की गुफा में। किसी झरने के किनारे। वादी के बीच में। फूलों की सेज पर! मैं

और मेरी नूरां!

पूरन : पहली बार है न तेरी। बछड़े की तरह कूद रहा है। दो-चार बार हो लेने दे। ख़स्सी बैल की तरह, पूछ-पूछ कर, खुर उठायोगे।

शंकर : नहीं, ओए, बंदर। तू क्या जाने! तीखे प्यार की बात! मैं और मेरी नूरां, सात जन्मों से आशिक़ हैं। हीर-राँझा की तरह। सोहनी महीवाल की तरह।—

पूरन : **(नक़्ल करता)** सस्सी पुन्नू की तरह! लैला मजनू की तरह!—बस भी कर अब! बता, कोई पैसा धेला है गाँठ में? दोपहर चढ़ आई। जग्गू ने दुकान खोल ली होगी। चल, एक किटोरा शराब पीयें। फिर कहीं बैठकर दो चाल चलें।—यार, अगर आज मद्दी सुनार का लौंडा फँस जाए, तो मौज बन जाए। तीन चार रुपए जीत जाएँ, तो महफिल जमायेंगे। जशन करेंगे। तेरी सुहागरात का जशन।

शंकर : मैं भी बड़ा बदक़िस्मत हूँ! आज पल्ले फूटी कौड़ी नहीं। क़सम खाने को पैसा नहीं। आज, जबकि दिल कहता है, अंबर से तारे तोड़-तोड़कर, नूरां के घने, लंबे, काले बालों में गूंथे जाऊँ।

पूरन : तड़पने की क्या बात है, यार। तेरे पर तो मैं जी जान वार दूँ। **(रुपए ठनका कर)** यह देख।

शंकर : **(चोखा हैरान)** पाँच रुपए!! कहाँ से चुराए, ओए?

पूरन : भाभी से। छुपा कर रखे थे, साली ने। भाई से चोरी करे। गेहूँ, दालें, गुड़, घी—बेच बेचकर, पैसे इकट्ठे करती है। भाभी चोर, तो देवर मोर। हो जाए जशने शाही। नूरां के नाम पर।

शंकर : तुझे कितनी बार कहा, चोरी मत किया कर। तूने तो मुझे भी बदनाम कर रखा है।

पूरन : चोरी का क्या मतलब? इतनी ज़मीन है। भाई अकेला खाता है। और भाभी? राँझा की भाभी भी कोई इतनी कमीनी नहीं होगी! मुझे रोटी देते वक़्त चिड़चिड़ करती है। मेरा आधा हिस्सा है। वो न दें, मैं आप निकाल लेता हूँ।

शंकर : मेरी माँ और तेरी भाभी, ठीक हो कहें—

पूरन : **(भाभी की नक़्ल करता)** "बिषनी बाह्मनी का शंकर, और मेरा देवर पूरन! निखट्टू हैं! दोनों! मँगते! भिखारी!"

शंकर : मगर करें भी क्या? **(सोचकर)** बंदे की जिंदगी क्या है? जिधर का झोंका आया, उधर ही उड़ा कर ले गया!—अच्छा चल, देखी जाएगी। जिधर ज़िंदगी ले जाएगी, चले चलेंगे। अपने बस की बात

नहीं—कि ज़ोर से चप्पू चलाकर, ज़िंदगी को निश्चित किनारे पर पहुँचा दें।

(जाने लगते हैं)

पूरन : शंकर, एक मिन्नत है मेरी। मानेगा?

शंकर : बता।

पूरन : **(गिड़गिड़ाता)** तेरे पाँव हाथ लगाता हूँ। मानेगा न? करेगा मेरा काम?

शंकर : उल्लू के पट्ठे, वो कौन-सा काम है जो शंकर तेरे वास्ते नहीं कर सकता?

पूरन : मुकरना मत।

शंकर : अब बक भी दे।

पूरन : शंकर, सच मानना, मुझे इस बात पर रोना आता है। मेरा दिल, तेरे से भी, कहीं ज़्यादा बिंधा पड़ा है। भैया, मेरा भी काम बना दे।

शंकर : क्या मतलब?

पूरन : एक ही रात! नूरां सँग, मुझे भी—

शंकर : **(गला पकड़ कर)** क्या कहा तूने? हरामज़ादे! मैं तुझे जान से मार दूँगा।

पूरन : मैं मर गया! ओए, मैं मर गया!

शंकर : कुत्ते! फिर कह। बोल सही तू।

पूरन : छोड़ दे मुझे! भूल हो गई, भैया। माफ कर दे।

शंकर : फिर कभी यह बात सोची, तो याद रखना, गर्दन मरोड़ दूँगा।

पूरन : यार, तू तो सच्च समझ बैठा। मैंने तो मख़ौल किया था।

शंकर : नूरां को अब तू मेरी पत्नी समझ।

पूरन : तेरी पत्नी, तो मेरी भाभी। **(कान पकड़कर)** नूरां, सीता। पूरन, लछमन। पैर धो-धो कर पीऊँगा।

शंकर : ख़ून खौल रहा है मेरा। अब तक। कँजरी नहीं है नूरां। मेरी माशूक़ है।

पूरन : समझ गया, भाई, समझ गया। अब तो चल। **(गला छूकर)** रगें खिंच गई। क़साई ने इतनी ज़ोर से दबाई।

(बाहर जाने लगते हैं। शंकर की माँ बिषनी आती है। हाथ में छड़ी, और रोटियों की टोकरी। निगाह कमज़ोर है)

बिषनी : रे शंकर के लगते-कुलगते! कहाँ चला?

शंकर : आ गई आफत!

बिषनी : निखट्टू, कभी तो घर बैठा कर। **(पूरन को पहचान कर)** तू?

कंजर, तू यहाँ क्या करे? **(छड़ी मारने लगती है)**

पूरन : अम्मा, माफ कर।

बिषनी : जुआरी! शराबी! उजाड़ दिया तूने मेरे पुत्र को। बेड़ी बैठ जाए तेरी।

(शंकर को बाहर खड़े होकर इंतज़ार करने के इशारे करता हुआ पूरन जाता है)

बिषनी : मुड़के पैर डालना तू, मेरे आँगन में। जो टाँगें न काट के रख दूँ।

शंकर : सवेरे-सवेरे क्यों कड़क पड़ी हो, माँ! कभी तो ठंडी हुआ कर।

बिषनी : ठंडी होऊँ मैं तेरे जनने वाले का सिर। सुनावे मुझे ठंडी। झुलस गई मैं तेरा ख़याल रखती। **(आँसू पोंछकर)** आप तो मर गया। मुझे छोड़ गया! तेरी करतूतों के लिए।

शंकर : लग पड़ी करने सीढ़ी स्यापा!—सुन माँ। तू फिक्र मत किया कर। मैं बहुत कमाई करूँगा। एक दिन तू राज करेगी। राज!

बिषनी : राज कराएगा तू मुझ से! लाज नहीं आती? बुढ़ापे में पाल रही हूँ तुझे। माँग-माँग कर खिलाती हूँ, रोटियाँ, जजमानों से। निठल्ले ओखल को।

शंकर : पढ़ दो न, रोज़ वाला श्लोक : ''विधवा का पूत, सौदागर का घोड़ा, खावे बहुत, चले थोड़ा।''

बिषनी : झूठ है कोई?

शंकर : तेरा रोज़ वाला शाही एलान तो हो गया। अब जाऊँ मैं?

बिषनी : हे भगवान! कौन समझाए इस छोकरे को? ब्राह्मनों का पुत्र है। नीची जातों वाले काम करे। रे बेटा, मत दुखी कर मुझे। रो-रो कर मैंने तो आँखें भी गँवा लीं। तेरे दादा पड़दादा, पंडिताई करते आए हैं। दो मंत्र हैं, ब्याह-शादी के। दो मंत्र हैं, मुर्दा फूँकने के। श्राद्धों के। एक बार मंत्र याद कर ले। सारी उम्र, बुड़-बुड़ बुड़-बुड़ किया, पैसे ठग लिए

शंकर : एक ही क़िस्सा मत खोला कर। रोज़-रोज़। बाहमनपना मैं नहीं करूँगा। पहले ही क्या बच्चे कम चिढ़ावें? गली-गली?—''माँग-खाना बाहमन कुत्ता। माँग-खाना बाहमन कुत्ता।'' न भई, बाप दादा की भाँति, मैं मँगता नहीं बनूँगा। भिखारी नहीं बनूँगा।

बिषनी : भिखारी नहीं! तू तो राजा बनेगा!

शंकर : **(हँसकर)** अच्छा, राजा बनेंगे।

बिषनी : पुत्र, मेरी हड्डियाँ क्यों बिखेरते हो? मिट्टी में? बुढ़ापे में? काम

धँधा कर कोई। ब्याह करा ले। घर बसा अपना। बहू घर आए। मैं सुख का दिन देखूँ कोई।

शंकर : ब्याह नहीं कराऊँगा मैं। कौन-सी राजगद्दी लगी मिलने मुझे, दहेज में?

विषनी : है मुश्टँडा! रे, और क्या तू लोगों की बेटियों बहनों की तरफ देखेगा? पूरने गुँडे की तरह?

शंकर : आज यह बात मत कह। आज मैं घना खुश हूँ। अब तू मेरा जी न बिगाड़। ब्याह की बात न छेड़। मेरा बस चले तो मैं, झटपट, ब्याह कर लूँ।

बिषनी : क्यों बे, तेरे बस को क्या हुआ?

शंकर : जिसके साथ मैं ब्याह करना चाहता हूँ, वो ब्याह नहीं कर सकती।

बिषनी : **(अकड़ में)** तो न कराए। हमें लड़कियों का घाटा है? तू हाँ तो कह एक बार। तेरा मामा कहे, परियों जैसी दुल्हन ला दूँगा।

शंकर : नहीं, माँ। मुझे और लड़की नहीं चाहिए।

बिषनी : है कौन वो? इतनी घमँडी? राजकुमारी है?

शंकर : राजकुमारी क्या शै होवे, उसके मुक़ाबले में?

बिषनी : नाम तो बता तू। उसके अगले पिछलों का। बात करके देखते हैं। मानेगी क्यों न?

शंकर : वो इन्कार क्यों करेगी?

बिषनी : ज़ात बिरादरी अपनी है?

शंकर : नहीं। हाँ। ऐसी बात नहीं।

बिषनी : तो फिर?

शंकर : उसका ब्याह हो चुका।

बिषनी : हाय रे! तू किसी, चुड़ैल के टोने में तो नहीं फँस गया?

शंकर : चुड़ैल नहीं। देवी है। स्वर्ग की हूर-परी।

बिषनी : कहीं यह काले मुँह वाली नूरां तो नहीं?—वही है? देख, तेरी मौत बातें करावे तुझ से। मौत! **(रोना रोकती हुई)** अरे पुत्र, समझा समझा कर थक गई मैं। न देख बदकार की तरफ। जग की हज़ार आँखें। कई बन्दों ने कहा मुझे। नूरां का ख़सम, नूरां के देवर जेठ। तेरी बोटी बोटी कर देंगे वो!

शंकर : **(ख़ौफ खाया)** तुम्हें किसने बताया?

बिषनी : तो नूरां ही है! मेरे मंदे कर्म! या रब्ब, मैं क्या करूँ इस छोकरे का! **(पूरन आता है। घबराया, जल्दी में। इशारे से शंकर को बुलाकर**

कान में कहता है)

पूरन : नूरां आई है।

शंकर : क्या बात?

पूरन : स्यापा लगे कोई। आप ही पूछ ले।

(जाता है)

शंकर : माँ, जाओ। रोटी लाओ, ज़मींदार के घर से।

बिषनी : हे शिवजी महाराज, अगर बेटा भी दो किसी को, तो इकलौता बेटा मत देना। इकलौता बेटा, बेटा नहीं, बाप होता है, बाप।

(बिषनी जाती है। दूसरी तरफ से नूरां आती है। रोती हुई। शंकर से लिपटती है)

नूरां : ग़ज़ब हो गया, शंकर, ग़ज़ब हो गया। मार डालेंगे वो हमें। जान से मार डालेंगे।

शंकर : **(भयभीत)** क्या हुआ?

नूरां : शक तो उन्हें पहले ही था। बैठे हैं अब। चारों भाई। मुझे रहमती ने बताया। मेरी भतीजी ने।

शंकर : **(काँप रहा)** काँपने क्यों लगी हो? साफ साफ बता।

नूरां : कह रहे हैं : तुझे क़त्ल करेंगे! क़त्ल! और मुझे? मुझे ज़िंदा दफनायेंगे। क़ब्र में।

(रोती है)

शंकर : उनको पता कैसे चल गया?

नूरां : पता है उन्हें। पूरी बात। वो विधवा, मेरी ननद। ख़ुदा उठा ले, कुतिया को। देखती रही वो जब मैं तुम्हारी छत पर चढ़ी। राँड ने मेरी सौत को जगा दिया। जेठानी को जगा दिया। तीनों इन्तज़ार करती रहीं! मेरा! नीचे, छिपकर। जब तूने मुझे सीढ़ी से नीचे उतारा। उन्होंने तुझे भी देखा। अब नहीं ज़िंदा छोड़ेंगे मुझे।

शंकर : दिल को संभाल ज़रा।

नूरां : मेरे अल्लाह! कहाँ ग़लती कर बैठी मैं! क्यों आ गई मैं तेरी बातों में?

शंकर : **(संभल कर)** नूरां, मेरी ओर देख। मेरा प्यार सच्चा है। मैं, मैं जान दे दूँगा।

नूरां : तू जान दे देगा, तो वो मुझे ज़िंदा नहीं छोड़ने लगे। मैं क्या करूँ? मुझे बचा, शंकर। किसी तरह मुझे बचा।

शंकर : जब तक मेरे स्वास हैं, नूरां, तेरी छोटी उँगली भी ज़ख़्मी नहीं होने

दूँगा।

नूरां : कसाई हैं। चारों भाई। हलाल कर देंगे हमें।

शंकर : घबरा न तू, नूरां। **(छाती तान कर)** जीयेंगे, तो इकट्ठे। मरेंगे, तो इकट्ठे!

नूरां : मैं मरना नहीं चाहती! मैं मरना नहीं चाहती!

(नूरां सिसक रही है। शंकर चुप है। फिर पक्का फैसला करके)

शंकर : जो तू कहेगी, मैं करूँगा।

नूरां : करेगा?

शंकर : बता।

नूरां : चल, भाग चलें।

शंकर : **(झटका खाए)** भाग चलें!

नूरां : मूर्ख न बन। गाँव से निकलकर दूर जाना पड़ेगा। दूर! जहाँ पर इनके फरिश्ते तक टोह न ले सकें।—सुन, आज जुम्मा है। पीर की क़ब्र है न! काले खाँ की?

शंकर : रावी के किनारे?

नूरां : हाँ! मैं क़ब्र पर चिराग़ जलाने जाऊँगी। शाम को। अँधेरा होते ही। तू रावी के किनारे खड़ा होना। घोड़ा लेकर। माधो की बेरियों के झुँड में।

शंकर : घोड़ा? मेरे पास घोड़ा कहाँ?

नूरां : ख़रीद ले। झटपट।

शंकर : मेरी जेब में तो दमड़ी तक नहीं।

नूरां : राख इश्क़ किया मैंने भी! कँगाल से। माँग-खाने बाहमन से।

शंकर : मैं पूरन से पूछूँ पैसे?

नूरां : नहीं। उसको मत बताना। किसी को मत बताना। माँ बिषनी से भी बात न करना।

शंकर : फिर करें क्या?

(नूरां कंठहार उतार कर देती है)

नूरां : यह ले। बेच दे। **(शंकर हार पकड़े सोचता हुआ)**

शंकर : **(आह भर कर)** एक ही रात में! सब कुछ उलट पुलट हो गया! कभी सपना नहीं था आया! गाँव से बिछुड़ने का!

नूरां : अगर नहीं भागना चाहता, तो अभी बता दे।

शंकर : क्या बात करे तू! मैं ज़रूर—

नूरां : धोखा मत देना मुझे। अगर तू घोड़ा लेकर न पहुँचा, मैं वहीं, रावी

के अंदर, डूब कर मर जाऊँगी।

शंकर : **(शांत)** शंकर कभी किसी को धोखा नहीं दे सकता। अपनी माशूका को कभी धोखा नहीं दे सकता। जो होनी हो, हो ले। तू और मैं, नूरां और शंकर, इकट्ठे जीयेंगे, इकट्ठे मरेंगे।

नूरां : अल्लाह ख़ैर करे! **(जाती हुई मुड़ के)** माधो की बेरियों के झुंड में।

शंकर : माधो की बेरियों के झुंड में!

(अँधेरा)

दृश्य 2

कांगड़ा का राजदरबार

(पुरोहित लम्बी जनम पत्री देख रहा है)

भीम सिंह : **(पाँव छूकर)** पुरोहित जी, बाँचा आपने मेरा टेवा?

पुरोहित : लग्न अच्छा है, भीम सिंह।

भीम : राजयोग बने कोई?

पुरोहित : दक्षिणा दिए बग़ैर जन्म पत्री पढ़वाना चाहते हो? पुरोहितों से?

भीम : **(पोटली से मुहरें देकर)** यह लो।

पुरोहित : ग्रह बहुत ऊँचे हैं। सूर्य पाँचवें घर में बैठा है। मीन राशी में चार ग्रह इकट्ठे हुए हैं। अर्ध चँद्राकार योग भी बनता है।

भीम : राजकुमारी संग मेरा ब्याह होगा कि नहीं?

पुरोहित : हो तो सकता है।

भीम : सकता? सकता क्यों? होगा नहीं?

पुरोहित : ग्रह तो भगवान के चलाए चलते हैं, भीम सिंह जी।

भीम : ताज और तख़्त मुझे मिलेंगे कि नहीं?

पुरोहित : राज दरबार से संबंध होगा। ग्रह तो सिर्फ इतनी बात कहते हैं।

भीम : कोई जुगत सोचो, पुरोहित जी। मुँह माँगी दक्षिणा दूँगा।

पुरोहित : पाठ करवा। चंडी माता के मंत्र का। सवा लाख बार।

भीम : अच्छा। पाठ कर दो। मैं सामग्री भेज दूँगा।

पुरोहित : कुछ महीने, तप कर। जाप कर। मंगलवार का व्रत रख। माँस शराब से दूर रहना। स्त्री के नज़दीक नहीं जाना। ब्रह्मचर्य रखना।

भीम : मैं तप करूँगा। जाप करूँगा।

(वज़ीर आता है)

वज़ीर : भीम, तू यहाँ है? काँता तुझे उधर ढूँढ़ रही थी।

भीम : किस लिए?

वज़ीर : तुम बहन भाई इकट्ठे चले जाते।

भीम : कहाँ?

वज़ीर : राजकुमारी को जन्मदिन की बधाई देने।

भीम : मैं अभी जाता हूँ। (**भागता है**)

वज़ीर : इस वेला कहाँ जाएगा तू? राजकुमारी तो इधर आती होगी। महाराज भी आने वाले हैं।

पुरोहित : मंत्री जी, आपकी सुपुत्री बहुत बड़ी कलाकार है। कल, कृष्ण लीला में, स्वाद आ गया। बहुत सुंदर हैं काँता जी।

भीम : पर आप तो कहते थे, लड़कियों को नाटक नहीं करना चाहिए।

पुरोहित : आपका सुपुत्र भी बड़ा क़ाबिल है।

वज़ीर : (**व्यंग्य से**) क़ाबिल तो ज़रूर हुआ। कहीं नंगी तलवार दिख जाये! कपकपी छिड़ जाए। पसीना पसीना हो जावे।

भीम : पिता जी, शिकार खेलना बुरी बात है। शास्त्रों में लिखा है—

वज़ीर : रहने दे, ओए, शास्त्रों को! हर वेला घर के अंदर घुसड़ा रहे।

भीम : पाठ पूजा करो तो बंदे पर कष्टा नहीं आती। क्यों, पुरोहित जी?

पुरोहित : सत्य है।

भीम : ज्योतिष शास्त्र के मुताबिक—

वज़ीर : इस जून में तुझे बंदर होना चाहिए था। ओए गधे, राजकुमारी किसी आदमी संग ब्याह करवाएगी। जन्मपत्री संग नहीं।

पुरोहित : सत्य है।

भीम : (**रूआँसा**) आप रोज़ मुझे झिड़क देते हो। शास्त्रों में लिखा है—

वज़ीर : मूर्ख, राजा बनना चाहता है तो राजाओं वाले काम कर। वीर योद्धा बन। चालाकी सीख। सियासत सीख।

पुरोहित : सत्य है।

(**राजा, राजकुमारी, काँता, गोपी और सिपाही आते हैं**)

सिपाही : काँगड़ा के मालिक—

गोपी : राजपूतों की शान—

सिपाही : बादशाहों के बादशाह—

गोपी : महाराज सूरजमल की—

दरबारी : जय जयकार!

राजा : आज, सारे काँगड़ा में, खुशियाँ मनाओ। आज हमारी लाडली सोलह बरस की हो गई है।

भीम : राजकुमारी सोमा की—

दरबारी : जय जयकार।

राजा : हमारी ख़्वाहिश है, एक साल के अंदर सोमा का ब्याह रचा दें। सोमा का पति इस गद्दी पर बैठे, और आप हम काशी वास करें।
(कुछ दरबारी हैरान हैं। भीम ख़ुश है)

वज़ीर : महाराज, पड़ोसी राजाओं की चिट्ठियाँ आई हैं। उनके सिपाही आपके जवाब की इंतज़ार में बैठे हैं।

राजा : ज़रूरी है आज ही पढ़ें?

वज़ीर : चिट्ठियाँ आपके आज के फैसले के बारे में ही हैं। जो आज्ञा दें, मैं मोटी मोटी बात पढ़ दूँ।

राजा : अच्छा, बोल।
(वज़ीर हर लेखक का मख़ौल उड़ाता है)

वज़ीर : चंबे का राजा! लिखता है : ''राजकुमारी का ब्याह हमारे साथ कर दो। चंबा और काँगड़ा, मिलकर, एक रियासत बन जायेंगे। फिर लाहौर का मुग़ल सूबेदार, हमारी तरफ आँख उठाकर नहीं देख सकता।''

सोमा : हूँ! चंबे का राजा!

कांता : **(राजा की नक़्ल उतारती)** साठ बरस का ढीला बुढड़ा।
(हँसी)

राजा : लिख दे : हमारी लाडली उस आदमी संग फेरे नहीं लेगी जो उसके बाप की उम्र का हो।

सोमा : बाप? दादा कहो।
(हँसी)

वज़ीर : जम्मू का राजा! फरमाते हैं : ''राजकुमारी की लाँवें हमारे साथ हो जायें। जम्मू और काँगड़ा, जुड़कर, बीच में से, चंबे की रियासत जीत लेंगे। इस तरह, ब्यास दरिया से लेकर, चनाब तक का, सारा पहाड़ी इलाक़ा, एक राज्य बन जाएगा।''

काँता : यह सोहनी, वो महीवाल। चनाब बहे दोनों बिचकार।

सोमा : इसे लिख भेजो : चनाब में डूब कर मर जाओ।
(हँसी)

राजा : मेरी बेटी सियासत की चौपट की गोटी नहीं बनेगी। ये लोभी राजा हमारे सुंदर काँगड़ा पर कब्ज़ा नहीं कर सकते।

भीम : **(जोश में)** काँगड़ा स्वामी महाराज सूरजमल की—

दरबारी : जय जयकार!

वज़ीर : यह ख़त होशियारपुर के मुग़ल सरदार ने भेजा है। लिखता है : ''शहनशाह अकबर हिंदोस्तान में एक ही क़ौम पैदा करना चाहते

हैं। इसके वास्ते, राजपूत राजाओं को चाहिए, कि वो अपनी बेटियों को, अकबर के महलों में दाख़िल कर दें।"

(दरबारियों में हैरानी और गुस्सा)

वज़ीर : "शहज़ादी सोमवती को, तोहफे के तौर पर, शहनशाह अकबर की सेज के लिए पेश किया जाए। काँगड़े की हिफाज़त मुगल फौजें खुद करेंगी।"

(गुस्से भरी आवाज़ें : "हद हो गई! बेइज़्ज़ती है!")

राजा : इसकी हिम्मत तो देखो!—लिख दो : काँगड़ा की राखी के बदले हम बेटियाँ नहीं बेचते।

सोमा : पिता जी, इस बदमाश होशियारपुरिये की चिट्ठी का जवाब न दिया जाए।

कांता : मुग़ल सिपाहियों को, जूते मार मार कर, ब्यास दरिया के परले किनारे पहुँचा दिया जाए।

राजा : ऐसा ही किया जाए।

वज़ीर : यह कुल्लू से। यह मंडी साकेत से। यह बिलासपुर से। तीनों में यही बात है।

राजा : मंदे भाग्य हमारे। आज अगर हमारा एक पुत्र होता, गद्दी संभालने वाला होता, तो इस तरह दामादों के रेवड़ हमारे पीछे न पड़ते।

पुरोहित : सत्य है।

सोमा : पिता जी, ये रेवड़ हमारा क्या बिगाड़ेंगे? घूमाते रहें पूँछें।

कांता : **(सब के रूप बनाती)** हमारी सोमा का पति तो चाहिए, अर्जुन जैसा योद्धा। कृष्ण जैसा सुंदर। रामचंद्र जैसा पत्नीव्रत।

पुरोहित : सत्य है। राजकुमारी के ग्रह बहुत ऊँचे हैं। पति बड़ा भाग्यवान् होगा।

भीम : महाराज, राजकुमारी जी का शुभ विवाह जिसके साथ पुरोहित जी कहें, उसी के साथ होना चाहिए।

कांता : क्यों?

सोमा : विवाह मेरा होगा कि पुरोहित का?

भीम : शास्त्रों में लिखा है—

सोमा : लड़कियाँ भैंसें नहीं, गायें नहीं। जिस खूँटी पुरोहित चाहे, बाँध दे।

पुरोहित : राजकुमारी जी, शास्त्रों के अनुसार विवाह से पहले, लड़की अपने पिता की हर आज्ञा माने। विवाह के बाद अपने पतिदेव की हर आज्ञा माने।

भीम : मनु स्मृति में लिखा है—

कांता : लड़की का अपना हक़ नहीं बनता कोई?

भीम : तेरा धर्म है, आज्ञा मानना। हम मर्दों का हुक्म मानना। हक़ जतलाना नहीं।

कांता : तो इसे धर्म क्यों कहता है? सीधा कह, ज़नानियाँ डाँगर हैं। और धर्म है, ज़नानियों के गले में मर्दों की डाली हुई, साँकल।

सोमा : बिलकुल सच्च कह रही है काँता। हम लड़कियों को इतना नीच समझा जाता है। लगता है, मर्दों का धर्म, सैकड़ों बरसों से, यही रहा है—किसी तरह औरतों को, अपने पैरों की जूती बनायें रखें! लड़की को बेजान गुड़िया बनाकर, घर के अंदर, गाड़े रखें। इतनी फटकार पड़ती है हमें! बारह बरस की हुई नहीं, लड़की क़ैद में फेंक दी। पता नहीं कौन से पाप किये थे हम ने! हर लड़की का बाप काँपता है, डरता है हर मर्द से। कहीं कोई उसकी बेटी की इज़्ज़त न लूट ले। पराए मर्द की नज़र पड़ी नहीं, बस! औरत तबाह हुई नहीं। भेड़ बकरियों को गूजर, रोज़, बाहर की हवा लगवा लेते हैं। मगर लड़की को हक़ नहीं, कि वह अपने आप को ज़िंदा समझ सके। अपनी देह को, हाड़ माँस की देह समझ सके।

पुरोहित : सत्य है।

राजा : पड़ोसी राजाओं को देख लो। कितना ख़्वार कर रहे हैं हमें। लड़की संग नहीं, उसके दाज दहेज संग ब्याह कराना चाहवें।

वज़ीर : महाराज, काँगड़ा के लड़के कौन से कम हैं। महल की दीवार पर चढ़ते हैं। राजकुमारी के दर्शन करने। पाँच छः जवानों को कोड़े मरवा चुका हूँ मैं।

सोमा : यही नहीं, मंत्री जी। कबूतरों के गलों से बाँध-बाँध कर, मेरे पास, प्यार के संदेश भेजते हैं। दुखी हो गई हूँ मैं तो।

कांता : **(गुस्से में)** कसूर आपका अपना है।

सोमा : **(हैरान)** वो कैसे?

कांता : **(मुस्कराकर)** आप इतनी सुंदर जो हैं।

(हँसी)

पुरोहित : सत्य है।

राजा : इस राजगद्दी पर किस को बैठायें? यह सवाल, कोई बरसों से, हमारे दिल को, अंदर ही अंदर, खाये जा रहा है। इसका जवाब हमें आज सूझा है। सुनो। जो बँदा लोभी हो, जो बंदा भोग विलास में फँसा हो, वो कभी राजा नहीं बन सकता। जो नौजवान लँगोटी का कच्चा हो, वो देश की राखी के लिए तलवार नहीं उठा सकता।

पुरोहित : सत्य है।

राजा : इस कारण, हमने यह फैसला किया है : काँगड़ा के तख़्त पर हम किसी आम आदमी को, किसी साधारण नौजवान को, नहीं बैठायेंगे। हम अपनी पुत्री के लिए ऐसा वर ढूँढ़ेंगे, जिसे दाज दहेज का लोभ न हो। जो यति हो। संयमी हो। तपस्वी हो। **(हैरानी की आवाज़ें और इशारे)** उस नेक पुरुष को, कैसे ढूँढ़ें? उसकी परख, कैसे करें? इस बारे में सलाह दें हमें।

पुरोहित : उस नौजवान को वेदों शास्त्रों का ज्ञान होना चाहिए।

भीम : पाठ पूजा करने वाला हो।

पुरोहित : धार्मिक होना चाहिए।

भीम : साधु संतों जैसा।

राजा : साधु संत? भई यह साधु संत वाली बात तो ठीक लगती है। साधु ही सही। सोमा का ब्याह हम—साधु से करेंगे। योगी से।

(हैरानी की बुड़बुड़)

वज़ीर : महाराज, साधु भी लोभी हो सकता है। लालची हो सकता है। साधु और भिखारी में फर्क ही क्या होता है? सभी साधु मँगते होते हैं।

पुरोहित : सत्य है।

राजा : साधु को परखेंगे। उसकी अज़मत लेंगे।

वज़ीर : **(सोमा को)** आपको मंजूर है?

सोमा : हाँ। लेकिन आख़िरी इम्तिहान मैं आप लूँगी।

राजा : पुत्र, जिसे तू पसंद करेगी, वो हमें भी क़बूल होगा। मंत्री, चारों तरफ, ढिंढ़ोरा पिटवा दो। जवान साधु मिले तो हमें ख़बर करो। **(जाने के लिए उठता है)**

वज़ीर : सत्य वचन, महाराज।

राजा : चलो, जन्मदिन मनायें।

(सभी जाते हैं। पुरोहित कांता का हाथ पकड़कर देखता हुआ जाता है)

भीम : पिता जी, अब क्या होगा? राजकुमारी से मेरी शादी कैसे होगी? मैं राजा कैसे बनूँगा?

वज़ीर : राजा तो लगता है, सौदाई हो गया है। साधु क्या जाने राजपाट का काम? मैं जानता हूँ 'साधुओं' को। सारे लोभी हैं। फरेबी हैं। पाखंडी हैं। दूसरों की कमाई खाने वाले। भिखारी। मँगते। देख लेने दे राजा को, दो चार साधु। जो भी साधु आएगा, मैं इम्तिहान

में हरा दूँगा। आख़िर में, जब राजा थक जाएगा, उसे मेरी बात माननी पड़ेगी। अभी कुछ नहीं बिगड़ा। तू ज़रा ध्यान रख! चालाकी बरत।

भीम : कांता और सोमा जी एक दूजी पर जान वारती हैं। आप कांता को कहो, सोमा जी को मना ले। किसी तरीके।

वज़ीर : तू औरत के दिल को नहीं समझता, भीम। जो आदमी औरत के आगे घुटने रगड़े, औरत उसकी क़दर नहीं करती। तू सोमा के आगे जितना गिड़गिड़ाएगा, सोमा तुम से उतना दूर भागेगी।

भीम : मेरी जन्म कुंडली–

वज़ीर : चूल्हे में फेंक, जन्म कुंडली! ज्योतिष, ज्योतिष, ज्योतिष!! क्या धरा है, ओए, ज्योतिष में? संसार के सारे काम अगर भला ज्योतिषी सँवार सकते, तो, इस दुनिया में, कोई आदमी, दुखी भी रहता? यह बाह्मन तेरा टेवा राख बाँचेगा? पहले अपने घर को तो सँभाले। बेटी इसकी, कितने बरस हो गए, घर में बैठी को? विधवा हो कर। बेटी का ब्याह करते वक़्त, इस बाह्मन ने, पत्री नहीं थी बाँची? ससुरी ने गंद फैला रखा है, शहर में। सारे दुकानदार पीछे लगा रखे हैं। कंजरियों की तरह। बहाने बना बनाकर, इसके घर में घुसड़े रहते हैं। और यह बुद्धू बाह्मन! यह समझता है, दुकानदार पत्री पढ़वाने आते हैं। अब तू बच्चा नहीं, भीम। होश कर कुछ। ज्योतिष छोड़। अगर दहेज में राज्य लेना है, अपने अंदर कोई ख़ूबी पैदा कर। गुण पैदा कर।

(भीम, एक क्षण सोच कर, झट ज़ोश से)

भीम : मैं चण्डी का पाठ शुरू कर देता हूँ।

वज़ीर : चण्डी का पाठ! ओए हनुमान के पुत्र! चण्डी छोड़! अक़्ल लड़ा। अक़्ल!

(अँधेरा)

दृश्य 3

व्यास का किनारा। काँगड़ा।

(सूर्य की पहली किरन। शंकर और नूरां, गठड़ी उठाये, राही के लिबास में। दूर से मल्लाह का गीत :

नबी पाक होंगे मल्लाह वहाँ
जब औगणहारों का पूर होगा।
हुक्म होवेंगे जब दरगाह वाले,
शाला नबी न हम से दूर होगा।)

मल्लाह की आवाज : रुक जा, बीबी। बेड़ी किनारे तो लगने दे।

(नूरां उछल कर आती है। दूर पहाड़ों के नज़ारों में खो जाती है)

शंकर की आवाज़ : एक आना?

मल्लाह : नहीं, चौधरी। आप परदेसी हो। दो पैसे बहुत हैं।

शंकर : लो, भाई। मेहरबानी तेरी।

मल्लाह : मेहरबानी तो ख़्वाजा पीर की है, चौधरी।

नूरां : **(खुशी से बाँवरी)** शंकर! शंकर! वो देख।

शंकर : **(खीझ में, थका)** क्या है?

नूरां : इतनी ऊँची! इतनी लंबी! यही है न, धौलाधार?

शंकर : हाँ।

नूरां : जो हमारे गाँव से चिट्टी-चिट्टी, पहाड़ों की कतार, दिखती थी, यही है?

शंकर : होगी।

नूरां : हिमालय परबत कितना सुंदर है! यहाँ पहुँचे तो साफ-साफ दिखा। शंकर, मेरी मान। इस से आगे हमें नहीं जाना। चल, यहीं कहीं

काँगड़े में बस जाएं।

शंकर : कहाँ के कहाँ आ पहुँचे! गाँव छूट गया। घर घाट छूट गया।\
नूरां : फिर वही बात ले बैठा? किस्मत तो मेरी सड़ गई। जो तेरे साथ चल पड़ी घर का गहना गट्टा चुरा कर। भला करती, वहीं, रावी में, छलाँग मार देती।\
शंकर : मैं ने कहा था भागने को?\
नूरां : और क्या तेरे बाप ने कहा था?··· तुझे हो क्या गया? अभी तो कुल छः महीने हुए। इकट्ठे रहते। कोढ़ तो नहीं हो गया मुझे?\
शंकर : **(अनसुनी करके)** सारे के सारे सपने! एक ही रात में! सब, अदल-बदल हो गया। जवानी की अँधेरी का एक ही झोंका आया। सूखे पत्ते की तरह, उड़ाकर, किधर से किधर ले आया।\
नूरां : मेरा कुसूर है?\
शंकर : उस रात, अगर तू मेरे पास न आती, आज किसी का डर न होता। जगह- जगह से भागना न पड़ता।\
नूरां : तू ही था जो नूरां क हुस्न के राग गाया करता था? नूरां यह है। नूरां वो है। भूल गया सब?\
शंकर : कसूर हम दोनों का था।\
(चुप)\
नूरां : शंकर, मेरी बात मान जाओ। किसी गाँव में टिके रहो। **(वह नहीं बोलता)** तेरा दिल तो इतना दहल खा गया, कौए की तरह, सहम कर, उड़ जाते हो। हर स्थान से।\
शंकर : **(डंक खाया)** तेरा ख़सम! तेरे देवर जेठ! कुत्तों ने पीछा छोड़ा मेरा अभी तक! मालूम है, क्यों ब्यास पार करके, एकदम, इधर आने को कहा मैं ने?\
नूरां : क्यों?\
शंकर : माली था न? आमों के बाग का? रात को उसने मुझे बताया।\
नूरां : क्या?\
शंकर : बोला, गाँव में एक राही आया है। दूर का। हूबहू हम दोनों के चिह्न चेहरे बताए उसने। ज़रूर कोई हमारा पीछा कर रहा है।\
नूरां : **(व्यंग्य से)** तुझे तो हर झाड़ी के पीछे, हर झँखाड़ के पीछे, मेरा ख़सम, नंगी तलवार पकड़े, नज़र आता है। शाबाश मेरे आशिक़ के! सदक़े मेरे बबर शेर के!\
शंकर : ज़िंद जान इतनी सस्ती नहीं। मैं काहे को जान दे दूँ? भला किसके बदले? दमड़ी की ज़नानी के बदले?

नूरां : तो क्यों भगा कर लाया था? मुझे? उस वक़्त क्यों नहीं भौंका?

शंकर : किस साले को पता था? प्यार इतनी जल्दी फुर्र हो जाएगा? किस ससुरे ने सोचा था? इश्क़ से जान ख़तरे में पड़ जाएगी?

नूरां : ओफ्फ! बाबा, बस भी कर अब! रोज़ यही लड़ाई! **(उबाल खा कर)** ज़्यादा तंग मत कर मुझे। चुप करना है तो कर जा। नहीं तो—मैं लगी हूँ, अभी, ब्यास में छलाँग मारने।

शंकर : मार दे छलाँग। धौंस है मुझे कोई?

(चुप)

नूरां : **(रुआँसी)** या अल्लाह! रहम कर मुझ पर!

शंकर : **(मौत से ठंडा)** सहम सहम कर जीना भी कोई जीना है? अच्छा करे तो बंदा एक ही बार में काम ख़त्म कर ले। इस गाँठ में, पता, क्या है? **(चादर की गाँठ दिखाता है)** अफीम की गोलियाँ। दो। चिर से ख़रीद कर लड़ बाँध रखी हैं। **(नूरां की आँखों में देखकर)** दिल करे, दोनों, लंबी नींद सो जाएँ।

(चुप)

नूरां : **(रोती, बगलगीर)** नहीं, शंकर, नहीं। मरेंगे नहीं हम। यों नहीं। जी हलका मत कर। हमारे पास अभी तक कुछ रुपए बचे हैं। मैं यह कंठहार भी बेच दूँगी। बाजूबंद भी बेच दूँगी। दूसरा काम धंधा तो तू करने लायक नहीं। हाट खोल ले। किसी क़सबे में। मैं चला लूँगी हाट।

शंकर : और वो बंदा?

नूरां : कौन सा?

शंकर : जो संध्या को, पार के गाँव में, हमारे बारे में पूछताछ कर रहा था। अगर अपने गाँव का निकला तो?

नूरां : कहाँ रह गया लाहौर? सवा सौ, डेढ़ सौ, कोस होगा यहाँ से। फिर हम तो कितने ही पहाड़, नदियाँ नाले, जंगल, बियाबान, पार कर चुके हैं। अब मुर्दे पीछा करेंगे हमारा?

शंकर : यही तू वहाँ कहती थी।

नूरां : कहाँ?

शंकर : **(गुस्से में)** होशियारपुर। और कहाँ? याद है? मरते मरते बचा था मैं। उस कंजरी के चबारे न चढ़ता, तो तेरे जेठ ने बरछा मेरे पेट के अंदर घुसेड़ दिया होता।

नूरां : **(ताअने से)** हाँ हाँ! अपनी जान तो भाग कर बचा ली। कंजरी के साथ मेरा सौदा करके आ गया। अगर मैं थाना जाने की धमकी

न देती, तूने तो बैठा दिया था कोठे पर।

शंकर : कौन ससुरा तुझे कोठे पर बैठा रहा था? कितनी बार बताया तुझे? शेख़ाँ मुहल्ले का मुग़ल सरदार तुझे रखने को तैय्यार था।

नूरां : शेख़ तो मुझे माँ बना के रखता!

शंकर : माँ बनाता चाहे मौसी। मेरा पल्ला तो छूटता।

नूरां : **(रोती)** रब्बा! मैं कहाँ गुनाह कर बैठी।

शंकर : गुनाह तो मैं कर बैठा। अभी पूरी ज़िंदगी आगे पड़ी है। **(आह भर कर)** गाँव में मेरी माँ! मँगती बनी घूमती होगी। मेरी तरह।

नूरां : रोज़ नाखूनों से माँस खुरचना। इक दूजे का। गिद्धों की भाँति।

शंकर : **(नरम)** बात सुन··· मेरा दिल करे···

नूरां : क्या?

शंकर : **(डरते डरते)** साधु बन जाऊँ मैं।

नूरां : साधू?

शंकर : हूँ।

नूरां : सब समझती हूँ मैं। तुम्हें अब शहज़ादी के सपने आ रहे हैं। हैं कि नहीं?

शंकर : जो भावी बरतनी हो, बरत ले। आज से बुरी हालत तो होने से रही। साधु बन कर, भेस बदल कर, एक जगह टिक तो सकता हूँ। नूरां, मिन्नत है मेरी। किसी तरह मेरा दामन छोड़। मुझे जी लेने दे। जैसे मैं चाहूँ।

नूरां : मैं कहाँ जाऊँ अब? अकेली कहाँ जाऊँ? **(शंकर चुप)** हम दोनों इकट्ठे साधु नहीं बन सकते?

शंकर : वाह! कभी कोई साधु देखा है, 'अपनी' बीवी संग? बीवी से पीछा छुड़ाने के लिए तो लोग साधु बनते हैं।

नूरां : तेरी चेली बनकर रहूँगी।

शंकर : ताकि लोग कहें : दिन को साधु रात को साँढ।

नूरां : हट्टी क्यों नहीं खोल देता मुझे? साधुपने का पाखंड रचाता, जान गँवा बैठेगा।

शंकर : अब खतरा कम है क्या? जान का?

पूरन : **(दूर से, गाता हुआ)** "मैं बेरियों से लाया हूँ बेर, भाभी तेरी गालों जैसा।"

शंकर : **(सहम कर, मुँह मोड़कर)** चुप! कोई आ रहा है!

पूरन : "भाभी तेरी गालों जैसा।" शंकर?
(बगलगीर, आँसू बहाते)

शंकर : पूरनां!

पूरन : शंकरा!

शंकर : सुना, ओए, मेरे पूरना यारा।

पूरन : आख़िर ढूँढ़ ही लिया मैं ने।

शंकर : भैया, अभी तक तो ज़िंदा हैं।

पूरन : नूरां भाभी! **(गले मिलती है)** बस, बस। इतना नहीं रोते।

शंकर : एक जाना पहचाना चेहरा! इतने महीनों के बाद।

पूरन : सच्च कह गए सयाने। कुएँ से कुआँ नहीं मिल सकता। बंदे को बंदा ज़रूर एक दिन ढूँढ़ निकालेगा। शिकारी कुत्ते की तरह, पैड़ी सूँघ सूँघकर, तुम्हारा पीछा करते, पहुँचा हूँ।

नूरां : सुख शांति तो है, वीरा?

पूरन : भई, मैं तो ठीक ठाक हूँ। तुम अपनी सुनाओ।

शंकर : भूल चुके होंगे गाँव वाले, हमें?

पूरन : इतनी जल्दी नहीं भूलने लगे, हमारे देहात के लोग। सब से तगड़े ज़मींदार घराने का यह चाँद चुराकर भागना, मामूली बात थोड़ी?

शंकर : इसके घर वाले—अभी तक हमारा पीछा कर रहे हैं?

पूरन : चारों तरफ। कहते हैं, ज़िंदा नहीं छोड़ेंगे। नूरां को तो, बोलें, गाँव लाकर ज़िंदा जलायेंगे।

(नूरां सिसक रही है)

शंकर : माँ·· मेरी माँ राज़ी थी?

पूरन : अँधी हो गई बेचारी। रोती कुर्लाती। यार शंकर, सच्च पूछो तो, तेरी माँ की हालत देखी नहीं जाती।

(शंकर आँसू रोकने की बेहद कोशिश करता है)

शंकर : माँ! माँ! मैं क्या करूँ माँ!

पूरन : **(थपकी देकर)** हौसला रख, शंकर। रोटी का टोटा नहीं है उसे। बच्चा बच्चा बिषनी बाह्मनी पर तरस खाता है।

शंकर : माँ से बिछुड़ा भी मैं—ज़नानी के पीछे!

पूरन : यह क्या बात की, भई, तूने? अपने दोहात के लड़के-लड़कियाँ तुम दोनों पर कुर्बान जाते हैं। तुम्हारे इश्क़ की चर्चा तो दूर-दूर तक पहुँच चुकी है। एक दो गवैयों ने तो क़िस्से भी जोड़ लिए। मजमा बाँध कर, गा गा कर सुनाते हैं। **(कानों पर हाथ रखकर गाता है)**—

नूरां शंकर से बोली—क्या बोली?
काहे मारे तू मुँडेर के कँकड़

चाँद बैरी छिप जाने दे।

और सुनो

सोहनी कच्चे घड़े पर तैर गई।
महीवाल की ख़ातिर मर गई।।
नूरां शंकर की आँख लड़ गई।
नूरां भीतें कोठे चढ़ गई।।

नूरां : आज देखे न काई, आशिक़ों की हालत। कैसे एक दूसरे का रक्त चूस रहे हैं।

पूरन : वो क्यों? तेरा रंग रूप तो दोगुना चौगुना निख़र गया।

नूरां : जल गया मेरा रंग रूप!

पूरन : शंकर, क्या बात हुई, यार?

शंकर : **(जैसे अपने आप से)** औरत का रंग रूप मर्द को मोह तो लेता है। मगर यह मोह, झटपट, घट जाता है। इन्सान की ज़िंदगी इश्क़ से बड़ी है। इन्सान कोई एक सपना देखे है? चलो, माना, मर्द ने माशूका को बाँहों में कस लिया। वसल का जाम लबों को छुआ लिया। फिर? इसके बाद? दूसरे सैकड़ों सपने? अधूरे सपने? वो तो आदमी को उतना ही खाली, उतना ही बेचैन, बनाए रखते हैं। इश्क़ सब रोगों का दारू नहीं।

पूरन : हो क्या गया तुम्हें? दोनों को?

नूरां : साधु बनने की सोच रहा है।

पूरन : **(हँसता)** अच्छा! तू भी? राजा बनने के लिए?

नूरां : राजा बनाने चले इसको, कँगाल को! माँग-खाने बाह्मन को!

पूरन : डौंडी सुनकर, मेरे मन में भी यही बात आई थी। चाल तो बुरी नहीं। क्यों, शंकर?

शंकर : सोच तो मैं यही रहा था। पर अब तू मिल गया। मैं अपनी ज़िंदगी नए सिरे से शुरू करूँगा। तू नूरां को लेकर गाँव को मुड़ जा।

पूरन : मरना है क्या हमने?

शंकर : तू ने तो कोई बुरा काम नहीं किया?

पूरन : भैया, तेरे से क्या छिपाना?··· पर अब मैं जड़ से बदल गया हूँ।

शंकर : तू ने क्यों छोड़ा घर बार?

पूरन : जुआ!

शंकर : पूरी बात बता न।

पूरन : बहुत बुरी है जुए की हार। एक ही दिन में, दो सौ रुपए हार गया। ज़ैलदारों के जमाले को। पूरे दो सौ। करता क्या? मद्दी सुनार के

सेंध लगाई। दीवार तोड़ी। कुत्ती सुनारिन।

नूरां : जुआली?

पूरन : हाँ। जुआली की आँख खुल गई। लगी शोर मचाने। मजबूरन, गला घोटना पड़ा।

(गला दबाते हुए अपने हाथों और अँगूठों की तरफ देखता है, पसीना-पसीना)

नूरां : हाय अल्लाह!

शंकर : तुझे पहचाना तो नहीं? किसी और ने?

पूरन : पहचाना तो शायद किसी ने नहीं। अँधेरा था। पर सारा गाँव शक मेरे पर ही करेगा। यह सोचकर, मैं भाग चला।

नूरां : जुआ भी कभी किसी को रास आया?

पूरन : यार, अब हुकूमत भी बड़ी सख़्त है। अकबर साला तो चोरी को भी जुर्म समझता है।

(चुप)

शंकर : अच्छा, तुम दोनों किसी और जगह चले जाओ। मैं अकेला यहाँ रहूँगा।

पूरन : न, भई। हम तेरे साथ ही रहेंगे। साधु बनने का विचार बुरा नहीं। मुफ्त की रोटियाँ तो निगलेंगे। काम धँधा किए बगैर, मौजें उड़ाने का, इस से बेहतर ढंग और कौन सा है?

शंकर : मैं साधु बनने को कह रहा हूँ। भिखारी नहीं।

पूरन : एक ही बात है, यार। साधु और भिखारी में कोई फर्क होता है? तू? गुरु! मैं और नूरां? चेला और चेली! वो खेल खेलेंगे, वो खेल खेलेंगे, काँगड़ा देवी की कृपा हुई, तो एक साल बाद, शंकर, राजा! पूरन, वज़ीर!

नूरां : और मैं?

पूरन : स्वांग ही तो रचना है : तू बीवी—मैं ख़सम।

नूरां : **(पीटने दौड़ती)** अच्छा जी!

शंकर : स्वाँग क्यों? असल में ही सही।

नूरां : क्या!!!

पूरन : गुस्से क्यों होती है? हम दोनों, साध। तू हमारी साधनी!

नूरां : तेरी साधनी तो मैं ज़रूर लगी हूँ बनने!

पूरन : मैं शहर जाऊँगा। काँगड़ा। बम-बम-भोले! बम-बम-भोले! लोगों के पास तुम्हारे गुण गाऊँगा। भीड़ इकट्ठी कर दूँगा। देखना तुम मेरी ज़बान का कमाल। बस, तू ज़रा चालाकी बरतना। किसी तरह

एक आध चमत्कार दिखा देना। करामात। दो चार बंदों पर रौब जमा देना।

नूरां : पाखंड का भेद खुल गया तो? पीट-पीट कर, लोग चमड़ी उधेड़ देंगे।

पूरन : तू नहीं जानती, इन हिंदुस्तानियों को। साधु बनकर तो बेशक इनकी बेटी बहन ·· लूट लो।—कुटिया शहर के पास बनानी चाहिए। यहाँ से पंद्रह कोस पर। उधर।

नूरां : शहर के नज़दीक मत जावो। ख़तरा है।

पूरन : यहाँ ख़तरा उससे भी ज़्यादा। इस तरफ देवी का मंदिर है। वहाँ लाहौर तक के लोग आते हैं। दर्शन करने। इसी पत्तन से दरिया पार करते हैं। हाँ, उधर, उस पहाड़ी के पीछे, बीस कोस पर, बैजनाथ का कस्बा है। वहाँ डेरा बना सकते हैं।

शंकर : नहीं। बैजनाथ नहीं जायेंगे। वहाँ पुराना शिवजी का मंदिर है। वहाँ भी हमारे देहात के लोग आया करते हैं। कभी-कभी। मेरा बाबा बताता था, देवी के दर्शनों के बाद, वो बैजनाथ भी गया था। हमें चाहिए, तीर्थों के भीड़ भड़क्के से बच कर रहें।

पूरन : अच्छा। **(गठड़ी उठाकर)** चलो, काँगड़ा शहर। बोलो, स्वामी शंकरानंद की—

पूरन-नूरां : जय जयकार! **(हँसते हुए जाते हैं)**

शंकर : **(जाते हुए, संजीदा)** जुआ ही सही। या तो, ताज और तख़्त! या, फाँसी का तख़्ता!

(अँधेरा)

दृश्य 4

राजा का महल, काँगड़ा

(गीत गुनगुनाती, सोमा तस्वीर बना रही है। राजा आता है। घरेलू कपड़े)

राजा : सोमा पुत्र, तेरे से एक बात करनी थी।

सोमा : फरमाइये।

राजा : वाह वाह! अर्जुन! द्रौपदी का स्वयंवर! मैं ने बूझ लिया।

सोमा : क्या बूझ लिया?

राजा : तेरे स्वयंवर के बारे में ही बात करने आया हूँ मैं। कहीं हम ग़लती तो नहीं कर बैठे?

सोमा : कैसी ग़लती?

राजा : साधु संत संग तेरा ब्याह—

सोमा : **(झट से)** मुझे तो इन्कार नहीं।

राजा : पुत्र, मुझे लगे, भिड़ों का छत्ता छेड़ बैठे हम। नौजवान छोकरे ताबड़तोड़ झूठे साधु बनने लगे हैं।

सोमा : सख़्त सज़ा क्यों नहीं देते आप? पाखंडियों को?

राजा : सौ कोड़े कम नहीं होते। वज़ीर का तो आज कल यही धँधा है। झूठे साधुओं को ढूँढ़ना और पीटना। बाप-बेटा इसी काम में जुटे रहते हैं।

सोमा : बेटा भी?

राजा : भीम सिंह तो बाप से भी चार उँगल बढ़ कर है।

सोमा : वो तो मैं समझती हूँ।

राजा : कहीं भीम पर आँख तो नहीं तेरी?

सोमा : चूहे पर?

राजा : लड़का तो बुरा नहीं। हम ढिंढ़ोरा पिटवा चुके हैं। नहीं तो···

सोमा : क्या सोच रहे हैं आप?

राजा : भीम सिंह हुकूमत का काम सँभाल सकता है।

सोमा : जाने दो, पिता जी। हर बात में पुरोहित को पिता समझता है।

राजा : यह तो है। पाठ पूजा से कुछ ज़्यादा ही चिमटा रहता है। मगर है समझदार। संयम रखता है।

सोमा : **(हँसती)** अगर कहीं, अकेले को, लड़की से बात करनी पड़े, शर्म का मारा, धरती में धँसा जाता है।

(गोपी आती है)

राजा : अच्छा फिर। अभी हुक्म वापस नहीं लेते। साधु तो साधु ही सही।

गोपी : महाराज, वज़ीर साहिब कहते हैं, ज़रूरी काम है।

सोमा : कांता आई है?

गोपी : हाँ, जी।

राजा : कहो, आ जाएँ। **(गोपी जाती है)** साधु की बात होगी। देखना तुम।

(वज़ीर, भीम और कांता आते हैं। सोमा कांता को तस्वीर दिखाती है)

वज़ीर-भीम : महाराज की : जय जयकार।

राजा : इतना जरूरी कौन-सा मुआमला आ गया? कल कचहरी में रख देता।

वज़ीर : मुलाज़िम दुखी हो गए, महाराज।

राजा : क्या बात हुई?

वज़ीर : वही, मँगते। भिखारी। नक़ली साधु।

राजा : सोम, सुना तू ने? **(दोनों मुस्कराते हैं)**

भीम : पाखंडियों के टोले पर टोले। काँगड़ा पर धावा बोल दिया है।

राजा : क्या इलाज सोचा तुम ने?

वज़ीर : एक पाखंडी को कड़ी सज़ा दे दीजिए। दूसरों की हिम्मत नहीं पड़ेगी।

भीम : **(सिपाही को)** लाओ भीतर।

(मोहने को सिपाही अंदर धकेलता है)

वज़ीर : यह सिद्धपुर-भोटे का मोहना है। सब की आँखों में धूल झोंक रहा है। एक नौकर है इसका। वो चेला बना फिरे। गाँव गाँव घूम कर, 'गुरु' की सिफ्तें गावे। हमीरपुर के कोतवाल ने नौकर को पकड़ लिया। दो कोड़े पड़े। सच सच बक उठा।

राजा : कब बना था साधु?

भीम : झूठ मत बोलना।

मोहना : पिछली संक्रांति को।

भीम : **(दाढ़ी खींच कर)** दाढ़ी तो असली है।

(हँसी)

राजा : क्यों किया पाखंड?

भीम : राजगद्‌दी के लिए?

मोहना : महाराज, मुझे राजगद्‌दी नहीं चाहिए। मैं भिखारी नहीं। मँगता नहीं। ख़ानदानी ज़मींदार हूँ। सिद्धपुर-भोटे की आधी ज़मीन मेरी है। राज कुमारी, दशहरे पर, मैंने आपके दर्शन किए थे। आप ने मुझे राँझा बना डाला। आप के प्यार में, मैं मजनू बना घूम रहा हूँ।

(सोमा के पाँव पड़ता है। भीम पैर से ठोकर मारता है)

भीम : मुँह संभाल, ओए, गुंडे! नहीं तो—

(मोहन गुस्से में भीम को पीटने दौड़ता है। भीम काँपता हुआ सिपाही को इशारे करता है)

मोहना : मैं गुँडा नहीं। चोर नहीं। उचक्का नहीं। —प्यार करता हूँ। सच्चा!

भीम : ब-ब-बदमाश है! झ-झ-झूठा है!

वज़ीर : फाँसी होनी चाहिए! अनाज मंडी चौक में। झूठ का ख़ातमा हो जाएगा, राज्य में।

राजा : रोज़ पाखंडी! धोखेबाज! अच्छा, ले जाओ। चढ़ा दो सूली।

मोहना : **(पैरों में गिरकर)** सोमा, मुझे बचा ले। अपने मोहने को बचा ले। मैं प्यार करता हूँ तुम्हें। मुझे बचा ले, सोमा। सोमा!!!

(रोते चिल्लाते को सिपाही घसीट कर ले जाते हैं। वज़ीर जाता है)

राजा : पूनम के दिन इतनी सख़्त सज़ा देनी पड़ी। जी ख़राब हो गया।— गोपी, नई लड़की है न? नाचने वाली?

गोपी : काश्मीरन?

राजा : नहीं। जो कल ख़रीदी थी।

गोपी : बलोचों से? मेरे वतन की?

राजा : उसे भेज। बागीचे में। **(गोपी जाती है)** भीम, आ। नाच देख ले।

भीम : क्षमा करना, महाराज। मैंने चण्डी का पाठ आरंभ किया है—

कांता : **(स्वाँग उतारती)** "माँस को मुँह नहीं मारता। शराब की जुगाली नहीं करता। गाना सुनते ही मेरे सीगों में खुजली होने लगती है।"

(सोमा और राजा हँसते हैं)

राजा : चंडी तो आप शराब छकती है।

भीम : चिट्टे पूजा पाठ में नहीं, महाराज। काला जादू टोना हो, तब दारू का भोग लगाते हैं।

राजा : तेरे पूजा पाठ से तो जादू टोना बेहतर है। बंदा ठीक-ठाक खा-पी तो सकता है।

(जाता है)

भीम : राजकुमारी जी, एक बिनती करूँ?

सोमा : बोल, भीम सिंह।

भीम : मथुरा वृंदावन से एक विद्वान आए हैं। समझ लो, सरस्वती जीभ पर बैठी है। निर्गुण निराकार की व्याख्या करते हैं। आप सुनेंगी, व्याख्या?

कांता : बुद्धू है, भीम तू तो। दिखता नहीं तुझे? यह जवानी! रंग रूप! अर्जुन की तस्वीर! तू सुनावे—"निड़गुण निड़ाकाड़!"

भीम : शास्त्रों का ज्ञान कल्याण करता है। पुरोहित जी कहते हैं—

कांता : टूटे कुएँ में फेंक, पुरोहित को। ज्योतिषी बना फिरे। ठरकी बुढड़ा। बहाने से लड़की का हाथ पकड़ लेता है। **(सोमा का हाथ पकड़ कर, पुरोहित की नक़्ल)** "अति सुंदर! भोग की रेखा? अति सुंदर! प्रेम की रेखा? वाह वाह! इतनी गहरी! इतनी तंग! कितना मुलायम है हाथ। **(आँखों में आँखें डालकर)** धर्म से, बहुत ही सुंदर है तू। तेरा पति, 'भोगवान्' होगा।"

सोमा : "वो कैसे, पंडित जी?"

कांता : "तू सोमरस की बंद बोतल है। तुझे पहली बार खोल कर पीने वाला 'भोगवान्' तो होगा ही।

सोमा : **(हैरान, ख़ुश)** "अच्छा, पुरोहित जी?"

कांता : "हाँ, सोमरस जी। कोक शास्त्र के मुताबिक, तू उत्तम प्रकार की स्त्री है। पद्मिनी हो, पद्मिनी।—**(गाल को हाथ लगाती है, सोमा गुस्सा करके, झटके से हाथ खींचती है)**—पुत्री!"

(हँसती हैं)

भीम : कांता! इतना भद्दा मज़ाक़! ब्राह्मण देवता के बारे में! गायत्री मंत्र का जाप कर। झटपट। नहीं तो पाप चढ़ जाएगा।

(कांता टाँगों को देखती है)

सोमा : क्या ढूँढ़ रही हो?

कांता : पाप! मैं ने सोचा, देखूँ। किधर से चढ़ेगा पाप मामू, मेरे पर?

भीम : कांता, सच में तू तो—

कांता : अच्छा, बाबा! तुम सोमा से अकेले में बात करने का बहाना तलाश रहे हो। कर लो बात। मैं चल कर जपती हूँ, तेरा गायतड़ी मंतड़।

भीम : नहीं, नहीं। मैं तो—

सोमा : चचचच··· नांह री। अपने भैया को अकेला मत छोड़ा कर। जेठा है। कोई लड़की इज़्ज़त लूट लेगी।

कांता : **(पुचकारती)** डलना मत मेला लाजा वीला। **(टिका टिका कर)** लाज कुमाली किसी कन्या कुमाले, अबला गबरू संग जबलदस्ती नहीं करती।

भीम : **(सोमा को)** पुरोहित जी ने मना किया है। बोले : अकेले में लड़की को नहीं मिलते। तप तेज घट जाता है, पुरुष का।—

सोमा : सुहागरात को भी पुरोहित बुलावेगा?
(कानों पर हाथ रख कर भागता हुआ)

भीम : शिव शिव शिव! निर्गुण निराकार पर भाषण अवश्य सुनिए। **(जाता है)**

सोमा : भोंदू है तेरा भाई।

कांता : पर मरता है।

सोमा : पुरोहित पर?

कांता : तेरे पर! हाय हाय! मेरा वीर बेचारा भी क्या करे?

सोमा : क्या हुआ?

कांता : बैरिन, कभी देख रूप को शीशे में! **(झूमकर गाती है)**—

बाबुल मेरे बाग लगाया
बीच बैठाया माली।
बूटे बूटे माली पानी देवे
फल लग गया डाली डाली।
रूप क्वाँरी का,
दिन चढ़ते की लाली।
रूप क्वाँरी का···

अगर कहीं मैं देव दानव होती—

सोमा : तो क्या करती?

कांता : **(रथ पर उड़ने का स्वाँग करती)** आकाश से यों उतरता! ऐसे उठाकर, उड़ जाता। कोहकाफ की चोटी पर उतरता। परी बना कर रखता। अपने महलों में।

सोमा : झूठी! लड़कियाँ भी कभी ऐसा करती हैं।

कांता : यही तो घाटा है, सुंदरी। मैं लड़का होती तो उस मोहने की तरह कभी की सूली चढ़ गई होती।

सोमा : नांह। उसकी बात न छेड़। मेरी रूह काँप गई।

कांता : एक बात पूछूँ?

सोमा : पूछ।

कांता : तेरे पर इतने लड़के आशिक़ हैं। बहुत अच्छा लगता है तुम्हें?

सोमा : बिलकुल नहीं। मेरे कारण किसी लड़के को सज़ा मिले, यह गर्व की बात नहीं।

कांता : मैं नहीं मानती। मर्दों की प्यासी नज़रें नशा तो चढ़ा देती हैं, लड़की को।

सोमा : मगर मर्दों की प्यासी नज़रें लड़की की प्यास तो नहीं बुझा सकतीं। क्या करूँ मैं इन मजनुओं का?—एक बात का यक़ीन करेगी? **(कांता सिर हिलाती है)** जब मैं अकेली होती हूँ, पता है, मैं कैसी सोच सोचती हूँ?

कांता : कैसी?

सोमा : महलों की क़ैद में से उड़ जाऊँ। दूर! पहाड़ी पर। भेड़ों का रेवड़ चराऊँ। चैंचलों बन कर गाऊँ। अपने कुँजुआ को बुलाऊँ। **(सोमा चैंचलो बनकर गाती है। कांता, चुनरी की पगड़ी बाँध कर, कुँजुआ बन कर, दूर पहाड़ी से गाती है)**

गीत 2

चैंचलो : कपड़े धोउँ छम छम रोउँ, कुँजुआ
मुक्खों बोल ज़बानी हो
हाय वो मेरिये जिंदे, मुक्खों बोल ज़बानी हो।

कुँजुआ : तेरे पिच्छे हुआ बदनाम, चैंचलो
किंजो बणदी बेगानी हो।
हाय बो मेरिये जिंदे, किंजो बणदी बेगानी हो।

चैंचलो : रातीं बरातीं मत औंदा कुँजुआ
बैरी भरियाँ बँदूकाँ हो
हाय बो मेरिये जिंदे, बैरी भरियाँ बँदूकाँ हो।

कुँजुआ : मेरी तेरी प्रीत पुराणी, चैंचलो
तूँ तो कदर ना पाणी हो
हाय बो मेरिये जिंदे, तूँ तो कदर ना पाणी हो।

कांता : **(दौड़ कर आलिंगन करती)** रेवड़ छोड़ कर, कुँजुआ भागा भागा आए। कस कर बाहों में जकड़ ले।

सोमा : सच!

कांता : वाह, भई, वाह! खेतों वाली लड़कियाँ सपने लेती हैं महलों के। और महलों वाली? खेतों के।

सोमा : (अँगड़ाई लेकर) हाँ, खेत में! तगड़े गबरू की जकड़ में! जो अंग अंग खड़का दे।

कांता : रब्बा, यार, दो घड़ी मुझे लड़का बना दे।

सोमा : इस उम्र में अकेली को नींद नहीं आती। भले भाग्य देहाती लड़कियों के। मौज मनाती हैं। भरी जवानी की बेला। मेरी तरह नहीं। राजकाज के उसूल, बेड़ियाँ बनकर, पैरों में पड़े हों।

कांता : ग़रीबी देखी नहीं न तूने।

सोमा : नहीं, कांता। धन दौलत का घाटा होना ही ग़रीबी थोड़ी है। मकान महल का घाटा होना ही ग़रीबी थोड़ी है। प्यार न मिलना भी तो ग़रीबी है। संगी साथी न मिलना भी तो ग़रीबी है।

कांता : इतनी भी क्या मजबूरी है? तू चाहे तो सब कुछ कर सकती है। किसान की बेटी की तरह।

सोमा : मुझे किसान की बेटी वाली आज़ादी कहाँ? मैं लड़की नहीं, राजकुमारी हूँ। मैंने पति नहीं चुनना, कांगड़ा का राजा चुनना है। जबकि मेरे अंदर की लड़की माँगती है, एक गबरू। एक मर्द।

कांता : धीरे-धीरे नाच, वो दिन दूर नहीं।—हाय री! मैं भी बंदरी हूँ। जो बात बताने आई थी, वो भूल ही गई।

सोमा : कौन सी बात?

कांता : मुझे मेरी गोली ने बताया। गोली को शहर की औरत ने बताया। औरत को उसकी पड़ोसिन ने बताया। पड़ोसिन को उसकी ननद ने बताया। ननद को उसकी भौजाई ने बताया। उस भौजाई की बुआ गई थी देखने।

सोमा : किस की बात कर रही है तू?

कांता : मैं ने ख़ुद नहीं देखा। पर गोली कहती है : एक बार कोई ज़नानी बस, देख ले उसको। अपने को भूल जाएगी। इतना रूपवान है वो।

सोमा : है कौन? बताएगी भी कुछ?

कांता : झरने वाली पहाड़ी है न? खड्ड के परले किनारे। वहाँ है उसका डेरा।

सोमा : साधु की बात कर रही हो? यों बोल न।—मुझे काहे बताती हो? पहले अपने पिता जी को बता।

कांता : कहते हैं, यह साधु अनोखा है। क्या नाम बताया था? भला सा नाम है। ··· शिवानंद? ··· नहीं ··· मेरे मुँह में घूम रहा है। ··· हाँ, आ गया याद। शंकरानंद! स्वामी शंकरानंद! उसका एक चेला भी

है। बड़ा सुडौल है वो भी। **(आह भरती)** पर उसका ब्याह हो चुका है। उसकी लुगाई, खसम-खानी, वो भी साथ रहती, डेरे में। भई, कहते हैं, स्वामी जी बाल ब्रह्मचारी हैं। दूर से आए हैं। काशी से।

सोमा : उम्र कितनी है?

कांता : बीस इक्कीस बरस। कुल।

सोमा : यह बाबा बालकनाथ भिखारी होगा।

कांता : शंकरानंद भिखारी नहीं। सुना है, उसने रोगियों को राज़ी किया है। पूछताछ का जवाब देता है। कई चोरियों का सुराग दिया है। करामात दिखाई है।—चेला शहर से रोटी माँग कर ले जाता है। बस। धेला नहीं पकड़ता किसी से।

सोमा : कहानियाँ गढ़ लेते हैं लोग।

कांता : गोली कसमें खा रही थी। मेरी बात मान। महाराज को मना। हम चलेंगे। उसको देखने।

सोमा : पिता जी न माने तो?

कांता : अड़ी करना। मैं भी अड़ी करूँगी। सारे चलेंगे।

सोमा : अच्छा। यही शुग़ल सही। अगर स्वामी शंकरानंद जी नकली साधु निकले, तो बच्चू की ख़ैर नहीं।

कांता : देख तो सही तू एक बार। कौन जाने, शंकर की ख़ैर नहीं, कि सोमा की ख़ैर नहीं।

(अँधेरा)

दृश्य 5

शंकर का डेरा

(सवेरा। शंकर और नूरां साधुओं के वेश में)

नूरां : सीधे मुँह बात ही नहीं करता।

शंकर : नहीं। यहाँ नहीं सोना। नीचे वाली झोंपड़ी में सोया करो।

नूरां : क्या!!!

शंकर : **(ठंडा, अपने आप को)** धीरे-धीरे, पता नहीं, मुझे क्या होने लगा है? मुझे आप नहीं समझ आता।

नूरां : सच क्यों नहीं बोलता? अब नूरां अच्छी नहीं लगती?

शंकर : **(गुस्से में)** कभी बात को समझा भी कर। ख़तरा है! अगर भला कोई अचानक आ जाए? रात को? तू और मैं एक ही झोंपड़ी में? फिर? क्या करेंगे फिर?

नूरां : तुझे मालूम भी है? पूरन ने मुझे कितना तंग कर रखा है? रोज़ कहता है।

शंकर : पूरन में क्या ख़राबी है? रहती तो तू पूरन की जोरू बनकर ही है? यहाँ? सच्च भी हो गया, तो क्या हुआ?

नूरां : हया तो नहीं आती? बात करते हुए? मेरा ख़सम! **(रोती)** ख़सम मेरी इज़्ज़त के बदले तुझे क़त्ल करने के लिए ढूँढ़ रहा था। और तू? तू मुझे दोस्त के साथ सुलाता है! रब्बा! मैं क्या करूँ?
(पूरन आता है)

पूरन : न, भई, न। इतनी सुंदर औरत को रोना नहीं चाहिए। **(आँसू पोंछ कर)** यह साला सुरमा भी बड़ा शैतान है। देख! कैसे आँखों में से, दौड़-दौड़ कर, गालों को चूमने लगा है। स्वाद ले ले कर। एक बार हँस दे! **(गुदगुदी करता)** हँस दे··· हाँ··· हाँ··· ऐसे!

नूरां : हट जा।··· क्या कर रहा है?··· ही··· ही···

पूरन : यार, यह क्या तुम रोज़ महाभारत छेड़ बैठते हो?

नूरां : मैं शुरू करती हूँ? महाभारत?

पूरन : शुरू कोई भी करे। पर तुम दोनों का झगड़ा, एक दिन, तीनों को डुबोयेगा। कोई इर्द गिर्द सुन रहा हो अगर? झट राजा को ख़बर कर देगा कि न?

शंकर : तीनों सूली चढ़ेंगे।

पूरन : हँसी ठिठोली छोड़, शंकर। मोहने की शक्ल याद आती है जब मुझे—फाँसी पर लटके हुए की। गर्दन, यों, लंबी! जीभ बाहर निकली, ऐसे! मेरे तो रोम रोम में कंपकंपी छिड़ जाती है।

शंकर : कहीं हमारा भी यही हाल न हो।

नूरां : **(बाहों में लेकर)** शंकर, ख़ुदा का वास्ता है। छोड़ दे यह सब कुछ। जान बचाओ किसी तरह। दूसरी जगह चले चलो।

पूरन : नूरां झूठ नहीं कह रही। दिल मेरा भी दहल गया है।

नूरां : छोड़ दे साधुपना।

पूरन : एक तो इस कम्बख़त ने हुक्म भी बड़े सख़्त चलाए हुए हैं। पहले कभी कभी दो घूँट दारू पी लेते थे। अब वो भी बंद। फिर, जुल्म साईं का, किसी से एक धेला नहीं लेने देता।—यार, सुन। अगर कोई मोटी आसामी फँस जाए, अगर कोई चालीस पचास मोहरें चढ़ा दे, लेकर भाग चलें।

नूरां : दूर! दिल्ली आगरा की तरफ।

(चुप)

शंकर : **(कमज़ोरी छुपाता)** बस, पूरन? इतना ही दम था? इसी को कहता था तू, ज़िंदगी मौत का साथ?

(चुप। रुआँसा पूरन दौड़ कर गले लगता है)

पूरन : क्या बात करे, भैया तू? जान वार दूँ। **(जोश से)** यहीं डटेंगे। जब तक तू कहे। देखी जाएगी। जैसी होगी।

नूरां : तुम दोनों मलँगों के साथ मिलकर, मेरी जान मुफ्त में जाएगी।

पूरन : मुफ्त में नहीं, सुंदरी। इस स्वाँग में तेरा हिस्सा बराबर का है। इनाम का हिस्सा भी मिलेगा बराबर का।

नूरां : इनाम दिलाएगा यह मुझे? सात चूल्हों की राख। अपनी कुटिया से निकाल कर, तेरी झोंपड़ी में फेंकने चला।

पूरन : सच? जय हो स्वामी शंकरानंद की! **(नूरां को ज़बरदस्ती नचाता हुआ)** बम बम भोले! बम बम भोले!

नूरां : नहीं·· हट जा··

पूरन : चलो! एक फल तो हुआ प्राप्त!

नूरां : फल मिलेगा तुझे, यह! (**अँगूठा दिखाती, चिढ़ाती**)

पूरन : ख़सम हूँ मैं तेरा। सलीके से बोल। नहीं तो बदले निकालूँगा।

नूरां : जा, ओए, जा! बहुतेरे देखे। तेरे जैसे।

पूरन : कितने?

शंकर : (**रुक कर**) बस करो अब। समाधि की वेला हो गई मेरी।

पूरन : ओए, तू तो सचमुच का साधु बनने लग पड़ा। दाढ़ी को तो देख!

शंकर : नक़ली दाढ़ी से, हर समय, डर लगा रहता था।

पूरन : (**बनावटी ढंग से**) सत्य वचन, गुरु महाराज। उचरो, क्या आज्ञा दास को?

शंकर : दोबारा बताना ज़रा। आज कौन-कौन आएगा?

पूरन : भगत राम। साहुकारा करे। सूदख़ोर। अनाज मंडी में आढ़त का काम।

शंकर : चाचा का भूत दिखता है?

पूरन : हाँ। दूसरा। राजो और उसकी बहू, रामदेई। गणेश राम की घरवाली।

शंकर : लड़का चाहती है? (**पूरन सिर हिलाता है**) बस। आज दो से ज़्यादा नहीं। भूलने का डर रहता है।

नूरां : अगर कहीं ग़लती हो गई?

पूरन : नहीं होती गलती। तू नहीं जानती शंकर को। पीरों का पीर है।— फिर भी, भाई, ज़रा ध्यान से! मेरे दिल का भय बढ़ता जा रहा है। कहीं फँस ही न जाएँ।

शंकर : हौसला रख, पूरन। जुए की जितनी बड़ी चाल, जुए की उतनी बड़ी जीत।

पूरन : एक बात मानेगा?

शंकर : क्या?

पूरन : मानेगा न?

शंकर : बता भी अब।

पूरन : नूरां, उधर से मेरी दाढ़ी मूँछ तो लाना। (**देख कर, नूरां नहीं सुन रही**) आज वो बुढ़िया आएगी न? बहू को लेकर? मिन्नत है मेरी। उसके साथ मेरा काम बनवा दे।

शंकर : सास संग?

पूरन : नहीं, यार। बहू संग। क्या चीज़ है राम देई। (**गाता है**) "सोहनी नहा के तालाब में से निकली, सुलफे की लाट जले।"

शंकर : छोड़, ओए।

पूरन : तेरी सौगंध, जो झूठ बोलूँ। जब से देखा है, नींद नहीं आती। भाई है तू मेरा। क्या पता, कब क्या हो जाए? मेरी इच्छा पूरी कर दे।

शंकर : तू सब को मरवाएगा।

पूरन : रामदेई मान जाएगी। यक़ीन है मुझे। तू बस, कह दे उनको एक बार।—इनका पड़ोसी, पनवाड़ी है। अफीमी। पोस्ती। वो बता रहा था मुझे। सास भी अपने ज़माने की जानी मानी राँड थी। राजकुमारी के दादा की रखैल हुआ करती थी। तू बहू से बात करा दे। तेरे पैर धो-धो पीऊँगा।

(पाँव पड़ता है)

शंकर : कोशिश करूँगा।

पूरन : कोशट नहीं। काम बनाना है। ज़रूरी।

(नूरां दाढ़ी मूँछ लाती है)

पूरन : बात अपने पास ही रखना।

नूरां : जल्दी करो। कोई आ रहा है।

(शंकर समाधि लगाकर बैठ जाता है। पूरन और नूरां पीछे छिप जाते हैं। पूरन, देखकर, शंकर के कान में)

पूरन : भगत राम!

(भगतराम आकर प्रणाम करता है)

भगतराम : माथा टेकता हूँ, महाराज।

शंकर : भगत, तेरे पल्ले में पैसा धेला तो नहीं?

भगतराम : जी· · ?

शंकर : **(गुस्से में)** परे हो जा। तपस्या में विघ्न डाल दिया। उधर रख के आ माया को। जाते वक़्त उठाके ले जाना।

(भगतराम थैली दूर रख कर आता है)

शंकर : भगतराम· ·

भगतराम : मेरा नाम आपने बूझ लिया? धन्य हो, महाराज।

शंकर : भूतों प्रेतों ने तंग कर रखा है?

भगतराम : यह भी बूझ लिया! धन्य हो!

शंकर : चाचा का भूत है?

भगतराम : आप सब कुछ जानते हैं। समझ में नहीं आता, चाचा भूतों की योनि केसे पड़ गया? सब क्रिया कर्म किया। फिर भी, इतना तंग करता है। टोने किए। पीछा ही नहीं छोड़ता।

शंकर : तूने चाचा की सेवा नहीं की।

भगतराम : टहल सेवा तो जी बहुत की। चाचा निपूता था। मैं ने, अकेले ने, सेवा की। सारी जायदाद मुझे देकर मरा। ख़ुशी ख़ुशी। मेरे भाई को फूटी कौड़ी नहीं दी। भाई मानता ही नहीं था। यक़ीन ही न करे। कचहरी में मैंने काग़ज़ पेश किए। चाचा का अँगूठा लगा हुआ। तो माना भाई।

शंकर : **(गरज कर)** झूठ बोले तू? संतों के आगे! भस्म कर दूँगा।

भगतराम : **(ऊँचा रोता)** मैं पापी हूँ, स्वामी। मैं पापी हूँ। मेरी मुक्ति करो। महाराज, मुझे छुड़ाओ।

शंकर : वसीयतनामे पर चाचा का अँगूठा, कब लगवाया था?··· मरे हुए का अँगूठा लगाया था?

भगतराम : मेरी भूल बख़्शो, स्वामी।

शंकर : ज़हर दी थी चाचा को?

भगतराम : आप जानकार हैं, महाराज। भगवान हैं।

(शंकर आँखें बँद करके, चुप। पीछे पूरन और नूरां इशारों से थैली के बारे में बातें करते हैं। पूरन नूरां को कह रहा है कि वो शंकर को न बताए)

शंकर : पापी, यह योनि तो तूने गँवा ली। अगर अगली योनि बचानी हो, तो जा। पुण्य दान कर। मंदिर बनवा। धर्मशाला बनवा। हरिद्वार जा। इकोतर सौ ब्राह्मण को भोजन छका।

(पूरन हलके पाँव जाकर, थैली उठा कर, कुछ पैसे निकाल लेता है। बाकी अंदर डाल कर, थैली रख देता है)

भगतराम : सत्य वचन, स्वामी जी। हुक्म दीजिए, आप का डेरा, मैं पक्का बनवा दूँ।

शंकर : **(गरज कर)** चल, ओए, दफा हो। चला है मेरी तपस्या का नाश करने। पाप की कमाई से। जा चला जा। नहीं तो, राजा को ख़बर करके, सूली चढ़वा दूँगा।

भगतराम : **(काँपता, उठकर)** क्षमा करो, स्वामी। मुझे बख़्शो।·· धन्य हो! धन्य हो!

(थैली उठाकर जाता है। पूरन और नूरां खुल कर हँसते हैं)

पूरन : कमाल ही कर दी तूने तो, शंकर!

नूरां : काँपने लगा।

पूरन : तूने कैसे बूझ लिया? ज़हर का? अँगूठे का?

शंकर : धमकी सी दी थी। पापी का पाप, चेहरे से ढलकता है, अपने आप। मैं समझ गया। भूत नहीं। इसके मन का चोर है, जो इसको

अंदर ही अंदर खाए जा रहा है।

पूरन : निकलेगा कैसे भूत?

(नूरां बाहर जाती है)

शंकर : सहज है यह बात तो। अगर किसी मनुष्य से, गुनाह हो ही जाए, तो उसको चाहिए, एक आध बंदे को सच सच बता दे। दिल की भड़ास निकाल ले। फिर सोच तू। यह इतनी दूर चलकर जाएगा। गंगा। दान पुण्य करेगा। रक़्म खर्चेगा। आप ही मन को शांति आ जाएगी। भूत दिखना बंद हो जाएगा।

पूरन : **(भगत राम की नक़्ल करता)** धन्य हो! धन्य हो, स्वामी।

(नूरां आती है)

नूरां : औरतें! दो। **(जाती है)**

पूरन : **(देख कर)** वही हैं। मेरी कामना मत भूलना।

(पूरन पीछे छिप जाता है। राजो और रामदेई शंकर के पाँव छूने लगती है)

शंकर : तुम्हारे पास माया तो नहीं? उसे उधर रख कर आओ।

(राजो से लेकर रामदेई थैली दूर रख देती है)

राजो : मेहर करो, महाराज।

शंकर : माई, बहू की कोख खाली है?

रामदेई : **(हैरान)** बाबा जी, आपने पहले ही बूझ लिया!

राजो : मेरे महल बाड़ियाँ। सूने पड़े सब! **(पल्ला फैलाकर)** मेरी झोली में ख़ैर डाल दो, बाबा जी। पोता दे दो मुझे।

शंकर : ठहर, माई। समाधि लगाकर देख लेने दे। कौन से पाप किए थे तेरी बहू और पुत्र ने?··· पिछले जन्म में··· तेरा पुत्र और बहू··· गायें रखते थे। दूध बेचते थे। पर थे बड़े लोभी। लालची। दूध का लोभ किया। एक बछड़े को पूरा दूध नहीं चुसाया। भूख से तड़प-तड़प कर बच्छा मर गया। गऊ हत्या का पाप लगा। दोनों के सिर। पुत्र हत्या का पाप लगा।

राजो : उपाय करो, महाराज।

(पूरन थैली से थोड़े पैसे निकाल लेता है)

शंकर : गऊ हत्या महापाप है। माई, बहू के हाथ से दान पुण्य करवा।

राजो : कहो, बाबा जी। काहे का दान करवाऊँ?

शंकर : रुक! ओम् नमः शिवाय! **(आँखें बंद)** तेरे पुत्र का नाम, पिछले जन्म में, च··· ख··· क··· **(भूल गया?)** प··· ग··· गणेशाराम था।

राजो : इस जन्म में भी—

शंकर : हमारा भाव इसी जन्म से था। माई, जा। पुत्र को कह, ग़रीब गुरबी को भोजन खिलाए। कुआँ खुदवाए।

राजो : सत्य वचन, महाराज।

शंकर : चंडी का पाठ करवाओ। पाँच मंगल। सारी रात।

राजो : पाठ आप कर दो, बाबा जी।

शंकर : स्वामी डेरा छोड़कर नहीं जाते।

राजो : आपका चेला? बाबा जी, आप पूरनानंद जी को भेज दो।

शंकर : पूरनानंद शायद मान जाए। ख़्याल रखना, माई। बहू को पूजा करनी पड़ेगी। सारी रात। पाठी के साथ। अकेले में बैठ कर। तीसरा बंदा पास आया तो चंडी उलटी पीछे पड़ जाएगी।

राजो : मैं पाठ में विघ्न नहीं पड़ने दूँगी।

शंकर : जाओ। माता मेहर करेगी।

(राजो थैली उठाकर जाती है। शंकर इशारे से रामदेई को रोक लेता है)

शंकर : पुत्र··· पाँच साल हुए? गौने को?

रामदेई : हाँ, जी।

शंकर : पुत्र··· साधु संतों के सामने, शर्म छोड़ दे।··· गणेशा राम···

(पीछे देखकर, सास नहीं सुनती। गुस्से और नफरत भरी आवाज़ में)

रामदेई : कुछ करने योग्य नहीं। ढीला है। हाथी का हाथी। पाँच बरसों में, एक बार नहीं! एक बार नहीं! क़सम है मुझे। छुई मुई करके, ढेरी ढहा देता है।

शंकर : तू माँ कहलवाना चाहती है, पुत्री?

रामदेई : **(आँसू भर कर)** हाँ! पर मैं करूँ क्या?

शंकर : यत्न करना पड़ेगा तुझे।

रामदेई : करूँगी।

शंकर : भागवद गीता में लिखा है : औरत और मर्द, दोनों का धर्म है—कर्म क़माना। नौ महीने बाद, भगवान आप ही फल देगा।

रामदेई : महाराज, मैं पूरा ज़ोर लगाऊँगी।

शंकर : **(धीमी आवाज़ में)** चरित्तर रचना। पाठी को मना लेना। समझ गई?

रामदेई : जी, समझ गई।

शंकर : ध्यान रखना, पुत्री। अभी तक, भगवान और विद्वान, बच्चे जमाने का, दूसरा तरीका नहीं ढूँढ़ सके।

रामदेई : जी, मैं वही ढंग बरतूँगी।

शंकर : जा, चंडी माता ज़रूर तेरी कोख भर देगी। **(रामदेई जाती है। पूरन, संजीदा, पाँव पड़ता है)**

पूरन : रब्ब ने तुझे ज़रूर शक्ति बख़्श दी है। तेरा एहसान मैं जन्म-जन्म नहीं भूलूँगा।

(शंकर खड़ा होकर, आगे बढ़कर, अकेला, अपने आपको, लंबी चुप के बाद)

शंकर : "नानक दुखिया सब संसार!" हर बंदा, तंगी का मारा। कोई दूध माँग रहा है, कोई पूत माँग रहा है। किसी को सब्र नहीं। कोई सुखी नहीं। सब आधे, अधूरे। खोखले। मिन्नतें करते फिरें। गिड़गिड़ाते फिरें।—जी करता है, एक बार, सब के दुख दूर कर दूँ। कोई ऐसा ढंग सोचूँ, ऐसा तरीका तलाशूँ, ऐसा दारू ढूँढ़ निकालूँ, ऐसा आविष्कार करूँ, दुनिया में, सुख बरसा दूँ।

पूरन : **(पीछे दूर खड़ा)** छोड़, यार। ख़ुदा नहीं बन गया तू। दो बंदों को धोखा देकर।

शंकर : धोखा हो या असलियत। कितना फर्क है दोनों में? इन लोगों के लिए तो, ख़ुदा बन गया, शंकर!

पूरन : **(दूर से)** तू पागल हो जाएगा।

शंकर : और एक दिन यह काया, जल कर, राख हो जाएगी। मेरा तुख़्म नहीं मिलेगा, इस धरती पर। सब खाया पिया, ऐश इशरत, मिट्टी में। कोई नहीं जानेगा, शंकर को। कीड़े पतंगे की तरह, पल छिन में, मर खप जाऊँगा।

पूरन : कैसी कैसी सोचने लगा है तू?

शंकर : बड़ा जी करता है—अमर हो जाऊँ। रहती दुनिया तक, नाम रहे मेरा। शंकर का नाम। महात्मा बुद्ध बनकर, नानक बनकर, कबीर बनकर, पीर पैगंबर बनकर, इन कीड़े पतंगों से, ऊपर उठ जाऊँ।

पूरन : **(थोड़ा आगे आकर)** बस कर, यार। बता, आज, खाने के लिए क्या लाऊँ शहर से? शराब हो जाए आज? रामदेई के नाम पर?

(नूरां हाँपती हुई आती है)

नूरां : शंकर! शंकर!

पूरन : क्या हुआ?

नूरां : राजा! वज़ीर! कई जने हैं।

पूरन : कहाँ?

नूरां : ऊपर आ रहे हैं। हमारे डेरे की तरफ। वो देख। नीचे। पुल पार

कर रहे हैं। हाथी पर। खड्ड के परले किनारे।

पूरन : हमें पकड़ने तो नहीं आ रहे?

नूरां : कौन जाने, पकड़ना ही हो।

शंकर : पकड़ना होता तो क्या राजा आप चलकर आता?

नूरां : उधर देख, पीछे! नौकरों के पास क्या है? हाँ हाँ, जैसे थाल हों। ढके हुए। वो पालकी से कौन उतरी? राजकुमारी लगती है।

पूरन : राजकुमारी है। **(वापस आकर)** शंकर, बात सुन। धोखा, दो चार से तो चल गया। जुआ खेलना बंद कर अब। अगर राजा ने चालीस पचास मोहरें चढ़ा दीं, हमें चाहिए, लेकर भाग चलें। नहीं तो, उलटे, लेने के देने पड़ जाएँगे।

शंकर : पूरन, अभी तो खेल शुरू ही हुआ है। राजा को, राजकुमारी को, पहली चाल तो चलने दे।

(अँधेरा)

(मध्यांतर)

दृश्य 6

शंकर का डेरा

(राजा और दरबारी कीर्तन करते हुए आते हैं)

गीत 3

उठ जाग अँधेरे में से तू,
तेरा प्रीतम तेरे दिल बसता।
नहीं स्वर्ग कोई आसमानों में,
धरती को स्वर्ग बना, बन्दे।
कर ख़त्म गुलामी, बंदर-बाँट,
बंदे को रब्ब बना, बंदे।
तू कामगार ही सिर्जनहार,
क्यों पत्थरों पंडो को जाता?
उठ जाग अँधेरे में से तू
तेरा प्रीतम तेरे दिल बसता।
सब भरम भुलावे छोड़ दे अब,
तू सीधे रस्ते चल, बंदे।
रब्ब ढूँढ़ने के ढंग बदल गए,
रब्ब इक दूजे को कह, बंदे।
क़ादर कुदरत, कुदरत क़ादर,
हर पीर पैग़ंबर है कहता।
उठ जाग अँधेरे में से तू,
तेरा प्रीतम तेरे दिल बसता।

(रोशनी की एक किरण समाधि बैठे शंकर पर, दूसरी राजा पर। दरबारी, हिले बग़ैर, प्रणाम करते हुए खड़े हैं)

राजा : महात्मा जी, आप ने हमारे पर बेअंत कृपा की है। आप जैसे योगी

के चरण हमारी काँगड़ा भूमि पर पड़े हैं। आपने मेरे राज्य में अमृत की वर्षा बरसाई है। हमारी बिनती है : महाराज, ये दस हज़ार मोहरें क़बूल करो। यहाँ अपना पक्का डेरा बनवाओ। आपके भक्त आएँ। वाणी सुनें। और मुक्ति प्राप्त करें।

दरबारी : क़बूल करो, स्वामी, हमारी यह छोटी सी भेंट!

(रोशनी की एक किरण शंकर पर रहती है। दूसरी, बारी बारी, दोनों बोलने वालों पर। बातचीत धीमी आवाज़ में होती है)

* * *

सोमा : कितना रूपवान है!

कांता : कितना तेज प्रताप है!

सोमा : चेहरा दगदग कर रहा है!

कांता : कौन लड़की है जो ऐसा पति नहीं चाहती!

सोमा : अब मैं इसके बग़ैर नहीं जी सकती।

कांता : ज़रा धीरे चल, सोमा। अभी तो हम इसकी परख करने आए हैं।

सोमा : ऐसे चिह्न चेहरे वाला इन्सान कभी किसी से छल कपट नहीं कर सकता।

कांता : क्या पता, कितनी लड़कियों के दिल चुराए हैं इसने।

सोमा : निरा काम देवता!

कांता : रति से कम तू भी नहीं।

सोमा : मेरा मन काँप रहा है। यह मुझे अपने लायक भी समझेगा कि नहीं?

कांता : इतनी जल्दी न कर। ऐसे घुमक्कड़ लोगों का पता कुछ नहीं होता।

सोमा : यह तो ज़रूर सच्चा योगी है।

कांता : वो इसका चेला तो देख। उसकी आँखों ने मेरा रोम रोम झनझना दिया।

सोमा : वो औरत, वही है चेले की पत्नी?

कांता : कहते तो हैं, पत्नी है। पर कौन जाने, क्या रिश्ता तीनों का? शायद बदमाश ही हों।

सोमा : अगर आज यह लालच में न फँसा, मैं अकेली आऊँगी। रात के वक्त। भेस बदल कर। देखूँगी, यह ब्रह्मचारी, मेरे सामने, अपने आप को कितनी देर तक, क़ाबू में रख सकता है? आग लगा दी इसने मुझे। अब तो पूरी पड़ताल करके ही चैन आएगा।

* * *

दरबारी : क़बूल करो, स्वामी, हमारी यह छोटी सी भेंट।

*   *   *

भीम : पाखंडी लगता है। क्यों, पंडित जी?

पुरोहित : सत्य है। सरासर पाखंडी।

भीम : बहस छेड़ो शास्त्रों पर। हरा दो इसको।

पुरोहित : बहस की क्या ज़रूरत है? कल का छोकरा! यह क्या जाने, वेद शास्त्र किस चिड़िया को कहते हैं? अभी फँस जाएगा यह। मंत्री जी को यह चाल मैं ने ही बताई थी। देखना तुम। मोहरें लेकर, रातों रात, यह भागने की कोशिश करेगा। नीचे, खड्ड के किनारे, सिपाही होंगे। पकड़ा जाएगा।

भीम : चाल तो आप ने भी अनोखी सोची।

पुरोहित : मैं ने तो मंत्री जी से यह भी कहा था। रात को लड़की भेज दो। इसकी परीक्षा लेने। कांता जैसी। जवान! सुंदर!—बहुत प्यारी लगे, तेरी बहन। जितना तू धर्म कर्म में पक्का है, कांता उतनी सुडौल है। नटखट है। मेरी तो बेटी के बराबर है। पर है बड़ी सुंदर। मोहिनी है मोहिनी!

भीम : (गुस्से) जूते पड़ने चाहिए। ऐसे आदमी के।

पुरोहित : जूते? हाँ, हाँ। उसके।

भीम : इतने लोग पीछे लगा रखे हैं।

पुरोहित : सत्य है। भेड़ चाल होती है। औरतों को हाथों में लेना जानते हैं। मंदे भाग्य हमारे मुल्क के। ब्राह्मणों को तो कोई पूछता नहीं। और ये पाखंडी? मौज उड़ावें, मौज। कलियुग है।

भीम : राजा भी तो साधुओं के पीछे भागने लगा है।

पुरोहित : सत्य है। बुरे दिन आए हैं देश के। उधर हिंदू धर्म को म्लेच्छों ने तबाह कर दिया। राजपूत राजा अपनी बेटियाँ धड़ाधड़ अकबर के महलों में हाँके जा रहे हैं। सनातन धर्म त्यागने के कारण हुआ यह सब कुछ।

भीम : इन पाखंडियों का परदा ज़रूर फाड़ना चाहिए।

पुरोहित : सत्य है।

*   *   *

दरबारी : क़बूल करो, स्वामी हमारी यह छोटी सी भेंट।

*   *   *

पूरन : इतनी मोहरें! इतनी मोहरें तो मुग़लों के ख़जाने में भी नही होंगी।

नूरां : जुआ जीत गए!

पूरन : मोहरें हाथ लगीं नहीं, हम उडंतर हुए नहीं।

नूरां : शंकर मोहरें लेने से इन्कार तो नहीं कर देगा?

पूरन : शंकर कोई बंदर है?

नूरां : तू नहीं जानता। इस का मन एक जगह नहीं टिकता। कभी-कभी मुझे लगता है, साल भर पहले, जो लड़का मुझे भगा कर लाया था, वो कोई दूसरा ही शंकर होगा। यह तो पल-पल बदलता जा रहा है।

पूरन : कुछ नहीं बदला। नाटक खेल रहा है!

नूरां : नहीं, पूरन। शायद शंकर दौड़ने के लिए न माने।

पूरन : तो फिर सुन। मोहरें तो छोड़ ही जाएगा, राजा। तू और मैं, दोनों, यहाँ से निकल चलेंगे। मोहरें लेकर।—चलेगी?

नूरां : अच्छा।

पूरन : इसकी मरज़ी। जो मन आए, करे। हम दोनों भाग जाएँगे रात को!

* * *

दरबारी : क़बूल करो, स्वामी, हमारी यह छोटी सी भेंट।

* * *

राजा : इस जैसा कहीं एक मेरा पुत्र होता!

वज़ीर : महाराज, मुझे यक़ीन है, यह ढोंगी है।

राजा : सोमा के लिए इससे बेहतर वर कहाँ मिलेगा?

वज़ीर : धोकेबाज़ निकला तो सूली चढ़ाना चाहिए।

राजा : हूँ? हाँ, फिर तो सूली चढ़ायेंगे ही।

वज़ीर : साधु वाला हुक्म अब वापस ले लीजिए।

राजा : यह साधु तो सच्चा ही दिखे।

चज़ीर : वो औरत देखी आपने? पता नहीं कहाँ से भगा कर लाया है। बहुत मर्द तो सिर्फ औरतबाज़ी करने के लिए साधु बनते हैं।

राजा : इसकी औरतबाज़ी का इम्तिहान भी लेंगे।

* * *

दरबारी : क़बूल करो, स्वामी, हमारी यह छोटी सी भेंट।

* * *

पूरन : बधाई हो, शंकर। जुआ जीत गए।—आज रात को भाग चलेंगे।

शंकर : नहीं। अभी नहीं।

पूरन : क्या!!! ऐसा सूर्य रोज़ नहीं चढ़ता।

शंकर : ज़रूर चढ़ेगा।

पूरन : सौदाई हो गया? आप तो मर। हमें किसलिए मरवाता है?

(चुप)

शंकर : तुझे मरवाने का हक़ नहीं है मेरा। तुम दोनों, मोहरें ले लो। रात को दौड़ जाना।

पूरन : तू? तू नहीं चलेगा?

शंकर : मैं डेरा छोड़कर नहीं जाऊँगा।—चोरी करके भागना, पूरन के लए, नई बात नहीं।

पूरन : चोर कहे तू अब मुझे?—तुझे जानता हूँ मैं बड़े साधु संत को।

शंकर : मैं संत होऊँ या न होऊँ। अब मैं किसी जगह से भागूँगा नहीं। मौत के डर से नहीं भागूँगा। चोरी करके नहीं भागूँगा। भिखारी बनकर नहीं भागूँगा।

पूरन : **(अड़ी करके)** अच्छा, चोर तो चोर ही सही। मैं और नूरां, हम भाग जाएँगे। मोहरें लेकर। **(शंकर चुप है)** अगर भला कल को राजा ने पूछा, तू बताएगा तो नहीं? हमारे पीछे सिपाही तो नहीं लगने देगा?

शंकर : **(रुक कर)** मैं झूठ नहीं बोलूँगा। तेरी ख़ातिर भी नहीं।

(चुप। पूरन रूठे हुए बच्चे से सहमा हुआ बच्चा बन जाता है)

पूरन : हम अकेले कैसे जा सकते हैं? ये हमें पकड़ लेंगे। ज़रूर पकड़ लेंगे। चोर समझ कर। फाँसी लगा देंगे।

शंकर : फाँसी का डर तो मेरे साथ रहने में भी है।

पूरन : या रब्ब! कहाँ फँस गया हूँ मैं! दोनों तरफ मौत है।—यह क्या कर बैठा, यार, तू? हमें बचा, किसी तरह। बहुत ख़तरा है!

शंकर : ख़तरा? जो बंदा खतरे से डर गया, वो ज़िंदगी में क्या कमाई करेगा? जितना ज़्यादा किसी काम में ख़तरा होगा, उतना ज़्यादा उस काम के पूरा होने से, फायदा भी तो होगा।

पूरन : दस हज़ार मोहरें! और तुझे क्या चाहिए? कारू का ख़ज़ाना?

शंकर : नहीं, पूरन। अगर आज मैं इस छोटे से लोभ में न फँसा, तो शायद, एक दिन, मुझे इससे भी बड़ा फल मिल जाए।—तू ने राजकुमारी को नहीं देखा? लड़की नहीं। हूर परी है। बहिश्त से उतरी। मैं दिल लुटा बैठा हूँ, पूरन। अब दिल बस में नहीं मेरे। मैं मर जाऊँगा–मगर अब मैं राजकुमारी को छोड़कर नहीं जाऊँगा।

पूरन : अच्छा!!! यह बात है! फिर चढ़ गया तेरे सिर पर? इश्क़ का भूत? पहले तुम्हें नूरां ने उजाड़ा। अब तुम्हें राजकुमारी मरवाएगी। याद रखना, मेरी बात। आज से। पहले तो तू बच गया। गाँव से भाग निकला। वरना नूरां का ख़सम टुकड़े-टुकड़े कर देता। अब, अब तू राजकुमारी के पीछे पड़ गया है। यहाँ से ज़िंदा बचकर नहीं जा

सकता तू।

शंकर : बहुत याद आते हैं मुझे! अपना घर! अपना गाँव। वो गलियाँ, वो खेत। खेतों में से जाती पगडंडियाँ। दरख़्तों के झुंड। बाबा बंतू की बगीची। और रावी! सूर्य की पहली किरण को चूमती, नाचती, मचलती, मटकती रावी! बहुत याद आती है मुझे। और मेरी माँ! मर गई होगी बेचारी! अब मेरा कौन रह गया है, इस धरती पर? अब अगर इस खेल में, मैंने जान की बाज़ी लगा भी दी, तो भी क्या हुआ? ज़िंदा रहूँ भी तो किसके लिए? कौन है मेरा? किसको ज़रूरत है मेरी ज़िंद जान की? मैं ज़िंदा, मुआ, बराबर हूँ।

पूरन : **(रोना रोक कर)** ऐसी बात मत कह, शंकर। ऐसी बात मत कह। मैं तेरे साथ हूँ। पूरन है तेरा। कहाँ-कहाँ तुझे ढूँढ़ता फिरा मैं? मेरी जान भी अब किसको चाहिए? तेरे बिना, मेरा भी और कौन है? मैं तेरे साथ जीऊँगा, साथ मरूँगा।

शंकर : **(रुक कर)** अगर ये, ज़िद करके, मोहरें यहाँ छोड़ गए, तू उठाकर, नदी में फेंक देना।

* * *

दरबारी : क़बूल करो, स्वामी, हमारी यह छोटी सी भेंट।

शंकर : राजा सूरजमल! बहुत घमंड है तुम्हें? अपने धन दौलत पर? मूर्ख, यह सोना, यह धरती, ये नहीं जायेंगे तेरे साथ। साथ जायेंगे तेरे पुण्य! तेरे कर्म! तेरे सदगुण। अगर तू मुक्ति चाहता है, माया का मोह त्याग दे। ये मोहरें तू यहाँ क्यों लाया? हमारा इस माया से क्या वास्ता? उठा ले! गरीबों को बाँट दे। **(आशीर्वाद देते हुए)** जा, भगवान भला करेगा तेरा!

आवाज़ें : धन्य है! धन्य है! स्वामी शंकरानन्द जी की : जय हो! धन्य है, महाराज!

(राजा और दरबारी धीरे-धीरे जाते हैं। रोशनी की किरणें तीन जगह—शंकर, पूरन—नूरां और मोहरों के थालों पर—ठहर कर, अलोप हो जाती हैं)

(अँधेरा)

दृश्य 7

शंकर का डेरा

(रात। शंकर साधु के भेश में। पूरन दाढ़ी मूँछ उतारे हुए)

शंकर : चैन नहीं पड़ता मन को। लड़की है कि चुंबक का पहाड़! जी करे, उड़के, चला जाऊँ। अभी।

पूरन : **(ऊपर को)** रब्बा, मेहरबानी तेरी। तू ने इसका इश्क़ तो जगाया।— यार शंकर, सच पूछो तो, मैं डर गया था। तू कहीं सचमुच का साधु न बन जाए। पर अब बात ठीक है। राजकुमारी संग इश्क़ होने का मतलब है—अभी तेरा दिमाग़ ठीक है।

शंकर : किसी आशिक़ का दिमाग़ भी कभी ठीक हुआ है?—यह इश्क़ भी क्या है? कितना यत्न करो, दबाने का, जब डंक मारता है, होश नहीं आने देता। इन्सान के अंदर का पशु, झट जाग उठता है। फणधार साँप की तरह, जितना मरज़ी काबू करो, सिर निकाल कर खड़ा हो जाता है।

पूरन : भई, अपने को, यह इश्क़ मुश्क की बात नहीं जँचती। काम होना चाहिए। फटाफट। खुजली ख़त्म! और अपना राह पकड़ो।

शंकर : तू तो डाँगर है। शरीर की खुजली के सिवा, तुझे ऊपर की बात सूझती ही नहीं।

पूरन : शरीर को छोड़ कर दूसरी सचाई है कौन सी? तेरी तरह आहें भरना? शेर लिखने? न, भैया। संतों को तो चाहिए, 'चंडी का पाठ'।

शंकर : ओए हाँ, भई। क्या हाल है उसका?

पूरन : किसका?

शंकर : तेरी भगतनी का।

पूरन : युग युग जीये रामदेई। तेरी सौगंध, ऐसी ज़नानी नहीं मिलेगी।

जिस्म? कोमल! गोरा! चिट्टा, दूध जैसा। रूपवती इतनी है कि भगवान भी बेईमान हो जाए। इतने जोश से आलिंगन करती है, बैकुँठ वो खड़ा दिखता है।

शंकर : शक तो नहीं हो गया?

पूरन : किसको?

शंकर : उसके घर वालो को।

पूरन : उलटी बात करे! बल्कि उनको चाहिए, संतों का धन्यवाद करें।

शंकर : उसका ख़सम है।

पूरन : हाथी? उसे दुकान से फुर्सत नहीं। थका टूटा आता है। सारी रात खर्राटे पे खर्राटे बजाता है। रही सास! सेहन में सोती है, बाहर। वो अपनी जवानी के कारनामे याद करके स्वाद लेती होगी।

शंकर : **(देखकर)** नूरां तो नहीं सुनती?

पूरन : नहीं। सुन भी लिया तो क्या हुआ?

शंकर : संभल के चल। सब को मुसीबत में मत फँसा देना।

पूरन : ज़मीन जायदाद के लिए तो, औरतों से, चाहे जो मरज़ी करवा लो। लाखों की जायदाद है। अगर रामदेई के लड़का न हुआ, सारा कुछ भतीजों को चला जाएगा। इसी लिए तो आई थीं यहाँ। **(नूरां पीछे आकर सुनती है)** आसमान को पैबंद लगावें, ये औरतें।

शंकर : मेरी राजकुमारी कभी नहीं हो सकती इस तरह की। औरत औरत में फर्क होता है।

नूरां : अच्छा! तो अब उस रांड से इश्क़ होने लगा। लाज तो नहीं आती!

शंकर : अरे भई, नूरां, हम तो ऐसे ही—

नूरां : राजकुमारी कंजरी के पास कौन सी चीज़ है? जो मेरे में नहीं? फटी हुई जूती हूँ न मैं अब? पैरों से उतारी, घुमा कर वो फेंकी!

पूरन : क्यों बोले जावे तू? हम तो दूसरी बात कर रहे थे।

शंकर : हँसी ठिठोली कर रहे थे।

नूरां : मैं सब समझती हूँ।

पूरन : क्या समझती है तू? **(पीटता है)**

शंकर : पूरन, हट इधर।

पूरन : तू ठहर ज़रा। मैं आज इसे पूछ ही लूँ। रोज़ बक बक! रोज़ टैं टैं!

नूरां : जानती नहीं मैं? तू जिस अम्मा को जाकर चंडी का पाठ पढ़ाता है, मंगलवार के मंगलवार, मुझे क्या पता नहीं?

पूरन : हाँ। पढ़ाता हूँ मैं। तो?

नूरां : फाँसी लगवाऊँगी। दोनों को।

पूरन : क्या कहा? **(जूता खोलता है)**

शंकर : पूरन!!

नूरां : मार! आ मार! पूरन, तू अपने बाप का नहीं! अगर आज न मारे! आ मार।

पूरन : आज देख ही लूँ तुझे।

नूरां : मेरा नाम भी नूरजहाँ नहीं! जो सवेरे ही राजा के पास न गई! समझ क्या रखा है तुम दोनों ने मुझे? कुत्ते! कँजर!

(पूरन मुक्के, जूते मारता है)

नूरां : मार दे! जान से मार दे!

शंकर : पूरन! इधर हट! सुना नहीं?

पूरन : **(जूता पहनकर)** भौंकती रहे! भौंकती रहे! जा, बता दे! जिस ख़सम को बताना है।

नूरां : **(रोती)** इन जल्लादों से बचा, मेरे ख़ुदा।

पूरन : चल! उठ! उधर चल!

शंकर : पूरन! कुछ अक़ल किया कर!

पूरन : आराम से सो, जाकर। नहीं तो खाल उधेड़ दूँगा।

(नूरां जाती है)

शंकर : अगर यह चली गई? राजा को बताने?

पूरन : बताना इसने! गधे का खुर। जानता हूँ मैं इसके जिगर को। ज़रा देर, ढींढीं करके, सो जाएगा।

शंकर : ज़नानी का क्या एतबार?

(नूरां आती है। आँखें पोंछती, अड़ी से)

नूरां : मैं सवेरे ही जाऊँगी शहर। गर्दन लटक कर इतनी लंबी हो जाएगी।

पूरन : तू जानती है न मुझे?

नूरां : हाँ हाँ। जानती हूँ।

पूरन : टाँगों से पकड़ कर, घुमा कर, वो फेंकूँगा! खड्ड के अंदर! नीचे पहुँचने तक, हड्डी हड्डी बिखर जाएगी।

शंकर : भौंक मत, ओए, ख़ामख़ा। नूरां, तू इसकी बात का गुस्सा मत किया कर। इधर आ। बैठ। यह तो पशु है।

नूरां : तू इसको रोकता क्यों नहीं? जब देखता है, दो जड़ देता है।

पूरन : अगर यहाँ रहना है, तो चुप करके रोटी खाए जा। नहीं तो, जिधर तेरा दिल करे, दफा हो। मुझे ज़हर लगे, तेरे जैसी ज़नानी।

शंकर : अब बस भी करो।

नूरां : मैं बोली भी हूँ?

पूरन : यार, शंकर, तेरी ग़लती भी, साली, कौन सी कम है? तेरे जैसा ओखल भी, मशालें लेकर ढूँढ़ने निकलो, नहीं मिलेगा।

शंकर : क्यों? मैं ने क्या किया?

पूरन : अभी तू ने कुछ किया ही नहीं? इतनी मोहरें! उस दिन लेकर भाग जाते, तो आज किधर के किधर पहुँचे होते।

शंकर : मैं ने ठीक किया था।

नूरां : ख़ाक ठीक किया था तूने। आ चुकी अब शहज़ादी।

शंकर : ज़रूर आएगी। मेरा दिल कहता है। आएगी।

पूरन : अपने लिए तू बेशक जो मरज़ी कर। हमारी ज़िंदगी से क्यों लगा है खेलने?

शंकर : कौन खेल रहा है तेरी ज़िंदगी से?

पूरन : तू। और कौन?

शंकर : तुझे किस साले ने कहा था? तू मेरे साथ आ? यहाँ?

पूरन : तू ने कहा था।

शंकर : मैं ने बिलकुल नहीं कहा।

पूरन : कहा था।

शंकर : नहीं कहा। तू अपनी मरज़ी से साधु बना था।

नूरां : ख़ुदा के वास्ते। तुम दोनों मत झगड़ा किया करो।

पूरन : क्या हक़ था तुझे? हमारे हिस्से की मोहरें क्यों मोड़ीं?

शंकर : तू अभी भी जो करना चाहे, कर ले। रहना है, रह ले। जाना है, जा।

नूरां : शंकर, देख। मैं हाथ जोड़ती हूँ। दोनों के आगे। तुम्हारी लड़ाई तीनों को फाँसी चढ़ाएगी।

पूरन : साला, क्या खेल खेल बैठे। फँसे हैं कि अब निकला नहीं जाता।

नूरां : पंद्रह बीस दिन और देख लो। **(उबासी लेकर)** चल, पूरन, उठ। सोयें। सवेरे बात करेंगे।

पूरन : शंकर, यार, माफ करना। समझ नहीं आता, क्या करें? यों ही गुस्सा आ गया आज।

शंकर : मुझे कोई गुस्सा नहीं। जा। सो जा।

नूरां : चल न। **(उबासी लेती है)**

पूरन : असल में आज, एक बात हो गई। मेरा मन घबरा गया।

नूरां : क्या बात हुई?

पूरन : तेरे मतलब की नहीं। मामूली है। तू चल। मैं आया अभी।

नूरां : जल्दी आना। **(जाती है)**

शंकर : बुरी बात है कोई?

पूरन : बुरी तो नहीं। बस, ऐसे ही दिल बेचैन हो गया।

शंकर : तो भी?

पूरन : शहर की परली तरफ एक सराये है। लाला डोगर मल की सराये। भिक्षा माँगने मैं उधर गया। देखा, हमारे गाँव का गँगू लोहार खड़ा था।

शंकर : गँगू? हमारे गाँव का?

पूरन : हाँ। मैं रुक गया। उसने मुझे नहीं पहचाना। मेरा दिल किया, बात करूँ। सुख शांति पूछूँ। फिर सोचा, वह बोल पहचान लेगा। उधर से, वो है न, देसू? कुम्हार?

शंकर : हकीम जगन्नाथ के पिछवाड़े वाला घर?

पूरन : वही। देसू और उसकी बीवी—

शंकर : चंदी?

पूरन : वो बाहर आ गए। बातें कर रहे थे, तेरे बारे में।

शंकर : मेरे बारे में?

पूरन : डरने की कोई बात नहीं। तेरे मतलब, स्वामी शंकरानंद के बारे में। देसू कहता, "बड़ी करनी वाला साधु है। दर्शन करने चाहिए।"—ऐसी बातें करने लगे थे।

शंकर : तू ने बुलाया नहीं?

पूरन : अपने आप को बड़ी मुश्किल से रोका। मन किया, सब के गले लगकर, रोऊँ। जी भरकर, रोऊँ। परदेस में, अपने गाँव के बंदे मिले। इतने चिर के बाद। ऊपर से मजबूरी ऐसी, मैं उनसे बात भी नहीं था कर सकता।

शंकर : अगर यहाँ आ गए?

पूरन : मुझे नहीं पहचाना उन्होंने, तो तुझे कैसे पहचान लेंगे?

शंकर : नूरां ने तो दाढ़ी नहीं बढ़ाई?

पूरन : हाँ। नूरां को कुटिया के बाहर नहीं आने देंगे।

शंकर : देवी के दर्शनों के लिए आए होंगे।

पूरन : दिल सख़्त करे, तो एक बात और बताऊँ।

शंकर : क्या?

पूरन : मैं ने देखा, सराये के सेहन में, पीपल के नीचे, थड़े पर, एक बुढ़िया बैठी थी। कुबड़ी होकर। मुझे लगा, हो न हो, कहीं तेरी माँ न हो।

शंकर : माँ?

पूरन : गाँव वालों के साथ आ गई होगी। तीर्थ करने।

शंकर : तू ने बुलाया नहीं?

पूरन : क्या करता? डर था। कोई पहचान न ले।

शंकर : कौन सी जगह बताई तूने? **(खड़ाऊँ ढूँढ़ता है)**

पूरन : डोगरमल की सराये। **(दहला हुआ)** तू कहाँ चला?

शंकर : माँ को ढूँढ़ने।

(पूरन, भय और गुस्से में, उठकर पकड़ता है)

पूरन : बावला हो गया?

शंकर : माँ तो माँ होती है। और नहीं सह सकता मैं। बहुत सहन कर चुका।

पूरन : ज़रा संभल, शंकर। दिल काबू में कर। मोह किया, तो जान गँवा बैठेगा। शहर में मत जा। **(शंकर अपने आप को छुड़ा लेता है)** अपनी न सही, हमारी तो सोच। तेरे पीछे, हम बिन-आई मौत मरेंगे।

शंकर : **(लंबी ख़ामोशी के बाद, आँसू रोकता)** अब बस कर, भगवान! अब बस कर! बहुत खेल खेल लिए तू ने, मेरे संग। मैं और नहीं सह सकता। यह खेल अब ख़त्म कर। मुझे जी लेने दे। मुझे चैन से जी लेने दे।

(चुप)

पूरन : मोहरें ले लेते अगर उस दिन—

शंकर : जा, सो जा। मैं नहीं जाऊँगा।

पूरन : मुझे बड़ा अफसोस है, शंकर। माँ तो माँ होती है—

शंकर : तू डर मत। मैं नहीं जाता।

(पूरन के जाने के बाद, शंकर किवाड़ लगा कर, अँधेरा करके, सोने लगता है। बाहर सोमा, वज़ीर और सिपाही की फुसफसाहट। सोमा के सिर पर मर्दों वाली पगड़ी। चादर लपेटी है)

वज़ीर : चीख़ मार देना। हम झट आये।

(सब चले जाते हैं। सोमा दरवाज़ा खड़काती है)

शंकर : पूरन है? **(खोल कर)** तू? कौन है तू?

सोमा : राही हूँ। अंदर तो घुसने दे।

शंकर : शहर जा, भगत। उधर पहाड़ी के नीचे।

(सीमा धैर्य से पगड़ी और चादर उतारती है। गद्दी लड़की के कपड़े पहने हैं)

शंकर : यह क्या? लड़की हो? क्या पाखंड रचा है?

सोमा : **(दरवाज़ा लगाकर)** जैसा तू झूठा साधु, वैसा ही मैं झूठा मर्द।

शंकर : देख, पुत्र—आधी रात—महात्मा को तंग नहीं करते।

सोमा : आज रात तो मैं यहीं सोऊँगी। तेरे साथ।

शंकर : नहीं। यहाँ नहीं सो सकती तू।

सोमा : क्यों? खा जाएगा मुझे?

शंकर : इतना अहंकार है? रूप रंग का?

(राजकुमारी इस खेल में उलझ जाती है। कभी-कभी, नाटक भूल कर, असलियत से बिंध जाती है)

सोमा : सुंदर हूँ मैं? आप को लगती हूँ सुंदर?

शंकर : शिव शंकर क्षमा करे, सुंदर तो तू परले दर्जे की है।

सोमा : सच?

शंकर : राजकुमारी हो, चाहे भेड़ें चराने वाली। तुम काँगड़े की लड़कियाँ भी, बस। रब्ब ने, अकेली अकेली को, कई-कई साल लगाकर, तराशा होगा।

सोमा : तो रात काट लूँ? आपके पास?

(शंकर से गले मिलती है। थोड़ी देर तो वह भी अपने आप को भूल जाता है। फिर एकदम उछल कर)

शंकर : ए लड़की। क्या करे तू? भस्म कर दूँगा! एक ही नज़र में। जा, भाग यहाँ से।

सोमा : महाराज, सिर्फ आज की रात।

शंकर : बिलकुल नहीं। तू आई कैसे यहाँ? है कौन तू?

सोमा : मंदे कर्म मेरे। क़सम है जवानी की। गद्दी क़बीले की हूँ मैं। भेड़ें चराने वाली। झरने के पास है हमारा पड़ाव। सवेरे, भीड़ में, मैं भी दर्शन करने आई थी। पारवती की सौगंध। मेरा बस नहीं चला, दिल पर। मैं दिल लुटा बैठी। आप महात्मा हैं। आप संग मोह मिलाप होना कठिन है। पर मैं रह नहीं सकी। सोचा, जान दे दूँ। फिर सोचा, मरूँगी तो दर्शन करके मरूँगी।—अगर डेरे के किसी बंदे को पता चल जाए, तो झट मेरा सिर धड़ से अलग कर दें। इसी कारण, मर्दों वाले कपड़े पहन कर आई हूँ।

शंकर : सुंदर तो तू छक्क कर है। राजकुमारी जैसी। अगर मैं योगी न होता—

सोमा : **(पैरों में)** ठोकर मत मारना, महाराज। मैं जान गँवा लूँगी। **(आँखों में आँखें डाल कर)** अभी तक मुझे मर्द ने छुआ तक नहीं।

शंकर : सच?

सोमा : एक ही झलक देखा था मैं ने। सवेरे। आपने मुझे बावली बना दिया।

शंकर : चाहती क्या है तू?

सोमा : एक रात आपकी बाहों में।

शंकर : गद्दिन हो, सचमुच?

(सोमा सिर हिलाती है। कपड़े खोलती हुई बिस्तर पर जाती है)

शंकर : क्वाँरी हो? **(सिर हिलाती है)**

सोमा : कल चले जाएँगे हम। धोलाधार पार करके। चंबे की तरफ। रावी के किनारे।

शंकर : रावी? **(बिस्तरे पर आकर)** तेरा चेहरा राजकुमारी जैसा है। हू-ब-हू। एक ही नयन नक़्श।

सोमा : राजकुमारी समझ कर ही सही।

शंकर : सौगंध उठा। बताएगी तो नहीं किसी को?

सोमा : मैं क्यों बताऊँगी?

शंकर : खा क़सम।

सोमा : **(सच्चे दिल से)** शिव जी की क़सम। पारबती की सौगंध। आपकी सौगंध। नहीं बताऊँगी।

(शंकर उलझा हुआ, कुछ क्षण सोचता है। छूने लगता है। एकदम, बारूद की तरह फट कर, उठ खड़ा होता है। डर और गुस्से से काँप रहा है। गला फाड़ कर)

शंकर : नहीं!!! वेश्या! तपस्या तोड़ने आई तू? मेरी? मेनका! ठहर! जान निकाल दूँगा।

(कोई चीज़ ढूँढ़ता है)

सोमा : महाराज, माफ करो।

शंकर : मुझे मरवाना चाहती है? ठहर तू!

(भागती, चीखती सोमा की तरफ त्रिशूल फेंकता है, बरछी की तरह)

सोमा : क्षमा करो, स्वामी, मुझे क्षमा करो।

(दरवाज़ा खोलकर बाहर को दौड़ती है। अँधेरे में वज़ीर और सिपाही ढाँढ़स देते हुए ले जाते हैं। शंकर माथे से पसीना पोंछता है)

शंकर : (ज़ोर से) पूरन!!! पूरन!!! नूरां!!

(अधनंगे दौड़े आते हैं। इकट्ठे बोलते हैं। पूरन के हाथ में कुल्हाड़ा है)

पूरन-नूरां : शंकर! क्या बात? कौन था? काँप क्यों रहा तू? चोर था? जानवर

था?—बोलता क्यों नहीं?

(चुप)

शंकर : कुछ नहीं। कुछ नहीं। सपना था। बड़ा डरावना! सपना! सूली पर लटका रहे थे मुझे! मैं, दहल खा गया!

पूरन : **(बाहों में लेकर)** शंकर, भाई मेरी मान। अभी भी। चल पड़ते हैं हम।

नूरां : खुदा न करे। कुछ सपने सच्चे भी निकल आते हैं।

पूरन : छोड़ स्यापे को। किसी और जगह कमा खाएँगे।

नूरां : यहाँ से तो चले चलो।

(चुप)

पूरन : बोलता क्यों नहीं? अभी चलें?

(चुप)

नूरां : उस चुड़ैल के हाथों मौत लिखी है तेरी!

पूरन : राजगद्दी का जुआ तुझे ले डूबेगा!

शंकर : जाओ। सो जाओ। इस जुए में मैं हार भी गया, तो क्या हो गया? अकेली जान ही तो बची है? मेरे पल्ले और है क्या? घर घाट से गया। दर-दर की ठोकरें खाईं। माँ का मुँह देखने को भी लाचार हूँ। ऐसी हालत से बदतर हालत मेरी और भला क्या हो सकती है? **(चुप)**—लेकिन अगर एक बार पाँसा पलट गया, अगर एक बार चाल बदल गई, तो बस! जीत ही होगी। मेरी जीत। शंकर की जीत! अब तो शंकर यहीं डटेगा। अख़ीर तक! अख़ीर तक!

(अँधेरा)

दृश्य 8
शंकर का डेरा

पूरन : शंकर, समाधि लगा, भाई। जल्दी।

शंकर : क्यों?

पूरन : बुढ़िया आई है, यार। बहू को लेकर।

शंकर : गड़बड़ घोटाला तो नहीं कर दिया?

पूरन : किसने?

शंकर : तेरे चंडी के पाठ ने।

पूरन : गड़बड़ कहाँ। मुझे लगे, पाठ का भोग पड़ गया।

(नूरां आकर शंकर के कान में)

नूरां : मैं ने पूछ लिया। बच्चा ठहर गया।

(नूरां जाती है। राजो और रामदेई माथा टेकती हैं)

दोनों : धन्य हो, स्वामी! धन्य हो!

शंकर : माई, बहू की कोख हरी हो गई?

राजो : आपने मेरे कुल को उबार दिया। मैं मन्नत मनाने आई हूँ। हमें लड़का बख़्शो।

शंकर : लड़का ही होगा।

राजो : मैं यहाँ पक्का डेरा बनवाऊँगी। तालाब खुदवाऊँगी।

शंकर : योगी और बादल, कभी एक स्थान पर नहीं टिकते। माई, हमें कुछ नहीं चाहिए। न डेरा, न मंदिर, न तालाब। जा। भजन कर गोविंद का।

दोनों : धन्य हो, महाराज!

(राजो जाती है। रामदेई पूरन को देखकर रुक जाती है)

पूरन : स्वामी जी, इस बीबी को, चँडी का पाठ चालू रखना चाहिए न? दो तीन महीने तक?

शंकर : इसकी श्रद्धा हो तो।

रामदेई : महाराज, मैं तो रोज़ पाठ करना चाहती हूँ।

पूरन : जिस काम में स्वर्ग जैसा स्वाद हो, वो काम, जब तक हो सके, तन मन धन से करना चाहिए—माता जी।

रामदेई : जी, करूँगी।

शंकर : गुरु भला करे। **(जाती है)**

पूरन : रामदेई जैसी भगतनी हो तो, धर्म से, पुरुष संध्या वेला भी, अमृत वेला भी, कीर्तन कर सकता है।

शंकर : सब्र रख ज़रा। सौ दिन चोर के, एक दिन साधु का।

पूरन : फिक्र न कर, मेरे यार। चंडी भली करेगी।

(नूरां आती है)

नूरां : वो व्यापारी है न?

पूरन : भूत वाला?

नूरां : वो आया।

पूरन : यह साला क्या लेने आया?

नूरां : इसको डरा कर, धमका कर, पैसे निकलवाओ। और भाग चलो। अब तो अक़्ल करो।

शंकर : अच्छा, देखेंगे।

(भगतराम थैली चढ़ाता है)

भगतराम : जय हो महाराज की।

शंकर : **(गुस्से में)** यह क्या है?

भगतराम : मोहरें हैं, स्वामी।

(पूरन और नूरां ख़ुशी से उछलते हैं)

शंकर : परे फेंक! पाप की कमाई!

पूरन-नूरां : गुरु जी!

शंकर : चुप रहो, दोनों। कितनी बार कहा? पैसे लाने वाले को फाटक मत लाँघने दिया करो।

दोनों : क्षमा करो, गुरु जी। भूल हो गई। **(जाते हैं)**

भगतराम : यह धन आपका ही है, भगवान। मैं ने मन्नत मनाई थी। चाचा की जायदाद का दसवां हिस्सा दान पुण्य में लगाऊँगा। यह उसी से बचा है।

शंकर : जिन ग़रीबों का लहू निचोड़ निचोड़ कर, तेरे सूदख़ोर चाचा ने, यह धन इकट्ठा किया था, जा, उन ग़रीबों को लौटा दे।

भगतराम : सत्य वचन, स्वामी।

शंकर : भूत प्रेत तो नहीं दिखते अब?

भगतराम : अब नहीं, महाराज। आपने पापी को उबार दिया।

शंकर : जा। अब पाप मत करना।

(भगतराम जाता है। नूरां दौड़ी आती है। पीछे, पूरन अँधी बिषनी का हाथ पकड़े आता है)

नूरां : शंकर!

शंकर : **(धीमे से)** माँ!!!

(पूरन मुँह पर उँगली रख कर चुप कराता है)

बिषनी : रे बेटा, मुझे स्वामी जी के दर्शन करवा दे। भगवान के घर क्या घाटा? मेरा लाल खो गया है। वो दिला दे मुझे।

शंकर : माँ! **(पूरन इशारे से मना करता है)**

बिषनी : कौन है? शंकर? यह तो मेरे शंकर का बोल है। मेरा शंकर? **(टोह लेती)** तू ज़रूर मेरा शंकर है!

शंकर : **(आँसू रोकता)** हाँ, माँ। मैं तेरा शंकर हूँ।

पूरन : क्या करे, यार तू?

नूरां : हमें भी फँसाएगा?

बिषनी : सचमुच शंकर है तू? यह दाढ़ी? इतनी दाढ़ी आ गई तेरे? बोल, तू मेरा ही पुत्र है?

पूरन : भाई, ये स्वामी शंकरानंद जी हैं।

बिषनी : नांह। यह तो मेरा शंकर है। कौन सी माँ है जो अपने बेटे का बोल नहीं पहचानती? हैं! यह क्या? तेरी तो हड्डियाँ निकल आईं! क्या करता रहा तू? बोलता क्यों नहीं? माँ के साथ नहीं बोलेगा?

शंकर : **(रोना रोकता)** नहीं माँ। मैं तेरा अकेली का पुत्र नहीं। अब मैं सब माइयों का पुत्र हूँ—बैठ जा! यहाँ! किस नगर से आई हो?

बिषनी : दूर है हमारा गाँव। लाहौर के पास। गाँव के लोग, तीर्थ करने चले थे। मैं ने मिन्नत की। मैं ने कहा, मुझे भी साथ ले चलो। पर मैं बहुत थक गई। वो भी दुखी हो गए मेरे से। अँधी बहरी का साथ! भला क्या सुख देगा किसी को? मैंने सोचा, जब तक प्राण हैं, यहाँ कहीं, माँग कर, दो रोटियाँ खा लूँगी। हिम्मत नहीं रही, मुझ में, मुड़ कर जाने की। इतनी दूर। यहाँ काँगड़ा शहर में महिमा सुनी स्वामी जी की। यश गाते हैं लोग।—मेरा खोया हुआ लाल ढूँढ़ दो, बाबा जी। स्वास निकलने से पहले, बस, एक बार अपने हाथों से छूकर देख लूँ।

शंकर : पुत्र से बिछोड़ा कैसे हो गया तेरा, माई?

बिषनी : बावला, पुत्र मेरा। पैर उखड़ गया। चढ़ती उम्र में। एक औरत से बातचीत कर बैठा! ब्याही थी। काले मुँह वाली! रब्ब कोढ़ करे कँजरी को! उसका ख़सम! मेरे पुत्र को क़त्ल करना चाहता था। डर गया, मेरा लाल। भाग चला। गाँव से। **(रोती)** छोड़ गया पीछे। ये हड्डियाँ! धूल फाँकती! दर दर की···! न जाने कौन-कौन से दुःख झेले मेरे बचड़े ने। इकलौता लाल था मेरा। जाते हुए की पीठ देखती थी, आते हुए का मुँह। आज, पता नहीं, ज़िंदा है कि नहीं। **(रोती है)**

शंकर : माई, भगवान की लीला बड़ी न्यारी है। तेरा लाल तुझे ज़रूर मिल जाएगा।

बिषनी : आवाज़ तो मेरे शंकर की है।

पूरन : नहीं, माई। लाहौर का तो रास्ता तक नहीं जानते, स्वामी जी।

बिषनी : मेरी आँखों की लौ मुझे लौटा दो, भगवान। पुत्र को देखे बिना, इन हड्डियों से प्राण नहीं निकलेंगे।

(बाहर से शोर सुनाई देता है। नूरां देखने जाती है। एक तरफ होकर शंकर पूरन से)

शंकर : पूरन, मेरा मन डोल गया है। मैं लगा हूँ बताने। कुछ भी हो! मैं अपनी माँ को नहीं ठुकरा सकता।

पूरन : अच्छा। तो यों कर। अभी मत बताना। इसे साथ ले चलते हैं। काँगड़ा की रियासत से बाहर पहुँच कर बतायेंगे।

(नूरां आती है)

नूरां : **(हाँफती)** शंकर! देख! पूरन! वो देख!

पूरन : चिल्ला क्यों रही हो इतना? क्या बात?

नूरां : राजा आया! राजकुमारी! वज़ीर! सारे आए!

पूरन : **(उछल कर)** गद्दी देने आए हैं!

नूरां : लगता तो यही है।

(पूरन और नूरां गाते और नाचते हैं)

दोनों : भक्ति पूरी हुई! हो जी भक्ति पूरी हुई। शंकर की भक्ति पूरी हुई!

शंकर : होश करो कुछ!

बिषनी : शंकर! तू ज़रूर मेरा ही शंकर है।

पूरन : नहीं, माई। हम तो शिव शंकर की आरती उतार रहे हैं।

दोनों : **(गाते और दोहराते)** शिव शंकर भोले नाथ की! जय हो!

(राजा, राजकुमारी, दरबारी और दूसरे लोग कीर्तन करते हुए, आकर प्रणाम करते हैं)

राजा : स्वामी जी, आप भगवान का रूप हो। विष्णु का अवतार हो। संसार के लोभ लालच त्याग चुके हो। फिर भी, महाराज, मेरी विनती है, अपने इस अवतार में, आप मेरी रक्षा करो। मेरी प्रजा की रक्षा करो। मैं कन्या का पिता हूँ। मेरी पगड़ी की लाज रखो। **(उतार कर चरणों में रखता है)**—पास आ, पुत्र—मेरी बेटी की बाँह पकड़ो, महाराज। दहेज में, मेरा सारा राज है। गद्दी क़बूल करो।

(शंकर के चेहरे पर अजीब लौ उघड़ आती है। पूरन और नूरां ख़ुशी संभाल नहीं सकते)

पूरन : काँगड़ापति महाराज सूरजमल की—

दरबारी : जय जयकार!

नूरां : स्वामी शंकरानंद की—

दरबारी : जय जयकार!

पूरन : काँगड़ापति महाराज शंकरानंद की—

दरबारी : जय जयकार!

(शंकर गहरी सोच में)

राजा : हाँ कहो, स्वामी जी।

वज़ीर : क़बूल करो, महाराज।

पुरोहित : मैं वेदी गाड़ कर आया हूँ। हवन धूप शुरू है।

बिषनी : शंकर? तू मेरा पुत्र शंकर ही है न?

पूरन : **(पागल कुत्ते की तरह)** बुढ़िया, तू थूथनी बंद रख!

सोमा : स्वामी, आप के चरणों में मेरा प्रेम स्वीकार हो! मेरी भक्ति क़बूल करो!

राजा : हाँ, कहो, स्वामी जी।

(ख़ामोशी। बैठने का इशारा करता है)

शंकर : राजा सूरजमल! प्रभु की लीला विचित्र है। रब्ब के ढंग न्यारे हैं। भगवान का खेल कोई नहीं समझ सकता।

(पूरन और नूरां उतावले हैं। एक-दूसरे के कान में बात करते हैं)

पूरन : **(धीरे से, कान में)** हाँ, कह दे, शंकर। झट से।

(शंकर के चेहरे पर प्रकाश बढ़ जाता है)

शंकर : वाल्मीकि एक डाकू था। गंगा के किनारे, जंगल में रहता था। नाव चलाता था। और गंगा पार करने वाले राहियों को लूटता था। कइयों को मार काट कर, गंगा में बहा देता था। ऐसे पापी, ऐसे बदचलन, ऐसे क़ातिल के पाप, कभी माफ नहीं हो सकते—ऐसा हम संसारी जीव मानते हैं। पर भगवान की दया अपरंपार है!...

एक बार गंगा के तीर, एक ऋषि मुनि आ पहुँचा। डाकू वाल्मीकि ने, नाव में बैठाकर, गंगा तो पार करा दी, पर लूटने-झपटने लायक, ऋषि के पास, कुछ भी नहीं था। वाल्मीकि को गुस्सा आ गया। लगा ऋषि को क़त्ल करने। ऋषि को जान बचाने का एक तरीका सूझा। हाथ में बाँस की लाठी थी। लाठी बरसों से सूखी थी। लाठी पकड़ा कर, कहने लगा—''लो, भगत। मैं तेरा घर अनोखी माया से भर देता हूँ।''—''कैसी माया? इस सूखी लकड़ी में?''—''हाँ। इस सूखी लकड़ी से तेरे सारे पाप कट जाएँगे।''—''वो कैसे?''—''रोज़, नित्य नियम, प्रातः संध्या, राम का नाम ले। लूटना छोड़ दे। क़त्ल करने त्याग दे।'' वाल्मीकि हँसा—''बड़ा ही भोला है, साधू, तू। जितने पाप मैं ने कमाए हैं, उतने पाप तो ईश्वर, मुझे, सात जन्मों में माफ नहीं कर सकता।'' ऋषि को अपनी जान का फिक्र लगा था। बोला—''तू राम-राम रटता रह। तेरे पाप, एक-न-एक दिन, अवश्य काटे जाएँगे।''—''मुझे कैसे पता चलेगा, मेरे पाप कट गए?''—''जिस दिन इस सूखी बाँस की लाठी में से हरी-हरी कोंपलें फूट पड़ीं, उस दिन, समझ लेना, सारे पाप धुल गए।'' वाल्मीकि भोला था। पक्का यक़ीन कर बैठा। ऋषि का मज़ाक़ उसे मज़ाक़ नहीं लगा। फिर पूछा, ''पर महाराज, मुझे तो 'मरा-मरा' कहने की आदत है। 'राम-राम' नहीं।''—ऋषि बोला—''कोई बात नहीं। 'मरा' शब्द 'राम' को ही उलटा करके बना है। तू मरा-मरा-मरा-मरा कहता जा। अपने आप राम-राम-राम-राम बनता जाएगा।''—वाल्मीकि बैठ गया वहीं पर। लगा ली समाधि। और ऋषि जान बचाकर भाग निकला। दूसरे दिन, एक और ऋषि आया। वो लगा हँसने! वाल्मीकि की मूर्खता पर।—''ओए, कोई उलटा पाठ पढ़ा गया तुझे। भला कोई मरा-मरा जपने से भी राम को प्राप्त कर सकता है?''—वाल्मीकि के दिल को चोट लगी। उसका विश्वास पक्का था। गुस्सा आ गया—''जब इतने बंदे मैं पहले ही मार चुका हूँ, तो एक क़त्ल और सही।''—यह कहकर, वही बाँस की लाठी उठाई, और ऋषि का सिर फाड़ डाला।—''मैं तो मरा-मरा ही जपूँगा। देखता हूँ, भगवान मेरे पाप कैसे नहीं माफ करेगा!''—क्या देखता है? अत्यंत अचंभे की बात। उस सूखी बाँस की लाठी में से, हरी-हरी, नर्म-नर्म, कोंपलें फूट पड़ीं! पत्ते उग आए!

आवाज़ें : वाह वाह! धन्य है! प्रभु धन्य है!

शंकर : भगवान की अपार कृपा से, इस तरह, डाकू वाल्मीकि महान राम भक्त ऋषि बन गया। संसार को त्याग दिया। पहाड़ों में गया। जंगलों में भटका। तपस्या की। धर्म का सच्चा अर्थ समझा। दुनिया के दुःख दूर करने के तरीके सोचे। ग्रंथ लिखे। वापस संसार में आया। गाँव-गाँव घूमा। लोगों को शिक्षा दी। अपनी बुद्धि के अनुसार, सुख प्राप्त करने के ढँग सुझाए। संसार का कल्याण किया। कुछ ही वर्ष हुए, गंगावासी, एक रामायण की कथा सुनाने वाले ने, इस डाकू ऋषि की बात, ऐसे गाई है—

उलटा नाम जपत जग जाना।
वाल्मीकि भये ब्रह्म समाना।।

आवाज़ें : धन्य है! धन्य है!

शंकर : सुन, राजा! मैं कोई साधु नहीं।

(दरबारी हैरान, बुड़-बुड़)

पूरन : शंकर! क्या करे तू?

नूरां : मरे हम अब।

बिषनी : तू ज़रूर मेरा पुत्र शंकर है।

शंकर : हाँ, माँ। मैं तेरा बेटा शंकर ही हूँ।

बिषनी : मेरा दिल कहता था—तू मेरा ही शंकर है।

(गले लग कर रोती है)

भीम सिंह : झूठा है!

पुरोहित : पाखंडी है!

वज़ीर : सूली चढ़ाओ!

भीम : महाराज, साधुओं का पीछा छोड़ो। राजकुमार का विवाह—आप कहो पुरोहित जी।

कांता : दिल मत तोड़ना, सोमा।

सोमा : **(रोती)** नहीं! यह कभी नहीं हो सकता। मेरा दिल धोखा नहीं खा सकता। मेरा प्यार धोखा नहीं खा सकता। **(पक्के दिल से)** पिता जी, यह कोई भी हो। मुझे यही पति चाहिए।

भीम : धोखेबाज़ है।

सोमा : तू चुप रह!—पिता जी, मैं विवाह कराऊँगी तो इन से। नहीं तो कभी नहीं कराऊँगी।

पुरोहित : पाखंडी को राजपाट!

सोमा : हमें नहीं चाहिए, राजपाट। राजा किसी दूसरे को बना दो।

वज़ीर : कौन जाने, कैसे कैसे जुर्म किए हैं इसने। फाँसी लगाओ।

नूरां : **(भूखी शेरनी की तरह)** कोई जुर्म नहीं किया मेरे शंकर ने। हम ने प्यार किया था। मैंने और शंकर ने। सिर्फ प्यार! मुहब्बत। मगर लोग? लोग हमारी जानें लेने को आ पड़े। लोग! तुम जैसे लोग। जिन का कोई दीन नहीं। कोई ईमान नहीं। कोई मज़हब नहीं। जिनको मज़हब का एक ही मतलब पता है—भीख माँगना! खुदा से भीख माँगना। भगवे कपड़ों से भीख माँगना। पत्थरों से भीख माँगना! पिछलग्गू! भिखारी! मँगते! जो दमड़ी दमड़ी के लिए, ईमान बेचते फिरते हैं। कौड़ी-कौड़ी के लिए! एक पल तो, नक़ली साधुओं के आगे, नाक रगड़ते हैं। और दूसरे पल? दूसरे पल, उनको सूली चढ़ाने के लिए तैयार हो जाते हैं। तुम्हारे जैसे बेरहम लोग, बेदर्दी लोग, बेईमान लोग। मेरे और शंकर के जानी दुश्मन बन गए। हमें गाँव छोड़कर भागना पड़ा। **(रुआँसी)** मुहब्बत के जुर्म में! मुहब्बत! दूसरा कोई कुसूर नहीं किया मेरे शंकर ने। कोई कुसूर नहीं किया।

बिषनी : तू नूरां है? **(नूरां बिषनी को छूती है)**

पूरन : **(ललकार कर)** ध्रुव तारे की तरह अटल है, मेरा यार। निर्मल है, मेरा शंकर।

भीम : **(मुह चिड़ाता)** वाह!

पुरोहित : सुंदर राजकुमारी देखी। साधु बन कर बैठ गया।

भीम : ख़ुद दस नाखूनों की कमाई करके खा तो, नामर्द! अगर तेरे में मर्दों वाला आत्म-सम्मान हो, तो ससुराल के आगे भिखारी क्यों बने?

पुरोहित : बाल ब्रह्मचारी!

सोमा : पिता जी, ये सच्चे ब्रह्मचारी हैं। दूसरा कोई मर्द इनकी जूती के बराबर नहीं।

(चुप। सब राजा की तरफ देखते हैं)

राजा : शंकरानंद, पाखंड के जुर्म में, मैं तुम्हें, मौत की सज़ा दे सकता हूँ। तुझे यह पक्की तरह पता था। फिर भी, तूने, अपने बारे में, अपने आप, सब कुछ सच-सच बता दिया। बहुत बड़ी बहादुरी है यह तेरी। तू दिलेर है। शेर है। मेरी नज़र में, आप महापुररुष हैं। महात्मा हैं! सच्चे योगी हैं!

पुरोहित : सत्य है।

राजा : अब मैं राजा नहीं। एक पिता होकर, आपको विनती करता हूँ। मेरी पुत्री का वरण करो। राज्य संभालो।

पूरन : महाराज शंकर की—

आवाज़ें : जय जयकार!

पूरन : गरज कर बोलो : काँगड़ा स्वामी शंकर महाराज की—

सारे : जय जयकार!

पूरन : राजकुमारी, वर माला डालो।

(गोपी कांता के आगे, कांता सोमा के आगे, थाल करती है। ख़ामोशी। सोमा माला पहनाने लगती है)

शंकर : रुक जा, राजकुमारी!

(शकर के चेहरे पर अजीब पक्के इरादे की लौ। एकदम जैसे पूरी तरह बदल गया हो। रुक कर, कासा और त्रिशूल उठाता है। खड़ाऊँ पहनता है। और मुस्करा कर, ऊपर की ओर देखता है। सब हक्के बक्के खड़े हैं)

शंकर : कमाल कर दी तूने, भगवान! वाह वाह! क्या चाल चल दी।

पूरन : फौरन हाँ बोल दे, शंकर।

राजा : विनती मंजूर करो, स्वामी जी।

बिषनी : मान जा, बेटा।

सोमा : प्रभु! इन के मन में प्रेम जगा दे! सोमा के लिए प्रेम जगा दे। मेरे लिए प्रेम जगा दे!

(शंकर चलने लगता है)

पूरन : कहाँ चला?

नूरां : ग़लती मत कर, शंकर।

राजा : रुक जाओ, महाराज।

पूरन : सारी उम्र पछताएगा।

बिषनी : अब मुझे छोड़कर मत जाना, मेरे श्रवण पुत्र।

सोमा : रुक जाओ, स्वामी जी।

शंकर : **(भगवान को)** बड़ा चालाक खिलाड़ी निकला तू! **(यत्न से आँसू और हिचकी रोक कर)** भिखारी कह दिया मुझे! भिखारी? यह क्या कह दिया तूने? शंकर को भिखारी कह दिया! मँगता कहकर, दुत्कार दिया! **(संभल जाता है)** अच्छा, जो तेरी मरज़ी है, कह ले। खिलवा ले जो खेल तू खिलवाना चाहता है। हिमालय की गुफाओं में हो। चाहे कैलाश परबत की चोटी पर। शंकर पीछे हटने वाला नहीं। तू भगवान है तो क्या हुआ? शंकर तुझ से कम नहीं। इतनी जल्दी हार नहीं खाएगा।

पूरन : लौट आ, शंकर!

शंकर : नहीं, भैया पूरन। उसके बुलावे को, अब, मैं नहीं टाल सकता। भगवान भी अनोखा दुश्मन है। तू समझा नहीं उसकी चाल? कितना बड़ा शतरंज का खिलाड़ी निकला! एक ही गोटी इधर से उठाकर, उधर रखी। मात कर दिया मुझे! चुटकी भर में, मेरी जीत होते-होते, हार बना डाली! **(आँसू रोकता)** झट मुझे भिखारी कह दिया। बोला, "ले! लेले! भिखारी कहीं का! इसी भीख के लिए इतना बड़ा ढोंग रचा रखा था? योगी बनने का? इतने महीनों से? लेले!"—भैया, तू जानता है, मैं ने तो उसकी भक्ति करने का सिर्फ बहाना किया था। मैं तो सिर्फ नक़ली योगी बना था। मगर देख! वो मुझे कितना कुछ दे रहा है! यह परियों जैसी राजकुमारी! यह स्वर्ग जैसी, हिमालय की गोद में लोरियाँ लेती, सुनहली, काँगड़ा की धरती! एक नक़ली योगी को, एक पाखंडी भगत को, भगवान इतना कुछ दे सकता है! तो ज़रा सोच! क्या पता, मुझे क्या मिल जाएगा, अगर मैं सचमुच का योगी बन जाऊँ। नक़ली योगी से असली योगी बन जाऊँ!

(धीरे-धीरे जाता है)

सोमा : **(रोती हुई)** स्वामी!

बिषनी : बेटा!

सोमा : मुझे ठुकरा के न जाओ!

बिषनी : दोबारा मत बिछुड़ना, मेरे श्रवण कुमार!

राजा : रुक जाओ, स्वामी जी!

नूरां-पूरन : शंकर! रुक जा! न जा।

आवाजें : धन्य है! धन्य है, महाराज!

(बिषनी और सोमा रो रही हैं। रोशनी दोनों पर रुकती है। भीम सिंह सोमा के पास आकर दिलासा देने की कोशिश में है)

बिषनी : बेटा!!!

सोमा : मुझे ठुकरा गए, स्वामी! मुझे ठुकरा गए!!

(परदा)

—समाप्त—

(पहला प्रालेख : अक्तूबर, 1976)

3
भजनो

माँ,

यह भजनो तेरे नाम
तू मरी नहीं
तेरी बोली का हर लफ्ज़
मैंने अपने कानों से निकाल कर
कोरे काग़ज़ पे सजाया
तू
गूँगे काग़ज़ों से
बोलती रहेगी
हमेशा

लेखक और निर्देशक की तरफ से

मैं पंजाब के एक गाँव का जन्मा-पला हूँ। मुझे गाँव वालों से, गाँवों की हर शै से, गहरा प्यार है। इस ड्रामे में मैंने आपके सामने अपने गाँवों की सही और सच्ची तस्वीर खींचने की कोशिश की है।

शहरी लोग कई बार देहाती जीवन की बड़ी तारीफ करते हैं—जैसे गाँव स्वर्ग हो और शहर नरक। जैसे हर देहाती देवता हो, और हर हलवाहक, छका संतुष्ट ज़मीदार। यह बात सच्ची नहीं है। देहात में रहना आसान नहीं। गरीबी गाँवों का सबसे बड़ा रोग है। ज़मीन के बदले लड़-लड़ के मरना नित्य की कहानी है। छिंदे जैसे बहुतेरे कमल तो कीचड़ में फँसे रह जाते हैं। पूरो जैसी दुःखी औरतें आपको हर आँगन-महल्ले में मिल जाएँगी। पाशो वाली हिम्मत हर देहाती लड़की के पास नहीं होती। भजनो सच कहती है : "गाँवों में, डाँगरों संग डाँगर बन के रहना पड़े।" खेतों में जुते हुए करतारा और सेमा अपने बैलों से अलग नहीं। वतन सिंह जैसे कई अधेड़, अकेलेपन के शिकार, गाँव की हट्टी-भट्टी, पीपल तले बैठे दिखेंगे।

भजनो के बारे में कई लोग ठीक नहीं सोच सकते। वे भजनो के 'चाल चलन' पर नाक भौंह सिकोड़ेंगे। पर मुझे भजनो से प्यार है—मैं भजनो के कई गुणों का आशिक़ हूँ। भजनो एक माँ है। अपने पुत्र और बेटी की रक्षा के लिए वह शेरनी भी बन सकती है। थोड़ा गहराई से सोचा जाए, तो भजनो अपनी देवरानी पूरो की भी बैरन नहीं लगेगी। न ही भजनो और न ही जोगी। इन सबका साझा दुश्मन है—कमी। ज़मीन की कमी। पैसे की कमी। प्यार की कमी। ख़ास करके, बचपन में काटीं मुसीबतें और कमी। कमी के कारण ही देहाती लोग एक दूसरे के पेट में सींग घोंपने के लिए तैयार खड़े रहते हैं। अगर अभाव इनको न सताये, तो ये प्यार से, मिल बरत कर, रह सकते हैं। इन देहातियों की सबसे बड़ी दौलत है : मेहनत, काम करने की ताक़त। ये तगड़े कामगार हैं। और इनकी बोली की हर हुँकारी, इनके तगड़े होने का सबूत है। भजनो से छिंदा और पाशो यही गुण विरासत में लेते हैं।

मुझे पक्की उम्मीद है, आने वाले छिंदे और पाशो हमारे देहात को नया जीवन

बख़्श सकेंगे। अपने माँ-बाप की मजबूरियों और ग़लतियों को भूल कर, वे नई दुनिया रच सकेंगे।

इला अपार्टमैंट्स (ए 104)
बी-7, वसुंधरा ऐनक्लेव
नई दिल्ली-110096

चरणदास सिद्धू

पहला मंचन

'भजनो' पहली बार, 3 मई, 1979 को कॉलेजियेट ड्रामा सोसाइटी, दिल्ली, द्वारा श्रीराम सेंटर फार आर्ट एंड कल्चर, नई दिल्ली, में खेला गया। निर्देशन, डॉ. चरणदास सिद्धू। कलाकार थे :

भजनो	:	नीरा सहगल
जीतो	:	श्यामा लौ
सेमा	:	अरुण सहगल
छिंदा	:	सुनील कुमार
करम सिंह	:	सुभाष सहगल
पूरो	:	कृष्णा चौधरी
पाशो	:	नवरूप छाबड़ा
वतनसिंह	:	डॉ. अशोक कुमार मोंगा
मा. कुंदन लाल	:	द्विजेंद्र नाथ कालिया
करतारा	:	डॉ. रामनारायण मैनी
जोगी	:	अशोक जैन
सिपाही	:	सत्यनारायण शर्मा

नोट : 'भजनो' ने दिल्ली साहित्य कला परिषद की रंगमंच प्रतियोगिता 1980 में प्रथम पुरस्कार जीता। पंजाब संगीत नाटक अकादमी ने अपने लुधियाना में आयोजित 'कला मेला 1980' में विशेष इनाम दिया। दिल्ली सरकार की पंजाबी अकादमी ने 'भजनो' पुस्तक को 1984 का नाट्य पुरस्कार प्रदान किया।

पात्र

भजनो	:	उम्र लगभग 35 साल
जीतो	:	उसकी बेटी, 16
छिंदा	:	उसका पुत्र, 15
करम सिंह	:	उसका मालिक, 45
करतारा	:	उसका जेठ, 50
सेमा	:	उसका देवर, 30
पूरो	:	उसकी देवरानी, 20
जोगी	:	उसका भाई, 30
पाशो	:	पड़ोसिन, 17
वतन सिंह	:	नंबरदार, 55
मास्टर कुंदनलाल	:	बी.ए. बी.एड.,23
सिपाही		

स्थान	:	पंजाब का एक गाँव
समय	:	आजकल

इस नाटक में पात्रों के नाम ओर घटनाएँ सच्ची हैं। हर बंदे को लेखक पर मुक़द्दमा करने की पूरी छूट है।

पहला अंक

(एक देहाती घर। अगर आप घर के पीछे गली में चले जा रहे हैं, तो आप, गंदी नाली को लाँघ कर, भजनो के आँगन में आ सकते हैं। अंदर घुसते ही, आपको जो कुछ नज़र आएगा, वो इस प्रकार है।

पहले देखिए अपने बाएँ हाथ। एक आम का पेड़। पेड़ के नीचे खाट, पीढ़ी, और घर का छोटा-मोटा सामान। कपास का बेलना और चरखा धूल से भरे कई दिनों से खाली खड़े हैं। पीछे कोने में गुसलख़ाना है। पानी के घड़े, रस्सी और डोल। गुसलख़ाने के ऊपर न छत है न आगे किवाड़। नहाते समय घर की औरतें आगे खाट खड़ी कर लेती हैं

आँगन से काफी दूर हट कर, आपकी नज़र इस घर के बाहरी हिस्से पर जाएगी। यह है हवेली और पशुओं का बाड़ा। कहने को तो यह घर का हिस्सा नहीं। पर इस घर में रहने वाले कभी इसको अलग नहीं समझते। हवेली में आप सबसे पहले देखेंगे : बड़ी लंबी चारे की नांद और उसके दोनों तरफ बँधे हुए डाँगर–भैंस, बहड़की, दो बैल, बहड़का, झोटा। एक तरफ, कुछ दूर, नीम के नीचे, बकरी और छेरा, छेरी, भैंस की कटिया। पास ही मुर्गी का घरौंदा है। पीछे एक कोठा और एक पशुओं का छप्पर। भूसे का कूप, बाजरे और मक्के के कड़बे का ढेर, उपलों का बिटोरा। कुछ एक दरख़्त और उन पर चढ़ी तोरी, घीया, कद्दू की बेलें हवेली को चोखा सुखदायक बनाते हैं।

अब देखिए अपने दाएँ हाथ। आप के पैरों के पास ही ईंधन का ढेर है। इसके साथ है छतड़ा। यह नीची छत्त वाली भजनो की रसोई है, धुएँ से काली। छतड़े पर चढ़ने के लिए बाँस की सीढ़ी है। सीढ़ी के नीचे तोरी की बेल की जड़ है। छतड़े पर चढ़ कर आप एक और पौड़ी के ऊपर पाँव धर के, कोठे की मुँडेर पर खड़े हो सकते हैं। कोठे पर चारपाई बिछी है। तोरी की बेल भी, बच बचाकर, वहीं अपने फूल खिला रही है। कोठे का दरवाज़ा रसोई के साथ लगता है। दीवारों को जुमैटरी अलजबरा पढ़ने वाले ने सलेट की तरह इस्तेमाल किया लगता है। कीलियों पर बजाने वाला तूँबा, सलवार, लालटेन, तेल की बोतल और छाज। कोठे की नुक्कड़ के साथ छोटा-सा नीम का बूटा। साथ ही एक टूटी खाट खड़ी है। नुक्कड़ के पास खड़े होकर आप, अपने दाहिने हाथ, भजनो के देवर और जेठ के कोठे देख सकते हैं।)

(मुँह-अँधेरा। गाँव की तड़के की आवाज़ें। मुर्गे की बाँग। भजनो की मथानी की आवाज़। दूर से : चक्की पीसने और फिर शंख घड़ियाल की आवाज़। भजनो के मक्खन निकालने की आवाज़। भैंस, बकरी, छेरा-छेरी, बहड़की बारी-बारी बोलते हैं। भैंस की गुस्से भरी आवाज़। भजनो छतड़े से बाहर आती है। जीतो पीठ किए कोठे पर खड़ी है।)

भजनो : जीतो! री जीतो!

जीतो : लग पड़ी हाँके मारने। सवेरे-सवेरे।

भजनो : री उठेगी भी अब। दोपहर दिन की आ गई।

जीतो : आती हूँ। नाड़ा तो बाँध लूँ।

(भैंस की आवाज़)

भजनो : भैंस आवाज़ें मार रही है। उसे तेरा बापू दोहेगा?

जीतो : **(सीढ़ी उतरती)** बापू दोहे, चाहे माँ दोहे। मेरे से नहीं दोही जाती।

भजनो : कुछ शर्म कर। गाँवों में, डाँगरों सँग डाँगर बन के रहना पड़े। भैंस दोहनी सीख। नहीं तो, पहले की तरह, मेरे हाथ लग जाएगी। फिर, मेरे बिना, बूँद भर दूध नहीं देगी।

(जीतो घड़े से पानी लेकर मुँह धोती है। खुले बाल सँवारती है। भजनो आँगन में झाड़ू लगाती है)

जीतो : मैं क्या करूँ? ताज़ी ब्याई भैंस है। मुझ से नहीं पकड़े जाते, इतने बड़े थन। बाँहें दुखने लग जावें।

भजनो : री जो मायके नहीं सीखा, तो ससुराल जा के क्या करेगी?

जीतो : मेरे ससुराल के थन भी तुम जाकर पकड़ लेना।

भजनो : थूथन संभाल के बात किया कर। ऐसे ज़बान चलाएगी, तो एक दिन नहीं बसने देंगे, अगले। यह दराँती जितनी ज़बान, माँ के आगे चलावे न? सास के आगे चलाएगी तो देखूँगी।

जीतो : **(बालटी धोती हुई)** सास कँजरी तेरे से बढ़कर नहीं होने लगी।

भजनो : इसी काले मुँह को मुरादें हैं। तीन साल हुए। लोगों के पीछे घूमते हुए। कोई लड़के वाला बात नहीं मानता।

जीतो : नहीं मानता, न माने। मेरी जाने जूती।

(बहड़की की आवाज़)

भजनो : हाँ हाँ, तुझे क्या परवाह है? वो कुत्ता माहटर जो है। घंटियाँ बजा बजा के घूमने को।

जीतो : **(घबराकर)** कौन सा मास्टर?

भजनो : चालाकियाँ मत करके बता मुझे। मैं तो उड़ती चिड़िया की आँख पहचानती हूँ। हया कर। तुझे कोई नई जवानी नहीं चढ़ने लगी।

उलटे पैर मत उठा। ज़नानी की तो जून खराब है। इस मरदों की दुनिया अँदर। जो कोई खोटी खरी कर बैठी, तो सारी उम्र, किसी भडुवे ने, लड़ नहीं लगानी।

जीतो : क्यों लगी है, जबान चलाने? मुँह-अँधेरे? लड़ लगाए, कोई न लगाए। तेरे दरवाज़े नहीं बैठूँगी।

भजनो : बस, बापू कँजर की तरह। सुनना मत किसी की। री, तेरे भले की कह रही हूँ मैं। कल विद्या ब्राह्मणी भी बोल रही थी।

जीतो : देख तो। लगी है मुझे, विद्या ब्राह्मणी सुनाने। वो अपनी धीय को तो संभाले। जिसके पीछे, पाँच गाँवों के लौंडे, पूछें उठाए घूम रहे हैं। माँ बेटी एक दूजी से बढ़ के।

भजनो : कितना रंभाने लग पड़ी। यह छोरी। कितनी दुलत्ती मारने लगी। कितने खूँटे उखाड़ने लगी।

जीतो : तुझे कितनी बार कहा? मुझे मत छेड़ा कर। **(भैंस बोलती है)** आती हूँ। चैन कर तनिक!

भजनो : ततैयों के छत्ते, जा। आगे-को नहीं छेड़ती। मुझे क्या? आप ही जूतियाँ खाएगी। बेगाने घर।

जीतो : **(जाती हुई)** जैसी जूतियाँ तुम ने खाई, वैसी मैं भी खा लूँगी। **(बालटी लेकर जाती है। बहड़की ज़ोर से बोलती है)**

भजनो : बई इस बहड़की ने बड़ा दुःखी किया। कल की तारें गिरा रही। चिल्ला रही। **(बहड़की गुस्से में रंभाती है)** री, साँस ले ले। मुझे पता तुझे क्या चाहिए। सेमे! रे तरसेम सिंह!

सेमा : **(दूर से)** क्या बात है, भाभी?

भजनो : तू साँझ को बछिया ले के नहीं गया?

सेमा : **(दूर से)** कहाँ?

भजनो : साँढ पास। और अपने बापू पास?
(सेमा तहमद बाँधता आता है। घड़े से पानी लेकर मुँह धोता है। फिर हुक्के में आग भर के, खाट पर बैठ के, पीता है। भजनो बरतन भांडे और घर के दूसरे कामों में लगी रहती है)

सेमा : ओ बापू हमारा तो गया मसानों में। क्यों बेचारे को कष्ट देती हो?

भजनो : अच्छा, अब उस, माँ अपनी को, ले जा। नहीं तो, गर्भ कराने का वक्त निकल जाएगा।

सेमा : करतारा तो कह रहा था, अपना बहड़का भी बड़ा होशियार हो गया। क्यों न, घर की बात, घर में ही बना लें? **(तीन उँगलियाँ खड़ी करके)** तीन रुपए बचेंगे।

भजनो : बछड़ा हलका है अभी। तू जा। धन्नासिंह के साँढ के पास ही ले जा। **(तीन उँगलियाँ खड़ी करके)** तीन रुपए मत बचा।

सेमा : यह बहड़की भी मुश्किल ही खड़ी होगी। हाथ तो धरने नहीं देती। दुलत्तियाँ मारे।

भजनो : अपनी ज़रूरत के लिए खड़ी होना। हमारे लिए खड़ी होना? जो ज़्यादा कूदे, तू बाँध देना, जुड़वाँ बेरी से।

सेमा : यह, अकेले के, कहीं मेरे हाथ आएगी? छिंदा नहीं उठा?

भजनो : नांह। छिंदे ने स्कूल जाना।

सेमा : स्कूल की ख़ैर सल्ला। ओ, छिंदे!

भजनो : न रे। मेरे छोरे को मत छेड़। दसवीं की पढ़ाई है। पढ़ लेने दिया करो, मेरे पुत्र को। नहीं तो, तुम्हारी तरह, झोटे कूटने जोगा रह जाएगा।

(छिंदा कोठे पर उठके बैठ जाता है। कभी पड़ोसिन पाशो के घर की तरफ देखता है। कभी नीचे आँगन में। किताब पढ़ता है। कभी ओट में हो जाता है)

सेमा : पढ़ ले, मैं क्या कहता हूँ? एक बार बछिया खड़ी कराके, उधर उधर से, स्कूल चला जाए।

भजनो : नहीं। छिंदा पहले ही कल का बड़ा मसोसा हुआ।

सेमा : वो क्यों?

भजनो : इसका था न, जमाती? कुम्हारों का छोरा?

सेमा : तारु?

भजनो : वो मर गया कल।

सेमा : उसको क्या हुआ? वो तो चँगा भला था? परसों चौथ?

भजनो : किस्मत खोटी। पागल कुत्ते ने टाँग काट खाई। शहर लेकर गए। अस्पताल में। वहाँ राँड नरसों ने बात नहीं सुनी। किसी डाकदार ने ध्यान से देखा नहीं। कहने लगे, ठीक हो जाएगा। हार के, वो गाँव आ गए, लड़के को लेके। तड़प-तड़प के मरा छोरा।

सेमा : बई इन नरसों को, और डाकदारों को, गोली मार दे कोई। मरीज़ मर जाए, तो मर जाए। इन सालों को—तरस नहीं आता।

भजनो : सच है, कामगार। नरसों डाकदारों का क्या गया? माँ बेचारी का पुत्र मर गया। कहाँ से लेगी? पला पलाया? गबरू जवान। **(चुप, आँसू रोकती हुई)** मुर्गी जैसी हालत होवे माँ की। चूज़ों को, संभाल संभाल के, पालती है। एक बीमारी से मर गया। एक को बिल्ली खा गई। एक को कुत्ता खा गया। जवानी तक, कोई बिरला ही

ज़िंदा रहे। माँ का, नित्त, आँसुओं से वास्ता ·· मेरा बंसी, और मेरा भोली, जो आज ज़िंदा होते, गबरू जवान होते। **(आँसू पोंछती है। चुप)** अच्छा, उठ अब। हुक्कड़े आके फिर पी लेना। जा तो, बड़े को ले जा, घड़ी भर।

सेमा : करतारे को? **(कोठे की तरफ देखकर)** वो तो घर ही नहीं। कोठे को तो ताला लगा है। वो देख।

भजनो : वो कौन से पितर पूजने गया? और उसकी मोलड़ो?

सेमा : वो भी घर नहीं दिखती। पता नहीं, दोनों कहाँ गए?

भजनो : गए होंगे अपनी जनी लौंडियों के, समधीपना करने। नए-नए रिश्तेदार जो बने हैं।

सेमा : समधियों के जाना होता, तो बताते न? पहली पहली बार जाना। सगनों की बात है। तुम्हें और करम सिंह को भी तो संग ले जाते।

भजनो : हमें नहीं कोई चाव। उनके समधियों का। वो काले मुँह वाली। जब यहाँ थीं, कभी सीधे मुँह बात नहीं की। अगर उन्होंने कभी मुझे चाची नहीं समझा, तो वो मेरी भतीजी काहे की? न बाबा, मेरी बाहें नहीं अकड़ी हुई। उनको मिलने के लिए।

सेमा : अच्छा जाने दे। धीय धियानियों के बारे में यों नहीं बोलते। करम सिंह कहाँ है? वो चला चले। घड़ी भर। मेरे साथ।

भजनो : वो कहाँ उठने जोगा। मेरे हाड़ों का बैरी। रात फिर आया। आधी रात को। उस कँजर मुखिया संग। उसके साथ पी के आया। घढ्ढुत था। सारी रात आख-आख करता रहा। **(हवेली की तरफ इशारा करके)** अब पड़ा वहाँ। भूसे वाले अंदर। खारिश खाए कुत्ते की तरह।

सेमा : रात फिर पी?

भजनो : इसका नित्त का यही काम है। चिमटा हुआ मुझे। तपेदिक।

सेमा : बई भाभी, तू चाहे गुस्सा ही करे। मुझे भाई के ये लछन चंगे नहीं लगते। रोज़ एक ही कुत्ता काम। **(झिझक कर)** उस दिन तो, भला, कटाई उड़ाई करके खाली हुए थे। चलो, पी भी ली घूँट तो क्या हो गया? थकान उतर गई। पर रोज़ यही कँजरखाना।

भजनो : यह मुखिया बतनसिंह की करनी है। निपूता। भैरव। इसे उल्टे कामों में लगाए रखे।—इस रँडी सरकार ने भी, क्या सरपंच बनाए हैं। सरपंची करके, रोज़ कचहरी चला रहे। लोगों की झूठी गवाही देने। लोगों के पल्ले से माँस खावे। शराबें पीवे। अब इसको भी इन्हीं कामों में लगा लिया।

सेमा : यह साला मुखिया तो बेशर्म है। कोई काम न काज। इतनी ज़मीन है। फिर भी साला, लोगों के सिर से खावे। मुफ्त का।

भजनो : **(चुगली का स्वाद लेकर, परदे की बात खोलती हुई)** बहुएँ लड़कों संग चलीं गईं। दोनों। नन्हें मुन्ने लेकर। फौजियों के साथ। कहतीं, ससुर कँजर के पास नहीं बसना। गाँव में।

सेमा : पर करम सिंह को क्या ज़रूरत है? घर उजाड़ने की?

भजनो : इसने मुझे किसी जोगा छोड़ा? मेरा कलेजा झुलस डाला इसने तो। सारी उम्र। बस, दो कौड़ी पिलसन है। उससे चौगुने रुपयों की शराब पी जावे।—और छोटे को कहे **(नकल उतारती हुई)** "पढ़ाई छोड़ दे। खेती कर ले।" **(छिंदा ध्यान से सुनता है)** आज आठ दिन हुए। रो रहा है। किताबों के लिए पैसे माँगे। कापियाँ लेनी हैं। क्या करूँ? रोज दिलबरी देके भेज देती हूँ। किसी तरह। आधी फीस है अभी। भला हो हैडमास्टर का। मैंने मिन्नत की। आधी माफ कर दी। अब आधी भी नहीं दी जाती। कल अड़ गया। कहता, "फीस दे। सारे लड़के दे चुके फीस।" बोला, "जमात में, सब के बाद, में ही फीस देता हूँ। हर बार। शर्म आवे।" **(आँसू रोकती)** ले दे कर, एक बेटा बचा मेरा। गरीबी करके, दो पुत्रों को जन्मते ही, दफनाना पड़ा। एक जीव बचा। उसको भी झग्गा पायजामा नहीं जुड़ता। फटे हुए कपड़े। कहे, "लाज लगे, स्कूल में।" कल, घी तत्ता किया। अमरो को बेचा। तो पाँच रुपए किए। फीस वास्ते। क्या बताऊँ तुझे। मार लिया मुझे। निखट्टू खसम ने।

सेमा : इसकी हवलदारी के दुःखी किए हुए तो, हम अभी तक भुगत रहे हैं। जो उस वक्त, अकड़ में न आता। न देता बहनों को, इतना दाज दहेज, तो आज क्यों यह हालत होती?

भजनो : रब ले जाए इस गुरदास खत्तरी को। आधे दाने भी कोठी नहीं पड़े।

सेमा : इतने सालों में एक खेत छुटा। पता क्या कहे? खत्तरी? कहे, "तीनों खेत, हज़ार दो हज़ार लेकर, बै करा दो।"

भजनो : बता, क्या खायेंगे हम?

सेमा : क्या ज़रूरत थी? चारों खेत गहने रखने की?

भजनो : और जिन रंडी बहनों के लिए करजाई हुए, दाज वरियाँ ढोते रहे, वो सीधे मुँह बात नहीं करतीं।

(पूरो खाली घड़ा उठाए अपने घर से आती है। गुसलख़ाने में से

रस्सी डोल उठा के जाने लगती है। फिर रुक जाती है)

सेमा : ओए अभी रब बदले लेने से नहीं हटा। बहनों के ब्याहों का करज़ा उतरा नहीं। दो भतीजियों के ब्याह कल निबटाए। तीजी कोठे जितनी लगी होने। और फिर हमारी किस्मत को—इसने भी छोरी जनम के धर दी।

पूरो : छोरी मैं ने अकेली ने जनी है? तू लगा लेता ज़ोर। जमा लेता छोरे।

सेमा : छोरे जमाने वाली शक्लें और ही होवें। तू जमा चुकी छोरे। पिल्ले जन्मेगी तू तो, पिल्ले।

भजनो : रे, चुप कर। रामायण मत छेड़। अमृत वेला।

पूरो : मेरे भाग। **(रोती हुई)** न मायके ने झेला। न ससुराल ने। जन्मती का बाप मर गया। भाइयों भौजाइयों ने, कुत्ते की जगह नहीं समझा। आगे खसम मिला? हर वेला, क्या भुक्का, क्या जूती? अब छोरी जन्म पड़ी। मैं क्या करूँ, रब्बा, मैं क्या करूँ?
(बैल बोलते हैं)

सेमा : ढीं ढीं फिर करियो। पहले चारा डाल। पशुओं को। देख, बैल। कैसे मुँह उठा-उठा देखें इधर।

पूरो : **(कँधा और पीठ दिखा कर)** देख, बीबी। अभी मैं, सूतक में ही हूँ। रात, पीट-पीट के धारियाँ डाल दीं।

भजनो : वो क्यों?

पूरो : इसे पूछ। लगा था रब को गालियाँ निकालने। कहे, "साल हुआ, ज़नानी जुटाई। मुश्किल से। वो भी, छः महीने बिना जोते छोड़नी पड़ी।"

सेमा : झूठ है कोई?

भजनो : **(हँसकर)** रे सेमे, शर्म कर कुछ। बूढ़ा खूसट होने को आया तू।

सेमा : **(शर्मा कर)** छः महीने आदमी—सबर तो करता, जो छोहरा होता।

पूरो : हाय, हाय, मैं कहाँ से ला दूँ तुझे छोरे?

भजनो : अच्छा, चल, यों मत गुस्सा किया कर। उठा रस्सी डोल। **(बकरी और मेमने बोलते हैं)** मैं-मैं न करो। सुन पड़ा मुझे। तुम्हें भी मिल जाएगा कुछ।

सेमा : कभी थोबड़ा भी देखा? एक ही साल में क्या से क्या हो गया?

पूरो : **(तुनक कर)** क्यों? क्या हो गया मेरे थोबड़े को?

सेमा : सियाने ऐसे थोड़ी कह गए? सूतक पड़ी, ज़नानी झड़ी।

पूरो : और ले आ। जो हीर सलेटी तू ने लानी हो। मैं क्या जानती नहीं?

करमसिंह : **(हवेली से)** ओए, रोटी नहीं पकाई अभी?

भजनो : उठ गया, मेरा कमाऊ शेर?

सेमा : कहे, मैं न होती तो ब्याह किस से कराता!

पूरो : जो इतना ही शाह बहराम था, तो पहले क्यों नहीं करा लिया ब्याह? तीस साल, क्वाँरा क्यों, भाँग भुनाता रहा?

सेमा : तू अब चली जा, जिधर जाना। मैं आप ही सार लूँगा।

पूरो : हाँ हाँ, ले आना मोल। बड़े की तरह। जगाधरी से। हमको-तुमको करने वाली। घाघरी वाली।

भजनो : री चुप कर, पूरो। क्यों बोलने जुती है? छोरे संग?

पूरो : ले आए, जो छोरे जमाए।

भजनो : देख तो, अभी इतनी वाणियाँ पढ़ती है। रोज़।

सेमा : तेरी दिया·· साली! भौंके जा रही है।

पूरो : आ, आ मार। मैं सब जानूँ। जिस अम्माँ के पीछे तू घूमें, में जानूँ। **(सेमा पूरो को पीटने लगता है। छिंदा उतरता है। कच्छा कमीज़ पहने है)**

सेमा : क्या जाने तू?

भजनो : रे! चल, हट इधर। जा बहड़की खोल।

सेमा : भाभी, तू हट जा ज़रा। मैं आज इसे पूछ ही लूँ। किसके पीछे घूमूँ मैं?

पूरो : माँ अपनी विद्या बाहमणी के पीछे। और किसके पीछे?

सेमा : चंगा भई। जो ऐसे तो ऐसे सही। तू ने जो कुछ करना, कर ले।

पूरो : तभी नहीं अच्छी लगतीं तुझे, मैं और मेरी बेटी।

सेमा : मेरा बस चले, तो धर्म से, तेरा और साथ में तेरी बेटी का, गला काट डालूँ। अभी! बड़ी आई साली, पाठिन। बुड़बुड़ करे। साँझ सवेरे।

पूरो : काट दे गला। आ तो

सेमा : आज तुझे देख ही लूँ। साली·· **(पीटता है)**

छिंदा : चाचा! **(छुड़ाता है)**

भजनो : रे! रे!

छिंदा : हट इधर।

करमसिंह : ओए सेमें! क्या हल्ला मचाया तू ने?

पूरो : सेमे! याद रखना! मैं भी बाप की बेटी नहीं, जो तुझे जेहलों की हवा न खिलाई। तू भी, चक्कियाँ पीसेगा। जोगी की तरह।

भजनो : मेरे भाई के पीछे क्यों पड़ गई री तू?

सेमा : जोगी साला तो, शराबें निकाले। चोरियाँ करे। ज़नानियाँ बेचे। वो

साला खाए हवा, जेहलों की। तू ने मेरा जो बिगाड़ना, बिगाड़ ले।

(छिंदा मुँह धोता है)

पूरो : मैं कुएँ में छलाँग मार दूँगी। देख लेना तू भी। हैं! क्या समझा तू ने? रोज़ भुट्टों की तरह कूट डाले।

(पूरो डोल उठाकर गली में जाती है। जीतो हवेली से दूध की बालटी लेकर आती है)

भजनो : दूध ढक के रखा कर। नज़र लग जावे। देख, सेमे, बालटी भर गई।

सेमा : चड्ढा भी तो भैंस का बड़ा भारी।

भजनो : अभी तो आषाढ़ है। खेतों में हरा पत्ता नहीं। सावन आएगा तो दूध बढ़ जाएगा।

सेमा : हाँ।

(बहड़की रंभाती है। सेमा हवेली जाता है। छिंदा कोठे के अंदर बस्ता उठाने जाता है)

भजनो : खड़ी-खड़ी मेरा थोबड़ा क्या देखे? गोबर उठा जाके। देख, वो चौंथ। झोटे ने पैरों से काट डाली। उठा, उपले थाप।

जीतो : हमारे करमों को रखा हुआ। गोबर कूड़ा। तू हाथों को मेहंदी लगा के बैठी रहा कर।

भजनो : मैं निठल्ली बैठी हूँ? लगावे तू मेरे, मेहंदियाँ?

जीतो : **(टोकरा उठाती)** मैं काहे लगाऊँ? तेरे मेहंदी? सेमे से लगवा।

(जाती है। मुर्गा बाँग देता है)

करमसिंह : **(हवेली से)** ओए, चाय का घूँट नहीं बनाया?

भजनो : चढ़ाया देग तेरे लिए। चाय का। बहुत कमाई करके आया न तू? रात को?··· देख, मुर्गी अभी तक घरौंदे में ढकी पड़ी है। पास बैठा। इतना नहीं हुआ—कि बाहर निकाल दे। कि चूज़े कुछ चुग लें।

(छिंदा छतड़े से गुस्सा भरा बाहर आता है)

छिंदा : माँ, तू ने अभी रोटी नहीं पकाई?

भजनो : रे पुत्र, मैं तो भूल ही गई। तू तनिक ठहर। तेरे खड़े-खड़े पका देती हूँ।

छिंदा : तेरा तो रोज़ का यही काम है। आज फिर मुझे छड़ियाँ पड़ेंगी। **(होंठ रुआँसे)**

भजनो : अभी तो सवेरा ही है। धूप तो देख।

छिंदा : मैं चला। पकाती रहना तू पीछे से।

भजनो : रे, भूखा जावेगा? रूठ के नहीं जाना, पुत्र। ठहर। अभी सेंक देती हूँ। दुप्पड़ें। दही के साथ खा लेना।

छिंदा : रोज़ यही कुत्तखाना। रोज़ लड़ाई। कहाँ चाँडालों के घर में जन्म पड़ा। आप तुम अनपढ़ कँजर हो। तुम मुझे भी एक लफ्ज़ पढ़ने नहीं दोगे। सालों ने दुःखी कर रखा है। मैं चला।

भजनो : ऐसे नहीं जाना, मेरा लाल।

छिंदा : मेरी फीस कहाँ है?

भजनो : **(दुपट्टे की गाँठ खोलकर)** यह ले।

छिंदा : पाँच रुपए! कापियों के पैसे?

भजनो : कापियाँ भी ले दूँगी। हौले हौले।

छिंदा : पर साल लेके देगी? चाहिएं तो अब। और तुझे कहा था, मैंने टैस्ट पेपर खरीदने हैं।

भजनो : सब कुछ ले दूँगी, पुत्र। तू धीरज रख।

छिंदा : ले देगी तू। सब कुछ। जूते भी ले दिए न? कितने महीने हुए कहती को? तू नंगे पाँव चल के देख तो। तपती रेत पर। कल पैरों को आक के पत्ते बाँधे। तब आया, स्कूल से। **(रोता है)**

भजनो : **(ढंग ढूँढ़ कर)** अपने ताऊ की जूती ले जाया कर। थोड़े दिन तो रह गए। फिर बरसातें लग जाएँगी।

छिंदा : मैं नहीं पहनता। ताऊ के खड़ौले। छब्बीस जगह थिगलियाँ लगी हैं।

भजनो : अरे, तू ने पैर जलने से बचाने हैं कि शौकीनियाँ करनी हैं?

छिंदा : देख तो। शौकीनियाँ बतावे मुझे। तुम्हारे सिर पर करनी मैंने शौकीनियाँ? जो साले, खाने पहनने जितना भी नहीं दे सकते।

भजनो : ले सच, याद आया मुझे। रात की पड़ीं। चार रोटियाँ।

छिंदा : बासी। सूखी। बासी खा के पढ़ चुका मैं—अंग्रेज़ी।

भजनो : तेरे जनने वाले ने नहीं खाई। रात को। **(छींके से निकाल कर)** यह देख। तीन रोटी तो नर्म हैं। पटोले जैसी। ले, मक्खन से खा ले। दही ले ले। लस्सी पी ले।

छिंदा : मैं नहीं खाता।

भजनो : इतनी अड़ी नहीं करते। चल मेरा पुत्र। अंदर बैठ। खा ले। **(छिंदा छतड़े में बैठकर रोटी खाता है)** ओ बछिया! तेरे दोनाली लगे। देख, कैसे घूम रही। टकरा-टकरा के, नाँद भी तोड़ दी। सेमें! गया नहीं तू अभी?

सेमा : **(हवेली से)** जा रहा हूँ, भाभी, जा रहा हूँ। **(आँगन में आकर)** छिंदे,

चल भई। बछिया खड़ी करा दे।

छिंदा : मुझे पहले ही देर हो गई।

(पूरो रस्सी डोल गुसलखाने में रखती है। पानी का घड़ा लेकर गुज़रती है। अपने कोठे जाती है)

भजनो : तू छोरे को स्कूल जाने दे। वहाँ धन्नासिंह जो होगा।

(बहड़की गुस्से में चिल्लाती है)

सेमा : ओए ठहर भी जा अब। तेरे क्यों आग लगी हुई है इतनी?

(जाता है)

छिंदा : माँ, चाचा हर वेला, चाची को, पीटता क्यों रहता है?

भजनो : खसमों को खावे। तुझे क्या?

छिंदा : मैं सोचता हूँ, अगर सेमा उसको प्यार नहीं कर सकता, तो भला, ब्याह क्यों कराया था?

(भजनो चुप है। दूध-इंडिया धोकर, उसमें दूध डालकर, भड़ोली में गर्म रखती है)

छिंदा : मैं तो अपनी बहू को बड़ा प्यार करूँगा।

भजनो : रे, तू जन्म तो ले पहले। अभी से ब्याह मुकलावे की रट लग गई तुझे।

छिंदा : मैं तो यों ही बात कर रहा हूँ। **(तुक मिला कर गाता है)**—

शाहों का छिंदा उच्चारता।
ब्याह होवे सिर्फ प्यार का।।
वरना, टोकरा सिर पे राख का।

भजनो : तुझे अभी से क्या पता? सियानों की बातों का? जोरू है उसकी। करता ही होगा, प्यार भी कभी। छोरी आसमान से तो नहीं टपकी।

छिंदा : यह अच्छा प्यार हुआ? **(तुक मिला कर)**—

रोज़ कूट कुटापा।
रोज़ सीढ़ी सियापा।।
जिस से सच्चा प्यार होवे।
उस पर तो, आदमी की,
ज़िंद जान, वार होवे।।

भजनो : तेरे पेट में क्या है, मैं सब जानती हूँ। अच्छा देख, उधर सीधा, हवेली बैठ के, पढ़ा कर। शहतूत तले। वहीं सोया कर। मैं कोठे पर नहीं बैठने दूँगी।

छिंदा : क्यों?

भजनो : क्यों की कोई बात नहीं। बस, कोठे पे नहीं बैठना।

छिंदा : क्यों नहीं बैठना? पाप किया कोई मैंने?

भजनो : नांह, पुत्र। कच्ची क्वाँरी उम्र है। कोई दाग लग जाएगा।

छिंदा : कैसा दाग?

भजनो : बहुत पहेलियाँ मत बुझा मुझे। यह छोरी पाशो नहीं चँगी। उसकी तरफ नहीं देखना।

छिंदा : **(खुश पर शर्मा कर)** कौन देखता है? पाशो की तरफ? मैंने पाशो से क्या लेना?

भजनो : मुझे क्या पता, क्या लेना तू ने? पाशड़ो से? बस, छत पे नहीं बैठना।

(चुप)

छिंदा : यों ही मैं, सरसरी, पूछूँ, पाशो में, बुराई क्या है?

भजनो : रे तू होंठ हिला रहा था। **(साँग लगा के)** "डेर हो गई मुझे।" अब लगा है? पाशो के सुहाग गाने?

छिंदा : **(बस्ता और चलाने वाला घेरा उठाकर)** ओए, वो तो मैं ऐसे ही कर रहा था। मास्टरों की क्या मजाल? मुझे पीट जायें? दसवीं का मानीटर है। शाहों का सुरेंद्र सिंह। स्कूल के, आधे मास्टरों को तो, मैं पढ़ा दूँ। उन सालों ने मुझे क्या पीटना।

(गली में खड़ा होकर पाशो के घर की तरफ देखता है। उसकी इंतज़ार करता है। बस्ता टटोलने का बहाना करता है)

भजनो : रे, जा भी अब।

(भजनो अंदर जाती है। बाहर से, गली में, पाशो आती है)

छिंदा : पाशो।

पाशो : बता, छिंदे।

छिंदा : पाशो··

पाशो : हाँ।

छिंदा : पाशो··

पाशो : क्या बात है?

छिंदा : पाशो··

पाशो : कुछ कह भी अब।

छिंदा : पाशो·· मैं·· मैं—

पाशो : हूँ?

छिंदा : मैं—स्कूल जा रहा हूँ।

पाशो : तो फिर?

छिंदा : तू बहुत सुं··· तू बहुत सुं··· तू बहुत सुँ··· तू सिलाई सीखने नहीं चलेगी?

पाशो : **(निराश होकर)** बस? यही कहना था?

छिंदा : मैं तेरे साथ चलूँगा। रास्ते में बात बताऊँगा।

पाशो : **(उतावली)** कौन सी बता? तू अभी बता दे?

छिंदा : मैं··· मैं तेरे पे···

पाशो : हूँ?

छिंदा : मैं तेरे पे···

पाशो : तुम्हें तो पसीना ही बड़ा आ रहा। अच्छी तरह बात बता।

छिंदा : अच्छा। **(कागज़ पकड़ा के)** यह लो।

पाशो : चिट्ठी? प्यार बारे? तुम्हें कहीं अकेली मिलने के बारे? न बाबा। मैं चिट्ठियाँ नहीं लूँगी। कहीं मेरे बापू ने देख ली तो?

छिंदा : **(फख़्र से)** चिट्ठी नहीं। यह तो गीत है।

पाशो : **(एकदम पस्त)** गीत?

छिंदा : मैं ने तेरे पे गीत लिखा है। कृष्ण के बिछोड़े में राधा गाती है। जब कृष्ण, वृंदावन छोड़ कर, मथुरा चला गया। राधा ने दर्द भरा संदेश भेजा।

पाशो : जो तू शाम को गा रहा था? कोठे पे?

छिंदा : **(खुश)** तू ने सुना था?

पाशो : तर्ज़ तो सुंदर है।

छिंदा : फिल्मी तर्ज़ है। तुझे अच्छी लगी?

पाशो : **(कुछ और सोचती हुई)** मैं तो तेरे से, उम्र में एक साल बड़ी हूँ।

छिंदा : बड़ी है तो क्या हुआ? मेरा गीत तो पढ़ सकती है?

पाशो : कहीं तेरी पढ़ाई न खराब हो?

छिंदा : वो कैसे?

पाशो : तेरी माँ मुझे जीने लायक नहीं छोड़ेगी।

छिंदा : वो क्यों?

(उसकी नामझी पर तरस खा के, प्यार से गाल को हाथ लगा के)

पाशो : छिंदे, तू अभी गबरू नहीं हुआ··· मैं अभी आई। कैंची कपड़ा ले आऊँ।

(जाती है)

भजनो : **(बाहर आ के)** अरे, तू गया नहीं अभी?

छिंदा : **(टटोलता है)** झोले में कापी थी। जुमेटरी की। पता नहीं कहाँ गई?

(करमसिंह हवेली से बाहर आता है। सिर्फ कच्छा पहने है। नाड़ा

लटक रहा है। सिर और बगलें खुजलाता हुआ)

करमसिंह : रोटी नहीं पकाई अभी?

भजनो : पकाए तेरे लिए—परांठे।

करम : तू किधर चला, ओए?

छिंदा : पढ़ने। और कहाँ?

करम : ख़ाक पढ़ाई करनी तू ने। दसवीं में, तू नहीं पास होगा।

छिंदा : क्या???

(करमसिंह भजनो के पास छतड़े के आगे पीढ़ी पर बैठता है)

करम : छोड़ ओए, पढ़ी-पढ़ाई। खेती कर ले। नहीं तो भरती हो जा।

छिंदा : पढ़ाई नहीं मैं छोडूँगा। एक ही बार बता दिया मैंने। **(चिढ़ा कर)** भला तुझे क्या पता? पढ़ाई किसे कहते हैं?

करम : देख तो। बड़ा पढ़ाकू आया। मैं, तेरे जैसे, नौती सी पढ़ाकू चरा चुका हूँ।

छिंदा : सिर से गंजी, नेफे में कँघी।

(बकरी और छेरे मैं-मैं करते हैं)

भजनो : तू क्यों यों ही छोरे पीछे पड़ गया? जा, बेटा, तू स्कूल जा।

करम : ओए, इस, माँ अपनी, बकरी को, कभी बाहर की राह भी दिखा दिया कर। चाव से, ले तो ली थी। इसे कभी, हरा पत्ता भी डाल दिया कर।

भजनो : बकरी कोई भूखी बैठी?

करम : भूखी नहीं तो और क्या है? देख, छेरा और छेरी। जैसे बिलौटे हों। दो महीने का छेरा, खा पी के, बोक बन जाए। मोटा तगड़ा बोक।

छिंदा : आप ही बन जाएगा। तूने बोक से क्या लेना?

करम : कल दसौंधा सिंह ग्रंथी ने अपना छेरा बेचा। चालीस रुपए कमाए। बाज़ीगरों ने काटा। पंद्रह सेर पक्का माँस निकला। सिरी खरौड़े अलग। इसके साथ ही ब्याई थी, उसकी बकरी।

भजनो : खबरदार जो छेरा बेचा। छोरे का। रँडी शराब मुँह गँवायेगा पैसे।

करम : ओए नहीं, भजन कौर। कोई और बात है। वो भी बताता हूँ। ज़रा ठंडी तो हो।

छिंदा : मैं नहीं काटने दूँगा—छेरा। किसी भुलावे में मत रहना।

करम : यह लौंडा साला, तो हाथों से निकलता जावे। ऊटपटाँग बोलता रहे। सियाना बियाना भी नहीं देखता।

छिंदा : बड़ा सियाना आया।

करम : साले, और मैं क्या हूँ?

भजनो : निठल्लू। घर गँवाऊ। शराबी। कर्ज़ाई। और क्या है तू?

करम : जो इस बापू को पाल रही है तू, देख लूँगा मैं भी।

छिंदा : क्या देख लेगा तू?

करम : **(खड़ा होकर)** जो तू—जज लगेगा, पढ़ के, मैं देख लूँगा।

छिंदा : जज साला क्या शै होती है?

करम : और तू ने—कलैक्टर लगना?

छिंदा : मैं जज लगूँ, या कलैक्टर। तुझे क्या? तेरी तरह, फौज, में, ठुड्डे नहीं खाऊँगा।

करम : फौज में जवान भरती होवें, कि तेरे जैसे? गिट्ठ-मुठिये? जो बाँस से बैंगन तोड़ें?

छिंदा : मैं पूछता हूँ, यह मेरा बाप है कि क्या है?

करम : और मैं तेरा—मामा लगूँ?

भजनो : तू क्यों मग़ज मारे? इसके साथ? जा, स्कूल जा।

छिंदा : जी करे, इस घर से, कहीं, दूर उड़ जाऊँ। रब्बा, ऐसा बाप, किसी और को मत देना।

(पाशो गली में खाँसती है। छिंदा झट बस्ता उठाए, घेरा चलाता जाता है। भजनो और करम सिंह दोनों को देखते हैं। भजनो फिक्र में है)

करम : यह लौंडा, रोज़ बाहमणों की छोरी संग क्यों जाता है? **(भजनो चुप है)** इसका स्कूल किधर है। उसका सिलाई सेंटर किधर है।

भजनो : चुप करके बैठा रह।

करम : क्यों बैठा रहूँ?

भजनो : भौंक फिर। मुझे क्या?

करम : तू माँ है। तुझे नहीं पता?

भजनो : जड़ों पर ही सरकंडा जाएगा।

करम : क्या मतलब?

भजनो : जैसा बाप कंजर, वैसा ही बेटा।

करम : क्यों? मैंने क्या किया?

भजनो : बापू माँ के पीछे भागता रहा। सारी उम्र। अब, पुत्र ने, बेटी के पीछे घूमना शुरू कर दिया।

(दोनों छतड़े में पीढ़ियों पर बैठते हैं)

करम : **(खुश)** क्यों तूफान तोलती है। मैंने तो विद्या बाह्मणी की तरफ, कभी, आँख उठा के नहीं देखा।

भजनो : मैं जानूँ तुझे। दूधों धुले को। तुम तीनों भाई—जहान से गए हो।

करम : बात क्या हुई?

(खड़ी होकर, पाशो के घर की तरफ इशारा करके)

भजनो : बई मैं कहती हूँ, रब बुरा पड़ोस भी किसी को न दे। इन माँ-धीय ने मेरा घर गला दिया। औरत औरत को खाती है। पहले माँ तीनों भाइयों को लपेट में लेती रही। अब बेटी ने यही काम पकड़ लिया। मेरा छोरा मोहने लगी है। बाप हरामज़ादा। आप तो कुछ करने लायक नहीं। दुअन्नी के भल्ले पकौड़ी नहीं बिकते। जोरू को काबू में नहीं रख सका, कभी भी। अब बेटी ने उलटे पैर उठाए हैं।

करम : अच्छा, चल, छोड़ बात को। लड़कपन है। आप ही संभल जाएगा। मैंने एक और बात करनी है। तेरे से। कान लगा के सुन। मुझे मुखिया वतनसिंह कहता है। कई चिर से कह रहा है।

भजनो : सरपंच? उस कँजर की एक नहीं मानूँगी। सुना मुझ से?

करम : उतावली मत कर यों। वो हमारे भले की कह रहा है। आ, बैठ यहाँ।

भजनो : तू किस गुँडे की बातें सुने?

करम : अक्ल कर कुछ। भला, वतन सिंह कोई गुँडा है? खानदानी नंबरदार है। दो बार सरपंच चुना गया। मुरब्बों का मालिक है। बैंकें भरी पड़ीं रुपयों से।

भजनो : जो चँगा होता, सरकार जूते मार के, सरपंची से नीचे क्यों फेंकती? गाँव से पैसे इकट्ठे किए। कहे, गलियाँ पक्की करेंगे। नालियाँ पक्की बनाएँगे। खा गया, हरामज़ादा, आप ही। शराब मुँह बहाया सारा। लोगों का पैसा।

करम : तू किनकी बातें सुने? झूठी तोहमतें लगावें, साले। पालासिंह के लौंडे। भली मानस, बतनसिंह जैसा चँगा, तो एक भी नहीं। हमारे गाँव में। मेरा पगड़ी बदल भाई है। पता, मुझे हर वेला क्या कहे? कहे, जिसको भजनो जैसी घर वाली मिल जावे, सीधा स्वर्गों में पहुँच गया।

भजनो : जानती हूँ मैं भैरव को। भैंगों की भाँति, बात किधर करे, देखे किधर।

(पास बैठती है)

करम : रात मुझे कहता : "भजनो जितनी सोहनी, एक नहीं हमारे गाँव के अंदर।"

भजनो : उसने भजनो से क्या लेना? छीका?

करम : पंचायत के चुनाव होने वाले हैं। दो एक महीने बाद। असूज में।
(बतनसिंह गली से आता है)

भजनो : चुनावों को तू ने क्या करना?

करम : मेरा जी करे, इस बार सरपंची के लिए खड़ा होऊँ।

भजनो : सरपंची के सिर सौ जूते।
(बतनसिंह खंखारता है। भजनो झट उठकर थोड़ा सा पल्ला कर लेती है)

बतनसिंह : भजन कौर, क्या हाल है?

भजनो : चंगा, भाईया। तुम सुनाओ।

करम : आ भाई, बतनसिंह। सुना हाल चाल।
(दोनों खाट पर बैठते हैं। बतनसिंह बात करमसिंह से करता है पर देखता भजनो की तरफ है)

बतन : क्यों भई, सरपंची की कौन सी बात कर रहे थे तुम।

करम : मैं वही बात लगा था करने। भजनो से।

बतन : भागों वाला तू, करम सिंह। इस जैसी ज़नानी, किसी किसी के भागों में होती है। **(इधर-उधर देखकर)** तेरा बड़ा भाई भी हैगा न। बेचारा। जवानी में रंडुवा हो गया। मेरी तरह। दो छोरियाँ पालता रहा। दूजा ब्याह नहीं हो सका। हार के, मोल लाया। घाघरी वाली। तेरी तो भौजाई है। चाहे गुस्सा ही करे तू। न मुँह न मत्था, जिन्न जगाधरी से लत्था। **(करमसिंह हँसता है)** और एक भजनकौर है। पटियाले वाले राजे की रानी भी, कोई इतनी सुंदर नहीं होगी।

करम : सुन लिया, भजन कौर? चल चाय का घूँट पिला। इस बात पर। चढ़ा पतीला।

भजनो : उलटी सीधी बात होगी कोई। जो आज इतनी सिफतें कर रहे हो। शराब के लिए पैसे चाहिएं?

करम : ओ रब रब कर।

बतन : नहीं, भजन कौर। रात तो उन चौधरियों ने पिलाई थी। नया घड़ा डाला था। कहते, नंबरदार जी, स्वाद देख लो। शगुन पड़ेगा न आज। उनके जोगिंद्र को।

करम : बात, भजन कौर, यों है। चुनाव में—

बतन : हट, मैं बात करता हूँ। भजन कौर, दो एक महीने की तकलीफ है सारी। तुम्हारी बड़ी इज़्ज़त है। तुम्हारे घर जैसा, एक भी घर नहीं गाँव में। बड़े- तगड़े शाह हुआ करते थे, करमसिंह के बड़े बडेरे।

भजनो : शाह थे सात चूल्हों की राख। जिस दिन की मैं ब्याही आई हूँ, इस

घर में, यही भांग भुनती देखी है।

करम : गरीबी से पीछा छुड़ाने का ढंग लगे हैं बताने तुझे।

बतन : भजन कौर, हवलदार को गाँव वाले बड़ा चंगा समझते हैं। इसका सरपंच चुना जाना, आसान बात है। बस, पाँच सात बंदों को अपने हाथों में लेना है। खिला-पिला कर।

भजनो : इस कंजरखाने से हमें क्या मिलेगा?

करम : सरपंची की इज़्ज़त थोड़ी है?

भजनो : इज़्ज़त को चाटना है? छोरे को कुरता पायजामा जुड़ता नहीं। और यह उठाया फिरे, खड़पंचियों का।

बतन : **(खड़ा होकर)** सुन, भजन कौर। बातें तो तू सच्ची करे। पर मैं सोच रहा हूँ, तुम्हारा फायदा। खर्च होगा एक बार। पाँच सात सौ। पंद्रह बीस आदमियों को मुट्ठी में लेना है। फिर राज करियो। पूरे पाँच बरस। एक तो सरकार गाँवों को पैसे देने लग पड़ी। यह क्या, गलियाँ पक्की बनाओ। यह क्या, नालियाँ पक्की बनाओ। सिलाई सेंटर खोलो। पंचायत घर में रेडुआ रखो। टैलिवियन रखो। सब सरपंच के हाथों चलें। चुनाव पर जितना खर्च लगे, चाहे उस से बीस गुना वापस ले लेना।

भजनो : हमें नहीं चाहिए। बेईमानी का पैसा।

करम : बेईमानी इस में काहे की? अपनी मेहनत है।

बतन : लोगों को रोज़ शहर में काम पड़ते हैं। कचहरी में। सीमिंट के दफ्तर में। बिजली के दफ्तर में। सरपंच को साथ ले जाना पड़े। जो काम कराने साथ ले जाएगा, वो खाने पीने का खर्चा भी देगा। तुझे बताया, राज करेगा हवलदार। एक बार तो भजनकौर का नाम हो जाएगा। सारे ज़िले में।

करम : वो जगह है न? गोरे वाली। मैं लगा हूँ बेचने।

भजनो : क्या!!!

(छेरा बोलता है)

करम : कनाल ज़मीन में अगर सरपंची हाथ आ जाए, तो भला और क्या चाहिए? लो भाई, मुखिया, जिस दिन तू ने मुझे सरपंच बना दिया, उस दिन छिंदे का छेरा काटेंगे।

भजनो : उलटी मत पढ़। मैं नहीं ज़मीन बेचने दूँगी। बाल बाल कर्ज़े में फँसा है। अभी हया नहीं आती।

बतन : भजन कौर, तू तो सियानी है। तू समझ ले, आजकल, खाने पीने का, एक ही तरीका रह गया—चुनाव। चुनाव में जीतो। और बाद

में छक के पेट भरो। सब बड़े-बड़े लीडर यही करते हैं। क्या सरपंच और क्या वज़ीर। जितने पैसे चुनाव पे खर्चों, उससे सौ गुना लूट लो।

करम : चुनाव भी एक तरह का बनिज व्योपार है।

बतन : और क्या?

भजनो : नांह, मैं नहीं यह बात मानूँगी। हमें नहीं जमीन बेचनी।

करम : तनिक ठंडे दिल से सोच।

(पीछे से, गली में, साईकल की घंटी बजती आ रही है। भजनो झट, घबरा कर, जीतो की तरफ देखती है)

भजनो : री, वो उपले तो उलटा देती। गीले अभी।

जीतो : **(दूर से)** आप ही उलटा ले। मैं चली।

(मास्टर कुंदन लाल, गली में रुककर, साईकल के पैडल ठीक करने का बहाना करता है)

भजनो : तू कहाँ चली?

जीता : **(आँगन में आकर)** झाड़ा फिरने चली हूँ।

भजनो : तुझे झाड़ा इसी वेला आये, रोज़?

(जीतो टोकरा रख के, गोबर सने हाथ धोती है। मास्टर उसकी तरफ देख रहा है)

बतन : क्या बात, मास्टर जी, फूँक निकल गई?

मास्टर : फूँक तो नहीं। शायद कुत्ते फेल हो गए।

भजनो : क्यों, तेरे कुत्ते, रोज़, यहीं आके फेल होवें?

मास्टर : हवलदार जी, छिंदा गया स्कूल?

करम : हाहो।

(मास्टर को इशारे करती, जीतो गली में से बाहर जाती है)

भजनो : री, जल्दी मुड़ना।

मास्टर : बड़ा होशियार है छिंदा। उसको आगे ज़रूर पढ़ाओ। कालेज में।

करम : आगे पढ़ा के क्या लेना? झोटे ही कूटने हैं। हमारी तरह।

बतन : आजकल तो बी.ए., एम.ए. पास भी, गलियों में खेह खाते फिरें।

मास्टर : नहीं, नंबरदार जी। लायक लड़के को आगे ज़रूर पढ़ाना चाहिए।

भजनो : **(सेमे को)** रे बहड़की?

करम : ब्या लाया?

भजनो : खड़ी नहीं हुई?

सेमा : **(हवेली से आँगन में आकर)** कहाँ खड़ी हुई साली। बेरी से बाँध आया हूँ। अच्छा, मास्टर है? मैंने सुना, मास्टर, भई तू, कनेडे का

पास बनवा रहा। ठीक है?

मास्टर : हाँ, तरसेम सिंह। मैं कोशिश तो कर रहा हूँ। अगर नौकरी मिल गई, उधर, तो चला जाऊँगा।

बतन : क्या बात, मास्टर, गोरियों के पीछे जा रहे हो?

करम : गोरियाँ! **(हँसता है)**

बतन : तुम मास्टरों की तो यहाँ भी बहुतेरी मौज है। जो पगडंडी देख लो, छोरियाँ, मास्टरों के साईकल रोके खड़ी हैं, खेतों में।

मास्टर : ग़लत बात है, नंबरदार जी। मास्टर ऐसे काम नहीं करते। अगर अपना चाल चलन चँगा न हो, तो लड़कों को क्या सिखाना? मैंने तो कनेडा इस करके जाना, कहते हैं, बड़ा पैसा है उधर। हमारे मुल्क में क्या रखा है? मेरा एक हमजमाती, केनेडा गया। वो लिखता है, उधर तन्खाहें बहुत हैं।

सेमा : मास्टर, भई मैं भी पास बनवाऊँगा। कनेडे का। मुझे अजंट मिला था। उसने बात समझाई। बोला, सारा कुछ आप ही करवा दूँगा। मुझे कहीं जाना आना नहीं पड़ेगा। वो बतावे, कनेडे, यहाँ से तीस गुना जादा कमाई है।

मास्टर : पर, तरसेम सिंह, किराया बहुत है। हज़ारों रुपए इकट्ठे करने कठिन हैं। मेरे पास भी तो किराया थोड़ा पड़ रहा है। नहीं तो मैं चाहे, कल चला जाऊँ।

करम : मास्टरों की तो तन्खाहें बहुतेरी होवें।

मास्टर : बहुतेरी तो काहे की, शाहजी। पर हाँ, तन्खाह से ही पैसे बचा के जाऊँगा। दो तीन साल बाद। मेरी कौन सी ज़मीन है? किसको बेच कर किराया भर सकता हूँ? अच्छा जी। सस्रीकाल। **(जाता है)**

सेमा : **(उधर मुँह करके, ऊँचे)** मास्टर, मैं ज़रूर चलूँगा। तेरे संग।

भजनो : तेरे पास इतने पैसे कहाँ से आ गए?

सेमा : यह बात भी, चलो, आज कर ही लो। सुन भई, मुखिया, तू गवाह है। भाई, जादा बातें काहे करें? ज़मीन बाँट दो। अपने हिस्से की ज़मीन बेच के, मैंने कनेडे का भाड़ा भरना।

भजनो : यह कितने की बात हुई? उजड़ गई मैं तो। उजड़ गया टाबर। यह कहे, खेत बेच के, सरपंची लूँगा। और तू लगा, विलायत जाने। हल की सिर्फ चार लकीरें हैं खेत। बेच लो। लगा दो मशाल। जला दो सब कुछ। रे, मैं कहाँ से खाऊँगी? मेरा छिंदा कहाँ से खाएगा? तेरी जोरू है। छोरी है। कहाँ से खाएँगी?

सेमा : भाभी, मैं तो भई, अपने हिस्से की बात कर रहा हूँ।

करम : हड़बड़ी मत मचा, ओए। सोच ले और।

सेमा : मैंने सब सोच लिया। ज़मीन बाँटो तुम।

भजनो : आज कैसा अभागा दिन चढ़ा है। मेरे खोटे करमों को।

बतन : **(उठता हुआ)** अच्छा, हवलदार। मैं चला। **(पास जाकर, कान में)** भजन कौर, फिक्र मत करना। सेमा जा रहा है तो जाए। तू मुझे बता, कोई सेवा। ठीक है? यह लो, करतारा भी आ गया।

(बतन सिंह जाता है। करतारा बाट का मारा, डाँग दीवार के साथ खड़ी करके, खाट पर गिरता है)

सेमा : तू कहाँ गया था? मुँह अँधेरे उठके?

करतारा : भजनो, लस्सी का किटोरा पिला।

करम : बाट करके आया?

सेमा : छोरियों के ससुराल गया था?

करम : इतनी जल्दी कैसे मुड़ आया? छोरियों से?

भजनो : भाईया, गुलाबी किधर है? किवाड़ों को तो ताला लगा है। **(लस्सी पकड़ाती है)**

करतारा : गुलाबी साली को तो रोता आया हूँ। **(सेमा चिलम उठाकर छतड़े से आग भरता है)**

भजनो : क्यों, उसे क्या हुआ?

करतारा : होना क्या था? शक्क तो मुझे पहले ही था।

करम : **(स्वाद लेकर)** निकल तो नहीं गई?

करतारा : आधी रात के करीब उठी। बोली, "बाहर अंदर जाना है। मुझे जुलाब लग गए।" आई नहीं मुड़के। घड़ी देख। पल देख। फिर मेरी आँख लग गई। मुर्गे ने बाँग दी। बड़े तड़के। तो आँख खुली। खाट खाली पड़ी थी। मैंने डाँग उठाई। चल पड़ा। मैंने सोचा, हो न हो, टेशन को गई होगी। सवेर की गाड़ी पकड़ने। दौड़ सो दौड़। पैर के निशान भी पहचान लिए मैंने। बस, मैं टेशन से दो एक खेत पीछे था। गाड़ी चल दी।

(सेमा हुक्का पकड़ाता है)

सेमा : तू ने किसी से पूछा गीछा भी है? शायद कहीं इधर-उधर गई हो।

करतारा : **(रोने को)** काहे! साली गहना गट्टा भी ले गई। लीड़े लत्ते भी ले गई। सारा सँदूक खाली कर गई।

भजनो : हा! हा!

करतारा : **(रोता है)** मेरी किस्मत! लुट गया मैं!

सेमा : अच्छा, जिगरा कर।

भजनो : भला मोल की ज़नानी भी कभी किसी के बसी है?

करतारा : ओए, इस चिलम को फूँक मार। राख से ही भर दी।

(सेमा तिनके से चिलम सीख कर फूँक मारता है)

करतारा : भजनो, ये सब कारे हैं तेरे भाई के।

भजनो : जोगी के? वो कहीं छूटा अभी?

करतारा : उस कँजर का नहीं पता। मुझे लगे, मेरी जोरू निकलवाई तेरे भाई ने है। **(हुक्के का सूटा लेकर)** इस साले में कभी ठंडे पानी का घूँट भी डाल लिया कर। आग जैसा जल रहा। मुश्क मार रहा।

(सेमा हुक्के का पानी बदलता है)

भजनो : लो, यों ही लगा—मेरे भाई के नाम लगाने। वो भला यहाँ है कोई?

(जोगी गली में खड़ा है)

करतारा : तुम्हें नहीं पता, साले चोर डाकू का। छः महीने पहले भी वो गुलाबी से बात करने की कोशिश करता था। लुकछिप कर। पर फिर तब, वो शराब निकालता पकड़ा गया। तो यह छः महीने और ठहर गई। यहाँ।

भजनो : झूठी तोहमतें मत लगा, भाईया। मेरा भाई शराब तो निकालता होगा। जनानियाँ नहीं निकालता।

जोगी : क्या बात है, भई? मेरे नाम का अखंड पाठ क्यों छेड़ा हुआ है?

(भजनो गले मिलती है)

भजनो : लो, आ गया। मेरा वीर। सुख बरसा। आज तो करमों वाला दिन चढ़ा। तगड़ा रहा तू?

जोगी : मैं तो तगड़ा। तू सुना।

भजनो : अरे, तू सीधा अंदर क्यों घुस आया? तू खाँसकर आता। मैं तेल तो परछती।

करम : देख तो। तेल परछन करे। बड़ा साला कमाई करके आया।

भजनो : सुख से, कमज़ोर तो नहीं हुआ।

जोगी : ससुराल जा के, जमाई मोटे ही हुआ करें।

करम : तेरा कूट कुटापा नहीं किया? सिपाहियों ने?

जोगी : दो पड़ीं, मन से झड़ीं, सदके पीठ के।

सेमा : बेशर्म है साला।

भजनो : मैंने सवा रुपए का प्रसाद चढ़ाने की मन्नत की है। गुरुद्वारे। तेरे छूटने की।

करतारा : लो भई, सेमा भी सुन रहा है अब। करम सिंह, ज़मीन बाँटो। मेरा हिस्सा मुझे दे दो।

(जोगी छीके में रोटी ढूँढ़ता है। तूंबा कीली से उतारता है)

भजनो : लो! कर लो बात। तुम्हें हो क्या गया? आज? तीनों भाइयों को?

करतारा : मोल की ज़नानी का कोई एतबार नहीं। मैं ज़मीन अपनी बेटियों के नाम लगा दूँगा।

भजनो : भला बेटियों के नाम जमीन कैसे लगेगी?

सेमा : लग जाती है आजकल। सरकार ने नया कानून बनाया है।

करतारा : बेटियों के नाम ज़मीन लगा के, रोटी तो खाऊँ मैं। चैन से, सारी उम्र। **(रोता है)** और मेरा कौन है? मेरे कौन से पुत्र हैं? जिनकी मैं कमाई खाऊँगा?

जोगी : क्या बात हुई, करतारे? तू ने घुटने क्यों टेक दिए? अभी से?

भजनो : भाईया, हम तेरे कुछ नहीं लगते? तुम्हें रोटी का घाटा?

करतारा : वो तो सुख लेखा, भजन कौर। पर तुम मेरी ज़मीन बाँट दो। ज़रूर।

भजनो : **(रोती है)** रब्बा! मैं कहाँ समा जाऊँ? मैं क्या करूँगी? मेरा छिंदा क्या करेगा?

करम : देख, है! यों ही लग पड़ी। नाक सुड़कने। छिंदा अगर खेती करने लग जाए, तो ज़मीन का घाटा? जोत ले, बतन सिंह की ज़मीन। जितनी मरज़ी। ठेके पे। आधे पे। छोड़ दे पढ़ाई।

करतारा : एक दिन तो यह बात होनी थी, भजन कौर। अपनी अपनी बाँट संभाल लें, तो हर्ज है कोई? तेरे भाई ने मेरे संग कौन सी अच्छी की है?

जोगी : मैं ने क्या किया, ओए?

करतारा : जो तू बाप की औलाद है, कसम खा। तू ने मेरी ज़नानी निकाली कि नहीं?

जोगी : **(हैरान, भोला)** गुलाबी? कहाँ गई?

करतारा : चालाकियाँ तो मेरे संग कर मत। साली जाती है तो जावे। पर निकलवाई तू ने ही है।

जोगी : माँ की कसम है मुझे। मैं तो कल रात छूटा था। जेल से। सवेरे की गाड़ी चढ़ा था। शहर से।

करतारा : मैं गुलाबी के पैरों के निशान पहचानता हूँ। उसके साथ एक मरद के पैरों के निशान थे। वो थे तेरी जूती के।

जोगी : **(जूती देख कर)** ओए, मैं सीधा चला आ रहा हूँ। शहर से। तुझे बताया। ख़ामख़ाह क्यों चिमट गया मुझे। चिचड़ी की तरह?

करतारा : साला! एक तो मेरी ज़नानी भगा दी। फिर ऊपर से, अकड़ रहा

है। चिचड़ियाँ बता रहा है। तेरी तो दिया···

(करतारा उठ कर जोगी को गले से पकड़ लेता है। सेमा छुड़ाता है)

जोगी : ओए, ठहर भई···

भजनो : हैहा! हैहा! मैं मर गई···

सेमा : करतारे, क्या कर रहा है तू?

करतारा : हट जा परे तू। मैं नहीं छोडूँगा, साले को। वो कँजरी तो गई सो गई। तुझे, तुझे साले, काट डालूँगा मैं।

करम : **(खाट से)** होश पर कुछ। क्या करे तू?

सेमा : चल उधर। नीम के नीचे। लेट ले, घड़ी भर। सारी रात, घूम-घूम के, बावला हो गया।

करतारा : छोड़ दे मुझे तू। कुल्हाड़ा कहाँ है?

जोगी : मैंने कुछ नहीं किया, भाई। यों गुस्सा मत कर।

भजनो : देख! है! ज़बरदस्ती! पीछे पड़ गया। मेरे भैया के। मक्खियों का छत्ता।

जोगी : करतारे, चल। तू मुझे, जिस मरज़ी, मंदिर चढ़ा ले। गुरुद्वारे चढ़ा ले।

भजनो : अरे, मेरा भैया क्या, गुलाबी को, खीसे में डाल के ले गया? गोदी उठा के ले गया? गई होगी किसी संग, तो अपनी मरज़ी से गई होगी।

करतारा : कुत्ते के पूत, मैं ज़िंदा नहीं छोडूँगा।

करम : बस भी कर अब।

सेमा : **(धकेलता है)** चल उधर। आराम कर ले।

करतारा : साला! लुच्चा कहीं का!

(दोनों जाते हैं)

जोगी : गुरु ग्रंथ साहिब की कसम है मुझे।

(चुप)

आवाज़ : **(दूर से)** सेमे! बहड़की संभाल अपनी।

सेमा : **(हवेली से)** धन्नासिंह, ब्या भी गई?

आवाज़ : दो बार। तीन रुपए भी लाना।

भजनो : इस छोरी ने बड़े दुखी किया। है आई अभी तक।

जोगी : आमों के बाग की तरफ जाती देखी थी मैंने।

भजनो : बाहर अंदर गई है।

(करम सिंह जोर से छींकता है। उठता है। कच्छे में से जूँ निकाल कर जूती से मारता है। उबासी लेता है। सिर खुजलाता है)

करम : रोटी पका। झटपट। भूख लगी है।

(हवेली जाता है। सेमा हुक्का हवेली ले जाता है)

भजनो : तू फिर यहाँ आ गया?

जोगी : और मैं जाऊँ कहाँ? अपने गाँव में तो, सब से, बैर पड़ा है।

भजनो : यहाँ कम बैरी तेरे? न उलटे काम करे, तो न जाए, जेहलों में।

जोगी : अब नहीं करूँगा। यह साला शराब का धँधा भी बुरा है। मेहनत जादा। बचता कुछ नहीं।

भजनो : मेरे घर नहीं करना कुछ भी। तू ने तो लोई उतार रखी है। कहीं मेरे छिंदे को न लगा देना। उलटे कामों में। न बाबा। हम तेरे से दूर ही भले।

जोगी : कुल चार एक दिन ठहरूँगा मैं। बस, सोच लिया मैंने। अब गलत काम नहीं करना।

भजनो : जानती हूँ मैं तुझे। राधा स्वामी के चेले को।

जोगी : नहीं, बहन। अब मैं सचमुच सुधर गया हूँ। मैं ब्योपार करूँगा।

भजनो : ब्योपार काहे का? कद्दुओं का? धेला तो तेरे पल्ले नहीं।

जोगी : अगर ऐसी बात है, तो यह पकड़। **(रुमाल में बँधे पैसे पकड़ाता है)** संभाल के रखना। बीस कम हजार हैं।

भजनो : रे, यह कहाँ से? डाका मारा कहीं? तू नहीं टलेगा, कुत्ते के हाड़।

जोगी : डाका नहीं, बहन। दस नाखुनों की कमाई है। मेहनत का फल है।

भजनो : बात भी बताएगा अब?

जोगी : तेरे पास झूठ कैसा? छूटा तो था मैं परसों चौथ। गुलाबी का टाँका लड़ाया था। किसी से। कुल हज़ार दिए साले ने। दूर ले गया। यू पी, सी पी की तरफ।—इसमें से करा देना गुरुद्वारे का परसाद। सवा रुपए का। आती संकरांत को।

भजनो : खूब कमाई की। ज़नानी बेच के।

जोगी : पैसा हाथ आए, तो जादा सोचते नहीं। ईमानदारी का ही, चाहे बेईमानी का हो—रुपए का मोल तो रुपया ही रहता है। जा अंदर रख, संभाल के। मैं इसके साथ भैंसों का ब्योपार करूँगा।

भजनो : जो कोई ढँग का काम करे, तो घाटा काहे का? मुझे मत दुःखा। मैं तो पहले ही करमों को रो रही हूँ। सुन। बड़ा लगा जमीन धीयों के नाम लगाने। सेमा कह रहा है, ज़मीन बेच के, कनेडे जाऊँगा। बता, मेरे बच्चे भूखे मरेंगे कि नहीं?

जोगी : (उतावला) सेमा कनेडे चला? पूरो?

भजनो : पूरो रँडी कहाँ जाएगी? छोरी जनी है।

जोगी : छोरी? यह तो बुरी हुई। छोरा होता, तो भी कहते। ज़नानियों के वनिज में यही घाटा। ताज़ी ब्याई भैंस होवे, तो मोल दुगना। ताज़ी ब्याई ज़नानी होवे, तो मोल आधा।—अच्छा, देखी जाएगी। रोटी पका तू। मैं करतारे को मना लूँ।

भजनो : रे, कुंडी वाला बाँस लेकर तोरियाँ तोड़। फुलाही वाली बेल से। नहीं तो वो पीछे देख, कूप के पास। कोई घीया कद्दू है तोड़ने वाला?

जोगी : **(नेफे से बोतल निकाल कर)** करतारे को ठंडा करने का यह तरीका। ठेके की है। असली। मैं ने सोचा, करतारे से बेईमानी नहीं करनी। महँगी तो महँगी सही। उसकी बहू के पैसों की है। हिस्सा बराबर का दूँगा। **(तूंबा उतार कर)** सुना भई, तेरा क्या हाल है? आ तो, कोई बातचीत करें। छः महीने बाद।

(जोगी तूंबा बजाता जाता है। भजनो हंडिया धोती है। हवेली की तरफ देख कर)

भजनो : दूजे खूँटे बाँध तो, बहड़की। सरींह के नीचे। यहाँ तो धूप आ जाएगी।—देख, यह छोरी। अभी तक नहीं आई। इस कँजर मास्टर ने मार लिया मुझे।

जोगी की आवाज़ : करतारे, ले पकड़। सारे गुस्से को गिलास में घोल के पी जा। पकड़ न। उठ। इतना गुस्सा नहीं करते। ठेके की है... असली। ऐसे! यह तो बात हुई। लो भई, एक ही साँस में पी गया करतारा... सेमे, आ जा तू भी। हवलदार, पानी का घूँट तो डाल लेता इसमें। बूँद हमारे लिए भी बचा देना।

(चिलम उठाए, करतारा झूलता हुआ आता है)

करतारा : भजनो, कोयला रख एक। चिलम में।

भजनो : पकड़ा।

(करतारा ज़ोर-ज़ोर से रोने लगता है। विलाप करता है)

करतारा : मैं अकेला रह गया। लोगो, मैं अकेला रह गया।

भजनो : भाईया, आराम से रोटी खाए जा। हमारे साथ।

करतारा : मेरा कोई नहीं, यारो, मेरा कोई नहीं। ओह मैं लटपुट गया।

(जोगी दौड़ा आता है। बच्चे की तरह मना कर ले जाता है)

जोगी : देख, है। सियाना वियाना होके। चल उठ। ज़नानी का क्या है? मैं ला दूँगा, कहीं से। सस्ती सी देख कर। चुप भी कर अब। बावला हो गया? मुकलावे वाली छोरियों की तरह, रुदन अलापने लगा।

(जोगी धकेल कर ले जाता है। भजनो चिलम छतड़े के पास रख देती है। अंदर बैठकर कूंडी बाट से मिर्च कूटती है)

सेमा : **(दूर से)** ओए, चिलम कहाँ है?

(सेमा झूलता आता है। पाशो कैंची कपड़ा पकड़े बाहर से आती है)

सेमा : पाशो! ओ, बात तो सुन एक।

पाशो : सुना।

सेमा : धर्म से, बड़ी सोहनी लगे आज।

पाशो : पी तो नहीं लिया कुछ?

सेमा : **(गाता है)** ''तुझे देख के नशा चढ़ जावे, री नाभे कीये बंद बोतले।''

(बाँह पकड़ता है)

पाशो : हट रे! बाँह मैली हो जाएगी।

सेमा : शराब तो तेरी पी गया साला पटवारी। हमें तू बोतल ही चाट लेने दे।

पाशो : तुझे कुछ नहीं मिलेगा। यूँ ही पूँछ मत घुमा।

भजनो : **(छतड़े से)** रे सेमे, कौन है?

पाशो : जोरू नहीं घर में तेरी?

सेमा : जोरू कोई भागी जा रही है? जोरू अपनी जगह। तू अपनी जगह।

पाशो : मेरे बापू की उम्र का है तू।

सेमा : हाँ, सच बई, तेरी माँ, विद्या भी बड़ी सोहनी है। पर असल चीज़ तो तू है। सिंधूरी आम।

पाशो : तुझे मिलेगी, आम की गुठली। **(जाती है)**

सेमा : हाँ हाँ। गूदा गूदा साला पटवारी ले गया। हमारे हिस्से रह गई—गुठलियाँ!

(चिलम उठाता है)

भजनो : रे कौन थी? विद्या कि पाशो?

सेमा : **(हँसता है)** कोई नहीं, भाभी। तू प्याज़ पकड़ा वहाँ से।

भजनो : जो पूरो ने देख लिया, ऐसी तैसी कर देगी तेरी।

सेमा : पूरो गिरे टूटे कुएँ में।

भजनो : सेमे, रे काहे बेच रहा ज़मीनें? क्या धरा कड़े कनेडों में?

सेमा : बड़े पैसे भेजूँगा मैं। छिंदा बीए एमए कर लेगा, तो मैं उधर बुला लूँगा।

भजनो : न, रे। सुख बोल। मेरा तो एक इकल्ला जीव है। मैं नहीं जाने दूँगी। परदेसों में।

करम : **(हवेली से)** प्याज़ ला, ओए। बतंगड़ फिर कर लेना।

भजनो : **(ज़्यादा ही नज़दीक होकर)** सेमे, क्यों झुलसा रहा है मुझे? छोरी का ब्याह करना है। छिंदे की पढ़ाई है आगे।

(जीतो गली में आती है)

सेमा : भाभी, तू फिक्र मत किया कर।

(जीतो खाँसती है। भजनो और सेमा झट परे परे हो जाते हैं। सेमा चिलम और प्याज़ लेकर जाता है)

भजनो : तू कहाँ से आई है?

जीतो : मसानों से। जो इतनी ऊँचे बातें करनी हैं, तो अंदर नहीं मरा जाता? सारा गाँव सुने।

भजनो : तुझे तड़के का झाड़ा ही नहीं आया?

(गुसलखाने के आगे खाट खड़ी करके, पीठ करके, जीतो हाथ धोती है। सलवार का नाड़ा बाँधती है)

भजनो : तेरे कुरते को मिट्टी कैसे लग गई?

जीतो : **(पीठ छुपाती हुई)** किधर?

भजनो : पीठ पे।

जीतो : कुम्हारों की कच्ची दीवार के साथ खड़ी हुई थी। चन्नो संग बातें करती।

भजनो : काहे पाखंड करे तू? छिनाल? क्यों तू मुझे फूँकने जुती है? अपनी करतूतों से?

(गाँव में शोर शराबा होता है। ''होये होये'' करते हुए बच्चे ढोल के पीछे जाते सुनाई देते हैं। सेमा दौड़ा आता है। भजनो और सेमा गली में से देखते हैं। फिर शोर दूर जाता सुनाई देता है।)

भजनो : यह क्या हो रहा?

सेमा : तुझे नहीं पता? **(स्वाद लेकर)** झीमरों का मीता है न? उसने कल, बाबू बढ़ई की बहू को, दस रुपए दिखाए।

भजनो : बचनी को? जिसका ख़सम आसाम में है?

सेमा : हाँ। बाबू ने सियाने इकट्ठे कर लिए। मीते को गधे पे चढ़ाया। अब। काला मुँह करके, जूतों का हार पहना कर।

भजनो : डूब के नहीं मर गया, मीता हरामज़ादा।

(जोगी तोरियाँ लेकर आता है)

जोगी : जुड़वों की वीथी से गुज़र गए वो तो।

(शोर बंद। जीतो गुसलखाने से निकल कर, खाट उठाकर, उरे बिछाती है)

जीतो : मामा, राम सत्त।

जोगी : राम सत्त, छोरी। तगड़ी हो?

(जीतो तोरियाँ लेकर छतड़े में रखती है। जोगी हवेली जाता है। भजनो चुगली का स्वाद लेती, सेमे के पास भेद खोलती है)

भजनो : बचनी ने भी अति उठा रखी है। पहले उस ख़सम संग रह रही थी। मीते संग। सारा गाँव जानता है। किसी औरत से पूछ ले चाहे। **(जीतो को सुनती देखकर)** री छोरी, उठा, रस्सी डोल। ठंडे पानी की बालटी ला। रोटी के लिए। **(जीतो डोल उठा के जाती है)** ससुर ने कहीं पकड़ लिए होंगे। दोनों। फिर, शर्म शर्म में, कँजरी ने, शोर मचा दिया।

सेमा : **(जाता हुआ)** इन ज़नानियो से, रब ही बचावे।

(सेमा हवेली जाता है, भजनो छतड़े में। एकदम बाहर दूसरी किसम का शोर। आवाजें : "पागल कुत्ता! पागल कुत्ता! बचो! दौड़ो! मारो! मारो! पागल कुत्ता!")

भजनो : रे सेमे! रे जोगी! देखो तो क्या है? पागल कुत्ता तो नहीं?

(गली में कुत्ता भौंकता है। छिंदे के बिलखने की आवाज़। सेमा और जोगी डाँगें लेकर दौड़ते हैं। भजनों ईंधन की लकड़ी उठा लेती है)

भजनो : हाय मैं मर गई। कौन है? मेरा छिंदा तो नहीं?

(छिंदा टाँग पकड़े, बस्ता-घेरा घसीटता, रोता आता है)

भजनो : हाय मेरा पुत्र? हाय मेरा छिंदा! हाय मैं मर गई! टाँग काट ली मेरे पुत्र की! हाय मैं क्या करूँ!

(करतारा भागा आता है)

करतारा : छिंदे। पुत्र, क्या बात? ओहो! यह तो लहू बह रहा!

भजनो : हाय ओए रब्बा! मैं तो पहले ही दो जन्मते दफना चुकी हूँ। ओ लोगो, मेरा तीसरा भी चला!

करतारा : भजन कौर, सब्र कर ज़रा। चुप कर।

भजनो : लोगो, मेरा तीसरा भी चला!

(जोगी और सेमा हाँफते आते हैं)

जोगी : पागल था।

सेमा : मार डाला। दिखा लात।

जोगी : बहुत दाँत मारे हैं।

करतारा : माँस ही काट कर ले गया।

(जीतो रस्सी डोल फेंक कर, बालटी रख के, बिलखती है)

जीतो : हाय मेरे वीर को क्या हो गया! हाय मेरा वीरा!

भजनो : ओ रब्बा, बचा ले मेरे बेटे को!

पाशो : **(घर से दौड़ी आती हुई)** छिंदे, क्या हुआ?

(पूरो अपने कोठे से आती है। सिर खुजलाता हौले-हौले करम सिंह हवेली से आता है)

पूरो : हैहा! हैहा! क्या हुआ? छिंदे, क्या हुआ? हाय मैं मर जाऊँ!

करम : क्यों रंभाने जुटी हो तुम? दो दाँत मारे हैं, कुत्ते ने। उठ ओए, चल के दिखा।

करतारा : नहीं, ओए। सारी लात काट खाई।

सेमा : लहू लुहान हुआ पड़ा।

करम : कुछ नहीं होगा। ठीक हो जाएगा आप ही।

भजनो : मैं छोरे को शहर ले जाऊँगी। डाकदारों के पास, हस्पताल। चाहे मेरा सब कुछ बिक जावे।

करम : कोई ज़रूरत नहीं। शहर जाने की। लाल मिर्चें बाँध दो, यहीं से। सरसों का तेल लगा कर।

भजनो : मैंने छोरा शहर ले जाना है। मैं नहीं सुनूँगी किसी की, एक भी।

पूरो : भाईया, बहुत दाँत मारे हैं।

पाशो : ज़ख़्म गहरा है।

जीतो : मेरे वीर को बचाना, रब्बा, मेरे वीर को बचाना।

करम : यों ही मुँह फाड़े जा रही हैं। ख़ामख़ाह पैसे गलाने हैं। शहर जाकर।

(जाता है)

करतारा : उठ, भजनो। तैयार हो। अभी चलें। शहर।

जोगी : छिंदा क्या चल सकेगा?

सेमा : मैं साइकल लाता हूँ। माँग कर। गुरबचने से।

करतारा : जा, ला। झटपट कर। **(सेमा दौड़ता है)**

भजनो : आज कैसा साढ़सती का दिन चढ़ा मेरे पे। रहम करना, वाहिगुरु। मेरे पुत्र पर रहम करना। मेरा बेटा बचाना।

(करतारा और जोगी छिंदे को उठाकर खड़ा करते हैं)

करतारा : उठ, पुत्र!

जोगी : संभल के!

करतारा : ऐसे! शाबाश!

(छिंदे के धीरे धीरे पैर उठाने के साथ अँधेरा होता है)

(अँधेरा)

दूसरा अंक

(सवेर की धूप चढ़ रही है। साईकल की घंटी। जीतो कोठे पर खड़ी है)

जीतो : पाशो! अरी पाशो!

पाशो : **(दूर से)** क्या बात, जीतो?

जीतो : री, जाती हुई मिलकर जाना।

पाशो : अच्छा।

(मास्टर घंटी बजाता आँगन में आता है। हाथ में अख़बार है। जीतो सीढ़ी से उतरती है)

मास्टर : घर में कोई नहीं?

जीतो : नहीं। डरता क्यों है इतना?

मास्टर : आये नहीं छिंदा और दूसरे?

जीतो : आज आयेंगे।

मास्टर : **(पूरो के कोठे की तरफ नज़र मार कर)** तेरी चाची?

जीतो : छोरी बीमार है। वैद के गई, खेड़ा कलाँ। मामे को साथ लेकर। चाचा मक्का गोडने गया।

मास्टर : तब तो मौज बन गई हमारी। **(अख़बार खोल कर)** देख, मैं क्या लाया।

जीतो : माँ का फोटू? यह साथ कौन खड़ा? ताऊ तो नहीं लगता।

मास्टर : मुख्य मंत्री है! शाबाश भई तेरी माँ को। धूम मचा दी, पूरे पंजाब अंदर।

जीतो : उस दिन की तरह, फिर डॉक्टरों का सीढ़ी सियापा कर दिया?

मास्टर : नहीं रीस भजनो की। सीधे कर दिया, डॉक्टरों को। साथ में नरसों को। अब हस्पताल का बच्चा बच्चा छिंदे के आगे पीछे घूम रहा है। अनोखी बात करके दिखा दी, तेरी माँ ने। सभी अख़बारों ने बड़ाई की है। देख। **(पढ़कर दिखाता है)** "मरीज़ों द्वारा डाक्टरों का

सियापा। एक अनपढ़, ग्रामीण ज़नानी, भजनकौर, की बहादुरी। मुख्य मंत्री ने आप मुआफी माँगी। एक नरस की नौकरी से छुट्टी।'' भई, चोखा बड़ा दिल है, तेरी माँ का। डाक्टर और नरसें, कौए की तरह, डरें उससे। तू समझ ले, छिंदे को बचाया तो, तेरी माँ ने बचाया।

जीतो : इकलौता पुत्र है, माँ का।

मास्टर : मैं ने सोच लिया। मेरा काम भी बनाएगी तो, तेरी माँ ही बनाएगी। चंडी माता है भजन कौर। सब के कारज सँवार सकती है।

जीतो : तुझे क्या काम पड़ गया, मेरी माँ से?

मास्टर : एक और ख़ुशी की ख़बर। देख—(**चिट्ठी दिखाकर**) कल ही आई है। मुझे नौकरी मिल गई, कनेडे। अब बस, हवाई जहाज़ के किराए की कसर रह गई बाकी।

जीतो : (**रोने को**) ख़बर अच्छी होगी, तेरे लिए। मैं क्या करूँ?
(**मुँह मोड़ लेती है**)

मास्टर : जीतो, यों बेमुख नहीं होते, गुरुओं से। मैं तुझे सारी उम्र नहीं भूलूँगा। तेरे जैसी सुंदर लड़की, मुझे कभी नहीं मिल सकती।
(**जीतो कठिनाई से आँसू रोकती है**)

जीतो : फिर ब्याह क्यों नहीं करता?

मास्टर : ब्याह मैं · तुझे मैंने उस दिन भी समझाया। कुछ गड़बड़ है। किराया तो मुझ अकेले को नहीं जुड़ रहा। पीछे तुझे छोड़ जाऊँ ब्याह के। मेरी माँ, आप क्या खाएगी? तुझे क्या खिलाएगी?

जीतो : (**रोती, लड़ती हुई**) तो पहले ब्याह का बहाना क्यों लगाया था? मिन्नतें क्यों कीं मेरी? जबरदस्ती, क्यों की मेरे संग?

मास्टर : यों ही नाराज़ नहीं होते। ब्याह तो हमारा नहीं हो सकता, पर मेरा प्यार है सच्चा। मैं कनेडे से, साल में, एक बार आया करूँगा। तब मिला करेंगे।

जीतो : तू ने मुझे धोखा क्यों दिया?

मास्टर : सियानी बियानी होके, बच्चों वाली बात नहीं करते। इसमें धोखा कैसा? जवानी की वेला, लड़के-लड़कियाँ यारियाँ लगाया ही करते हैं। हमने भी मौज मेला कर लिया। मैं वादा करता हूँ, यारी आख़िर तक निभाऊँगा, सारी उम्र।—तेरे ससुराल मिलने आया करूँगा।

जीतो : अब जो मुझे कुछ हो गया तो?

मास्टर : (**फूँक निकली**) न, बाबा। होने मत देना कुछ। रब के वास्ते। और

सियापे मत डालना मेरे लिए।

जीतो : मेरे बस में है क्या?

मास्टर : और किसके बस में है? पाशो से पूछ तो। तू कह रही थी, पाशो जाने तरीके। **(घड़ी देखकर)** अच्छा, मैं चलूँ।—**(मुड़कर)** मेरा एक काम तो करा दे। अपनी माँ से। मेरी मिन्नत है।—बोल, कहेगी उसे?

जीतो : नांह। मैं नहीं कहूँगी।

मास्टर : **(बाहों में लेकर)** रूठ मत, मेरी बाहलो। फिर यारी न हुई, छोलिये का खूँटी भरा खेत हुआ। एक बार मेरी मदद कर दे। तीन हज़ार थोड़ा पड़े। मैं पाई-पाई मोड़ दूँगा। साल के अंदर-अंदर।

जीतो : मेरी माँ के पास कहाँ से आ गया? **(उँगलियाँ खड़ी करके)** तीन हज़ार? दूध बेच बेच के तो हम, छिंदे की बीमारी का, ख़र्च निकाल रहे हैं।

मास्टर : किसी से ले देवे। ब्याजू। ज़ामिन बन के।

जीतो : भुलावे में मत रहना। वो सब समझती है। अगर उसको गुस्सा आ गया, वो, हम दोनों के, जूते मार-मार के, सिर पर बाल एक नहीं छोड़ेगी।

(पीछे पाशो आकर खड़ी होती है)

मास्टर : ओ नहीं पड़ेंगे जूते। तुम बात ज़रूर करना। चंगा? एक ही सही। **(चुंबन लेने की कोशिश करता है। जीतो न-न करती हुई, जोर से बाहों में जकड़ लेती है)**

जीतो : नां। मैं नहीं।

(पाशो छींक मारती है)

मास्टर : **(काँपता हुआ)** मैं··· मैं छिंदे का पूछने आया था।

जीतो : ये छिंदे का पूछने आए हैं।

पाशो : मैं भी छिंदे का ही पूछने आई हूँ।

मास्टर : नमस्ते।

(डरते-डरते साईकल पर चढ़ने लगता है। पैडल से पैर फिसल जाता है। गिर पड़ता है)

पाशो : मास्टर जी, बच के। जीतो भाँग तो नहीं, जो चढ़ गई। **(मास्टर जा चुका है)** री बेशर्म, घर में ही?

जीतो : धीरे भौंक री, लुच्ची।

पाशो : तू ने तो लोई उतार छोड़ी। आँगन में खड़ी होकर।

जीतो : तू अपनी बात कर। मेरा तो सुख से पहला ही है।

पाशो : री, क्या करूँ, बहना। ब्याह होवे न। तो मैं सोचती हूँ, सुलग-सुलग के काहे मरूँ? दाज दहेज बिना, भला मानता है कोई? कुत्ते का पूत? ब्याह कराने को?—हार के, सिलाई सीखने लगी हूँ। शायद मास्टरनी बन जाऊँ। अपने गाँव के सेंटर में। अगर कहीं यह नौकरी मिल गई, मेरी तो जून सुधर जाएगी।—पटवारी जानता है, एक बंदे को। शहर, दफ्तर में।

जीतो : री, वो कौन था, परसों चौथ? लिशकते साईकल वाला? जेंटरमैन? पटवारी संग? मैं कूड़ा फेंकने गई, तो दूर से देखा था।

पाशो : अरी, वही तो है। पटवारी का दोस्त। बी.ए. पास है। क्लर्क लगा। कहता, "पाशो, कपड़े सीख ले, अच्छी तरह। ज़रूर मास्टरनी लगवा दूँगा।"

जीतो : मुफ्तो मुफती?

पाशो : मुफ्त कौन कँजर माने आजकल? कहता, "पाशो, एक बार खुश कर दे। पूरा ज़ोर लगा दूँगा।"

जीतो : मुझे लगे, तेरा काम बन जाएगा।

(छेरी बोलती है)

पाशो : भगवान तेरे बोल, सच्चे करे। री, छिंदा आज आएगा? बहना, सच पूछे तो, छिंदे बिना, गाँव सूना-सूना लगे। मेरा तो जी उदास हो गया।

जीतो : आने वाले ही हैं।

पाशो : तू ने तो मुझे बातों में लगा लिया। आवाज़ें क्यों मार रही थी?

जीतो : क्या बताऊँ तुझे। मेरी तो फिक्र से साँस सूखी है।

पाशो : री, हुआ क्या?

जीतो : कहीं, लोहारों की जोगिंदरों की भाँति न होवे। मुझे भी, कुएँ में छलाँग न मारनी पड़े।

पाशो : बात भी बताएगी अब?

जीतो : मैं तो फँस गई।

पाशो : फँस गई!! हैहा! सुख बोल, री।

जीतो : सच।

पाशो : कितने दिन ऊपर हो गए?

जीतो : सोलह सतरह।

पाशो : इतने! यह तो बुरी हुई।

जीतो : अब मैं क्या करूँ?

पाशो : तुम ने वो तरीका नहीं किया?

जीतो : नांह। हड़बड़ी में चेता नहीं रहा।

पाशो : अच्छा, तू अभी घबरा मत।

जीतो : मेरी माँ मुझे ज़िंदा नहीं छोड़ेगी।

पाशो : **(सोच के)** मैं धँती से पूछूँगी। दाइयें जानें—तरीके।

जीतो : नां री, धँती कुतिया से बात मत करना। वो फफेकुटनी, सारे गाँव में, डोंडी पीट देगी।

पाशो : तो फिर तू करेगी क्या? दिन बढ़ गए, तो अपरेशन कराना होगा।

जीतो : पाशो, मुझे बचा किसी तरह। नहीं तो मैं मर जाऊँगी।
(रोती है)

पाशो : दिल नहीं छोड़ते। है सौदाइन! बुरी-बुरी बातें मत सोच। आजकल तो, कहते हैं, एक मिनट नहीं लगता, अपरेशन को। बस, बात तो है सारी लुक छिप के कराने की। जो रंडियाँ तेरी तरफ उँगली उठाएँगी, वो जवानी वेला, आप कम थीं? बहुतेरी हरामज़ादे जमावें। फँसती तो कोई कोई है। तेरे मेरे जैसी, सीधी सपाट।—चुप कर। कुछ नहीं होगा।

जीतो : माँ को बता दूँ?

पाशो : और क्या? क्या कहेगी बड़ी हद? दो चपेटें मार लेगी। फिर आप ही करेगी कुछ इलाज। ठीक है? उलटी सीधी मत सोचियो। अच्छा?
(जीतो आँखें पोंछती कोठे के अंदर जाती है। पाशो को गली के दरवाज़े पर बोली गाता हुआ सेमा रोक लेता है। हाथ में फावड़ी है)

सेमा : तेरी चाल पट्टया पटवारी, री तू पट्टी लड्डुओं की।

पाशो : रे, दूर हट।

सेमा : कहीं हमारे आँगन पाशो का पैर पड़ा। बड़े ही भाग अच्छे मेरे।

पाशो : मेरे भाग सड़ गए।

सेमा : वो क्यों?

पाशो : जो तेरा थोबड़ा दिखा।

सेमा : पटवारी साले से तो नहीं बुरा।

पाशो : टूटा हुआ ढक्कन।

सेमा : मेरे थोबड़े को छोड़। तू अपनी बात कर। धर्म से, हमारे जैसों को तो, रब ने, यों छिटका दिया। हम जन्म पड़े। **(लूला, टेढ़ा, भैंगा बनकर)** बाँके टेढ़े। तुझे? मुझे बीजने से पहले तो, रब, छः महीने खेत खोदता रहा होगा। **(गाल को हाथ लगाने लगता है)** तभी तो, गाल, टमाटरों जैसे हैं।

पाशो : **(हाथ रोक कर)** परे हट, रे। मैले हाथ मत लगा।

सेमा : **(बाँह पकड़ कर)** मान जा, पाशो, मान जा। **(गली में पूरो आती है। बच्ची तोलिये में लपेटी, कँधे लगाई है)**

पाशो : मुँह किस जोहड़ में धो के आया?

सेमा : शेरों के मुँह किसने धोए हैं?

पाशो : **(पूरो को देखकर)** सेमे, छोड़ दे मुझे।

(सेमा पीछे देखता है। झट बाँह छोड़ देता है)

पूरो : लगा रह। हट क्यों गया? ले जा अंदर, माँ अपनी को। सौतन! मेरे बाप की राँड! कहाँ चली? आ जा। **(पाशो बाहर जा चुकी है। उसकी तरफ मुँह करके)** रह ले ख़सम के। कुतिया, रह ले सेमे के। मैं चली जाती हूँ। आ जा। राँड! पाँच गाँवों की रखैल! उजाड़ दिया तू ने मेरा घर। देख तो! कँजरी!

(जीतो आकर बच्ची पकड़ती है)

जीतो : चाची! तू आ गई?

पूरो : आ तो मुड़ के! चुआती लगाऊँ तेरे!

जीतो : आराम नहीं आया, छोरी को?

पूरो : लुच्चियाँ! माँ धीय! राम गउयें! सारे गाँव के ख़सम सँभाले बैठी हैं।

जीतो : क्या बात हुई, चाची? तू तो आते ही बोलने लगी।

पूरो : इस कँजर से पूछ। चाचे अपने से।

सेमा : मैं सुने जा रहा हूँ। सुने जा रहा हूँ। तेरी तो दिया… **(पीटता है)** साली! मेंने किया भी है कुछ?

पूरो : मार डाल! कँजर, मार डाल!

सेमा : बेलगाम होती जा रही। मैं ने उस छोरी को बुलाया तक नहीं। आकर खड़ा हुआ हूँ। साली ने अति उठा रखी है।

पूरो : मार ले, सेमे, ज़ालिम, मार ले।

सेमा : भूखी के पेट में रोटी पड़ने लगी। सिर पे चढ़ गई हरामज़ादी।

जीतो : चाचा! क्या करे तू? चाची! उठ, छोरी सँभाल। क्यों छेड़े इसे? बेदरदी को?

पूरो : हाय ओए, मुझे मार डाला! ओ मैं मर गई! ओए, मेरे हाड तोड़ दिए, इस कुत्ते के पूत सेमे ने।

(भजनो, छिंदा, करतारा शहर से आते हैं। भजनो के पास गठड़ी है। छिंदे ने पाजामा पहन रखा है, हाथ में किताबों का झोला। करतारे के सिर पर पगड़ी और हाथ में लाठी है)

सेमा : **(पीटता हुआ)** तुझ से मैं गालियाँ निकलवाता हूँ! देखो तो! देखो तो! साली वैसे पाठ करे। तुझे मैं बुड़बुड़ कराता हूँ! तुझे मैं वाणियाँ पढ़वाता हूँ!

पूरो : हाये रब्बा! जुलम साई का। दिन दिहाड़े। कँजर लगा हुआ। आँगन में खड़ा होके।

भजनो : तुम्हारी यही रही। लो, घर आते ही। इन्होंने आगे क्या महाभारत छेड़ रखा है।

(सेमा झपट्टे से पूरो को पीटता है)

छिंदा : चाचा, क्या करे तू? चाची, उठ। उधर चल।

करतारा : सौदाई हो गया तू? साले, मर जाएगी। जेहलों में काटेगा, सारी उम्र।

पूरो : हट जाओ सारे। आज मैं इसे देख ही लूँ। आ, मार डाल। मार डाल मुझे। कुत्ते के पूत।

सेमा : इतना चाव है, तो मर जा। जा तो, मार छलाँग। कुएँ में। मेरे हाथों क्यों मरती है? जा मर जा। तू भी, साथ में तेरी पिल्ली। जा जहाँ जाना। दफा हो।

करतारा : ओए ससुरी के, कहाँ जाए वो? ब्याही है तो घर में रख। उठ, लड़की। अंदर चल।

पूरो : ओए अँधेर छा गया! दिन दिहाड़े। बाहमणों की लौंडी। पकड़ के अंदर ले जा रहा था। वो तो मैं ऊपर से आ गई।

सेमा : क्यों भौंक रही? क्यों कन्या क्वाँरी को बदनाम कर रही? मैं उस छोरी से, सरसरी, बात कर रहा था। मेरे लिए, जैसी जीतो वैसी पाशो। धीय धिआनियाँ गाँव की।

जीतो : चाची, इतना तूफान तो, मत तोल। मैं पाशो से बतिया रही थी। चाचा तो अभी चला आ रहा।

सेमा : क्यों जीतो? मैंने पैर ही धरा आँगन में। अभी फावड़ी मेरे हाथ में ही है। **(भजनो को)** मक्का गोडता आया हूँ। तड़के का, भूखा, अभागा। अकेला। करम सिंह को कहा। बोला, "तू चल, मैं आया।" मुड़के, मेंढ नहीं लाँघी, खेत की। **(रुआँसा)** भूखा प्यासा, घर में घुसा। आगे इस कमज़ात ने, होहल्ला मचा रखा है। हर वेला कलह, हर वेला कलह।

भजनो : री पूरो, जीभ काट अपनी, तू भी। क्यों तू मेरे देवर का लहू पीवे? नित्त।

पूरो : हाँ, हाँ, मैं ही बुरी बन गई। सारे मिलकर, मार डालो। मुझे और

मेरी बेटी को। **(विलाप करती)** हाय ओए मेरे जनने वालो! मुझे जन्मते ही क्यों न मार मिटाया?

करतारा : पूरो, बस भी कर अब।

पूरो : **(छाती पीटती)** हाये ओ मेरे बाबुला!

भजनो : चल री। मातम मत मना, मेरे आँगन में। संक्रांति के दिन।

सेमा : **(एक मार कर)** चुप होगी कि नहीं तू?

छिंदा : चाचा!

पूरो : करवा ले, भजनो बंदी। करवा ले मेरे साथ। नरकों में होगा तेरा वास।

भजनो : ले तो। मेरे पीछे पड़ गई। रँडी! है भले का ज़माना? मैंने कुछ कहा भी है? मैं बल्कि कलह मिटा रही हूँ। ले, सुन ले, सेमे।

सेमा : **(मुक्का मार के)** साली की, ज़बान ही बड़ी खुल गई।

पूरो : भजनो, यार-पीटी, तेरा तिनका न रहे।

भजनो : देख तो। चिमट गई मुझे। मधुमक्खियों की तरह। जा तो, ले आ। जो तूने थाना लाना हो।

पूरो : सौतन! करा ले, मेरे साथ। तुझे आग लगाऊँ।

सेमा : चुप कर, कँजर की मार!

पूरो : री, तेरा इकलौता मर जाए! जो तू, मेरा मालिक सँभाले बैठी है।

भजनो : री, तेरा तिनका ना बचे! मेरे बेटे को दुरासीस देवे! री, तू उजड़ जाए। तेरे खण्डहर पड़ें। तेरा झोंटा जलाऊँ। तुझे मैं बताती हूँ। राँड!

(चोटियाँ पकड़ कर फँस पड़ती है)

सेमा : तू हट जा, भाभी। इस साली को मैं देखता हूँ।

छिंदा : **(खींच के)** माँ! इधर हट!

करतारा : भजनकौर, जाने दे। छोड़ बात को।

सेमा : ज़िंदा नहीं छोड़ूँगा, मैं आज।

(जोगी आकर पूरो को बचाता है)

जोगी : ओए! ओए सेमे! क्यों मारे बेचारी को?

सेमा : तू हट जा परे!

जोगी : ओए इधर हो। पूरो, तू उठ। अंदर चल।

भजनो : देख तो सही। रँडी। कैसे लाँछन लगावे।

जोगी : ओए बहादुर, जनानी गरीबनी का क्या कूटना। जनानी तो गऊ होती है। आ तो, किसी मर्द से टक्कर ले।

पूरो : सेमे, खण्डहर पड़ने, तुझे रब उठावे। हे सच्चे पातशाह, हे बाजाँवाले,

दिन चढ़ते को, सेमे की, चिता जले।

भजनो : हा! हा! तोबा मेरे रब्बा!

छिंदा : चाची, चल अंदर।

जोगी : साला, रत्ती रहम नहीं करता।

(जोगी धीरे धीरे चलाकर पूरो को उसके कोठे ले जाता है)

भजनो : देखी, यह ज़नानी। है कोई बैठा उठा देखती। किस घड़ी ब्याह लाया तू। कलह कर घर।

छिंदा : क्यों तुम बेचारी के पीछे पड़े रहते हो? हर दम?

भजनो : तुझे क्या पता? ज़हर है, ज़हर। कोई औरत है? आग की लपट है।

(छेरी बोलती है—छिंदा हवेली जाता है। गली में से करम सिंह और वतन सिंह आते हैं। करम सिंह ने अपनी बची खुची हवलदारी की वरदी पहन रखी है)

करम सिंह : सारे गाँव में हल्ला सुन रहा है।

वतन सिंह : भजन कौर, क्या बात हुई? शहर से आते ही, तुम तो बस—

करम : भई सेमे, तू ने और तेरी ज़नानी ने, हमारे टाबर की नाक काट फेंकी।

सेमा : जो तेरी नाक इतनी बड़ी है न, तो—बुला पटवारी। आज ही। अभी। करा दे मापन। ज़मीन का। मुखिया, ले भई, तू भी चल घड़ी भर। करतारे, जाना मत आज कहीं। सियापा मिटे बीच से। ज़मीन बेच के, मैंने कनेडे जा घुसना।—बंते से बात भी कर ली मैंने। वो लेने को तैयार है। बंता ठेकेदार। कहे, ईंटों का भट्टा लगाऊँगा।

करतारा : यह पीछे खाएगी कहाँ से?

भजनो : गोद में छोरी है।

सेमा : खाए जहाँ से खाना हो। मेरा पीछा तो छुटेगा।

(छिंदा हवेली से मुड़के आता है। करम सिंह और बतन सिंह खाट पर बैठते हैं)

छिंदा : जीतो, छेरा कहाँ है? फुलाही तले तो, बकरी है, या छेरी। छेरा तो है ही नहीं।

सेमा : बाप अपने से पूछ।

करम : ओ भई छिंदे, छेरा तो हमने—काट खाया। परसों चौथ।

छिंदा : काट खाया! **(रोता है)**

भजनो : तू ने क्यों काट खाया?

करतारा : क्यों काटा, ओए, तू ने? छोरे का छेरा?

छिंदा : साले कुत्ते! शराबी!

भजनो : तुझे शर्म नहीं आई? इतने चाव से पाला था, छोरे ने।

करतारा : चुप कर, पुत्र। साला हवलदारी का उठाया रहे।

भजनो : घर फूँकने लगा है। बेदरदी।

छिंदा : क्यों मारा तू ने? मेरा छेरा?

करम : खाना ही था, एक दिन।

करतारा : चुप कर, बेटा।

(छिंदा हिचकियाँ लेता रहता है)

बतन : भजन कौर, हवलदार की सरपंची अब तू पक्की समझ। कई बंदे तोड़ लिए हम ने। खिला पिला के।

करम : खेत का सौदा भी कर लिया सैनियों से।

भजनो : हमें नहीं ज़रूरत, पड़पंचियों की।

(बतन सिंह एकदम खाट से उठता है। बाकी भी झट परे परे होते हैं)

बतन : यह क्या, भई। तुम्हारी भैंस को तो दस्त लगे हैं।

सेमा : तेरे साँप लड़े! **(जाता है)**

बतन : कहाँ तक छींटे पहुँचते हैं।

भजनो : मिट्टी वाली घास डाल दी होगी? मेरे पीछे से। दस्त लग गए। क्यों, री?

जीतो : तू डाल लेना अब, झाड़ के।

(जीतो रस्सी डोल लेकर कुएँ को जाती है। भजनो रसोई में। छिंदा ऊँची हिचकी लेता है)

करम : बस भी कर अब। साला लगता था यह, छेरे का।

छिंदा : कुत्ता! कँजर! **(हवेली को दौड़ता है)**

करम : तुझे मैं गालियाँ निकलवाता हूँ। कुत्ते के पूत!

(जूता खोल कर पीछे भागता है)

करतारा : जो छोरे को हाथ लगाया, तू जानता चँगा भला मुझे।

(जूता खोलकर पीछे भागता है)

(चुप)

बतन : भजनकौर, अब फिक्र मत करना छिंदे की।

भजनो : **(बाहर आ के)** नहीं, मुखिया। अब कोई डर नहीं। पंद्रह सोलह टीके लगे। पेट में।

बतन : छोरा बचा लिया तू ने।

भजनो : मेरा तो इकलौता लाल है।

बतन : हवलदार ने पिछले जन्म में पुन्न किए होंगे। जो तेरा साथ मिला उसे।—भजन कौर, कसम है मुझे। मैं अनतुले बिरछ तले खड़ा हूँ। रब झूठ न बुलावे। वाहिगुरु, कहीं, तेरे जैसी जोरू, मुझे दे देता, तो मैं, स्वर्गों के हिलोरे लेता।

भजनो : भाईया, सियाना बियाना होके, ऐसी बातें नहीं करते।

बतन : मुझ से चाहे तू, गुरु ग्रंथ साहिब, सिर पे उठवा ले। नंबरदारनी को मरे, पंद्रह बरस हो गए। इन्हीं दिनों मरी थी। सावन के महीने। तब से, रोज़, भजनो, मैं तेरे बारे में सोचता हूँ।

भजनो : तू बस, एक मेहर कर, मेरे पर।

बतन : एक क्या, हज़ार।

भजनो : मेरे मालिक को मंदे कामों में मत लगा। मुखिया, कुछ तरस कर। मेरे पे। मेरे नन्हों पे। मेरी तो, जन्मती की, जून खराब है। जन्मती का बाप ले लिया, बीमारी ने। माँ का मोह भी, करमों में न हुआ। भला हो, बेचारे मामा का। गरीब था वो भी। फसल पर मेहनताना मिलने का काम। कपड़े सिलने का। क्या बने टाबर में? बड़ी मुश्किलों से हमें पाला। बहन भाई को। मुझे तो, नन्हीं थी, जब से बेगारें लगी हैं। ब्याही आई, आगे भी वही बेगार। वही काम। सतरह अठारह बरस हुए आज। मेहनत मुशक्कत करके, मैंने छोरी छोरा पाले हैं। **(आँसू रोकती)** मेरा बंसी। और मेरा भोली। घुटनों के बल चलने लगे थे। दोनों। जब, मर गए। ले लिए बीमारी ने। जो आज ज़िंदा होते, गबरू जवान होते। बराबर की कमाई करते। न इलाज करा सके। वैदों हकीमों के लिए, कौड़ी न जुड़ी। पैसे की टोट से मर गए। मेरे पुत्र।

बतन : सारा गाँव बड़ाई करे तेरी। बड़ी गरीबी उठाई तू ने शाहों के कुनबे की।

भजनो : कौन कौन से रोने रोऊँ? छोरा चाहवे, आगे पढ़ना। छोरी ऊपर से, कड़वी बेल की भाँति, बढ़ रही है। दिन पर दिन।

बतन : भजन कौर, रब गवाह है मेरा··· अच्छा, तू गुस्सा तो नहीं करेगी?

भजनो : गुस्सा काहे का? बातकर तू।

बतन : जो किसी तरह··· देख, लोग यों ही उलटी सीधी सोचेंगे। मैं तो आज एक खेत तेरे नाम लगा दूँ। क्या सुख है मुझे? इतनी ज़मीन का? मैं अकेला रह गया। गाँव में। करमों को रोता। आप हाथ जलाऊँ रोज़। बता तो, यह उम्र है कोई मेरी? रोटियाँ पकाने की?—आप तो मर गई बसंत कौर। **(आँसू पोंछता है)** मुझे,

अकेला छोड़ गई।— कहा करती थी, "दो पुत्र हैं। बहुएँ सेवा करेंगी। दोनों की। पुत्र पौत्रे, इर्द गिर्द, खेलेंगे। रौनक मेले होंगे।"— आज? आज मैं, इतनी बड़ी हवेली के अंदर—अकेला। क्या करना पुत्रों को? पढ़ाया। लिखाया। बड़ा, कपतान है। छोटा, लफटेण। दोनों गाँव पैर नहीं धरते। न ही उनकी बहुटियाँ। बच्चे उनके— कुत्ते की जगह नहीं समझते मुझे। बुलाते ही नहीं। मुझे बात भी नहीं समझ आती, उनकी। हमको तुमको करें। अंग्रेज़ियाँ पढ़ें। इतना परिवार होते हुए, मैं, अकेले का अकेला। वो क्या गाँव में आएँगे कभी? जवान लौंडा कोई घुसे गाँव में? गाँव में रह गए बुढे, ठूँठ। अकेले। धक्के खाने को।—पुत्र कँजर, किसी काम नहीं आए। बेटियों को बुरी कहें लोग। बेटी ही है, जो बुखार बीमारी वेला, देखने तो आ जाती है। बता, क्या करना मैंने पूतों का? और उनके परिवारों का? उनकी बला से, चाहे मैं आज मर जाऊँ। कौन है मेरा? इस दुनिया में?

भजनो : अच्छा, मुखिया, बहुत नहीं तड़पते।

बतन : क्या करूँ, भजन कौर। महल चबारे बनवाए मैंने। नलके लगवाए। आज, वही, खाने को आवें। पुत्र पौत्रे होते हुए भी अउत प्रेत बन गया मैं।

भजनो : बस कर भाईया, अब।—चेते रखना, इसे पंचियों में मत फँसा।

बतन : हाँ, हाँ। फिक्र मत कर। किसी बात की।—तेरे करके, बल्कि, मैंने, जोगी को बचा रखा है।

भजनो : हाय, अब क्या किया इसने?

बतन : करना क्या है? फिर लग पड़ा, शराब काढ़ने। बुरी आदत जाती थोड़े हैं? अगर मैं न होऊँ, गाँव के लोग, झट पकड़वा दें। पुलिस को।

भजनो : जोगी कँजर ने भी मेरे कोयले किये हुए हैं। नंबरदार, बचा के रखना मेरे भैया को।

बतन : तेरा जो हुक्म। जोगी **(जोगी पूरो के घर से आता है)** अच्छा, चँगा।

जोगी : मुखिया, चल दिया? उस दिन वाली का घूँट लेगा? जो छेरे वाले दिन पी थी?

बतन : न भई, जोगी। मैं नहीं पीता। **(जाता है)**

जोगी : साला! एक तो, माँग-माँग कर पीवे। दूजे, धमकियाँ देवे। कहे, पुलिस बुला लूँगा।

भजनो : तू फिर वही करतूत करने लग पड़ा?

जोगी : मैं किसी साले का क्या बिगाड़ता हूँ? मेहनत है अपनी। दो पैसे बन जावें। गौरमिंट साली आप कम है? लाखों करोड़ों कमाती है। शराब की मिल्लों से। और जो भला, जोगी ने, दो घड़े काढ़ लिए, तो जुल्म आ गया कोई?

(भजनों ईंधन उठाकर रसोई में ले जाती है)

भजनो : बेशर्म, तू तो कह रहा था, भैंसों का व्योपार करूँगा।

जोगी : देखी तो हैं—दो तीन।

भजनो : नासपीटे। सारे मुझे दुःखी करने को हैं। कोई मेरा भला तो नहीं सोचता।

जोगी : क्यों, क्या हो गया? कोई काम है? मेरे करने वाला?

भजनो : काम करने तू ने। खाने लायक ही है न। बहन के घर। **(इधर-उधर देखकर, कोई सुनता तो नहीं)** दादा-हगने, वो जगाधरी वाली तो, इस रँडी से, सौ गुना चँगी थी। आप तो जाके, घुसड़ जाएगा, आग लगने, कनेडों में। हमारे हाड़ों को छोड़ जाएगा, राँड अपनी। और साथ में, छोरी।

जोगी : छोरी का सियापा साला। नहीं तो इसकी कोई उम्र है? छक के सोहनी है। चाहे कोई, पाँच हजार कमा ले।

भजनो : तेरे से जो होवे, कर ले।

जोगी : **(सोच के)** असल में यह ज़नानी बड़ी ख़राब है। इसने कभी कोई—मज़े का काम नहीं किया। **(नफरत से)** पाठ करे। नित्य नियम। नहावे धोवे। इसका तो, मनसना पूजना ही नहीं ख़त्म होता। कहाँ लगी मानने? बड़ी भोली है।

भजनो : भोली न भोली। मैं जानूँ, इसके पाठों को। और पाखंडों को। बस चले, तो तीनों भाइयों को खा जावे।

जोगी : **(सच्चे दिल से)** बई सच्ची बात तो हैगी यह। मुझे पूरो, बहुत चँगी लगने लगी है। मेरा जी करे, कहीं, दूर ले जाऊँ। आप ब्याह करा लूँ। पूरो संग।

भजनो : और तेरे लिए कौन सी हूर परी बैठी है। ब्याह करा ले। चाहे निकाह करा ले।

जोगी : **(ख़ुश)** छोरी बीमार है। शायद मर ही जाए।

भजनो : मर मरे पड़े हैं! इस जैसी नहीं मरा करतीं।

जोगी : अच्छा, देखेंगे।

(जीतो रस्सी डोल और पानी का घड़ा लेकर आती है। जोगी खाट पर बैठकर तूंबा ठीक करता है। गाता है)

जोगी : घुंड अन्हियाँ करे सुजाखियाँ नूँ
घुंड लाह मुँह उत्तों लाड़ीये नी।
वारसशाह न दब्बीये मोतियाँ नूँ,
फुल अग्ग दे विच न साड़िये नी।।

भजनो : री, तू ने दाल नहीं चढ़ाई अभी?

जीतो : माँ, मैंने तुझे एक बात बतानी है।

भजनो : कैसी बात?··· तू ने तो थूथना ऐसे बना लिया, जैसे, कोई मर गया हो··· कया बात हुई?

(लड़की कँधे लगाए पूरो बाहर जाने लगती है। जोगी रोकता है)

जोगी : पूरो, किधर चल दी?

पूरो : भैया, मेरा अन्न जल इतना ही था।

जोगी : है सौदाइन! चल मुड़। घर छोड़ के नहीं जाते।

पूरो : मेरी इतनी लिखी थी, वाहिगुरु ने।

जोगी : सेमे साले को कोई अक्ल है?

सेमा : **(हवेली से)** क्यों रोके तू? साली को? जा लेने दे। जिधर जाती हो। **(पूरो जाती है)** आप ही आ जाएगी। खेह खा के साँझ तक।

(जोगी पूरो की तरफ देखे जाता है। जीतो रोने लगती है)

भजनो : क्या बात है, री? बोल तो सही।

जीतो : मुझे···

भजनो : हूँ?

जीतो : मेरे··

(धड़म्म की आवाज़)

जोगी : कुएँ में छलाँग मार दी! पूरो ने कुएँ में छलाँग मार दी! रस्सी ला, सेमे! झटपट! कुएँ में! **(भागता है)**

भजनो : हा! हा!

जीतो : हाय मैं मर गई!

(छिंदा, सेमा और करतारा दौड़े जाते हैं। छिंदा रस्सी उठाकर ले जाता है। धड़म्म की आवाज़)

जीतो : मामे ने भी छलाँग मार दी!

भजनो : जोगी डूब गया! हाय! मेरा भाई डूब गया!

जीतो : पीछे से छलाँग लगा दी!

(दोनों बाहर दौड़ जाती हैं। बाहर अब बहुत शोर है। आवाज़ें ''रस्सी फेंकों! रस्सी! जोगी! पकड़ ले. . . पकड़ ली. . . खींचो! खींचो!. . . धीरे . . . धीरे. . . सँभल के. . . सहज से. . . बच

गई. . . बच गई। ज़िंदा है। ज़िंदा है। बच गई।" भीगी हुई पूरो को उठाकर उसके कोठे को ले जाते हैं)

करतारा : उधर ही ले चलो, अंदर।

बतन : उलटी लेटाओ। घड़े पर। पानी निकल जाएगा।

(बाहर से पाशो दौड़ी आती है)

पाशो : जीतो है?

बतन : नहीं। पूरो थी। बच गई।

करतारा : है ससुरी। पगली। इतनी सी बात पर।

(जीतो पूरो के घर से आती है)

पाशो : **(बाँहों में लेकर)** री मैं तो काँप गई। मैंने सोचा, तू ही तो नहीं।

(गीले कपड़ों में, लड़की उठाए, जोगी आता है। भजनो पूरो के घर से आती है)

भजनो : छोरी?

जोगी : गोता आया। पार हुई। पूरो बच गई।

(पूरो के पास जाता है)

बतन : भजन कौर, बता अब। कैसे करें? पुलिस का केस बन गया।

भजनो : हाय हाय! भाईया, वो कैसा?

बतन : छोरी जो मर गई। सारा परिवार जाएगा—बँधा। थाने। सेमा जरूर फँसेगा।

करतारा : पड़ा साला सियापा। बैठे सोये।

भजनो : नंबरदार जी, कुछ करो। सेमे को बचाओ किसी तरह।

बतन : भई तू कहती है, तो कुछ सोचना ही पड़ेगा। अच्छा, सुनो। गवाही की बात है सारी। झूठी तो झूठी सही। मैं दे दूँगा। **(ऊँचे आवाज़ मार के)** सेमे! छिंदे!

(दोनों आते हैं)

छिंदा : बोल पड़ी चाची। मामे से बातें कर रही है।

बतन : सच्ची बात तो, सारे गाँव को पता। कोई भी थाने चला जाए, तो तुम्हारे हथकड़ी लग जाएगी!

सेमा : **(रोने को)** छोरी तो मर गई

करतारा : जो उसको भाया, वो तो बरत गया।

बतन : तुम सारे, एक ही बात कहते जाना। बई, पानी का डोल लगी थी निकालने। छोरी पास थी। जगत से, पैर फिसल गया।

करतारा : हाँ, हाँ। पैर फिसल गया। छिंदे, पुत्र यही कहना।

छिंदा : **(रोता हुआ)** पापी! ज़ालिम! मारो सालो छोरियाँ! नरकों में बास

होगा! तुम्हारा! ज़ालिम साले!

(हवेली जाता है)

करतारा : छिंदे, बेटा, ऐसे नहीं कहना।

बतन : सेमे, ला। छोरी दबा आएँ। काम ख़त्म करें फटाफट। है न, करतारे?

करतारा : चंगा। ले आ, सेमे।

(सेमा जाता है)

भजनो : देखना, मुखिया, कहीं उलटी न पड़ जाए। हमारे सेमे पर।

बतन : उलटी कैसे पड़ जाएगी? फिर बतन सिंह किस बीमारी का इलाज हुआ?—हवलदार किधर गया?

भजनो : होगा कहीं, गू खाता। उसे क्या? चाहे कुछ होता रहे, घर में।

करतारा : धर्म से, बड़ा ही बेपरवाह हो गया, करम सिंह।

(सेमा छोरी लेकर आता है)

सेमा : तेरी इतनी लिखी थी। मेरे घर में।

बतन : जो उसको मंजूर है।

करतारा : **(छोरी पकड़ कर)** चल, मुखिया।

बतन : चलो। फावड़ा उठा, सेमे।

(जाते हैं। जीतो जाते हुओं को देख कर, ऊँचे-ऊँचे रोने लगती है। पाशो जीतो के कान में कुछ कहके जाती है)

भजनो : नांह, तू क्यों थूथना फाड़ने लगी? तुझे क्या हो गया? देख फिर। है हटी? विलाप करने से? कौन-सी बात बताने लगी थी तू?

जीतो : मैंने मर जाना।

भजनो : क्या???

जीतो : मैं भी··· कुएँ में छलाँग मार दूँगी।

भजनो : वो क्यों?··· बोल भी अब।

जीतो : मैं तो··· फँस गई।

भजनो : फँस गई!! **(दुहत्थड़ मारके पीटती है)** री, तेरे जनते को रोऊँ! री, कमज़ात! यार-पीटी! री, तू जन्मते ही क्यों न मर गई? **(जीतो ऊँचे रोती है)** मुँह फिर फाड़ियो। पहले बता। कितने दिन हो गए ऊपर?

जीतो : सोलह सतरह।

भजनो : हैहा री! तुझे रब ले जाए। ऐसी बदचलन को।—कौन है? वो माहटर है? हरामज़ादा?··· सच बता दे। नहीं तो मैं, हड्डी पसली, एक नहीं छोड़ूँगी··· बोल, वही है? **(जीतो सिर हिलाती है)** मुझे तो

पहले ही पता था। देख तो, कमाई की। मेरे पीछे से। अब रोना जनने वालों को। जमाना हरामज़ादे··· **(हौसला पस्त हो जाता है, रोती हुई)** हे वाहगुरु। कभी मेरी जिंद भी छूटेगी? इन मुसीबतों से?··· **(संभल के)** तू ने उसे कहा नहीं? बापू अपने को? बई, ब्याह करा ले? ··· क्या कहता है? पूछा था तू ने?

जीतो : कहता है, ब्याह नहीं करा सकता। कनेडे के लिए, किराया माँग रहा है। **(उँगलियाँ खड़ी करके)** तीन हज़ार।

भजनो : है कुत्ते का पूत! उस मामे को मैं देती हूँ—किराये। छिंदे! ओ छिंदे!

छिंदा : **(हवेली से)** क्या बात है?

भजनो : कल स्कूल जाएगा न?—उस माहटर को लाना बुला के।

छिंदा : कौन सा मास्टर?

भजनो : और है कोई? राजपुर वाला। जो कँजर, घंटियाँ बजा बजा के जावे गलियों में। **(छिंदा जुमेटरी का सामान और कापी पकड़े जाता है)**

छिंदा : मास्टर कुँदन लाल बी.ए., बी.एड.? तू ने उससे क्या कराना? चबारों वाली प्रोपोज़ीशन समझनी है?

भजनो : कराना मैंने उसके लगतों कुलगतों से। उसे मैं भेजती हूँ, कनेडड़ों को। समझा क्या उसने?

छिंदा : बात क्या है?

भजनो : तू रहने दे बात को। कहियो, माँ ने बुलाया। ज़रूरी।

छिंदा : अच्छा। **(परकार से कापी पर घेरा बनाता है)**

भजनो : कुन्नण मामा भी क्या याद रखेगा? बई, शाहों की भजनों से वास्ता पड़ा था।

(अँधेरा)

(आधी छुट्टी)

तीसरा अंक

(दोपहर। रसोई में सेमा रोटी खा रहा है। भजनो पास बैठी पंखा झुला रही है। गली में बतनसिंह और सिपाही आते हैं।)

बतनसिंह : घर यह है। हवेली, वो।

सिपाही : समझ गया, नंबरदार जी।

बतन : यों ही डरावा सा देना है।

सिपाही : रुपए मैं पूरे पचास लूँगा।

बतन : ले लेना यार तू। पचास ही ले लेना। मेरा काम बनना चाहिए। किसी तरह, साला रोज़ का, लारा लप्पा तो ख़त्म हो।

सिपाही : ठहर के आऊँगा मैं।

बतन : हाँ। चल। **(जाते हैं)**

भजनो : रोटी एक और ले ले।

सेमा : बस।

भजनो : दाल डालूँ?

सेमा : नहीं। लस्सी डाल थोड़ी।

भजनो : सेमे, मैं नहीं जाने दूँगी तुझे, कड़े कनेडे।

सेमा : पास तो बन ले अभी।

भजनो : तेरे सहारे तो, मैं ने दिन काटे हैं। आज तलक। पंद्रह साल फौज में रहा। रंडियों भाँति, सारी उम्र गुज़ारी मैंने। अब शराब मुँह फूँकने चला सब कुछ। **(रुआँसी आवाज़)** बता, तू चला गया, तो मैं क्या करूँगी? मेरा छिंदा क्या करेगा?

सेमा : भाभी, यों ही जी न हलका कर। पास बनते कई महीने लगेंगे अभी।

भजनो : मुझे तो पहले ही पता था। जिस दिन तेरा ब्याह हो गया, तू मुझे जूती की जगह नहीं समझेगा। पहले भाभी भाभी करते की ज़बान नहीं थी थकती। अब, तू कौन और मैं कौन? पूरो का ही हो के

रह गया। वही छिंदा है, जिसको घड़ी भर भी अलग नहीं था करता।

सेमा : **(उठता है)** छिंदा तो मेरा लाडला पुत्र है।
(जाने लगता है)

भजनो : एक बार की बात याद है? गुड़ की भेली?

सेमा : **(कुछ न समझ कर)** गुड़ की भेली?

भजनो : रोटी ले के गई मैं। गन्ना काट रहा था तू। जोहड़ के पास वाले खेत में। याद है?

सेमा : भई मुझे तो—

भजनो : ऐसे ही, रोटी खाई तू ने। बोला, ''भाभी, गुड़ की भेली दे दे एक।'' तीजी चौथी बार आई थी मैं। भोली गोद में था मेरी।

सेमा : **(याद करके)** ओह अच्छा-अच्छा, ला, दे आज गुड़ की भेली।
(चुंबन लेने लगता है। भजनो प्यार से रोक देती है। सेमा हँसता है।)

भजनो : अब कितना उतावला पड़ गया।

सेमा : अच्छा, फिर सही।

भजनो : बड़े को भेज। रोटी खा ले।

सेमा : वो तो, शायद—पटवारी के पास गया।

भजनो : अरे सेमे, किसी तरह मना रे। बिन संतान प्रेत को। न जुदा होवे, तुम से। दोनों भाइयों से।

करमसिंह : **(हवेली से)** रोटी नहीं पकी अभी?

भजनो : रोटियाँ मैं तेरे पीछे-पीछे लिए फिरूँ? **(सेमा हवेली जाता है। भजनो रसोई में। गली में, छिंदा स्कूल से आता है, पाशो अपने घर से)**

छिंदा : पाशो!

पाशो : हाँ, छिंदे!

छिंदा : सिलाई सीखने चली हो?

पाशो : मैं तो सीख के आ भी गई।

छिंदा : मैंने सोचा शायद चली हो।

पाशो : रे, अब तो दोपहर है।

छिंदा : मैं तेरे संग चलूँ?

पाशो : स्कूल से तो तू आ गया।

छिंदा : हाँ, सच। मैं भूल ही गया।

पाशो : बावला हो गया?

छिंदा : तू ने कर दिया।

पाशो : वो कैसे?

छिंदा : मैं ने कविता लिखी है।

पाशो : मेरे पर?

छिंदा : एक़ तेरे रूप रंग पर। एक अपनी छेरी के बिछोड़े में।

पाशो : छेरी? छेरी से बिछोड़ा कैसा?

छिंदा : जब मैं शहर था, अस्पताल में। तब लिखी थी। सुनाऊँ?

पाशो : सुना।

(छिंदा जैसे स्कूल के पँडाल में खड़ा हो)

छिंदा : सुन री, सोहनी पाशो,
तुझे दिल अपने का,
हाल सुनाऊँ, ठैंस!
तू मेरे जीवन में,
ऐसे घुस गई, जैसे—
हरे खेत में, काली भैंस!!

पाशो : **(रूठी)** मैं काली हूँ?

छिंदा : यह तो सच कहे तू। तेरे जैसी गोरी तो विलायत में भी नहीं होगी। मैं 'काली भैंस' काटकर 'भूरी भैंस' कर देता हूँ।

(पैन्सिल को थूक लगाकर लिखता है। पाशो जाने लगती है। उसे पकड़ाता है)

छिंदा : **(मिन्नत से)** छेरी वाली भी सुन जा।

पाशो : चंगा, सुना।

(छिंदा एकटक पाशो को देखता रहता है)

छिंदा : मैंने सोचा, अगर, रब न करे, मेरी छेरी का, किसी संग, प्यार हो जाए। फिर, बिछोड़ा पड़ जाए। वो कैसे तड़पेगी। सुन—
बिछौड़ा
आई पतझड़, पीले पत्ते—

पाशो : **(हँसकर)** तेरी छेरी को पत्तों के ही सपने आयेंगे!

(छिंदा चुप, आँसू भरी आँखों से देखता है। पाशो दर्द में फँस जाती है। छिंदा ज़ख़्मी दिल से कविता पढ़ता है)

छिंदा : आई पतझड़,
पीले पत्ते,
गिर गिर
जाते तल्ले।
छोड़ तरिंजन

सूना आँगन
चल दिये
कल-मकल्ले।
धीरज धरके,
बैठो सखिओ—
आज मिल लो
बारी बारी।
ढोले के विरह
मैं फँसी,
मेरे आँसू,
जायें न ठल्ले।।

पाशो : यह तो बहुत अच्छी है। यह मुझे दे दे।

छिंदा : **(झट से)** ले ले।
(आवाज़ : 'भल्ले ले लो। दही वाले भल्ले।')

पाशो : हाय मैं मर गई। मेरा बापू आ गया। **(पहली कविता लौटाकर)** यह अपनी छेरी को चरा दो। **(जाती है। छिंदा देखता रहता है)**

भजनो : छिंदे·· रे, छिंदा ही है?

छिंदा : हाँ।

भजनो : माहटर को कहा तू ने?

छिंदा : बोला, आऊँगा आज।

भजनो : रे, इधर भी आ जा अब। बातें किस से कर रहा था?

छिंदा : **(खुश)** किसी से नहीं।

भजनो : फिर करने लगा तू बातें?

छिंदा : किस से?

भजनो : बाहमणों की छोरी से।

छिंदा : तुझे यही सपने आते रहें?

भजनो : उलटे कामों में मत पड़। पढ़ाई कर। कहीं तेरे बापू की बात सच्ची न निकले। फेल न हो जाना।

छिंदा : पाशो मुझे फेल कैसे करा देगी?

भजनो : पुत्र, यह छोरी नहीं चंगी। कल, देखा, तेरे चाचा और चाची की कितनी कलह करवाई।

छिंदा : चाचा चाची की पहले बहुत बनती थी? यों मत निंदा कर, बेचारी पाशो की। वो तो है ही बड़ी भोली—

भजनो : ओए, ओखल। मान भी जाया कर, किसी की।

छिंदा : **(सीढ़ी चढ़ कर)** बल्ले बल्ले! भई घटा चढ़ी है। काली बोली। माँ, देख।

भजनो : तल्ले उतर। रोटी खा ले। कोठे पे नहीं बैठना।

छिंदा : वो क्यों, भई?

भजनो : फिर वही बात। नन्हा है अब तू? अड़ियाँ करता रहे?

छिंदा : तो भी? बात क्या है?

भजनो : यह तेरी पाशो, फफेकुटनी है। पटवारी के साथ शहर भी जा चुकी है। सिलमा देखने। पुत्र, यों ही मत अपनी बदनामी करा।

(छिंदे के दिल पर करारी चोट)

छिंदा : झूठी बात है। यह कभी हो ही नहीं सकती। पटवारी? मैं नहीं मानता। माँ, क्यों तू पराई धीय की बदनामी करती है? कन्या क्वाँरी की?

भजनो : बड़ा होगा, तो समझ लेगा।

छिंदा : अगर बड़े होकर, ऐसी ही सुननी पड़ती हैं, तो रब करे, मैं हमेशा बच्चा ही बना रहूँ।

(करतारा खाँस कर आता है। डाँग खड़ी करके, जूता खोल कर, पीढ़ी पर बैठता है)

करतारा : छिंदे, आ गया, पुत्र? स्कूल से?

छिंदा : तू मुझे जान कर झूठ मूठ बताने लग पड़ी। जानकर।

करतारा : क्या बात हुई, बेटा? आ, बैठ जा। रोटी खायें।

छिंदा : क्यों तोहमत लगाई तू ने? उस पर?

(आँसू छुपाता, जाने लगता है)

भजनो : भाइया, पटवारी के पास गया था?

छिंदा : **(मुड़ के)** पाशो के बारे?

करतारा : क्यों, मैं पाशो को चाटूँगा? मैं तो ज़मीन के बँटवारे की बाबत बात करने गया था।

छिंदा : मैंने सोचा, शायद, पाशो की बाबत पूछने गया था?

भजनो : अरे, बस भी कर अब। लगा तू, पाशड़ो के नाम की माला फेरने।

(छिंदा हवेली जाता है। भजनो करतारे को रोटी पकड़ाती है)

भजनो : भाइया, तू भी लगा अब, मुझ से बदले निकालने?

करतारा : काहे के?

भजनो : बदले ही हुए। भला बता, छिंदा नहीं तेरी धीयों जैसा?

करतारा : छिंदा तो मेरा लाडला पुत्र है।

भजनो : **(नख़रे निहोरे से)** मैं पराई हो गई हूँ?

करतारा : **(ग़ौर से देखकर)** भजनो, बात—साफ-साफ बता। पहेलियाँ मत बुझा।

भजनो : भला, कितनी बड़ी ज़मीन है तेरी? ढाई तो लकीरें हैं हल की। जो बेटियों के नाम लगाएगा, तो कितनी कितनी हिस्से आएगी, उनके? फिर, पराए गाँव से आके, वो क्या बीजेंगे? क्या काटेंगे? जमाइयों संग, तू ने अभी, कितना बरत के देखा है? अभी तो, छोरियों के ब्याह को, दो महीने नहीं हुए। जमाई तेरे कब लगे होंने? अभी तो तेरे अँग चलें। बुड्ढे हुए को किसी ने नहीं पूछना। जब भी काम आएगा, मेरा छिंदा काम आएगा। तेरी सेवा जब भी करेगा, मेरा छिंदा करेगा। या मैं करूँगी।

करतारा : सोचा तो मैंने भी बड़ा।

भजनो : छिंदा तो फिर भी बेटा-भतीजा है। जमाई होवें, खाने के कुत्ते।

करतारा : **(ख़ुश, शरमा कर)** पटवारी ने एक बात·· हँसते हुए कही। मुझे अच्छी लगी।

भजनो : कौन सी बात?

करतारा : हँस रहा था··· बोला·· सेमा कनेडा चला जाएगा। मुड़ के नहीं आएगा। कहता·· घर की बात, घर में रह जाएगी।

भजनो : **(उतावली)** क्या कहता?

करतारा : बोला·· करतारे, पूरो·· पूरो पर तू—चादर डाल लेना।

भजनो : **(झाग की तरह बैठती)** डालले फिर, चादरें। मैं क्या कहती हूँ? मेरी तरफ से फिर मोल ले आ। मैंने भी कभी रोका तुझे? **(रोती हुई)** मुझे क्या? पूरो बसा ले।

करतारा : यह कितने की बात हुई? भजन कौर, तू रोने क्यों लगी?

भजनो : मेरा कोई हक है? तेरे पर? मैं काहे रोऊँ? **(रोती है)**

करतारा : बात समझ नहीं आई मुझे। रत्ती भर खोल के बता दे भला।

भजनो : बात करती को, लाज आवे मुझे। सारी उम्र, मैं तो तरसती रही। छिंदे का बापू तो कुछ करने जोगा नहीं। मेरे संयोग ही आग-लगने ऐसे हैं। मैं तो हमेशा यही सोचती रही। बहमाता ने, मेरे नाम—बड़ा क्यों न लिखा?

करतारा : **(स्वर्ग में)** यह बात है! अरे बावली! चुप कर। इससे चंगी और कौन-सी बात है? मैं तो शर्म का मारा बात नहीं था करता। जो भला, तू बातचीत करने लग पड़ती, मैं साली गुलाबी काहे मोल लाता?

भजनो : कोई मुझे बेशर्म ही कहेगा। बई, जेठ संग कैसी बातें करे।

(**बगलगीर होने लगता है**)

करतारा : बड़ी खुशी की बात हुई यह तो।

भजनो : ज़रा ओट में तो हो जा।

करतारा : मैं आज, साँझ, बाजरा काटने जाऊँगा। टाहली वाले खेत में।

भजनो : (**लोहा**) पहले, पुत्र को पुत्र बना। कल चल, मेरे साथ। कचहरी। मुझे कुछ नहीं चाहिए। मेरे छिंदे के नाम ज़मीन कर दे। सारी।

करतारा : छिंदे के नाम ज़मीन—तो मैं… आज कर दूँ। देखना, भजनो, धोखा मत देना मुझे।

भजनो : शहर चल। हम, रात, वहीं काट लेंगे। सराये में।

करतारा : चंगा, भई। कल सही। शहर चलेंगे।

(**साईकल की घंटी बजती है। मास्टर आता है। पूरो के घर से जीतो आती है। करतारा और मास्टर खाट के पास खड़े बातें करते हैं**)

करतारा : आओ, मास्टर जी, बैठो।

भजनो : छोरी, तू उधर ही बैठ। अपनी चाची के पास।

जीतो : कपड़े तो आ गए मुझे। आज सवेरे।

भजनो : धीरे भौंक, री। अच्छा हुआ, आ गए तो।

जीतो : इसे बता दूँ?

भजनो : थोबड़ा तोड़ दूँगी, चपेड़ें मार के। चल, उधर बैठ जा के।

(**जीतो कोने से सटी सुनती रहती है**)

करतारा : पास होवे, चाहे फेल। पढ़ाई तो दसवीं तक ही बहुतेरी है।

(**जाता है**)

मास्टर : (**खाट पर**) वज़ीफा लेगा। बड़ा होशियार है।

भजनो : माहटर जी, मेरी बेटी संग क्या कारसाज़ी की तू ने?

मास्टर : (**उंगलियाँ खड़ी कर के**) तीन हज़ार दे दो।

भजनो : रे, वो काहे का?

मास्टर : कनेडा पहुँचते ही मोड़ दूँगा।

भजनो : तू पहले यह बता, तू छोरी से ब्याह क्यों नहीं करता?

मास्टर : ब्याह? जीतो से? तीन हज़ार के बदले? हद कर दी आप ने। (**उठता है**) इतना ब्याज तो, गुरदास खत्तरी भी नहीं माँगता।

भजनो : (**मिन्नत से**) रे पुत्र, तू तो सयाना बयाना है। तुझे मैं क्या समझाऊँ? लड़की बड़ी अक्लमंद है। तेरा घर बार संभाल लेगी। अच्छी तरह। हम से जो बन पाएगा, हम देंगे।

मास्टर : छोड़ो जी। क्या बातें लेकर बैठ गए आप? ब्याह नहीं कराना मैं ने। पैसे देने हों तो दो, नहीं तो मत दो। (**जाने लगता है**)

भजनो : अगर यह बात थी, पुत्र, तू जीतो को, लुक छिप कर, मिलता काहे रहा? तुझे सोचना चाहिए था।

मास्टर : **(गुस्से में)** कौन कहता है? मैं नहीं मिला। जीतो को बुला मेरे सामने।

भजनो : **(धमकी देकर)** देख माहटर, यों बात नहीं बढ़ाते। **(परदे से)** लड़की के चाचा ताऊ को, अभी, मैंने कुछ नहीं बताया। चुप करके—ब्याह करा ले। चलो, छोरियों चिड़ियों का होता ही है। अल्हड़पन। ब्याह हो गया, बात ढकी ढकाई रह जाएगी।

मास्टर : मैं ने जीतो से कुछ नहीं किया।

भजनो : कुछ नहीं किया?

मास्टर : **(चिढ़ाते हुए)** सबूत क्या है? तेरे पास?

भजनो : **(उबाला खाकर)** कँजरी के पूत! सबूत दूँ तुझे? मेरी बेटी को गर्भ ठहर गया। अभी हरामज़ादा सबूत माँग रहा है!

मास्टर : गर्भ?

भजनो : अगर आज, यह बात, मैं जीतो के ताऊ को बता दूँ, चाचा को बता दूँ, भला, तू ज़िंदा पहुँच जाएगा? अपने गाँव? पता उसके मामा का? जेहलें काट चुका। टुकड़े-टुकड़े कर देगा तेरे। **(प्यार से)** मेरा पुत्र, कुछ होश की बात कर।

मास्टर : जीतो को बुलाओ ज़रा।

भजनो : ख़बरदार जो मेरी लड़की को मुड़ के बुलाया। गुंडे! सीधे तरीके, ब्याह करा ले। नहीं तो, मुझे नहीं तू जानता। मैं तो पाताल तक पहुँच जाऊँ। तू तो क्या, तेरे बड़े बड़ेरे भी सीधे कर दूँ।

मास्टर : **(बचने का पक्का तरीका याद करके, चिढ़ा कर, खुशी से)** भला क्या कर लेगी तू? मैं कनेडा चला जाऊँगा।

(भजनो चुप है। गुस्से में लंबे साँस ले रही है। काँप रही है)

भजनो : बताऊँ तुझे? क्या करूँगी मैं? मैं? गाँव इकट्ठा करूँगी। अभी। मुँह काला करके, गधे पे चढ़ाएँगे। जूतों की माला पहनाकर, झीमरों के मीते की तरह, गली-गली घुमाएँगे। कुत्ते के पूत! तू ने क्या समझा? कोई ज़िंदा वासी है ही नहीं, इस नगर में। कनेडे? तुझे मैं भेजती हूँ कनेडे। थानेदार मामे के मैं जाऊँगी। डी.सी. मामे के मैं जाऊँगी। दिल्ली मैं जाऊँगी। मैं सरकार को कहूँगी। मैं कनेडे वालों को कहूँगी। मैं कहूँगी, यह माहटर, यह हरामज़ादा! मेरी बेटी की ज़िंदगी ख़राब करके, कनेडे भाग चला। मैं देखती हूँ, गौरमिंट तुझे कैसे पास देती है। कनेडों में जाने का। **(मास्टर का मुँह**

फक्क, काँपता हुआ कुछ बोलने लगता है पर भजनो की थपेड़ से चुप हो जाता है) मैं? मैं तुझे इस स्कूल से भी निकलवा दूँगी। मैं तुझे सारे पंजाब में नौकरी नहीं मिलने दूँगी। ऐसे बदमाश को, कौन-सा स्कूल झेलने लगा? तू भी याद करेगा—शाहों की भजनो के हाथ लगे थे।

मास्टर : **(मिन्नत से, बटुआ निकाल कर)** चोरी छिपे अप्रेशन करा दो। पैसे मैं दे देता हूँ।

भजनो : घर में रख तू, पैसे अपने। **(गर्व से)** हमारे पास पैसे थोड़े? हम जीव हत्या क्यों करें? क्यों पाप लें, अपने सिर? हमें दोहता बुरा लगे?

मास्टर : **(पसीने पोंछ कर)** शिकंजे में फँस गया मैं तो। **(आख़िरी मिन्नत)** एक मिनट, मेरी जीतो से बात करा दे।

भजनो : भला मानस बन के, जो करनी है, मेरे साथ ही कर ले। पहले बहुत लड्डू ले लिए, जीतो ने। तेरे साथ बातें करके।

मास्टर : **(सोचकर)** ब्याह तो मैं करा लूँ। **(डरा के)** फिर यहीं छोड़ कर जाना पड़ेगा। किराया तो, तेरे पास, अपने जोगा नहीं।

भजनो : पुत्र, तू पहले मेरी बेटी का हीला कर कुछ। रब करे, साल खंड में किराए का हो जाएगा।

मास्टर : **(रुक कर)** अगर किराए का हो जाए तो ठीक है। **(चालाकी से)** पहले मैं अकेला चला जाऊँगा। दो एक साल बाद, जीतो को मँगवा लूँगा।

भजनो : **(चालाकी समझ कर)** नांह! ऐसे नहीं होगा। जाना है तो दोनों ने इकट्ठे जाना है।

मास्टर : **(डरा के)** ढेर रुपयों का चाहिए।

भजनो : किराया, दुःख सुख उठाके, हम कर देंगे। **(पहले सोचा हुआ तरीका समझाती हुई)** तू तो पढ़ा-लिखा है, बेटा। आजकल तो, मैंने सुना, लोग, बिना धेला ख़र्चे, कचहरी के अंदर ब्याह कर लेते हैं। **(मास्टर भजनो की जानकारी पर दंग है। दाज दहेज न मिलने का अफसोस चेहरे पर है। जवाब न मिलने पर, भजनो तरीका सिखाती है)** चलो, कचहरी न सही। हम घर में ही कर लेंगे। जितने पैसे बारात पे खर्चने हों, दहेज वरी पे ख़र्चने हों, वो बचा के, तुम्हारा भाड़ा भर देंगे।

(मास्टर किराया मिलने पर खुश है, पर आख़िरी हथियार, माँ का प्यार—)

मास्टर : ब्याह पर फिजूल ख़र्च करने के हक़ में तो मैं भी नहीं। पर—मेरी

माँ को बड़ा चाव था।

भजनो : रे बेटा, जब तुमने चले ही जाना है, कनेडे, तुमने दहेज क्या करना? यों ही हम टरँक पेटियाँ ख़रीदें? यों ही पलँग-पीढ़ियाँ बनाएँ।

मास्टर : **(सोच के)** ठीक है। मैं माँ को मना लूँगा।

भजनो : परसों, रब करे, यहाँ, भाई बुला ले। चाहे बाहमण बुला ले। घुमटनियाँ ले ले चार।

मास्टर : चंगा।—देख, क्या से क्या बन गया? मैं आया किसी और बात को था। **(जाने लगता है। याद करके, पाँव हाथ लगाता है)** अच्छा माँ ··· माँ··· जी।

भजनो : **(प्यार देती है)** जीता रह। जवानी भोग। सरबन पुत्र है तू मेरा। मेरी धीय के संयोग चंगे हैं।

(जीतो दौड़ी आती है। रोती हुई, माँ के गले लगती है)

जीतो : माँ! मेरी अच्छी माँ!

(मास्टर जीतो को एक नज़र देख के, रुक के, जाने लगता है)

भजनो : ठहर, बेटा। शगुन तो ले जा।—बस कर, री। नाक मत लगा मेरे झग्गे को। ला अंदर से, थाली में, शक्कर डाल के। बन्ने का मुँह मीठा कराऊँ। **(जीतो जाने लगती है)** री, सच। तू रहने दे। कच्ची क्वाँरी। तू दूल्हे के सामने नहीं आएगी। उधर जा अभी।

(भजनो कोठे के अंदर जाती है। जीतो मास्टर के गले लगकर हिचकियाँ लेती है)

मास्टर : धर्म से, अगर बेटी के अंदर, माँ के, आधे गुण भी आ गए, तो मेरी ज़िंदगी बन गई।

(भजनो थाली लेकर मुड़ती है)

भजनो : तू सब्र नहीं कर सकती? दो दिन और? **(जीतो झट पीछे हट जाती है)** ले, बैटा। **(सात चुटकी शक्कर हाथ पर धरती है)** परसों को, ब्याह सगाई इकट्ठे। ज़रा समय पर आ जाना। माँ को संग लेकर। और कल—शहर चल। हमारे साथ। इसका पास बनाने की अर्ज़ी दे दे।

मास्टर : अच्छा। कल शहर ही मिलेंगे।

भजनो : कचहरी। मँगतू के तँदूर के पास।

मास्टर : **(पाँव हाथ लगा के)** चंगा·· माँ·· माँ जी।

भजनो : **(सिर पर हाथ फेर के)** गुरु भला करे।

(मास्टर जाता है)

भजनो : मेंहदी वेंहदी लगानी हो, तो मर लियो आज।
(भैंस रंभाती है)

जीतो : **(गले लग के रोती हुई)** री अमड़िये, तेरे कर्ज़े मैं कैसे उतारूँगी?

भजनो : भैंस भूखी है। सानी बना।

जीतो : इतना रुपया तू कहाँ से इकट्ठा करेगी?

भजनो : देने वाला देगा कहीं से। **(बेटी को चाल समझा कर)** ब्याह तो हो लेने दे। न भी जाए कनेडे तो क्या हुआ? यहाँ क्या यह भूखा मरे? इतनी तनख़ाह पावे। **(जीतो आँखें फाड़ कर भजनो को देखती है, जैसे भजनो सचमुच चंडी का अवतार हो)** अच्छा, चल। सानी बना।

जीतो : सानी आज तू बना दे। **(दौड़ती है)**

भजनो : कहाँ चली?

जीतो : **(सातवें आसमान पर)** पाशो को बताने। और उसे कह दूँ, मेरा एक सूट सिल दे। **(जीतो गली में जाती है। टोकरा उठा के, भजनो हवेली को जाती है। पूरो के घर से जोगी गाता हुआ आता है। छींके में से रोटियाँ लेकर और दाल किटोरी में डालकर, थाली में रखता है)**

जोगी : **(गाता है)** "वारिसशाह मियाँ गन्ना जग सारा, रस चूस ले पोरियाँ पोरियाँ दे।"
(पूरो की तरफ जाता है। हवेली की तरफ से एक लड़के और छिंदे की आवाज़ें)

लड़का : (दूर से) छिंदे, आ कबड्डी खेलें।

छिंदा : (हवेली से) नहीं, ओए। मुझे अलजबरा करना है।

लड़का : (दूर से) देखो तो। बड़ा साला—वज़ीफा लेगा!
(हँसते हुए लड़के दूर जाते हैं। जोगी पूरो को खींच कर लाता है। पूरो के हाथ में वाणी का गुटका है)

जोगी : चाहे चप्पा खा, चाहे कौर। मेरे साथ बैठ के खानी पड़ेगी।

पूरो : रे जाने दे, जोगी। मेरा जी नहीं मानता। **(दोनों रसोई के आगे पीढ़ियों पर बैठते हैं)**

जोगी : बच्ची का अफसोस बहुत हो गया। भूखी थोड़ी मरना?

पूरो : मरना मैंने! किसमत मारी ने! किस लिए बचाया था तू ने? मुझे क्या लेना जी कर?

जोगी : देख, फिर वही बातें लेकर बैठ गई? ओ बावली, तेरे जैसी, सोहनी ज़नानी भी कभी, भूखी मरे? पकड़, रोटी खा।

पूरो : तू खा ले। मैं नहीं खाऊँगी।

जोगी : तुझे बताया, तेरे बगैर, मैं बिलकुल नहीं खाऊँगा।

पूरो : क्यों मुझ दुःखी को दुःखावे तू?

जोगी : भाग्य की बात है। एक के पास हैगी। वो साला कदर नहीं करता। दूजा? दूजा, दिन रात, मछली की तरह तड़प रहा है। उसे तू धक्के देवे।

पूरो : रे जोगी, ऐसी बातें मत कर, मेरे से। तरसेम सिंह मेरा मालिक है। अच्छा बुरा, जो भी हे। मेरे संग फेरे लिए हैं। जैसे रखे, मुझे रहना पड़ेगा।

जोगी : **(रूठ कर)** मैंने कहा तुझे कुछ? तू रह सेमे के। मैं तो, सरसरी, बात करता हूँ।—**(चोगा डाल कर)** कभी वाहिगुरु, मेरी सुन ले। मैं तुझे—शहर में रखूँ। रानी बना के।

पूरो : जवानी गल गई मेरी। रानी राख बनूंगी मैं? माँगे मौत नहीं दी, रब ने मुझे।

जोगी : शराब का ठेका है न? शहर? कचहरियों से उरे? कपड़े के कारखाने के सामने? वो ठेकेदार मुझे कहता, मेरे पास नौकरी कर ले। पैसे भी चोखे देने को तैयार है। बड़ी हद यही कहेगा, घर शराब निकालने को। असली में मिला के बेचने को। यह काम मुझे आता है। मेरा दिल करे, यह नौकरी कर ही लूँ?

(पूरो की तरफ लालसा से देखता है)

पूरो : **(रूखी)** कर ले। मुझ से क्यों पूछे?

जोगी : **(रूठा, उठता है)** अच्छा, चंगा। मत बोल बई मेरे से। तू मेरी क्या लगती है? तू क्यों सुने मेरी बातें? **(सच्चे दिल से)** साला दिल तो मेरा ही है न। छः महीने, रोज़, तेरे बारे सोच-सोच के काटे। हर वेला, तेरी शक्ल, आँखों के सामने रहती थी। कसम है तेरी, पूरो, अगर तू कल डूब जाती, मैं ज़िंदा नहीं था रहना।

पूरो : **(पिघलती)** जोगी, न कर ऐसी बातें, मेरे से।

(जोगी रुआँसा, पगड़ी के सिरे से आँसू पोंछता, खाट पर जाके बैठता है)

जोगी : मेरी किस्मत! सारी ज़िंदगी सरापी हुई है।—अभी मैं, माँ के पेट में ही था, जब मेरा बाप मर गया। कभी सोचा तू ने? जिस बच्चे से, रब, उसके जन्म लेने से पहले ही, बाप छीन ले, वो बच्चा क्या सोचता होगा? दिल में? **(पूरो उठकर खाट के पास आती है। जोगी यत्न से आँसू रोकता है)** और माँ? मेरी माँ? दो एक बरस का था मैं। जब मेरी माँ·· निकल गई।—**(रुक कर)** एक जोगी ले गया।

भगा के।—चेहरा भी भूल गया मुझे। यों ही झलक सी याद है। पता नहीं, कहाँ है? ज़िंदा भी है कि नहीं?—कभी वो भी सोचती होगी? अपने बेटे के बारे में? बिटिया के बारे में?—यतीमों की तरह रहे हम। मामा के घर। पराए गाँव। गली-गली बच्चे छेड़ा करते थे, "जोगी की माँ भाग गई। भजनो की माँ भाग गई। जोगी की माँ भाग गई।"—कभी सुख का साँस नहीं मिला। आज तक।

पूरो : वाहिगुरु के रंग हैं, जोगी। उसका हुक्म मानना पड़ता है।

जोगी : कितनी बार मेरा जी करता है, किसी के साथ दिल का साँझा हो। मैं घर बसाऊँ। नेक काम करूँ। नन्हें मुन्ने हों मेरे। मैं अपने बेटे-बेटियों को जी भर के प्यार करूँ।

पूरो : **(प्यार से)** तू ब्याह करा ले तो।

जोगी : लड़की कौन देगा मुझे? जेहलें जा चुके को?

पूरो : बहुतेरे हैं लड़कियों वाले। तू एक बार कसम खा। बई, बुरे काम नहीं करूँगा अब।

जोगी : **(आँखों में आँखें डालकर)** कसम तो मैं खा लेता हूँ—अगर तू मदद करे।

पूरो : कैसी मदद?

जोगी : मंदे काम करके, मैं भी दुःखी हो चुका हूँ। मैं सुधरना चाहता हूँ। सचमुच। तुम मुझे, कुछ दिनों में, सवेरे साँझ, पाठ करना सिखा दे। भला होगा तेरा।

पूरो : **(खुश)** सीख ले पाठ। इस जैसी बढ़िया बात कौन सी है?

जोगी : **(खड़ा होकर)** सच? सिखा देगी न? पुन्न होगा तेरा।

पूरो : आज ही सही। सँध्या को।

(पूरो जोगी को गुटका पकड़ाती है। जोगी गाँठ बँधी रूमाल देता है)

जोगी : अच्छा। यह पचास रुपए पास रख।

पूरो : वो किस वास्ते?

जोगी : आज से, शराब निकालनी बंद।—ये मैंने गुड़ ख़रीदने के लिए रखे थे। नए घड़े डालने के लिए। अब तेरे हो गए।

पूरो : नांह। तू अपने पास ही रख।

जोगी : जेब खाली हो, तो बंदा जल्दी सुधर सकता है।

पूरो : बीबी भजनो को दे दे।

जोगी : तू भी तो मेरी बहन जैसी है। चंगी करे तो, तू ही ख़र्च ले। जहाँ तेरा दिल करे।

पूरो : **(नर्म सी)** नांह। मैं नहीं ख़र्चूंगी।

जोगी : **(दुपट्टे के साथ बाँधता है)** पूरन कौर, बहुत अड़ी नहीं करते। दिल भी रख लेते हैं, किसी मर्द का।

(गली में सिपाही आता है)

सिपाही : क्यों भाई, जोगी तू ही है?

जोगी : हाँ, भई। क्यों? सगाई लेकर आए हो? जोगी के लिए?

सिपाही : मुँह संभाल के बात कर, ओए। चल बता। कहाँ दबाई है?

जोगी : नेफे में। आ जा, निकाल ले।

सिपाही : तुझे कहा, तलाशी दे। भूसे का कोठा दिखा।

पूरो : हाय, मैं मर गई! री, बीबी भजनो! आ, री, आ!

जोगी : भूसा भी देख ले। तू मेरा बाजरा भी देख ले। अगर न निकली शराब—नाक काट दूँगा। खुरपे से।

(भजनो आती है)

पूरो : री बीबी, किसी तरह जोगी को बचा!

भजनो : क्या बात है, रे वीर?

जोगी : कहता, तलाशी लूँगा।

भजनो : वो कैसी?

जोगी : शराब की। भला पूछो तो। शराब तो मेरे बाप दादा ने नहीं देखी कभी।

भजनो : मेरे वीर! अब नहीं निकालता, मेरा भैया। यों ही किसी ने झूठी शिकायत लगा दी।

पूरो : अभी कसमें खा रहा था। मुझे कहता, पाठ सिखला दो। नित्य नियम करूँगा।

सिपाही : पाठी क्या शराबें नहीं पीते? चल, ओए।

जोगी : वो खड़ा भूसे का कोठा। देख ले जाके।

(दोनों जाते हैं)

पूरो : किसी तरह बचा जोगी को, बहन। अभी तो कल आया, छूट के।

भजनो : किसी कंजर ने शरारत की है, हमारे साथ। छिंदे! रे छिंदे!

छिंदा : **(हवेली से)** क्या बात?

भजनो : दौड़ना, मेरा पुत्र। मुखिया को बुला। कहना, माँ ने बुलाया।

छिंदा : **(दूर से)** पढ़ने मत देना मुझे, दो लफ़्ज़।

भजनो : झटपट मुड़ियो।

(जोगी भरा कनस्तर लेकर दौड़ा आता है)

जोगी : बहन, जल्दी कर। इसे लुको कहीं। वो साला तो भूसा टटोल रहा है। खाट के नीचे रख दूँ? अंदर? कोठड़ी?

भजनो : वहाँ से तो झट सूँघ लेगा वो।

जोगी : अब क्या करें?

पूरो : वो आ गया! हाय री, बीबी!

भजनो : **(ठंडी)** अच्छा, रख दे यहीं। तू जा हवेली। पूरो, तू भी जा।

(दोनों जाते हैं। भजनो कनस्तर गुसलखाने में ले जाती है। आगे खाट खड़ी कर लेती है। सलवार खोल कर खाट पर बिछाती है। चुटिया ऊपर को बाँधती है जैसे नहाने लगी हो)

सिपाही : **(दूर से)** मैं सब चालाकी समझता हूँ। उस कनस्तर में क्या है?

जोगी : **(दूर से)** मुझे क्या पता?

सिपाही : कनस्तर दिखाओ।

भजनो : दूर रह, मेरे वीर। मैं नहा रही हूँ।

सिपाही : चरित्तर करके मत बता मुझे।

(पास जाता है। भजनो शोर मचाती है)

भजनो : बचाओ! बचाओ! रे सेमे! रे जोगी! मुझे सिपाही ने पकड़ लिया! मेरी इज़्ज़त लूट ली!

(जोगी, सेमा, पूरो दौड़े आते हैं। सिपाही को पीटते हैं)

जोगी : है साला कुत्ता? हरामज़ादा!

सेमा : बात क्या हुई?

जोगी : गँडासा कहाँ है? कुल्हाड़ा कहाँ है?

(करतारा दौड़ा जाता है)

करतारा : क्या हुआ?

जोगी : होना क्या था? कुल्हाड़ा ला तू। मैं नहीं छोड़ूँगा साले को। बहन नहा रही थी, नंगी। साले की नीयत ख़राब हो गई।

सेमा : है साला कुत्ता! तू हट जा, जोगी। इससे मैं निपटूँगा।

करतारा : डाँगें मारो साले के। सिर तोड़ दो।

जोगी : कुल्हाड़ा ला तू।

सिपाही : ओ, भाइयो! मुझे मत मारो!

सेमा : चुप कर। कुत्ते के पूत!

सिपाही : सुनो तो सही। भाइयो, मेरा कोई कसूर नहीं।

करतारा : रस्सा ला तू। बाँधो साले को।

(बतन सिंह और छिंदा आते हैं)

सिपाही : नंबरदार जी। **(पाँव पड़ता है)** मुझे बचाओ। ओए रब्बा! हाड़ टूट गए मेरे! मुखिया, मुझे बचा!

बतन : क्या बात हुई, भई? इसे क्यों पीट रहे हो? क्या किया, ओए, तू

ने?

जोगी : किया साले ने! अपनी माँ का—सिर! बहन अकेली थी घर में। गुसलखाने में नहाने लगी थी। सलवार खोल के। साले ने पकड़ ली।

बतन : है कँजर! मारो साले के जूते!

सिपाही : **(हैरान)** ओए मुखिया, तू ने ही तो मुझे कहा था।

(जोगी मुखिये का चेहरा देखता है—बात ताड़ कर)

जोगी : क्या कहा था?

बतन : कुछ नहीं कहा था। साला पाखंड करे। पिटाई से बचने का मारा।

सिपाही : ओए भाइयो, मुझे मत पीटो। मेरा कोई कसूर नहीं। **(समझा के)** मुझे तो, मुखिया ने, पचास रुपए देने किए थे। जोगी को धमकी देनी थी। जेहल की।

बतन : भौंक न ओए। भला, बताओ तो। मैं धमकी क्यों देता?

जोगी : सच कह रहा है तू?

सिपाही : गऊ माता की सौगंध लगे मुझे। इसी ने कहा था।

सेमा : यह बात ठीक ही होगी।

बतन : भजन कौर, सोच भला। मैं ऐसा किस लिए करता?

जोगी : मुखिया, सच बता दे।

सिपाही : तेरी बहन से, कोई, काम निकालना चाहे, यह। मुझे पक्का नहीं पता, क्या काम है। **(ऊँचे, कान में)** मुझे शक्क है—

बतन : जूते मारो साले के। अच्छा, मैं चलूँ।

(जोगी दौड़ के, गले से पकड़ के, नीचे दबा लेता है)

जोगी : जाना साले तू ने कहाँ है? गुंडे!

सेमा : यह शरारत है ही इसकी। हरामज़ादा साला!

जोगी : सेमे, तू हट जा परे। आज नहीं छोड़ूँगा मैं साले को। कुल्हाड़ा ला तू। छिंदे, कुल्हाड़ा ला वहाँ से।

छिंदा : **(छुड़ाता है)** मामा! होश कर कुछ!

जोगी : **(जाता हुआ)** पकड़ के रखना। जाने मत देना कुत्ते को।

करतारा : उधर बिठाओ, दोनों को। हवेली। बाँध के। मैं बंदे लाता हूँ, गाँव से, इकट्ठे करके।

सिपाही : मेरा कोई कसूर नहीं। भाइयो, मुझे जाने दो।

भजनो : मुखिया, तुझे शर्म न आई? ऐसा करते को?

बतन : **(पैर पड़के)** मुझे बचा ले, भजन कौर, मुझे बचा ले!

(जोगी कुल्हाड़ा लेकर आता है। कई जने इकट्ठे बोलते हैं)

पूरो : जोगी!

भजनो : जोगी! नांह रे!

छिंदा : मामा! (**कुल्हाड़ा छीनता हुआ**)

करतारा : नांह, मारियो न, ओए!

जोगी : हट जाओ, तुम, सारे। मैं साले की ज़िंदा नहीं छोड़ूँगा।

भजनो : जोगी, हट जा। रख दे कुल्हाड़ा।

बतन : मुझे बचा ले, भजन कौर, मुझे बचा ले।

भजनो : जोगी, हट जा, तुझे कहा।
(**छिंदा कुल्हाड़ा छीन लेता है**)

सेमा : क़त्ल नहीं करना, ओए। (**जोगी को पकड़ता है**)

भजनो : इसे मैं पूछती हूँ। तुम जाओ सारे। सेमे, जोगी को ले जा। पूरो, तू भी जा।

करतारा : दोनों को बाँध के, जूते मारेंगे। काला मुँह करके, गधे पर चढ़ाएँगे। झीमरों के मीते की तरह।
(**सेमा जोगी को धकेल कर हवेली ले जाता है। करतारा सिपाही को घसीटता है**)

सिपाही : मुझे छोड़ दो, भाइयो, मुझे जाने दो। (**पूरो छिंदे से कुल्हाड़ा लेकर जाती है। बतन सिंह भजनो के पैरों पर पगड़ी रखकर, आगे लेट कर, मिन्नत करता है**)

बतन : मैं तेरा कसूरवार हूँ, भजन कौर। मुझे जो भी सज़ा देनी है दे दे। पर, किसी तरह, आज बचा ले मुझे। आज मेरी इज़्ज़त रख ले।

भजनो : (**कंधे पर पैर रख के**) कुत्ते के पूत, तू ने यह किया क्यों?

छिंदा : (**रुआँसा**) इस घर में रोज़ यही रहता है : कुत्तखाना। पढ़ाई किसी साले ने राख करनी है? (**जाता है**)

बतन : आज मेरी लाज रख ले। तू जो कहेगी, मैं करूँगा।

जोगी : (**दूर से**) मुखिया, मैं ज़िंदा तो नहीं छोड़ूँगा।

करतारा : (**दूर से**) जोगी! हट जा अब।

भजनो : बहुओं पोतों वाला तू। शर्म न आई तुझे?

बतन : आज की बात भूल जा, भजन कौर। किसी तरीके से, मुझे छुड़ा। मैं तेरा नौकर बन के रहूँगा। तू कह सही, किसी काम को। मेरी इज़्ज़त रख ले। (**आँसू रोकता है**) मैं अकेला गाँव में। कोई मेरी सेवा करने वाला नहीं। दुःख सुख का साथी नहीं। मेरी तो, तू ही है, सब कुछ। मेरी रक्षा कर। जो मर्ज़ी जुर्माना कर दे। जोगी से बचा ले मुझे। तरसेम सिंह से बचा ले।

भजनो : **(रुक कर)** एक शर्त पर बचा सकती हूँ।

बतन : मुझे मंजूर है।

भजनो : परसों का मैंने छोरी का ब्याह धरा है। माहटर कुन्नण लाल संग। छोरी उसके साथ कनेडे जाएगी। भाड़ा थोड़ा पड़ रहा है। दोनों का।

जोगी : **(दूर से)** बच के रहना, कुत्ते।

भजनो : रुपया पाँच हज़ार कर दे, दस पंद्रह दिनों में।

बतन : जीतो मेरी बेटी है। मैं एक खेत बेच देता हूँ। चाहे पाँच का भी छः हज़ार ले ले। पर जोगी से बचाना मुझे।

भजनो : जोगी को मैं समझा लूँगी। तू पैसे का कर पहले।

बतन : तू परसों ही ले ले। पर जोगी को काबू में रखना।

भजनो : चंगा।

बतन : **(इधर-उधर देख के, मिन्नत से)** पैसों की बाबत, किसी से, बात मत करना। मेरी बेइज़्ज़ती मत होने देना।

भजनो : नहीं करती बात।

बतन : परसों छः हज़ार पहुँच जाएगा। अच्छा?

(पगड़ी उठाकर दौड़ जाता है)

भजनो : छोरी का काम तो सँवर गया। बस, छिंदे की फिक्र रह गई मुझे।

(अँधेरा)

चौथा अंक

(नौ महीने बाद। भजनो पहले से तगड़ी, जवान दिखती है। करम सिंह कमज़ोर, बुड्ढा लगता है। दाढ़ी काफी धौली हो गई है। तहमद पहने, हाथों में दोनों जूते पकड़े, गली में, शराब से झूलता आता है। नाली में पेशाब करने बैठ जाता है। फिर उठ कर, रसोई की तरफ मुँह करके बोलता है)

करमसिंह : ओए रोटी नहीं पकाई अभी? **(चुप)** है साली सुनती। दोपहर आ गई। इस साली ने रोटी नहीं पकाई।

(भजनो हवेली से दूध की बालटी उठाए आती है)

भजनो : तू मक्का गोडने नहीं गया? अच्छा? ये करतूत करता आया। तू काम का तिनका मत तोड़ियो। देख, वो दोनों भाई, मरते खपते हैं, खेतों में, रोज़। इस कंजर से इतना नहीं होवे, बई, बरस के बाद, हाथ बटा दे भाइयों का।

करम : **(जाता हुआ)** रोटी पका झट से। साली, कुतिया। हर वेला, टऊँ टऊँ! **(हिचकी लेकर)** टऊँ टऊँ!

(हवेली जाता है। पीछे पाशो आती है)

भजनो : रब ऐसे को मौत भी नहीं देता। बई, मेरे हाड़ तो छूटें।

पाशो : री चाची, क्या हुआ?

भजनो : आ छोरी, पाशो। तुझे किधर से रास्ता मिल गया, आज? हमारे घर का? नौ दस महीने हुए, जीतो के ब्याह को। तू उस दिन की हमारे आँगन पैर नहीं धरती।

पाशो : क्या करूँ, चाची। ख़सम खानी फुरसत नहीं मिलती।—बहड़की ब्या गई? क्या दिया?

भजनो : सुख से, बछिया दी है। दूध भी बहुतेरा। री, तू, सुना, मास्टरानी लग गई?

पाशो : हाँ, चाची।

भजनो : शाबाश तेरे। तनख़ाह कितनी?

पाशो : डेढ़ सौ।

भजनो : डेढ़ सौ! मौज बन गई तेरी तो। भाग की बात है।
(पाशो खाट पर बैठकर कसीदा काढ़ती है। भजनो दूध-हंडी धो कर, दूध गर्म करती है। दाल बीनती है)

पाशो : मेरी मेहनत को वर मिल गया, चाची।—मैंने सुना, छिन्दे का नतीजा निकलेगा? आज?

भजनो : मैं भी इसी इंतज़ार में हूँ। कल का बहन के घर गया है। कहे, दसवीं का नतीजा ख़बार में निकलेगा। जीजे अपने संग शहर जाएगा। ख़बार लेने।

पाशो : जीतो कब जाएगी, कनेडा?

भजनो : परसों चढ़ना जहाज़, दिल्ली से।—री सच, तू ब्याह नहीं कराएगी?

पाशो : ब्याह, चाची, अब मैं सोच समझ के करूँगी। मैंने कौन सा किसी भड़ुए का दिया खाना है।

भजनो : री, चंगा। आप कमाएगी तो मर्दों की गुलामी से तो छुटेगी। हम अनपढ़ों की तो जून ख़राब है। सारी उम्र वही काम। मायके भी काम, सासरे भी काम। दिन-रात चक्की झोंको। मर्द फिर भी जूती की जगह नहीं जानते। औरत को पूछे कोई?

पाशो : मैं किसी मर्द की गुलामी नहीं करती। जब कमा के खाना, तो गुलामी कैसी?

भजनो : शुक्र हुआ। तू कीचड़ से निकली। नहीं तो, तू जानती है। ज़नानी का क्या है? रँडी हो, चाहे सुहागिन। काम के बगैर, कौन आदमी रोटी देता है?

पाशो : **(पूरो के कोठे की तरफ देखकर)** री चाची, तूने पूरो के बारे भी कुछ सुना?

भजनो : मैं काहे सुनूँ? रँडी बारे? खाए ख़समों को। मेरे देवर के घर नहीं बसी। हार के, मेरा भाई ले गया, शहर। कुतिया राँड। रोटी पची क्या, हमारे घर की? भला, क्या दुःख था उसे, यहाँ? मैंने कहा, चलो, जो इसकी ख़ुशी, कर ले। पर मैंने जोगी से कह दिया, साफ-साफ। मेंने कहा, इस कँजरी को लेकर, मेरे घर नहीं घुसना।

पाशो : वो तो ठीक है। मैंने सुना··· कोई बुरी सी बात सुनी है।

भजनो : कैसी बात?

पाशो : हमारे सेंटर में एक ज़नानी कपड़े सीखने आती है। खेड़ा कलाँ की। उसके घर वाला कपड़े के कारख़ाने में काम करता है। ठेके के सामने। वो बता रहा था, कहती।

भजनो : क्या?

पाशो : कहता, तेरा भाई, पूरो से··· गंदे-गंदे काम कराता है?

भजनो : कैसे?

पाशो : मुझे तो, बात करते भी, शर्म आवे। —वहीं रहता है, चबारे में। ठेके के ऊपर। कहती, पूरो से, सचमुच—कँजरियों वाले काम कराता है।

भजनो : नांह। यों कोई रँडी लाँछन लगावे, मेरे भैया पर। सोने सरीखा मेरा वीर। बिगड़ी होगी, तो पूरो रँडी, आप बिगड़ी होगी। तुझे पता ही है, ज़नानियों का।

पाशो : **(इर्द गिर्द नज़र मार कर)** अकेली रह गई तू, घर में। चाची, तेरा दिल भी लग जाता है?

भजनो : री, दिल का क्या है? फुरसत मिले, कभी मुझे? खेती का काम है। डाँगरों संग डाँगर बनना पड़े। हमारी कौन सी तन्ख़ाहें बँधी हैं। छिंदे का बापू तो कुछ करने के काबिल नहीं रहा। वो हैं, दोनों भाई। सारा दिन—खेतों में। बैलों की भाँति जुते रहें। फिर भला हो, नंबरदार बतन सिंह का। उसकी ज़मीन जोतें, आधे पर।

पाशो : सुना, एक खेत, और छुड़ा लिया? गुरदास खत्तरी से?

भजनो : हाँ। **(साइकल की घँटी)** लो आ गए। छिंदे संग।

(छिंदा डँडे पर, जीतो पीछे, मास्टर साईकल आँगन में रोकता है। छिंदा जवान लगता है। मूछें आ रही हैं। अपने जीजे की खुली डुली पेंट पहने है। जीतो के ब्याहता वाले कपड़े। बाँहों में चूड़ा)

छिंदा : माँ! माँ! वज़ीफा आया! मेरा वज़ीफा आया! पाशो, मेरा वज़ीफा! देख, अख़बार! मेरा नाम छपा! मैरिट लिस्ट में! यह देख। सुरेंद्र सिंह शाह। ओह माँ!

(भजनो को उठाकर घुमाता है)

भजनो : **(हँसी)** अरे! हट जा, रे!

छिंदा : **(गुरुद्वारे के भाई की तर्ज़ में)** "आनंद सुन ले, वडभागिन भजनो, तेरे सगल मनोरथ पूरे।"

पाशो : बधाई हो, छिंदे।

छिंदा : **(हाथ मिला कर)** ओह पाशो, थैंक यू।
दी हाईऐस्ट आई रैंक यू।।
मुझे बधाई हो।
तुझे दून सवाई हो।
और तेरी झट सगाई हो।।

जीतो : पाशो!

पाशो : री, जीतो! **(गले मिलती हैं)**

करम : **(दूर से)** ओए, रोटी नहीं पकाई?

भजनो : **(ऊँचे)** छिंदा पास हो गया।

छिंदा : **(ऊँचे)** पास क्या होवे साला? वज़ीफा आया, वज़ीफा। पूरे ज़िले में पहले नंबर पर हूँ।

करम : **(दूर से)** झूठ बोलता होगा।

छिंदा : **(ऊँचे)** तेरे जैसा नहीं मैं झूठा!

करम : **(दूर से)** साले, पुत्तर तो मेरा ही है।

छिंदा : **(ऊँचे)** कमल का फूल कीचड़ में ही उगा करे।—पर छोड़, यार। तेरे साथ क्या झगड़ना! जो कमल, हर वेला, कीचड़ से झगड़ता रहे, वो खिलेगा ख़ाक?

पाशो : जीजा जी तो हमें बुलाते ही नहीं।

मास्टर : नमस्ते, पाशो। नौकरी की बधाई हो।

जीतो : री, तू मास्टरानी तो बन गई। अब पटवारिन कब बनोगी?

पाशो : पटवारी गिरे फूटे कुएँ में! उस जैसे नौती सौ मर्द, अब, मेरे पीछे पीछे घूमेंगे। **(गले में साँकल डालकर, पूँछ हिलाकर, चलाए जाने की नक़ल करती हुई)** ज़नानी की तनख़ाह तो साँकल होती है। ज़नानी, साँकल पकड़े, आगे आगे। ख़सम, पूँछ घुमाता, पीछे-पीछे।

छिंदा : शाबाश, पाशो। तेरा और मेरा, समझ ले, इकट्ठा वज़ीफा आया। ले पकड़, इनाम।

भजनो : क्या है रे?

जीतो : कागज़ है, खाली।

छिंदा : यह है, पाशो के रूप रंग पर लिखी छिंदे की आख़िरी कविता।

जीतो : राख इनाम दिया!

पाशे : छिंदे, आख़िरी क्यों?

मास्टर : अच्छा, छिंदे, तू भी क्या याद करेगा? जीजे अपने को? मैं भी देता हूँ, तुझे, इनाम। यह साईकल तेरी हो गई। चढ़कर, कालेज जाया करना।

छिंदा : सच, जीजा जी? थैंक यू। थैंक यू। **(साईकल पर चढ़ कर, घंटी बजा कर)** पाशो, घंटी बजा-बजा कर, तेरे सिलाई सेंटर के पास से गुज़रा करूँगा।

पाशो : साथ अपनी कविता नहीं गाया करेगा?

छिंदा : कविता? बिलकुल नहीं। **(साईकल खड़ी करके)** सुनो—

कवि छिंदे ने, सच कहा।
अब वो छिंदा, छिंदा नहीं रहा।।
छिंदा अब, जवान हो गया है।
अक़्ल में, महान हो गया है।।
छिंदे ने है, कॉलेज में, पढ़ाई करनी।
जीवन युद्ध में, गर्ज के, चढ़ाई करनी।।
इसलिए, आज से, कविता, और छोरियाँ।
छिंदे के लिए, हो गई, अफीम की गोलियाँ।।
क्योंकि—
जो छोरा छोरियों के पीछे पड़ गया,
जो छोरा, कविता के पीछे पड़ गया।
वो समझो—
डाँगर कूटने पे ही अड़ गया।।

मास्टर : छिंदे, यह बात सियानी कही तू ने। संभल के चलोगे, तो चोखी तरक्की पाओगे। पढ़ाई का काम कठिन है।

पाशो : छिंदे, तू तो, कठिन कामों से, डरने वाला नहीं।

छिंदा : पाशो, छिंदा कठिन कामों से डरने वाला नहीं। मैंने तो आम छात्रों की बात की है। **(पहले एक उँगली फिर चार उँगलियाँ खड़ी करके)** जितने टैम के अंदर, दूसरा कोई लड़का, एक आसान काम पूरा करेगा, उतने टैम के अंदर, सुरेंदर सिंह शाह, चार, कठिन काम पूरे कर लेगा।—माँ, आ। बैठ डंडे पर। कह, छिंदा ज़िंदाबाद!

(भजनो को खींचता है)

भजनो : **(हँसती)** हट जा, रे। जा तो, यों ही, सैकल पर। अपने ताऊ और चाचा को बता के आ, खेत में।

छिंदा : तू भी चल संग।

भजनो : तू अकेला जा आ। फिर लौटता हुआ, अपने ताऊ नंबरदार को बता दे। रात पूछ रहा था।

पाशो : छिंदे, वज़ीफे आए का, मुँह भी मीठा नहीं कराया?

छिंदा : हाँ, हाँ, माँ। पैसे निकाल। लड्डू लायें।

(पीछे फावड़े और बैलों की घंटियाँ उठाए सेमा और करतारा आते हैं। चुपचाप बैलों की तरह खड़े हैं।)

छिंदा : अरे, सच। मैं तो भूल ही गया था। लड्डू? मेरी माँ तो गुड़ की भेली देना नहीं जानती। सूमड़ी है, सूमड़ी। कँजूस, मक्खीचूस। अपने गर्रेट पुत्र पर, चवन्नी नहीं ख़र्च सकती। आख़िर है तो करम

सिंह की जोरू।

(सेमा और करतारा सिर हिलाते हैं, घंटियाँ बजाते हैं। भजनो झट घूँघट निकाल लेती है)

भजनो : अरे, बेशर्म। हट, उतरने दे मुझे।

जीतो : छिंदे का वज़ीफा आया!

करतारा : **(रुक कर)** मजीफे का सुख लेखा। पास हुआ कि—फेल?

(हँसी। बतन सिंह आता है)

मास्टर : सारे ज़िले में अव्वल नंबर पर है।

सेमा : **(थपकी देकर)** हई शाबाश!

करतारा : बहुत चंगा हुआ।

बतन : बधाई हो, भजन कौर।

भजनो : रे, जाने दे मुझे।

बतन : लाओ, मुँह मीठा कराओ।

जोगी : **(गली से)** कड़वा मुँह करना हो, तो मैं करा दूँ।

सेमा : **(फावड़ा उछाल कर)** ओए, तू क्यों घुसा यहाँ?

भजनो : **(पीठ पर हाथ फेर कर)** बस, बस, सेमें। ठंडा रह, ठंडा रह।

करम : **(आँगन से)** निकाल ओए, क्या लाया?

जोगी : सेमे, गुस्सा नहीं करते। अगली पिछली भूल जा। पूरो, आ जा। डरने की कोई बात नहीं। **(नेफे से बोतल निकाल कर)** भई, पहला हिस्सा सेमे का। सेमे, ठेके की है, असली।

(पूरो आकर, कोने के साथ खड़ी होकर, अपने कोठे को देखती है। आँखों में आँसू हैं। सेमे को छोड़कर, कोई उसकी तरफ नहीं देखता। डंडा बजाता सिपाही आता है)

बतन : **(रौब से)** ओए, तू तलाशी लेने आया?

सिपाही : **(डरा)** नहीं जी। तलाशी तो अगले गाँव जा के लेनी है। पास से गुज़र रहा था। सोचा, भजन कौर के किटोरा लस्सी पी जाऊँ।

जोगी : छोड़ यार, लस्सियों को। कोई काम की चीज़ पी। यह।

सिपाही : यह तो, मैंने सोचा था, जिसके घर की तलाशी लूँगा, उससे पीऊँगा। चलो, आज तुम्हारे सँग सही।

करम : ओए, सूखी पियोगे? छिंदे, पकड़ चवन्नी। जा, भल्ले ला। दही वाले। पाशो के बापू से।

बतन : **(सिर पर वार कर)** पकड़, पाँच रुपए। लड्डू भी ला।

(सब चुप, बिना हिले खड़े हैं)

पूरो : **(अकेली)** ''भजनो, तेरे सगल मनोरथ पूरे।''

(रोती ढेर हो जाती है)

छिंदा : पहले, सारे जने, मेरी, और मेरी माँ की, शाबाश करो।

(डंडे पर बैठा कर माँ को चक्कर देता है। घंटी बजाता है। तालियाँ)

बतन : भजनो शांहों की!

सारे : शाबाश!

पाशो : छिंदा भजनो का!

सारे : शाबाश!

(जीतो और पाशो अखाड़े में नाचती हैं। सेमा और करतारा घंटियाँ बजाते हैं, जोगी तूंबा। सारे गिद्धा नाचते हैं। बत्ती दो स्थानों पर इकट्ठी होती है—भजनो पर और पूरो पर। बत्ती बुझती है, और परदा गिरता है)

परदा

(समाप्त)

(पहला प्रालेख : मार्च, 1977)

4
लेखू करे कुढंगी

स्वर्गीय मास्टर आत्मा सिंह जी
मास्टर गोबिन्द राम जी
प्रोफेसर ज्योति प्रिय गुहा
तथा
उन अध्यापकों के नाम
जो छात्रों को अपने
बेटी-बेटे समझते हैं।

लेखक-निर्देशक की तरफ से

लाख-लाख तेरा शुक्र खुदाया
स्कूल न पढ़ने मुझे बैठाया
बैंतें मार न किसी सौदाई
अपना लेखन ढंग सिखाया।

–विलियम ब्लेक

'लेखू करे कुढंगी' एक अध्यापक का लिखा नाटक है—अध्यापकों और विद्यार्थियों के बारे में। यह एक बाप का लिखा नाटक है—माँ-बाप और बच्चों के बारे में। यह चार लड़के-लड़कियों की पीड़ा प्रस्तुत करता है। उनके माता-पिता और अध्यापकों की परेशानियाँ पेश करता है। 'लेखू' ये सवाल उठाता है : हम बच्चों को क्या पढ़ाएँ? और कैसे पढ़ाएँ? कौन-सी जुगत बरतें जिससे बच्चे की निराली शख़्सीयत खिल सके? विलक्षण व्यक्तित्व विकसित हो सके?

हर लेखराज में, हर जसवीर में, अनोखी काबलियत की चिंगारी होती है। हमें चाहिए हम उस चिंगारी को बढ़ा-फुलाकर स्थाई ज्योति बना दें। कठोर नियमों द्वारा, सख़्त सिलेबस द्वारा, ठोक-पीटकर, बच्चे को, लाश नहीं बनाना चाहिए—ऐसी लाश जो हर चलती-फिरती सभ्य लाश की हूबहू नकल हो।

'लेखू' मेरी ज़िन्दगी के कई पहलुओं से जुड़ा है। मेरे उस्तादों का, मेरे कॉलेज के साथियों का, कई बातों में कर्ज़दार है। कुछ अध्यापक माता-पिता से भी बढ़कर होते हैं। पढ़ाना उनके लिए सिर्फ़ रोटी का वसीला नहीं होता, बल्कि पक्का धर्म बन जाता है। यह नाटक ऐसे ही सच्चे अध्यापकों को अर्पित है। पढ़ाने वालों की ज़िन्दगी को–तथा मौत को–पेश करके, मैंने उनके व्यवसाय का सही मतलब समझने की कोशिश की है। और उनके ज़रिए, अपने व्यवसाय और ज़िंन्दगी का मतलब!

इस नाटक की काफी बातचीत मैंने अपने मास्टरों के मुँह से सुनी हुई है। और अपने साथियों के घरों में हुई बहसों से, झगड़ों से, उठाई है।

उस्ताद एक माँ है। उस्ताद कभी बेऔलाद नहीं होता। उस्ताद कभी मरता नहीं। हज़ारों चिंगारियों में बँटा, उस्ताद अपने शागिर्दों के अन्दर ज़िन्दा रहता है। हमेशा।

अगर यह नाटक, कभी भी, किसी लेखराज को, जसवीर कौर को, लौ दिखा सके, किसी आत्मा सिंह के, इन्द्रदेई के, हौसले में इज़ाफा कर सके, तो मैं अपनी कोशिश कामयाब समझूँगा।

इला अपार्टमेंट्स (ए-104) **चरणदास सिद्धू**
बी-7, वसुंधरा ऐनकलेव
दिल्ली-10096

पहला मंचन

'लेखू करे कुढंगी' पहली बार 15 जनवरी, 1984 को कॉलेजिएट डरामा सोसाइटी, दिल्ली द्वारा श्रीराम सेंटर नई दिल्ली में खेला गया। कलाकार थे :

लेखू : इलाक्ष
खरैतीलाल : डॉ. चरणदास सिद्धू
यमुना : ज्ञान कौर सिद्धू
देसराज : संदीप मेहता/किरण भाटिया
शीला : मनजीत बावा
मास्टर आत्मा सिंह : हिमांशु देसाई/रवि तनेजा
इंद्रदेई : सिमी सचदेव
हैडमास्टर : राजकुमार साहनी/सतीश भल्ला
बल्लो : रवीन्द्र नारायण माथुर
सूबेदार जगीर सिंह : राजेश खट्टर
जसबीर : वीणा सिद्धू

परदे के पीछे

वस्त्र : वीणा सिद्धू, नूपुर सिद्धू
मंच सज्जा : प्रमिला सिद्धू, आशुतोष उपाध्याय
वस्तुएँ : पंकजा सिद्धू, रवि तनेजा
शृंगार : मोहन दमनियाँ
प्रकाश : अचल भगत, आशा सिद्धू
निर्देशन : डॉ. चरणदास सिद्धू

नोट—इस नाटक पर आधारित धारावाहिक 'लेखू' दूरदर्शन पर 13 किश्तों में 28 जनवरी, 1990 से 14 अप्रैल, 1990 तक हर रविवार को दिखाया गया। निर्माता—शक्ति स्टूडियोज, नई दिल्ली। निर्देशन—सुरेश भारद्वाज।

पात्र

लेखू	:	उम्र 15 वर्ष
खैरतीलाल	:	लेखू का बाप, उम्र 45 वर्ष
यमुना	:	लेखू की माँ, उम्र 40 वर्ष
देसराज	:	लेखू का भाई, उम्र17 वर्ष
शीलो	:	लेखू की भाभी, उम्र 17 वर्ष
मास्टर आत्मा सिंह	:	उम्र 40 वर्ष
इंदो	:	आत्मा सिह की घरवाली, उम्र 35 वर्ष
हैडमास्टर सुरजीत सिंह सिद्धू	:	उम्र 45 वर्ष
बल्लो (बलवन्तसिंह)	:	हैडमास्टर का पुत्र, उम्र 17 वर्ष
सूबेदार जगीर सिंह	:	उम्र 43 वर्ष
जस्सो (जसबीर कौर)	:	जगीर सिंह की बेटी, उम्र 14 वर्ष

समय : आजकल।

घटनाओं का कुल वक्त : दो साल

घटनाओं की जगह : पंजाब के एक गाँव के बीच में से गुजरता हुआ रास्ता। आप इस रास्ते पर चलते हुए गाँव के दरमियान आकर खड़े हो जाओ। पहले देखो अपनी नाक की सीध में। गाँव का बाबा बुड्ढा पीपल, धरती पर अपनी दाढ़ी घिसटता। इसकी घनी छाँव के नीचे बच्चों और बालिगों के खेलने के लिए खुदे हुए हैं : सटापू, बारह-गोहटी, कौड़ियों और कंचों के लिए गुच्चियाँ। एक मेंह का मारा, लकड़ी का तख़्त जिस पर बड़ों की ताश की मण्डली जमती है। पीपल के काफी पीछे, माता की चिट्टी मढ़ी, लाल झंडा।

अब देखो अपने बाएँ हाथ। रास्ते के साथ लगी लेखू की बगीची जिसमें हैं भाँति-भाँति के बूटे और बेलें। कई बूटों को कलम ऐसे लगी हैं जैसे किसी पागल ने तजरबे किए हों। इस बेतरतीब जंगल में फलों और सब्ज़ियों के पौधे ज़्यादा हैं। सिर्फ फूल देने वाले पौधे नहीं हैं।

बगीचे के पीछे, पीपल की तरफ, लेखू के बाप की किराने की दुकान। डिब्बे,

कनस्तर, खली, बिनौले, बगैरह।

अब देखो अपने दाएँ हाथ। रास्ते से लगा, स्कूल में हैडमास्टर का कमरा। दीवार पर : (1) गुरु गोविन्द सिंह वाला कैलेंडर; (2) काला पट जिस पर क्लासों की हाज़री-ग़ैरहाज़री का ब्यौरा तथा स्कूल का नाम, 'राजकीय हाई स्कूल, भाम (**होशियारपुर**)।'' मेज़, कुर्सियाँ, ग्लोब, बैंत, वगैरह।

स्कूल और माता के मन्दिर के बीच में, मास्टर आत्मा सिंह का घर, खाट, कुर्सी, किताबें, कार्ल मार्क्स का फोटो।

इस तरह तरतीब बार आपको बाएँ से दाएँ, पाँच जगह नज़र आएँगी : (1) लेखू की बगीची, (2) खरैती लाल की दुकान, (3) पीपल के नीचे माता की मढ़ी, (4) मास्टर आत्मा सिंह का घर, (5) स्कूल में हैडमास्टर का कमरा।

दृश्य 1

खैरेती लाल की दुकान

(सवेरा। खैरेती लाल दुकान में छींटे मारता है, धूप जगाता है। माता की मढ़ी के आगे यमुना और इंदो हाथ जोड़े खड़ी है)

खैरेती लाल : लेखू! ओह लेखू! लेखू ओए!… देख, है गधा उठा। इस लौंडे ने भी तार दिया हमें। कहाँ से जनम पड़ा। चंडाल। हमारे लेखों को।… ओह लेखू!!

(देसराज बाहर से आता है। गीला कच्छा कंधे पर है)

देसराज : क्या बात हुई, भाइया?

खैरेती लाल : बात हुई है, बुरे की माँ का…। तूने छोटे को नहीं उठाया? उसे नहीं जाना, स्कूल को?

देसराज : रोज़ ऐसे करता है, उठता ही नहीं। न जाने नींद है कि क्या है? हम नहाकर भी आ गए।

खैरेती लाल : तूने कहाँ नहा लिया? रस्सी डोल तो मैं उठा लाया था… कुएँ से।

देसराज : जसबीर के भापा ने टूबल चलाया था।

खैरेती लाल : जगीर सिंह ने? बिगड़ा नहीं था, टूबल?

देसराज : ठीक करा लिया अब। शहर से कारीगर बुलाकर। कहता, रकम खर्च हो गई, ठीक कराने पर।

खैरेती लाल : अच्छा चल, जगा उसको, दो थप्पड़ मारकर।

देसराज : सूबेदार जगीर सिंह कहता, जस्सो को हिसाब सिखा दिया कर। मैंने कहा, अच्छा।

खैरेती लाल : नांह, ओए। किसी की छोकरी को नहीं पढ़ाना। ख़ामख़ा मग्ज मारना लोगों के साथ। बहुत घी खाने को देता है तुझे, जगीर सिंह।

देसराज : जस्सो कहीं फेल न हो जाए, आठवीं में। उसका भापा कहता…

खैरेती लाल : होती फेल तो हुआ करे। तुझे क्या? तू अपने को तो पढ़ा ले, जो

कुत्ता बारह बजे सोया उठे।

देसराज : दोनों को इकट्ठे बैठाकर पढ़ा सकता हूँ मैं, लेखू और जसबीर को।

खरैती लाल : यों ही सुसरा, लोगों की लौंडियों के पाद सूँघता फिरे। तुझे कहा अन्दर जाके जगा, बापू अपने को।

देसराज : (मुड़कर) भाइया, याद आया मुझे। अभी हैडमास्साब मिले थे। सैर से लौटते। तुझे आज स्कूल बुलाया है।

खरैती लाल : किसलिए?

देसराज : कहते, पिछले साल की तरह, अब के फिर, लेखू का अंग्रेजी मे··· अंडा। कहते, बहुत नालायक है। आठवीं में बोर्ड का दाखिला नहीं भेजेंगे। फिर फेल होगा।

(इंदो अपने घर जाती है। थाली में लोटा और फूल रखे, यमुना आती है। देसराज दुकान के अन्दर कुछ ढूँढ़ता है)

खरैती लाल : भई, इस लौंडे को तो उलटा टाँगना चाहिए। खाल उतार दे बन्दा, पीट-पीट कर। ज़रा कहा नहीं मानता। मजाल है, कभी किताब-कापी लेकर बैठे। उस साली बगीची में घुसड़ा रहे। माँ अपनी में। न जाने क्या दूध मिले, बगीची में से।

यमुना : क्या बात हुई? अमृत बेला बोलने जुते हो?

खरैती लाल : बात हुई है··· फिर सुनती है मेरे मुँह से। उसको स्कूल भेज। अभी तक खटिया में धँसा पड़ा है।

यमुना : लेखू? वो तो चिर का जगा है। मैं मन्दिर गई जब, खाट खड़ी थी, सीढ़ी के नीचे। डब्बू उसका भी घर नहीं दिखता। बाहर अन्दर गया होगा।

देसराज : भाइया, टाइमपीस कहाँ है? दुकान में तो नहीं।

खरैती लाल : है!! कहीं अन्दर तो नहीं ले गया? देख जाकर··· और सुन करतूत, अपने लाड़ले की। आज मुझे मास्टर ने स्कूल बुलवाया है?

यमुना : आत्मा सिंह ने? वह तो बीमार पड़ा है। इंदो अभी मिली मुझे। माता के मन्दिर। मन्नत मना रही थी, उसकी बीमारी की। इंदो ने मुझे तो बताया नहीं। शरारत कर बैठा कोई?

खरैती लाल : यों ही बोले जा रही है। आत्मा सिंह ने नहीं। आप हैडमास्टर ने बुला भेजा है। सरपंच ने।

यमुना : बल्लो के भापा ने? वो क्यों?

खरैती लाल : कहता, आठवीं में दाखिला नहीं भेजेगा। बैठ अब, गोद में लेकर, अपने लेखू को।

यमुना : हाय रे मुझे···! वो किसलिए? एक साल और मारा जाएगा?

खैरैती लाल : इस जैसे रद्दी पूत की जगह, अगर तूने बाट जनमा होता, नमक-मिर्च कूटने के काम तो आता।

यमुना : पिछले साल भी मिन्नतें की। आठवीं का दाखिला नहीं भेजा। यह हैडमास्टर भी पीछे पड़ा लगे हमारे।

खैरैती लाल : जब अपना बेटा-बेटी चंगा नहीं, लोगों को काहे का दोष?

यमुना : तू नहीं जानता, इन मास्टरों को। इतनी तनख़ाह पाते हैं। पढ़ाने के नाम पर तिनका नहीं। छात्र बेचारे भी क्या करें? जिद्द निकालें, लड़के-लड़कियों पर। जो कोई कुछ दे दे, वो पास। जो ग़रीब-गुर्बी कोरा-करारा हो, वो फेल। भले का ज़माना कहीं?

खैरैती लाल : देख, उस दिन बल्कि, यही सोचकर, मैंने धेली तोड़कर बिनौले बेचे—हैडमास्टर को। मैंने कहा, शहर से भी, इतने सस्ते नहीं मिलेंगे। फिर ससुरा रत्ती लिहाज़ नहीं करता। फेल करने लगा लड़के को।

(देसराज अन्दर से टाइमपीस का खोल और शीशा लाता है)

देसराज : भाइया! यह देख! टाइमपीस का अंडा पोटा... बाहर पड़ा, टुकड़े-टुकड़े।

खैरैती लाल : वो कैसे?

यमुना : दिखा तो।

देसराज : बीच में से सप्रिंग निकाला हुआ है। चाबी भरने वाला।

खैरैती लाल : तूने तो नहीं हाथ लगाया?

देसराज : राम राम कर, भाइया। मैंने कभी चाबी नहीं दी, डर के मारे... कहीं सप्रिंग न टूट जाए।

यमुना : देखा, पचास रुपए का नुकसान हो गया।

खैरैती लाल : यह करतूत है ही लेखू की। जा, ला पकड़ के पिल्ले को। जहाँ कहीं भी छुपा बैठा हो। मैं आज ज़िन्दा नहीं छोडूँगा। रोज़ तोड़े घर की चीजें। चालीस साल से ठीक चल रहा था। पन्द्रह रुपए में गहने रखा था। हरिये अफीमची ने, छज्जूमल के पास।

देसराज : अँग्रेज़ी का एक लफ्ज नहीं जानता।

खैरैती लाल : इसे मैं तजरबे कराता हूँ। इसे मैं साइंसदान बनाता हूँ।

देसराज : **(ऊँचे स्वर में)** लेखू! ओह लेखू!!

यमुना : ओह लेखुआ!

खैरैती लाल : कहाँ है ओए तू? साइंसदानों के साले!!!

(अँधेरा)

दृश्य 2

लेखू की बगीची

(लेखू न्यूटन की सातरंगी लाइटडिस्क को चला रहा है। सातरंगे बल्ब को घुमाता है। रास्ते में बस्ता उठाए जसवीर आती है, देखती है। लेखू बिना ध्यान दिए, काम में लगा रहता है)

जस्सो : लेखू!⋯ लेखू!⋯ **(बगीची के अन्दर पहुँचकर झँझोड़ती है)** लेखू!

लेखू : है?

जस्सो : बोलता क्यों नहीं?

लेखू : जस्सो?⋯ क्या बात?

जस्सो : स्कूल नहीं चलेगा?

लेखू : स्कूल की वेला हो गई?

जस्सो : नहीं, अभी तो आधी रात है। तारे तो देख!

लेखू : ध्यान ही नहीं रहा मुझे।

जस्सो : पानी लगाता रहा पौधों को, सारी रात?

लेखू : पानी नहीं। तजरबा कर रहा था, पर साली बात बनी नहीं।

जस्सो : कैसा तजरबा? यह वही तो नहीं? न्यूटन का सातरंगा चक्कर? जिसे मास्टर आत्मा सिंह ने घुमाकर दिखाया था कल? साइंस रूम में?

लेखू : है तो वही।

जस्सो : तेरे पास कैसे आ गया?

लेखू : या तो मास्टर आत्मा सिंह ग़लत कहता है। या फिर न्यूटन की ईजाद ग़लत है। मैं परखना चाहता हूँ।

जस्सो : हद करता है तू भी। न्यूटन से बड़ा तो नहीं है तू?

लेखू : सवाल बड़े या छोटे होने का नहीं है। सवाल है ग़लत या सही होने का।

जस्सो : तू न्यूटन को ग़लत साबित नहीं कर सकता। मास्टरों को ग़लत

नहीं कर सकता।

लेखू : क्यों? इस दुनिया का ठेका ले रखा है न्यूटन ने? या मास्टरों ने? वे ग़लत नहीं हो सकते? अगर एक आदमी सदा सही रहने वाली बात कहे, तो आगे की, नई ईजादें, कहाँ से आएँगी?

जस्सो : तू आप ही तो कहता था, ज्योमेट्री की सच्चाइयाँ हमेशा सच रहती हैं। अल्जबरे की सच्चाइयाँ हमेशा सच रहती हैं—सात पाँचे तो पैंतीस ही रहेंगे?

लेखू : यह मुझे नहीं पता। हो सकता है, हिसाब में भी अदला-बदली होती हो। हो सकता है, कहीं जाकर, आखिर में, समानान्तर रेखाएँ भी एक-दूजी से मिल जाती हों। हो सकता है, कभी मेरे डब्बू की पूँछ भी सीधी हो जावे। परखकर पता लगेगा यह तो।

जस्सो : उलटी-सुलटी सोचने में जुटा है तू तो।

लेखू : देख, यह बल्ब। आज तो यह बिजली से जलता है। हो सकता है, कोई ऐसा दिन भी आए, जब यह बग़ैर बिजली के जल पड़े।

जस्सो : **(हँसकर)** सौदाई हो गया तू, लेखू। भला बिजली बिना बल्ब कैसे जल पड़ेगा?

लेखू : अगर लेखराज अग्रवाल लेखराज है, तो एक दिन बल्ब ज़रूर जलेगा। देखना तू, यारों का कमाल।

जस्सो : हिसाब तो तुझे सचमुच बहुत आता है। कल तो तूने हैडमास्साब की भी ग़लती निकाल दी। इतना-सा मुँह रह गया, जब तूने कहा, माइनस की जगह पलस चाहिए।

लेखू : हैडमास्टर होगा तो अपने घर होगा। हिसाब तो ज़्यादा लेखराज को आवे।

जस्सो : अहंकार नहीं करते, लेखू। ऐसी सोचता है, तभी तेरे वो थप्पड़ मारता है, रोज़।

लेखू : गिरी गधे से, गुस्सा कुम्हार पर। अल्जबरे का सवाल अपने को भूल गया, थप्पड़ मेरे निकाल मारा।

जस्सो : हैडमास्साब ठीक ही कहते हैं। हर वक्त हिसाब के पीछे लगा रहे तू। अँग्रेजी में ज़ीरो हो।

लेखू : जिस काम में मुझे स्वाद आता है, मैं तो, वही करूँगा। थप्पड़ पड़ें, चाहे छड़ियाँ।

जस्सो : तू मुझे हिसाब सिखा दे, मैं तुझे अँग्रेजी में पास करवा दूँगी।

लेखू : हिसाब तो सीख ले, जितना मर्ज़ी। पर अँग्रेजी तो तुझे भी दो जून नहीं आती। तू मुझे क्या सिखाएगी?

जस्सो : बल्लो कहता मुझे, ''अँग्रेज़ी मेरे से सीख ले। तू मेरी बहन बिंदरो जैसी है।''—हम दोनों इकट्ठे बैठकर बल्लो से पढ़ लिया करेंगे।

लेखू : न भई, तू सीख ले। मैं हैडमास्टर के जने का रौब नहीं झेलूँगा।

जस्सो : इतनी अकड़ चंगी नहीं होती। अँग्रेज़ी के बिना तो ज़िन्दगी खराब है।

लेखू : अँग्रेज़ी साली ने तो दुःखी कर रखा है। नहीं तो लेखराज किसका पानी भरता है?

(बल्लो बस्ता उठाए गाँव की तरफ से आता है)

बल्लो : जसवीर, तू यहाँ खड़ी है? लेखू के पास? तू तो कहती थी, घण्टी से पहले पहुँचकर, मेरे से अँग्रेज़ी पढ़ेगी?

जस्सो : देर हो गई आज। दादी को फिर बुखार हो गया। दूध लस्सी का काम भी मुझे करना पड़ा।

बल्लो : बातों में तो तुझे लेखू ने लगा रखा है।

जस्सो : आकर खड़ी हुई हूँ।

बल्लो : **(जासूसों की तरह बगीची को ताड़ता हुआ)** लेखू, भापा जी कहते, स्कूल ज़रूर आना आज। साथ अपने भाइया को लाना।

जस्सो : फिर इस साल लेखू का दाखिला रोक लिया? तेरे भापा ने?

बल्लो : भापा जी का क्या कसूर, इसमें? अँग्रेज़ी में नम्बर देखे? शेक्सपीयर महाराज के? सौ में से· · सिफर।

लेखू : हमें सिफर ही सौ के बराबर है।

जस्सो : कम से कम तेंतीस चाहिए।

लेखू : हिसाब में सौ बटा सौ। साइंस में पचानवे बटा सौ।

बल्लो : भापा जी कहते, तुझे तो अँग्रेज़ी में अपना नाम तक लिखना नहीं आता· · लेखराज का एल छोटा लिखा।

लेखू : तू और तेरा भापा, सम्भाल लो, सभी छोटे ऐल और बड़े ऐल। मुझे अपना नाम हिन्दी में ही चंगा लगे।

(देसराज अन्दर से बस्ता उठाए आता है)

देसराज : अच्छा! साइंसदान साब यहाँ बैठे थे। छुपकर। बता, टाहमपीस तूने तोड़ा?

लेखू : तोड़ा किसने? मुझे तो यह सप्रिंग चाहिए था, बल्ब जलाने के लिए।

बल्लो : **(खिल्ली उड़ाता हुआ)** बन्दर है। भला, सप्रिंग से बल्ब कैसे जलेगा?

जस्सो : लेखू की लेखू जाने।

देसराज : राख जाने लेखू। आ लेने दो हाथ, एक बार, भाइया के। पीट-पीट

कर दुम्बा बना देगा।

लेखू : **(चीखकर)** ओए, परे खड़ा हो। **(रुआँसा)** अच्छा भला पौधा, तूने पाँव से मार दिया। **(पौधा ठीक करता है)**

देसराज : है साला पागल। ऐसे चीखा, जैसे मैंने कत्ल कर दिया हो।

बल्लो : **(डिस्क उठाकर)** यह तूने चोरी की? ऊधो चपड़ासी ठीक कहता था।

लेखू : चोरी नहीं की। मैंने तो तजरबा करना था। आज वापस कर दूँगा।

देसराज : स्कूल से चोरी की? शाबाश! अब आई तेरी शामत।

जस्सो : सचमुच चोरी की तूने?

लेखू : नहीं, मैंने तो सिर्फ···

बल्लो : **(देसराज को)** मुझे भापा जी ने इसीलिए भेजा है, तुम्हारे घर। कहते, बहाने से देखकर आ। डिस्क ज़रूर देसराज के भाई ने चुराई होगी। भापा जी का गैस्स ठीक निकला।

देसराज : भाई बनता है पिल्ला। उलटी बातें यह करे। बदनामी मेरी होवे। हर कोई कहे, ''देसराज का भाई नालायक है। देसराज का भाई चोर है।''

लेखू : भाई बनने को, तुझे, मैंने कहा था? तू न बनता मेरा भाई।

बल्लो : भापा जी तो खीझे बैठे हैं इस पर···

जस्सो : हाय रे, अब क्या करेगा तू?··· बल्लो, किसी तरीके लेखू को पिटाई से बचा।

लेखू : पिटाई से मैं नहीं डरता। सियापा तो साला यह है, कि मैंने चोरी भी की, सारी रात कुश्ती करता रहा, बल्ब फिर भी नहीं जला। न ही इस चक्कर से लौ निकली।

देसराज : दिमाग ख़राब है। बिगाड़ा हुआ ताऊ छज्जू ने। नन्हा था जब। लाड- प्यार करके।

बल्लो : टीचरों की गलतियाँ निकालता रहे।

देसराज : अँग्रेज़ी का चील और कौआ नहीं आता।

लेखू : तुझे बहुत आता है।

देसराज : तेरे जैसा नहीं मैं। इसको टी एच ई ऐन 'दैन्न' और टी एच ए ऐन 'दैन' का फर्क नहीं पता चला, आज तक।

लेखू : तू बता, बैंगन की क्या अँग्रेज़ी होती है?

देसराज : **(रुक कर)** एक लफ्ज की अँग्रेज़ी अगर न भी आई, तो क्या हुआ? मैं तेरी तरह ''ही इज़ गो'' नहीं लिखता। ''ही गोज़'' लिखता हूँ।

लेखू : ही साला गो होवे चाहे गोज़। ही से बदलकर, शी तो नहीं बनने लगा। क्यों जस्सो?

देसराज : आठवीं में फेल होगा जब, दूसरे साल, तो भाइया तुझे जूते मार-मारकर, ही से शी बना देगा।

जस्सो : हिसाब तो लेखू मास्टरों को भी पढ़ा सकता है।

देसराज : अकेले हिसाब को चाटना है? कौड़ी की अक्ल नहीं। पूछ इसको, नहाना किसे कहते हैं?

लेखू : यारों ने नहाकर क्या लेना है? हमने कौन से पाप किए हैं, तेरी तरह।

देसराज : कभी मन्दिर गया है? कभी आरती गाई है? माँ के साथ?

बल्लो : अगर मैं और बिंदरो रोज़ सवेरे पाठ न करें, तो भापा जी, हमारी जान निकाल दें।

जस्सो : मेरे भापा जी तो कभी कुछ नहीं कहते। पढ़ाई का काम हो जाए तो थोड़ा? फिर मुझे तो दादी के साथ रोटी-भाजी का काम भी कराना पड़ता है। पशुओं का गोबर-कूड़ा है। पाठ करने जितना टैम किसके पास है?

देसराज : नरक में जाता है, जो पाठ न करे।

लेखू : रोज़ नहाने जैसा कौन-सा नरक है? रोज़ मुँह-अँधेरे उठ कर, घण्टा भर, बुड़बुड़ बुड़बुड़ करना। इस जैसी सज़ा कौन सी है? क्यों, जस्सो?

जस्सो : बिलकुल।

देसराज : बच्चू, नरक की आग में, जब तुझे भगवान के जल्लाद जलाएँगे, उस वक्त पता लगेगा। क्यों, बल्लो?

बल्लो : बिलकुल।

लेखू : चलो कोई बात नहीं। तू और बल्लो जीते जी नरक भोग लो। मैं और जसवीर आगे चलकर बारी भुगत लेंगे।
(झोले में चक्कर डालता है)

जस्सो : हाँ, लेखू और मैं साथी-साथी। देसू और बल्लो, साथी-साथी।

लेखू : शाबाश, जस्सो। **(तुक मिलाकर)** दो किताबी कीड़े मिल गए जहाँ, समझो बन गया नरक वहाँ।

देसराज : स्वर्ग-नरक तो पता लग जाएगा, अगर आज भाइया के हाथ आ गया। टाइमपीस को आग लगा दी तूने।

बल्लो : भापा जी, देखना तू, क्या गत बनाएँगे तेरी। सामान चोरी किया स्कूल से।

जस्सो : यों ही न डराओ, लेखू को। मैं कहूँगी, मैं भी तेरे साथ थी, तजरबे में।

(चारों स्कूल को चलते हैं)

लेखू : **(रुक कर)** जाओ। मैं नहीं जाता स्कूल।

देसराज : जाता कैसे नहीं? उस दिन की तरह, फिर स्कूल से भाग कर, बेरियों से बेर तोड़कर खाना चाहवे? सारा दिन? जंगल में?

लेखू : हाँ।

देसराज : स्कूल तो, बव्वू, जाना पड़ेगा।

लेखू : तूने जो करना है, कर ले। मैं नहीं जाता।

बल्लो : डर गया। थूथना देखो। होये डर गया।

देसराज : डरपोक।

बल्लो : चोर।

देसराज : गीदड़।

बल्लो : नरकी।

देसराज : नालायक।

बल्लो : उचक्का।

लेखू : यह बात है, तो यों ही सही। चोर तो चोर सही। चलो, मैं चलता हूँ स्कूल। तोड़ ले, जो मेरी टाँग तोड़नी है, तेरे भापड़े ने।

जस्सो : बल्लो, मेरी मिन्नत मान।

लेखू : बड़ी हद, दो बेंत मार लेगा।

जस्सो : कोई तरीका सोच। लेखू को बचा।

देसराज : न्यूटन बनता फिरे!

बल्लो : न्यूटन तो आज पूरा बना देंगे, भापा जी।

देसराज : नालायकी में न्यूटन बनेगा।

लेखू : न्यूटन-फ्यूटन क्या शै होती है? लेखराज अग्रवाल के मुकाबले में? एक जीता-जागता लेखराज, हज़ार मरे-बीते न्यूटनों से चंगा।

(अँधेरा)

दृश्य 3

हैडमास्टर का दफ्तर

(हैडमास्टर के हाथ में बैंत। लेखू, देसराज, बल्लो खड़े हैं। जस्सो दरवाज़े के पास)

हैडमास्टर : सच सच बता दे। सच बताएगा तो मैं बैंत नहीं मारूँगा। **(लेखू चुप है)** देख, मैं तुझे आखिरी बार कह रहा हूँ। चोरी की है तूने कि नहीं? न्यूटन की डिस्क चुराई कि नहीं··· बलवंत, तुमने इसके घर देखी थी?

(जस्सो इशारे से मना करती है)

बल्लो : जी मैं··· भापा जी··· मैं···

हैडमास्टर : मैं-मैं ही किए जाएगा? मेभने की तरह? बकेगा भी कुछ?

बल्लो : मैंने··· लेखू के पास··· डिस्क **(जस्सो से आँख मिलती है)** नहीं देखी।

देसराज : झूठ! सवेरे हम तीनों ने देखी थी। जसबीर, मैं और बलवन्त ने। यह बगीची में छुपकर चक्कर चला रहा था। पचास रुपए का टाइमपीस भी तोड़ दिया।

(जस्सो जाती है)

हैडमास्टर : **(बैंत मारकर)** बोल, सच कहता है, तेरा भाई?

देसराज : झोले में है जी इसके।

हैडमास्टर : निकाल, ओए··· तुझे कहा, बस्ता खोल··· दिखा बस्ता। **(मार कर)** निकाल बाहर।

देसराज : जी, मैं निकालूँ?

हैडमास्टर : निकाल।

(देसराज झोले में ढूँढ़ता है, हैरान)

देसराज : डिस्क तो है नहीं। कहाँ छुपाई, ओए?

हैडमास्टर : तूने देखी थी सवेरे इसके पास?

बल्लो : जी मैं··· मैं···

हैडमास्टर : **(थप्पड़ मारकर)** फिर मैं-मैं। झूठ बोलने से टलेगा नहीं तू? बचा रहा है इसे, अपने मामा को? मैं तो खाल उधेड़ दूँगा दोनों की। तुझे कितनी बार कहा है कि चंगे बच्चे की संगत किया कर। होना फेल इसकी तरह। दोबारा, बात करना इस बापू से। उलटा टाँग दूँगा। बता, कहाँ छुपाई है?

(डिस्क लेकर मास्टर आत्मासिंह आता है)

देसराज : डिस्क तो वो रही। कहाँ मिली, मास्टर जी?

आत्मा सिंह : हैडमास्साब, लेखू को क्यों पीट रहे हैं? जसबीर ने मुझे बताया···

देसराज : डिस्क चुराई इसने।

आत्मासिंह : देसू, बाप की तरह, खामखा ज़बान मत चलाया कर। जा, तू अपनी क्लास को। तू अपना ध्यान रखे तो थोड़ा?

हैडमास्टर : खरैती लाल को कहा तूने, आने को? इसके दाखिले बारे?

देसराज : जी, सौदा लेने शहर जाना था। भाइया कहता, आज आपको घर मिल लेगा, सँध्या को।

(जाता है)

हैडमास्टर : तू भी जा। क्लास को कह, मैं अगले पीरियड में टैस्ट लूँगा। चूँ न करे कोई।··· याद रखना, फिर झूठ बोलता पकड़ लिया, तो मैं किरपान से गला काट दूँगा। **(बल्लो जाता है, लेखू भी जाने लगता है)**। तू कहाँ चला? पुत्र, तेरे साथ तो अभी मुझे दो बात करनी हैं। ··· देख लो, मास्टर जी, एक भाई फस्ट डिवीयन लेगा। वज़ीफा जीतेगा। और दूजा? कौड़ी से भी खोटा।

आत्मा सिंह : कसूर क्या है इसका?

लेखू : मास्टर जी, मैं न्यूटन के सिद्धान्त···

हैडमास्टर : चुप, ओए, न्यूटन के जने।··· कल, ऊधो कहता, डिस्क चोरी हो गई, आपकी क्लास के बाद। उसने आपको पकड़ाई थी, अलमारी से निकाल कर। मेज़ पर पड़ी थी। फिर मिली नहीं। शक ऊधो को लेखू पर था।··· आपको अब कहाँ से मिली?

आत्मा सिंह : यह तो मैंने आप दी थी लेखू को।

लेखू : पर मास्टर जी···

आत्मा सिंह : रुक··· इसको एक आइडिया सूझा। नया विचार आया। इसने सवाल पूछा मेरे से। मैंने कहा, नया विचार बड़े मोल की चीज़ है। नए विचार का गला मत घोंटो, कभी भी। नए आइडिए की परख करो। इसी कारण मैंने डिस्क इसे घर ले जाने के लिए दे दी।

आइडिया टेस्ट करने ख़ातिर।

हैडमास्टर : बच्चों के हाथ सामान मत पकड़ाया करो। साइंस का सामान महँगा है। कीमती चीज़ें बच्चे झट तोड़ देते हैं। साइंसरूम के बाहर कोई चीज़ नहीं जानी चाहिए।

लेखू : चक्कर तो सिर्फ लोहे का बना है। उसका क्या बिगड़ेगा?

हैडमास्टर : **(थप्पड़ मारकर)** तुझे बहुत पता? साइंस की चीज़ों के बारे? बड़ा सयाना बनता है। अँग्रेजी का अलिफ से बे नहीं आता। ईजादें करता है, माँ अपनी का··· लाड़ला।

आत्मा सिंह : हैडमास्साब, इस बच्चे का दिमाग, कुछ कामों में, बहुत तेज़ है। पर दूसरे कामों में, डंडे खाकर भी, पाँव नहीं उठाता। हमें चाहिए, इसकी जिस काम में रुचि हो, उसमें हौसला दें।

हैडमास्टर : सिलेबस मैं नहीं बनाता। न आप बनाते हैं। इम्तिहान में सिर्फ साइंस ही नहीं, सिर्फ हिसाब ही नहीं, दूसरे मज़मून भी हैं। उनका यह क्या करेगा? हमारा फर्ज़ है, सिलेबस खत्म करना। पास करवाना।

आत्मा सिंह : वो तो सही है जी। बेटा, तू जा।

हैडमास्टर : अपने आप, सीधा होना है, तो हो जा। वरना मैं स्कूल में नहीं रहने दूँगा। पढ़ाई तेरे बस की बात नहीं। दुकान पर बैठ जा, बापू की। बिनौले बेच, बिनौले!

(लेखू जाता है)

आत्मा सिंह : लड़का तो बुरा नहीं। यों ही पगला, कुढँगी करता रहे।

हैडमास्टर : सुनो, मास्टर आत्मासिंह जी। आप बच्चों को ज्यादा सिर मत चढ़ाइए। स्पेयर द रॉड एंड स्पायल द चाइल्ड। मैं स्कूल का नाम बनाना चाहता हूँ, इलाके में। हर साल कम से कम एक वज़ीफा जरूर आना चाहिए। रिज़ल्ट नब्बे फीसदी से नीचे नहीं होना चाहिए। ऐम.एल.ए. साहिब कहते हैं, इस साल, इनाम बाँटने के लिए, मुख्यमंत्री को बुलाएँगे। गाँव का नाम मशहूर करना है, पूरे सूबे में। आप मेरे साथ कोऑपरेट करो। साथ दो मेरा। नरमी से काम नहीं बनेगा। लौंडे लौंडियों की मुशकें कस्सके बाँधो।

आत्मा सिंह : लेखू काफी होशियार है। सिर्फ अँग्रेज़ी और हिस्ट्री···

हैडमास्टर : होशियार बता रहे हो मुझे? जीरंड और पार्टिसिपल का फ़र्क नहीं पता। दो साल हुए, आठवीं में मरते को। क्या कहेंगे ऐम.एल.ए. साब, स्कूल के बारे में? हद हो गई! आठवीं का स्टूडेंट न जाने

फ़र्क जीरंड और पार्टिसिपल में! पता आपको, ऐम.एल.ए. साब एजूकेशन मिनिस्टर बनने वाले हैं।

आत्मा सिंह : जितनी जूती पैज़ार, ऐम.एल.ए., असेम्बली में करते हैं, हमारे स्कूल के बच्चे उससे कम ही करते होंगे। अगर असेम्बली वाला शोर-शराबा हमारी किसी क्लास में पड़े, तो आप सभी टीचरों को डिसमिस करा दें।

हैडमास्टर : मास्टर आत्मासिंह जी, ऐसी बातें करके, आपने मेरे बच्चे बिगाड़ दिए हैं। आप उनको सिखाते हो बड़ों का मख़ौल उड़ाना। हमारी पार्टी का मख़ौल उड़ाना। देखो, मेरे से बहुत मत कहलवाओ। नौकरी की आपको जरूरत है। सेहत आपकी ठीक नहीं रहती। मेरे साथ बच्चों के थ्रू सियासी पंगे मत लो। अपने पढ़ाने से मतलब रखो।

आत्मा सिंह : मेरा सिर्फ ब्लड प्रेशर ही गड़बड़ करता है। दिमाग मेरा ठंडा शीत रहता है। अपनी अक्ल के मुताबिक मैं बच्चों को सही शिक्षा दे रहा हूँ। दिन रात···

हैडमास्टर : सिलेबस पढ़ाओ। सिर्फ सिलेबस। पास करवाओ। नाम ऊँचा करो स्कूल का। मुख्यमंत्री मान जाए, हैडमास्टर भी होता है कोई।

आत्मा सिंह : लेखू जैसे बच्चे मुझे ज्यादा प्यारे हैं, जो नई लीक ढूँढ़ते हैं।

हैडमास्टर : स्कूल का डिसिप्लिन मत खराब करो। बच्चे-बच्चे में फर्क होता है।

आत्मा सिंह : बच्चे बच्चे में फ़र्क वो करे जिसने आप जन्मे हों। मुझे तो सारे बच्चे बराबर लगते हें। कई बार मैं सोचता हूँ, कितनी चंगी बात है। इंद्रदेई के पेट से बच्चा नहीं हुआ। हमारा अपना बेटी, बेटा नहीं। अब मैं कम्यूनिज़्म का सच्चा अर्थ समझता हूँ—साझेदारी। मुझे सब बच्चे इंद्रदेई की कोख से जन्मे जान पड़ते हैं। सब बच्चे साझे हैं। बराबर हैं।

हैडमास्टर : लेखू और देसराज में फ़र्क न करना, अक्ल की निशानी नहीं।

आत्मा सिंह : अगर बच्चे-बच्चे में भेद-भाव करना आप अक्ल समझते हैं, तो मैं मूर्ख ही भला।

हैडमास्टर : ऐसी ही आप लड़के लड़कियों के सामने क्लास में कहते होंगे। तभी तो बच्चे होमवर्क नहीं करते। आप तो फेल कराने पर तुले हैं। मुझे बदनाम करने पर तुले हैं। कुछ और करने पर मजबूर मत करो मुझे, अपने खिलाफ और लेखू के खिलाफ।

आत्मा सिंह : सरदार सुरजीतसिंह सिद्धू जी, आप कीजिए जो आपका जी चाहे। मेरी फिक्र मत करना। लेकिन मेरी एक बात याद रहे। आपका

नाम, पिछलग्गू देसू नहीं बनाएगा। लीक से लीक चलने वाला, देसू नहीं बनाएगा। मक्खी पर मक्खी मार देसू नहीं बनाएगा। नाम चमकाएगा अगर एक दिन, आपका और मेरा, तो कुढंगियाँ करने वाला, लेखू। रमता लेखू। मस्त लेखू।

(अँधेरा)

दृश्य 4

पीपल : तख्त

(पाँच महीने बाद। जगीर सिंह और मास्टर आत्मा सिंह ताश के साथी। हैडमास्टर और खरैतीलाल साथी। आत्मा सिंह और खरैतीलाल की पीठ रास्ते की तरफ)

जगीर सिंह : बचो, हैडमास्टर साब। ठाह आया मेरा इक्का।

आत्मा सिह : शाबाश।

खरैतीलाल : ओह तेरे की! **(पत्ता गिराता है)**

जगीर सिंह : सर उठा भई, मास्टर।

आत्मा सिंह : सूबेदार, जंग जीत ली तुमने तो।

खरैतीलाल : क्या बात हुई आज, हैडमास्साब? आपका मन खेल में नहीं··· गलत पत्ते फेंके जा रहे हो।

हैडमास्टर : नतीजा निकल रहा है आज।

जगीर सिंह : हमारी जसवीर का नतीजा निकल रहा है?

हैडमास्टर : आठवीं और दसवीं, दोनों का।

जगीर सिंह : आप फ़िक्र में क्यों पड़े हो? ताश खेलो ध्यान से।

हैडमास्टर : लड़के भेजे हुए हैं शहर को, अखबार लेने। आने वाले हैं।

जगीर सिंह : अब आप नतीजा बदल थोड़ी सकते हो? जो होना था हो गया। आप बाज़ी बचाओ।

खरैतीलाल : हमारा लेखू भी पास होगा कि नहीं? देसराज तो भला, सम्भाल लेगा अपना आप।

हैडमास्टर : देसराज तो वज़ीफा लेगा।

जगीर सिंह : हाँ, सुना है, अबकि सैन्टर में आपने नकल तो बहुतेरी करवाई।

हैडमास्टर : वाहेगुरु का नाम लो जी। ख़ामख़ा बदनाम मत करो मुझे। मैं ऐसा काम नहीं करता। सुपरिन्टेन्डेंट तो बाहर का था।

खरैतीलाल : **(पत्ते पकड़कर तराशकर, बाँटता है)** खैर जी, मिल-बरत के हो भी

जाता हे। थोड़ी-बहुत बच्चे की मदद कर दी, तो बुरा क्या? पुन्न का काम है।

आत्मा सिंह : खरैतीलाल, तेरे लिए पुन्न क्या है, पाप क्या है, मुझे आज तक नहीं समझ आया।

जगीर सिंह : यह तो आसान बात है। मेरे से पूछ। जिस काम में खरैतीलाल को दो पैसे का फायदा, वो पुन्न। जिसमें दो पैसे का घाटा, वो पाप।

(हँसी)

खरैतीलाल : और क्या: ऐसा ही है। क्यों जी, हमारे लेखू की है उम्मीद?

हैडमास्टर : लेखू तो शायद ही मंजिल पर पहुँचे। तेरे कहे, जबरदस्ती, उसका दाख़िला तो भेज दिया। कम ही उम्मीद है पास होने की।

आत्मा सिंह : मुझे तो पूरी आशा है। बच्चे ने मेंहनत तो बड़ी की थी।

खरैतीलाल : पीट-पीट कर, मैंने और देसराज ने, अँग्रेज़ी को भी बड़ा घोटा चढ़वाया।

जगीर सिंह : यार, इस अँग्रेज़ी ने दुःखी किया है, बच्चों को। हमारी जसबीर भी इसी रँडी-रोने में लगी रहती थी।

(ताश की खेल चलती रहती है)

आत्मा सिंह : जसबीर गाती बहुत सुन्दर। सूबेदार जी, आप लड़की को संगीत की ट्रेनिंग दिलवाओ। गले में बड़ा रस है।

जगीर सिंह : गाना बावली ने क्या है, मास्टर जी। जिस दिन की राजकौर मरी है, लड़की का चारा नहीं कोई। कोनों में बैठ-बैठ कर रोती है, माँ को बिलखती। नाम लो सही, झट आँखें भर लेवे।

आत्मा सिंह : बड़ा छोटा दिल है, नमानी का।

खरैतीलाल : वैसे कहना नहीं भई, सूबेदार। माँ तुम्हारी बहुत लाड़ चाव करे। प्यार दिलासे से रखे पोती को।

जगीर सिंह : माँ मेरी बेचारी, चार दिन और है। वो कौन-सी बैठी रहेगी।

आत्मा सिंह : उसका भी और है कौन?

जगीर सिंह : हमसे, माँ बेटे से, घड़ी भर बिछुड़ना सहन नहीं होता, लड़की से।

आत्मा सिंह : तुम्हारे तो एक हैगी। हमारी सोचो, जिनके एक भी नहीं।

जगीर सिंह : मामे के साथ चली गई, एक दिन, ननिहाल। हम, माँ-बेटा, रात को रोटी नहीं खा सके। तड़के ही उठा दिया मुझे माँ ने। कहती, जा, लड़की को ले कर आ।

हैडमास्टर : सूबेदार, इतना मोह-भाया के जाल में नहीं फँसना चाहिए।

खरैतीलाल : फिर बेटियाँ तो हैं ही बेगाना धन।

आत्मा सिंह : आगे पढ़ाओ लड़की को, जितना पढ़े।

जगीर सिंह : पढ़ने को, मेरी तरफ से तो, बी.ए., एम.ए. पढ़ ले। पर अँग्रेज़ी से डरती है। वैसे दिल उसका पढ़ाई में है नहीं। हाँ, गाने-बजाने का चोखा चाव है।

खरैतीलाल : लड़की बाली जो हुई। मैं तो कहूँ, सूबेदारा, बेशक ब्याह कर दो। आठ जमात क्या कम हैं? बहुत नहीं पढ़ाना चाहिए, छोकरियों को। कौन-सी कमाई खावें उनकी?

जगीर सिंह : मैं दिल नहीं तोड़ना चाहता, जसवीर का। स्कूल में, बच्चों से हिलमिल कर, दिल बहला लेती है। बाप जितना मरज़ी प्यार करे, खरैतीलाल, माँ नहीं बन सकता।

खरैतीलाल : रिश्तों का तुम्हें घाटा नहीं। सुख से, ज़मीन बहुतेरी है। घर-जमाई बनने के लिए, लोग उछल पड़ेंगे।

आत्मा सिंह : अभी नहीं, भई। बच्ची है अभी, जस्सो।

जगीर सिंह : ज़नानी के बग़ैर घर का कोई हाल नहीं, मास्टर। **(आँसू रोकता)** मैं जंग से आ गया, ज़िन्दा। गोलियों से निकल कर। तोपों के मुँह से निकल कर। राजकौर घर बैठी, उतावली पड़ गई। घड़ी पल नहीं लगाया। बातें करती करती···

आत्मा सिंह : हौसला रख, भाई मेरे। मौत पर किसी का ज़ोर नहीं।

खरैतीलाल : लो! कर लो बात। फिर ग़लत पत्ता फेंक दिया आपने। मैं टाप दिए जा रहा हूँ। पान की। आप ने चिड़ी फेंक मारा।

हैडमास्टर : मुझे सपना आया? भई पान का इक्का है तेरे पास?

जगीर सिंह : बोल बोलकर पत्ते बताने का कोई काम नड़ीं, भई।

खरैतीलाल : यह बाज़ी भी गई हाथ से।

हैडमास्टर : चल, ताश की बाज़ी का क्या है? जीते या हारे। ज़िन्दगी में और बाज़ियाँ थोड़ी हैं?

जगीर सिंह : बाज़ी तो आप दूजी भी हारेंगे। आ लेने दो सावन-भादों।

खरैतीलाल : दूजी बाज़ी कौन-सी?

आत्मा सिंह : सरपंची के चुनाव की तरफ इशारा है, सूबेदार का।

हैडमास्टर : **(जगीर सिंह की आँखों में देखकर)** इतनी आसान बात नहीं सुरजीत सिंह सिद्धू को हराना। दो बार सरपंची जीत चुका हूँ। गाँव का बच्चा-बच्चा पीछे है मेरे। देखता हूँ, कौन माई का लाल जन्मा है, मुझे हराने वाला।

जगीर सिंह : यह तो इलैक्शन आएगा तो पता चलेगा। जसवाल महल्ले को पूछ जाकर। क्या कहें, तेरी दस बरस की खड़पंची बाबत।

आत्मा सिंह : न भई सूबेदारा, यों सरपंच साहिब को डरा मत। ये तो बल्कि

असेम्बली की टिकट लेने की ब्योंत बनाए बैठे हैं। मुख्यमंत्री को स्कूल के फंक्शन पर बुला रहे हैं।

हैडमास्टर : क्यों, हमारे से कौन साला ज्यादा काबिल है? ऐम.ऐल.ए. बनने के लिए? ये जो आधे अनपढ़ मिनिस्टर बने घूमते हैं, उनसे तो चंगे हैं हम, ऐम.ए.बी.एड.। खरैतीलाल, बात ठीक है कि नहीं?

खरैतीलाल : ओ सरदार जी, हमने क्या निकालना-डालना है, ऐसी बातों से? कहा, "डँगर, तुझे चोर ले जाए।" बोला, "यारों ने चारा ही खाना है।" ‥ हमें क्या? कोई साला मनिस्टर बने, कोई रजिस्टर। खरैतीलाल ने तो बिनौले बेचने हैं। पुश्त-दर-पुश्त।

जगीर सिंह : तेरा बड़ा बेटा, क्या नाम है?‥ देसू। उसको आगे पढ़ाएगा कि दुकान पर बैठाएगा?

खरैतीलाल : आगे पढ़ाकर मेंने क्या नफा कमाना है? इतनी हिम्मत नहीं भई, मेरे में। हिसाब-किताब जितना हो गया। मैं सोचता हूँ क्लर्की-वलर्की कर ले शहर में। रोज़ सैकल पर जाए दफ्तर, और सवेरे साँझ, दुकान चलाए।

आत्मा सिंह : लेखू तो बता रहा था, देसू के ब्याह की सोच रहे हो तुम।

खरैतीलाल : हाँ, यह बात भी है। यार, मेरी साली पीछे पड़ी है। उसके जेठ की लड़की है। कहती, चार भाइयों के पीछे एक बहन है। घर भर देगी, दहेज से।

आत्मा सिंह : दाज-दहेज से तुम लोग मत टलना।

जगीर सिंह : लेने वेला, सारे मुँह उठाए रहते हैं। देने वेला, सबको चुड़ैल चिमट जाती है।

हैडमास्टर : दुकान पर बैठाना है तो छोटे को बैठा, लेखू को। ब्याह करके सियापा खत्म कर उसका। आप कमा कर खाएगा, तो ही अक्ल ठिकाने आएगी।

आत्मा सिंह : नहीं जी, लेखू अभी छोटा है। अभी से क्यों बेचारे को, गृहस्थ के गोबर में धँसाते हो? कुछ कर लेने दो बच्चे को।

खरैती लाल : यार, दुःखी तो पिल्ले ने बहुत किया है। कल, अच्छा भला, शीशा तोड़ दिया, तजरबे करते हुए। कहता, सूरज ग्रहण देखूँगा, शीशे में से। ऊपर कालिख लगा कर। अँधा करके शीशा। कंजर के ने, सरसों का दिया जलाया। बत्ती के ऊपर शीशा रखा। काला करने लगा। तड़क! शीशा टूट गया!‥ चालीस साल पहले खरीदा था, छज्जूमल ने। बड़ा नुकसान करे।

जगीर सिंह : बच के, सरपंच जी। यह पकड़ो इक्का। उठाओ, आत्मा सिंह जी।

फेंक दो पत्ते।

हैडमास्टर : इतनी जल्दी नहीं, जगीर सिंह। बाज़ी हारेंगे भी तो दो-दो हाथ करके।

खैरतीलाल : आप ध्यान से खेलो। अबकी मैं भी न्योता डालूँगा।

आत्मा सिंह : यह ग़लत बात है। पत्ते मत बताओ एक दूजे को।

हैडमास्टर : कौन से पत्ते बताए इसने मुझे?

जगीर सिंह : चलो फिर, आओ हुक्म पर।

खैरतीलाल : यह लो, बेग़म।

आत्मा सिंह : यह रहा, बादशाह।

खैरतीलाल : निकालो इक्का। गुलाम?

आत्मा सिंह : इक्के इनके पास कहाँ से आ गए?

खैरतीलाल : तो बेड़ी बैठ गई।

जगीर सिंह : सरपंच साब, अब गद्दी खाली कर दो आप।

हैडमास्टर : गद्दी मैं यों ही खाली नहीं करता। जान की बाज़ी लगा दूँगा।

आत्मा सिंह : जान महँगी चीज है, हैडमासाब। इसको किसी ऊँची बाज़ी पर लगाओ। सड़ी सरपंची में क्या रखा है? **(झट दिल पर हाथ रख कर)** हाय!

जगीर सिंह : क्या बात, मास्टर?

खैरतीलाल : क्या हुआ, भई?

जगीर सिंह : दर्द हो गई?

खैरतीलाल : **(खड़ा)** बचकर, मास्टर, कहीं वही बात न हो।

जगीर सिंह : दवा लाऊँ? तेरे घर से? कोई हो तो? **(उठता है)**

आत्मा सिंह : कुछ नहीं, ठीक हूँ मैं, ठीक हूँ। बैठो तुम।

जगीर सिंह : डॉक्टर बेदी की गोलियों से फर्क नहीं पड़ा कुछ?

आत्मा सिंह : सूबेदार जी, यह बात अब गोलियों के बस की नहीं रही।

हैडमास्टर : ब्लड प्रेशर की बीमारी तो चिर की है, इनको।

जगीर सिंह : दिखा भई, किसी सयाने डॉक्टर को। नहीं तो मेरे साथ चल छावनी। मिलटरी के हस्पताल में। एक दो बंदे वाकिफ हैं मेरे।

खैरतीलाल : दिल की बीमारी भी साली बड़ी नामुराद है। मेरे साढू को, शामचुरासी वाले को, एक ही दौरा पड़ा। बस! सैकल चढ़ता-चढ़ता, सड़क बीच ढेरी हो गया। पानी का घूँट अंदर ले जाने का हुक्म नहीं हुआ।

जगीर सिंह : सुख बोल, यार खैरती।

आत्मा सिंह : मौत आती है तो आती रहे, मुझे कोई फिक्र नहीं।

जगीर सिंह : क्यों, यार, तूने रब की कौन सी तोप चुरा ली है?
(इंदो और यमुना आकर माता के सामने खड़ी होती हैं)

आत्मा सिंह : डँगर न बच्छी, नींद आई अच्छी। कोई बच्चा-बालक हो, तो भी फिक्र करे बँदा। हमारा क्या है? आज मरे या कल।

जगीर सिंह : न भई, ऐसे मत बोल, मास्टर। इंद्रदेई बेचारी ने कुछ नहीं देखा, ज़िन्दगी में।

हैडमास्टर : सत्त करतार की मरज़ी माननी पड़ती है। जवानी बेकार गई, इंद्रकौर की।

खैरतीलाल : यार मास्टर, किसी साधु-योगी को दिखाता तू। पूजा पाठ ही सही। कई साधुओं के पास बूटियाँ होती हैं। बच्चा ठहर भी जाता है।

आत्मा सिंह : डॉक्टर कहते, जितने मरज़ी यत्न करो। बच्चेदानी में नुक्स है।

खैरतीलाल : डॉक्टरों को ज़्यादा कहाँ पता? तुम जानते ही हो, आजकल के डॉक्टरों को। अटकलपच्चू चलावें। अभी हकीमों की बात और है।

आत्मा सिंह : छोड़ बात को, खैरती रामा। ज़रूरी तो नहीं, मेरी घरवाली बच्चे जने। हमारे पास दूजों के बच्चे बहुतेरे, प्यार करने के लिए।

हैडमास्टर : मास्टर आत्मा सिंह, करना तो है आपने गुस्सा। नास्तिक होना, चँगी बात नहीं। सत्त करतार सज़ा देता है।

आत्मा सिंह : मैं नास्तिक कैसे हुआ?

हैडमास्टर : कम्युनिस्ट नास्तिक नहीं होते तो और क्या होते हैं?

आत्मा सिंह : **(खड़ा)** कम्यूनिस्टों जैसा तो आस्तिक कोई नहीं। **(खैरती के नंगे पेट को ब्रजाकर)** जो कहते हैं, एक अकेला बंदा तोंद न भरे। **(तख़्त के पीछे)** बाँट कर खाओ। दुनिया का काम बाँट कर करो। और कमाई भी बाँट कर छको। **(हैडमास्टर को इशारा)** सिर्फ रजवाड़ों का फायदा मत सोचो। सिर्फ ज़ोरावरों का भला मत सोचो। सरबत्त के भले की कामना करो। लोभ लालच छोड़कर, खुदगरज़ी त्याग कर, दुनिया को बेहतर बनाने का यत्न करो। यह है सही अर्थ कम्युनिज़्म का। आस्तिक होना और क्या होता है, भई? **(खैरती को)** टेढ़े-मेढ़े थूथनों वाले पत्थरों के आगे कुबड़ा होना? **(हैडमास्टर को)** बेजान पोथियों के आगे औंधे होना? **(बैठता है)**

खैरतीलाल : ठण्डा रह, यार मास्टर। इतना जोश तेरे दिल के वास्ते मंदा।

जगीर सिंह : मास्टर तो नास्तिक होगा या नहीं। इंद्रदेई ने तो माता की भेंटें गा-गाकर ज़िन्दगी गँवा दी। अगर आपके सत्त करतार ने सज़ा देनी थी, तो अकेले आत्मा सिंह को देता। इंद्रदेई बेचारी का क्या

कसूर? उसे तो माँ कहने वाला दे देता एक।

खैरतीलाल : प्रभु का खेल है, भाइयो।

(इंदो और यमुना आगे आती हैं। इंदो थाल से बताशे बाँटती है)

इंदो : बस भी करो अब। सारा दिन, पत्ते पर पत्ता··· लो जी।

जगीर सिंह : **(दोनों हाथ बढ़ाकर)** क्या बाँट रही हो, इंद्रदेई?

इंदो : माता का प्रसाद।

आत्मा सिंह : तेरी माता कोई मीठी चीज़ खिलाएगी आज? कि यों ही, फीकी खील माथे मारे जाएगी हमारे?

हैडमास्टर : प्रसाद के बारे में ऐसा नहीं बोलना चाहिए। लाओ, जी। सत्त करतार।

जगीर सिंह : मैं कहता हूँ, इंद्रदेई अगर नमक की डली को हाथ लगा दे, मिसरी बन जाएगी।

हैडमास्टर : यह बात तो तेरी सवा लाख की है, सूबेदारा।

आत्मा सिंह : तभी तो! मैं न कहूँ, जो भी दाल, सब्ज़ी मेरी बहू बनावे, तो वो मीठी- मीठी क्यों होती है। ला, पकड़ा, मेरी मिसरी।

इंदो : बातें मत बनाओ इतनी। बेकार बैठे। गाँव के बीच में।

यमुना : मैं भी माता के परसाद की मनौती करके आई हूँ।

खैरतीलाल : काहे की?

यमुना : देवी माता मेरे दोनों बेटे पास करा दे।

आत्मा सिंह : देवी माता क्या पेपरों के बीच में घुसड़ जाएगी? नम्बर बढ़ाने?

इंदो : देख लो, सूबेदार जी। हर बेला, देवी-देवताओं को मसखरी करें।

जगीर सिंह : न भई, मास्टर। इंद्रदेई को नाराज़ मत किया कर।

आत्मा सिंह : मैं अपनी इंद्रा रानी को नाराज़ कर सकता हूँ? और मैं किस चूड़ेवाली की पकाई खाऊँगा? क्यों, मेरी भगतनी?

इंदो : भगवान कृष्ण ने श्रीमद्‌भगवद्‌गीता में अर्जुन से कहा···

आत्मा सिंह : **(खड़ा, बंसी बजाता कृष्ण बनकर, बनावटी आवाज़ से)** "मोह त्याग दे। प्यार, मुहब्बत दिल में से, निकाल फेंक। चाचा-ताऊ के बेटों को काट फेंक। धर्मयुद्ध का बहाना बनाकर, अठारह अक्षोहिणी फौज में, भरती हुई, ग़रीब माँओं के बेटों को, तीरों से, तलवारों से, कत्ल कर दे। हरि ओऽम् स्वाहः।"

यमुना : तोबा!

खैरतीलाल : अनर्थ मत कर, मास्टर।

हैडमास्टर : सत्त करतार से डरना चाहिए।

इंदो : ऐसे करते हैं मेरे साथ। झूँझलाकर मारते हैं मुझे, रोज़, मखौल से।

यमुना : यह आग लगना कौमनष्ट भी क्या हुआ। वेद-पुराणों पर थूकना।

जगीर सिंह : भई मेरे से पूछो तो, जंग बाबत, मास्टर ने बात सच्ची कही।

खैरेतीलाल : अपना धर्म पालना ज़रूरी है, जो भी धर्म हो बँदे का।

आत्मा सिंह : मैंने भी तो यही कहा है। क्यों, सूबेदारा?··· "चाचा-ताऊ के बेटे, ज़मीन बदले, लड़ लड़ के, एक दूजे का, बीज-नाश कर दें। पुत्र-पौत्रों तक, कोख में पड़े हुओं को, बरछों से बींध डालें।" यही सीख है तेरी गीता की? क्यों मेरी धार्मिक मिसरी?

इंदो : अच्छा, बंद भी करो अब। हर वक्त उलटा मतलब मत लगाया करो।

जगीर सिंह : इंद्रदेई, कसूर तेरा भी है। तूने आत्मा सिंह जैसे दिमागी आदमी के साथ ब्याह करा लिया। जो अँग्रेज़ी किताबें पढ़कर, उलटे-सीधे, विचार इकट्ठे करता रहे। तेरे जैसी जनानी की कदर एसे पढ़ाकू नहीं पा सकते।

आत्मा सिंह : ओ यार, जनानी है न? तू रख ले।

(हँसी)

इंदो : **(शरमा कर)** हया किया करो कुछ। बैठा-उठा भी देख लिया करो।

जगीर सिंह : मेरे इतने भाग कहाँ? यह हीर तो तेरे जैसे सैदे संग जुती रहेगी। सारी उम्र। मेरे जैसे राँझा का कोई चाँस नहीं।

आत्मा सिंह, : उम्र इतनी लम्बी नहीं होती, आजकल के सैदों की।

यमुना : चल, उठ तू भी अब। भट्टियों की वेला हो गई। जा, बाजरा काट ला, मुट्ठी भर। भगतू वाले खेत से। गऊ के लिए। दुकान पर मैं हूँ।

(पीछे से लेखू और जस्सो आते हैं)

जस्सो : भापा जी! टूबल चल पड़ा। लेखू ने ठीक कर दिया। स्विच बदल दी। तारें भी।

जगीर सिंह : सच?

जस्सो : और क्या? हमने आधे आलू भी सींच दिए।

जगीर सिंह : तूने कैसे चला लिया, बेटा? उस पर तो, कारीगर कह रहा था, बहुत पैसे लगेंगे।

लेखू : पैसे आप मुझे दे दो।

जगीर सिंह : ले ले, शेरा। पैसे तेरे से तो नहीं चँगे।

जस्सो : आधे घंटे में ठीक कर दी मोटर।

यमुना : ऐसे कामों में दिमाग चले, इस कमज़ात का। कल शीशा तोड़ दिया, इतना सुन्दर।

खरैतीलाल : दुकान पर बैठते गधे को गोली लगे। और सारे गाँव के उलटे-सीधे काम सँवारता रहे।

लेखू : सँवारता ही हूँ। नुकसान तो नहीं करता किसी का।

खरैतीलाल : लोगों का नुकसान काहे को करेगा तू? नुकसान घर का किया कर।

लेखू : कौन सा नुकसान किया है मैंने? टके के शीशे पीछे!

खरैतीलाल : **(जूता खोलकर)** तुझे मैं आगे बुलवाता हूँ। ठहर ज़रा।

इंदो : न, भाई। लड़के को मार मत।

जगीर सिंह : खरैती, मैं भर देता हूँ, तेरे शीशे के पैसे। चल, बैठ परे।

खरैतीलाल : हट जा, सूबेदारा, तू। पूछूँ इसको मैं, घर गँवाऊ को।

यमुना : अच्छा, चल। दुकान सूनी पड़ी है।

खरैतीलाल : देख तो! पचास रुपए का टैमपीस था। चालीस साल पहले छज्जूमल लाया था। हरिये अफीमची का उठाकर। इसने पुर्ज़ा-पुर्ज़ा करके फेंक दिया।

इंदो : तो क्या हुआ? बच्चे किया ही करते हैं ऐसे।

आत्मा सिंह : बहुतेरा सोना-चाँदी दबाकर रखा है तुमने। कर्ज़ दे के लोगों को।

हैडमास्टर : छज्जूमल भी सारी उम्र तुम्हारे लिए कमाता रहा। धेला नहीं खर्चा था कभी कंजूस ने।

इंदो : लेखू तो सज्जन पुरुष है।

जगीर सिंह : इस लड़के को मशीनों की बहुत समझ है। इंजनों की बहुत समझ है। झट नब्ज़ पकड़ लेता है।

जस्सो : कोई मशीन ठीक करते को देखे। बेशक सारा दिन पास खड़े रहो। इसका ध्यान, मजाल क्या है, इधर-उधर जाए। मशीन के अंदर ठुका रहे।

इंदो : जोगियों की तरह, ध्यानमग्न रहता है काम में।

(बल्लो और देसराज अखबार लेकर साइकल पर आते हैं)

देसराज : रिज़ल्ट लो जी, रिज़ल्ट!

बल्लो : तीन फस्ट डिवीजन। पेरी और देसू की और सरवण जसवाल की।

यमुना : पास हो गए दोनों भाई?

हैडमास्टर : पकड़ा।

आत्मा सिंह : फेल तो नहीं हुआ कोई?

बल्लो : चौबीस!

हैडमास्टर : इतने?

आत्मा सिंह : चौबीस! **(अफसोस की आवाज़ें)**

देसराज : दसवीं का नतीजा तो कुल 46 फीसदी है।

हैडमास्टर : सिर्फ 46?

जस्सो : आठवीं का?

देसराज : जसवीर, तू तो पास है। 342 नम्बर।

जस्सो : सच। सैकंड डिवीजन? · · लेखू?

देसराज : **(खुश)** लेखू फेल है। **(माँ-बाप को)** मैं कहता था न? शर्त रख लो मेरे साथ? ज़रूर फेल होगा।

आत्मा सिंह : लेखू फेल है?

इंदो : मैं मर गई! बुरा हुआ यह तो। **(लेखू से बग़लगीर होती है)**

यमुना : हैहा रे! उजाड़ दिया हमें! मर जाने!

इंदो : न री। यों नहीं कहते बेटों को।

देसराज : मेरी बात सच्ची हो गई। लाड़-प्यार ने बिगाड़ दिया। ताऊ छज्जू ने सिर चढ़ा रखा था, नन्हा था जब से।

यमुना : और क्या?

देसराज : तुम दोनों कौन से कम हो? छोटा जो है। जो भी कोई बात हो : "हमारा लेखू यह है। हमारा लेखू वह है।" उठाओ सिर पर अब, दो बार फेल हुए को।

(लेखू पीछे जाता है)

इंदो : बात सुन, बेटा। आ मेरे पास।

आत्मा सिंह : लेखू!

जस्सो : लेखू!! **(पीछे जाती है)**

खैरेतीलाल : इसने यही करतूत करनी थी। मुझे तो पहले ही शक था। कहाँ गया अब? दौड़ कहाँ गया? इसको मैं पूछूँ। साइंसदान बनाता हूँ इसको मैं।

आत्मा सिंह : पीटना, मारना मत, भई।

जगीर सिंह : बच्चा है अभी।

इंदो : घबराकर कहीं कुछ कर न बैठे।

देसराज : चाचा जी, बच्चा मत समझो। शरारत बेशक सारे स्कूल जितनी अकेले से करवा लो। हर एक मास्टर के बारे में कविता लिख रखी हैं। सुना-सुनाकर सबको हँसाता रहता है।

हैडमास्टर : कैसी कविता? गंदी?

बल्लो : गंदी तो नहीं।

आत्मा सिंह : शुग़ल होगा।

हैडमास्टर : टीचरों का मख़ौल उड़ाना, उलटे नाम रख के? इस जैसा इंडिस्पलिन

है कोई? तूने पहले नहीं बताया मुझे?

जगीर सिंह : छोड़ो, हैडमास्साब, गुस्से को। लाओ, लड्डू खिलाओ रिज़ल्ट के।

हैडमास्टर : लड्डू राख के? 46 परसेंट भी कोई रिज़ल्ट होता है?

बल्लो : मेरी तो फस्ट डिवीजन है।

हैडमास्टर : मार्जन पर! साठ परसेन्ट! डूब कर नहीं मर गया? वज़ीफा लेते-लेते।

आत्मा सिंह : फस्ट डिवीजन लेनी कौनसी आसान है?

इंदो : यों बच्चे का दिल न तोड़ो।

बल्लो : कुल तीन फस्ट डिवीजन हैं स्कूल में।

हैडमास्टर : तेरी निरी फस्ट डिवीजन को चाटूँ मैं? चँवर डुलाऊँ बैठकर? सारी सर्दियाँ नींद पूरी नहीं हुई मेरी, तुझे पढ़ाते।

यमुना : शुक्र करो, पास तो हो गया। देखो, हमारा एक फेल हो गया।

खैरेतीलाल : **(ऊँचे)** लेखू! ओह लेखू!!—गया कहाँ? ज़िंदा नहीं छोड़ूगा।

इंदो : नहीं, भाई जी। कहना मत कुछ, बच्चे को। पहले ही दिल थोड़ा है उसका।

खैरेतीलाल : आज मैं इसको देख ही लूँ। जा, ओए। पकड़ के ला, मेरे पास। कुत्ते के पुत्तर को।

देसराज : यह चंगी बात तेरी, भाइया। जो फस्ट डिवीजन में पास हुआ है, उसको गुड़ की डली नहीं दी। दूजे की फ़िक्र पड़ गई।

बल्लो : भापा जी, अब मुझे स्कूटर ले देंगे न?

हैडमास्टर : टाँगें-बाजू तुड़वाने को! चल, दफा हो। बेकार कर दी मेरी इतनी मेहनत। साठ परसेंट!!!

जगीर सिंह : मेरी जसवीर की सैकण्ड डिवीजन आ गई?

देसराज : हाँ जी।

जगीर सिंह : गोला ऐन ठिकाने मारा।

इंदो : बिटिया किस की है!

जगीर सिंह : यह मेहरबानी लेखू की हुई। हिसाब करा दिया। नहीं तो मुझे उम्मीद नहीं थी जसवीर के पास होने की।

खैरेतीलाल : तेरी बेटी पास करा दी। आप, माँ का चाँद, फेल हो गया।

यमुना : इस लौंडे को तो, पता नहीं, माता रानी ने, कौन-से चक्करों में फँसा रखा है।

खैरेतीलाल : ओए, तुझे कहा, ला ढूँढ़ कर, सूअर को।

(देसराज जाता है)

इंदो : अगर लेखू इतना ही दुप्यारा है तुमको, तो हमें दे दो।

आत्मा सिंह : **(थपकी देकर)** शाबाश भई, मेरी मिसरी के। आज की तारीख नोट

कर लेना, कलैन्डर पर। आज तूने, ज़िन्दगी में पहली बार, अक्ल की बात सोची है।

(हँसी)

इंदो : पहली बार! सुन लो सूबेदार जी।

जगीर सिंह : कुछ नहीं, इंद्रदेई। तू बेकदरे के लड़ लग गई। कहीं मेरे जैसा होता, फौजी।

इंदो : क्या करूँ जी? गले पड़ा ढोल बजाना पड़े।

आत्मा सिंह : क्यों अपने ढोल का पोल खोल रही हो, सबके सामने।

इंदो : जोड़ी जग में थोड़ी, गले के फंदे बहुतेरे।

आत्मा सिंह : देखा, सूबेदारा? कितनी कड़वी है मेरी मिसरी? अब मुझे फँदा बना छोड़ा।

इंदो : चल, फंदे। हर वेला, मुझे घर में अकेली बाँध के, बाहर मत भागा रहा कर।

देसराज : **(दूर से)** लेखू ओए! घर को आ जा! भाइया कहता, मैं नहीं पीटूँगा।

खैरेतीलाल : पैर डाले सही आज। घर मेरे। जूते मार-मार के, सिर सफाचट कर दूँगा! बिनौले जैसा!

(अँधेरा)

दृश्य 5

मास्टर आत्मा सिंह का घर

(रात। बल्ब जलाकर, आत्मा सिंह कार्लमार्क्स की जीवनी पढ़ रहा है। लेखू के रोने की आवाज़)

इंदो : भला, सुन तो। यह रोने की आवाज़ कहाँ से आ रही है?

आत्मा सिंह : बाहर जाके देख।

इंदो : लेखू तो नहीं? **(जाती है)**

आत्मा सिंह : वही होगा। अभी तक घर नहीं था पहुँचा।

(हिचकी लेते लेखू को बगलग़ीर किए इंदो लाती है)

इंदो : बस पुत्र, चुप कर।

आत्मा सिंह : बेटा, तू किधर रहा?

इंदो : तो क्या हुआ? अगले साल पास हो जाएगा।

आत्मा सिंह : तेरे घर वाले ढूँढ़-ढूँढ़ कर हाँफने लगे। चार चुफेरे।

इंदो : तेरा चाचा तुझे पढ़ाएगा। चुप कर।

आत्मा सिंह : आ, इधर बैठ, मेरे पास।

लेखू : भाइया पीटेगा मुझे।

आत्मा सिंह : नहीं पीटता। मैं समझा दूँगा।

इंदो : भूखा होगा। कहाँ छुपा रहा तू? इतनी देर?

आत्मा सिंह : रोटी पका! सब्जी ख़त्म हो गई है तो और बना ले।

इंदो : सब्ज़ी तो है। घी-शक्कर मिला देती हूँ।

आत्मा सिंह : पराँठे सेंक दे।

इंदो : तू यहाँ रहेगा अब, हमारे पास। यहीं पढ़ा कर। माँ तेरी को मना लूँगी मैं।

आत्मा सिंह : उतार-चढ़ाव तो ज़िंदगी में आते ही है। बंदा वो जो हौसला न छोड़े।

इंदो : गर्मी है। नहा ले तो। नल पर।

आत्मा सिंह : अँगोछा पड़ा है तार पर। टॉवल भी वहीं होगा। साबन उठा ले, अन्दर से।

इंदो : जब तक मैं रोटी बना लूँगी।

आत्मा सिंह : क्या पता, इसी फेल होने में तेरी ज़िन्दगी की सबसे बड़ी कामयाबी छुपी हो।

इंदो : फेल भी तो दो साल हो चुका। पिछले बरस भी दाख़िला रोक लिया, तुम्हारे हैडमास्टर ने।

आत्मा सिंह : तुम्हें बताया था न मैंने? आइनसटाइन को स्कूल के सभी मास्टर माता का माल समझते थे। बीसवीं सदी का सबसे बड़ा साइंसदान हुआ है, आइनसटाइन।

इंदो : तुम भी तो जुल्म करते हो। क्या होते हैं, आग लगने दो नम्बर? कोई मुश्किल थोड़ी है पता करना, किसके पास गए हैं पेपर? कह कर, कहलवाकर, बढ़वा देते, अँग्रेज़ी के नम्बर। पास हो जाता।

आत्मा सिंह : उलटे रास्ते मत बता बच्चे को। अपने पाँव पर खड़ा होने की सीख दे। ईमानदारी सिखा।

इंदो : सारी दुनिया की ईमानदारी का ठेका तुम्हीं ने लिया है? जिसका ज़ोर लगता है, जो मरजी करवा लेता है।

आत्मा सिंह : लोगों की रीस क्यों करें हम? लेखू कोई कमज़ोर है? भिखारी है? अपनी ज़िन्दगी आप बना सकता है। मुझे पक्का विश्वास है, लेखू ग्रेट आदमी बनेगा।

इंदो : बच्चे की सहायता करने में हरज क्या है? आप ही तो तुम बता रहे थे, हैडमास्टर ने अपने जने को वज़ीफा दिलवाने ख़ातिर कितने बंदों तक पहुँच की।

लेखू : नम्बर बढ़ाने के लिए? बल्लो के? हमें तो इतनी कथा सुनाते हैं, ईमानदारी की।

आत्मा सिंह : बेइमानी का फायदा क्या हुआ? गया तो बहुतेरों के पास। पर लोगों ने नम्बर बढ़ाए थोड़ी? वज़ीफा तो नहीं आया न?

इंदो : धर्मराज के पुत्र तो तुम ही रह गए हो। अपना बेटा-बेटी पास करवाना बुरा है? सारी दुनिया यही करती है। एक तुम हो, निर्दयी! बट्टा!

आत्मा सिंह : इंद्रदेई, यह ज़िन्दगी जीना मुश्किल काम है। मास्टर और माँ-बाप सिर्फ सलाह दे सकते हैं। नसीहत दे सकते हैं। बच्चे की जगह, उसकी ज़िन्दगी, जी नहीं सकते।

इंदो : इतने मास्टरों को जानते हो तुम। दूर-दूर।—भला, अपना जन्मा

होता जो लेखू, तुम न भी करते, सिफारिश?

आत्मा सिंह : सिफारिश बिलकुल नहीं करता मैं। माँ-बाप को अगर अक्ल हो, कभी बच्चे की सिफारिश न करें। बच्चों को कमज़ोर बनाए रखने के लिए, सिफारिश जैसा तरीका और कोई नहीं।

इंदो : राजा हरिश्चन्द्र का अवतार हो तुम तो। महात्मा गांधी हो।

आत्मा सिंह : भई मैं गांधी नहीं, गधा सही। पर सिफारिशबाज़ी में नहीं पड़ूँगा। सुन। माँ-बाप अपने बेटे-बेटी को जन्म दे सकते हैं। दूध, घी, रोटी दे सकते हैं। पर बेटे-बेटी की जगह माँ-बाप, तगड़े-जवान नहीं हो सकते। गबरू नहीं हो सकते। अपने कर पैर में जान तो बच्चे को आप ही डालनी पड़ेगी।

इंदो : क्या उम्र है? दिल टूट गया। आग लगे ऐसी पढ़ाई को। **(उठकर आटा छानती है)**

आत्मा सिंह : ओ यार लेखू, कल कौन-सी बात करने लगा था तू? हिसाब की?

लेखू : गिनती बाबत?

आत्मा सिंह : हाँ। जब देसू बुलाने आया था तुझे?

लेखू : **(खुश, अपने आपको भूलकर)** हिंदसों के बारे में, एक नया विचार सूझा है जी, मुझे।

आत्मा सिंह : कौन सा?

लेखू : किताबों में लिखा है, 1 से 9 तक हिंदसे 'कुदरती' हैं। **(फर्ज़ी ब्लैकबोर्ड पर लिखता है)**

आत्मा सिंह : हाँ।

लेखू : ये 'कुदरती' कैसे हुए? हम फख़र करते हैं कि 'सिफर' हिन्दोस्तानियों ने ईजाद किया। है कि नहीं?

आत्मा सिंह : ठीक।

लेखू : भई हमने, सारी दुनिया को, 1 से 10 तक, 10 से 100 तक, और इससे आगे की गिनती लिखने का आसान ढंग सिखाया?

आत्मा सिंह : यह तो सही है।

लेखू : मैं मानता हूँ, अगर हम रोम के पुराने लोगों की तरह, अक्षर इस्तेमाल करके गिनती लिखते, तो हिसाब-किताब में, आजकल जैसी तरक्की कभी नहीं थी हो सकती।

आत्मा सिंह : सिफर के बग़ैर, लाखों करोड़ों की जमा, घटा, गुणा, तकसीम, मुश्किल सी बात है।

लेखू : बिलकुल! पर मैंने हिसाब लगा के देखा—अगर फर्ज़ करो, हम किसी तरह, 1 से 10 तक हिंदसे बना लें—10 की जगह मान लो

11 तक लिखें, दसवाँ हिंदसा यों लिख लें, 'क' की तरह?

इंदो : 'दो' भी तो 'क' की तरह लिखते हैं।

आत्मा सिंह : शाबाश बई, इंद्रदेई के। भुलावा लग सकता है, 2 के बीच में और नए 10 के हिंदसे के बीच में।

लेखू : अच्छा तो 'क' नहीं, 'ख' सही। 10 को लिखो 'ख'। अब सारी गिनती बदल गई। सारे पहाड़े बदल गए।

आत्मा सिंह : कैसे भई? समझा तो।

लेखू : एक से ख तक हो गए दस हिंदसे। एका और सिफर **(लिख कर)** अब हो गए, 11 के बराबर। हो गए न?

आत्मा सिंह : ठीक।

लेखू : एक और दो सिफर, कितने के बराबर हो गए?

इंदो : सौ के।

आत्मा सिंह : तू रुक ज़रा। अब एका और दो ज़ीरो हो गए, 11 गुणा 11?

लेखू : **(लिखकर)** 121।

आत्मा सिंह : राइट।

लेखू : इस तरह, एक और नए तीन सिफर हो गए : 11 गुणा 121, मतलब 1331।

आत्मा सिंह : मान लिया। आगे?

लेखू : एका और चार सिफर हो गए : 121 गुणा 121 बराबर है 14,641।

आत्मा सिंह : फाइन।

लेखू : पुराने पूरे पहाड़े मैंने नए ढंग से लिखे। कापी बना ली। पुराने लाख तक। नए, एक लाख इकासठ हज़ार इकावन तक।

आत्मा सिंह : कमाल है! कितना टाइम लगा मुझे? नए पहाड़े बनाने को?

लेखू : दो दिन और एक रात। नींद ही नहीं आई मुझे पहाड़े बनाते।

इंदो : पूरी रात नहीं सोया?

आत्मा सिंह : देखा! जिस काम में इसका मन लगता है, वो चाहे इससे दिन-रात करवा लो।

लेखू : जी, मैंने सोचा, अगर सारी दुनिया हज़ारों साल पहले 1 से 9 तक की जगह, 1 से 10 तक हिंदसे बना लेती, तो भी कोई बात नहीं थी होनी। हिसाब-किताब उसी तरह चलता। नौ हिंदसे कुदरती नहीं। ये तो इन्सान के निश्चित किए हैं। ये बदले भी जा सकते हैं। घटाए- बढ़ाए भी जा सकते हैं।

आत्मा सिंह : बात तो तेरी ठीक है। फिर अगर, फर्ज़ करो, तेरी बात मानकर,

हम गिनती बदल लें, नए पहाड़े बना लें, कोई अच्छा बुरा—मतलब, फर्क क्या पड़ेगा दुनिया को?

इंदो : फायदा भी होगा कोई?

लेखू : फायदा तो कुछ नहीं होगा··· पर मैंने···

इंदो : अगर फायदा नहीं, तो क्यों लगा रहता है तू, मग्ज़ खपाने? अँग्रेज़ी पढ़। पास होकर दिखा।

आत्मा सिंह : बात तो पूरी करने दे उसे। हाँ भई?

लेखू : मैंने साबित कर दिया, जिसको हम कुदरती कहते हैं, वो कुदरती नहीं। खुदाई नहीं। वो इन्सान की बनाई है।

आत्मा सिंह : वाहवा! सुना इंद्रदेई?

इंदो : राख सुना! अपल-टपल मारे जा रहे हो, बाप-बेटा।

लेखू : इन्सान क़ादर है, सिरजनहार है। दुनिया को बदलने वाला है। तरक्की बढ़ाने वाला है।

इंदो : भगवान की मरज़ी के बगैर, पत्ता नहीं झूल सकता, लेखू बेटा।

लेखू : चाची जी, मुझे लगता है, जो कुछ हो रहा है, भगवान की मरज़ी के बग़ैर ही हो रहा है। अगर चाचा जगीर सिंह ट्रैक्टर न चलाए, तो ट्रैक्टर हवेली में ही खड़ा रहे। परख के देख लो। न्यूटन ने इस साधारण बात को एक कुदरती उसूल कह दिया।

आत्मा सिंह : लॉज़ ऑफ मोशन। ठीक है।

लेखू : अगर जसबीर भैंस को घास न खिलाए, दूध दोहकर न उबाले, न जमाए, न दही बिलोए, तो भला घास से, मक्खन कैसे बने?

आत्मा सिंह : घास से मक्खन?

लेखू : जी, कल संध्या को, जसबीर भैंस दोह रही थी। मुझे कहती, ''मक्खी, मच्छर हैं। भैंस खड़ी नहीं होती। तू ज़रा पल्ला कर दे।'' पल्ला करते, मुझे बात सूझी—भैंस क्या चीज़ है? भैंस एक काली मशीन है। **(हाथों के इशारे करके)** जिसकी मोरी में हरी घास डालो, यहाँ। और यहाँ थनों में से, चिट्टा दूध निकाल लो।

आत्मा सिंह : ग्रेट! सुन, इंदो। भैंस घास से दूध बनाने वाली मशीन है।

इंदो : पागल तो नहीं हो गए? दोनों? मशीन कैसे हुई? भैंस में जान होती है। जन्मती है, मरती है।

लेखू : जगीर सिंह का ट्रैक्टर भी जन्मता है। मरता है। भैंस की तरह, बीमार होता है। खुराक के बग़ैर, तेल के बग़ैर, खुर नहीं उठाता। और अगर ज़्यादा घिस जाए, बूढ़ा हो जाए, तो सरवण जसवाल के डीज़ल इंजन की तरह, बेकार फैंकना पड़ता है। मुर्दा भैंस की

तरह।

आत्मा सिंह : अगर बेटा, तू सिर्फ साइंस और हिसाब पढ़े, तू कमाल कर दिखाए। मेरे ख़्याल में, तुझे किसी ऐसी जगह दाखिल कराएँ—किसी इंजीनियरिंग कॉलेज में।

लेखू : कॉलेज में फिर वही पूछेंगे : नम्बर कितने हैं?

इंदो : आठवीं तो पास कराओ उसको पहले। लेखू, थोड़े साल तू सिर्फ स्कूल की किताबें पढ़। तड़े तजरबे बंद कर।

लेखू : एक ही डर है मुझे, चाची जी। अगर मेरे तजरबे एक बार छूट गए, मैं बाप के बिनौले बेचने जितना रह जाऊँगा। अगर मेरे अंदर की लौ एक बार बुझ गई, दुबारा जगानी मुश्किल होगी। ताऊ छज्जूराम की तरह, पैसे का भूत बनके रह जाऊँगा। हट्‌टी जोग रह जाऊँगा। जन्म बेकार जाएगा। मानस जून बिरथा जाएगी।

आत्मा सिंह : न्यूटन की डिस्क वाली बात, वो क्या थी, भई? भूल गया तू?

लेखू : भूल कैसे सकता हूँ? आज ही, जस्सो के टूबल पर काम करते वक्त, नया तरीका सूझा मुझे। उस तजरबे के बारे में।

आत्मा सिंह : करना क्या चाहता था तू? न्यूटन···

खरैतीलाल : (**दूर से**) मास्टर जी! यहाँ लेखू तो नहीं आया?

(लेखू काँपता है, भागने को तैयार)

आत्मा सिंह : (बाजू पकड़कर) ठहर, बेटा। कुछ नहीं कहता। मैं जो हूँ।

लेखू : नहीं जी, मुझे जाने दो।

इंदो : डर-डर के कितना चिर गुज़ारेगा?

खरैतीलाल : लेखू!!

आत्मा सिंह : क्या कर लेगा, बड़ी हद? बाप है तेरा। बाघ तो नहीं।

इंदो : एक दिन तो सामने होना ही पड़ेगा।

लेखू : मुझे जाने दो, जी।

आत्मा सिंह : बच्चा है अब तू?

इंदो : हिम्मत कर।

आत्मा सिंह : जो बेटा, बाप से, हार खा गया, वो दुनिया को क्या जीतेगा?

(लेखू एक क्षण सोचकर, अकड़ता है, पर डर अभी पूरा नहीं गया)

लेखू : अच्छा, फिर देखा जाएगा, जो होगा।

इंदो : और क्या?

लेखू : आ जा, भाइया, मैं यहीं हूँ।

(खरैती लाल जूता खोलकर मारने दौड़ता है। आत्मा सिंह और इंदो बीच में खड़े हो जाते हैं)

खैरतीलाल : तू यहाँ क्या कर रहा है, ओए?

लेखू : जो मरज़ी करूँ मैं। तुझे क्या?

आत्मा सिंह : मारना मत, भई!

इंदो : नांह, भाई! कहना मत कुछ बेटे को।

खैरतीलाल : मरज़ी का साला। **(जूता पहनकर)** हमने सारा गाँव छान मारा। माँ रो रही है। कहे, कुएँ खाई में न छलाँग लगा दी हो कहीं। तू यहाँ आराम से बैठा है।

लेखू : बैठा कहाँ? मैं तो खड़ा हूँ।

खैरतीलाल : **(थप्पड़ उठाकर)** मख़ौल करे आगे से, सूअर का हड्ड।

इंदो : हट भाई इधर।

खैरतीलाल : घर चल, सुरमा रगड़ूँ, तेरी हड्डियों का।

आत्मा सिंह : बस कर, खैरतीलाल। जा, सवेरे आ जाएगा।

इंदो : अब करेगा पढ़ाई ध्यान से। अगले साल हो जाएगा पास।

खैरतीलाल : नांह! पढ़ाई हो चुकी इसकी। अब इस कँजर ने काहे की पढ़ाई करनी? बड़ा था, दसवीं कर गया। मैंने कहा, यह भी दस पढ़ ले। पर इसके लक्षण! बैठ अब हट्टी। नालायक और क्या करेगा?

लेखू : हट्टी मैं नहीं बैठूँगा।

खैरतीलाल : और कौन-सा तू, माँ अपनी के दफ्तर बैठेगा?

लेखू : मैं दुकान नहीं करूँगा।

खैरतीलाल : खाएगा कहाँ से? अब कहाँ से खावे? दुकान का ही खावे। बाप का ही खावे।

इंदो : और किसका खाया करते हैं बच्चे? माँ-बाप का ही खाते हैं।

खैरतीलाल : इतना मान आ गया है जो तेरे में, बच्चू, तो दफा हो मेरे घर से। खा आप कमा के।

आत्मा सिंह : बहस नहीं करते, बच्चों संग।

खैरतीलाल : बच्चा बने है पिल्ला। वो कहा करते हैं न?···
"बहू खाने को कही, दस ताज़ी दस बासी
बहू काम को कही, बहू सूज ढोल जैसी।"

इंदो : काम को··· यह क्या खाली बैठता है?

खैरतीलाल : राख काम करे ससुरा। हर वक्त बगीची में गड़ा रहे। बूटे-बेलें छेड़ता। कभी कलम लगा, कभी पानी दे। या कुत्ता कबाड़ी की तरह, लोहा, पत्ती, पेंच, स्प्रिंग इकट्ठे करके लगा रहे ठोका-ठाकी करने। भला बता तो, इसने लोहारपन से क्या लेना? बढ़ईपन से क्या लेना? क्यों नहीं सारा साल बैठकर स्कूल का काम किया?

इंदो : अब करेगा।

खैरतीलाल : अब बात गई गँवाई। बड़े को बल्कि मैंने कहा, टैप सीख ले। कलर्क लग जा कहीं। और ब्याह कर दें हम। अपने आसरे खड़ा हो। क्या करे ग़रीब आदमी? अब नहीं मेरे में हिम्मत। आख़िर, पुत्तर लेखुआ, तू हट्टी बैठेगा। बहुत हो चुकी पढ़ाई। अड़ी छोड़ दे।

इंदो : सारे गाँव के गहने गिरवी पड़े हैं तुम्हारे पास। अभी तुम गरीब ही हुए?

आत्मा सिंह : एक चांस और दे इसको। पढ़ने से मत हटा। मैं पढ़ाया करूँगा ·· क्यों भई, बता भाइया अपने को। पढ़ेगा न दिल लगाकर?

खैरतीलाल : नहीं मास्टर, अब नहीं। चल ओए किसी लौंडे को किताबें बेच दे। सबेरे उठके दुकान खोल। मैं शहर से खली-बिनौले लाऊँ।

इंदो : सुन तो सही। एक बार···

खैरतीलाल : क्या सुनना-सुनाना है जी? बस, बात खत्म। राग गया।

लेखू : मैं नहीं बैठूँगा हट्टी। मेरा जी नहीं लगेगा। **(रोता है)**

खैरतीलाल : अच्छा फिर, यों तो यों सही। मान ली तेरी बात। आज से बेटा, मेरे घर नहीं घुसना। **(जाने लगता है)**

आत्मा सिंह : और कहाँ जाए वो?

इंदो : जुल्म मत कर, भाइया। बेटे-बेटियों को घर से भगाते हैं?

खैरतीलाल : **(रुआँसा)** क्या करना, इंद्रदेई। बस नहीं अब मेरे भी कोई। भोगे अपने लेखों का लिखा। जो बेटा-बेटी बिगड़ जाए, उसका क्या इलाज?

आत्मा सिंह : कहीं नहीं बिगड़ा। ठीक हो जाएगा आप ही। गुस्सा छोड़। जा घर। अभी आ जाएगा रोटी खाके। भूखा है सुबह का।

(यमुना आती है)

यमुना : तू यहीं रह गया?··· हैगा कि नहीं?

इंदो : आ जा, बहन। है यहाँ। मैंने बैठा रखा था पास।

यमुना : **(बाजुओं में लेकर)** हैं! हमारा साँस सूख गया·· भई, न जाने कहाँ गया? घर से न भाग गया हो, दूर परे।

खैरतीलाल : भागना है इस कँजर ने। मुफ्त की खाने को है, बाप के पल्ले से।

आत्मा सिंह : ओए खत्म भी करो, यार। क्यों पीछे पड़ गए बच्चे के, ततैयों की तरह। जाओ घर। सोओ जाके।

यमुना : इंद्रदेई, मुझे तो हाथों-पैरों की पड़ गई। क्या होता है लड़के बाले का। घर छोड़ जाए गुस्से में। धक्के खाए शहरों में जाके। दर-दर

के। झीमरों का प्रीतू, मिला है आज तक? कितने बरस हुए भागे को?

इंदो : ऐसे ही होवे यतीम बच्चों के साथ।

यमुना : **(खैरेतीलाल को)** वो रेज़गारी थी न? कपड़े के लड़ बँधी? दस-बारह रुपए की? भगवान के पीछे छुपाई थी मैंने?

खैरेतीलाल : क्या हुआ उसे?

यमुना : वो नहीं है वहाँ!

खैरेतीलाल : कहाँ गई?

यमुना : मैंने देसराज से पूछा। बोला, मैंने नई उठाई। कहता, लेखू, पैसे चोरी करके, घर से भाग गया होगा। इसका डब्बू भी नहीं नज़र आया।

खैरेतीलाल : क्यों, ओए? तूने चोरी किए पैसे?·· बोल. . . तूने चोरी की?·· निकाल कहाँ हैं पैसे?·· देख, है बोलता? चोर ससुरा! पढ़ाई मत करना। **(नकल उतार कर)** "हट्टी नहीं बैठूँगा।" चोर बन, कुत्ते! जेलों में जाना·· कहाँ जन्म पड़ा चँडाल, मेरे घर।

आत्मा सिंह : लेखू बेटा, बता। पैसे उठाए तूने?

लेखू : हाँ **(रोता है)**

यमुना : देसराज जो कहता था।

खैरेतीलाल : चोर, निकम्मा।

इंदो : किताब खरीदनी थी?

खैरेतीलाल : किताब खरीदेगा कपूत। खा लिए होंगे। खाने का पिल्ला है।

यमुना : बारह रुपए का क्या खा लिया? एक दिन में?

लेखू : **(जेब से पोटली पकड़ाकर)** जी, मैंने शहर में·· **(रोता है)**

आत्मा सिंह : क्या खरीदना था?

इंदो : घर छोड़के जा रहा था?

लेखू : हूँ·· पर पैसे मुझे।

आत्मा सिंह : चुप कर। धीरज से बता।

लेखू : चुम्बक खरीदना था मेंने।

खैरेतीलाल : सिर मारना था तूने चुम्बक?

यमुना : वो क्या होवे?

आत्मा सिंह : लोहा खींचने वाला लोहा। क्या करेगा, बेटा?

लेखू : जी, न्यूटन की सतरंगी डिस्क की तरह, मैंने बल्ब को सात रंगा रोगन लगा लिया है। अगर टैमपीस का स्प्रिंग नीचे लगाकर, बल्ब ज़ोर से घुमाया जाए, ऐसे, फिरकी की तरह, तो सात रंग मिलकर

सफेद लाइट बननी चाहिए।

आत्मा सिंह : हाँ, सात रंग घूमेंगे तो मिलकर बल्ब सफेद नज़र तो आएगा, पर अन्दर से जगेगा कैसे?

इंदो : बिजली से। और कैसे?

लेखू : बिजली से तो हर कोई जगा सकता है।

खैरेतीलाल : पागल हो गया छोरा।

आत्मा सिंह : और कोई तरीका निकाला है तूने?

लेखू : अभी नहीं जी।

आत्मा सिंह : फिर?

लेखू : आपने बताया था न? एक किस्म की शक्ति दूजी किस्म की शक्ति में बदल सकती है। पानी के अन्दर की शक्ति, भाखड़ा डैम में, पानी से बदल के बिजली बन जाती है।

आत्मा सिंह : खैर, पानी तो पानी रहता है। आगे बता। डाइनमो बनाएगा तू? भाखड़ा में तो डाइनमो है।

लेखू : यह नहीं जी मैं जानता।

यमुना : क्यों तेरी मति मारी गई?

लेखू : आपने कहा था न, एक बार? गरमी तबदील होकर, रोशनी बन सकती है।

आत्मा सिंह : हाँ।

लेखू : और रोशनी बदलकर गरमी बन सकती है।

आत्मा सिंह : टू।

लेखू : स्प्रिग में घुमाने की शक्ति है। क्या घुमाने की शक्ति··

आत्मा सिंह : मैकेनिकल अनर्जी?

लेखू : क्या घूमने की शक्ति बदलाकर, बिजली नहीं बना सकते हम?

आत्मा सिंह : शायद।

लेखू : और उस बिजली से बल्ब नहीं जग पड़ेगा?

आत्मा सिंह : हो तो सकता है। मैगनट तूने··

खैरेतीलाल : छोड़ो, मास्टर जी। इसको मैं कराता हूँ—तजड़बे!

आत्मा सिंह : आइडिया तो इसका बुरा नहीं जान पड़ता।

खैरेतीलाल : बिगाड़ो मत मेरे लौंडे को।

इंदो : **(लाल-पीली)** हम बिगाड़ते हैं? इतना चाव करें। सुन ले, यमुना।

यमुना : नहीं बिगड़ता। चल मेरा बेटा।

खैरेतीलाल : **(झपटे से)** तूने अड़ियल बनाया! लाड़ लड़ा के। तूने और छज्जू ने।

यमुना : **(गुस्से में)** कौन-सा लाड़ लड़ाया मैंने? बोलता रहे तू ख़ामख़ा।

खैरतीलाल : निकम्मा टाबर ससुरा। देखो तो, माँ बने। चोर बनावे बेटों को।

यमुना : मैंने चोरी करने को कहा इसे?

खैरतीलाल : लहू पी लिया, सालों ने। **(थप्पड़ मारकर)** साइंसदान बने। चोर बने। चोर! **(धक्का देकर)** जा, दफा हो! मर, जहाँ मर होवे तुझसे।

यमुना : क्या करे तू?

आत्मा सिंह : खैरती, ठहर भई।

इंदो : भाइया!

खैरतीलाल : नांह, मैं गधे को गाँव में नहीं रहने दूँगा। दुःखी कर रखा है, कुत्ती औलाद ने। इस जैसा निकम्मा, काटकर सूखने छोड़ना है मैंने?— जा! चोर! कुत्ता! **(लेखू रोता हुआ जाता है)**

इंदो : रुक जा, बेटा!

आत्मा सिंह : रोटी तो खाता जा!

खैरतीलाल : **(ऊँचे)** अगर बाप का बेटा है, बच्चू, जीते जी, मेरे घर पाँव नहीं धरना।

(अँधेरा)

(आधी छुट्टी)

दृश्य 6

लेखू का घर : बगीची

(छः महीने बाद। सबेरा। बगीची में हरियावल बढ़ गई है। गाँव से बसता उठाए जस्सो आती है। बड़ी दिखती है। बगीची देखकर, फिर दुकान—घर के आगे खड़ी, आवाज़ मारती है)

जस्सो : लेखा!··· लेखा!

(देसराज बाहर आता है। स्वेटर पहना है। मूछें बड़ी, शौकीनी, ऐंठ)

देसराज : आओ जी, जसबीर जी।

जस्सो : लेखे को बुला दे ज़रा।

देसराज : लेखा भी आ जाएगा। कभी देसे से भी बात कर लिया कर।

जस्सो : कौन-सी बात?

देसराज : जो मरज़ी कर ले। मैं तैयार हूँ।

जस्सो : तेरे साथ राख करूँगी मैं? लेखा है घर कि नहीं?

देसराज : हाँ भई, अब तो मौज बन गई, हमारे न्यूटन की।

जस्सो : कैसी मौज?

देसराज : मैं भी स्कूल से निकल गया। बल्लो भी।

जस्सो : ढंग की बात कर।

देसराज : हमें पूनम से पूनम भी इस चाँद के दर्शन नहीं होते। न्यूटन साला, नित्त, मुट्ठियाँ भर-भर तेरी रोशनी लेता है।

जस्सो : तुझे हो क्या गया? सबेरे-सबेरे? नशे की गोली तो नहीं चढ़ गई, मग्ज़ को?

देसराज : भोली मत बन, जसबीर, मेरे सामने। बीस एक दिन गाँव से बाहर रहा था न्यूटन। जब फेल हुआ। लैला की तरह, सूखा छिलका बन गया था तेरा चेहरा। न्यूटन के डब्बू की तरह, तेरी हड्डियाँ भी खड़खड़ करने लगीं थीं। और जिस दिन उसे मास्टर आत्मा सिंह ढूँढ़कर लाया, शहर से, ढाबे पर बरतन माँजते को, आसमानों में उड़ रही थी तू। मैं समझ गया था भेद, दोनों का।

जस्सो : देसू, होश की बात कर। बदनाम मत कर हमें। फिजूल में। भाई है तेरा, लेखा।

देसराज : मेरा तो भाई है। तेरा क्या लगे?

जस्सो : चुप कर जा। कहीं और कुछ मत कहलवाना मेरे से। विंदरो मत समझना मुझे।—शरम कर। ब्याह होने वाला तेरा। गाँव की लड़की बाली छेड़ेगा, तो जूते खाएगा। जा, टैप सीख, जाके शहर।

देसराज : अच्छा भई, मत बना हमारा काम। यारों ने मिन्नत करनी थी। और कौन-सा ज़ोर है हमारा तेरे पर?

जस्सो : हट! अन्दर जाने दे मुझे।

देसराज : अन्दर नहीं है, सोहिनी। अगर अन्दर होता, उसको अब तक तेरी खुशबू नहीं आ जाती? सूँघते-सूँघते न्यूटन झट बाहर आ जाता। पूँछ हिलाता। लार टपकाता। **(साइकल की घंटी)** देख, वो बलवंत भी तेरी खुशबू सूँघता पहुँच गया।

बल्लो : चल भई, बारी दे। आज साइकल तुझे चलानी है। हाय हाय! आज तो जंसवीर के दर्शन हो गए। आज कॉलेज में किस कँजर का जी लगेगा।

जस्सो : क्यों? मेरे दर्शनों में बैंगन धरा है?

बल्लो : अरे कहाँ बैंगन जैसी कानी चीज़ का नाम ले दिया। अँगूर तो कहती।

देसराज : बिलकुल ठीक। अँगूर! जसवीर, तू तो अँगूर है।
(बाहर से लेखू आता है, हाथ में अँगूरों की बेल)

बल्लो : अँगूरों से बनी अँगूरी शराब।

देसराज : इश्क, हुसन और शबाब।

बल्लो : पिए जिसको कोई नवाब।

जस्सो : तुम्हारा दिमाग़ हो गया ख़राब।

लेखू : **(जस्सो से बस्ता छीनकर)**
तुम्हारे सिर मारूँ किताब
तुम्हारा निकल जाए पेशाब
छोड़ भागोगे देस पंजाब

देसराज : कीड़े, सम्भाल अपना गुलाब।

लेखू : जस्सो का बाप, पीट-पीट कर, तुम दोनों का, बना देगा—

जस्सो-लेखू : कबाब!

बल्लो : चल, ओए। मेरा पीरिएड मिस न हो जाए। हिसाब का प्रोफेसर बड़ी कुत्ती चीज़ है। हाज़री नहीं देता, अगर एक मिनट लेट हो

जाओ। बाई बाई, जसबीर।

देसराज : गुस्सा मत कर। मैं तो शुग़ल कर रहा था।

जस्सो : शुग़ल करना अब अपनी जोरू से। थोड़े दिन रह गए।

देसराज : मैंने सोचा, गौने की रिहर्सल कर लूँ, तेरे साथ।

बल्लो : चुप कर, ओए। कहीं लेने के देने न पड़ जाएँ। जसबीर, डोंट माइँड। प्लीज़! **(जाते हैं)**

लेखू : तू चुपचाप सुनती क्यों रही? मारती तो, चप्पल! खोलकर, थोबड़े पर।

जस्सो : मैंने सोचा, भाई है तेरा।

लेखू : भाई है, तभी तो मेरा जीना मुहाल किया है। शिकायतें लगावे, भाइया के पास हर वक्त।

जस्सो : स्कूल नहीं जाएगा?

लेखू : चलता हूँ अभी। कलम लगा लूँ।

जस्सो : किसकी?

लेखू : अँगूरों की बेल काट के लाया हूँ। तुम्हारे टूबल से।

जस्सो : लगी हुई तो थी पहले ही तुम्हारी बगीची में।

लेखू : हमारी बेल निकम्मी किस्म की है। तुम्हारी बेल को अँगूर ज़्यादा बड़े, ज़्यादा रसदार, ज़्यादा मीठे लगते हैं।

जस्सो : गुच्छा भी इतना-इतना बड़ा होता है। बीबी जी और भापा जी लाए थे, खरीदकर, पहाड़ से।

(लेखू कलम लगाता है)

लेखू : जिनस अच्छी सोचकर तो मैं लाया हूँ।

जस्सो : बेल दबाओ।··· यह क्या कर रहे हो?

लेखू : यह बूटा हैगा, बताशा आम का। गूदे समेत दबाई थी मैंने गुठली। अपने बताशा आम पर लगाऊँगा मैं तुम्हारे अँगूर की कलम। ठीक ठाक जुड़ गई, तो कैसे आम लगेंगे?

जस्सो : अँगूर लगेंगे।

लेखू : आम गेंगे।

जस्सो : अँगूर लगेंगे।

लेखू : आम लगेंगे।

दोनों : अँगूरी अंबियाँ लगेंगी।

जस्सो : पर जो तजरबा कामयाब न निकला?

लेखू : क्यों नहीं निकलेगा कामयाब? तू दिलावरी दे तो मैं कर दूँगा कामयाब।

जस्सो : मेरे दिलावरी देने से बूटे अपने फल तो नहीं बदल सकेंगे।

लेखू : बूटे कोई मूर्ख हैं? ज़रूर बदलेंगे अपने फल।

जस्सो : न्यूटन महाराज, बूटे का फल जड़ के मुताबिक जाता है। बूटा अपनी जड़ नहीं बदल सकता।

लेखू : कुदरत बड़ी अचम्बे भरी है, जस्सो। कलम लगाने से फल बदलेगा। उस फल की बदली हुई गुठली बीजो। नई गुठली, बदली हुई, नई जड़ बनेगी। नई जड़ नया फल देगी। इस तरह धीरे-धीरे, तू समझ, फल अपनी जड़ बदल सकता है। नए किस्म के फल इसी तरह नई जड़े जमाते हैं।

जस्सो : यानि, एक बच्चा अपने माँ-बाप को बदल सकता है। यानि, माँ जन्मी नहीं, बेटा छत पर।

लेखू : आग और धुँआ!

जस्सो : उलटी बात कहलवानी हो तो कोई लेखू को साई दे दे।

लेखू : **(कलम को)** जुड़ जाना, मेरी बिटिया। अँगूरी अम्बियाँ जमाना।

जस्सो : हमारे स्कूल से वापस आने तक जमा देगी।

लेखू : जवान होकर जमा दे। पर हों अँगूरी अम्बियाँ।

जस्सो : बुद्धू न्यूटन! एक फल के लिए अपनी जड़ बदलना असंभव है।

लेखू : मुश्किल तो होगा पर असंभव नहीं। देख **(हाथों, बाजुओं के इशारे करके)** यह हुआ मेरा डब्बू। यह हो गई उसकी पूँछ। डब्बू, पूँछ घुमा। शाबाश! अब जो पूँछ पूरा जोर लगावे, तो डब्बू को हिला सकती है। ऐसे! पूँछ ने कुत्ते को घुमा दिया। है कि नहीं? फल ने जड़ को बदल दिया।

जस्सो : पुत्र ने माँ को जन्म दिया!

लेखू : और क्या?

जस्सो : तेरा बस चले तो जो कुछ किताबों में लिखा है सब बदल डाले।

लेखू : नांह। साली अँग्रेज़ी के स्पैलिंग नही बदले जाते। कभी ऐस ऐच से श। कभी सी एच से श। कभी अकेली सी से श। कभी टी आई ई से श। कभी टी आई ओ से श। सालों का कोई सिस्टम नहीं बनता। एक बार मैंने गिने। सोलह तरीके हैं अँग्रेज़ी में श लिखने के। कोई रूल नहीं बनता। अँग्रेज़ी ने घुन बनकर आधा दिमाग़ खा लिया मेरा।

जस्सो : ओ हाँ, मैं तुझे बताने आई थी। अँग्रेज़ी छोड़। तेरी हिन्दी ने मेरे लेख बदल दिए, समझ।

लेखू : कैसे?

जस्सो : मेरे भापा जी बहुत खुश हुए।

लेखू : किस बात पर?

जस्सो : मैं गुरुद्वारा गई, संध्या को। प्रीतम कौर ने हारमोनियम बजाया। कृपाल सिंह ने ढोलकी। हमने तर्ज़ बना ली तुम्हारे गीत की।

लेखू : बना ली?

जस्सो : भापा जी हवेली खड़े थे। उन्होंने सुन ली। सुनकर आ गए वो भी। कहते, बहुत सुन्दर गीत है। बीबी जी याद आ गए उनको। आँखें भर आईं। जब मैंने बताया, लेखे ने गीत लिखा है, बड़े खुश हुए। कहते, लेखे जैसे पुत्त बहादुर रोज़ न जनतीं माएँ।

लेखू : शाबाश तुझे मिलनी चाहिए। सुर तो तेरा है।

जस्सो : शब्द तो तेरे हैं।

लेखू : शब्द और सुर—दोनों की कलम लग गई।

जस्सो : भापा जी मुझे कहते, गीत गाने की ट्रेनिंग ले ले। बाजा भी ख़रीद के देने लगे हैं।

लेखू : तर्ज़ सुना तो सही।

जस्सो : स्कूल चलकर सही।

लेखू : तू अभी सुना दे। अभी कहीं स्कूल जाने का टैम हुआ है। पहली बस भी नहीं गुज़री अभी तो।

जस्सो : न बाजा, न ढोलकी। संध्या को सही।

(यमुना पीछे आकर, एक मिनट रुककर, जाती है)

लेखू : वैसे ही सुना दे।

जस्सो : **(कागज़ से देखकर गाती है)**

"जो तेरा प्यार मिल जाये,
मैं अँबरों की छोह लूँ।
जो तू मोहित हो जाये,
मैं मुल्कों को मोह लूँ।"

लेखू : कमाल कर दी! लता मंगेश्कर निकली तू तो।

जस्सो : लता मंगेश्कर तो बुड्ढी है। मैं बुड्ढी हूँ?

लेखू : बुड्ढी नहीं। तू बापू की लाल गुलालो गुड्डी है।

जस्सो : और तू?

लेखू : मेरे बाप के चुने हुए शब्दों में, मैं हूँ, **(नकल उतार के)** "कौड़ी से खोटा, काला रीठा।"

जस्सो : लाल है तू, असली।

लेखू : हाँ, गाँव के ढेर कूड़े में सड़ता।

जस्सो : भापा जी हैरान हुए। कहते, मशीन हो या इंजन—तू, चलो माना, तू जोड़-तोड़ कर लेता है—और यह अब तू बेलों का, पौधों का, भी जोड़-तोड़ लगा है करने।—भापा जी हैरान हुए, तू कवि कैसे बन गया? न्यूटन से शेक्सपीयर कैसे बन गया?

लेखू : कवि छवि नहीं मुझे पता, क्या होता है। साइंसदान हो चाहे लेखक—मुझे तो दोनों एक जैसे जान पड़ते हैं। काम दोनों का तोड़ने और जोड़ने का ही है।

जस्सो : वो कैसे?

लेखू : इंजन मुरम्मत करने वाला अटकलपच्चू चलाता है। यह नट कस्सो, वो पुर्ज़ा बदलो। नहीं चला? दूजा बोल्ट बदलकर देखो। गरररर! चल पड़ा!—सब काम, तीर या तुक्का। काम में लगे रहो, ध्यान मगन। एक न एक दिन, तुक्का ज़रूर तीर बन जाएगा।

जस्सो : पर कविता तो अलग चीज़ है। हृदय से उपजती है। प्रभु की देन है।

लेखू : जस्सो, तूने तो हिन्दी के शास्त्री की तरह भाषण झाड़ दिया। ऊट-पटाँग कविता शास्त्री की। पल्ले किसी लड़की लड़के के पड़ती नहीं। पर वो समझता है अपने आपको महाकवि कालिदास! सरस्वती का जमाई!

जस्सो : सरस्वती की बेटी न सही। पर कविता तेरे नट-बोल्ट भी तो नहीं। जिसको तोड़-फोड़कर बंदा गीत लिख सके।

लेखू : कागज़-कलम लेकर बैठ जाओ, अकेले! यह लफ्ज़ लाइन में फिट नहीं हुआ? अच्छा। दूसरा लफ्ज लाइन में ठोको। नहीं तो, तीसरा। अपने आप कविता बन जाएगी।

जस्सो : कविता न हुई। तेरे लिए तो लोहार का, बढ़ई का, धंधा हो गया। **(खैरती लाल और यमुना पीछे आते हैं)**

लेखू : तो फर्क क्या है, इन धंधों में? लोहार लोहे को गढ़ता, ठोकता है। बढ़ई लकड़ी को गढ़ता, ठोकता है। उसी तरह, लेखक लफ्ज़ों को गढ़ता है, ठोकता है।

जस्सो : अच्छा, लफ्ज़ी लोहार जी, चलो स्कूल। नहीं तो हैडमास्टर आज फिर लेट लतीफों की कतार में खड़े करके बेइज्ज़ती करेगा।

लेखू : **(बसता उठाकर)** चल। **(गाता है)** "जो तेरा प्यार मिल जाए—

जस्सो : **(गाती है)** मैं अम्बरों को छोह लूँ।" **(जाते हैं)**

खैरतीलाल : यही कसर रह गई थी। यही उलटा काम बाकी था। वो भी शुरू कर दिया।

यमुना : यह छोकरी फिर फेल करा देगी। देख लेना तुम।

खैरेतीलाल : **(रुआँसा)** मेरे बाप-दादा ने कभी इश्क-मुश्क का काम नहीं था किया। हे कृष्ण मुरारी, क्या करूँ मैं इस छोकरे का? लहू पी लिया पिल्ले ने मेरा। किस कुएँ-खाई में गिराऊँ कंजर को?

यमुना : अभी संभाल ले। मेरे सिर कसूर मत मढ़ना। फिर कहे, बताया नहीं।

खैरेतीलाल : अगर जगीर सिंह को पता चल गया, वो हमें गाँव में बसने जोग नहीं छोड़ेगा।

यमुना : वो क्यों? क्या बातें करे तू? कसूर तो सारा है जगीरे की जनी का। मेरे पुत्र का क्या कसूर इसमें? बाँध कर बिठावे घर, वेश्या को।

खैरेतीलाल : लड़की को किसने कहना है? इलज़ाम तो या लड़के सिर या उसके बाप सिर।

यमुना : कैसे भला? मैं क्या जानती नहीं? कुल दुनिया को पता। माँ घर में है नहीं। दादी बेचारी को थोड़ा दिखे। बीमार रहे। अकेली बेटी। फारमों की मालिक। बाप कुछ कहता नहीं। दुलत्ती मार रही, आसमानों को। ऊसर झोटी की तरह।

खैरेतीलाल : यह लौंडा भी, रब्ब की मार है कोई। बैरागियों की कुतिया की तरह, जिसके चूतड़ों पर राख लगी देखी उसी के पीछे चल पड़ता है।

यमुना : तू नहीं जानता, आजकल की लड़कियों को। जबरदस्ती, भोले लड़कों को, फँसा लेती हैं। रुक सकें ये क्या? गरमी पड़ी है अन्दर। बनावटी घी खा खाकर, यही कुछ होगा। देसी घी थोड़ी खाया है। हमारी तरह। जो ठंडी रहें, अन्दर से।

खैरेतीलाल : मैं हैडमास्टर को बताकर आऊँगा। बेटा बचाए इस मर्दखानी से।

यमुना : जनने वाले को भी कहकर आओ।

खैरेतीलाल : जगीर सिंह से डर लगे। उलटी न करे।

यमुना : तो मैं कहकर आती हूँ।

खैरेतीलाल : तूने काहे को जाना है? मैं हैडमास्टर को कहूँगा तरीके से, जगीर सिंह को मेरी मिन्नत कर दो—छोकरी को किसी खूँटे बाँध, बेगाने गाँव।

यमुना : मेरा देसराज नहीं ऐसा। इस छोटू को पता नहीं क्या चक्कर लगा है? जितना छोटा, उतना तीखा।

खैरेतीलाल : यही तो खतरा है। मोटी धारवाले औज़ार से तो बँदा बच जावे। अँग पैर काटे जब, तो तीखा औज़ार ही काटे।

(अँधेरा)

दृश्य 7

स्कूल

जस्सो : मेय आई कम इन, सर?

हैडमास्टर : यस।

जस्सो : सस्सरीकाल जी।

हैडमास्टर : जसवीर, तू तो जवान हो गई! एकदम! कितनी बड़ी लगती हो!

जस्सो : जी, आपने बुलाया? बिंदरो कहती।

हैडमास्टर : तुम्हें बधाई देने के लिए।

जस्सो : जी, किस बात की?

हैडमास्टर : गिद्धा नाच की। स्कूल का नाम ऊँचा कर दिया तूने। सारे ब्लाक में पहले नम्बर पर आना।

जस्सो : बधाई दो जी लेखे को। उसने बोलियाँ चुनीं। नये टप्पे लिखे। या मेरी साथिनों को। जिन्होंने इतना अच्छा नाच किया, गाया।

हैडमास्टर : सुर तो सब से मीठा तेरा ही है।

जस्सो : अच्छे शब्दों के बिना, सुर कुछ नहीं कर सकता। लेखे ने···

हैडमास्टर : अपनी बड़ाई करनी भी सीख, जसबीर। अपने आपको किसी से कम नहीं समझना चाहिए। मुझे बहुत फ़ख़र है तेरे पर। स्कूल में सबसे बड़ी कमी थी जिस चीज़ की, वो तूने पूरी कर दी। लड़कियों की सिरताज है तू। सबसे अच्छी विद्यार्थिन। कला में भी। हुस्न में भी। लड़कों का भंगड़ा तो कई सालों से अच्छा रहा है पर लड़कियाँ बहुत शरमाती थीं। देहात में लड़कियाँ खुलकर बात नहीं करतीं। तूने तो वो कुछ कर दिखाया जो कॉलेजों की लड़कियाँ नहीं कर सकतीं।

जस्सो : असली मेहनत तो लेखे की है।

हैडमास्टर : तेरे भापा जी··· खुश हैं अब? सरपंची जीत कर, जगीर सिंह ने मुहिम फतह कर ली।

जस्सो : जी, भापा जी कहते, आपने भी दस बरस में गाँव का बहुत कुछ

सँवारा है।

हैडमास्टर : सँवारा तो बहुतेरा। पर बेकदरे हैं लोग। जल्दी भूल जावें सब। जगीर सिंह को भी तब पता चलेगा, जब लोग चाय में से मक्खी की तरह निकालकर, वो फेंकेंगे।

जस्सो : वोट तो आपको भी बहुत पड़े।

हैडमास्टर : चलो, कोई नहीं, मुन्नी। अपने लोग दग़ा दे जाएँ तो बंदा हारता ही है। मास्टर आत्मासिंह को छोटा भाई समझता था मैं, हमेशा। उसकी बहू को पंच बनवाया। मैंने कहा, जनानियों में से पंच बनना, सबसे ज़्यादा, इंद्रकौर डिज़र्व करती है। वही मेरे खिलाफ हो गई।

जस्सो : चाची जी भी आपकी बहुत सिफत करती हैं।

हैडमास्टर : चल, छोड़ ·· पुत्र, मैंने तुम्हें और बात के लिए बुलाया है।

जस्सो : जी, कौन-सी?

हैडमास्टर : सोहिनी तो तू सचमुच ·· जवान भी तगड़ी हो गई। शरीर भर गया ··

जस्सो : मैं जाऊँ, जी?

हैडमास्टर : उम्र कितनी अब तेरी?

जस्सो : सोलह पूरे हो गए जी, नवम्बर में।

हैडमास्टर : ब्याह कराने को दिल करता है?

जस्सो : नहीं जी।

हैडमास्टर : करता तो होगा। तेरी उम्र की लड़कियों का ·· दिल किया तो करता है।

जस्सो : जी, मेरा नहीं। आपकी बेटी बिंदरो का करता है।

हैडमास्टर : लेखू लड़का तो सुडौल है। यह कागज़ ·· पहचानती है तू?

जस्सो : यह आपके पास कैसे आ गया?

हैडमास्टर : तेरी मैथ्स की कापी से निकला है। कापी जमा कराने से पहले अपने मजनूं का प्रेम-पत्र तो निकाल लेती।

जस्सो : जी, यह तो गीत लिखा था, न्यूटन ने।

हैडमास्टर : **(मजनूं बनकर)** ''जो तेरा प्यार मिल जाए, मैं अंबरों को छोह लूँ।'' देगी तू प्यार?

जस्सो : लेखा कहता, उसने मास्टर आत्मासिंह को मन में रखकर गीत लिखा था।

हैडमास्टर : अच्छा? दूसरी लाइन भी आत्मासिंह को कही होगी। **(गम्भीर, आशिक बनकर)** ''जो तू मोहित हो जाये, मैं मुल्कों को मोह लूँ।'' —आत्मा सिंह को मोहित करना चाहवे तेरा मजनूं? या उसकी बहू

इंद्रकौर को?

जस्सो : मेरी सारी क्लास को पता है। गुरुद्वारिये की बहू, प्रीतम कौर···

हैडमास्टर : झूठ मत बोल, जसबीर। मैं सब समझता हूँ।

जस्सो : **(आँसू पोंछकर)** चिट्ठी नहीं, जी, यह। सच कहती हूँ मैं। गीत लिखा था लेखे ने।

हैडमास्टर : घबरा मत, जस! इस उम्र में ऐसे ही होता है। जवानी में अँधेरियाँ आया ही करती हैं। पर एक ग़लती की तूने। अल्हड़पन में अगर आशिक चुनना ही था तो कच्चा छोकरा नहीं चुनते।

जस्सो : **(रोती हुई)** नहीं, सर।

हैडमास्टर : लड़के झट बदनाम कर देते हैं। डरपोक होते हैं लौंडे। लेखू के दो थप्पड़ पड़ें तो वो सारा सच बक उठेगा। पुत्र, तू सँभल।··· शरीर तो कई कुछ माँगता है। इस पर रोक नहीं लग सकती। रिखी-मुनि भी काबू में नहीं रख सके, अपने अंग। बुरी भी नहीं यह चीज़। आख़िर जिन्दगी है ही स्वाद के लिए। पर बंदा, कुबंदा देख लिया कर। जसबीर··· **(परदे से)** जो बात को पेट में रख सके। समझ गई।

जस्सो : सर, मैं जाऊँ?

हैडमास्टर : तजरबेकार आदमी न आप ख़तरे में पड़ता है न लड़की को पड़ने देता है। बात को सोचना-समझना।

जस्सो : जी, अच्छा।

हैडमास्टर : तेरी गालों पर आँसू! जस, मैं हमेशा तुझे मुस्कराती देखना चाहता हूँ। मेरी बिंदर जैसी है तू मुझे। पढ़ाई में मदद चाहिए तो मुझे बता। वज़ीफा ले। कैरियर बना। मैं आप पढ़ाऊँगा तुझे··· अकेली को। महान बना दूँगा। इंदिरा गांधी बना दूँगा।··· जब दिल करे, यहाँ आ जाया कर। मेरे दफ्तर। बिना झिझक। अच्छा? **(जस्सो सिर हिलाती है)** पढ़ेगी मेरे से?

जस्सो : हाँ, जी।

हैडमास्टर : आज के बाद, लेखू से बात नहीं करनी। जा। छुट्टी बेला मिलकर जाना। तुझे अल्जबरा शुरू कराऊँगा। **(जस्सो गीत उठाती है)** लव लैटर रहने दे वहीं··· बड़े काम की चीज़ है। ऊधो को कह, लेखू को भेजे। **(जस्सो जाती है)** **(कागज से)** "जो तेरा प्यार मिल जाए, मैं अंबरों को छोह लूँ। जो तू मोहित हो जाए, मैं मुल्कों को मोह लूँ।"

(लेखू आता है)

लेखू : अन्दर आ जाऊँ, जी?

हैडमास्टर : तूने सरपंच की बेटी को छेड़ा?

लेखू : आपकी·· बिंदर को?

हैडमास्टर : **(थप्पड़ मारकर)** नए सरपंच की बेटी को?

लेखू : जस्सो को?··· नहीं जी।

हैडमास्टर : यह चिट्ठी? मैंने लिखी जस्सो को? या तेरे बापू ने?

लेखू : यह चिट्ठी नहीं, जी।

हैडमास्टर : बकवास बंद कर। मुझे चराने चले हो? मुझे क्या पता नहीं? प्रेम-पत्र क्या होता है?—बाप उसके ने शिकायत की है मेरे पास।

लेखू : चाचा जगीर सिंह कभी ऐसे नहीं कह सकते। उनको पता है यह गीत मैंने लिखा है। वो सुन चुके हैं। गुरुद्वारा जाके जस्सो ने··

हैडमास्टर : चालाक मत बन। छड़ी मार-मार के खाल उधेड़ दूँगा।

लेखू : जस्सो आपको बताकर गई है, अभी।

हैडमास्टर : अच्छा! एक सैकंड में लैला ने मजनूं को सिखा भी लिया।

लेखू : हैडमास्साब, आपको ग़लती लगी। जस्सो और मैंने कोई बुरा काम नहीं किया।

हैडमास्टर : ग़लती। **(छड़ी मारकर)** अब कह, ग़लती की है मैंने। बोलने का सलीका तुझे मैं सिखाता हूँ। ग़लत कहता हूँ मैं? झूठ बोलता हूँ मैं? बदमाश कहीं का। चिट्ठियाँ लिखे लड़कियों को। गीत लिख लिखकर पकड़ावे। कबीशर का जना। निकालता हूँ तेरी आशिकी-माशूकी। तुझे मैं भाई वीरसिंह बनाता हूँ। तुझे मैं अमृता प्रीतम बनाता हूँ।

लेखू : मेरे सामने पूछ लीजिए, जसबीर को।

हैडमास्टर : पुत्तर, मैं दोनों को सीधे करूँगा। दोनों को स्कूल से निकालूँगा। समझा क्या तुमने? यह स्कूल है या कँजरखाना?

लेखू : सच कहता हूँ, जी, मैं। मुझे अपने·· **(रोता है)** डब्बू की सौगंध।

हैडमास्टर : **(परदे से)** अच्छा·· देख·· अगर तू सच का सच बता देगा, तो मैं तुझे छोड़ दूँगा।

लेखू : काहे का सच?

हैडमास्टर : जसबीर और तू··? लेखू, बेटा, मैं जानता हूँ, तू भोला है, शरीफ है। बाप जैसा। तेरे पिता का हमेशा लिहाज किया है मैंने। तेरा नुकसान नहीं करूँगा मैं। असली बात मैं भी समझता हूँ। जगीर सिंह की बछेरी पर कुछ अलग-सी जवानी चढ़ी है। गाँव के कई बुजुर्गों ने ताड़ा है मुझे। अपना आप बचा, बेटा, तू! सच बता··

तुझे फँसाया? जसबीर ने?

लेखू : नहीं, जी।

हैडमास्स्टर : शरमा मत। कुछ किया-कराया भी तुमने? आपस में?

लेखू : **(रोता है)** नहीं सर··· जसबीर के भापा से पूछ लो।

हैडमास्स्टर : **(रुक के)** जसबीर का भापा! उसे बहुत पता? अंग मारे को? टुण्डी लाट है न साला। स्कूल मुझे चलाना है कि जगीरे ने? इस गीत से कौन नहीं समझता?··· तुम दोनों का इश्क का बुख़ार, 110 डिग्री तक पहुँचा हुआ है? पूछूँ मैं, जसबीर के भापड़े से? और साथ ही तेरे भापड़े से!

(जगीर सिंह आता है)

जगीर सिंह : क्या बात बेटा, तू रोता क्यों है? लेखे को झिड़का आपने?

(लेखू जाता है)

हैडमास्स्टर : आओ जी, सरपंच साहिब।

जगीर सिंह : सरपंची तो आपकी हुई, गुरमुखो। मुझे तो उतने दिहाड़े नहीं हुए जितने बरस आप सरपंची कर चुके हैं।

हैडमास्स्टर : मौके के अफसर हो। रौब तो मानना ही पड़ेगा।

जगीर सिंह : क्यों मख़ौल करते हो?··· हुक्म करो, कैसे याद फरमाया?

हैडमास्स्टर : ज़्यादा इधर-उधर की क्या हाँकनी है। सरदार जगीर सिंह, यह मत सोचना भई, मुझे सरपंची में हार दे दी तो मैं यों ही बदला निकाल रहा हूँ। खरैतीलाल को भी बुलाया मैंने। आता ही होगा। उसने मुझे कहा। आप भी मैं कई चिर से ताड़ रहा हूँ। मेरे से भला कौन-सी बात छुपी रह सकती है?

जगीर सिंह : गोली दागो भी। कि यों ही फोकट के फायर किए जाओगे? शरारत की कोई मेरी जसबीर ने? इधर-उधर की मत हाँको। साफ बात कहो।

हैडमास्स्टर : अगर ऐसा तो ऐसा ही सही। चाहे आपके टखने लगे, चाहे घुटने। ··· जसबीर··· यह तो मैं नहीं कहता··· वैसे तो सयानी है, भोली है··· बल्कि गिद्धा नाच सिखाया उसने लड़कियों को. . . पहला इनाम जीता··· खुश कर दिया सबको··· लो खरैतीलाल भी पहुँच गया।

(खरैती लाल आता है)

जगीर सिंह : आ भई, खरैती लाल। हैडमास्साब को हौसला दे। डर के मारे बात नहीं निकल रही, इनके मुँह से।

खरैतीलाल : डर काहे का? मैंने तो बल्कि आप बताया इनको।

जगीर सिंह : बात मैं समझ तो झट गया था। सोचा, ये अपनी ज़बान से कह दें।

हैडमास्टर : सरपंच साब, मेरी बात का गुस्सा मत करना। आपकी बेटी··· **(चुप)**

खैरतीलाल : और मेरा बेटा···

जगीर सिंह : कौन-सा बेटा? दो बेटे हैं तेरे। **(खैरतीलाल चुप है, हँसकर)** ओए, जनानी अपनी से भी पूछा? देसराज किसी और का तो नहीं?

हैडमास्टर : यह मौका मसख़री का नहीं, सरदार साब।

जगीर सिंह : तो रोने का सही, यार। क्यों, मेरी बिटिया ने लेखे को उलटा-सीधा सबक सिखा दिया?

खैरतीलाल : तू तो बेटीवाला है, सरपंच। सोच तू···

हैडमास्टर : तुम दोनों मेरी पोज़ीशन नहीं समझते। मैंने स्कूल चलाना है। मेरे स्कूल के लड़के-लड़कियाँ बिगड़ जाएँ अगर, सारे इलाके में बेइज़्ज़त हो जाऊँगा मैं···

जगीर सिंह : और तुम्हारा असेंबली का टिकट ठुस्स हो जाएगा। ठीक है?

हैडमास्टर : चलो, यह बात भी हैगी। पर इस वक्त तुम अपनी इज़्ज़त बचाओ।

खैरतीलाल : मेरा लौंडा तो ससुरा, पढ़ाई में पहले ही, माता का माल है। तब पिछले साल, भाग गया। बीस दिन रोटी नहीं खाई इसकी माँ ने। अब अगर मैंने पीटा मारा, फिर पता नहीं, क्या कर बैठे? मेरी मिन्नत है हैडमास्साब से, और सरपंच जी, आपसे। मेरे बेटे की छुट्टी कराओ, लड़की से।

हैडमास्टर : चंगा किया। बात साफ कर दी, तूने, खैरतीलाल। छुपना छुपाना क्या?

जगीर सिंह : बताओ फिर, क्या कहूँ भई मैं अपनी बिटिया को?

हैडमास्टर : है? सुना, खैरती? यह भी भला हमारे समझाने की बात है?

खैरतीलाल : अगर बाप कुछ नहीं कर सकता, तो काला चोर करेगा?

हैडमास्टर : जसबीर को तुम समझाओ, अन्दर घुसकर। खैरतीलाल, लेखू को तू कह। मैं भी समझाऊँगा।

जगीर सिंह : **(हँसकर)** अगर मेरी बिटिया न मानी?

खैरतीलाल : हद हो गई, यार। लड़की है कि इल्ल-बला? पीछे पड़ गई मेरे भोले बच्चे के।

जगीर सिंह : सुनो, भाइयो। मेरी है इकलौती बिटिया। मेरे लिए दुनिया में जसबीर से बढ़कर कोई नहीं। मुझे इस मामले में सरसों के दाने जितनी शरम नहीं। जसबीर जो आज कहे, मेरा ब्याह कर दो,

फलाँ लड़के से, मैं झट कहूँगा : बेटा, कर ले।—बहुतेरा ज़माना बदल रहा है। अगर मेरी बेटी ने—और किसी लड़के ने—अपने आप शादी का फैसला कर लिया, तो ऐटम बम नहीं गिरने लगा, स्कूल पर।

हैडमास्टर : लो सुन लो, खरैतीलाल! ये तेरे सामने की बातें हैं। कभी ऐसा बाप भी देखा है? जो आप बेटी से कँजरपना कराए?

जगीर सिंह : मुँह सम्भाल कर बात कर, ओए! कंजरपना! कंजरी कहा तूने मेरी जसवीर को? तुझे पूछ ही लूँ आज। तेरी तो दिया·· **(गले से पकड़ लेता है)**

खरैतीलाल : जगीर सिंह, ठंडा हो भई।

हैडमास्टर : मैं! मैं स्कूल से निकाल दूँगा।

जगीर सिंह : ज़िन्दा नहीं छोड़ूँगा मैं।

खरैतीलाल : हटो इधर! सरपंच जी!

हैडमास्टर : मैं थाने रिपोर्ट करूँगा। आज ही। पब्लिक सरवेंट पर हमला। दफा तीन सौ··

जगीर सिंह : दफा तो तेरी मैं सारी निकाल दूँगा। कुत्ता साला! सरपंची छिन गई तो मेरी बेटी को बदनाम करने लग पड़ा। तू जानता नहीं सूबेदार जगीर सिंह को। बन्दूक वाला बाजू मेरा चलता है अभी। कनपटी में से गोली आर-पार कर दूँगा। बड़ी हद, फाँसी लग जाएगी। चलो, दो साल कम जी लूँगा। पर तेरा काँटा निकाल के जाऊँगा।

हैडमास्टर : निकल मेरे दफ्तर से।

जगीर सिंह : दफ्तर तेरे बाप का? सरकारी स्कूल है।

हैडमास्टर : मैं देख लूँगा तुझे।

खरैतीलाल : यह बात तो बुरी हुई। यारो, मुझे पता होता जो, तुम्हारी लड़ाई हो जाएगी··

जगीर सिंह : लड़ाई तो इस कुत्ते के पुत्तर ने आप शुरू की। मुझे मालूम था, चुनाव की हार का यह बदला निकालेगा। मेरी बदख़्वाही चाहे कितनी मरज़ी कर। साले, बच्चों को तो बख़्श देता।

हैडमास्टर : मैं बदला नहीं लेता। बीस वोट से हार भी कोई हार होती है।

खरैतीलाल : कौन से नछत्तर में मैं शिकायत कर बैठा, आपके पास!

हैडमास्टर : डिसिप्लिन के बग़ैर, स्कूल··

जगीर सिंह : डिसिप्लिन तुझे अभी सूझा, हरामी? पिछले साल जब भुंगरनी वाली मास्टरनी के साथ मुँह काला करते पकड़ा तुझे, तेरी रांड ने, तब डिसिप्लिन नहीं सूझा तुझे? तेरी जनानी ने आप सारे गाँव में ख़ाक उछाली तेरी। बदली करवाकर साँस ली। हमारे से बातें छुपी हैं?

हैडमास्टर : तूफान मत तोल। खरैतीलाल, बकवास है सब।

खरैतीलाल : अच्छा, छोड़ो बात को। हैं, बताओ। राई से पहाड़ बन गया।

जगीर सिंह : करना सही तू बात फिर, मेरी बेटी के बारे में। गला काटकर वो फेंक दूंगा।

हैडमास्टर : आई से, गैट्ट हाउट!

खरैतीलाल : जगीर सिंह जी, मिन्नत है मेरी।

हैडमास्टर : ऊधो!!!

(इंदो भागी आती है)

इंदो : सरदार जी!

जगीर सिंह : क्या हुआ?

इंदो : दौरा पड़ गया!

जगीर सिंह : आत्मा सिंह को?

खरैतीलाल : दिल का दौरा?

हैडमास्टर : हार्ट फेल?

जगीर सिंह : कहाँ है?

खरैतीलाल : हे माता रानी!

हैडमास्टर : तभी आज नहीं आया?

इंदो : **(जगीर सिंह को)** छाती में दर्द है, तेज़।

जगीर सिंह : दौड़! तैयार हो! मैं ट्राली लाता हूँ। हस्पताल ले चलें, छावनी। **(भागकर जाता है)**

इंदो : भला हो आपका! जल्दी!

खरैतीलाल : हे वैष्णो माता! कैसी-कैसी बीमारी होने लगी! मैं देखता हूँ, मास्टर को। **(जाता है)**

हैडमास्टर : इंद्रकौर, रुक ज़रा। मै भी चलता हूँ। बहुत भारी अटैक है?

इंदो : पसीना-पसीना पड़े हैं।

हैडमास्टर : हौसला रख। यों तो सत्त करतार सरबत का भला करता है। पर अगर कहीं बुरी-भली हो जाए, एक बात याद रखना। सुरजीत सिंह सिद्धू हमेशा तेरी सहायता करेगा। स्कूल में नौकरी लगवा दूँगा मैं। माई के बारे में लिखा हुआ है, सरकार को। लड़कियों का ध्यान रखने के लिए। **(कंधे पर हाथ धरके)** अभी तेरी उम्र भी कुछ नहीं।

इंदो : इस वक्त, सरदार जी, मुझे तुम्हारी माई बनने की ज़रूरत नहीं। इस वक्त मुझे चाहिए, अपने मर्द की—ज़िंद जान! **(हाथ झटक के जाती है। हैडमास्टर खड़ा देखता रहता है)**

(अँधेरा)

दृश्य 8

लेखू का घर : दुकान

(छः महीने बाद। देसराज खड़ा चाय पी रहा है)

देसराज : शीलो! तुझे कहा, साइकल साफ कर दे। सुनती ही नहीं?

शीलो : **(अंदर से)** जी, आती हूँ।

देसराज : अगर यह कबाड़ ले ही आई तू, इसको कपड़ा तो मार दिया कर।

शीलो : किया तो था साफ मैंने।

देसराज : थप्पड़ खाएगी मेरे से। यह साफ किया? धूल देख तो।

शीलो : यही डंडा रह गया एक। **(कपड़े से साफ करती है)**

देसराज : बड़ा अक्लमंद निकला तेरा बापू। कौन साला आजकल साइकिल देता है दहेज में। लोग कारों की सोचते हैं। और उन बनियों ने उठाकर साइकिल माथे मार दिया हमारे।

शीलो : आप खरीद लो मोटर साइकिल। मैं गहने बेच देती हूँ।

देसराज : पास रख तू गहने अपने। सुनावे मुझे गहने। मैं तो बात करता हूँ, यों ही। साइकिल चलाने वाले का भला रौब बनता है? आजकल दफ्तर में?··· पैसा मेरे पास बहुतेरा हो जाएगा। मैं वो जोरूदास नहीं जो जनानी की कमाई खावें।

शीलो : मैं कमाई काहे की करूँ? अल्जबरा जुमैट्री ले डूबे। नहीं तो मैं दसवीं में पास ज़रूर हो जाती और नौकरी कर लेती।

देसराज : रहने दे तू अब। तेरी नौकरी की ज़रूरत नहीं हमें। तू घर का काम कर ले तो थोड़ा? देसराज आप कमाई करेगा। कचहरी में बाबू बनना मामूली बात है? कचहरी में तो लोग ज़बरदस्ती नोट पर नोट जेबों में ठूँसते हैं।

शीलो : रिश्वत लेते हो आप?

देसराज : रिश्वत काहे की? उलटी पड़ रही है।

शीलो : अगर पकड़ लिया आपको?

देसराज : पकड़ना किस मेरे बाप के साले ने? कौन अफसर है जो रिश्वत नहीं लेता? ऐम.एल.ए., मिनिस्टर··· बता मुझे, कौन महात्मा गांधी का बेटा है? सब लगता दाँव लगावें। देखना तू, सीट भी वो मिली मुझे, बेशक सौ रुपए बटोर लो एक दिन में। छः महीने में न कोठी बनाई शहर में तो मेरा नाम देसराज अग्रवाल नहीं।

शीलो : मेरी दादी कहा करती थी, भगवान दूध का दूध, पानी का पानी कर देता है।

देसराज : मरघट में गई, तेरी दादी।

(पीछे मन्दिर से यमुना आती है)

यमुना : री छोकरी, शरम हया कर कुछ। महाजनों की बहू बेटी। लगी तू गाँव बीच बैठ के लड़के संग बातें करने।

शीलो : **(हँसकर)** माँ जी, लड़का कौन? इनके साथ भी बात न करूँ मैं?

यमुना : दाँत निकाले आगे से। भली-बुरी जगह तो देख लिया कर। सबके सामने हिड़हिड़, हिड़हिड़। हर बेला।··· देख ले, देसराज, फिर तू कहेगा, बोलती है।

शीलो : माँ जी, इन्होंने बुलाया था मुझे, अंदर से।

देसराज : अच्छा, जा। बच्चा बूढ़ा भी देख लिया कर। तेरे भले की कहे।

यमुना : अपने भाइया के लिए काढ़ा बना। सोंठ मुलट्ठी डाल के। कहता, दर्द है जोड़ों में।

(शीलो जाती है)

देसराज : कब्ज़ बता रहा था।

यमुना : बेटा, आज शाम को अटकना मत, शहर में। सीधा आ जाना घर। तेरा भाइया डरा हुआ है।

देसराज : भला भाइये को डरने की क्या ज़रूरत? तुझे कहा, बल्लो ने मुझे सारी बात बता दी। लेखू का कुछ नहीं बिगड़ेगा। **(लोटा, दातुन पकड़े खरैती स्कूल की तरफ से आता है। कमर पर अँगोठा। जनेऊ कान पर)**

यमुना : जस्सो रँडी ने मेरा बेटा दागी कर दिया।

देसराज : गोलियाँ लाऊँ शहर से, भाइया?

खरैतीलाल : किसलिए? ख़ामख़ा पैसे गवाएँ? देसी इलाज करेंगे कोई।

देसराज : ताऊ छज्जूमल वाली बीमारी लगे तुझे।

यमुना : बैठक का काम जो हुआ। काढ़ा बनाती हूँ मैं।

देसराज : बहुत फिक्रों में मत पड़, भाइया। हैडमास्साब सिर्फ जसबीर को स्कूल से निकालना चाहते हैं। लेखू की कोई बात नहीं।

खैरेतीलाल : है साला भले का ज़माना? छः महीने हो गए। ख़त्म ही नहीं होता झगड़ा। लगती तो है जगीर सिंह की और हैडमास्टर की। सरपंची के पीछे। बदनाम करने लगे हैं मेरे बेटे को।

यमुना : चुटिया काट दे, ऐसी छिनाल की। आए सही अब मेरे घर।

देसराज : तेरे घर राख आएगी। रोज़ दोनों मास्टर आत्मा सिंह के घर मिलते हैं। उसकी सेवा करने के बहाने। इश्क करना सिखावे दोनों को, मास्टर।

यमुना : इंद्रदेई नहीं मना कर सकती?

खैरेतीलाल : ओए जाने दे तू इंद्रड़ देवी को। अब बातें कहलवाती मेरे से। **(इधर-उधर देख के)** मुझे हैडमास्टर ने आप बताया सब कुछ। गुरुद्वारे, दातुन करते को। कहता, ख़सम मरने लगा। स्कूल आई। उस पर डोरे डाल रही थी। भई, स्कूल में नौकरी दे दो। माई बना लो अपनी।

यमुना : अच्छा?

खैरेतीलाल : जो आप बदमाश हो, वो लोगों के बेटे-बेटियों को भी यही सिखाएगी।

यमुना : बातें तो बहुतेरी सयानी करे। चपड़-चपड़। भगतनी बने, माता की।

खैरेतीलाल : पाखंड करे साली।

देसराज : बल्लो तो कहता था··· इंदो की···

यमुना : क्या?

देसराज : बोला, जगीर सिंह की इंदो संग बातचीत है।

यमुना : ऐसा? भई ज़नानियों को नहीं पता चली यह बात अभी। नहीं तो, गाँव से, कोई न कोई औरत मेरे कानों ज़रूर फूँक मार देती।

खैरेतीलाल : होगी, ज़रूर होगी। पंच से सरपंच बनाया जगीर सिंह को। हैडमास्टर को नीचे उतार कर। यारी होगी ज़रूर।

यमुना : बचा ले, माता रानी! कलियुग आया कि नहीं!

खैरेतीलाल : आदमी का पूत होवे बंदा, तो सोहिनी ज़नानी पर ऐतबार न करे।

देसराज : तुम लेखू को अब जसवीर से अलग रखो। बल्लो और उसके भापा का यही कहना है। कहता, जड़ उखाड़ दूँगा। पूरे सूबे से। बेटी की ख़ाक उछाल दूँगा। बसाने वाला नहीं मिलेगा कहीं।

खैरेतीलाल : अब तो और बेशरम हो गई। गाती है। नाचती है। परसों, कहते, डल्लेवाल, नाच-नाचकर बड़ा रंग लगाया। कहते, सीटियाँ मार रहे थे, मुस्टंडे शराब पीकर।

यमुना : कँजरी बन गई! वेश्या! बेटी-बहनों के काम हैं ये?

देसराज : तुम फिक्र मत करो। मैं आप ही सम्भाल लूँगा।

खैरतीलाल : वक्त से पहले आ जाना ज़रा आज। जगीर सिंह कहे, आज ख़त्म करके हटूँगा बात को। पीपल के नीचे। गाँव के इकट्ठ के सामने। ··भई, या तो मेरी बेटी को स्कूल में फिर से दाख़िल कर, दसवीं में। नहीं तो, मैं केस करूँगा, कचहरी। कहे, मनिस्टरों तक पहुँचाऊँगा, बात। बोला, नौकरी से निकलवाऊँगा, हैडमास्टर को।

देसराज : नौकरी से तो जगीर सिंह का बाप नहीं निकलवा सकता। बेटी की ज़िंदगी ज़रूर खराब करवाएगा।

यमुना : देख तो, क्या सियापा डाल लिया, गाँव में। बैठे-बिठाए। रँडी वोट के पीछे।

खैरतीलाल : बड़ों की लड़ाई, बच्चों के गले आई।

यमुना : अंदर से नहीं निबटा सकते थे भला?

देसराज : बल्लो तो कहता··· मेरे बड़े यार बन गए हैं। कॉलेज के शराबी-कबाबी। जितने भी हॉकी-फुटबाल के खिलाड़ी हैं। कँवर मंगल सिंह जसवाल के चेले-चाँटे। कहे, सभी मेरे सुलफे के साथी हैं।

यमुना : सुलफा पीने लगा?

खैरतीलाल : सिग्रेट, बीड़ी तो कई बार मेरे से भी खरीदी है। कहे, चाचा, बताना मत किसी को।

देसराज : बहन जैसा है। बाप से आँख बचा के सब कुछ कर लेता है। (**गला कटने का इशारा करके**) बोला, अगर जगीर सिंह ज़्यादा अकड़ेगा, मैं काट लगवा दूँगा।

यमुना : हैहा मुझे! कत्ल करा देगा?

खैरतीलाल : देखा! कहाँ पहुँच गई बात।

यमुना : माता रानी सुख रखे। बल्लो तो गुण्डा बन गया।

खैरतीलाल : बाप की पाठ करते जबान नहीं थकती।

यमुना : अच्छा किया तूने। देसराज को कॉलेज में दाखिल नहीं होने दिया। नहीं तो यह भी बिगड़ जाता।

देसराज : बिगड़ने वाली शक्लें और ही होवें।

खैरतीलाल : बल्लो और बल्लो का बाप, कुछ भी कहते रहें। हम किसी बात में नहीं आएँगे।

यमुना : और क्या? आपस में फँसें! मरें! हमने बीच में क्या लेना?

खैरतीलाल : साँझ को यही बात करेंगे। हमें इस मामले से बाहर रखें। और हमें कुछ नहीं चाहिए।

यमुना : **(धीरे से)** बल्लो आ रहा है।

खैरतीलाल : अच्छा, जा।

(दोनों अंदर जाते हैं। बल्लो दाखिल होता है)

देसराज : चल भई, दे बारी।

बल्लो : नांह! आज साइकल तू ही चला।

देसराज : क्यों?

बल्लो : आँखें नहीं खुलतीं।

देसराज : गोली सवेरे-सवेरे मिल गई कहीं से?

बल्लो : नहीं यार, आज अमृत बेला जसबीर टकर गई। बढ़इयों की गली में। बोली मार कर गई।

देसराज : कैसी?

बल्लो : करमसिंह बढ़ई के कुत्ते को कहती, **(नकल उतार कर)** ''कुत्ते! सूँघता क्या है? सीधा चला चल। चुप करके। ठुड्डा मार के कमर तोड़ दूँगी।''

देसराज : काँग्रेचूलेशन्ज़! साले, बहाने से बात तो की।

बल्लो : मेरे से नहीं, कुत्ते से।

देसराज : एक ही बात है, यार।

बल्लो : भापा मेरा भी ख़राब आदमी है। सुपुत्र अपने का भला नहीं सोचता।

देसराज : क्या हुआ?

बल्लो : आपन सोचते थे, जसबीर दसवीं करके कॉलेज में पढ़ेगी। रोज़ मुलाकात होगी। ख़िला-पिला कर, इश्क-माशूकी में फँसावेंगे।

देसराज : खिलाने-पिलाने योग तो अब मैं भी हो गया हूँ।

(लेखू आता है, अन्दर से)

बल्लो : चल तू भी सही। बाँट खाए, खाँड खाए। पर यार, भापा मेरे का दिमाग़ ख़राब हो गया। कहता, जसबीर को दसवीं नहीं करने दूँगा।

(साइकल पर चढ़ते हैं)

देसराज : हाय हाय! हमारी जसबीर!

लेखू : ओए, हाय-हाय फिर बकना। रोटी पकड़ ले पहले।··· भाभी, ले आ।

देसराज : रहने दे तू रोटी।

बल्लो : और कुछ थोड़ा शहर में खाने को?

लेखू : जूते?

बल्लो : मुरगे! भुने हुए!

देसराज : पैसे चाहिएं खीसे में। आम खाओ चाहे अँगूर!
(जाते हैं)

लेखू : सिर चाहिए सलामत। चप्पल खाओ चाहे सैंडल!
(शीलो डिब्बा पकड़े आती है)

शीलो : चले गए?

लेखू : भाभी, तू यों ही मत तड़पा कर। खा लेगा होटल में।

शीलो : धूल-राख शहर से खाके आवे। फिर पेट पकड़े बैठा रहे। सारी रात। बाप की तरह।

लेखू : काटूँ-चीरूँ तो बहुत करे, खाते वक्त।

शीलो : जिसने अबा-तबा बाहर से खाके आना हो, उसे घर का कुछ स्वाद लगेगा?

लेखू : नन्हा थोड़ी अब? जो अपना ख्याल आप नहीं रखेगा? तू क्या कर सके?

शीलो : मैं क्या कर सकूँ? मिन्नत ही।

लेखू : एक बात आज कहूँ, भाभी?

शीलो : कौन सी?

लेखू : अगर तेरी सास और तेरा ससुर, ऐसे ही तुझे ताने देते रहे, और तू चुपचाप सुनती रही, तेरा इस घर में जीना हराम हो जाएगा।

शीलो : चलो कोई नहीं। कह लिया तो क्या हुआ?

लेखू : मुझे क्या? तू ही दुःखी होगी।

शीलो : **(हँसती)** मेरे सास-ससुर, तेरे कुछ नहीं लगते?

लेखू : भाभी, मैं सोचता हूँ, जिस तरह बूटे की कलम लग जाती है, उसी तरह बंदों की कलम नहीं लग सकती?

शीलो : किस तरह?

लेखू : मैं जस्सो के टूबल से अँगूरों की बेल काट कर लाया। उसकी कलम लगाई। अपने सिंधूरी आम के साथ।

शीलो : लग गई कलम? सच? दिखा।
(दुकान में से होकर बगीची में आते हैं)

लेखू : देख? लग गई कि नहीं? कई बार सूखी, फिर लगाई। फिर सूखी। हार मैंने भी नहीं मानी।

शीलो : वाह वाह! सच में लग गई यह तो।

लेखू : अँगूरी अंबियाँ लगेंगी।

शीलो : करामात कर दी तूने, लेखराज।

लेखू : मैं कई बार सोचता हूँ : अगर मैं जन्मता खरैती लाल-यमुना के घर, पर मुझे कलम लग जाती आत्मासिंह-इंद्रदेई की। मैं दुनिया का महान आदमी बन जाता।

शीलो : सीधा क्यों नहीं बोलता? तू मास्टर आत्मासिंह का बेटा बनना चाहवे।

लेखू : नहीं। ऐसे भी बात नहीं थी बननी। मास्टर जी में भी कई कमियाँ हैं।—दिमाग बहुत है। स्वभाव बड़ा चंगा। कभी मुझे किसी चीज़ से बर्जा नहीं। एक बार पीठ पर थपकी दे दें, बबर शेर बन जावे आदमी।

शीलो : कमी कौन सी? मुझे तो कोई बुराई नहीं दिखी। जब से मैं ब्याही आई हूँ, बेचारे! एक दिन राज़ी, दस दिन बीमार।

लेखू : यही तो बात है। नौकरी से पैसा बचाया नहीं। किताबों के ढेर, खरीदे बैठा है। चल, बहस पर बहस। चल, लफ्ज़ पर लफ्ज़। या ताश खेल छोड़ी··· अब जो पैसा होता पास, किसी चंगे शहर जाके इलाज करवाता।

शीलो : यह बात तो तेरी मानी।

लेखू : ताऊ छज्जूमल की ज़िन्दगी का—और मौत का—अब पूरा मतलब समझ आया मुझे।

शीलो : ताऊ छज्जूमल?

लेखू : हाँ। तमाम ज़िन्दगी ताऊ ने, दुकान पर बली चढ़ा दी। कभी धेला नहीं था खर्चा। रास्ते में कहीं रस्सी का टोटा दिख गया, उठाके खीसे में डाल लिया। लीरो-लीर हो जाए कुरता, उतारना नहीं। न बेटा, न बेटी। सारी उम्र साँप बना रहा। कुंडली मारके, पैसे के ऊपर बैठा रहा फन उठा के—और जिस दिन मरा? मेरे कँजूस बाप ने, सूम खरेती लाल ने, ऊपर कफन भी ढंग का नहीं डाला। अरथी पर दोनों पाँव वैसे ही नंगे। फटी बिवाई! उँगलियों पर गाँठें!—चौथी में पढ़ता था मैं, जब ताऊ मरा।—उस दिन से—वो अरथी! वो मुर्दा छज्जूमल! बिवाइयाँ! गाँठें! और उसकी ज़िंदगी भर की कंजूसी! —पता नहीं क्यों?—मेरा दिल ख़ौफ खा गया! मैं दहल गया! ताऊ जैसा इस जगत में आया, जैसा नहीं आया। मैंने कसम खाई : मैं छज्जूमल नहीं बनूँगा। मरूँगा, तो ज़िंदगी में, कुछ करके मरूँगा। जून बिरथा नहीं गँवाऊँगा। मास्टर आत्मासिंह से यही सीख मिली मुझे।—ज़िंदगी में कोई बेहतर काम करूँ। साइंस हो चाहे कविता। मशीन हो चाहे गीत। मेरा किया काम रहती

दुनियां तक ज़िंदा रहे! —लेकिन एक तरह से, छज्जूमल भी बनना चाहिए, बंदे को। खरैतीलाल भी बनना चाहिए। पैसे के बिना भी इन्सान तंग होता है। परेशान होता है। पैसे के बग़ैर, न साइंस का तजरबा चल सके, न कविता, न गीत।

शीलो : गीत के वास्ते पैसा?

लेखू : गीत मैंने लिखे। जस्सो के बाप के पास पैसा था। उसने बेटी को बाजा ख़रीद दिया। मास्टरनी रख दी। न होता अगर पैसा, जस्सो ने भोंदू रहना था। मेरी तरह।

शीलो : क्यों, तुझे काहे का घाटा? हमारे पास कौन सी शै नहीं? तू मुझे बता। क्या खरीदना है?

लेखू : तुझे क्या बताऊँ, भाभी।

शीलो : बताएगा क्यों नहीं?

लेखू : मैंने तो तेरी बात का जवाब दिया है। खरैतीलाल सूम में भी कई गुण हैं। मास्टर की तरह सपनों की दुनिया में नहीं रहता। लफ़्ज़ों के ताने-बाने में नहीं फँसता।

शीलो : पैसे चाहिए तुझे?

लेखू : तेरे ससुर से बीस रुपए माँगे। अपने तजरबे के वास्ते। सौ गाली निकाली। साथ में तेरी सास ने। तेरे ख़सम ने भी टके जैसा जवाब दे दिया।

शीलो : मेरे से ले ले। मेरे पास हैगे। उस दिन मेरा मामा देकर गया। छुपा कर रखे मैंने।

लेखू : नहीं, तेरे से नहीं लूँगा।

शीलो : मेरी सौगंध तुझे।

लेखू : लेखराज अग्रवाल मुफ्त में कोई चीज़ नहीं लेता!

शीलो : अच्छा बाबा, मुफ्त में नहीं देती। बड़ा होकर लौटा देना मुझे।

लेखू : बड़ा? अब मैं मेमना हूँ? मैं अं अं ऽऽ···

शीलो : बावले, मेरा मतलब था, नौकरी लगेगी जब तेरी।

लेखू : तेरे से नहीं लूँगा।

शीलो : **(रुआँसी)** मैं जसबीर से भी बुरी हूँ?

लेखू : जसबीर और तू—तुम दोनों—अगर कलम लगकर, एक बन सकतीं, तो···

शीलो : अकेली को क्या हुआ है मुझे? बड़ा निर्मोही है तू। छः महीने हुए यहाँ आई को। तेरे घर में किसी ने भी मुझे पसंद नहीं किया। **(सुबकती है)**

लेखू : भाभी! कमाल कर दी तूने तो? रोने क्यों लगी? मैंने कब कहा, तू मुझे चंगी नहीं लगती? हँस रहा था मैं तो। तेरे आने से बल्कि मैं घर में ठहर गया। नहीं तो, पहले की तरह, मैं घर छोड़कर कब का भाग गया होता।

(आत्मा सिंह के घर से जस्सो आती है)

शीलो : कलम लगाने? लड़कियों की?

लेखू : मख़ौल मत उड़ा, भाभी। इन्सानों की कलम लगाना—तू समझती नहीं बात मेरी?

शीलो : खरैती लाल और आत्मा सिंह की कलम! यमुना और इंदो की कलम! शीला और जस्सो की कलम! तेरी बातें कुल दुनिया से अलहदा हैं।

लेखू : भाभी, बात करे बन्दा तो अलहदा करे। देसू की तरह, अगर मैंने भी खरैती लाल की कार्बन कापी बनना था, छज्जूमल की कार्बन कापी बनना था, तो मुझे पैदा ही नहीं होना चाहिए था।

जस्सो : बड़ी प्यार भरी बातें हो रही हैं देवर-भौजाई में?

शीलो : भौजाई कुछ लगती ही नहीं देवर की?

लेखू : आ, जस्सो। कैसा हाल है मास्टर जी का?

जस्सो : चाची जी कहते, गोलियाँ ला, शहर से।

लेखू : अभी जाता हूँ। पकड़ा पर्ची। **(पर्ची और पैसे पकड़ाती है)**

शीलो : बहुत खराब है तबीयत?

जस्सो : मना करते हैं बल्कि। कहते, अब दवा लाने का कोई फायदा नहीं। भापा जी तो आप जाने को तैयार थे पर चाची नहीं मानती। बोली, हालत नाजुक है। भापा जी पास बैठें तो ही अच्छा।

लेखू : मैं शहर गया कि आया। चुटकी में।

जस्सो : हाँ, सच लेखराज, उस चिट्ठी का जवाब आ गया।

लेखू : कौन सी चिट्ठी?

जस्सो : जो महीना एक हुआ मास्टर जी ने लिखी थी? टेलिवियन सैन्टर को?

लेखू : तेरे बारे में?

जस्सो : तेरे बारे में और मेरे बारे में।

लेखू : क्या कहते?

जस्सो : लिखा है, आ जाओ। प्रोग्राम पेश करो।

लेखू : सचमुच? कितना लम्बा?

जस्सो : आधा घण्टा।

लेखू : इतना? झूठ बोले तू...

जस्सो : तेरी सौगँध। चल, पढ़ ले। मास्टर जी के सिरहाने पड़ी। अँगीठी पर।

लेखू : मास्टर जी कमाल हैं!

जस्सो : तेरे शब्द...

लेखू : और तेरा स्वर!

शीलो : मुझे भी साथ मिला लो।

लेखू : गाने में?

जस्सो : मिल जाओ।

शीलो : गाना कहाँ आवे मुझे।

जस्सो : और किस बात में?

शीलो : पढ़ाई में। सिर्फ अल्जबरा जुमैट्री में फेल हुई थी मैं। लेखराज, अगर तू मुझे हिसाब सिखा दे, मैं दसवीं का दाख़िला फिर से भेज दूँ।

जस्सो : भाभी, तुझे कहाँ ज़रूरत पड़ गई, दसवीं की?

शीलो : चित्त खीझ उठता है कभी-कभी मेरा, अपने आप से। अगर मैं नौकरी करती, किसी की मुहताज तो न रहती।

जस्सो : बहुतेरी रिश्वत लेवे देसराज, मैंने सुना।

लेखू : चंगा, भाभी। तू भी क्या याद रखेगी देवर को। अल्जबरा जुमैट्री तुझे मैं पढ़ा दूँगा।

शीलो : चंगा।

लेखू : पर फीस देनी पड़ेगी।

शीलो : ले ले फीस। जो मरज़ी।

लेखू : निकाल रुपए। मैं चुम्बक लाऊँ।

शीलो : अभी ले। **(जाती है)**

जस्सो : बहुत मुश्किल हैं, तेरे तजरबे?

लेखू : मुश्किल? तजरबे? नहीं। जस्सो, नया काम करना हो, तो काम मुश्किल नहीं होता। नई ईजाद करनी हो, तो ईजाद मुश्किल नहीं होती। मुश्किल होते हैं—लोग। रुकावट बनते हैं—माँ, बाप, भाई, दोस्त, मास्टर। अब देख! यह कलम लगाई मैंने। इसमें मेरा कौन-सा ज़ोर लगा? एक बार बूटा बीज दो। फिर वो अपने अंग आप बढ़ावेगा। यही बात दूसरे तजरबों की है। लेकिन लोगों का क्या करो तुम?—काम करने बैठो। सोचने बैठो। कविता लिखने बैठो। इधर से, बाप ने बात चुभो दी। उधर से, माँ ने ताना ठोक

दिया। भाई ने जलन निकाल ली। दोस्त ने बोली मार दी। चुग़ली की। तोहमत लगाई। तुम्हारा मूड? ख़राब! हौसला? पस्त! काम? ठप्प!

जस्सो : मैं तो तेरा मूड नहीं ख़राब करती?

लेखू : मूड नहीं। तू मेरा दिमाग़ खराब करती है।

जस्सो : धत्त! बुद्धू कहीं का? चुम्ब-चुम्बक उस बल्ब वाले तजरबे के लिए चाहिए?

लेखू : स्प्रिंग को चाबी दो नीचे से। बल्ब घूमेगा। यों। इर्द-गिर्द, नीचे, चुम्बक। छू मंत्र! चटक्क! बल्ब, जगमग जगमग!

जस्सो : अगर न जला?

लेखू : नहीं जगता साला, तो न जगे। मेरे बाप का क्या ले लेगा?—टेस्ट करने में क्या हर्ज है?

जस्सो : मेरे से क्यों नहीं माँगे पैसे? मैं पराई हो गई?

लेखू : यहाँ से तुझे काटकर, नीचे से भाभी को काट कर, कलम लगानी चाहिए।

जस्सो : न्यूटन महाराज, वो बात किया करो जो हमारे जैसों को भी समझ आ जाए।

लेखू : मुझे आप अपनी बात कौनसी हर वेला समझ आती है? बस, नया विचार सूझे तो मैं परखना चाहता हूँ। प्रेक्टीकल करना चाहता हूँ। सो, तेरा सिर और भाभी का धड़!

(शीलो आती है)

जस्सो : नहीं, भाभी का सिर, और मेरा धड़!

शीलो : नांह जी। तेरा सिर, और मेरा धड़!

लेखू : **(पैसे पकड़ कर)** तुम दोनों जुड़ कर बनो—एक सिंधूरी अँगूरी अम्बिया। और लेखराज? मार उडारी, शहर की बगीची में!

(तेज़ी से जाता है। दोनों टकटकी लगाए देखती रहती हैं)

(अँधेरा)

दृश्य 9

मास्टर आत्मा सिंह का घर

(संध्या। मास्टर चारपाई पर लेटा है)

आत्मा सिंह : लौटा नहीं लेखराज?

जगीर सिंह : पता नहीं क्या बात हुई?

जस्सो : दवा नहीं मिली होगी। दुकान पर दुकान घूम रहा होगा।

(शीलो आती है, हाथ में सरकारी लिफाफा और चिट्ठी)

इंदो : लेखराज खाली हाथ मुड़ने वाला नहीं।

शीलो : चाची जी, कैसा हाल है चाचा जी का?

आत्मा सिंह : **(हँसकर)** हाल, बेटा, अब अगली तरफ जाकर ही चंगा होगा।

शीलो : नहीं, चाचा जी, ठीक हो जाएँगे आप।

जस्सो : चिट्ठी लेखराज की है? कहाँ से आई?

शीलो : दिल्ली से आई दिखें, अँग्रेज़ी में है। मेरे से यों ही खुल गई। देने आई थी उसे।

जस्सो : चाचा जी, लेखू को इनाम मिलेगा। प्रेज़िडेंट देगा। छब्बीस जनवरी पर। देखो। **(आत्मा सिंह पढ़ता है)**

जगीर सिंह : इनाम?

इंदो : किस बात का?

आत्मा सिंह : मैंने सरकार को लिखा था। लेखराज बाबत। उसकी अँगूरी अम्बियों के बारे में। और दूसरे तजरबों के बारे में। उसको साइंस का ख़ास इनाम दिया जा रहा है! वज़ीफा मिलेगा! किसी बड़े साइंसदान के साथ काम करेगा। दिल्ली।

जस्सो : दिल्ली?

शीलो : इतनी दूर?

आत्मा सिंह : पढ़ेगा और साथ में तजरबे करेगा। लैबोरिटरी में। स्पेशल केस बनाया था मैंनें। सरकार ने मान लिया।

जगीर सिंह : ज़िन्दगी बना दी आपने लड़के की।

इंदो : माँ बाप तो सभी चाहते हैं, बच्चा लायक बने। बनता है कोई-कोई।

आत्मा सिंह : जब भी कोई बच्चा फेल हुआ, मुझे हमेशा लगा, फेल बच्चा नहीं हुआ। फेल हम हुए हैं। हम मास्टर, हम माँ-बाप। जो बच्चे को ग़लत मज़मून पढ़ाते रहे। ग़लत परोफैशन अपनाने के लिए ज़बरदस्ती करते रहे। फेल विद्यार्थी नहीं होता। फेल हमारा सिलेबस होता है। अच्छा हुआ, चिट्ठी आ गई। घंटी बज गई। अब क्लास से बाहर जाना चाहिए।

इंदो : कहाँ?

आत्मा सिंह : अगली क्लास में। जसबीर, शीलो, बताओ, कम्यूनिज़्म का सही हिन्दी लफ्ज क्या होता है?

शीलो : नहीं पता जी मुझे।

जस्सो : आप बताओ।

आत्मा सिंह : कम्युनिज़्म का अर्थ होता है⋯ साझा। धन का साझा, काम का साझा। रोटी का साझा, बेटी का साझा, बेटे का साझा, प्यार का साझा⋯

जगीर सिंह : बस करो, मास्टर जी।

आत्मा सिंह : जस्सो, पुत्र, न्यूटन आए तो उसे कहना, "खोज कभी मत छोड़ना। सौ मुर्दा भगतों से, एक ज़िंदा काफिर चंगा।"

जस्सो : आप खुद कहना।

(देसराज आता है)

शीलो : लेखराज नहीं टकराया आप से?

इंदो : दवा लेने भेजा था, सवेरे।

देसराज : मुझे तो नहीं मिला। पहले से ख़राब है हालत?

(हैडमास्टर आता है)

जस्सो : पता नहीं कहाँ रुक गया?

हैडमास्टर : कहो, इंद्रकौर, क्या हाल है।

जगीर सिंह : वैसा ही है जी।

हैडमास्टर : सत्त करतार! "हुकम रजाई चलणा"।

देसराज : मैं आपको घर ढूँढ़ता आया हूँ। बिंदरो ने बताया नहीं आपको?

हैडमास्टर : क्या बात हुई?

देसराज : बलवन्त ने संदेश भेजा है।

हैडमास्टर : आप कहाँ रह गया?

देसराज : मुझे नहीं मिला। दोस्त उसका, रुक्का दे गया।

हैडमास्टर : (**पढ़ता है**) थाना ले गए?

जगीर सिंह : थाना? किसलिए?

देसराज : झूठा इलज़ाम लगाया।

हैडमास्टर : नशे की गोली खाता है, बलवन्त?

देसराज : नहीं जी।

हैडमास्टर : जेब में कैसे मिल गई? वो लड़का कहाँ है? जो रुक्का लाया।

देसराज : वो नहीं अटका। कहता, मैं तुम्हारे गाँव जाकर नहीं बता सकता। बोला, मेरे पीछे भी पुलिस लगी है।

इंदो : हद हो गई!

हैडमास्टर : क्यों?

देसराज : बोला, स्मगलिंग का झूठा केस बना रही है पुलिस। कहता, डाके में भी फँसाना चाहती है। जो भिक्खीविंड पड़ा था, पंजाब एण्ड सिंध बैंक में। दो मिनट में चिट्ठी फेंककर उडंतर हो गया।

हैडमास्टर : ग़लती लगी पुलिस को, बलवन्त बाबत।

(खैरेती और यमुना आते हैं)

देसराज : ग़लती नहीं जी। हमारे पीछे किसी ने ज़िद से पुलिस लगाई है। ज़मानत···

खैरेतीलाल : कैसा हाल जी, मास्टर जी का?

यमुना : फर्क नहीं कुछ?

जस्सो : सो गए शायद।

इंदो : हाँ, आँख लग गई।

हैडमास्टर : तेरे पीछे भी पुलिस?

देसराज : मुझे और बल्लो को, इकट्ठे आज, नहीं तो···

खैरेतीलाल : क्या हुआ तुझे?

देसराज : दुश्मनी निकाली किसी ने।

यमुना : काहे की?

देसराज : एक आदमी ने मेरे से सौ के छुट्टे माँगे। नोट पकड़ाया। मैं छुट्टे लगा देने, निकाल कर, जेब से। पुलिस ने पकड़ लिया।

शीलो : हैहा मुझे!

खैरेतीलाल : हैं! हैं!

यमुना : हाय माँ, मर गई!

देसराज : कहते, रिश्वत लेता है। डी.सी. ने मुअत्तल कर दिया, झट से। पाँच मिनट नहीं लगाए।

खैरेतीलाल : क़हर हो गया!

यमुना : लुट गए हम!

देसराज : स्कीम सोचकर बनाई किसी ने। दोनों को एक ही बार फँसाने की।

हैडमास्टर : **(जगीर सिंह पर आँख रखकर)** मैं सब समझता हूँ! किस दुश्मन की करतूत है यह। मेरा नाम भी सुरजीत सिंह सिद्धू है। खुराखोज न मिटा दूँ तो मैं बाप का जना नहीं।

यमुना : दुश्मनी भी क्या ऐसी?

हैडमास्टर : तू दिन चढ़ लेने दे।

खरैतीलाल : पड़ा कचहरियों से वास्ता कि नहीं! वकीलों से! कलंक लग गया हमारे बच्चों पर।

हैडमास्टर : बिगड़े-तिगड़े का इलाज कचहरी के पास नहीं। खरैतीलाल, तू देखना मेरे हथकण्डे। मुख्यमंत्री तक पहुँच है मेरी। मैं तो बेटियाँ उठवा दूँगा।

जगीर सिंह : देख, ओए, लगते कुलगते हैडमास्टरी के। भलामानस बन के, घर चला जा। लगा-लगाकर बातें मत कर। मास्टर की हालत अच्छी नहीं। मैं खून-खराबा करना नहीं चाहता। जा चला जा· · अगर तुझे जान चाहिए।

हैडमास्टर : चोर भी, चतुर भी।

जगीर सिंह : चोर किसको कहा तूने? तुझे पूछ ही लूँ।

जस्सो : भापा जी!

शीलो : न चाचा जी!

हैडमास्टर : आ तो इधर!

देसराज : हैडमास्साब!

इंदो : आप रहने दो, सरपंच जी। छोड़ो। ख़ामख़ा इसकी हड्डी पसली टूट जाएगी।

हैडमास्टर : चाहे तू भी आ जा! यार अपने की मदद को।

जगीर सिंह : क्या कहा? **(इंदो रोकती है)** तू हट जा, इंदो· · तेरी तो माँ· ·
(जगीर सिंह नीचे गिराकर पीटता है। शोर-शराबा)

यमुना : तुम चलो घर! हमें क्या? तू भी चल, बेटा। **(दोनों दौड़ जाते हैं)** आ री छोकरी, घर को। **(जाती है)**

हैडमास्टर : **(नीचे पड़ा)** ओह माँ मेरी! ओए देसराज! ओए खरैतीलाल! हाय! दौड़ गए? साले!

जगीर सिंह : **(खड़ा होकर)** सुन, ओए, कुत्ते के बच्चे! मेरे पर तोहमत लगाई तो तू जान गँवा लेगा। यह भी बता दे आज मुझे, सीधी तरह। मेरी बेटी को तंग करने से तू टलेगा कि नहीं? दाखिल करेगा कि नहीं

दोबारा?

हैडमास्टर : नहीं करूँगा। बदमाश है! लेखू संग···

जस्सो : झूठ है सब! भापा जी, यह मुझे रोज़ दफ्तर में बुलाता था। बहाने बना-बनाकर। कहता, अल्जबरा सीख। गंदी-गंदी बातें करता था, मेरे साथ।

इंदो : तेरे साथ भी?

जगीर सिंह : पहले नहीं बताया तूने?··तुझ दहसिर को जला के दम लूँगा आज, ज़िन्दा को। **(नीचे डाल लेता है)** माफी माँग।

हैडमास्टर : सूबेदार, अब मेरी बेइज़्ज़ती मत कर। रिकुऐस्ट है मेरी। असैम्बली की टिकटों का फैसला होने वाला है। मुझे टिकट लेने दे। मेरे बेटे को झूठे केस में मत फँसा। मिन्नत मान ले।

जगीर सिंह : कँजरा, मैं तेरे जैसा नहीं जो गाँव के बेटे-बेटियों को झूठे बदनाम करूँ। फँसा होगा तेरा जना तो आप फँसा होगा।

शीलो : नशे की गोली तो तेरा लड़का चिर से खावे। आप बताया इन्होंने मुझे।

जस्सो : सिगरेट भी पीता है, तेरे से चोरी।

हैडमास्टर : केस सच्चा है?

जगीर सिंह : एक बात और सुन ले। मैं किसी साले से नहीं डरता। बेशक गाँव का रिश्ता गाँव में सही। मेरी बेटी जिससे चाहे ब्याह कर सकती है। सुना जसबीर? बेटा, तू अब अपना सुख आप देख। अपना नफा नुकसान आप पहचान। कितना चिर बाप का सहारा रहेगा तुझे? जग का मुँह नहीं पकड़ा जाता। इस जैसे बदमाश तोहमत लगाने से बाज़ नहीं आते। माँ तेरी छोड़ गई हमें। दादी थी, वो भी, तेरे सुहाग गाती-गाती, उठ चली। पुत्तर, तेरा दिल है तो, बेशक, मेरी तरफ से, लेखराज संग सगाई कर ले।

इंदो : खरैतीलाल कहाँ मानने लगा।

जगीर सिंह : नहीं मानता न माने। ग़बरू जवान है लेखराज।

शीलो : भाइया मान जाएगा। ज़मीन जायदाद के लोभ से।

हैडमास्टर : सरपंच बनकर बदफैली सिखा, लड़के-लड़कियों को। बदमाश बना। मैं अभी इकट्ठी करता हूँ, साध-संगत! गुरुद्वारे में।

जगीर सिंह : एक थापड़ा और लगा ही दूँ तुझे।

इंदो : नांह जी!

जस्सो : भापा जी!

शीलो : बस, चाचा जी!

जगीर सिंह : चल, इंदो, तेरे कहे, जाने देता हूँ। मेरी ज़िन्दगी का उसूल है एक। अगर कुत्ता दूर खड़ा भौंकता रहे, तो चुपचाप, कान ढककर, चलते रहो। लेकिन अगर कुत्ता नज़दीक आके, दाँत मारे? तो उसका एक ही इलाज होता है—लाठी पकड़ो और ठाह! कपाल फाड़ दो!

हैडमास्टर : **(पीछे हटता हुआ)** टुण्टे, याद रखना! मेरी तीन पुश्तें बदला लेंगी तुझसे!

जगीर सिंह : अभी भरा नहीं पेट तेरा? पिटाई से?

हैडमास्टर : मैं… मैं… तेरे खिलाफ अख़बार के एडीटर को चिट्ठी लिखूँगा!

जगीर सिंह : चिट्ठियाँ लिखाऊँ तुझे?

हैडमास्टर : हे सत्त करतार! नरकों में जलाना! जगीरे को और उसकी रखैल को!

जगीर सिंह : ठहर तू। **(पगड़ी पकड़ता है। हैडमास्टर भाग जाता है)**

इंदो : जाने भी दो अब।

जगीर सिंह : **(हँसता)** पगड़ी तो ले जा, ओए!… मास्टर जी।

इंदो : गहरी नींद है।

जगीर सिंह : इतने शोर शराबे में नहीं जगे।

जस्सो : लेखराज अभी तक नहीं लौटा।

शीलो : अँधेरा तगड़ा हो गया।

लेखू : **(दूर से)** जग गया! मास्टर जी! बल्ब जग गया! **(अंदर आता है, हाथ में जगता हुआ बल्ब और दवा)** ढूँढ़ लिया। मैंने ढँग ढूँढ़ लिया, हो जी। मैंने ढँग ढूँढ़ लिया! देख, चाची। देख, जस्सो! देख, भाभी! लौ कर दी मैंने। "जग चानण होया"! मास्टर जी, आपके न्यूटन का बल्ब जग गया! मास्टर जी… है? बोलते नहीं आप? **(बिलख कर)** मास्टर जी!!!

(इंदो छाती पीटकर रोती है। मास्टर को बगलगीर होती है। जस्सो और शैलो खड़ी रो रही है। जगीर सिंह मास्टर की नब्ज़ देखकर, बाजू ढकता है। मुँह ढकता है। आँसू पोंछकर, खड़ा होता है। अँधेरा बढ़ता है। लेखू मास्टर के पाँव पर जगता हुआ बल्ब रखता है।)

लेखू : यह क्या किया आपने? अँधेरा कर गए मुझे!… क़हर कमाया आपने मेरे साथ। दो घड़ी इंतज़ार नहीं कर सके? इतने निर्मोही निकले! इतनी दुश्मनी थी मेरे साथ? मुझे, सदा के लिए, दोषी बना के चले गए!… मैं आ ही जाता। मेरे पहुँचने तक, दो साँस, और नहीं थे ले सकते? मैंने बल्ब जलाते ही देर कर दी। मैंने

सोचा, आपका असली इलाज ये गोलियाँ नहीं। आपका इलाज है, आपके विचारों की जीत। आपकी दवा है, आपके बच्चों का बड़ा होना। आपके लेखू की तरक्की। आपके न्यूटन की लौ!⋯ अकेला छोड़ गए मुझे। हज़ारहा दुःखों भरी दुनियाँ में, लेखू? अकेला! हज़ारहा मुश्किलों भरी दुनिया में, लेखू आज से अकेला! क्या करूँ मैं, अपनी रोशनी का? क्या करूँ मैं, कामयाबी का? जब थपकी देने वाला मुझे छोड़कर चला गया। जब सिर पर हाथ धरने वाला चला गया। जब छाती से लगाने वाला ही दग़ा दे गया।⋯ किसकी आँखों का फ़ख़र अब मुझे ऊँचाइयाँ चढ़ने की चुनौती देगा? कौन लेखू को लौ दिखाएगा? मुहब्बत की लौ! प्यार की लौ!⋯ मास्टर जी⋯ पिताजी!!!

(जस्सो लेखू को खड़ा करती है। शीलो अकेली खड़ी रो रही है। अँधेरा।)

(परदा)

—समाप्त—

(पहला प्रालेख : मार्च, 1978)

5
बाबा बंतू

भेंट

स्वर्गवासी बापू रेलू राम को–जो चालीस बरस, हर छमाही, वीरम्पुरिये अँधे साधु लीखूराम का राग करवाता रहा।–और जिसने उस राग द्वारा मुझे मेरे बिरसे से, मेरे देहात से, मेरे लोगों से, पिरोये रखा।–और मुझ अँग्रेज़ी-दीवाने को, मेरी समृद्ध माँ–बोली का मीठा खुमार चढ़ाए रखा।

तथा

मेरे सहपाठी बिहारी के पिता स्वर्गवासी बंतूराम को और उसके परिवार की गोगा गाने वाली टोली को।

लेखक और निर्देशक की तरफ से

1. लोग बुजुर्गों की पूजा क्यों करते हैं? किस तरह के बुजुर्गों की पूजा पीढ़ी-दर-पीढ़ी होती है?

2. कलाकार कला का सृजन करता है। क्या कला भी एक तरह कलाकार का सृजन नहीं करती है? क्या वर्षों से गोगे की कथा सुनाने वाला बंतू आप कभी गोगा नहीं बन सकता? क्या मिथिक कहानियाँ असली जीवन को अपने ढाँचे में ढालकर नया रूप नहीं देतीं?

3. जून, 1981—में मालवा (पंजाब) के देहात में अँगूठियाँ मालायें बेचता हुआ घूम रहा था। (असली मुद्दा था देहाती रहन-सहन की याद ताज़ा करना और नवेली बोली सुनना।) गाँव-गाँव में मढ़ी किसी बुजुर्ग की। हजारों बूढ़े मरते हैं। मगर उन में से मढ़ी किसी ख़ास बुजुर्ग की ही पूजी जाती है। किसी विरले सयाने के सम्मुख ही स्त्रियाँ मन्नत मनाती हैं। ऐसे पूजे जाने वाले बाबाओं में क्या खूबियाँ होती हैं? उनके कौन से गुण लोग अपने अंदर और अपने बच्चों के अंदर उतारना चाहते हैं?

और मुझे याद आए अपने परिवार के जठेरे : बाबा महेशदास की समाधि, और पाँच 'शहीद' पित्रों की मढ़ियाँ।

परिवार के सम्मान के लिए, नगर की भलाई के लिए, धर्म और नेकी की ख़ातिर, जो भी मनुष्य अनोखी ताक़त लगाता है, अनोखी बलि देता है, हम, अपने आप, उसकी समाधि बनाकर, उसकी मिसाल, उसका आदर्श, ज़िंदा रखना चाहते हैं।

बंतू और गोगा (ग्यारहवीं सदी बीकानेर का शहज़ादा) इसी किस्म के वीर पुरुष थे। बंतू झूठ-सच के, पाप-पुण्य के, निरंतर महाभारत का शहीद है।

इला अपार्टमेंट्स (ए-104)
बी-7, वसुंधरा ऐनक्लेव
दिल्ली-110096

चरणदास सिद्धू

पहला मंचन

'बाबा बंतू' कॉलेजिएट ड्रामा सोसाइटी, दिल्ली, द्वारा मावलंकर हाल (**18 फरवरी, 1982**) और श्रीराम सेंटर (**15, 16 जुलाई, 1982**) नई दिल्ली में खेला गया। कलाकार थे :

बंतू : प्रो. सत्यनारायण शर्मा
तापी : ज्ञान कौर सिद्धू
बिहारी : राजेश खट्टर / रविंदर तनेजा
सत्ती : पंकजा सिद्धू
मुलखा : इलाक्ष
सरबण सिंह : राजकुमार साहनी / रबिंदर तनेजा
म्हिंदो : प्रमिला सिद्धू / अंजू मदान
गणेसासिंह : हिमांशु देसाई / पी. रमेशकुमार / रविंदर तनेजा

संगीत : वीणा सिद्धू (**हारमोनियम**)
टोली : बबीता उर्फ नूपुर सिद्धू (**तबला**), आशा सिद्धू, अंजू चौहान, रमेश कुमार

परदे के पीछे

प्रकाश : अचल भगत
सैट्ट : राजकुमार साहनी
वस्त्र : वीणा, प्रमिला
निर्देशन : डॉ. चरणदास सिद्धू

पात्र

बंतू	:	उम्र 60 बरस
तापी	:	उसकी पत्नी, 40
बिहारी	:	उसका पुत्र, 18
सत्ती	:	उसकी बेटी, 20
मुलखा	:	उसका जमाई, 20
सरबण सिंह	:	ज़मींदार, 35
म्हिंदो	:	सरबण सिंह की पत्नी, 30
गणेसासिंह	:	किसान, 65

*　　　*　　　*

स्थान	:	पंजाब का एक गाँव
समय	:	आजकल
घटनाओं का कुल वक़्त	:	पाँच दिन

मंच :

(क) दायें, पीछे : बंतू की झोंपड़ी। चूल्हा, टूटी सी खटिया, रस्सी बनाने के लिए मूँज। डमरू और डागा लटक रहा है। आगे : कीकर, चारे की नाँद, चारे की गठरी।

(ख) पीछे : थड़ा और बंतू की मढ़ी। हलदी से, कोले से शिलाओं पर बनाए साँप। बुझे हुए दिये। झंडा—कौड़ियाँ, गोटा, रंग बरंगी चुन्नियाँ और कपड़े के टुकड़े, मोरपंख। आरती के बाद मढ़ी उठा ली जाती है। थड़े पर बैठकर बंतू अखाड़ा करता है।

*　　　*　　　*

आरती

(औरतें गाती हैं। हाथों में दिए, कच्ची लस्सी, दूध, सेवइयाँ। एक आदमी के गले में चिट्टा अँगोछा। मढ़ी पर जाते हैं)

सारी : मैं झोली में मक्का ला रही
मैं गोगा मनाने जा रही
    री मैं वारी गोगे पर।
किटोरा भरा है दूध का
मेरा गोगा माड़ी में कूदता
    री मैं वारी गोगे पर!

(दूध और दिये चढ़ाती है)

पहली औरत : बाबे बंतू की—

सारी : जय!

दूसरी औरत : गोगा भगत बंतू की—

सारी : जय!

पहली औरत : बाबा बंतू—

सारी : दूध दे!

दूसरी औरत : बाबा बंतू—

सारी : पूत दे!

आदमी : बुजुर्गा, मेहर करना! नगर खेड़े पर सुख बरताना! दूध पूत का दान देना! कुल का भला करना!—गोगा भगत बंतू की—

सारी : जय!

(जाते हैं)

पहला अंक

पहली झाँकी

बंतू की झोंपड़ी

बिहारी : बाप! बाप बतावे मुझे। यह कोई बाप बन सकता है मेरा? नांह। बाप आदमी होता है। बंतू आदमी नहीं है।

तापी : न पुत्र। ऐसे नहीं कहते।

बिहारी : केंचुआ! यह तो केंचुआ है! कीचड़ में घिसटता कीड़ा। जूँ की चाल चले। बरसाती केंचुआ! हूँ। लोग कहें : "बंतू के हाथों में फणधर साँप भी केंचुआ बन जाता है।" मैं कहता हूँ, साँपों को कीलते कीलते, सारी उम्र में, बंतू आप भी बंदे से केंचुआ बन गया है। जिसको जो मरज़ी एड़ी मार कर मसल जाए। कुचल जाए। टोटा टोटा।

तापी : सयाना है, पुत्र। सलीके से बोला कर।

बिहारी : सयाना बताती है मुझे। राख इज़्ज़त करूँ मैं?—साला कहाँ जन्म पड़ा मैं! कीड़े पतंगे के घर में। सिर उठाने योग्य नहीं गाँव में। जिस दिन से जन्में हैं पैरों की मिट्टी बनकर रहते हैं, लोगों की। कोई तुक है, इस घर में रहने की? रोम-रोम कर्ज़े में फँसा है। बाप कँजर की करतूतों करके। बेशक मैं सारी उम्र मेहनत मज़दूरी करूँ, इस बंतू के कर्ज़े नहीं उतरेंगे। घुन लगा है मुझे। कोढ़ लगा है साला कुनबे को।

तापी : **(रुआँसी)** रे बेटा, अभी तो तू कल लगा है दिहाड़ियाँ करने। कल लगा है बाजा बजाने। अभी से माँ-बाप का किया नकारने लगा तू?

बिहारी : **(पश्चाताप से)** तेरा किया नहीं नकारता मैं। जो कुछ तू ने मेरे लिए किया, वो मैं कभी नहीं भूलूँगा। मेरी माँ तो तू ही रही है, हमेशा। मौसी सही। माँ की बहन सही। मैं ने अपनी माँ कभी नहीं देखी।

नन्हे को क्या पता? जिस दिन से मुझे होश है, मैं ने तुम्हें ही माँ देखा है!—बात तो मैं उसकी कर रहा हूँ। कितनी बार कहा है मैं ने तुम्हें? तू समझाती क्यों नहीं इसको? मेरे से अब नहीं सहन होता। नन्हा था तो मेरा बस नहीं था चलता। जानता मैं सब कुछ था। पर अब मैं इसकी एक नहीं चलने दूँगा। अब घर मैं चलाऊँगा। तूने मेरे साथ मिलना है, तो मिल जा। आज मेरा साथ दे। मेरे बराबर खड़ी होकर, कह दे : "हम सरबण को भैंस नहीं खोलने देंगे। कर्ज़ा है तो कागज़ दिखाए। हिसाब करे। हम हिसाब से कौड़ी-कौड़ी मोड़ देंगे। पर भैंस नहीं खोलने देंगे।

तापी : भैंस के पैसे काटेगा बीच में।

बिहारी : जितने पैसे वो काटेगा, मैं सब समझता हूँ। सरबण को कह—भैंस हम आप बेचेंगे। मंडी जाकर बेचें, चाहे काले चोर को बेचें। पर सरबण को नहीं बेचेंगे। हम पूरा मोल लेंगे।

तापी : वो भी तो वही बात हो गई।

बिहारी : वही बात कैसे हो गई!—तू? तू भी औरत थोड़ी है। तू भी केंचुए की केंचवी है। दोनों केंचुए। ज़ारा जान नहीं तुम्हारे में।—तुझे पता? सरबण कुत्ते का पूत, ज़बरदस्ती करके, आधे पैसे भी नहीं देगा। उसकी धींगा धींगी आज मैं ख़त्म करके हटूँगा।

तापी : बेटा, कलह मत जगा, बेठी सोई। कलह बुरी होती है।

बिहारी : अगर तू ने मेरा साथ देना है, तो बता दे। नहीं तो मैं, मैं आज कुछ कर के हटूँगा।—तुम दोनों बुढ़ा बुढ़ी, मेरी तरफ से, अलग हो जाओ।

तापी : अलग, बच्चे, हम किससे होंगे? हमारे कोई पाँच सात हैं? इकलौता तू ही तो हैगा, देखने को। अलग होकर हमें जाना कहाँ है?

बिहारी : तो फिर जैसे मैं कहता हूँ, वैसे कर।

तापी : कैसे?

बिहारी : अभी जा, सरबण के घर। अगर न हुआ घर तो उसकी म्हिंदो को कहके आ। कहना : "मेरा बेटा नहीं मानता। हम भैंस नहीं खोलने देंगे। दो एक महीने दूध पीकर, फिर पैसे देंगे। आधे पौने।"

(पीछे बंतू आता है। मूंज की गट्ठी और सरकंडे का पूला रखकर, सुनता है)

तापी : तेरे बापू ने तो हाँ कर दी। भला मैं अब नांह कैसे करके आऊँ?

बिहारी : अच्छा फिर। तू कर अपनी मरज़ी। मान बंतू की। केंचुए की मान। मैं आज, देखना तू, अगर सरबण ने भैंस की ज़ंजीर को हाथ डाला,

मैं लाठी से सिर कुचल दूँगा। बेशक फाँसी लगे मुझे।

बंतू : बेटा, क्या बात? गुस्से क्यों तू इतना? जिसके देने हैं, वो तो देने ही पड़ेंगे। वैसे कैसे छूटेंगे? आ, बैठ। बात सुन मेरी। मैं ने भी बड़ा सोचा। कर्ज़ा एक बार उतर जाए तो ही अच्छा। हुई तो बुरी। पर चलो, छोड़ो। ले जाए भैंस। हम दूसरी कटड़ी लेकर पाल लेंगे। दो चार साल में वो हो जाएगी ब्याने वाली।

(भैंस की घँटी बजती है)

तापी : **(आँसू पोंछती)** इतने चाव से पाली थी मैंने। घास छीलती की हड्डियाँ लकड़ी बन गईं। सोचती थी, मेरा बेटा चार दिन दूध पियेगा। माखन खाएगा। जब ब्याने पर आई, तो यह हो गया। सरबण कहे, खोल के ले जाऊँगा मैं। रह गए, खाली के खाली।

बंतू : मेरा बस है कोई भला? क्या कर सकता हूँ मैं?

बिहारी : तेरा बस नहीं, तो और कौन से कँजर का बस है? मैं ने किया था कर्ज़ा सिर पर? मैं ने चढ़ाया कर्ज़ा? या माँ ने चढ़ाया? तेरी करतूत है सब।

बंतू : **(गुस्से से लाल)** मैं अकेला खा गया हूँ? कौन सी लड्डू जलेबियाँ खाता हूँ मैं, ओए? तुम माँ बेटे से अलग?—जो सूखे टुकड़े पकड़ाती है हाथ में, चबा लेता हूँ। बराबर काम करता हूँ, जितना होवे। नहीं निगाह काम करती अब मेरी। नहीं घुटने चलते। जितनी देर तक चलते थे अंग, बहुतेरा कमाया। अब मेरे से नहीं होता। अब तू कर ले, भैया। कमा ले और उतार ले कर्ज़े। न खोलने दे भैंसें।

बिहारी : बाप की सोलहवीं पर, सात गाँव को, रोटी खिलाने के लिए मैं ने कहा था? चला था तू बड़ा बनने। **(नक्ल उतार कर)** कहे, "सौ साल से ऊपर हो कर मरा है बापू। मैं तो बड़ा करूँगा। बाजे बजाऊँगा। धर्म कर्म करूँगा। भोज करूँगा।"—यह मैं ने कहा था? बोल।

तापी : अरे, जाने दे। रोज़ रोज़ मत छेड़ा कर, एक ही झगड़ा। अमरू बुला के गया है तुम्हें। कहता था, बाजा लेकर जाना है कहीं, बारात में। चल, जा। **(धकेलती है)**

बिहारी : माँ, तू हट जा आज। मैं इसको पूछूँगा ज़रूर। हाँ भई, बुढ़ा फूँकने के लिए तुम्हें मैंने कहा था? कि कर्ज़ा उठाकर लोगों को भोज खिला?

बंतू : साले, रानी खाँ के, तो क्या मैं पिता को यों ही भेज देता? बाईस

गाँव में माना सम्माना आदमी था। पचास कोस में पगड़ी पहचानते थे लोग। इलाके में अभी तक बातें करें उसकी। अगर मैं न भोज करता, क्या कहती दुनिया?—धूल डालती सिर पर! मेरे भी और तेरे भी।

बिहारी : पड़ लेने दे तू धूल, मेरे सिर। अब सरबण कम धूल डाल रहा? शरम तो नहीं आती!

बंतू : अच्छा बाबा, मैं मरा, तू न करना कुछ। माँ मरी तेरी, तो न करना कुछ। न जाना गंगा। दोनों को हमें हड्डा रोड़ी फेंक आना। मरे हुए डाँगरों की तरह।

बिहारी : **(झपटकर)** मरे हुए को? मेरा जी करे, आज तेरा कुल्हाड़े से टुकड़ा-टुकड़ा कर दूँ। ज़िंदा को फेंक आऊँ, कौओं के आगे। गिद्धों के आगे। कुत्तों के आगे।

तापी : रे! रे! हो क्या गया तुझे? हट, इधर हो। बावला हो गया?

बंतू : तू हट जा बीच में से। आज मैं भी इसे पूछ लूँ।—मैं तो चलो, था ही मूर्ख। कर्ज़ाई! तू? तू साले कौन सी कमाई करके देवे मुझे? कितने साल हो गए? पटे चुपड़े, आँखें काली की, कभी इस गली, कभी उस गली। काम का तिनका नहीं तोड़ा। कभी फिक्र भी किया? कि ग़रीब पिता कहाँ से कमा कर खिलाता होगा?—निठल्ला साला! गुँडों की तरह।

बिहारी : मैं गुँडा हूँ? कौन सा गुँडापना किया मैंने?

बंतू : गुँडापना नहीं। और तो तू साधुपना करे!

तापी : देख, है रुकते, बोलने से?

बिहारी : तू बता तो सही। कौन सा गुँडपना किया मैंने? किसकी बहू बेटी उठाई मैंने? कौन से उलाहने आए तुम्हें?

बंतू : कँजर बने! निकम्मा ससुरा।—देख तो, देख तो! घर से बसता उठा के चल पड़ना। कहे, स्कूल को जा रहा हूँ। माँ उछलती न रुके। कहे, मेरा पुत्र आठवीं में हो गया। और पुत्र साला! रासधारियों से मिलकर नचनी बनता रहा। लड़कियों वाली कमीज़ें पहनकर, नाचता रहा। सलवारें पहन कर। हया तो नहीं आती। कोई बाप होता, जूते मार मार कर, सिर पर बाल एक न छोड़ता।...नौटंकियाँ बने, साला।

बिहारी : पढ़ाई इस कारण छोड़ी थी मैंने? **(बंतू चुप है)** तुझे क्या? मैं नाचूँ, न नाचूँ। तूने आप, आप सारी उम्र क्या किया है? डमरू बजाया। गोगा गाया। इसमें ज़्यादा इज़्ज़त है? घर घर, डमरू बजाकर माँगते

फिरना? तेरे माँगने से तो नहीं बुरा, मेरा नाचना। अपने कर पैर चलाकर कमाता हूँ मैं।

तापी : और क्या? हर्ज है कोई, नाचने में? बाजा बजाना बुरा है? चार पैसे लेकर ही आता है, मेरा पुत्र।

बिहारी : रुपए गिन कर जब मैं तली पर धरता हूँ, तब कुछ नहीं कहता। तब थूथनी बंद रखे। अब इसे मेरा नाचना भी दाँतों काट रहा है।

बंतू : मर्द बने! लड़का बने! सूथन पहन कर!—कँजरियाँ किया करें, ऐसे काम।

बिहारी : अच्छा, मैं कँजर तो कँजर सही। तू जौन सा राजा खड़गसेन है, मुझे पता। तेरे जौन सी सोने की ध्वजायें झूल रही हैं, मेरे से छिपी नहीं।—देख तो, सारी उम्र की कमाई! तिनकों का छप्पर। और कच्ची दीवारें। और दर-दर के पैसे देने हैं। शाबाश भई बंतू राम! स्वर्ग पहुँचा दिया तू ने बेटे को। अब क्या मुझे कमाई करने की ज़रूरत है। सारी उम्र बेशक बैठे ही खायें, माँ बेटा।

बंतू : **(रोने वाला)** अच्छा, भैया। मैं तो नहीं कमा सका। काटली जैसे कटती थी। केंचुआ ही सही मैं। तू बन जाना फणधर साँप। तू लड़ जाना जिसके लड़ना हो। दो दिन और हैं हमारे। कौन सा तेर पास बैठे रहेंगे। आँखों से अँधे हो गए। घुटनों से उठा नहीं जाता। क्या पता, दो साँस हैं भी कि नहीं। तू कर लेना मौजें। हमारे पीछे से।

बिहारी : मौजें करावे मुझे! तीन पुश्तें नहीं उतरेगा कर्ज़ा।

तापी : पुत्र, जो काम करने वाले होते हैं, करने ही पड़ते हैं। ब्याह पर न लगावे बंदा, धर्म कर्म पर न लगावे, तो नाक नहीं रहती।

बिहारी : इसकी नाक? नाककटे की? पैरों के जूते की? जिसकी सारी उम्र सरबण जैसों का गूह सिर पर ढोते हुए बीत गई? नाक इसकी दूसरी बातों में कहाँ जाती है? अगर इतना ही ख़्याल था इज़्ज़त का तो, तो·· **(रोने लगता है)**

तापी : हैं, यह क्या हुआ? पुत्र, रोने क्यों लगा तू?—कुछ कह दिया इसको किसी ने।

बंतू : आज बात क्या हुई इसे? बिहारी, बेटा, चुप कर। सहज से बात बता।

तापी : पुत्र, क्या कहा तुझे सरबण ने? बुरी भली कही कोई?

बंतू : बेटा, तू आज घबरा क्यों गया?

(चुप)

बिहारी : रात को, जब सरबण इधर आया था, मैं निकला गली में से। म्हिंदो

ने बुला लिया। अंदर। ज़बरदस्ती रोटी पकड़ा दी। इधर-उधर की करती रही।

तापी : काहे की?

बंतू : सीधी तरह बात बता। क्या कहा म्हिंदो ने तुम्हें?

बिहारी : कहती, सरबण—सरबण की हमारी सत्ती से बातचीत थी।—सच्च है? बोलते क्यों नहीं? अब थूथनी उधर को क्यों कर ली? सच बताओ। सत्ती का गौना, एकदम, क्यों कर दिया? जब मुलखा आप मना कर रहा था। कहे—मेरी बदली होने वाली है? दो एक महीने ठहर लो।—तुम ने गौने के लिए जल्दी क्यों मचाई थी?

तापी : जवान बेटियाँ रखी जाती हैं घर में?

बिहारी : जो बात मैं पूछ रहा हूँ, उसका जवाब दे। सच्ची बात है?

तापी : होता ही है, इस उम्र में। चलो, अपने घर चली गई सत्ती। अब काहे का फिक्र?

बिहारी : तुझे तो नहीं फिक्र। मैं इसको पूछता हूँ। चूहे को। इसकी बेटी थी। इसको नहीं था पता? भेजा करता था रोज़, गोबर कूड़ा उठाने। उस वक्त कहाँ गई थी इसकी नाक?

बंतू : माँ अपनी से पूछ। मेरे कानों में काहे लगा है, उबलता हुआ तेल डालने?—मैं रोज़ पीछे-पीछे घूमता फिरूँ? सत्ती के? और साथ में तेरे? किधर-किधर होवे बंदा? तू? तू सारा दिन धूल छाने। गली-गली। कल को कोई ऊँची-नीची कर बैठा, तो मढ़ देना कसूर मेरे सिर।

बिहारी : शरम तो नहीं आती नामर्द को! बेटी थी तेरी!—अगर मैं होता तेरी जगह, अगर मैं साँप कीलने जानता, मैं फणधर साँप पकड़ कर सरबण की रज़ाई में घुसेड़ देता। बाप का बेटा न कहलवाता मैं, अगर सरबण साले को साँप लड़ाकर न मार देता।

बंतू : **(चोट खाया)** गोगे महाराज के बारे में ऐसा भौंकता है, ओए तू! बेगुरे!—मुझे संतों ने वर दिया था, ताकि मैं किसी बंदे की जान बचा सकूँ। किसी को जान से मार देना, इस जैसा पाप है कोई? ज़बान संभाल, बच्चू! गोगापीर तेरे जैसों को लंबे हाथों से लेता है।

तापी : **(वहम और डर से काँपती)** हँसता है यों ही। गोगे महाराज को बुरा बोल सकता है?

बंतू : नई जवानी चढ़ी है तुम्हें। याद रखना मेरी बात। अगर ज़्यादा उछला, तो किसी सरबण जैसे ज़मींदार से टक्कर लेकर, जल्दी जान गँवा बैठेगा।

तापी : दुरसीसें मत दे मेरे पुत्र को।

बिहारी : जान का फिक्र तुम्हें होगा, गीदड़ को। मैं? या मर जाऊँगा या मार लूँगा।

तापी : बिहारी, बेटा, सुन। होश संभाल ज़रा। म्हिंदो की बातों में मत आना। वो जान कर सीखा रही है तुम्हें। ईंट कुत्ते का बैर है औरत मर्द का। रोज़ लड़ाई होवे। तुझे क्या पता नहीं? म्हिंदो की बातें मत सुन। ऐसे ही झूठ मूठ भी बिल्ली का बुलंद खाँ बना देती है, यह ज़नानी।

बिहारी : झूठी कैसे? सत्ती के बारे में झूठ है? तुम्हें पता था। तू दाई बनती है, सारे गाँव की। तेरे से छिपी तो नहीं सत्ती। देख तो। मुझे कहते, ''बाबा के जा रहें हम। बालक नाथ के। चौकियाँ भरने। सत्ती का माथा टेकवाने।'' गौने से पहले। म्हिंदो ने सब बताया मुझे। उस से पैसे लेकर बच्चा निकलवाया, शहर।—डूब कर तो नहीं मर गए, दोनों जने।

बंतू : धीमे भौंक, ओए। कोई सुनता होगा। यों ही लड़की ससुराल में बसने से भी जाएगी। आया बड़ा हिमायती, सत्ती का, और साथ में म्हिंदो का।

तापी : बेटा, दबी हुई मत कुरेद। फाँसी लगी थी लेने, इस बबूल से। वो तो तेरे बापू की आँख खुल गई। रब्ब सबब से। मिन्नतें करके, मैंने पूछा। तो बताया।

बिहारी : फाँसी न लेती तो और क्या करती? जिसको बाप रोज़ भेजता था हवेली, गोबर कूड़ा उठाने? उस बाप कँजर ने तो सोचना था कुछ।

बंतू : क्या करता, ओए, मैं? चारा चले कोई ज़ोरावर के आगे? जूते खाकर बैठ जाता मैं। जो आधा चौथाई टुकड़ा मिलता है, इससे भी जाते।

बिहारी : अपने साँप लड़ाकर मर जाता तू, इस जैसा। यह तो भला सौतेली थी। नहीं बनी इसकी और सत्ती की कभी। तू तो सगा बाप था।

तापी : हाए हाए! **(रोती है)** देखा! यह फल दिया मुझे। अपने बेटी-बेटा बनाकर पाला। अपने मुँह से निकाल कर, बहन-भाई के मुँह में डाला। फिर वही! मौसी की मौसी! सौतेली।

बंतू : ओए बेकदरे! ओए बेगुरे। चूतड़ धोती रही तेरे, कल तक। गोदी उठाए घुमाती रही तुम्हें, वैद्यों हकीमों के। जून गाल ली अपनी। माथे टेकवाती थी तेरे। गुरों पीरों के आगे। मौत के मुँह से खींचा तुम्हें। फिर यह कदर पाई तूने!—बड़ा आया सत्ती का राखा। कहा

मानकर म्हिंदो का। जिसने सौ घाट का पानी पिया है। शुक्र कर, घर जवाई मिल गया। ज़मीन थी बाप की। इकलौती बेटी के लिए! —गलियाँ नीची कर रखी थीं, पराये गाँव के लड़कों ने। तेरी म्हिंदड़ो का पिछवाड़ा सूँघते फिरते थे।

तापी : और क्या? ऐसे ही ज़िद निकाल रही है सरबण सिंह पर।

बंतू : भला उनके घर की कलह, तू अपने घर में क्यों घुसेड़ता है?

बिहारी : कलह मैं घुसेड़ता हूँ? वो हमारी भैंस ले जा रहा है। उसने मेरी बहन— क्या कहलावे अब मेरे से?

तापी : छोड़ भी बात। चलो, तो क्या हुआ? दूसरी कटड़ी पाल लूँगी मैं। बड़ा होगा तू, कमाइआँ कर लेना। रब्ब बड़ी उम्र करे तेरी।

बिहारी : (**झिझक से**) माँ, एक बात बता। सच-सच।

तापी : जाने भी दे अब।

बिहारी : आज मैं पूछ ही लूँ सारी! सच बताना। सरबण ने, भला, तुम्हें भी ··· हाथ डाला था? (**चुप**) पाँच सात साल पहले? ·· बोल ·· खेत में?

बंतू : (**फख्र से**) सारा गाँव कर लिया था मैं ने इकट्ठा। दो साल साले ने मुँह नहीं दिखलाया, किसी को।

तापी : शरम का मारा! हवेली से नहीं निकलता था।

बिहारी : तो सच्च ही कहे, म्हिंदो। चलो, अच्छा। एक बार तो मेरा बाप केंचुए से फणधर बन गया। झूठे से, सच से, फण ऊपर उठाया तो सही, बेशक दाँत मारने का हौसला नहीं पड़ा।

तापी : ख़त्म भी कर बात अब। बकावाद किये जा रहा है।

बंतू : बेटा, मैं जाने, कोई दिन हूँ कि नहीं। हड़बड़ी करेगा, तो बेटा, बैर कमा लेगा सरबण सिंह से। सियापे मत शुरू कर। कितने बरस हो गए इसको? मुकद्दमें लड़ते हुए? चाचा के बेटों के ख़िलाफ? क़ातिलों का कुनबा है।

बिहारी : बहादुर बने साला। सिर छिपा कर बैठा है, ससुराल के गाँव में।

तापी : तू राख करेगा? अगर इसके चाचा के बेटों में से एक को भी फाँसी हो गई, वे जिंदा तो नहीं छोड़ेंगे। आज़मा कर देख लेना तू मेरा कहा।

बंतू : गोगा राजा आँख रखता है, इस जैसों पर।

बिहारी : तेरा गोगा राजा तो आँख रखे या न रखे। बिहारी ज़रूर आँख रखेगा। बेशक साले के पीठ पर ही डँक मारना पड़े।

तापी : धीमे बोल, रे। बैठा सोया सुन ले कहीं। पीछे पड़ जाएगा। बेदर्दी।

मरूँ मरूँ तो करता फिरे, हर बेला।

बिहारी : कहाँ कीचड़ में फँसे हैं, गाँद में। रब्ब कहीं निकाल कर दूर ले जाता, तो—

बंतू : अपनी करतूतें आगे आ रही हैं तेरे। अगर न हटता पढ़ने से, तो आज दसवीं कर लेता। सरकारी नौकरी लग जाती।

बिहारी : पैसे जो बहुत दिये तूने कापियों-किताबों के लिए। दाख़िला तक तो जुड़ा नहीं तेरे से, साँपों की कमाई से।

तापी : मुलखराज तो अभी भी कहता है। बिजली के महकमें में लगवा देगा।

बिहारी : चपड़ासी!

बंतू : चपड़ासी बुरा है? आठवीं फेल को?

(भैंस की घंटी खड़कती है)

सरबण : **(दूर से)** तेरे साँप लड़े तेरे! देख कैसे सींग उठाए साली। बिहारी, आना भई ज़रा। भैंस हाँक कर, छोड़ आ।

बिहारी : मेरे से नहीं होता। आप ही ले जा।

सरबण : **(पास आकर)** एक बार खोंटे बाँध आओ मेरे। खुर तोड़ तोड़ कर, दो दिनों में सीधी कर लूँगा मैं।

बंतू : चलो, सरदार जी, मैं छोड़ आता हूँ।

बिहारी : मोल तो करवा लेते। दो बंदे बुलाकर।

सरबण : क्यों? मैं भागने लगा हूँ? तू बंदे मेरी हवेली को ले आ। जो लाख दो लाख बनता है, बनवा ले।

तापी : ऐसी बात नहीं, सरदार जी।—बिहारी, बेटा, तू बैठ। मैं होती हूँ आगे, ज़ंजीर पकड़ के।

(दोनों चलते हैं)

सरबण : **(मुड़कर)** कुछ, नांह नुक्कर तो नहीं, भई, तुम्हारे बिहारी की तरफ से?

बंतू : नांह नुक्कर काहे की?

सरबण : मैं ने कहा, बता दो। पक्के काग़ज़ों पर अँगूठे लगे पड़े हैं। यह झोंपड़ी रह गई न एक? यह भी कुर्क हो जाएगी।

तापी : न, सरबण सिंह। ग़रीब मार न कर। कोई इन्कार नहीं भैंस से। वो तो वैसे ही करे। यों होता ही है। चाव से पालते रहे। इतने साल। दूध लस्सी को तरसता है पुत्र मेरा।

सरबण : लस्सी का किटोरा ले जाया करना, ओए। लस्सी का कुछ नहीं लगता। मैं ने तेरा बिगड़ा थूथना कल ही देख लिया था। वकील

के पास जाने की हड़बड़ी थी मुझे। नहीं तो मैंने कल ही पूछ लेना था तुझे।

बंतू : नहीं जी कोई रंज नहीं।

सरबण : लगता तो है जैसे नई जवानी चढ़ी हो। बेटा, अगर इतनी ही हया आ रही है कर्ज़े की, तो उतार दे।

तापी : उतार देगा। महाराज, पैसा-पैसा मोड़ देगा। धीरे-धीरे।

बिहारी : कर्ज़ा मैंने लिया तेरे से?

सरबण : तू ने नहीं लिया तो तेरे बाप ने लिया। मुकर जा। मैं तो, ब्याह से, पहले ही, क्रिया कर्म में राज़ी हूँ। इस पर, अँधे बहरे पर, तरस किया। बल्कि सत्ती के ब्याह के आधे पैसे नहीं लिखे। चलो, कन्यादान सही। गाँव की बेटी बहन है सत्ती।—बासी बचा, सब तुम्हारा। जो कपड़ा उतारते हैं तुम्हें देते हैं। कहीं गोबर का टोकरा उठाने को कह दें, तो तुम्हारे नख़रों का पता नहीं लगता।

तापी : नांह, जी। नख़रा काहे का?

सरबण : बंतू राम, कैसे करनी है? भैंस ले जाऊँ कि हुज्जत है?

बिहारी : हुज्जतें करने योग्य होते तो करते ही।

सरबण : तू अब कर ले, ओए, जो करनी है। बेटा, दिल में न रखना। सरबण सिंह सब हुज्जतें भुला देगा।

बंतू : क्या कर रहा, ओए तू?

तापी : चल बेटा, चुप कर।

बिहारी : मैंने कहा क्या है? ख़ामखा!

सरबण : नहीं कहा, तो कह ले। ज़ात की कोढ़ किरली, शहतीरों को जकड़न!

बिहारी : ज़ात तक जाने की ज़रूरत नहीं, सरदार जी। वरना—

सरबण : वरना क्या ओए? क्या कर लेगा तू?
(गले से पकड़ लेता है। बंतू और तापी बीच में होकर छुड़ाते हैं)

तापी : न, सरदार जी।

बंतू : सरबण सिंह, न भई।—हट, ओए इधर।

तापी : नन्हा है मेरा पुत्र!

बंतू : चलो, सरदार जी।

सरबण : साले कम्मी कमीनों ने मार लिया। खाने के लिए बेशक परातें दे दो। कर्ज़े माँगते वक़्त गिड़गिड़ाते हैं। कुत्ते साले!

तापी : **(आग बबूला बिहारी को धकेलती हुई)** जा, बे! तू जा जहाँ चला था।

(म्हिंदो आती है)

बंतू : **(आँखें पोंछता)** क्यों क़िस्मत ख़राब है तेरी। ससुरे, सब्र कर। चुप रहा कर।

म्हिंदो : क्या बात हुई, तापी? बिहारी क्यों रूठा?

तापी : कुछ नहीं। ऐसे ही ज़रा—

सरबण : तू क्यों आ गई? दुड़की लगाती? खुरा सूँघती?

म्हिंदो : मैं तेरा खुरा क्यों सूँघूगी?—कभी नीचे भी उतरा कर। घोड़े पर न चढ़ा रहा कर।

सरबण : भैंस मैं अकेला नहीं था ला सकता?

म्हिंदो : मैं भैंस लेने काहे को आती?

सरबण : तो?

म्हिंदो : तू ने पूरबीये को रात को फिर पीटा?

सरबण : क्यों?

म्हिंदो : पीटा कि नहीं?

सरबण : बात भी बता अब। लगी जिरह करने! मेरे से। वकीलों वाली।

म्हिंदो : लगता है, भाग गया कहीं। भागू ने बताया—रात को रो रहा था। कहे, रोज़ हड्डी पसली तोड़ता है। दौड़ गया बेचारा। अपने घर को।

(बंतू हुक्की उठाता है। तापी चिलम भरती है)

सरबण : दौड़ गया तो जाए दौड़े साला। कामगारों का घाटा है क्या?

म्हिंदो : मैं इंतज़ार करती रही। रोटी खाने नहीं आया सवेरे का। पशु भी भूखे खड़े हैं, हवेली में। मुँह उठा उठाकर देख रहे हैं। फाटक की तरफ।

सरबण : चुरा कर तो नहीं ले गया कुछ?

म्हिंदो : चोरी करनी उस ग़रीब ने! तीन महीने की तनख़ाह भी छोड़ गया।

सरबण : सियापा ख़त्म हुआ बीच से। **(हँसकर)** लो, भई बंतू। यक़ीन नहीं करेगा तू। पंद्रह रोटियाँ दोपहर को और पंद्रह साँझ को। तिनके जैसा सूखा साला। तेरी हुक्की की नली जैसा खोखला। मैं हैरान था, टोकरा रोटियों का, साला डालता किस जगह था।

(बिहारी बीड़ी सुलगाता है)

म्हिंदो : भागू बतावे, सारी रात रोता रहा। कहे, छाती की पसली टूट गई। टाँग मारी होगी तू ने?

सरबण : बीड़ी फूँकने से छुट्टी मिले तो काम करे। चला गया तो खरा। तीन महीनों की तनख़ाह बची।

म्हिंदो : ग़रीब गुरबी का नाहक़ नहीं खाते। सराप लग जाता है।

सरबण : नहीं लगते सराप। तोड़ दे जो मेरी टाँग तोड़नी है।

म्हिंदो : काम कौन करेगा? टरैक्टर है। टूबल है। डांगरों का गोबर कूड़ा है। इतना काम कौन करेगा?

सरबण : **(सोचकर)** सुन, भई बंतू। अगर तेरे पुत्र को इतनी शरम आवे कर्ज़े से, तो ले, कर सौदा। बिहारी करे काम हमारे। रोटी हम खिलायेंगे। बीस रुपए महीना जेब खर्च। बाकी की तनख़ाह क़र्ज़े में कटती जाएगी। कर लो सलाह आपस में। मौका मिल गया यह भी तुम्हें। कर्ज़ा उतारने का।

तापी : बुरा है कोई, जो जेब ख़र्च मिलता रहे। सोच ले बेटा।

बंतू : कितना चिर करनी पड़ेगी नौकरी?

सरबण : पाँच साल। कुल।

बंतू : यह तो ज़्यादा है, सरदार जी।

सरबण : पाँच बरस में तो सत्ती के ब्याह और गौने की रक्में मुश्किल से उतरेंगी।

म्हिंदो : पशु?

सरबण : सत्ती होती तो—

म्हिंदो : सत्ती बैठी अब तेरे लिए।

सरबण : तापी, चल, गोबर कूड़ा तू संभाल। बीस रुपए तेरे। माँ बेटा सलाह करके बता देना। बिहारी, चंद, अकड़ दिखानी है मुझे, तो रक़्में उतार कर दिखाना।

बंतू : अच्छा जी, सोचते हैं।

सरबण : बंतू, भैंस खोल। **(चलते हैं)**

(गणेसा सिंह आता है। साँस फूला है। ऐनक लगाए, लाठी पकड़े)

गणेसा : बंतू, ओ भैया। मुझे बचा ले। मैं लुट गया।

बंतू : क्या बात हुई?

बणेसा : कीड़ा लड़ गया!

बंतू : किसके?

गणेसा : मेरे पुत्र के।

तापी : हाय! हाय!

म्हिंदो : हाय रे मुझे!

सरबण : जगत सिंह के?

गणेसा : मैं मर गया, बंतू। मेरा पुत्र बचा ले। इक्को एक लाल है मेरा। यारो, मेरा तो पोता भी, ससुरा, अभी दूध चूसता है। मेरा जगत

सिंह बचा ले, बंतू।

(बंतू जोश में सीधा खड़ा हो जाता है)

बंतू : कहाँ है जगत सिंह?

गणेसा : खेत में। टूबल पर।

म्हिंदो : हमारे टूबल के पास वाले खेत में?

गणेसा : हाँ। आज रब्ब है तू मेरा।

बंतू : हौसला रख।

गणेसा : आ, चल!

बंतू : बूटी तो ले लूँ। **(झोपड़ी के अंदर से थैली और पिटारी लाता है। डमरू और डागा उतारता है)**

म्हिंदो : कैसे लड़ गया, चाचा?

सरबण : कितना बड़ा था साँप?

बंतू : मारा तो नहीं, गोगा राजा?—अगर जगत सिंह ने मार दिया है, न मेरी बूटी असर करेगी, न मेरा मंत्र चलेगा।

गणेसा : कहाँ भैया। पानी लगा रहा था, बरसीम को। बिल थी चूहे की। पानी अंदर को घुसता जाए। एड़ी मारी बिल बंद करने के लिए!

म्हिंदो : बस, अंदर होगा। दाँत मारा।

गणेसा : बंतू राम, मेरा पुत्र बचा ले। मेरा सब कुछ ले ले बेशक।

बंतू : बचाने वाला तो गोगा राजा आप है। अगर तो इस पिटारी के अंदर आ घुसा तब तो मेरा मंत्र चल जाएगा। बूटी भी असर करेगी। नहीं तो, भाई उस महाराज के आगे मेरा कोई ज़ोर नहीं। गोगा नवमी आने वाली है। पाँचवें दिन। कारों में गोगा राजा वली होता है।

गणेसा : **(पैरों में बैठकर)** मैं अखाड़ा लगवाऊँगा। गोगा राजा का। आज संध्या को शुरू कर दे अखाड़ा। पाँच दिनों की मन्नत मनाता हूँ मैं। किसी तरह मेरा जगत सिंह बचा दे। मेरा दूसरा कोई नहीं इस धरती पर। मेरी बहू तबाह हो जाएगी। मेरा परिवार तबाह हो जाएगा।

बंतू : यत्न करते हैं। आगे, जो उसकी मरज़ी।

(लंबे कदम भरता हुआ जाता है। बिहारी फख्र से देखता है)

गणेसा : मेरा पुत्र ज़िंदा कर दे। रब्ब तेरा पुत्र राज़ी रखेगा। **(जाता है)**

म्हिंदो : हाय रे! प्रीतो बेचारी के हाथ की तो मेंहदी नहीं घिसी अब तक।

तापी : और क्या! लड़का अभी साल भर का है।

म्हिंदो : दो ढाई बरस तो हुए सारे गौने को। बलविंद्र होने वाली थी मुझे।

सरबण : मरना तो आप ही साले ने। ऐड़ियाँ मारे, बिलों में।

तापी : गणेसा सिंह बेचारा भी—कोई प्रभु की मार है। छोटा बेटा लड़ाई में मर गया। माँ ग़म खा के मर गई, रोती। अब यह हो गया।

बिहारी : बापू का इलाज किया हुआ, अभी तक तो कोई बंदा मरा नहीं। दूसरा कुछ करने योग्य हो चाहे न हो। साँप के डसे को नहीं मरने देता।

सरबण : तापी, भैंस खोल।

(तीनों जाते हैं। भैंस की घंटी बजती है। म्हिंदो मुड़कर आती है)

म्हिंदो : बिहारी?

बिहारी : क्या?

म्हिंदो : बात मानेगा मेरी?

बिहारी : मानने वाली होगी तो मानूँगा।

म्हिंदो : यह तो तू मान ही ले। काम पे लग जा।

बिहारी : पाँच साल कौन चाकरी करे इसकी?

म्हिंदो : ज़मीन मेरी। घर मेरा। मालिक तो असली मैं हूँ। तू काम लगेगा तो इसके नहीं लगेगा। मेरे लगेगा।

बिहारी : मैं बाजा नहीं छोड़ सकता।

म्हिंदो : मत छोड़ बाजा। ब्याह कौन से रोज़—रोज होवें। जब साई मिले चले जाना। घड़ी दो घड़ी।

बिहारी : हाथ लगा के देखे मुझे। यह पूरबीये ही हैं, जो टाँगें खा लेते हैं, तेरे बूचड़ से।

म्हिंदो : क़सम लगे मुझे। सच्चे दिल से बताती हूँ मैं तुम्हें आज। मैं रोज़ वाहे गुरु के आगे अरदास करती हूँ। न जाने कौनसा पाप किया था मेंने, जो यह लड़ लगा मेरे।—बाप मेरा लुड्डी नाच नाच रहा था। कहे, "हम फौज में पगड़ी-बदल भाई थे। उसका लड़का, सरबण सिंह, घर जमाई बनाऊँगा मैं।—क़िस्मत बुरी। नहीं तो लड़कों का घाटा था मुझे? मुरब्बों की मालिक मैं।

बिहारी : सुना है, इसके चाचा के पुत्र, पीछा कर रहे हैं इसका? बँदूकें लेकर?

म्हिंदो : **(परदे से)** मैं तो त्राहि-त्राहि काँपती हूँ। देवर मेरा, कैसे मारा उन्होंने तड़पा-तड़पा कर। मैं तो डर के मारे, इसको कह भी नहीं सकती कुछ। न मेरी माँ, न बाप। न कोई साथ का जन्मा। किसके पास रोना रोऊँ मैं?

बिहारी : देख, म्हिंदो, मैं तो इसका कामा बनूँगा नहीं। हाँ, तेरे करके, मा को

कह देते हैं हम। पशु संभाल ले तेरे।

म्हिंदो : काम तो सारा खेतों में है। **(गुदगुदी करके)** मान जा, नाचार। मेरे सूट पहन लिया करना।

बिहारी : बंदा ख़राब है।

म्हिंदो : पगलाया फिरे। कहीं रात को नींद आवे। बुड़ बुड़ाता है, ऊँचा ऊँचा। मारो! क़त्ल करो! पता नहीं इसकी खोपड़ी में क्या बंब चलते हैं।

बिहारी : तू जाने, तेरा ख़सम जाने। लोगों को क्या?

म्हिंदो : ख़सम! क्या सुने आज मेरे से! ख़सम वाली बात तो चिर हुआ जाती रही। बलविंदर कब हुई थी मुझे?—तुझे बताया, कभी वकील, कभी बंदूक, कभी पिस्तौल, कभी शराब। दूसरा कुछ नहीं सूझता। मैं तो समझ ले, तीन साल हुए, विधवाओं की तरह हूँ। हाथ नहीं लगाया कभी। दूसरी बहुतेरी। कभी इस नांद में मुँह मारता है, कभी उस नांद में। बेटी बहनें गाँव की ख़राब लगा है करने।

बिहारी : **(हँसकर)** एक बात बता। गुस्सा तो नहीं करेगी?

म्हिंदो : पूछ, जौन सी मरज़ी। तू पहला बंदा है, गाँव का, जिसको मैंने सच बताया, आज।

बिहारी : पूरबीए से बातचीत थी तेरी?

म्हिंदो : पूरबीए काले भूतने पर मैं थूकूँ भी न।

बिहारी : सौगंध लगे तुझे।

म्हिंदो : मुझे अपने जसवीर की सौगंध।—ऐसे ही बुला लेती थी। कामा था हमारा।

बिहारी : भागू बता रहा था।

म्हिंदो : क्या?

बिहारी : कहे, सरबण ने एक दिन पीटा। बोला, साला बहाने बना बना कर, घर को चला रहता है।—भागू ने बताया, शायद भई तुम्हारी दोनों की—

म्हिंदो : भागू काना तो यों ही मुश्क लेता रहे।

बिहारी : सरबण ने क्यों कहा?

म्हिंदो : मुझे कहके देखे। कंजर। पूरबीए बेचारे को पीटने लग पड़ा। शक करे। अपने जैसी समझता है।

बिहारी : अच्छा, भई। ऐसे ही होगी।

म्हिंदो : अब तेरे से छिपाना कैसा? रात को बल्कि तू जल्दी उठके आ

गया। —लग जा मेरे साथ। भैंस भी, समझ तू, तेरे खूँटे बँधी है। अब भी। जितना मरज़ी खा, पी। दूध घी।—मैं नाश्ता लेकर आया करूँगी।—देबो को भूल जाएगा।

बिहारी : (**खुश, शरम की हँसी**) देबो से मेरी बात है ही नहीं।

म्हिंदो : यों ही तो नहीं, जोहड़ में से मिट्टी ढोने के बहाने, तेरे दर के सामने आकर, बैठी रहती। संगतरी चुनरी लेकर।

बिहारी : सच से, कोई बात नहीं।

म्हिंदो : कल, मैं आऊँगी। बाजरा काटना है तूने। श्मशान के पास वाले खेत का। इसने कल वकील के पास जाना है। शहर। परसों तारीख़ है।

बिहारी : पाँच साल की गुलामी।

(**सत्ती आती है।**)

म्हिंदो : मैं गुलामी नहीं करवाती। (**बाहों में लेने की कोशिश करती**) कल। संगतरी चुनरी लेकर आऊँगी।

बिहारी : अच्छा। (**चूमने लगता है**)

सत्ती : मौसी कहाँ गई?

बिहारी : (**झट पीछे हट के**) सत्ती। तू कहाँ से आ गिरी?

म्हिंदो : अकेली आई हो, री? मैं तो तेरी माँ को बुलाने आई थी। झाड़ू लगा दे, हवेली। बिहारी कह रहा है, हमारे घर गई है। पैर डाला ही है मैंने। तेरे आगे आगे।

बिहारी : मुलखराज नहीं आया साथ?

सत्ती : चिरंजी की हट्टी से बीड़ियाँ ले रहा है।

(**साईकल की घंटी बजाता आता है**)

म्हिंदो : आ गया।

बिहारी : आओ, जी। जीजा जी। (**साईकल पकड़ता है**)

मुलखा : कैसे? तगड़ा है?—सस्सरीकाल, जी।

म्हिंदो : सस्सरी काल! राज़ी खुशी, पाहुने?

मुलखा : जी, शुक्र है भगवान का। किधर गए घर वाले?

(**बैठता है**)

सत्ती : भैंस ब्या गई?

बिहारी : अभी कहाँ?

सत्ती : बेटा और गुड्डी राज़ी हैं?

म्हिंदो : राज़ी हैं।

सत्ती : भैया जी?

बिहारी : कैसे, एकदम?··· सुख तो है?

मुलखा : मैं कह रहा था न? बदली होने वाली मेरी? हो गई। आडर आ गए कल।

म्हिंदो : दूर की हुई कि पास की?

बिहारी : सैक्ल का रास्ता नहीं?

सत्ती : राख! सैकल चलावे! कहाँ है नूर महल!

मुलखा : वहाँ रहना पड़ेगा।

म्हिंदो : किराए पर मकान लेकर?

मुलखा : हाँ, जी। मैं चलूँगा कल। जाकर हाज़री भर दूँ। परसों चौथ मुड़ूँगा। कमरा लेकर।

सत्ती : मैं अभी रहूँगी यहाँ। महीना खंड।

मुलखा : मेरी रोटी कौन पकाएगा?

सत्ती : पहले कौन पकाती थी?

मुलखा : पहले की बात पहले गई।

म्हिंदो : अब तेरी पकाई खाने की आदत पड़ गई है न।—बिहारी, कह दूँ मैं, सरदार को?

बिहारी : अच्छा, चंगा। कह दे। जो होगी, देखी जाएगी।

म्हिंदो : बाजरा! कल! **(जाती है)**

बिहारी : सरबण सिंह से भी दो हाथ करके देख ही लें।

सत्ती : रे, क्या बात हुई? उलटी सीधी मत सोचना। बड़ी मनहूस है। पछताएगा।

बिहारी : जो क़र्ज़, कई बरसों से, सरबण सिंह हमारे परिवार के सिर पर चढ़ाता रहा है, वो क़र्ज़ लौटाकर, उसके सिर पर चढ़ाने लगा हूँ!

सत्ती : कैसे?

बिहारी : जुगत ढूँढ़ ही ली मैंने। देखती जा तू!

(अँधेरा)

दूसरी झाँकी

गोगे का अखाड़ा

(गणेसा सिंह का घर। बंतू गोगे के झंडे के नीचे, थड़े पर बैठता है। पास में, ईंट से ढकी पिटारी, जलता हुआ चिराग। बंतू के हाथ में डमरू और डागा। अखाड़े पर बैठा बंतू अपने आप को किसी राजा महाराजा से कम नहीं समझता। अपने आप को भूलकर, झूमकर, बोलता और गाता है। हर बार आप इशारे से टोली के लड़के लड़कियों को साथ गाने के लिए कहता है और आप ही इशारे से चुप कराता है। बंतू की स्वाँग लगाने की जुगत, नकल उतारने की कला, चुटकीबाजी, मख़ौलिया स्वभाव—सिर्फ अखाड़े के वक़्त उभरते हैं)

बंतू : **(डमरू बजाकर)** बोल गोगे पीर की—

संगत : जय!

बंतू : हे गोगा पीर जी। धन्य धन्य है तू। तूने मेहर की आज, गणेसा सिंह पर। उसके पुत्र जगत सिंह को दर्शन दिए। वो तेरी शरण में आया। तेरे नाम का अखाड़ा रखवाया। मेहर करना, बाबा गोगा। नगर खेड़े पर सुख बरताना। दूध पूत का दान देना। कुल का भला करना। **(डागा मारके)** कान लगाकर, सुनो भगतो। गोगा राजा की कथा :— भोली वाछल और कपटी काछल, दो सगी बहनें। न भोली रानी वाछल के औलाद। न कपटी रानी काछल के औलाद। भोली वाछल, पहुँची गुरु गोरखनाथ के पास। फरियाद करती है एक। क्या फरियाद करती है?—**(टोली को गाने का इशारा करता है)**

टोली : सलामां मेरियाँ, सलामाँ मेरियाँ
इक सलामां, मेरियाँ दोये सलामाँ।
गुरु गोरखा, पैदा ओए कर दिआ

हरी ठाकर मेरा, हम को तो देओ औलाद।

बंतू : **(इशारे से गाना बंद करवाकर)** गोरखनाथ बोला—**(सुलफे का कश खींचकर, आवाज़ बदलकर)** "इस वेला वर नहीं है, भोली वाछल। कल आकर, ले जाना औलाद।"—भोली वाछल, बताती है कपटी काछल को—

टोली : दौड़ी दौड़ी वाछल, काछल के आई
बहना री काछले, कल तो मिल जायेगी औलाद।

बंतू : पर कपटी काछल ने किया धोखा, भोली वाछल संग। दौड़ी-दौड़ी कपटी काछल, भोली वाछल को बोली—**(मक्कार ज़नानी बनकर)**— "बहना री वाछले, मुझे जोड़ा तो देना उधार। मैं जाऊँ बाबुल वाले देस री, मुझे आई है मँदी आवाज़।"—कपड़े पहन कर भोली बहन के, बदलकर भेस, दौड़ी तो दौड़ी कपटी काछल, गोरख के आई : "गुरु गोरखा, पैदा ओए कर दिआ, मुझे तो देओ औलाद"— **(कश खींच कर, नशयी)** गोरखनाथ बैठा पी कर भाँग। **(हँसकर)** धोखा खा गया। कपटी काछल को समझ बैठा भोली वाछल। होकर दयाल, जटा से निकालकर, औलाद जो दे दी, गोरख कहे : "जुड़वां जन्मेंगे। **(भैंगा बनकर)** अरजण और **(टुंडा बनकर)** सुरजण रखना नाम।" —कपटी काछल आ गई, वर लेकर, गुरु से। बोलती झूठ, भोली वाछल से। **(नक़्ल उतारता)** : "बहना री वाछले, मैं आई बाबुल वाले देस से, हमारे बाबुल की चंगी आवाज़। —भोली रानी वाछल! वाछल भी जावे गुरु के द्वार : **(हाथ जोड़कर)** "गुरु गोरखा, मुझे तो दो औलाद।" **(कश खींचकर)** गोरखनाथ बैठा पी कर भाँग। **(हँसकर)** धोखा खा गया। भोली वाछल को समझ बैठा कपटी काछल। खड़का कर चिमटा, बोला— **(बहुत गुस्से में)** "मोड़ो, ओए मोड़ो इसको, चेलेओ मेरेओ, घड़ी घड़ी माँगे औलाद।" **(डमरू बजाकर)** ऐसा कहकर, भगतो, गोरखनाथ छोड़ गया अपना डेरा। सातों समुंदरों की पवन जो चली, गुरु गोरखनाथ गया, गया चंजी वाले बाग।" **(हँसकर)** वहाँ भी, औरतों ने साधु का पीछा नहीं छोड़ा। रानी गोपी भी माँगने लगी नन्हा मुन्ना। गोपी बोली : "गुरु गोरखा, मुझे तो देओ औलाद।" गोरख ने की मेहर, गोपी रानी पर। जड़ी बूटी गोरख ने दे दी—**(कश लगाकर खाँसकर)** "ले रानी गोपीये, सिलियर तो रखना इसका नाम। इसका संयोग गोगे संग।"
(टोली को गाने का इशारा)—

टोली : ले रानी गोपीये, सिलियर तो रखना इसका नाम।
इस का संयोग गोगे संग। (2)

बंतू : **(डमरू बजाकर)** बारह बरस बीत गए : गोरख नाथ आ गया, मुड़कर अपने डेरे। सातों समुंदरों की पवन जो चली, गुरु गोरख आया, आया जो अपने बाग।" **(डमरू बजाकर)** सुनो भगतो, करामात की बात। मिट्टी की ढेरी। ऊपर उगी थी घास। गोरख के चेले, घास जो काटें, मेरा साहिब जाने, बीच में से निकली भोली वाछल आप!—खुश हो गया गोरख नाथ। तपस्या की, बारह बरस, भोली वाछल ने। गोरख तुट्ठा, नाथ जो तुट्ठा, दे दी गुग्गल की दात। **(वर देने के लिए हाथ ऊपर उठाकर, श्रद्धा से)** : "हरी ठाकर मेरा, भोली वाछले, गोगा तो रखना इसका नाम।"—**(गाने का इशारा करके)**—

टोली : हरी ठाकर मेरा, रानी वाछले,
गोगा तो रखना इसका नाम। (3)

बंतू : **(संगीत बंद करा के)** गुग्गल लेकर, नमस्कार की। चल पड़ी भोली वाछल अपने पति राजा जैमल के महलों को। बारह बरसों के बाद नार महलों को लौटी। आगे से पति जैमल क्या कहता है? सास लड़ाकी सामने से कौन सी तोहमतें लगाती है? **(डमरू बजाकर)** जय गोगे पीर की। बाकी कथा, भगतो, जिंदा रहे तो, कल रात। बोलो गोगे पीर की—

संगत : जय!

(अँधेरा)

दूसरा अंक

पहली झाँकी

बंतू की झोंपड़ी

(बिहारी और मुलखा रोटी खा चुके हैं। बंतू रस्सी बना रहा, हुक्की पीता है। पिटारी के ऊपर ईंट। कपड़े में रोटी बाँधकर, सत्ती साइकल से टँगे थैले में डालती है। बरतन उठाती है)

सत्ती : रोटी बाँध दी मैंने।

मुलखा : रोटी बेशक न बाँधती।

बंतू : बाँधती क्यों न? ख़ामख़ा ढाबे पर खानी है?

मुलखा : बिहारी का ब्याह नहीं करना, बापू?

बंतू : ब्याह भी करेंगे, पुत्र। दिन शुभ देख कर।

सत्ती : पल्लू पकड़ने का इकोत्र सौ लूँगी मैं। छाप कराऊँगी सोने की।

बिहारी : उँगली धोकर रख तू, छाप के लिए। बापू तो जैसे मुझे नहला धुला कर बैठा है। बारात चढ़ाने के लिए।

बंतू : बारात भी, पुत्र, चढ़ना ही है, एक दिन।

मुलखा : सेहरा खोलने के इकवंजा लूँगा मैं।

बिहारी : ले लेना यार जीजा। तू भी क्या याद रखेगा, बिहारी लाल के ब्याह को।

सत्ती : कमीज तो आज दुल्हों वाली पहनी तू ने।

बिहारी : साइकल ले जाएगा?

मुलखा : अड्डे पर रख जाऊँगा। सेमे हलवाई की हट्टी। ताला लगाकर। परसों को आया मुड़कर।

(सरबण आता है)

सरबण : बंतू, यार तू ने बताया नहीं। भैंस तो दंदा देती है।

मुलखा : सस्सरी काल जी।

सरबण : सस्सरी काल! राज़ी ख़ुशी?

मुलखा : हाँ, जी।

बंतू : दिन तो पूरे हो गए। ब्या जाएगी आज कल में।

सरबण : नहीं, भई। कुछ हीला कर। सारा अंदर भैंस का बाहर आने को फिरे।

बिहारी : पली हुई है। खड़ी नहीं हो सकती।

बंतू : पुड़ों पर चिकनी मिट्‌टी थाप दो।

सरबण : थापेगा कौन? जोहड़ तेरे घर के आगे है कि मेरी हवेली के आगे? उठ, निकाल तसला मिट्‌टा का। मैं तो कहता हूँ, बेशक रस्सा भी बाँध दे, पुड़ों को।

बंतू : दुखी होगी भैंस रस्से से।

सरबण : तसला उठा।

बंतू : रोटी खाके जाता हूँ।

सरबण : रोटी लौट कर खा लेना। काम ख़त्म कर बीच में से।

बंतू : चिलम में कोला डाला था।

सरबण : चूसता ही चला जा तो। **(पिटारी के पास आकर)** यह तो बड़े फर्राटे मार रहा है, अंदर।

बिहारी : काला! कौड़ियों वाला। मेरी बाँह जितना मोटा।

सत्ती : इस खाट से डेढ़ा लंबा होगा।

सरबण : ज़हर नहीं निकाला इस का, बंतू?

बंतू : गोगा नौमी के बाद निकालेंगे। कारों में गोगा के दाँत नहीं मसलते।

सरबण : तो फिर, मेरा एक काम बना। पुन्य होगा तेरा।

बंतू : क्या?

सरबण : कुत्ता पीछे पड़ गया मेरे। उसका काम ख़त्म करना है। चुप चुपीते।

मुलखा : **(हँसकर)** कुत्ता?

सरबण : जवान, क्या बताऊँ मैं! बात साली है भी हँसी मज़ाक़ की। हमारे टूबल के साथ, परे, बख़तौरे का कोठा है। चढ़ते पासे। उसका कुत्ता रोज़ मेरे अंदर आ घुसता है। पीछे से, धीमे से। कभी मेरी रोटी उठा ली। कभी लस्सी को मुँह मार गया। दाँव में बैठा रहे। भूखे रहना पड़ता है। कई बार।

बिहारी : लत पड़ गई कुत्त को।

सरबण : मैंने बख़तौरे को कहा, ''बापू अपने को बाँध के रख।'' आगे से बन सँवर कर बोला—''हम काहे को बाँधें? तू अपनी चीज़ें ढक के रख।''

बंतू : लड़ाका है बख़्तौरा।

सरबण : कुत्ते ने भी बेहद अति उठा रखी है। रात मेंने खरगोश मारा। पला हुआ। पाँच किलो माँस होगा। मैंने सोचा, साँझ को भून कर खाएँगे। भट्टी से दो बोतलें निकाल कर। लो साला। मैं ने अंदर खाट के नीचे रखा। बटन दबा कर, बाहर हाथ पल्ला लगा हूँ धोने। घसीट कर कुत्ता साला, पता नहीं, किस वक्त ले गया। हड्डियाँ पड़ी देखीं, जगत सिंह कि खेत में। छिपते पासे। आक के निकट।

बिहारी : स्वादों का मारा दिखे, बख़्तौरे का कुत्ता।

सरबण : बड़ी खीझ आई मुझे। एक दिन, कोई दो महीने हुए, पहले भी ऐसे ही किया। तीतर पकड़े मैंने। दो। भून कर रखे। मैंने बोतल उठाने के लिए, इधर को मुँह किया, उठाकर वो गया वो गया!

बिहारी : ठाह गोली मारता।

सत्ती : और क्या?

बंतू : न, भई। जीव हत्या है यह। यों ही डंडे से डरा दो।

सरबण : मैंने सोचा, गोली से तो पता लग जाएगा। लड़ेगा बख़्तौरा। एक और जुगत सोची मैंने। अगर बंतू मान जाए।

बिहारी : कौन सी?

सरबण : पिटारी उठा, बंतू। टूबल पर ले चल। रोटी दिखा कर, पास बुला कुत्ते को। और यह लड़ा देना, कोड़ियों वाला।

मुलखा : तोबा!

बिहारी : खरी वाहवाह।

सत्ती : मुझे तो सुनकर ही डर लगता है।

बंतू : **(उठकर)** सरदार जी, आपकी बात सुनकर रूह काँप गई मेरी। जाओ। आगे के वास्ते, गोगा पीर के बारे में ऐसा नहीं बोलना। नहीं तो मंदी करेगा गोगा। जाओ। ऐसा पाप मेरे हाथों करवाने से पहले, गोगा राजा मुझे अपने पास बुला ले, तो बेहतर।

सरबण : पाप काहे का? दुश्मन मारने का? वहम में नहीं पड़ते, बंतू।

बंतू : नांह, जी। गोगा राजा क्षमा करना। क्षमा करना। **(तसला उठाकर)** बेटा, मैं तसला भर देता हूँ। चिकनी सी देखकर। जाते हुए, उठाकर, हवेली छोड़ जाना। तापी लगा देगी मिट्टी। भैंस के। **(जाता है)**

सरबण : तू भी उठ भई। टराली भर दे बाजरे से। पैसे बनाएँ।

बिहारी : सारा दिन बाजरा ही काटता रहूँ? अकेला?

सरबण : अकेले को क्या तुम्हें मसानों वाले भूत चिमटते हैं? रोटी पहुँचा देगी, सत्ती। हमारे घर से लेकर। कल मेंढ बना देना। आलुओं के लिए। साथ में धान को पानी लगा देना।

(मुलखा साइकल पकड़कर जाने लगता है)

मुलखा : बेबे मुड़ी ही नहीं।—परसों दोपहर से पहले, पहुँच जाऊँगा मैं।

सरबण : तू, जवान, बिजली में है?

मुलखा : हाँ, जी।

सरबण : तू ही काम बना दे मेरा, कुत्ते वाला।

मुलखा : कैसे?

सरबण : एक और जुगत सूझी है मुझे, तेरे खड़े खड़े। एक तरह समझ ले, तेरी बिजली तो इस फनियर से भी ज़्यादा ज़हरीली है।

सत्ती : साँप का डंक खाया तो बच भी रहेगा। बिजली का डंक खाया तो पानी नहीं माँगता। इसके साथ काम कर रहा था, लड़का। महतपुर का। खंभे पर चढ़ा। साथ में चिमटा रह गया।

बिहारी : तू भी, जीजा, बचके भई।

सत्ती : जितना चिर काम से मुड़कर आता नहीं, मेरी जान मुट्ठी में रहती है।

सरबण : किसी तरह, तू तार लगाकर, बख़तौरे के कुत्ते को मार जा।

मुलखा : तार फिट कर जाता हूँ मैं। डंडे से बाँध दूँगा। दूर से पकड़ कर छुआ देना। आप ही। मारने वाला काम मुझसे नहीं होगा।

सरबण : गबरू जवान तू। दिल तेरा चिड़ी जितना।

बिहारी : बापू मरे हुओं को ज़िंदा करता है। तुम जिंदों को मारते हो।

सरबण : मारना भी पड़ जाता है, कोई बंदा। **(दो रुपए पकड़ा कर)** चिरंजी की हट्टी से तार ला।

बिहारी : **(पैसे मोड़ के)** नांह जी। आप ही खरीदो। हम बख़तौरे से वैर क्यों कमायें?

सत्ती : यों बख़तौरा है बड़ा झगड़ालू। पीछे पड़ जाए किसी के तो हटता नहीं।

सरबण : डसने तो नहीं लगा बख़तौरा! अच्छा, तुम पहुँचो टूबल। **(मुलखे को पैसे पकड़ा कर)** तू तो पराये गाँव का है। तेरे पर कौन शक करेगा? फिर तेरा महकमा भी यही है। पकड़। तार ख़रीद कर, फिट कर दे। मैं सीधा पहुँचता हूँ।

बिहारी : इसने तो अड्डे जाना है। जिसको देखो, पकड़कर बेगार पर लगा दो।

सरबण : उधर से उधर चले जाना। नहर की पटरी पर से होकर··· बेगार काहे की?

बिहारी : बेगार नहीं! और तो यह प्यार है!

(बिहारी और मुलखा जाते हैं)

सरबण : बिहारी से जवानी झेली नहीं जाती। ··तापी?

सत्ती : नंबरदारों के गई है।

सरबण : नंबरदारों की बचनी ब्याई को तो कई दिन हो गए। अब दाई का क्या काम?

सत्ती : सूतक में दबाना घोटना भी तो होता है।

सरबण : कैसे? गौना खरा खरा भी रहा?

सत्ती : खरा ही था।

सरबण : मुलखे के पल्ले कुछ है भी? कि ऐसे ही है?

सत्ती : सीधा सा है, रौणा भौणा। बड़ा अच्छा रखा मुझे।

सरबण : मैं ने बुरा रखा था तुझे?

सत्ती : मैं ने कब कहा?

सरबण : बात तो वही हो गई। अगर मुलखा अच्छा है, तो सरबण आप ही बुरा बन गया।

सत्ती : उलटी बना लेवे हर बात। तेरी यह आदत न गई।

सरबण : अच्छा बता। सीधी कब करूँ? आज ही सही?

सत्ती : नांह। अब नहीं।

सरबण : क्यों, फर्क पड़ गया कुछ? गौने का? मैं तो वही हूँ।

सत्ती : मैं नहीं अब।

सरबण : घिस तो नहीं चला कुछ? हवेली पहुँच। भूसे वाले कोठे में। मैं आता हूँ कुत्ते का काम ख़त्म करके।

सत्ती : मैं नहीं आऊँगी। तेरी जोरू पहले ही मुझे, कल, कानी भैंस की तरह देख रही थी।

सरबण : अव्वल तो तू यों कर। टूबल पर आना। बिहारी को रोटी पकड़ा कर। शीशम के झुंड में से होकर। थोड़ा ही चक्कर पड़ेगा।

सत्ती : नांह, मैं नहीं।

सरबण : तेरे करके बल्कि मैं ने बिहारी को कामा रखा है। म्हिंदो ने तो अति उठा रखी थी। बोली "सारा क़र्ज़ा निकलवा बंतू से। कुर्की करा दे कोठे की।" —ज़िद निकाले, साली।

सत्ती : म्हिंदो का बस चले तो मुझे कच्ची को खा जाए।

सरबण : चल, तू ने म्हिंदो से कुछ लेना देना? बात तो हैगी तेरी और मेरी।

सत्ती : सच में, मेरा तो दिल डरता है। भैया न काम करे तेरे संग तो ही भला। कहीं वही बात न हो।

सरबण : कौन सी?

सत्ती : मेरे वीर पर मेहर करे गोगा राजा। बदले न निकाले म्हिंदो मेरे भाई पर।

सरबण : क्या पहेलियाँ पूछने लग पड़ी? बात बता पूरी। म्हिंदो ने बल्कि आप कहा। बिहारी को रख ले। पूरबीये को निकाल कर।

सत्ती : पूरबीया क्यों निकाला?

सरबण : हराम की खाता था।

सत्ती : भागू की सीबो तो कहती—

सरबण : भौंकते हैं, कुत्ते। म्हिंदो की क्या मजाल, आँख भी उठा जाए, किसी मर्द की तरफ? काट कर टोटे न कर दूँ, चार।

सत्ती : मैं नहीं बेटी बहन किसी की? मेरा नहीं ख़सम अब?

सरबण : तेरी मेरी दूसरी बात है।

सत्ती : क्यों, मैं कुछ होती ही नहीं।

सरबण : जिरह करने बैठ गई तू तो! वकीलों वाली। पंदरह दिनों में मुलखे की हो गई। जो मैंने घर खिलाया? इतने साल? भूल गई सब? इतनी जल्दी?

सत्ती : अच्छा, बाबा। अब छोड़ मेरा लड़।—सास तो मेरी चिर की मरी हुई है। नन्हे को छोड़ कर मर गई थी। हमारी माँ की तरह। ससुर मेरा, बड़ा चाव करता है—अब मिन्नत है मेरी। अब नहीं।

सरबण : तलाक लेना है मेरे से? तो ले ले। मेरा क्या खड़ा? तेरे बगैर? घाटा है कोई?

सत्ती : ऐसे तो ऐसे ही सही। **(अंदर को जाती है)**

सरबण : (रुककर) सत्ती! मुलखे की सौगंध लगे तुम्हें! **(सत्ती दूर से आँखों में देखे जा रही है)** म्हिंदो की बिहारी से...?

सत्ती : (काँपती, पास आकर) तुम्हें कैसे पता?

सरबण : **(डंक खाया, काँप रहा)** यह बात है! शक तो मुझे भी था। मुड़ घिड़ म्हिंदो तापी के घर! बहाने बना बनाकर। वो भी साला। बालों की चिड़ियाँ बनाये फिरता है। गलियों में। सुरमे डालकर।

सत्ती : मेरे भाई को कुछ मत कहना, सरबण। मिन्नत है मेरी।

सरबण : तो बात सच्ची है?

सत्ती : तेरी सौगंध लगे मुझे। कोई बात नहीं। मुझे पक्का पता है। बहुत भोला है, मेरा वीर।

सरबण : वो तो मैं आप ही देख लूँगा। भोला कि नहीं। **(चुप। खाट पर**

गिरता है। पगड़ी के लड़ से आँखें पोंछकर) वाहेगुरु! किसी तरह मेरी खलासी करा। कृपा कर मेरे पर। और नहीं मैं सहन कर सकता। मरने वाले, कहाँ फँसा गया तू मुझे? बाप नहीं, तू दुश्मन था मेरा। बदले निकाले मेरे साथ। लोभ में आ गया। ज़मीन के। बेगाने गाँव में फेंक मारा मुझे। पराये गाँव। कंजरी लड़ बाँध गया मेरे। तूने मर के भी पीछा नहीं छोड़ा मेरा।—बैर तूने शुरू किये। भाइयों भतीजों से। पुत्रों को देने आए। मेरे साथ का जन्मा काट गिराया। तेरे सगे भाई ने। आज मैं अकेला। जड़ से उखड़ा वृक्ष। न इस गाँव का, न उस गाँव का। सब कुछ होते-होते, आज मैं अकेला। घर में भी अकेला, बाहर भी अकेला।—कभी-कभी, जी करता है, बंदूक लेकर, पाँच सात को मार डालूँ। फिर अपने गोली मार लूँ। और नरकों में पहुँच कर, बाप से पूछूँ—बाप बनकर तूने कौन से बदले लिए पुत्रों से? जीने योग्य नहीं छोड़ा तूने। चार चुफेरे दुश्मन ही दुश्मन। एक बंदा तो नहीं, जो मेरा हो। घर खाकर भी, रक्में खाकर भी, मेरा न बना कोई। वही अकेला का अकेला! **(चुप)**

सत्ती : सौगंध लगे तुझे। उलटी मत सोचना। बिहारी के बारे में। मैं आऊँ आज?

सरबण : नहीं।—अभी नहीं। **(पास जाकर कँधे पर हाथ रखता है। बंतू आता है। देखकर, खीझ उठता है। बोलने में धमकी है)**—सत्ती, आज तूने भी आँखें फेर लीं?

बंतू : यहीं हो अभी तक?

सरबण : **(झट पीछे)** हँस रहा था मैं ·· सत्ती से ·· मैंने पूछा, सास लड़ती तो नहीं?

बंतू : सास इसकी कहाँ से आ गई? मरघट से? **(सरबण जाने लगता है)** बैठने मत देना भैंस को। नहीं तो सारा अंदर, बाहर आ जाएगा।

सरबण : अच्छा।

बंतू : हाँ। दूसरा भी ध्यान रखना।

सरबण : **(मुड़कर)** कौन सा?

बंतू : मेंह बूँदों के दिन हैं। भैंस को भली जगह बाँधना। झाड़ झँखाड़ फैला हुआ है। साँप सँपोलिये बड़े घूम रहे। वो जो मैंने पिटारी में डाला कल, दस बंदों को, एक ही बार में ख़त्म कर देगा।

(सरबण और बंतू एक दूसरे की आँखों में देखते हैं)

(अँधेरा)

दूसरी झाँकी

गोगे का अखाड़ा

बंतू : गोगो पीर की—

संगत : जय!

बंतू : गोगा राजा, अखाड़ा तेरे नाम का, गणेसा सिंह करा रहा है। मेहर करना। **(डमरू बजाकर)** साध संगत जी, सुनो। दुःख झेले भोली वाछल ने। रानी वाछल के पेट में गोगा। सास लड़ाकी ने वाछल को मायके भेज दिया। राजा दुरगा के देस। पर कोख में से गोगा बोला **(गुस्से में ललकार कर)**—"नानकड़े न जनमूँ, जनमू तो बाबुल के देश।"

टोली : गुत का परांदा खोल, मेरी माता,
सज्जा अँगूठा बाँध ले, माता वाछले।
भोली वाछले, चल बाबुल के देस।

बंतू : रानी वाछल बोली अपने बाप से : "बाबुल मेरे, दुरगा राजे, मैं चली सासरे देस।" दुरगा राजा रोकता है अपनी बेटी को। कुएँ के कुएँ उसने दूध के भरवाये, दुरगा राजे भरवाये, सुँढ़ के लगवाये खेत, हरी ठाकर मेरा, वाछल चली सासरे देस। **(डमरू बजाकर)** ससुराल पहुँचकर, वाछल पति की मिन्नत करती है। कैसे करती है?—

टोली : इक सलामां, मेरियाँ दोए सलामाँ,
जैमल राजेआ, कंता मेरिआ,
रख ले जाये की लाज।

बंतू : पति आगे से क्या बोलता है : "रानी वाछले, मैं रखूँ जाये की लाज।" **(डमरू बजाकर)** पर सास लड़ाकी। नहीं मानती। शक करे भोली बहू पर। **(नकल उतारकर)** "मेरी न बहू, मेरे पुत की न पत्नी। बारह बरसों में कहाँ की नार? परमेश्वर जाने, गाड़ीवानों

की यह नार। जैमल राजेआ, पुत्र मेरिआ, रख महलों की लाज।''
(डमरू बजाकर) राजा जैमल माँ लड़ाकी की बात नहीं सुनता। पक्ष लेता है अपनी भोली पत्नी का—

टोली : टूटी हुई कोठड़ी, पलंग पुराणा
ले रानी वाछले, नारे मेरीए,
रख महलों की लाज।

बंतू : कल की बैठक में प्रक्ट होगा गोगा राजा। ज़ाहर पीर की—

संगत : जय!

(अँधेरा)

तीसरा अंक

पहली झाँकी

बंतू की झोंपड़ी

(बंतू रस्सी बना रहा है। हुक्की पीता है। तापी तिनकों का झाड़ू बना रही है। पिटारी के ऊपर ईंट)

तापी : दोपहर हो गई। लौटा ही नहीं अभी तक।

बंतू : आ जाएगा आप ही।

तापी : कल, कहे, बाजरा काटते हुए बुरा हाल हो गया। बोला, टाँगें और बाहें दर्द कर रही हैं। अकेला कर सके इतना काम? नौकर पर छोड़ रखता था सारा धँधा। आप भट्टी लगा ली। या मुए वकीलों के घूमता रहा। इसी लिए तो निकल गया पूरबीया, सताया हुआ।

बंतू : आज तो पानी लगाना है धान को। कोई जोर लगे? बटन दबाया, बिजली का, टूबल चल पड़ा। बस, नाके मोड़ने का काम है।

तापी : सच, सुना तूने? भागू बताये, बख़तौरे ने बड़ी गालियाँ निकालीं। दुपहरे। कुत्ता फड़क मार दिया।

बंतू : कसाई ससुरा। बेज़बान को मारा।

तापी : बख़तौरा भी तू नहीं जानता, बदला लेकर हटेगा। बिच्छू है। अंदर ही अंदर विष घोलता रहे। भाजी डाली सरबण ने। देखना तू, खड़े खेत को आग लगा देगा, बख़तौरा।

बंतू : हमें क्या? साले फँसे! मरें! आपस में।

तापी : चालाक है बख़तौरा। दिल की दिल में रखता है। छिप कर डंक मारेगा। तड़पेगा सरबण।

बंतू : देख यह लड़की। है मुड़ी सवेर की।

तापी : रोटी लेकर न चली गई हो, बेटे के लिए।

बंतू : कह तो रहा था, आ जाऊँगा दोपहर तक। आ कर खा लूँगा।
(सत्ती आती है)

तापी : री, तू कहाँ रही?

सत्ती : भागू की सीबो ने आवाज़ मार ली। लड़कियाँ इकट्ठी हो गईं। धन्नो, तारो, भोली। हँसती रही हम। ससुराल की बातें करती।

बंतू : बहुत हिड़हिड़ नहीं करना, गाँव की दीवारों के साथ खड़े होकर। पराए घर बसना है अब तूने।

सत्ती : मिलती भी न, सहेलियों से!

तापी : अच्छा चल, कोई नहीं। होता ही है हम-उम्रों का। जा, लस्सी ला, री। रोटी खायें।

सत्ती : किस के घर से?

बंतू : धरमे के होगी।

(गणेसा सिंह कपड़े उठाए आता है। सत्ती बालटी लेकर जाती है)

बंतू : आ, गणेसा सिह। कैसे आया? बैठ जा।

तापी : बधाई हो, भाई। सरदार की सेहत ठीक है अब।

गणेसा : बंतू राम तो रब्ब है मेरा। **(आँसू दबाता)** बावली, कोई चारा था हमारा। लाखों में नहीं मिलते पुत्र।

बंतू : गोगे महाराज की मेहर है, भैया। बंदे के हाथ में, बस में कुछ नहीं।

गणेसा : करता तो जो कुछ वही करता है। फिर भी बंतू राम, तेरी नेकी का मोल नहीं दे सकता मैं। हमारे नगर के भाग्य अच्छे। तेरे जैसे योगी तपस्वी का वास है यहाँ। कीड़े के काटने से कभी मौत नहीं हुई।

बंतू : कुछ नहीं कहा जा सकता, भाई। जैसा यह साँप है, तोबा, तोबा।

तापी : देखकर ही प्राण निकलते हैं।

गणेसा : शेष नाग तो बिषनू की सेज होता है, परतापी।

बंतू : तेरे पैर के अँगूठे जितने बड़े दाँत हैं। ज़हर भरे। वो तो, थोड़ा सा दाँत लगा। जगत सिंह ने एक दम एड़ी उठा ली।

गणेसा : मैं ने कहा, छकिंट नहीं लगाया। छलाँग मारी, मेंढ़ पर। आक के झाड़ के निकट।

बंतू : बच गया ऐसे। पूरी ज़हर अंदर नहीं गई।

गणेसा : मैं भी दो छलाँगों में पहुँच गया, तेरे पास।

तापी : शुक्र करो, अभी घर में ही था। रस्सी बेचने गया होता शहर—

बंतू : फिर काम ख़राब था। बूटी तो है मेरे पास ज़बरदस्त। पर अगर टैम जादा हो जाए, तो असर नहीं करती।

गणेसा : वाहेगुरु ने लिखी हुई थी। मेरे पुत्र की। तू मिल गया।

(सत्ती लौटती है)

बंतू : चिर हुआ बात को। हलका ही होता था मैं। बिहारी जितना। अत्तोवाल के जंगल में, नाले के किनारे, पशु चरा रहे थे हम। लो

भई, रब्ब वो नज़ारा न दिखाए। अत्तोवालिये ज़ैलदारों के पास ऊँट हुआ करता था। शीशम के पत्तों को ऊँट ने मुँह मारा। ऊपर यही फनियर था। काला। आँखों से देखा मैंने। ऊँट की जीभ पर लड़ गया। उछला जो ऊँट। दौड़ा नाले में। रेत में घिसटने लगा। देखते- देखते शरीर फट गया। माँस के टुकड़े, टूट टूट कर, परे गिरें। ज़हर भरे। रूई के फाहे हों जैसे।

गणेसा : **(कानों को हाथ लगाकर)** बचा ले, गोगा राजा।

बंतू : ज़ैलदार के डाँगरी, परे खड़े काँपें। ऊँट के ऊपर, रेत डालने का हौसला न हो, किसी का।

गणेसा : **(रुककर)** तेरा कर्ज़ा मैं उतार तो कभी सकता नहीं। पर लड़की कहती, मेरी बहू, भाई जी को देकर आ।

बंतू : क्या है?

गणेसा : कुछ नहीं। रीझ है प्रीतो की।

सत्ती : मलमल तो बहुत सुंदर है। देख मौसी।

तापी : पगड़ी और धोती हैं?

सत्ती : कुरता लगे। यह पैसे भी हैं।

गणेसा : इकावन रुपए।

बंतू : **(पाप से काँपता)** इतना जुल्म मत कर, गणेसा सिंह। मैं कुछ नहीं लूँगा। परसों भोग पड़ेगा, अखाड़े का। सवा रुपया होता है मेरा। कुछ आटा दाना लड़की वाली ला देंगी। और कुछ नहीं लेते।

गणेसा : भोग की बात तो है अलग। यह तो बहू की खुशी है।

सत्ती : ले ले तो, बापू। कुरता तेरा लीरो लीर है।

तापी : गरीब नहीं होने लगा, भाई का परिवार। ले भी लिए कपड़े तो जुल्म हो गया?

बंतू : **(लाल पीला)** उलटी क्यों पढ़ रही हो दोनों! भौंके जा रही!—नहीं, गणेसा सिंह। यह पाप न चढ़ा मेरे सिर। जिस महात्मा ने मुझे मंत्र बख़्शा था, बूटी बताई थी, उसने क़सम खिलाई थी मुझे। किसी से धेला नहीं लेना। बोला, "जो भी आये धर्मों धर्म इलाज करना।" कहता, "जिस दिन लोभ में आ गया, अगर पैसे कमाने लग पड़ा, उस दिन समझ लेना, अखीर आ गई तेरी।"

गणेसा : बहू मेरी—

बंतू : **(डरा हुआ)** न, भैया। जान गँवानी मैंने?—एक तुझे बात बताता हूँ मैं।

गणेसा : कौन सी बात?

बंतू : महात्मा ने जो कुछ कहा, मुझे लगता है, वो सच हो जाएगा। मुझे कहने लगा, जिस दिन तूने किसी बंदे के ज़ख़्म पर बूटी न लगाई, उस दिन समझ लेना, बंतू राम, मौत तेरे सिर पर झूल रही है।

गणेसा : तू कहाँ इन्कार करने वाला हे। जितनी देर तेरे अंग चलते हैं, तू ज़रूर ज़िंदगी बख़्शेगा, सब को।

बंतू : क्या पता होवे बंदे का। एक और बताऊँ तुम्हें बात।

गणेसा : बता।

बंतू : रात, मुझे एक सपना, बार-बार आ रहा था।

गणेसा : कौन सा?

बंतू : मैंने किसी मनुष्य का इलाज करने से इन्कार कर दिया। वो तड़पता हुआ मर गया। गोगा आकर मेरी पीठ पर लड़ जाता है। मैं अपने हाथ से, अपनी पीठ पर बूटी नहीं लगा सकता। मैं भी उसी बंदे के साथ मरने लगता हूँ।

तापी : देखो तो! कैसे वहमों में पड़ता है।

सत्ती : सुख बरताये, गोगा राजा।

गणेसा : सपने का भय नहीं रखना चाहिए। **(कपड़े लेकर उठता है)** अखाड़े पर आज जल्दी बैठना। लोगों को अँधेरे में चलने की मुश्किल होती है। कीचड़ है।

(गणेसा सिंह जाता है)

बंतू : अच्छा।

तापी : बेटा लौटा नहीं।

सत्ती : म्हिंदो रोटी देने गई है। जसवीर ने बताया मुझे।—भई, बड़ी खड़क रही जोरू ख़सम की।

तापी : किसकी?

सत्ती : सरबण और म्हिंदो की। और किसकी? भागू की सीबो बता रही थी।

बंतू : क्यों मग्ज़ मार रही हो? लोगों के पीछे? लड़ें फिर, तुम्हें क्या? तू, छोरी, तुझे कहा, ख़ामख़ा नहीं घूमना।

तापी : कहाँ घूमे वो? रोटी ला, पुत्र।

(सत्ती झोपड़ी के अंदर जाती है)

बंतू : कलियुग इसे कहते हैं सयाने। म्हिंदो का बाप था, करतार सिंह। देवता स्वरूप था। कभी खाली हाथ नहीं आने दिया, हवेली से। बार- बार कहना, गन्ना ले जा बेटे के लिए। भुट्टा लेजा। तापी को भेज। गन्ने के रस की मैल की बालटी ले जाए।—किधर गईं,

इस तरह की रूहें!

(म्हिंदो रोती हुई आती है। सिर पर संगतरी चुनरी है)

म्हिंदो : री तापी! चाचा। तुम लुट गए। हम लुट गए!

तापी : क्या हुआ?

(सत्ती बाहर आती है। बंतू खड़ा होता है)

म्हिंदो : बिहारी नहीं है! तेरा बिहारी नहीं है!

(बंतू गिरता है। खाट पकड़ता है)

तापी : हाय! हाय!

सत्ती : हाय मेरा वीरा!

तापी : हाय मेरा पुत्र।

बंतू : क्या हुआ?

म्हिंदो : बिहारी नहीं रहा।

सत्ती : हाय!

बंतू : कहाँ है?

म्हिंदो : टूबल पर।

बंतू : लड़ पड़ा? सरबण से? झगड़ पड़े?

म्हिंदो : तार लग गई होगी, बिजली की।

तापी : हाय मेरा बेटा।

सत्ती : मेरे वीरना!

म्हिंदो : सरीर काला हुआ हैं।

बंतू : सरबण सिंह?

म्हिंदो : तारीख़ पर गया, तड़के का। शहर, मंडी में। बाजरा लेकर।

तापी : मेरा तो एक अकेला था लोगो। मेरा वो भी गया! **(बेहोश हो जाती है)**

म्हिंदो : तापी। तापी। दाँत भिंच गए। पानी पकड़ा सत्ती। **(उठकर आप पानी लाती है)**

सत्ती : हाय ओए, मेरी माँ के जाये!

बंतू : कब गया था सरबण? शहर?

म्हिंदो : **(पानी छिटककर)** तापी। उठ! होश कर, बहना।

सत्ती : ले लिया बैरियों ने!

म्हिंदो : तापी! **(तापी बैठती है)**

सत्ती : **(विलाप करती)** रे वीरना, अभी तो न तूने कुछ कमाया, न खाया।

तापी : **(रुदन करती)** रे पुत्र, माँ को छोड़ गया! अकेली की अकेली।

बंतू : सब्र करो, ज़रा। सौदाइनो, चुप करो।

म्हिंदो : शरीर आधा अंदर, आधा बाहर पड़ा। जैसे दौड़ने लगा, फँस गया हो।

बंतू : तड़के सरबण सिंह ने आवाज़ मारी। बुला कर गया। कहे, बाजरा लादना है, टराली पर।

म्हिंदो : वो तो उधर से उधर, नहर की पटरी, मंडी चला गया। बिहारी बाद में पहुँचा टूबल पर। कहीं बटन दबाने लगा। नंगी होगी तार। हाथ लग गया।

तापी : हाय! हाय ओए रब्बा!

सत्ती : ले लिया ज़ालिमों ने मेरा भाई।

बंतू : चलो। देखें चलकर। **(वे चलती हैं)** हे गोगा पीर, सारी उम्र की यही कमाई थी मेरी, इकलौता बेटा मेरा। तूने वो भी ले लिया। **(आँसू रोकने का बेहद यतन करता हुआ)** यह न्याय नहीं किया तूने, गोगा। यह न्याय नहीं किया तूने। मेरे साथ। मेरा बिहारी छीन लिया तूने मेरे से। **(रोता लड़खड़ाता, चलता है)**

(अँधेरा)

दूसरी झाँकी

गोगे का अखाड़ा

बंतू : **(लंबी चुप के बाद)** मेरे साथ जुल्म किया तू ने, गोगा पीर। **(चुप। संभल कर)** अखाड़ा मेरा ज़रूर लगेगा। **(आँसू पोंछ कर)** गोगे पीर की—

संगत : जय!

बंतू : **(डमरू बजाकर)** वाछल की कोख से, गोगा राजा प्रक्ट हुआ। चाँदना हो गया चार चुफेरे—

टोली : गोगा जो जन्मा, चौरियों वाला
चाँदना हुआ घर बाहिर
जैमल राजेआ, कंता मेरिआ,
हरी ठाकर मेरा, गोगा तो रखना इसका नाम।

बंतू : तीन चिराग़ उसके माथे पर जग रहे। चौरियों वाले के जग रहे। मेरा साहिब जाने, चाँदना हुआ अंदर बाहिर। भोली वाछल, कहती, पति को, "जैमल राजेआ, पुत्र को महल के अंदर ले जा।" राजा जैमल अपनी माँ को बोला, "माँ, पोते को महल के अंदर ले जा।" बेदर्दी बूढ़ी! आगे से बोली—**(नकल लगाकर)** "मेरी न बहू! मेरे पुत की न पत्नी। बच्चे मेरे, बारह बरस में कहा की नार?—चल री चुड़ैल! दफा हो जा, मेरे द्वार से।" **(डमरू बजाकर)** रोये रानी वाछल, ज़ारो ज़ार। गोद में गोगा, घर से बाहर बैठी, भोली वाछल। दुखी हृदय से, माँ वाछल गुरु गोरख की तरफ एक फरियाद भेजती है। क्या फरियाद भेजती है?—

टोली : गुरु गोरखा, उलटी को सीधी कर। **(2)**

बंतू : गोरख ने सुन ली फरियाद। आ गया गुस्सा। दे दिया शाप बेदर्दी बुढ़ी को।—**(गर्ज कर)** "बुढ़िये, तेरा पुत्र मर जाए।" कपला गऊ का गोबर मँगवाया। गुरु गोरख ने मँगवाया।—"अरी बेदर्दी रानी,

तेरी नहीं रहेगी औलाद।''

टोली : तेरी नहीं रहेगी औलाद। (2)

बंतू : **(चुप। आँसू पोंछकर, जोश से)** सोया तो जैमल राजा सो गया।

टोली : रही न माँ की औलाद। (2)

बंतू : **(आँसू पोंछकर, डमरू बजाकर)** उधर, भगतो, सुंदर सिलियर हो गई जवान। सिलियर की माँ ने, गोपी रानी ने, सिलियर की सगाई कर दी शहज़ादे गोगे के साथ।—पट्टा उठाकर गोपी रानी ने देखा, सिलियर खेले गोगे संग। हरी ठाकर मेरा, सिलियर की मँगनी गोगे संग। सुंदर सिलियर की मँगनी, दूलोजादे के संग, गोगे राजा के संग। शक्करों के लग गए अंबार। **(डमरू बजाकर)** मगर बैरी भी जाग पड़े मेरे गोगे के। कपटी काछल के पुत्र, जुड़वाँ भाई, छीननी चाहवें सुंदर सिलियर नार। भैंगा अरजण चुग़ली खाये। टुँडा सुरजण चुगली खाये। अरजण भी जाये, वहाँ सुरजण भी जाये। चंजी राजा को बोले, गोपी रानी को बोले, ''जोड़ न राजा यह जोड़। जोड़ न रानी यह जोड़।'' **(डमरू बजाकर)** गोगा राजा बतावे, माँ बाछल को ''मैया, बैर कमावें जुड़वाँ भाई मेरे साथ। टक्कर लेवें, मौसी काछल के पुत्र मेरे साथ। सगाई तो माँगे अरजण आप। सगाई तो माँगे सुरजण आप।'' वाछल पुचकारे गोगा को। सलाह देवे पुत्र को। क्या सलाह देवे?—''उस शहर की सगाई न लेंगे, दूलो जादे, गोगा बेटे, सगाई तो छोड़ दे आप।'' **(डमरू बजाकर, बंतू में नई जवानी, तन कर, गरजता है)**—गोगा गरजा, ''नहीं डरना दुश्मनों से। मैं नाग ज़हरीला। मैं नहीं बनूँगा केंचुआ। यह मँगनी तो मैं कभी न छोड़ूँ, माता मेरी, भोली वाछल, सुंदर सिलियर न छोड़ी जाये।'' **(डमरू बजाकर)** खा ली क़सम गोगे पीर ने, ''टक्कर लूँगा कपटी काछल के जुड़वाँ बेटों से। टक्कर लूँगा भैंगे अरजण से। टक्कर लूँगा टुँडे सुरजण से। अब तो या मर जाऊँगा, या मार लूँगा।''—बोलो वली शहज़ादे गोगे की।—

संगत : जय!

(अँधेरा)

(मध्यांतर)

चौथा अंक

पहली झाँकी

बंतू की झोंपड़ी

(दोपहर के बाद। बंतू, तापी, सरबण, नीचे टाट पर बैठे हैं)

सरबण : अव्वल तो अपने आप कहीं हाथ लगा गया, तार को। नहीं तो, अगर शरारत है, तो बख़्तौरे की शरारत है।

बंतू : वजह तो समझ आये मुझे। बख़्तौरे का क्या बिगाड़ा था? मेरे पुत्र ने? कभी बुरी न, भली न।

तापी : बख़्तौरा सिंह के साथ तो बेटे की कभी, न उन्नीस न इक्कीस।

बंतू : मुलखा आएगा तो पता लग जाएगा। टूबल को गया। कहता, अगर बिहारी का गलती से हाथ लग गया, तो भी देखे तो सही, कहाँ से तार नंगी थी।

सरबण : तू नहीं समझता, बंतू राम। बख़्तौरे कंजर को मैं जानता हूँ।

बंतू : बग़ैर वजह के इतना बड़ा जुल्म कर सकता है? बख़्तौरा? मेरे साथ?

तापी : कीड़ीं तक तो कभी मारी नहीं, बाप बेटे ने।

सरबण : कसूर तो हैगा मेरा। मैं मानता हूँ। किस वक्त मैं साले का कुत्ता मार बैठा। बख़्तौरे ने बदला निकालने की सोची। जानकर तार नंगी छोड़ दी। मुझे कत्ल करने के लिए।

बंतू : ताला नहीं था लगा टूवल को?—तड़के जब तूने आवाज़ मारी, बिहारी को। कहा, धान को पानी देना है। मैंने आप सुना। चाबी पकड़ाई तूने बेटे को।

सरबण : चाबी तो पकड़ाई मैंने। यहाँ से सीधे हम पहुँचे श्मशान वाले खेत। बाजरा लदवाया मेरे साथ। मैं उधर से ही मंडी चला गया। नहर की पटरी। बहारी टूवल को आ गया। मैं तो टूवल के पास गया ही नहीं।

तापी : समझ नहीं आती बात।

सरबण : दिन ही ऐसा चढ़ा कल। आफत साली। मैं भी बड़ा परेशान हुआ। कचहरी। काग़ज थे मेरे हाथ में। वकील को देने थे। यहाँ से जाते हुए कहीं गिर गए। इतना बड़ा लिफाफा। बादामी रंग का।

बंतू : वजह क्या होगी?

सरबण : बख़तौरे ने रात को ताला खोला। चोर है पक्का। तार नंगी कर दी। पड़ा तो वो मुझे था—भई, सरबण का हाथ लग जाए तार को।—**(खड़ा होता है)** अच्छा, तापी, पुत्र तुम्हारा तो मैं, मोड़के, ला नहीं सकता। पर बख़तौरे को मैं ज़िंदा नहीं छोड़ूँगा। कभी आएगा काबू। बख़तौरा भी क्या याद रखेगा, सरबण सिंह से टक्कर ली थी।

तापी : अब जो मरज़ी कर, भाई। मेरा लाल खो गया। नहीं मिलेगा।

सरबण : **(जाने लगा, मुड़कर)** करनी तो सति करतार की है, बंतू राम। बिहारी मुश्किल वक़्त दग़ा दे गया। इच्छा मरज़ी है वाहेगुरु की। ''घल्ले आए, नानका, सद्दे तां उठि जाह।'' पर फिक्र मत करना। मेरे घर को अब तुम अपना ही समझो। मेरे बाप जैसा है तू मुझे। बिहारी के स्थान पर, तुम समझ लो, सरबण सिंह हैगा। सारी उम्र।—लो, मुलखराज आ गया। अच्छा, मैं चलूँ।

(मुलखा आता है)

मुलखा : सरदार जी, रुकना, एक मिनट।

सरबण : भूल भुलेखे हाथ लग गया न, नंगी तार को?

मुलखा : बिलकुल नहीं।

सरबण : फिर?

मुलखा : क़त्ल किया लड़का। जानकर।

सरबण : शक तो मुझे भी है। सबूत कहाँ से मिलेगा, भाई? तू जानता है—पुलिस के केस किया तो, बख़तौरे का तो कुछ बिगड़ना नहीं। मौक़े का गवाह जो कोई नही। लेकिन तेरे ससुर के सैकड़े खुल जाएँगे। थानेदार, वकील, यह झोंपड़ी भी कुर्क करवा देंगे।—बख़तौरे से मैं खुद निबटूँगा। सबूत हो या न हो।

मुलखा : सबूत तो हैगा।

सरबण : **(दहल खाया)** कौन सा?

मुलखा : यह! **(झोले से तार और डंडा निकालता है)**

सरबण : यह कहाँ से मिली? यह कुत्ता मारने वाली तार तो नहीं।

मुलखा : **(बंतू और तापी को)** तार तो है बदली हुई। पर डंडा वही है। डंडा मैंने पहचान लिया। यह देखो, गाँठ। डंडे से पकड़ कर, बटन

दबाया। पीछे से, तार लगा दी। **(सरबण की आँखों में)** क़ातिल को तरीका आता है।

बंतू : पड़ी कहाँ थी, तार?

मुलखा : पिछले पासे। आक में छुपाई थी।

तापी : गणेसे के खेत में?

सरबण : बख़तौरे का कारा है यह।

बंतू : बख़तौरे का कुआँ तो चढ़ते पासे है। दो सौ कदम पर। अगर उसने लड़के को मारा होता, वो तार अपने साथ क्यों नहीं ले गया?

सरबण : छिपता हो चाहे चढ़ता हो। मारा बख़तौरे ने है।

मुलखा : स्विच्चें सब ठीक ठाक हैं। तार भी कोई नंगी नहीं। मीटर भी चैक्क किया मैंने। अपने आप लड़का मर ही नहीं सकता।

सरबण : ऐसे ज़ालिम का कभी भला नहीं होता। एकम एक बच्चा, बुढ़ों का। वाहेगुरु करे, साँप लड़े कातिल के। सोया न उठे खाट से। पापी ससुरा। **(बाहर से मुड़कर)** चाबी होगी तेरे पास, टूबल की।

मुलखा : **(थैली में से निकाल कर)** लो।

सरबण : ताला? दरवाज़ा खुला छोड़ आया तू?

मुलखा : मेरे साइकल का ताला था मेरे पास। मैंने वो लगा दिया।

सरबण : **(काँपता)** किस लिए?

मुलखा : **(बंतू को)** उँगलियों के निशान होंगे, कमरे में। स्विच्चों पर। पुलिस आएगी, तो खोलेंगे ताला।

सरबण : **(गुस्से में)** चाबी पकड़ा, ओए। दूसरे सियापे न डाल, सास ससुर को। देख ले, तापी। कलह बढ़ा रहा है लड़का। पराये गाँव आ कर।

तापी : दे दे, बेटा, चाबी।

(गणेसा सिंह आता है। लिफाफा हाथ में)

सरबण : बड़ा आया हिमायती। पहले कम हुई है क्या, ग़रीबों के साथ? चाबी निकाल!

मुलखा : चाबी तो मैं दूँगा नहीं।

सरबण : मैंने पानी लगाना है, धान को। तेरे करके बैठा रहूँ? देख ले, बंतू। फिर मत कहना।

मुलखा : मैं चला हूँ थाने। सवेरे आ जाएगी पुलिस।

बंतू : एक दिन में धान का कुछ नहीं बिगड़ता।

तापी : इतना मेंह बरसा रात को।

गणेसा : क्या बात, सरबण सिंह? झगड़ क्यों रहा, भई?

सरबण : आजा, गणेसा सिंह। यह लड़का, बंतू का जमाई—**(लिफाफा देखकर)** यह लिफाफा कहाँ से मिला तुम्हें?

गणेसा : काग़ज़ तेरे ही हैं? **(लिफाफा पकड़ाता है)**

सरबण : ढूँढ़-ढूँढ़ कर पागल हो गया मैं, कल। वकील कहे, नक्लें दोबारा निकलवाने पर दो सौ लगेंगे।

गणेसा : जगत सिंह ने उठाये। कल दोपहर से पहले। आक के पास। पिछले पासे पड़े थे। कहीं तू टूबल से चलकर मसानों वाले खेत को जा रहा होगा⋯ गिर गए। जगत सिंह ने पढ़ा तेरा नाम। फिर यह बेटे का सुना, बिहारी का। तू भी शहर से अँधेरे हुए आया। मैंने सोचा, सबेरे पकड़ाऊँगा अब, काग़ज़।

सरबण : अच्छा, बैठो। **(तार उठाकर जाने लगता है)**

मुलखा : तार और डंडा छोड़ जाओ अभी। पुलिस माँगेगी।
(म्हिंदो रोटियाँ लाती है, बँधी हैं)

म्हिंदो : तापी, पकड़। रोटी डाल के खाओ। उठ। जो होनी ने करना था, वो तो हो गया। **(तार सरबण के हाथ से पकड़ कर)** यह तार! यहाँ कैसे आ गई? मैं भूसे वाली कोठड़ी में ढूँढ़ती थक गई।

मुलखा : आपकी है? **(तार पकड़ लेता है)**

म्हिंदो : और क्या?

सरबण : ख़ामख़ा भौंके जा रही। तेरी कहाँ से आ गई? खेतों से उठा कर लाया, जमाई इनका।

म्हिंदो : मैं अँधी हूँ? चिरंजी की हट्टी से मैंने आप ख़रीदी थी। लाल। जोड़ भी यह देख। टेप लगी। काली। वही है जी।

सरबण : तुझे कहा, हमारी नहीं। **(जाने लगता है)**

मुलखा : **(आगे होकर)** रुको ज़रा।

म्हिंदो : देख है, बावला। मैं सोदाई तो नहीं हो गयी?—बल्कि, मरने से बची मैं, कल सबेरे। भूसा निकालने घुसी। अँधेरा गाढ़ा अंदर। बटन दबाया। बल्ब न जले। हाथ से टटोला मैंने। तार है ही न। बल्ब आले में पड़ा। टोकरा भरने आगे बढ़ी। कंडेरना लगा मेरे तलवे में।

गणेसा : कंडेरना?

म्हिंदो : हाँ। मेरा निचला साँस, नीचे। उतला साँस, ऊपर। झट छलाँग मारी मैंने। बाहर आ गई। दोबारा भूसा निकालने की हिम्मत नहीं पड़ी मेरी। कंडेरना अंदर ही होगा अभी। कल की मैं डाँगरों को बाजरा चरा रही हूँ। सीबो से टोकरा भूसे का उधार लिया। ऐसे

तुम्हारी भैंस का चारा बनाया मैंने।

(सत्ती आती है)

मुलखा : पक्की पहचान है आपको तार की?

सरबण : पहचान इसको··· मुर्दों का सिर! मेरे से सुने और कुछ। लड़ें कंडेरने इसको।—तुम्हें बताया, बख़्तौरे का काम है सारा। बंतू, तापी, न बढ़ावो बात को। पुलिस परेशान करेगी तुम्हें। जो दो जून मिलती है, उस से भी जाओगे। मुलखे, ससुराल के गाँव आकर, पंगे नहीं लेते, लोगों से। **(म्हिंदो को)** घर को चल!

(म्हिंदो एक सकिंट सोचकर, चुप चाप जाती है। सरबण भी जाता है)

गणेसा : सरबण को हो क्या गया आज?

तापी : रोज़ ऐसे ही खड़के इनकी।

गणेसा : आज तो कुछ ज़्यादा ही घबराया लगता है। तारीख़ थी कल। कहीं चाचा के पुत्रों ने इसको क़त्ल करने की धमकी तो नहीं दे दी।

बंतू : क्या पता, भैया।

गणेसा : अच्छा। जिगरा करो। रोटी खाओ, पुत्र। मैं चलूँ। साँझ को सही, बंतू राम। **(जाता है)**

सत्ती : बख़्तौरा कभी नहीं हो सकता। नामो, उस मोड़ पर टकरी मुझे। चंदी की भट्ठी के पास। पीछे ही बख़्तौरा आ गया। भैया का सुनकर, बड़ा तड़पे, दोनों। वो तो परसों शाम से नानकी भात लेकर गए हुए थे।

बंतू : हाँ-हाँ। बख़्तौरे की भानजी की बारात आनी थी। भगतूपुर जाना था उसने। मुझे बात भूल गई थी।

मुलखा : लड़का मारा है सरबण ने। मैं चला हूँ थाने। रपट लिखाने। इसमें, बापू, मैं तेरे से भी नहीं पूछूँगा।

बंतू : बिहारी ने सरबण का बिगाड़ा क्या था? वजह तो पता चले मुझे।

तापी : वजह ही तो समझ में नहीं आती।

बंतू : यक़ीन कैसे करेगी पुलिस? न कोई झगड़ा। न लेना, न देना।

सत्ती : बापू एक बात बताऊँ मैं? **(रोती है)**

बंतू : कौन सी बात?

तापी : क्या हुआ, री?

सत्ती : परसो मेरे से, हँसते हुए, कह ही गया।

मुलखा : क्या?

सत्ती : म्हिंदो की बिहारी से···

बंतू : क्या कहा तूने? **(खड़ा होता है)**

तापी : किसको बताया?

बंतू : सरबण को?

सत्ती : मेरे से कह ही गया—मेरे भैया को काम पर मत लगा। कहीं म्हिंदो, पूरबीये की तरह, बिहारी को फँसा न ले।

मुलखा : बातचीत थी, बिहारी और म्हिंदो की?

तापी : कभी नहीं।

सत्ती : म्हिंदो मेरे से हँसा करती थी। बिहारी के बारे में। मेरे से सरबण को बता हो गया।

मुलखा : सुन लो, भई। बेटी का कारनामा। और पूछो, वजह मुझ से। क़त्ल की।

सत्ती : **(रोती)** मुझे क्या पता था, ऐसे करेगा वो।

तापी : कौन सा बैर कमाया, सत्ती, मेरे साथ?

बंतू : बुरा किया, लड़की, तूने।

मुलखा : भाई मरवा दिया, सगा। मायके उबार दिये। ससुराल उबार दोगी।

तापी : न, पुत्र। ऐसा मत कह। चुपकर। अब क्या करोगे?

मुलखा : थाने मैं ज़रूर जाऊँगा।

बंतू : हे गोगा पीर! बख़्श ले मुझे।—मुलख राज, बहारी तो ससुरा गया। मुझे कहता एक दिन, "केंचुआ है तू तो, केंचुआ! मिट्टी का कीड़ा। आज, बावला, आप मिट्टी में मिल गया। मेरे से भी पहले!—नहीं बेटा, थाने जाकर कुछ नहीं बनेगा। मेरा पुत्र तो ज़िंदा होने से रहा।

मुलखा : कत्ल करके, सरबण साफ बच निकलेगा?

बंतू : सरबण को संभाल लेगा।

मुलखा : कौन?

बंतू : गोगा राजा! गोगा राजा संभालेगा सरबण को!

(अँधेरा)

दूसरी झाँकी

गोगे का अखाड़ा

बंतू : ज़ाहिर पीर गोगे की—

संगत : जय!

बंतू : कपटी काछल के पुत्रों ने बैर कमाया गोगा से। भैंगे अरजण ने, टुंडे सुरजण ने, बैर कमाया, गोगे राजे के साथ। सुंदर सिलियर, मंगेतर थी गोगे की। झपटना चाहें कपटी काछल के पुत्र। गोगा पहुँचा अपने चाचा के पास, तक्खी नाग के पास। बोला, ''तक्खी चाचा, सुंदर सिलियर तो दिला दे मुझे नार। तक्खी नागा, सगाई तो माँगे भैंगा अरजण। सगाई तो माँगे टुँडा सुरजण'' **(डमरू बजाकर, हँसता)** चाचा रूठा करते हैं, ब्याह सगाई पर। तक्खी नाग ताना देवे, ''सगाई की बेला, हमें ख़बर न की। दूलो राजा, छुटने की वेला किया बाद?''—पास से एक नाग उठकर बोला—**(हाथ से फनियर का झूलता सिर बनाकर)** एक जो नाग ऐसे उठकर बोला—

टोली : हौं—ऊँ-ऊँ-ऊँ, जिसको मैं लड़ जाऊँ
जिसको मैं लड़ जाऊँ, जिसको मैं लड़ जाऊँ—
(चुप। बंतू संभल कर)
जिसको मैं लड़ जाऊँ, तक्खी नागा,
उसको रहने न दूँगा रात।

बंतू : पास से दूसरा साँप ऐसे उठकर बोला। दूसरा जो नाग ऐसे उठकर बोला—

टोली : हौं—ऊँ-ऊँ-ऊँ, जिसको मैं लड़ जाऊँ
मैं लड़ जाऊँ, मैं लड़ जाऊँ, मैं लड़ जाऊँ
(चुप)
तक्खी नागा, जिसको मैं लड़ जाऊँ
उसको रहने न दूँगा पहर।

बंतू : **(डमरू बजाकर)** उधर, सुंदर सिलियर के बाग में क्या होता है?—सहेलियाँ भागीं, सिलियर के पास आई, "सिलियर बहना, आ बाग में बाँधें पींघ।" तक्खी नाग भी पहुँच गया सिलियर के बाग। एक हिलोरा जो सिलियर ने लिया, सुंदर सिलियर ने लिया, डंक तो मारा तक्खी आप। लड़ गया तक्खी नाग। सिलियर पड़ी बेहोश। लड़कियाँ भागीं। गोपी के पास आईं—"गोपी रानी, सिलियर तो पड़ी बेहोश।" दौड़ी-दौड़ी गोपी सिलियर के पास आई "बेटी, तुम्हें कौन बला पड़ी आन?" **(डमरू बजाकर)** आगे से जवाब दिया गोगे के चाचा ने, "मैं हूँ तक्खी, नागों का राजा। बीबी गोपी, सुंदर सिलियर जिवाऊँगा जादू से।"—मगर शर्त रखी एक, तक्खी नाग ने। "ज़िंदा करूँ मैं तब, अगर सिलियर ब्याहे गोगे संग। रानी गोपी, इसका संयोग गोगे संग।" **(डमरू बजाकर)** झट मान गई शर्त सिलियर की माँ। बोली तक्खी नाग से—

टोली : इक सलामाँ, मेरीआँ दो सलामाँ
तक्खी नागा, बेटी ब्याहूँ गोगे संग
सुंदर सिलयर ब्याहूँ गोगे संग।

बंतू : **(डमरू बजा कर)** पर, सज्जनो, दुश्मन रोकते हैं डोला, आगे होकर। कल, गोगा डालेगा भोग अपने बैरियों का। सरबण का करेगा सत्यानाश! बोलो महाराज गोगे की—

संगत : जय!

(अँधेरा)

पाँचवाँ अंक

पहली झाँकी

बंतू की झोंपड़ी

(संध्या का झुटपुट। तापी कुबड़ी चलती है)

तापी : पता नहीं क्या मते पका रहा है कल का। बोलता ही नहीं। मुड़के दिये बाती की वेला हो गई।

म्हिंदो : री, खाया कुछ?

सत्ती : रोटी तो खा ली। चार रोटियाँ।

तापी : एक पल नहीं आँख लगी। सारी रात। तड़पता रहा। तड़के उठा। गोगे के आगे समाधि लगा कर बैठ गया। न हूँ, न हाँ।

सत्ती : कौन जाने, दिल में क्या है?

म्हिंदो : दिल में क्या होगा, बेचारे के। पुत्र के वियोग ने मार लिया।

मुलखा : मैंने भी बहुतेरी आवाज़ें लगाईं। उठा ही नहीं।

तापी : अब अपने आप, माथा टेका, पिटारी को—

सत्ती : डोल उठा के गया। कुएँ पर नहा कर आया।

तापी : कपड़े पहन रहा है अंदर।

मुलखा : सरदार साहिब नहीं नज़र आए?

(पीछे, बंतू अंदर से आता है। बिहारी की कमीज़ पहनी है। संगतरी पगड़ी। सीधा खड़ा)

म्हिंदो : भैया, क्या बताऊँ तुझे? रात का पड़ा है अंदर, हवेली। कच्ची पी कर। दोपहर को उठा। रोटी मँगवाई। थोड़ी सी खाई। अब फिर, पूरी बोतल चढ़ाकर, पड़ा है खाट पर। अँधा हुआ। उठने लायक नहीं रहा। बिहारी के ग़म ने ले लिया।

बंतू : **(हँसकर)** बिहारी का ग़म! बिहारी का कैसा गम!

(सब मुड़कर देखते हैं)

सत्ती : बापू!

म्हिंदो : चाचा!

तापी : कमीज़ तूने बेटे की पहन ली।

म्हिंदो : मैंने समझा, बिहारी है।

सत्ती : मैंने भी भैया समझा।

म्हिंदो : भुलावा लगा मुझे।

तापी : अरी, मुझे भी। निरा बिहारी लगता है।

बंतू : बिहारी ने जाना था, चला गया। मरज़ी गोगे की।

मुलखा : अखाड़े को चले हो?

सत्ती : पगड़ी तो ऐसे बाँधी है, जैसे मेहमान बनकर जाना हो, दूर।

बंतू : पुत्र आज मेहमान बनकर ही जाना है। दूर।

तापी : कमर तोड़ गया। बुढ़े बना गया हमें। एक दम।

बंतू : तू बुढ़ी बनी होगी। अपने में तो जवानी आ गई।

म्हिंदो : चला गया, चाचा, जवानियों वाला।—अच्छा, मैं घर से होकर आती हूँ, भोग पर। आटे की किटोरी ले आऊँ।

बंतू : सुन, म्हिंदो। आज आख़िरी दिन है। संगतरी चुनरी लेकर आना।

म्हिंदो : संगतरी?

बंतू : अरजण और सुरजण तैयार हैं?

म्हिंदो : कौन?

मुलखा : **(सोचकर)** सरबण के बारे में पूछ रहा है।

म्हिंदो : काम है कोई?

बंतू : काम भी है आज। उसके साथ।

म्हिंदो : हवेली है। **(जाती है। बंतू पिटारी उठाता है)**

तापी : आज कैसी बातें कर रहा है तू?

मुलखा : अखाड़े पर ले जाएगा गोगे को?

सत्ती : लाठी नहीं पकड़ेगा?

बंतू : चल, गोगा राजा। छेड़ दे—युद्ध!

(जाता है। तीनों पीछे खड़े ताक रहे हैं)

(अँधेरा)

दूसरी झाँकी

गोगे का अखाड़ा

(बंतू पिटारी पकड़े, हाँफता आता है, कुबड़ा हुआ)

बंतू : गणेसा सिंह, झटपट कर। आसन दे।

गणेसा : बंतू राम क्या बात? साँस फूला है तुम्हारा?

बंतू : धरती में समा जाएगा। गोगा आज।

(बैठता है। म्हिंदो रोती आती है)

म्हिंदो : मेरा सुहाग! हाय मेरा सुहाग लुट गया। **(पैर पड़के)** मेरा सुहाग मत लूट! चाचा, मैंने तेरा कुछ नहीं बिगाड़ा। मेरा सुहाग लौटा दे मुझे!

(मुलखा, सत्ती, तापी आते हैं)

गणेसा : क्या हुआ, लड़की?

मुलखा : इन्साफ किया बापू ने।

म्हिंदो : बूटी लगा दे। छोड़ो अगर गुस्सा आ गया। जान बख़्श दे मेरे मालिक की?

गणेसा : साँप लड़ गया सरबण के?

सत्ती : आप लड़ाया बापू ने।

तापी : तड़के का यही सोच रहा था। गुम सुम बैठा।

मुलखा : बिहारी को क़त्ल किया सरबण ने।

म्हिंदो : नहीं।

सत्ती : तूने क़त्ल कराया, राँड ने। मेरे वीर को फँसा कर, मरवाया।

म्हिंदो : चाचा, मेरा सुहाग न उजाड़।

गणेसा : बंतू राम! धर्म कमा! फिर बैठना अखाड़े। उठ, इलाज कर दे। पुण्य होगा। **(चुप। सबको बारी-बारी देखकर, पिटारी खोल कर, अंदर हाथ डालता है। चीख मारता है)**

बंतू : उईई ई!!!

सत्ती : बापू।

तापी : यह क्या किया?

मुलखा : ऐसा क्यों, बापू?

गणेसा : कीड़ा लड़ा लिया?

म्हिंदो : मेरा सुहाग मोड़ जा मुझे।

तापी : तू भी छोड़ चला मुझे!

(बंतू अखाड़ा शुरू करता है। अपनी रौ में गाये जाता है, जैसे पास कोई न हो)

बंतू : **(डमरू बजाकर)** कहता गोगा माँ वाछल को—

टोली : इक सलामाँ, मेरीआँ दो सलामाँ –
माता मेरीये, सिलियर ता मेरी नार।

म्हिंदो : मेरे मालिक को बचा ले, चाचा।

गणेसा : बंतू, बूटी लगा ले। साथ में सरबण के लगा दे।

तापी : अपना इलाज तो कर ले।

सत्ती : आप किस लिए मरता है तू?

मुलखा : दुश्मन मार लिया, अच्छा किया। अपनी जान क्यों लेता है? बूटी बता कहाँ है? मैं लगाता हूँ तेरे बूटी।

बंतू : गोगे ने बारात चढ़ना है। माता वाछल रोती है। इस वेला मेरा पुत्र अकेला। भाइयों की ज़रूरत पड़ती है—बारात चढ़ने की वेला। या, अर्थी उठाने की वेला। घोड़ी चढ़ता है जब दुल्हा, तो लड़कियाँ गाती हैं—

टोली की लड़कियाँ : "ऐसी वेला, इकल्ला बिरख न होवे, बहना, ऐसी वेला।"
गोगे की माँ रोती है—"अब मैं रोती हूँ। गोगा, अब मैं रोती हूँ। कौन चढ़ाएगा बारात?"

टोली : कौन चढ़ाएगा बारात? (2)

म्हिंदो : चल, उठ चाचा।

बंतू : वाछल पूछती है, अपने पति की मढ़ी से, "मेरे कंत की मढ़ी, अब कौन चढ़ाएगा बारात?"

टोली : अब कौन चढ़ाएगा बारात? (2)

तापी : अभी मत छोड़ कर जाना मुझे।

सत्ती : इलाज कर ले अपना।

मुलखा : बूटी लाऊँ?

गणेसा : जुल्म न कर, बंतू।

म्हिंदो : चल, आ, चाचा। रहम कर, मेरे नन्हे मुन्हों पर।

बंतू : पति की क़ब्र से आवाज़ आई, जैमल की मढ़ी बोली—**(आत्मा की दूर से आवाज़)**—"रानी वाछले, नारे मेरिये, गुरु गोरख तेरे साथ।"
(टाँग पकड़े, हाँफ्ता, सरबण आता है)

बंतू : उधर से पहुँच गए अरजण और सुरजण। लगे करने युद्ध। गोगा के साथ।

सरबण : **(पैरों में गिरकर)** मुझे बचा ले, बंतू! मुझे न मार!

मुलखा : तूने बिहारी का क़त्ल किया।

सरबण : मैं गुनाहगार तेरा। बंतू राम, मैंने पाप कमाया। मेरी जान बख़्श दे। फिर कभी पाप नहीं करूँगा। बख़्श दे मुझे!

म्हिंदो : चाचा! मत मार इसे!
(लड़ाई का संगीत। बंतू अकेला गाता है)

बंतू : आगे तो बैठे, अरजण और सुरजण
युद्ध जो करते, दूलो राजेआ,
देंगे नहीं सिलियर नाररर!

सरबण : हाय माँ, ले ले! हाय! बेगाने गाँव·· हा·· **(साँस मुश्किल)**

म्हिंदो : चाचा!

बंतू : **(गाये जाता है)** गोगा राजा, युद्ध जो करता
चौरियाँ वाला, युद्ध जो करता—
(सरबण मर जाता है। म्हिंदो ऊपर गिरती है)

म्हिंदो : मैं लुट गई, लोगो!

बंतू : गोगा राजा, युद्ध जो करता
चौरियाँ वाला, युद्ध जो करता।
अरजण तो दिया—माररर!
सुरजण ता दिया—माररर!
सरबण तो—

सत्ती : बापू!

मुलखा : बापू!
(लंबी चुप)

तापी : समा गया धरती के अंदर। बिछोड़े दे गया सिलियर नार को! **(बिलखती)** मेरे राजा, किसके सहारे छोड़ चला, सिलियर नार! ओ मरे दूला, तेरे बिना, सूने मेरे महल! मेरे योद्धा, मुझे भी ले चल साथ!

(परदा)

—समाप्त—

(पहला प्रालेख : जुलाई, 1981)

6
अंबियों को तरसेगी

अपनी धंतो ज्ञान कौर सिद्धू को
तथा
सुंदर साली बचनी को

लेखक और निर्देशक की तरफ से

दूर-दराज़ ब्याही जाने वाली सहेली को, लड़कियाँ भावना-भीना टप्पा गाकर, याद कराती हैं : ''री, अंबियों को तरसेगी, जब छोड़ गई देस दुआबा!'' सतलुज और ब्यास की बाहों में पल्लवित, शिवालिक के उभारों से शृंगारी, हरियावल से ढँकी, धरती दुआबे की! यह नाटक है उन दृश्यों में बसी हुई रूहों के निमित्त।

यह कहानी है आमों के बागीचों के बारे में। बागवानी के मजनू, खुशिया के ग़म और खुशियों के बारे में। उसकी ग़रीबी, दुर्बलता और कुदरती विपत्तियों से जकड़ी ज़िंदगी के बारे में। उसके कबड्डी के साथी ढेरा सिह के देश—बिछोड़े के बारे में। यह आलेख है क़ाबल, हरिया, चिंती, बचनी, हरनाम कौर, रछपाल सिंह जैसे नई और सहज ज़िंदगी को तरसते, तड़पते, जिस्मों के बारे में।

आमों का बाग इन की खोई हुई जन्नत की निशानी है। इन की किल्लत से मारी ज़िंदगी का रूप है : ''मानुष देह होता है बाग। घड़ी में है, घड़ी में नहीं। फिर जीवित को सौ बीमारी, सौ दुख। बाग का मान न करिये, जी।''

खुशिये के स्वर्ग में दरारे हैं। इसको आँधियों और जानवरों और साँपों से ही ख़तरा नहीं है। इसके असली दुश्मन हैं—खुशिये के अपने अंदर बैठे जिन्न भूत। उसके वहम-भ्रम। उसका फकीरों के पीछे भागना।

खुशिये की बीमारियों का इलाज किसके पास है? बिकाऊ धनीराम विद्रोही के पास? नौगज्जे के पास? धनाढ्य 'महाराज' के पास? या जोशीले कामगार क़ाबल के पास?

खुशिया और काबल का बाग दोबारा कैसे फल सकता है? शेरों की धरती के ये वासी अपने देहात को स्वर्ग कैसे बना सकते हैं? इसका एक ही ढंग है—सीबा और धंतो जैसी चुड़ैलों को निकालना। और उनको बाहर भगाना, खुशिये के अपने हौसले की बात है। खुशिये और क़ाबल को मिलकर दुआबे से देव दानव निकालने पड़ेंगे—देव दानव चाहे कब्रों के अंदर वाले नौगज्जे हों, चाहे कारों के अंदर वाले 'महाराज' हों।

पंजाब के बाग़ों की खींच! दरियाओं की, दरख्तों की, खेतों की, खींच! हमें इस नाटक में इस खींच को चित्रित करने का चाव है।

काश हमारे खुशिया रामों के आमों के बाग़ सदा फलते-फूलते रहें! और हमारे ढेरा सिंहों की हड्डियों को दुआबे के बाहर न बिखरना पड़े।

इला अपार्टमेंट्स (ए-104)
बी-7, वसुंधरा ऐनक्लेव
नई दिल्ली-110096

चरणदास सिद्धू

पहला मंचन

'अंबियों को तरसेगी' कॉलेजिएट ड्रामा सोसाइटी, दिल्ली के कलाकारों ने पहली बार सितम्बर 20 से 23, 1983 को श्रीराम सेंटर, नई दिल्ली, में खेला। कलाकार थे :

खुशिया : प्रो. सत्यनारायण शर्मा / रवि तनेजा
धंतो : ज्ञान कौर सिद्धू
क़ाबल : संदीप महता / राजेश खट्टर
हरिया : वामिक अब्बासी / चंद्रशेखर / विनोद तनेजा
चिंती : पंकजा सिद्धू / सिमी सचदेव
बचनी : आशा सिद्धू / मीनू मलिक
धनीराम 'विद्रोही' : इलाक्ष / अचल भगत
साईं सीबाराम : हिमांशु देसाई
ढेरा सिंह मिस्त्री : डॉ. रामनारायण मैनी / डॉ. सिद्धू
रछपाल सिंह : आशुतोष उपाध्याय / डॉ. गुरमीत सिंह
हरनाम कौर : संगीता सिंह / प्रमिला सिद्धू

परदे के पीछे

संगीत : वीणा सिद्धू, बबीता उर्फ नूपुर सिद्धू
मंच-सज्जा : राजकुमार साहनी / रवि तनेजा
मेक-अप : राज कुमार साहनी
वस्तुएँ : पंकजा, आशा
वस्त्र : प्रमिला सिद्धू
प्रकाश : अचल भगत / आशा सिद्धू / रवि तनेजा
निर्देशक : डॉ. चरणदास सिद्धू

पात्र

ख़ुशिया	:	आमों का पालक, मोची, उम्र 55
धंतो	:	उसकी पत्नी, 40
क़ाबल	:	उसका पुत्र, 18
हरिया	:	उसका बड़ा पुत्र, 22
चिंती	:	उसकी बहू
बचनी	:	उसकी बेटी, 19
कॉमरेड धनी राम 'व्रिदोही'	:	उसका जमाई, 25
साईं सीबा राम	:	उसका साढ़ू, 55
ढेरा सिंह मिस्त्री	:	उसका गुरुभाई, 60
रछपाल सिंह	:	किसान, दूधवाला
हरनाम कौर	:	पड़ोसिन, 35

*　　*　　*

स्थान	:	ज़िला होशियारपुर, पंजाब, का एक गाँव
समय	:	आजकल

*　　*　　*

इस नाटक की घटनायें सही और सच्ची हैं। पिटाई से बचने के लिए, लेखक ने कुछ एक पात्रों के नाम उलट-पुलट कर दिए हैं।

आरती

पृष्ठभूमि से : पहले एक लड़की फिर कई मिलकर, गाती हैं :

अंबियों को तरसेगी, जब छोड़ गई देस दुआबा!

*　　　　　*　　　　　*

बाजे ढोलकी से मिल कर गाते लड़के लड़कियाँ

गीत

उठो ग़रीबो, हो इकट्ठे
　　भिड़ जाओ साथ अमीरों के
माँगे हक़्क़ न कोई देता,
　　इक़्क़ हैं सब शमशीरों के।
क़िस्मत अपनी आप बनाओ,
　　मालिक बन तदबीरों के।
कम्मियों, बाँधो सिर पर कफन
　　छोड़ो राह फक़ीरों के।।

*　　　　　*　　　　　*

पहला अंक

आमों का बाग। झोंपड़ी, आम रखने का मंच। लकड़ियाँ, खाट, एकतारा, धनुष, गुलेल, गोपिया, पटाखा चलाने का रहकंला, द्राँती वाली लंबी लाठी, आम चुनने का थैला, लाठी, गंडासा, कुल्हाड़ा, जूते गाँठने का सामान। एक तरफ, मिट्टी का मंच, गोटे वाला हरा झंडा।

पहली झाँकी

साँझ का झुटपुटा। कौओं का शोर। तोतों, चिड़ियों, सारिकों का चीख चिहाड़ा। उल्लू की हू हू। गीदड़ों की चिंघाड़।

सीबा मंच बना कर, खड़ा होता है। धंतों धुएँ वाली लालटेन पकड़कर खड़ी है। सीबे की पगड़ी भगवीं। कुरता और धोती गृहस्थियों वाले। गले में मालायें, कानों में बाले, बाहों में बिलौर, आँखों में सुरमा। मद्धम लौ में दोनों भूत चुड़ैल दिखते हैं।

सीबा : नौगज्जा पीर मेहर करे! मंच तो बन गया।

धंतो : लीप दूँगी, सवेरे।

सीबा : धूप देंगे कल, तो लीप लेंगे। क़ाबल की पगड़ी रंगा ली?

धंतो : द्वारका रंगरेज़ कहता, दे जाऊँगा आप ही। पर मुझे डर ही है।

सीबा : काहे का?

धंतो : क़ाबल नांह नुक्कर कर रहा है। हरिये की तरह न करे।

सीबा : धंतो, धोखा न कर मेरे साथ। मन्नत मनाई तू ने आप। क़सम खाई, एक लड़का मैं ख़ानक़ाह पर चढ़ाऊँगी। लखदाता के। खाई थी क़सम कि नहीं?

धंतो : डायन तो नहीं मैं। फायदा ही सोचूँगी, अपने पुत्र का। मैं थोड़ी मुकरती हूँ। मैं तो लड़के की बात कर रही हूँ। क़ाबल शायद न माने।

सीबा : डायन बनकर, मुझे मत खाने की सोचना। अगर तू डायन है, तो मैं भी दानव हूँ। तेरी अपनी नीयत खरी है कि नहीं?

धंतो : मेरी नीयत को क्या हुआ?

सीबा : छल मत कमाना। याद रखना। जो बंदा नौगज्जे की मन्नत पूरी न करे, नौगज्जा उसका खुरा खोज मिटा देता है। देव दानव बनकर चिमट जाता है। जिसने अपने सिर से, लखदाता की पगड़ी उतार फेंकी, उसके सिर पर कफन बँध गया।

धंतो : मैं नौगज्जे साईं से बाग़ी क्यों हूँगी?

सीबा : अच्छा, यह मामला तो सँवर गया।—**(हँसकर)** मैं आऊँ? आधी रात को?

धंतो : कहाँ?

सीबा : तेरे पास। घर। तेरा ख़स्सी ख़ुशिया तो घौं`घौं! खुरटि पर खुर्राटा मारेगा। मैं धीरे से उठकर, आ जाऊँगा। गाँव। कोठे पर।

धंतो : मैं कोई घर सोऊँगी?

सीबा : हम संतों को छोड़कर, तू और किस यार के पास सोयेगी?

धंतो : यार बनाऊँगी मैं! इस उम्र में!

सीबा : आऊँ फिर?

धंतो : नंबरदारों की बहू के दर्दें शुरू हो गईं। अभी अभी संदेशा देकर गई, रामो झीमरी। क्या पता सारी रात वहाँ काटनी पड़े।

सीबा : बच्चा जमाना है कि तूने हाथी जमाना है? आँख फरकते, बच्चा बाहर गिर पड़ता है। झटपट मुड़ आना।

धंतो : दर्दें तेज़ हैं, रामो कहती। मुझे पास बैठना पड़ेगा। कौन जाने कितना चिर लगेगा।

सीबा : मरा हुआ तो नहीं है अंदर, बच्चा?

धंतो : मरा हुआ ही हो, शायद। दर्दें जो गहरी हैं।

सीबा : चल, हमें क्या? मुआ हो चाहे ज़िंदा। मेल मिलाप की जुगत बना तू।—आऊँ?

धंतो : फिर क्या मौक़े नहीं आयेंगे?—क्वाँरी थी मैं, जब से तूने फँसाया हुआ है।

सीबा : मैंने फँसाया? फँसी तो तू आप थी। बहन के साथ ज़िद निकालती थी। बराबरी करती थी, जीजा संभाल कर।

धंतो : मैं ने कौन सी ज़िद निकालनी थी? बड़ी बहन के साथ?

सीबा : ज़िद्दी है तू। कुछ औरतें होती हैं इस तरह की। दूजियों के ख़सम छीनना चाहवें।—ख़ैर, आज नहीं तो कल रात को सही। तेरा कहा मान लेता हूँ।—लखदाते की मेहर हुई। जिस दिन की तेरी बहन मरी है, सुख से, तूने साथ दिया मेरा। संतो भुला दी तूने मुझे।

और अब अगर मेरा क़ाबल भी मेरे पास आ जाए, नौगज्जे की क़ब्र पर, समझ लेना, स्वर्ग मिल गया, साईं सीबा राम को।

धंतो : सीबे को तो स्वर्ग मिल गया। मेरा ख़सम क्या करेगा? क़ाबल के बग़ैर?

सीबा : खुशिया? ख़स्सी खुशिया, सड़े नरकों की आग में! बोल नौगज्जे पीर की—जय!

(अँधेरा)

दूसरी झाँकी

(सवेरा, काफी अँधेरा। कोयलों की कूह-कूह। पपीहों की पी-पी। फाख़्ता की घुग्गूँ घूँ। मोर की ऐओं-ऐओं। कबूतरों की गुटर-गूँ। खाट पर क़ाबल चादर तान कर सोया पड़ा है। ख़ुशिया आमों का थैला लाता है। मंच पर ढेरी लगाता है। खाली थैला झोंपड़ी से लटकाता है। लाठी खड़ी करता है। नौगज्जे के मंच पर पानी छिड़क कर, माथा टेकता है)

ख़ुशिया : नौगज्जे साईं, रोज़ी दे। रोटी दे। हे लाखों के दाते, दूध पूत की ख़ैर करना। **(खड़ा होकर, सामने, ऊपर बूटी को प्यार से ताकता है। हुक्के में आग भरता है। एकतारा टुनका कर, गाता है।)**
अंबियों को तरसेगी, जब छोड़ गई देस दुआबा!
(हुक्का पी रहा, स्नेह से) क़ाबल! बेटा उठ खड़ा हो अब। नहा धो ले। तेरा मौसा आया बैठा है। रात का। **(देखकर)** बाहर अंदर गया, लगे।

क़ाबल : **(बैठकर)** बापू, ऐसे कर। वो गँडासा उठा। मैं गर्दन रखता हूँ, नौगज्जे के चबूतरे पर। गँडासा मार, और मेरा गला काट दे। **(चुप)** यही चाहते हो, तुम दोनों? यही किया करें माँ बाप? पुत्रों संग? ज़िंदा की बलि दे दे मेरी। ज़िंदगी भर क्यों तड़पा तड़पा कर मारता है मुझे? एक ही बार में गला काट दे मेरा। **(रोता है)**

ख़ुशिया : पुत्र, मैं ने तो बहुतेरा ज़ोर लगाया। तेरी माँ नहीं मानी। मौसा तेरा नहीं मान रहा। कहता है—एक बेटा ज़रूर चढ़ा, ख़ानक़ाह पर।

क़ाबल : मैं चेला-ओझा नहीं बनूँगा। मुझे डर लगता है। जादू टोने से। मैं घर छोड़ कर भाग जाऊँगा।

ख़ुशिया : न, बेटा, उलटी मत सोच। मन्नत जो मना बैठी तेरी माँ। अब कैसे छुटें? नौगज्जा वली है। कहाँ छोड़ने लगा हमें?—कहते हैं : नौ गज़ लंबा होता था! जवान! दानव का दानव!

क़ाबल : नौ गज़? मैं नहीं मानता। क़ब्र तो कुल नौ हाथ हैं।

ख़ुशिया : मरते वक़्त, कहते हैं, नौगज्जे ने अपने आप को बौना बना लिया था।

क़ाबल : वहम है सब। हमारा मास्टर चरणदास होशियारपुरी बताया करता था।

ख़ुशिया : खंडहर बना देगा, नौगज्जा, हमारे घर को। कुल तबाह कर देगा। तड़प तड़प कर मरेंगे हम।

क़ाबल : तूने और धंतो ने काहे तड़पना! बकरा तो क़ाबल है। काट डालो, क़ाबल को। नौगज्जे की क़ब्र पर। पुत्र मरवा कर, अपना आप बचाओ। भगवा कफ़न बाँध दो मेरे सिर।

ख़ुशिया : बेटा, मुझे अपना डर नहीं। मुझे चाहे कुछ हो जाए। उम्र भोग ली मैंने तो समझ। भय तो मुझे आता है तेरे करके। या हरिये करके। अगर हम ने मन्नत पूरी न की, तेरा मौसा कारा कर देगा। जादू टोना कर देगा। नौगज्जा आप तेरे पर बदले निकालेगा। या हरिये पर।

क़ाबल : इस से ज़्यादा और नौगज्जा मेरे पर कौन से बदले निकालेगा? सारी उम्र मैं ख़ानक़ाह पर झाड़ू लगाता रहूँ। मँगता बनकर, फ़क़ीर बनकर! टोने का कोढ़ लग जाएगा मुझे। टीलों में खोया रहूँगा। इन गाँवों में मर खप जाऊँगा।

ख़ुशिया : ठंडे दिल से सोचे तो, बेटा, ओझे का काम बुरा भी नहीं। तेरे दिहाड़ी टप्पे से क्या बनता है? गारा ढोओ। ईंटें पकड़ाओ। चारा है कोई? फिर चार दिन काम मिला, दस दिन निठल्ले। ख़ानक़ाह पर चढ़ना कैसा? गृहस्थ का गृहस्थ है। सीबे ने ब्याह कराया ही था। तेरा भी ब्याह करेंगे हम, दिन दिहाड़ा विचार कर। ओझापन बल्कि भलाई का काम है। ग़रीब गुरबी को भूत चुड़ैल से बचाना, पुण्य है।

क़ाबल : मैं किसी बड़े शहर जाऊँगा · · दिल्ली! कलकत्ते! बंबई! नौकरी करूँगा। मैं इन झोंपड़ियों में नहीं बसूँगा।

ख़ुशिया : नौकरियाँ, बेटा, तुम्हें कहाँ मिलेंगी? सातवीं से भागे को? बड़े-बड़े पढ़े लिखों को आजकल नौकरी नहीं मिलती। ख़ानक़ाह पर रहेगा, तो सारी उम्र बैठा ही खाएगा। मनसा, पूजा, सब तेरा। एक तरह पैनशन लग गई तेरी। साथ ही हमारी। रोटी से भूखे नहीं रहेंगे हम। सीबे को देख ले। ऐश करता है।

क़ाबल : बड़े सोने के महल बनाए हैं, सीबे ने। है तो वही, फ़क़ीर का फ़क़ीर।—खीझ आ रही है मुझे। जी करे, लाठी मार कर, सीबे का फण कुचल डालूँ।

ख़ुशिया : **(इधर उधर देखकर)** सलीके से बोल, ओए। ऐसे बंदे के साथ

टक्कर नहीं लेते। जिन्न भूत लगा देगा पीछे।

क़ाबल : हरिया ख़ानक़ाह छोड़कर आ ही गया। पगड़ी उतार कर फेंक ही दी सिर से। क्या बिगाड़ लिया, सीबे ने? हरिये का? कौन सी बाँह तोड़ दी, नौगज्जे ने?

ख़ुशिया : अभी क्या पता? डर के रहिये, गुरुओं पीरों से। सुख बरताए साईं, मेरे पुत्र पोते पर। मेरा दिल त्राहि-त्राहि काँपता है। छोकरापन किया हरिये ने। साथ में चिंती ने। लड़कर आ गए। वो तो, शुक्र कर, तेरी माँ ने कहा—चल छोड़। जाने दे। क़ाबल चढ़ा देंगे हम!—नहीं तो, सीबे ने, अब तक, कुछ कर देना था। जीने लायक नहीं था छोड़ना, मेरे पुत्र को।

क़ाबल : हाँ। हरिया बचकर दौड़ गया, शहर। अब मुझे फाँसी चढ़ा दे।

ख़ुशिया : गुस्सा तो, सच्ची बात है, पुत्र, मुझे भी आता है, तेरे मौसा पर। मगर मैं करूँ क्या? पेश नहीं जाती मेरी। मैं हूँ भी अकेला। **(गहरा दर्द दबाता)** माँ तेरी, जिस दिन की ब्याही आई है, बहनोई का पक्ष लेती रही। मैं करूँ तो क्या करूँ?

क़ाबल : तू मेमना बन कर मैं-मैं, मैं-मैं, किए जा। सीबे के पीछे। ख़च्चर बनकर, टट्टू बनकर, चढ़ाए रख, सीबे को, पीठ पर। मैं अपनी जून नहीं गलाऊँगा।—अगर आज बहुत गुस्से हुआ, मैं दो जड़ दूँगा। मरावे एही तेही की सीबा। और साथ में नौगज्जा।

ख़ुशिया : ओए! ओए! सांईं के बारे में ऐसा मत बोल।

क़ाबल : साईं? हरिया बताता है, लुच्चा है। गुंडा है। बेटी बहन को भी ख़तरा है सीबे से।

ख़ुशिया : न मौत को दुलत्ती मार। माँ तेरी—

क़ाबल : माँ?… माँ नहीं। धंतो डायन है। नन्हे खानी। **(रोता)** लगी है पुत्र को कुएँ में फेंकने।—लगा लेना ज़ोर। दोनों जने। आज मैं भी तुम्हें देख ही लूँ। और तुम्हारे सीबे को।

ख़ुशिया : न, पुत्र मेरा। कलह न डाल घर में। मान भी जाते हैं।

क़ाबल : मैं एक नहीं मानूँगा तेरी।

(रछपाल सिंह साइकल से दूध का कनस्तर लटकाए आता है। क़ाबल आँखें पोंछ कर, चादर तानकर, लिट जाता है)

रछपाल : पकड़ा, भई।

ख़ुशिया : क्या?

रछपाल : रुपए।

ख़ुशिया : रुपए तो… रछपाल सिंह… पड़ा नहीं हाथ कहीं।

रछपाल : फिर वही बात। रोज़ एक ही बहाना।

खुशिया : लाचारी है, भैया। क्या करूँ।

रछपाल : अगर तेरी लाचारी है, तो मेरी लाचारी भी कम नहीं। आज कपड़े खरीदने हैं मैं ने। गहना बनवाना है। पाँच दिन ब्याह में रह गए। पराए गाँव जाना है। ननिहाल की भात लेकर। और तू ने एक ही बात पकड़ी हुई है। **(नक्ल लगा के)** ''हाथ नहीं पड़ा कहीं।''

खुशिया : हरिया नहीं मिला कल?

रछपाल : नांह। मुझे नहीं मिला। कचहरियों वाले अड्डे खड़ा हुआ करता था। मैंने बल्कि आध घंटा इंतज़ार की। दूसरे रिक्शे वालों को पूछा। बोले, रिक्शा लेकर आया नहीं, घर से। कहीं पड़ा होगा, टुन्न। नशे की गोली खाकर।

खुशिया : मौसा अपने से सीख गया, नशे करने। ख़ानक़ाह पर।—घर जा आता।

रछपाल : मुझे क्या पता, भाई, कौन से महल में रहे, तेरा हरिया। सड़े गले कोने में बिल खोदी होगी कहीं। मुझे तो बाज़ार में टकराया दो चार बार।

खुशिया : बहू और बेटा भी साथ ही ले गया। कहीं लिया ही होगा मकान?

रछपाल : यह तो तू जाने या हरिया जाने। मुझे तो तू रक़म खरी करके दे।—हरिये ने क्या दो महीनों में ग्यारह सौ जोड़ लिया? रिक्शा चलावे। जहाज़ तो नहीं चलाता।

खुशिया : थोड़े बहुत बचाय ही होंगे।

रछपाल : अच्छा, तू जितने हैं, निकाल। हरिये को ढूँढ़ कर, जो कुछ हुआ, मैं ले लूँगा।

खुशिया : मेरे पास तो, सच्ची बात है, कुछ भी नहीं। बयाने का दो सौ था। वो तेरे हाथ पकड़ाया, उस दिन।

रछपाल : अगर यह बात थी, तो कूद कर बाग ख़रीदा क्यों तू ने? मुझे गाहकों का घाटा था? अभी मौर भी नहीं था निकला बूटों को। जब से झोंपड़ी बना कर बैठ गया। ज़बरदस्ती। दो हज़ार का फल मेरा। बारह सौ पर अड़ गया।

खुशिया : जिनस भी तो देंगे। सवा मन। कच्चे पक्के मिला कर।

रछपाल : मैं ने सोचा, चलो। दस पंद्रह दिन में बाकी दे देगा।

खुशिया : देने ही हैं बाकी। ज़रूर देंगे। नौगज्जे की मेहर रही तो, चाहे आ रही सक्रांति को ले लेना।

रछपाल : शगड़ांतियाँ सुनावे मुझे! बहन के घर क्या लेकर जाऊँ मैं? गू कुत्तों

का? क्या सुने अब मेरे मुँह से। भले का ज़माना नहीं साला।

खुशिया : कच्चे आम ख़रीदने वाले आ जाते कोई। खारे वाले, गधों वाले, ख़च्चरों वाले। सैकलों वाले। टीले के ऊपर वाला गोला बहुतेरा मोटा हो गया।

रछपाल : ट्रक्क ले जाता, फगवाड़ा। कच्चे तोड़कर। मेरी रक़्म तो लौटती।

खुशिया : ट्रक्क तो, जितना बचेगा, उतना किराया ख़र्च हो जाएगा।

रछपाल : जा तू, घर अपने से, ज़नानी का गहना गट्टा ले आ। गिरवी रखकर, मैं काम निकालूँ।

खुशिया : गहने कहाँ से रह गए? एक गलमाला बची थी, धंतो के पास। हमारे ब्याह की। वो तेरे हाथ से बेची, पिछले नवरात्रों में। बचनी के गौने के सूट कपड़े बनाए। भैंस थी, चौथा महीना। अब तक ब्या जाती। तीन हज़ार की बिकती। आस लगा रखी। नौगज्जा इतना क्रोद्धी हुआ, बरू खा लिया। अफारा पड़ गया। मर गई।—किधर चला जाऊँ मैं?

रछपाल : इस तरह की सुनते हुए मुझे दो महीने हो गए। अगर तो कुछ कर सकता है, तो दो घंटों में रकम कर दे। मैं चला हूँ रसूलपुर से दूध इकट्ठा करने। मुड़कर आते को, रकम दे मेरी। नहीं तो डंडा डोरिया उठा ले। झोंपड़ी उखाड़ ले।

खुशिया : जुल्म न कर, रछपाल सिंह। दो महीने राखी की मैं ने। सोया नहीं मेरा परिवार।

रछपाल : खुशिया, मैं कौन सा लखपति हूँ। तेरे जैसा मैं, ग़रीबड़ा। साँझ तक बाग से बाहर हो जा।

खुशिया : बग्गू के झाँसे में तो नहीं आ गया तू? कल मुझे वो पच्ची सौ दे रहा था।

रछपाल : झाँसा तो झाँसा सही। मैं ने बग्गूराम को कह दिया। वो नक़द देने को तैयार खड़ा है।

खुशिया : वही बात निकली। बग्गू साला। अभी भाई भतीजा बने।

रछपाल : मैं ने रकम खड़ी करनी है अपनी। मेरी तरफ से आम चाहे खुशिया कमाये चाहे बग्गू।

खुशिया : ज़बान की जब तू ने मेरे साथ?

रछपाल : ज़बान कितनी देर चलेगी? मरघट तक? तुझे कहा, पैसे निकाल। मेरे मुड़कर आते तक।—खीझ आती रहे मुझे। इतनी तंगी पैसे की। **(बाग को चारों तरफ निगाह मार कर)** एक जी करे, बाग कटवा डालूँ। सब्ज़ियाँ लगाऊँ, टूबल गाड़ के। चौगुनी कमाई

होगी।

खुशिया : न, रछपाल सिंह। यह कहर मत कमाना। बाग क्या ऐसे लग जावें? घास बूट थोड़ी है, जो अपने आप जनम पड़ेगा।—मैं हलका ही था अभी। क़ाबल से भी छोटा। जब तेरे बाप ने हम से यह बाग लगवाया। मेरे बापू ने, अकेला अकेला बूटा, पुत्रों की तरह पाला था। पूरे ज़िले से चुन चुन कर, बढ़िया किस्म की गुठलियाँ बीजीं थीं। इस बाग पर मेरा भी उतना ही हक़ बनता है, जितना तेरा। काटना मत बूटे।

रछपाल : अच्छा, देखी जाएगी, फसल ख़त्म होने पर। **(मुड़कर)** क़ाबल खाली है, आज?

खुशिया : खाली ही है। दो महीने हुए। मकान बनाए कोई आजकल? सीमिंट जो नहीं मिलता।

रछपाल : मक्का तो नहीं गोड़ रहा, किसी का?

खुशिया : नहीं। क्या बात? काम है?

रछपाल : इसको कहना, आज मेरे साथ मिलकर, भूसे का कूप बँधवा दे।

खुशिया : तेरा?

रछपाल : हरनाम कौर का। मेरे पास भूसा कहाँ बचा है।

खुशिया : बँधवा देगा।

रछपाल : अच्छा। **(जाता है)**

खुशिया : **(पीछे आवाज़ मार के)** मैंने कहा, ऐसे ही हमारे गोशे पर नज़र मारना तो। जोहड़ के माथे। जो खत्रियों से ले कर कनाल खेत बीजा है मैंने। मामले पर। देखना, मक्का गोड़ने लायक हुआ कि नहीं।

रछपाल : **(दूर से)** चंगा। रकम तैयार रखना।

खुशिया : **(थड़े को)** हे लखदाता! हीला कर कोई।

(एकतारे के साथ गाता है)

मौत री तेरे सदके जाऊँ,
तूने दुख मिटाये सारे।
ज़िंदा था तो नित्य मर मर जाता,
मरे को मिले सुख सारे।।

(आँधी की तरह धंतो आती है। नौगज्जे के आगे माथा रगड़ कर, उठती है)

धंतो : उठते ही लग जाया कर। टुणक टुणक! काम धँधा मत करना। तेरे टुणक टुणक ने कमा कर नहीं खिलाना। कर पैर चलाने पड़ेंगे, तो

अपने ही चलाने पड़ेंगे। **(एकतारा टाँग कर, ख़ुशिया जूता गाँठने लगता है। चढ़ते सूर्य की तेज़ होती धूप)** देख तो! यह कैसे पड़ा है। लंबी तानकर। बाप बेटा दोनों उबार देंगे मुझे। सीबा भाई बाहर अंदर गया? **(ख़ुशिया चुप)** तूने आम नहीं चुने?—आधी रात को, तगड़े झोंके आए। तीन चार। बहुत गिरे होंगे आम। जा, उठ। थैला उठा। फेरी मार ले। नहीं तो लोग चुन ले जायेंगे। घास वाली हाथों पैरों से ले जाती हैं। नाले के किनारे की पाली का आम, कल, सिमरो ने उठा लिया। अकेला रुपये का। **(हाथों का गोला बनाकर)** इतना मोटा। कद्दू का कद्दू। जुड़वाँ छल्ली का। घास में छिपा लिया। मैं ने गठड़ी टोही। बोली, "आम थोड़ी। यह तो चूंआँ है तरबूज़ का। मोता सिंह की बेलों से तोड़ा है मैंने। कढ़ी में डालने के लिए।" मानी ही नहीं। **(चुप)** उठ भी अब। गुड़गुड़ गुड़गुड़ किए जाएगा?

ख़ुशिया : तू इतनी लाल पीली क्यों हो रही है? बच्चा तो जमने वाली ने जमाया होगा। तेरा काहे का ज़ोर लग गया?

धंतो : लगता नहीं ज़ोर? सारी रात आँखों में गुज़ार दी। जमने में न आए। जन्मे कोई, कमाई कोई खाए। दाई के सिर का सियापा। आँखें नहीं खुल रहीं, नींद की कमी से।

ख़ुशिया : तो सो जाती घर में। यहाँ क्यों आई हो? बाहें घुमाती?

धंतो : आई हूँ मैं, तुम्हें रोने। वही बात हुई न? बाप बेटा, खुर्राटे मार रहे। आम लोग उठाए जा रहे।

ख़ुशिया : इतना फिक्र है, तो जा। हलकारा मार आ। मेरे सिर पर क्यों खड़ी है? फर्राटे मारती?

धंतो : खड़ी होना है मैंने तेरे सिर पर! नूर महल की सराय है न तेरा सिर। —सारी उम्र, कुत्ते की तरह, पूँछ घुमाई, कभी इधर, कभी उधर। एक यह है, आग लगना! टुणक टुणक! यही कमाई है ज़िंदगी भर की। आगे औलाद भी! बाप जैसे। दोनों निकम्मे!

ख़ुशिया : कुछ चिमट तो नहीं गया तुम्हें? अमृत वेला? चारों खुर उठाए खड़ी हो, थूथना चलाती।

धंतो : माना कि नहीं? ख़ानक़ाह पर जाने को? रात को पूछा तूने?

ख़ुशिया : आप ही पूछ ले।

धंतो : **(थड़ा देखकर)** यह क्या? आम उठा लाया? बताया क्यों नहीं?

ख़ुशिया : क्या फायदा? बोलना तो तूने है ही। बोलती जा।

धंतो : मेरे बहनाई ने करामात कर दी। नौगज्जे की मेहर हो गई। धागा

ताबीज़ वर आ गया।

खुशिया : पोता हुआ शाहनी के?

धंतो : और क्या? शाहनी कहती, इकावन दूँगी। मैं ने कहा, शाहनी, पहलौठी का पोता है। इकोत्र सौ लूँगी। साथ ही इकोत्र सौ दे मेरे जीजे को। ताबीज़ कराने का।

खुशिया : कली करायेगी ख़ानक़ाह पर। मन्नत मनाई थी।

धंतो : **(पल्ला खोल कर)** ले पकड़। गुड़ की डली। यह क़ाबल के वास्ते।

खुशिया : इकावन ले ले, बेशक इकोत्र सौ ले ले। तू ख़र्च कर लेगी। या तेरे लड़के। मेरे हाथ क्या आएगा?

धंतो : क्यों, तू कहाँ से खाता है? इस टूटे जूते गाँठने से तो नहीं कुनबा पल गया। बचनी ब्याही, मैं ने। कितने सूट निकाले अंदर से? हरिया ब्याहा। कितना कपड़ा निकाला, सँदूक में से? दाईपना न करती मैं, तो भूखी मरती। झाड़ना फूँकना न सीखती मैं, बहनोई अपने से, तो भूखी मरती। मैं भी और साथ में मेरे नन्हे मुन्ने।

खुशिया : क्यो तूफान तोलने पर जुती हो? ख़ामख़ा? सरदियाँ पूरी, टीलों पर से लकड़ियाँ काट-काटकर बेचीं, शहर। सिरपर उठा कर। गौरमिंट से चोरी। चाहे कोई पकड़ कर थाने के अंदर कर देता। चैत्र बैसाख, सारा, जल गया मैं, गेहूँ काटता। कँधे काले हो गए, धूप से। उड़ाई की। साल भर के दाने किये। अभी सब्र नहीं तुम्हें। और क्या फाँसी लग जाऊँ?

धंतो : दाने तो हो गए, दो टोकरे। यह जो कँजरखाना छेड़ बैठता है? हर साल? आमों का?

खुशिया : यह कँजरखाना तुम्हें दाँतों काटता है? दो महीने आसान बीतते हैं, हवा हारे। तेरे बिल में से निकलकर। बुरा है?

धंतो : जो घाटा खा लेता है, हर बरस? वो किसी गिनती में नहीं? इससे अच्छा तो, शहर में, हरिये को कह, तुम्हें भी रशका ले देवे। किराये पर। दोनों चलाओ, बाप बेटा। हरिया बतावे, पंद्रह रुपए बचाये उसने। माता के मेले पर।

खुशिया : मेरे से चलते हैं, रड़े रशके? ख़स्सी हो जावे बंदा।

धंतो : नया होगा तू, ख़स्सी?

खुशिया : जो तेरे हरिये ने कूप बाँधे हुए हैं, रुपयों के, मैं क्या जानता नहीं। महीना हुआ गाँव में पैर नहीं डाला। सौगंध खाने को कानी कौड़ी नहीं भेजी। निकम्मी औलाद ससुरी। अपना आप नहीं उठा सकते। धक्के देकर शहर को भेजा। भई ओए, रोटी का वसीला कर।

धंतो : ख़ानक़ाह पर बैठा रहता, तो बुरा था? नहीं माना। कहीं माथे घिस गए मेरे। साँईं के आगे अरदासें करती के। तो दो पुत्र मिले। मैं ने कहा, एक ज़रूर चढ़ाऊँगी, लखदाता के। साल भर नहीं काटा। भाग आया। यह छोटा। यह भी अड़ी कर रहा है। भला नौगज्जा हमें सूखे छोड़ देगा?

ख़ुशिया : हरिया आप तो था ही। जो धेला पौला कमाया, नशा कर लिया। बहाना था एक, गाँव आने का। लड़ लड़ के बहू संग, तू ने वो भी शहर भेज दी। अब देख लेना तू। पैसा देना तो एक तरफ रहा, हरिया मुँह नहीं दिखाएगा।

धंतो : मैं लड़ती थी? चिंती कुत्ती आप लड़ती थी, नित्य, मेरे से। बच्चे का इलाज कराने का तो बहाना था। ताबीज़ बनाकर दिया, बहनोई मेरे ने। दस्त थे। दो दिहाड़ियों में ठीक हो जाते। डाकदार हकीम की ज़रूरत ही नहीं थी, सीबा कहे। वो तो आप उतावली पड़ी थी। कँजरी! शहरों में बसने के लिए। लड़ूँगी मैं! मुरब्बे बाँटने हैं मैंने, चिंती से।

ख़ुशिया : तेरा बहनोई ही लाया था रिश्ता।

धंतो : मुझे क्या पता था, ऐसी कमज़ात निकलेगी, चिंती। **(झुग्गी के अंदर जाती है)**

ख़ुशिया : **(रुककर)** रछपाल सिंह कहता है, आज ही रक़म दे सारी।

धंतो : ग्यारह सौ! थोड़े न बहुत! तू कहाँ से लेगा?

ख़ुशिया : बोला, नहीं तो बाग छोड़ दे। बग्गू माँग रहा है।

धंतो : **(झुग्गी से बाहर)** छोड़ परे सियापा, मैं तो कहती हूँ। घाटा ही पड़ता है, हर साल।

ख़ुशिया : इस बार, देख लेना तू, बड़ा सख़्त भाव निकलेगा। रुपया तीन हज़ार बचेगा, मुनाफा।

धंतो : तीन हज़ार नहीं। तीन लाख बचेगा!

ख़ुशिया : **(खड़ा, सामने, ऊपर देखकर)** पाँच सौ तो अकेली मेरी बेटी यह सिंदूरी बूटी दे जाएगी। देख तो, केसे छमछम कर रही है। पटाखी सी। है कहीं पत्ता दिखता। अँगूरों की तरह, गुच्छे पर गुच्छा लटक रहा है। दुलहनों की तरह सजी हुई है, मेरी लाल गुलालो बिटिया।

धंतो : आँधी नहीं न झेली अभी तक इसने कोई।

ख़ुशिया : **(अनसुनी करके। दायें, आगे)** और वो! मेरा पुत्र! टीले वाला गोला। खरबूज़ा आम है। पंसेरी पंसेरी का एक ही। वीरमपुरीये साधुओं की कुटिया से लाकर गुठली बोई थी, मेरे बापू ने। जा तो

तू, मुरब्बा डालने के लिए, लँगड़े हकीम को, जितना मरज़ी बेच आ। शहर जाकर। **(बायें, पीछे)** और वो! जुड़वाँ छल्ली! नाले के किनारे। देखना तू। एक बार टपकने लगी, तो पटक्क, पटक्क! रोज़ का मन मन आम बेच लेना तू। अपने गाँव जितना मरज़ी पकड़ाया घर-घर जाके। **(सामने दूर)** और वो! काला! जामुन के पास। भादवाड़ी है। पाल डालूँगा मैं। चढ़ते असूज महीने जाकर पकेगा यह। नवरात्रों में। जब कहीं से पक्के आम का तुख़म नहीं मिलेगा। उस वक़्त मैं, अकेला अकेला दाना, दो-दो रुपए में बेचूँगा। **(बायें आगे)** और यह! बाड़ के साथ। बताशा! अगेता टपकने लगेगा यह। जीभ पर रखो सही। बताशे की तरह घुल जाता है। रस भी, पतला, मिश्री। शहद का शहद। **(दायें, पीछे)** और वो! वरमी के माथे। सिप्पी आम है! गुठली, नन्ही सी। सीप जैसी पतली। गूदा ही गूदा, निरा।

धंतो : खट्टा! चोहट!

खुशिया : अचार डालो। गाहला! इस जैसा अचारू आम, पूरे दुआबे में, नहीं मिलेगा।—तुम्हें बताया, तीन का भी चार हज़ार बचेगा अब की बार।

धंतो : बातें बना बना बताये मुझे! एक बुल्लेशाह तूफान आ गया, तो पत्ता एक नहीं बचेगा—तेरी बेटी सिंदूरी पर! और पुत्र, गोले पर!

खुशिया : तेरे जैसी ज़नानी भी, मैं कहूँ! रब्ब सुनता हो, तो किसी कोढ़ी को भी तेरे जैसी जोरू न दे! जो माड़ा मोटा हौसला होता है, वो भी ढहा देती है।

धंतो : बाप अपने से पूछ। श्मशान में जाकर। मिन्नतें करता था, बहनोई मेरे की। कहे, साईं जी, छोटी साली की सगाई ला दो, मेरे पुत्र को।

खुशिया : **(रुक कर, बैठा)** अब की आमों से ज़रूर पैसे बचेंगे।

धंतो : यही तू पिछले बरस कहता था। घाटा पड़ा।

खुशिया : बराबर हुए थे।

धंतो : हूँ! बड़ा शिकार मारा। दो महीने ख़्वार हुए। तोते उड़ाते उड़ाते, गले बैठ गए। बचा कद्दू नहीं।

खुशिया : कंगन हुआ करते थे हमारे। चाँदी के।

धंतो : कौन से कंगन?

खुशिया : माँ के। मोटे-मोटे। चाँदी के।

धंतो : सुखने आवें तुम्हें? किन युगों की सोच रहा है। बेच नहीं थे लिए?

खुशिया : कब?

धंतो : हरिये की छटी को। जगदीश बाहमन के हाथ से।

खुशिया : हाँ हाँ ·· बड़े भारी थे। आज होते तो हज़ार में बिकते।

धंतो : मैं कहती हूँ, ख़त्म कर सियापा। छोड़ दे आम।

खुशिया : आम नहीं मैं छोड़ूँगा—बेशक जान चली जाए।

क़ाबल : **(बैठ कर)** सोने नहीं देना तुम ने? जब देखो, बऊँ-बऊँ! बऊँ-बऊँ!

धंतो : तेरी नींदें नहीं पूरी हुईं? पड़ा तू, टाँगें पसार कर। हाड हरामी।

क़ाबल : चुप कर के बैठी रह। तड़के आ गई, यहाँ। छलाँगें मारती।

धंतो : है मर जाना। गबरू जवान बनने को आया। अगर इतना ही घमंड है, तो आप कमा के खा। माँ का क्यों खाये?

क़ाबल : बड़े हलवे खिलाती है माँ।

खुशिया : हलवा तो नहीं। गुड़ ज़रूर लाई है। यह। काला। ढीला। जैसे गीदड़ों का गू हो। इस साले की तो कोई शराब बनाए, तो वो भी बदबू मारेगी।

धंतो : पकड़ा इधर, नहीं खाना तो। गू बतावे। बेकदरे! बाप बेटा।

खुशिया : ले भई, धंतो, सच्ची बताऊँ तुम्हें? नौगज्जा गवाह है मेरा। मैं रात को सोच रहा था—अगर शाहनी की बहू के हुई लड़की, तब तो ख़ैर सल्ला·· अगर लड़का जन्म पड़ा, तो मेरी शामत आ गई।

क़ाबल : वो क्यों?

खुशिया : लड़का जन्मेगी शाहों की बहू, पर दाई का पैर धरती पर नहीं टिकेगा। इकावन पचेंगे इसे क्या।

क़ाबल : यह बात तो सच्ची तेरी।

खुशिया : जनेपा हो कोई गाँव में। कहीं से दो टके मिल जाएँ। बंदूक लेकर चढ़ जाएगी, धंतो, कुनबे के ऊपर। पैसा बड़ी चीज़ है। ज़नानी के खीसे पैसा पड़ा नहीं, ख़सम की शामत आई नहीं। **(हुक्का पी कर थूकता है)**

धंतो : देख, कहाँ थूका। उठ कर परे नहीं मर सकता?

खुशिया : तू हाथ कर ले आगे।

धंतो : अबे उठ, नहा धो ले। साथ में मौसा अपने को नहला धुला।

क़ाबल : मैं नहीं बनूँगा सीबे का चेला।

धंतो : न, मेरा पुत्र। नांह नहीं करते। आज पगड़ी बँधवा ले। मैं बाहर अंदर जा रही हूँ। मुड़कर रोटी पका दूँगी। चाय बना दूँगी। आप आकर ले जाना, घर से।

खुशिया : एक बात तो सुन।

धंतो : कौन सी?

ख़ुशिया : अच्छा मुड़के आ। झटपट जा।

धंतो : तो भी?

ख़ुशिया : शाहनी को कहते हैं, महीना भर उधार कर ले। ग्यारह सौ। सूद जितना मरज़ी ले ले।

धंतो : मैं यह काम नहीं करने दूँगी। शाहनी है बड़ी कुत्ती। पहले ही, तुम्हें पता, डेढ़ सौ के पीछे, कितनी मिट्टी उछाली मेरे पर। (**नक़ल करती**) जहाँ कहाँ, "री धंतो, रक़म नहीं मोड़ेगी हमारी?" पाँच सौ देकर छुटे। न, बाबा। बाग छोड़ दे। उधार नहीं मैं लेने दूँगी।

ख़ुशिया : मैं अकेला जाकर पूछ लेता हूँ।

क़ाबल : पोता जन्मा है। शायद ख़ुशी में दे ही दे।

धंतो : इतनी कोमल मत समझ। कंजूस है। मक्खियों के माश बनाती है।

ख़ुशिया : रुकावट डालती है। पूछ तो लेने दे, मुझे।

धंतो : न, भई। यह बात मैं ही नहीं होने दूँगी। मैं कहूँगी, मत देना पैसे।

ख़ुशिया : तो फिर अपने बहनोई से ले दे।

धंतो : वो सांईं लोक हुआ। साधु संत। उसके पास कहाँ से आ गई, रक्में?

ख़ुशिया : जा, जहाँ जाना फिर। दफा हो।

क़ाबल : सपना आया मुझे, तड़के। जहाज़ में बैठा था मैं। उड़ने वाले जहाज़ में। बाहर के मुल्कों को चला था। नोटों से जेबें भरी हुईं। विलायत को जा रहा था। साथ मेरे फिल्मों के ऐक्टर और ऐक्टरनियाँ। उड़े जा रहे थे हम।

धंतो : तुझे ऐक्टरनियों के सपने आते रहें।

ख़ुशिया : रात को फिल्म देखता रहा? आधी रात को आया?

धंतो : किसके देखी? हरनाम कौर के घर तो तू था ही नहीं?

क़ाबल : रात तो हम कबड्डी खेल रहे थे। खड्ड में।

धंतो : उल्लू की तरह। रात पड़ी नहीं, क़ाबल उड़ चला। कभी फुटबाल, कभी फिल्में। यही कुछ पल्ले है।

क़ाबल : और तू ने कौन से फार्म ख़रीद कर दिए मुझे? जिनमें मैं हल चलाऊँ? बीज बीजूँ?

धंतो : कबड्डियों छड्डियों से तुम्हें क्या मिलता है? हाड़ तुड़ावे। जिन कँजरों के साथ खेलता है तू, उन का क्या है? बहुतेरा गेहूँ हो गया। मंडी से रुपया खट्टी करके ले आए। कोठियाँ भर लीं। हमें तो कमा कर खाना है। हया कर कुछ।

क़ाबल : मैं निठल्ला बैठता हूँ?

धंतो : निठल्ला नहीं। और तो तू ज़मीन खोदे गहरी।

क़ाबल : अच्छा! कल एक घड़ी नहीं बैठना मिला। इतनी हवा चलती रही। ठाह ठाह आम गिरते रहे। सारे मैंने चुने।

ख़ुशिया : मैं कहाँ गया था, ओए? मैं ने नहीं चुनवाये साथ?

धंतो : भला क्या था, जो तड़के दोनों जने बेच आते? फेरी लगा कर? नीचे के गाँवों में? बड़ी बसती लग जाते।

क़ाबल : देख तो, सलाहें देवे। हमने बेच भी दिए। अपने गाँव। अमरस चटनी के लिए भी काफी नहीं निकले, दादू मुहल्ले वालों को।

धंतो : किस भाव?

ख़ुशिया : गेहूँ के बराबर।

धंतो : अच्छा? तब तो मुहिम जीत ली, बाप बेटे ने। **(जाने लगती है)**

क़ाबल : जल्दी मुड़ना। भूख लगी है।

हरनाम कौर : **(दूर से)** री, धंतो!

धंतो : आ जा, हरनाम कौर। आगे जाना?

हरनामो : मैं तो आ गई। **(पास आकर)** अरी, क्या हुआ? शाहों के?

क़ाबल : भैंस ब्यानी हो, चाहे ज़नानी। अगर कटड़ा नहीं, कटड़ी तो मेंड पर पड़ी है।

हरनामो : भाई, तेरे वो टीले वाले बूटे। तोतों ने कुतर कुतर कर ढेर लगा रखे, नीचे।

ख़ुशिया : दौड़ ओए। कंकर मार के आ। उठा गुलेल जा गोपिया। नहीं तो धनुष होगी यहाँ।

क़ाबल : आँखें खुली नहीं मेरी अभी।

ख़ुशिया : **(उठकर)** आलस का मारा, ससुरा।

धंतो : रहंकले का मसाला नहीं लाए, हाट से?

ख़ुशिया : सूबेदारनी, रुक कर जाना ज़रा। मैंने एक बात करनी है। **(धनुष उठाता है)**

हरनामो : कर ली बात? मुहल्ले से?

ख़ुशिया : **(मुड़कर)** कौन सी?

हरनामो : महाराज के भवन के बारे में? चँदे के बारे में?

ख़ुशिया : की तो थी दो चार से। एक और भी है, मामूली सी। जाना मत।

हरनामो : महाराज का भवन तो मैं बना कर हटूँगी। **(ख़ुशिया जाता है)**

धंतो : मेरे बहनोई का धागा ताबीज़ कभी बिरथा नहीं जाता।

हरनामो : ताबीज़ तो तेरे जीजे ने मुझे भी दिया था। दोनों बार लड़की

जन्मी।

धंतो : यों तो उसकी वो जाने। पर इस बार बिषनो की लखदाते ने सुन ली।

हरनामो : **(ढीली)** लड़का हुआ?

क़ाबल : शाहनी कहती, इकावन देगी। बेबे को।

हरनामो : जीता रहे। महाराज अँग सँग रखें।—वैसे लगता नहीं था, बिषनो के लड़का होगा। जली भुनी रहती थी, हर बेला।

धंतो : सुख से, इतना बड़ा चेहरा। माँ पर गया। तीखा नाक। पला पलाया।

हरनामो : बहुतेरी मलाइयाँ खाईं। दुधोना-चाट है बिषनो।

क़ाबल : ले भई, भाभी। इकावन में से बेबे मुझे पाँच देगी। नई फिल्म देखने के वास्ते। शहर जाकर।

धंतो : फिल्म नहीं। मैं तो तुम्हें विलायत दिखाऊँगी! उलटी छोड़ दे अब। मौसा अपने से धर्म कर्म सीख।

हरनामो : हमारे महाराज बड़े ख़िलाफ हैं। कहते हैं—क़ब्रें नहीं पूजनी चाहिएं। सिर्फ निरंकार का नाम जपो। एक ओंकार का। टोने टपाने छोड़ कर।

क़ाबल : इन बंदरों को कौन समझाए। दुखी करने लगे हैं साले।

धंतो : मन्नत मनाई थी मैंने। है डरता!

हरनामो : मैं तो आई थी, कहने। क़ाबल, आज मेरा भूसे का कूप बँधवा दे।

धंतो : तू कह रही थी बेच देगी?

हरनामो : आधी बेची। मैं ने सोचा, कुछ पैसे करूँ खड़े। महाराज के दरबार जाना है मैंने। महीना भर। सेवा करने। आधी रख ली। भैंस के लिए। थोड़ी थी। तू जानती है, आधे पर ज़मीन देकर, पल्ले थोड़ी पड़े कुछ।

धंतो : रछपाल सिंह तेरा हिस्सा तो हर चीज़ का पूरा-पूरा दे देता है।

हरनामो : जोरू को नहीं जानती तू। अगर मैं ताड़ न रखूँ, दिन रात, वो तो मेरे घर, दाना न पहुँचने दे।—अरे, आएगा, कूप बँधवाने?

क़ाबल : मिट्टी घट्टे का काम नहीं होता, यारों से।

धंतो : कबड्डियाँ कैसे खेला करे? पलंगों पर चढ़ कर?—आ जाएगा, हरनाम कौर। यह नहीं तो इसका बापू। दोनों में से एक जना ज़रूर आएगा। **(जाती है)**

हरनामो : रे तू आया नहीं रात को? सत्संग पर? दीपो ने ढोलकी बजाई, हार कर।

क़ाबल : दीपो को कहाँ आवे?

हरनामो : सीख ली उसने भी। तुम्हें देख-देख कर।

क़ाबल : मेरे सामने तो कभी नहीं बजाई।

हरनामो : शब्द कल उसने वो गाया! मेरी तो वृत्ती जुड़ गई। मुझे लगा, मैं दरबार साहिब पहुँच गई। सतगुरु के अँग सँग। सारी रात। मुड़-मुड़ कर, सपना आए। उन के चरणों का। अब जाकर मैं उनको कहूँगी–

सपने में मुझे मिले जो आप,
मैं बगलगीर होने को आई।
निरे नूर आप हाथ न आये,
मेरी काँपती रही कलाई।।

क़ाबल : हमारी छटी की किताब में हुआ करती थी यह तो।

हरनामो : विंदर की किताब से पढ़ी थी मैं ने भी।

क़ाबल : दीपो तो लजाये बड़ा मेरे से।

हरनामो : रसाला पढ़ लिया?

क़ाबल : हाँ। ले जा। **(झुग्गी में से लाता है)**

हरनामो : कैसी लगी वो कहानी?

क़ाबल : कौन सी?

हरनामो : हॉकी के पलेर की।

क़ाबल : समझ में नहीं आई मुझे।

हरनामो : **(हँसकर)** गबरू जवान हो गया तू। अभी भी समझ नहीं आती तुम्हें, ऐसी बातें।

क़ाबल : मैं ने तो सोचा था, कहानी में बताया होगा, लड़का, इतना बड़ा प्लेयर, बना कैसे? मशहूर कैसे हुआ?

हरनामो : मशहूर है लड़का, तभी तो कॉलेज की लड़कियाँ उसको चाहती हैं?

क़ाबल : लेखक ने यह तो बताया नहीं—अच्छा खिलाड़ी किस तरीके बना? —छोकरियों की कहानी चला दी।

हरनामो : लड़का सुंदर सुडौल हो, तगड़ा खिलाड़ी हो, तो औरतें मोहित हो ही जाती हैं।

काबल : इसमें मशहूरी तो कोई न हुई।

हरनामो : जिन्होंने मशहूर होना होता है, हो ही जाते हैं। सिनमें के ऐक्टर और एक्टरनियाँ—देख तो, दुनियाँ कैसे नाम जपे उनका। गाँव की ज़नानियाँ, सत्संग पर आने को कहो, सौ बहाने बनायेंगी। मंदिर गुरुद्वारे घुसतीं को काँटे चुभें। फिल्में जितनी मरज़ी दिखा दो।

क़ाबल : क़िस्मत अच्छी ऐक्टरों की। एक हमारे जैसे। ''कँटीली थोर, उगी

बीच पहाड़ों के।"

हरनामो : तू तो लड़का-वड़का है। पढ़ जाता अगर तू, विलायतों में घूमता। अमरीका में घूमता। सियापा तो हमारा है, औरतों का। एक ही खूँटे पर बँधी रहो। मटके में बंद रहो, उम्र भर।

क़ाबल : पुना किरकी तो दिखाया था तुम्हें, सूबेदार ने। सैर तो तूने भी बहुतेरी की।

हरनामो : वही दिखा गया, क़ाबल। एक साल रहे थे हम पूने।—भाग्य में सुख नहीं था। (**पल्ले से आँसू पोंछती है**) चला गया, तोपों के मुँह में। काहे के सैर सपाटे करने हैं अब। दिन कटी है, किसी तरह। तेरे मेरे मुँह तूँह लग कर। उसके साथ ही चली गई, रौनकें और सैरें। (**संभल कर**) दरबार साहिब चौकी भर आती हूँ, साल छः महीने बाद।

क़ाबल : तेरी छोटी बहन गई है विलायत। तू भी चक्कर मार आती।

हरनामो : वो तो बहुतेरा कहती है, घूम फिर जा। निकला जाता है कहीं, दो लड़कियों को पीछे छोड़ कर।—हाँ, सच्च। महाराज कहते, संगतें बुला रही हैं, विलायत में। दर्शन करने के लिए। वो कहेंगे, तो मैं साथ जाऊँगी।

क़ाबल : मौज बन जाएगी तेरी। मुझे भी ले चलना।

हरनामो : मैं ने ले जाना? डेरे की सेवा कर। चल मेरे साथ। नाम ले ले। किराया मैं ख़र्च दिया करूँगी। (**परदे से**) सौगंध गुरु की। यही पूछने आई थी मैं। न चढ़ नौगज्जे के। जवाब दे दे, मौसा अपने को। मेरे साथ मिल जा। गुरु भाई बन जा।

क़ाबल : वो तो वही बात हो गई। एक साँई को छोड़ कर, दूसरे की पूँछ सूँघने लग जाऊँ। कुएँ से निकल कर, खाई में गिर जाऊँ। मैं कुछ और बनना चाहता हूँ।

हरनामो : तेरा नड़ा-नौगज्जा मेरे महाराज के बराबर हो गया? वहमों में मत फँस। मेरी मदद कर। खुश हो कर, महाराज तुम्हें भी अंग संग रखेंगे। इंग्लैंड भी ले जायें शायद। मौसा के साथ मत जाना। लोग तो पहले ही मख़ौल करें। बोलें, "क़ाबल का चेहरा मोहरा, खुशिये पर नहीं गया। धंतो के बहनोई पर गया।"

क़ाबल : (**गर्म लोहा**) भाभी, यह मज़ाक़ मत किया कर मुझसे। ख़ून खौलने लग पड़ता है मेरा।

हरनामो : मैं क्यों करूँगी, मज़ाक़ तेरे साथ। अच्छा, बाबा, माफी दे। आगे के वास्ते नहीं कहती। मिन्नत करा ले, पर महाराज का भवन बनाने

में सहायता कर मेरी। चँदा इकट्ठा करवा।—तुम्हें पता? मेरा मायका—शहर का शहर है हमारा गाँव।—महाराज का भवन है, चाहे हज़ार बंदा बिठाले। नलका लगा बीच में। फूल टह टह करें। गेंदा, गुलाब, केलियाँ, सतवर्ग, रात रानी, मोतिया। सारे गाँव में सुगँध पहुँचती है। बेले हैं, चार-चुफेरे! बंदा बीच में बैठा बेशक छः दिन खोया रहे। एक यह है, तुम्हारा गाँव। ख़सम-खाने टीलों में। नालों में। खड्डों में। अढ़ाई झुग्गियाँ नहीं। बे-गुरे सब। महाराज का नाम लो, टाँग उठा कर वो गए।

क़ाबल : भवन के लिए तुम्हें चँदा क्या देगा कोई? गलियों में पैर रखा नहीं जाता। कीचड़ हटा नहीं सकते। चार ईंटें लगा कर।

हरनामो : वो तेरा बापू क्या कर रहा है?

क़ाबल : बापू, क्या है?

ख़ुशिया : **(दूर से)** साँप!

क़ाबल : कहाँ? **(दौड़कर लाठी उठाता है)**

हरनामो : साँप! हाय रे मुझे! **(सलवार समेटती खाट पर चढ़ती है)**

ख़ुशिया : **(काँपता)** वरमी में घुस गया।

क़ाबल : ईंट मारता सिर पर।

ख़ुशिया : हाथ भर का था। साले ने अंडे पी लिए, फाख़ता के।

क़ाबल : कुबड़ी अंबिया वाले घोंसले से?

हरनामो : हाय हाय!

ख़ुशिया : ज़ालिम! पापी ससुरा! देख, कैसे तड़प रही है फाख़्ता।

क़ाबल : निकले सही अब, बिल से।

हरनामो : बाग कमाना भी हिम्मत का काम है, भाई।

ख़ुशिया : और क्या यों ही बाग पल जावें? रात बरात, साँप सँपोलिया, सब यहाँ रहते हैं।

हरनामो : महाराज बचाये।

क़ाबल : रब्ब ने साँप बनाए क्यों थे? क्या कमताई थी इनके बग़ैर?

हरनामो : सृष्टि है उसकी।

ख़ुशिया : अपना बच बचाव करना पड़ता है, बंदे को।—सीबा अभी तक लौटा नहीं, जंगल पानी से?

क़ाबल : नहीं।

हरनामो : हाँ, भाई। भवन तो मैं बना के हटूँगी। चाहे न्याई वाला खेत ही बेचना पड़े। महाराज का ही है सब कुछ। ईंटें सीमिंट के पैसे तो इकट्ठे करें, गाँव वाले।

खुशिया : नांह नुक्कर ही करें लोग।

हरनामो : किस किस को पूछा?

खुशिया : पूछा तो कइयों को मैंने। आज शाम को इकट्ठे करूँगा। पाँच सात सियानों की। तू भी आ जाना।

हरनामो : खरी वाहवाह। क़ाबल, मुझे आवाज़ मार लेना। **(चलती है)**

खुशिया : सूबेदारनी, एक मैंने भी मिन्नत करनी थी।

हरनामो : बता।

खुशिया : मैं तेरा किया कभी नहीं गँवाऊँगा।

हरनामो : क्या बात हुई?

खुशिया : मुसीबत आ पड़ी मेरे पर एक।

हरनामो : हाय हाय! कैसी?

क़ाबल : सीधा क्यों नहीं बताता?—रछपाल सिंह पैसे माँग रहा है। आमों के। आज ही। नहीं तो, कहे, झोंपड़ी उखाड़ ले।

खुशिया : मुझे मत दे तू। रछपाल सिंह का मौक़ा संभाल ले। आती संक्रांति को मोड़ दूँगा मैं। सूद ले लेना, जितना मरज़ी।

हरनामो : इतना रुपया कहाँ से आ गया, मेरे पास?—पैनशन से तो नून तेल नहीं चलता। आधे की ज़मीन का कुछ घुसने नहीं देती, मेरे घर में। रछपाल सिंह की जोरू।

खुशिया : मेरी लाज रख ले, हरनाम कौर। दस एक दिन में टपकने लग पड़ेंगे।

क़ाबल : जुड़वाँ छल्ली तो गदराई है। बताशा भी पीला हुआ सारा।

हरनामो : हाथ तंग है आजकल मेरा।

खुशिया : **(आँसू रोकता)** देखो यारो, है हीला बनता कोई।

हरनामो : महाराज, अँग सँग रहें तेरे, भाई जी।—क़ाबल, सोचना मेरी बात पर। और आना ज़रूर, कूप बँधवाने। **(जाती है)**

खुशिया : मतलवी यार है दुनिया। चँदे इकट्ठे करावे मुझ से। हमारे मुहल्ले घूमती हुई ने, गढ़े बना दिए। इतनी पैनशन देवे सरकार। दाना फक्का बेचे। दो दिन मेरी गरज़ नहीं पूरी कर सकती।

क़ाबल : तू भी यों ही ज़िद पर अड़ा है। छोड़ दे बाग। जो बग्गू देता है, ले ले, मुनाफा।

खुशिया : जूते न मारूँ मैं बग्गू के। सौ गिन कर। **(क़ाबल झुग्गी के अंदर से तेल की बोतल लाता है)** चानण को पूछता हूँ मैं।

क़ाबल : बाहमन को?

खुशिया : शायद दे ही दे। **(चलता है)**

क़ाबल : मूत में मछलियाँ ढूँढ़ रहा है तू भी।

ख़ुशिया : **(गुस्से में)** टोक न, ओए। काम पर चलते वक्त।—तोतों को बैठने मत देना। हलक़ारा मार आना। पटाखा चला आ। नाले के किनारे वाले आमों को बहुत पड़े जानवर।

(जाता है। क़ाबल जाँघों को तेल मलता है। गाता है)

क़ाबल : जग्गा जम्मेआ तो मिलें बधाइयाँ
जग्गा जम्मेआ,
जग्गेआ, जग्गेआ।
तू परदेस गया, द्वार बज्जेआ।

(बैठक निकालता है। रूआँसी बचनी आती है। गले में सोने का कंठहार)

बचनी : माँ कहाँ गई?

क़ाबल : बचनी, तू कहाँ से आई?

बचनी : घर को ताला लगा है। बापू भी नहीं दिखता यहाँ।

क़ाबल : कौमरेड आया साथ? 'व्रिदोही' साहिब? **(बचनी डुसकती है)** हैं! तू रोने क्यों लगी? बात बता। कौन मर गया?

बचनी : मर जाती तो अच्छा होता।

क़ाबल : हुआ क्या? अकेली आई? पैदल? इतने सवेरे कैसे पहुँच गई तू? पाँच कोस बाट? झाड़ों झँखाड़ों में से?

(ख़ुशिया आता है)

ख़ुशिया : बचनी! पुत्र, तू कैसे आ गई? सुख है? **(गले लग कर रोती है)** बस कर, मुन्नी·· ओ बस भी कर·· धनी राम?

क़ाबल : रूठ कर आई लगे, माँ की लाडली। पैदल चल के।

ख़ुशिया : क्यों? रूठकर क्यों आना? बैठ खटिया पर। ढंग से बात बता।

क़ाबल : उजाड़ों में से अकेली चलकर आई।

ख़ुशिया : अकेली? ऐसे ही? कंठहार पहने?

क़ाबल : और क्या?

ख़ुशिया : कंठहार तुम्हें उन्होंने दिया? कि अपने आप निकाल कर ले आई?

क़ाबल : चानण क्या कहता? गया नहीं तू?

ख़ुशिया : कहना साले ने। इधर ही मिल गया, पोखर पर। दातुन काटता। साफ ही मुकर गया।—तेरे ससुर को पता है कंठहार के बारे में?

क़ाबल : अगर राह में, थप्पड़ मार कर, छीन लेता कोई? दूसरों की हज़ारों की रक़म होती कि न, हमारे सिर?

(धंतो आती है। लकड़ियों का गट्ठा गिराती है। बचनी गले लग

कर रुदन करती है)

धंतो : बचनी!

बचनी : री मेरी अमड़िये! तूने मुझे कौन से कसाइयों के लड़ लगाया!

धंतो : बस, पुत।

बचनी : तू ने मुझे कौन से बलोचों के पल्ले डाला!

ख़ुशिया : देख, है हटी! बैठ जा, तुझे कहा।

धंतो : पुत्र, क्या हुआ?

क़ाबल : लड़के आई है।

धंतो : यह क्या? निशान पड़े तेरे तो। पीटा तुम्हें? देख, क़ाबल। **(पीठ छूती है। बचनी 'हाई' करती है)** क्या हाल किया मेरी बेटी का। पीट पीट कर।

बचनी : घर से निकाल दिया मुझे।

धंतो : वो क्यों?

ख़ुशिया : धनी राम ने?

धंतो : ससुर अपने को नहीं बताया तूने?

ख़ुशिया : वजह क्या?

बचनी : कहता है, स्कूटर तो कम से कम चाहिए था। सालों ने साइकल तक नहीं दिया।

धंतो : है कँजर का पुत्र।

क़ाबल : कौमरेड कहलावे अभी। ग़रीबों से दहेज निकलवाता है।

ख़ुशिया : स्कूटर लेकर उसने कौन सा विलायत जाना है। हट्टी बैठना है।

क़ाबल : आप क्या है वो? चवन्नी की पुड़ियाँ नहीं बिकतीं। वैद्यों को पूछता कौन है, आजकल?

धंतो : नांह, स्कूटर से दवाई घोटेगा, हरामज़ादा?

बचनी : **(रोना रोकती)** कहे, मुझे नहीं अच्छी लगती। जा, माँ-बाप को कह, कहीं और जगह ब्याह दें। मेरा पल्ला छोड़।

धंतो : है कुत्ते का हाड़!

बचनी : कहे, धेले की लड़की नहीं—जिस के गले में, मेरे बाप ने, पाँच हज़ार का कँठहार बाँध दिया।

ख़ुशिया : अच्छा, ला। खोल। संभाल के रखूँ मैं। रकम न पड़ जाए, हमारे गले में। **(कँठहार देती है)** महीना भर ठहर यहाँ। आम कमा बल्कि। हमें भी ज़रूरत थी। मैं लगा ही था संदेश भेजने आज। तेरे मौसा के हाथ। महीना मेहनत है, बाग की। चल घर, रोटी टूक खा।

धंतो : पकड़ा मैं अंदर रखूँ। घर जाके। सोने का काम है।

ख़ुशिया : रहने दे तू। मैं आप संभाल लूँगा।

क़ाबल : तू आ क्यों गई? पूछा नहीं तूने? ब्याहने क्यों चढ़ कर आ गए थे? बाईस गाँव को लेकर।

ख़ुशिया : किरपा राम को नहीं कहा तूने?

बचनी : वो सुनता है कोई बाप की? फिर बुढ़ा तो कान लपेटकर बाहर चला जाता हे। खरबूज़ों की बेलों में सोता है। एक दिन मैं ने डरती डरती ने बताया। मैं बोली, बापू, तेरा पुत्र मुझे ढंग से नहीं बुलाता।—कहता, मुन्नी, अब तुम आप ही संभालो। मेरा कोई दख़ल नहीं।

धंतो : भई, आ लेने दे सीबे को।—लौटा नहीं बाहर से?—बिचोलिया बनता था, उछल उछल कर। वो झाड़ डालूँगी मैं। ढूँढकर दिए हमें, रिश्तेदार। जून गला दी मेरी बेटी की।

क़ाबल : तू ही टपूसियाँ मारती फिर रही थी, सीबे के पीछे। उसे क्या लोगों की बेटी बहनों से? चाहे बसें, चाहे न बसें। छड़ा छड़ाँट। न काटड़ी, न बछड़ी।

ख़ुशिया : **(इधर उधर देखकर)** गुस्से में मत बोल, ओए। सुन न ले।—कहीं घर तो नहीं चला गया सीधा? चाय वाय का मारा?

बचनी : घर से तो मैं चली आ रही हूँ। वहाँ कहाँ?

क़ाबल : किसी दूसरे के बैठ गया होगा, मुहल्ले में। खाने का कुत्ता है।

धंतो : देख, है हटा, भौंकने से।

बचनी : एक दिन आया था। मैं ने कहा, मौसा, तंग करे बहुत। बोला : ताबीज़ दे जाऊँगा मैं। गले में डाल लेना। हट जाएगा, मारने पीटने से।

ख़ुशिया : फिर दे गया ताबीज़?

बचनी : दे न गया, मुंडी अपनी! मुड़ कर पैर नहीं रखा मेरे आँगन।

क़ाबल : किस के पीछे लगते हैं! चालबाज़ के। अगर सीबा इतना बड़ा टोनेबाज़ है, तो अपनी ज़नानी क्यों मरने दी? बचा लेता, माँ अपनी को।

ख़ुशिया : न बोल, ओए। उजाड़ेगा हमें? दीन दुनियाँ से?

धंतो : मरने पर बस है? मरी बहन मेरी तो अपनी आई पर मरी। बहनोई मेरे का क्या दोष इसमें?

ख़ुशिया : यों कहते ही हैं लोग। आप ही मारी जोरू। टोना उलटा पड़ गया कहीं। नहीं बचा सका। मर गई।

धंतो : कौन सा कँजर बताए तुम्हें? उसे मैं पूछती हूँ।

क़ाबल : धागे ताबीज़ों से घर बसने लगें, तो मैं कहता हूँ, ज़मीन आसमान एक न हो जाएँ। सीबा नहीं तेरा, रब्ब हो गया।

बचनी : रात को मार-मार कर हड्डियाँ तोड़ दीं।

धंतो : आए सही एक बार यहाँ। उसको मैं सीधा करूँगी। वैद्यों हकीमों के कुलगते को।

क़ाबल : **(मख़ौल उड़ाता)** कौमरेड धनी राम 'विद्रोही'! शायर बने। कवीशर बने। गीत लिखे। ज़ोर जुल्म के ख़िलाफ! रजवाड़ों के ख़िलाफ!

धंतो : कवीशरी उसकी को फूँकना है हमें? जब लड़की हमारी को पीटता है।

बचनी : इसी कवीशरी का तो उठाया हुआ रहता है। यों ही, एक गीत छप गया कहीं अख़बार में। **(जेब से निकाल कर क़ाबल को पकड़ाती है)** पता नहीं किस कँजर ने छाप दिया। सारे गाँव में शोर मचा दिया। घर-घर बताता फिरे। और मेरी पसली तोड़ दीं। कहता, शायर की बीवी सुंदर होनी चाहिए थी। जो साथ चलती हुई अच्छी भी लगे।

धंतो : लो, बताओ। नांह, मेरी बेटी को कीड़े पड़े हैं? मुँह मड़ँगा ऐन मेरे पर है।

क़ाबल : आप साला क्या है? थूथना ऐसे, जैसे, जोहड़ में, तरबूज़ का खप्पर तैर रहा हो।

बचनी : कहता है, शायर की पत्नी पढ़ी लिखी चाहिए।

ख़ुशिया : आप छः साल में दसवीं नहीं पास कर सका।

क़ाबल : नक़ल भी नहीं मारनी आती। पहले पेपर वाले दिन ही पकड़ लिया, सुपरडंट ने। तीन साल मारे गए।

धंतो : मैं भी बाप की बेटी नहीं, जो धनिये कँजर को राह पर न डाल दिया।—तू चुप करके, यहाँ रह। मेरे पास। मैं नहीं जाने दूँगी। बेशक आकर नाक रगड़ें, बाप बेटा।

ख़ुशिया : चल, मुन्नी, रह ले। महीना भर। फिर मैं छोड़ आऊँगा। कुरती टल्ला बनाकर।

धंतो : मैं नहीं भेजूँगी लड़की। क़साइयों के।

क़ाबल : तू लड़की की पाल डालेगी? घर में बिठा कर?

धंतो : मेरी बेटी क्या भूखी बैठी है? मेरे क्या खाने को नहीं? चल, मैं तुम्हें सिखाती हूँ, दाईपना। बहुतेरे बच्चे जन्में हमारे गाँव में।

ख़ुशिया : उलटी मत सिखा लड़की को। बचनी, घर चल। रोटी टूक का

करो। मैं जाकर आप पूछूँगा, तेरे ससुर को।

धंतो : ख़बरदार जो कँजरों के गया। ब्याही। वरी! इतना दिया! घर भर लिया। अभी भूख नहीं मरी।

क़ाबल : तू बता कर भी आई थी?

बचनी : किसको बताती मैं? **(रोती)** दो दिन हुए मुझे, टूक देखे को। पीटता ही रहा।

धंतो : हाय रे मुझे।

ख़ुशिया : गाँव में और कोई बसता रसता है ही नहीं? तेरी ननद है, घर में?

बचनी : ननद राँड के तो झगड़े हैं।

क़ाबल : जो आप नहीं बसी किसी के, उसने तुम्हें क्या बसने देना?

ख़ुशिया : लगती तो बड़ी सीधी सी है।

बचनी : सीधी न सीधी। मक्कार है।

धंतो : मुझे शक है, तुम्हें कुछ खिला दिया, कँजरी ने। किसी चीज़ में डालकर। मसान खिला दिए होंगे।

ख़ुशिया : यह काम मुझे तेरे बहनोई का लगे।

धंतो : दुनिया में और क्या ओझा नहीं है? मेरा बहनोई क्या मेरी बेटी के साथ ऐसा करेगा?

क़ाबल : अगर सीबा तेरा बहनोई है, तो धनी राम का भी मामा लगता है। दोनों पक्षों से चालबाज़ी करने वाला बंदा है, सीबा।

बचनी : यों गुस्सा बड़ा किया मौसा ने, जब भाभी और वीरा ख़ानक़ाह छोड़ कर आ गए।

ख़ुशिया : बदला निकाला हो शायद, हम पर।

धंतो : नौगज्जे साईं के रोट चढ़ाना कल। जुमे वाले दिन।

ख़ुशिया : क्या गृहस्थ है। बैठे सोये मुसीबतें आती हैं।

धंतो : काहे की मुसीबत है तुम्हें? मेरी बेटी मेरे पास रहेगी। मैं कमाऊँगी। कई सूतक होने वाले हैं, गाँव में।

क़ाबल : अभी जीजा साब मुझे नौकरी देते थे! कहने लगा—ईंटें गारा ढोने से क्या बनता है? मेरा कंपोडर लग जा।

बचनी : देख तो, कंपोडर रखे! कहें, घर दाना नहीं, और अम्मा पीसने गई!

ख़ुशिया : पढ़ तो क्या लिखा है।

क़ाबल : **(अख़बार से)**—

उठो गरीबो, हो इकट्ठे, भिड़ जाओ साथ अमीरों के।
माँगे हक़्क़ न कोई देता, हक़्क़ हैं सब शमशीरों के।
क़िस्मत अपनी आप बनाओ, मालिक बन तदबीरों के।

कम्मियों बाँधो सिर पर कफन, छोड़ों राह फक़ीरों के।।

खुशिया : गीत तो अच्छा है।

बचनी : कवीशरी तो सुंदर करता है। **(अख़बार लेती है)**

क़ाबल : **(अँगोछा उठाकर)** मैं नहा कर घर को आता हूँ। रोटी पकाओ। **(जाता है)**

खुशिया : मेरी चाय रोटी यहाँ भेज दो। सीबे की भी बेशक यहीं ले आना। **(दूर देख कर)** वो कंकर मार रहा है कोई? **(ऊँचे)** ठहरो ज़रा। तुम्हें मैं आम तुड़ाऊँ।

(साइकल पकड़े रछपाल सिंह आता है)

रछपाल : पढ़ने वाले लड़के हैं।

धंतो : लगा के आ, दो दो। कँजरों के।

खुशिया : ऐसे ही, तू उधर से होकर निकल जा।

धंतो : तुम्हें मैं बंदे बनाती हूँ! हरामज़ादो! **(जाती है)**

रछपाल : किया इंतज़ाम? कि बग्गू को कहूँ?

खुशिया : बैठ जा। करता हूँ बात।

रछपाल : बचनो!

बचनी : रामसत, वीरा।

रछपाल : राम सत, मुन्नी। कब आई?

बचनी : चली आ रही हूँ।

खुशिया : देख, है हटे, साले। **(ऊँचे)** ओए! टलना नहीं तुमने? चमड़ी उतार दूँगा मैं।—इन नंबरदारों के छोकरों ने बड़ा दुखी किया। कच्ची अंबियाँ। तोड़ तोड़ कर गँवाये जा रहे हैं। पकी हों तो भी कहें।

बचनी : भाभी राज़ी?

रछपाल : राज़ी है।

बचनी : भूरी भैंस ने क्या दिया?

रछपाल : कटड़ी। पाँच कल्याणी।

बचनी : मुन्ना बोलने लग पड़ा?

रछपाल : अभी कहाँ।—मुझे देर हो रही, खुशिया।

खुशिया : बचनी, बालटी ला एक, ठंडे पानी की। बेला सिंह के नलके से। **(जाती है)**

रछपाल : निकाल।

खुशिया : भैया, क्या करूँ। दिया नहीं किसी ने।

रछपाल : यह कंठहार किसका? बचनो का?

खुशिया : बात न करना किसी से। अगर ससुराल वालों को पता लग गया,

वो लड़की को छोड़ देंगे। पहले ही दुखी कर रहे हैं।

रछपाल : मुझे तो नक़द दे तू। ग्यारह सौ।

खुशिया : मौक़ा निकालने की बात कर। ले पकड़। नंतराम सराफ के पास गिरवी रख दे। महीना नहीं पड़ने दूँगा मैं। सूद दे कर छुड़ा लूँगा।

रछपाल : (**पकड़ कर**) तू आजा साथ, शहर। आप ही कर ले बात, नंतराम से।

खुशिया : चल अब मैं क्या करूँगा, शहर?

रछपाल : हरिये को ले लूँ साथ? अगर मिल पड़ा अड्डे पर?

खुशिया : नांह! कंठहार के बारे में मत बताना। वैसे मिला तो कहना, छिंदे को लेकर चिंती आ जाए। दो चार दिन। आम चूस जाए।

रछपाल : मढ़ी वाला ही है न गोशा तेरा? मसान गुज़र कर?

खुशिया : हाँ। कैसे है? मारी नज़र? मक्का उठा कि नहीं?

रछपाल : मक्का तेरा राख उठेगा?

खुशिया : क्यों?

रछपाल : बित्ता बित्ता मक्का। और घुटने घुटने बीच में डीला उगा है। वरू खड़ा। दिखता भी नहीं घास बूट में। गुड़ाई कर जल्दी। नहीं तो मामला भी नहीं पूरा होगा।

खुशिया : किधर किधर हो बंदा?

रछपाल : कुतड़ा-कीड़ा भी बहुत है। भरा पड़ा खेत। न बचाव किया, तो कुतड़ा खा जाएगा सब। और छब्बीस जगह पर चूहों ने बिल खोदी हुई हैं। तीन चार भौण हैं, च्योंटियों के।

खुशिया : ओ तेरे की!

रछपाल : कल जा, खेत ठीक कर। क़ाबल को बैठा बाग में।

खुशिया : क़ाबल को भी ले जाएगा आज, उसका मौसा।

रछपाल : मक्का मरे हुओं का सिर काटेगा, फिर तू?—सोच ले, भई, लड़की का गहना है। ससुराल वालों का। बुरी भली हुई बचनी संग, तो मुझे उलाहना मत देना।

खुशिया : ले जा तू। देखी जाएगी, जो होगी।

(ऐनक लगाए, सोटा घिसटता ढेरा सिंह आता है)

रछपाल : तेरी मरज़ी। आ, मिस्त्री। किधर की चढ़ाई की है?

ढेरा सिंह : रछपाल सिंह? सुना, कैसे हो? दूध देकर आया शहर?

रछपाल : चला हूँ अभी तो।

खुशिया : बैठ जा, ढेरा सिंह।

ढेरा : हरनामो कह रही थी कल, कूप बाँधेगा तू उसका?

रछपाल : हाँ।

ढेरा : कहाँ? सुआँजने के पेड़ के पास? वहाँ तो, रछपाल सिंह, गीला बहुत है। जोहड़ की सेम भूसा गला देगी।

ख़ुशिया : कूप दूसरी तरफ रखो, चढ़ते किनारे।—दस एक बरस हुए, सूबेदारनी के ससुर ने वहाँ कूप बाँधा था।

ढेरा : हाँ-हाँ! निरंजन सिंह ने बाँधा था।

ख़ुशिया : आधा भूसा गला हुआ निकला।

ढेरा : आधा क्या, सारा समझ तू।

रछपाल : अच्छा, देखते हैं। चंगा, ख़ुशिया, नंतराम को देकर, मैं मिलता हूँ तुम्हें।

(जाता है बचनी पानी लेकर आती है)

बचनी : ताऊ, राम सत।

ढेरा : बिटिया, कौन है? बच्चो? ओ तेरा भला हो जाए। **(सिर पर हाथ धर के)** मुन्नी, तगड़ी रही?

बचनी : जुगिंदरो नहीं आई मुड़ के?

ढेरा : कहाँ आई, बेचारी। बल्कि छे संदेशे भेजे मैंने। मिल जा आकर। सास ससुर आने ही नहीं देते।

ख़ुशिया : काम चल रहा है अगलों का। शहर की बात है। आजकल, कुर्सियों मेज़ों के बग़ैर, पलँगों के बग़ैर, कौन ब्याह करता है। तेरे जमाई का काम तगड़ा है।—जा, लड़की। रोटी टूक खा। **(जाती है)**

ढेरा : काम करके ही है न। बेटी मेरी मिलने से भी गई। क्या करना, ख़ुशिया राम, बहुत पैसे को। मैं गया दुकान पर। सुन। मेरे जमाई को, और समधी को, बात करने का वक़्त नहीं मिला।

ख़ुशिया : शहरों में ऐसे ही होवे। दुकानदारी जो हुई।

(जूता मरम्मत करता है)

ढेरा : लोभ भी बुरा साला। पैसा तो बंदे को जीने योग्य नहीं छोड़ता।

ख़ुशिया : पेट की ख़ातिर करना पड़ता है, गुरभाई।

ढेरा : पेट की भी बात नहीं, ख़ुशिया। पेट के लिए काफी है कइयों के पास। पर लोभ से हटा नहीं जाता। मेरे समधी के दो-दो मकान हैं, करतारपुर। गाँव में ज़मीन है। अकेला पुत्र। एक ही बेटी। ब्याही वरी। ससुरों को रोटी खाने की छुट्टी नहीं।

ख़ुशिया : जमाई की तो निंदा करे तू। अपने पुत्रों की बात कर।

ढेरा : ओ भैया, यही तो रोना है। मैंने दोनों लड़कों की मिन्नतें की। जुगिंदरों के ब्याह पर आए जब। मैं ने कहा, बेटा, बहुतेरा अपने

गाँव में ही अब। न जाओ कलकत्ते। यहाँ लगा लो आरा। फिरनी सड़क के ऊपर। अभी बड़े का दिल करता था, राम सिंह का। छोटा नहीं माना। बहुएँ भी नहीं मानी।

ख़ुशिया : न, भई। तेरे पुत्र बड़ा प्यार करें तुम से। कहा मानने वाले हैं। मेरी तरह नहीं।

ढेरा : यों तो नहीं बुरे। पर यह साला लोभ ले बैठा। गाँव को मुड़ना नहीं चाहते।

ख़ुशिया : ग़रीबी भी तेरी उन्होंने उठाई। देख तो, कैसे महल खड़े कर दिए तेरी सरकंडे की झुग्गी की जगह। क़र्ज़े भी उतर गए तेरे।

ढेरा : महल तो ठीक खड़े हो गए। पर हैं कबूतरों की बीठों के लिए। इस उम्र में मैं गलियों में धक्के खा रहा हूँ। परायों से रोटी पकवाता हूँ।

ख़ुशिया : यह तो सच है, मिस्त्री। औलाद की ज़रूरत बुढ़ापे में पड़ती है।

ढेरा : लिखा तो है मैंने, आ जाओ गाँव।

ख़ुशिया : लहू मुँह को लग जाए, तो नहीं हटा जाता।

ढेरा : शहरों की ज़्यादा कमाई को क्या करना? कुएँ की मिट्टी कुएँ को लग जाती है। कलकत्ते में महँगाई ज़्यादा है। मकानों के किराये बड़े। तंग, बिलों जैसे मकान। ले भई, सारे शहर में, मुझे नसवार लेने लायक हरा पत्ता नहीं दिखा। गाँव तो स्वर्ग है। फिर हमारा देस दुआबा! कोई रीस है? यह तेरी झोंपड़ी! आमों की छाया तले! कलकत्ते में किसी राजा महाराजा को भी यह मौज नसीब नहीं होती।

ख़ुशिया : रिज़क़ ले जाता है, शहरों को। देहात में भी भाँग भुनती है।

ढेरा : हाँ, भई। हरिया कहता था, मैं पुड़ियाँ भेजूँगा। कहे, ताऊ, घुटनों की दर्दें सात दिनों में उड़ंतर। लौट कर पता नहीं दिया।

ख़ुशिया : हटी नहीं तेरी दर्दें? हमारे जमाई की पुड़ियों से?

ढेरा : नहीं, भई। करेगा तो तू गुस्सा। तेरे जमाई को बीमारी की समझ सुमझ कुछ नहीं। तंग होकर मैंने बाट काटी। रत्ती फायदा नहीं।

ख़ुशिया : सीख लेगा आप ही, धीरे-धीरे।

ढेरा : मेरे से उठा नहीं जाता। बढ़ई के काम में यही ख़राबी है। बैठक का काम। घुटने जुड़ गए।

ख़ुशिया : अब तू ने किस लिए कँजरखाना डाला हुआ? बंद कर। अच्छे पैसे भेज रहे लड़के।

ढेरा : पैसों के लिए नहीं, ख़ुशिया। साला निठल्ले का दिहाड़ा नहीं बीतता। कभी हट्टी बैठ, कभी भट्टी बैठ। यों ही मैं औज़ार लेकर

बैठ जाता हूँ। शुग़ल करने। किसी का भला ही हो जावे। तेरे जैसे का।

खुशिया : यों कह, तमा नहीं मरी तेरी। आग लगी रहे तेरे।

ढेरा : नहीं, यारा। तमा नहीं। कल की सुन ले। बंती झीमरी ने चरखा भेज दिया। कहे, मुन्ना गाड़ दे।

खुशिया : **(हँसकर)** बंती का मुन्ना तो ज़रूर गाड़ना था तूने। जवानी के वक़्त की यारी जो निभानी हुई।

ढेरा : यारी ने तो खाई कढ़ी। पोता उसका, कहता, बाबा, गुल्ली धड़ दे। वो घड़ के हटा, बलदेव सिंह आ गया। मथनी लेकर। दिन का पता नहीं चला, किधर गया।

खुशिया : तीर्थ यात्रा कर आ। गंगा नहा आ।

ढेरा : जाना ही है गंगा, एक दिन, सारों ने।—ले सच, रछपाल सिंह चला गया। मैं ने बात करनी थी तुम्हारे साथ।

खुशिया : कैसी?

ढेरा : कहते हैं, महाराज गुज़रेंगे इधर से। कारों पर। गर्मियाँ काटने पहाड़ जा रहे हैं।

खुशिया : किस दिन निकलेंगे?

ढेरा : चौथे को।

खुशिया : अच्छा? बड़ी खुशी की बात है यह तो। हरनामो ने जिक्र ही नहीं किया।

ढेरा : उसको मैं चला हूँ बताने। दर्शन करने चलना है पूरे गाँव ने।

खुशिया : ज़रूर चलेंगे। है! महाराज के वचन नहीं सुनने? मैं अभी संदेश भेजता हूँ, मुहल्ले में!

ढेरा : महाराज की सवारी फलेवाली में से निकलेगी। वहाँ सेवा सिंह सरपंच ने महाराज को रुकने की अरदास की है। कुल संगत, सब देहात से, वहाँ इकट्ठी हो। सतसंग भवन में।

खुशिया : धन्य भाग्य! आप भगवान चींटी के घर आ रहे हैं कि नहीं? मैं पहले ही सोच रहा था, महाराज के दर्शन करने की। पर कहाँ निकल होवे, घरों से।

ढेरा : मुझे भी अभी बता कर गया, सेवा सिंह का लड़का। मैंने सोचा, तुम्हें ख़बर करूँ।

खुशिया : तू जानता है, ढेरा सिंह। साले बसों के किराये बहुत बढ़ गए हैं। दरबार साहिब जाने के, भैया, पैसे जोड़ने ही मुश्किल होवें।

ढेरा : धंतो कहती थी, पोते का माथा टिकाना है। नज़दीक ही काम बन

गया। चिंती और हरिये को संदेश भेज। आ जायें।

खुशिया : उनको पता लग गया होगा। शहरों में तो, हरिया कहे, पहले ही परचे लग जाते हैं। दीवारों पर।

ढेरा : हाँ। महाराज की सवारी निकलनी हो, तो सारे ज़िले में ख़बर हो जाती है। अख़बारों में छपा देते हैं परोगराम।—ओ हाँ, भई। एक बड़ी नाराज़गी है तेरे साथ।

खुशिया : कौन सी?

ढेरा : नाम ले लिया उस वक़्त तू ने। मेरे साथ। महाराज से। अभी भी तू नौगज्जे की मानता करता है।

खुशिया : बुजुर्ग था नौगज्जा भी। पीर फक़ीर। लाखों का दाता। चिराग़ जला भी दिया अगर, जुमे के जुमे, तो कौन सा पाप चढ़ गया? हमारे सिर?

ढेरा : देख, है बावला! महाराज कहें, क़ब्रें मत पूजो।

खुशिया : उन के डेरे में, पहले महाराजों की समाधियाँ भी तो बनी हैं। वहाँ बिजली के लट्टू जलाते हैं कि नहीं?

ढेरा : मानना मत किसी की।—पर एक बड़ा जुल्म करने लगा है तू।

खुशिया : कौन सा?

ढेरा : क़ाबल रो रहा था कल, मेरे पास। कहे, ताऊ, तू समझा बापू को। —जब लड़के की रूह नहीं मानती, तू क्यों बनाए उसे, सीबे का चेला? जबरन?

खुशिया : मन्नत जो पूरी करनी है।

ढेरा : लड़के की बलि देकर? छोड़, यार।

खुशिया : दानव है नौगज्जा।

ढेरा : कुछ नहीं बिगाड़ता तेरा नौगज्जा। और साथ में सीबा। न दुखी कर, बेटे को।

खुशिया : यह बात छोड़। बता, देना दिलाना क्या है?

ढेरा : किस को?

खुशिया : महाराज को।

ढेरा : अगर देना ही है—

खुशिया : अगर का क्या मतलब, भई? देना नहीं?

ढेरा : सलाह कर लो।

खुशिया : अपने गाँव से कम से कम ग्यारह सौ चाहिए।

ढेरा : इतना? यह ज़्यादा है, खुशीराम।

खुशिया : तू ग़रीब है?

ढेरा : मेरी बात नहीं। मेरे हिस्से जो आएगा, मैं दे दूँगा। बाकियों की सोच तू।

खुशिया : और क्या महाराज को मसख़री करनी है? थैली भेंट करनी है तो ढंग से करो।

ढेरा : (उठ कर) आते जाते को ताकीद करना। हुम हुमा कर पहुँचें, दर्शनों को।

खुशिया : **(दो आम देकर)** पकड़। अमरस बनाना।

ढेरा : रहने दे। अकेला हूँ मैं।

खुशिया : गोला है, टीले पर का। अमरस पी कर नींद भी वो गहरी आएगी, भई, स्वर्गों के हिलोरे लेगा।

ढेरा : चंगा, तेरी मरज़ी। **(जाता है)**

(खुशिया गाता है, ''अंबियों को तरसेगी, जब छोड़ गई देस दुआबा।'' हथौड़े से चमड़ा पीटता है। धनीराम आता है। साइकल खड़ा करता है। मुँह फक, परेशान। खुशिया जान कर, बेध्यान बना बैठा रहता है)

धनीराम : पैर पड़ता हूँ, बापू।

खुशिया : धनी राम! राज़ी रह, बेटा। बैठ जा। बचनी भी आई साथ?

धनीराम : बचनी?

खुशिया : राज़ी खुशी थी?

धनीराम : यहाँ नहीं पहुँची?

खुशिया : कब?

धनीराम : आज सवेरे।

खुशिया : साइकल पर तो तू अब पहुँचा है। तेरे साथ ही आना था उसने?

धनीराम : मेरे आगे आगे आई होगी?

खुशिया : वो क्या ज़हाज़ पर उड़के आ गई?

धनीराम : गाँव में देख के आऊँ मैं? शायद घर पहुँच गई हो।

खुशिया : ओए, तू कहीं मार के तो नहीं फेंक आया, मेरी बेटी को?

धनीराम : मैं तो—

खुशिया : कुएँ में धक्का दे दिया होगा तूने?

धनीराम : यों ही? मैं सीधा चला आ रहा हूँ गाँव से।

खुशिया : मारा पीटा, लड़की को, तुम ने?

धनीराम : पीटा कहाँ? अच्छी भली सोई रात को। सवेरे उठ कर देखा। दिखी नहीं कहीं। पैसा धेला भी कोई नहीं खीसे में। कंठहार ज़रूर था गले में।

खुशिया : घर से निकाल दी?

धनीराम : हम ने तो सोचा यहाँ आई होगी।

खुशिया : यहाँ ख़ामख़ा आएगी? झूठ बोल रहा है तू। बचनी को क़त्ल करके खड्ड में फेंक आया तू।

धनीराम : नहीं, बापू।

खुशिया : यह देख लेना, साले। मैं ज़िंदा नहीं पहुँचने दूँगा, गाँव। अभी बंदे इकट्ठे कर लूँगा मैं। पूरा खिच्चीपुर जाएगा बँधा थाने। सच्ची सच्ची बता दे।

धनीराम : मारा पीटा तो मैं ने है नहीं। बचनी, लगता है, घर से सवेरे उठ क, कहीं चली गई।

खुशिया : अगर पीटा नहीं, तो उसका क्या सिर फिर गया? घर छोड़ने को? तू ने कुछ कहा ही होगा?

धनीराम : रात ज़रा सी मेरे से झिड़क हो गई।

खुशिया : क्यों?

धनीराम : बात तो मामूली थी।

खुशिया : फिर भी?

धनीराम : मेरी एक ग़ज़ल छपी है, अख़बार में।

खुशिया : गज़ल?

धनीराम : कविता··· गीत।

खुशिया : गीत छप गया, तो तूने कौन सा बजवाड़े का किला सर कर लिया! तू बेटी मार डालेगा हमारी? गीत के पीछे?

धनीराम : मेरे दोस्त बधाई देने आए। कहते, विद्रोही जी, यह ग़ज़ल तो पंजाब में इन्क़लाब ला देगी। रजवाड़ों को जड़ से उखाड़ देगी। चिड़ियों को बाज़ों संग भिड़ा देगी।

खुशिया : गीत लिखा है तू ने कि ऐटम बम बनाया?

धनीराम : दोस्त शुग़ल करने लग पड़े। मैं कह बैठा, पति इतना महान शायर है पर वाइफ को दवात में से पैन भरने की जाँच नहीं। बचनी गुस्सा कर गई। घर से निकल गई।

खुशिया : सब तेरी पौलसियाँ हैं। लड़की को जान से मार दिया तुम ने। ज़हर की पुड़ी देकर।

धनीराम : पिंगल की सौगंध लगे मुझे। उस्ताद की क़सम।

खुशिया : मैं अभी बुलाता हूँ, नंबरदार को। सीधा थाने ले जाएँगे।

धनीराम : कैसे ले जाएगा तू थाने?

खुशिया : (ऊँचा) बेटी ढूँढ़ के दे मेरी। कँजर के हाड! तुम्हें मैं कबीशर

बनाता हूँ।

धनीराम : सहज से बात कर। यों ही सुने कोई, आता जाता। क्या कहेगा?

खुशिया : सहज से बात करूँ मैं तेरी—अब क्या कहलावे मेरे मुँह से। बता। क़त्ल करके कहाँ दबाई है, बचनी?

धनीराम : मैं बल्कि बड़े नंगल भी गया। मामा सीबा, कहें, यहाँ आया है।

खुशिया : मामा भानजा, दोनों को सीधे करूँगा मैं।

धनीराम : शायद रास्ते में आ रही हो। मैं मुड़कर जाता हूँ गाँव को। **(साइकल जल्दी से पकड़ता है)**

खुशिया : रुक जा, ओए। ठहर ज़रा। **(ऊँचा)** क़ाबल! भाग ज़रा! नंबरदार को बुला!

(धनीराम दौड़ता है। क़ाबल गीला अँगोछा कँधे पर रखे आता है। आधा खाया आम हाथ में)

क़ाबल : ऐसे भागा, जैसे, धनुष से कौआ भागता है। क्या कहा तूने?

खुशिया : पक्का है? जुड़वाँ छल्ली का?

क़ाबल : बताशा।

खुशिया : पहला आम नौगज्जे के चढ़ाना था। तू ने मुँह क्यों मार लिया? सब्र कर दो दिन। चूस लेना जितने मरजी।

क़ाबल : कोयल पाद मारा है। गदराया था। लू लगी हुई। गिरते ही, कौऐ ने चोंच मार दी।

(बचनी रोटी चाय लेकर आती है)

बचनी : क़ाबल, दौड़! आवाज़ मार उसको।

खुशिया : जा लेने दे, कँजर के पूत को। **(रोटी पकड़ कर खाने बैठता है)**

बचनी : क्या कहता था?

क़ाबल : बताया नहीं तू ने?—पहुँच गई यहाँ।

खुशिया : किस लिए बताना?

क़ाबल : **(हँसकर)** ख़्वार होता फिरेगा।

खुशिया : हो फिर ख़्वार।

बचनी : **(रोने को)** झूठ क्यों बोला तू ने?

क़ाबल : तो तू क्यों आ गई यहाँ? बग़ैर बताये?

बचनी : क्यों? आना नहीं? मेरा घर नहीं? मेरे माँ-बाप नहीं?

क़ाबल : कितने घर बसायेगी तू? ब्याह हो गया, ससुराल जा के मर।

बचनी : तेरी कमाई नहीं मैं खाती। सुना मेरे से? अभी अपने बाप का खाती हूँ।

क़ाबल : बाप की कमाई भी बस! कूप बाँध ले, रुपयों का।

बचनी : जोरू आएगी तेरी, तो कहना। अभी तो माँ-बाप ज़िंदा हैं मेरे।

क़ाबल : जोरू का इसमें क्या सवाल है? तू अब अपने ख़सम के बस।

बचनी : देख ले, बापू। **(विलाप करती)** कहीं शरण नहीं, मुझ करमों मारी को!

ख़ुशिया : हट, ओए। क्यों बोले जाये? ख़ामख़ा? पकड़, रोटी खा।

बचनी : तू बहुत कमावे? चिड़ियाँ बना कर बालों की, कभी इस गली, कभी उस गली।

काबल : तू कम बनाती थी, चिड़ियाँ? लगी है मुझे सीख देने। **(रोटी खाता है। धंतो आती है)**

ख़ुशिया : है रुकता।

धंतो : जा, लड़की। सूबेदारनी बुलावे तुम्हें। कहे, सत्संग पर आया कर।

बचनी : अगर मुड़के आ गया? मुझे लेने?

धंतो : धनी आया था?

ख़ुशिया : आ गया तो देखी जाएगी। जाया कर, सत्संग। शब्द गा। दिल दूसरी तरफ लगेगा।—तू तो नींदें उतार रही थी?

धंतो : सोने किस कँजर ने दिया। आँखें मीची थी अभी। शाहों की लड़की आ गई, दौड़ी। कहती, दर्दें नहीं रुकती। भाभी का पेट मल जा।— दाईपने में यही सियापा। कमर नहीं सीधी की, रात की।

बचनी : विद्रोही साब आये थे यहाँ।

धंतो : कौन?

बचनी : तेरा जमाई।

धंतो : गया कहाँ?

बचनी : बापू ने मोड़ दिया।

धंतो : तू ने मुझे नहीं बुलाया? मैं वो झाड़ झँब करती।

क़ाबल : ढूँढ़ता फिर रहा है। बापू ने बताया ही नहीं।

धंतो : चंगा। मामा घूमे फिरे।

बचनी : बदले तो मेरे हाड़ों से निकालेगा, जब मौक़ा लगेगा।

धंतो : जूते न मारूँ मैं, पानी में भिगो भिगो कर। आये तो सही मुड़के।— तूने जाने क्यों दिया? मैं सौ मार के एक गिनती।

क़ाबल : उस वक़्त, उछलती न हटे। **(नक़ल लगा कर)** बोले, मेरे बहनोई ने रिश्तेदार बनाए, बल्ले बल्ले!

ख़ुशिया : सीबे का बेड़ा बैठा। नहीं तो मैं ने खिच्चीपुर रिश्ता करना ही नहीं था। खिच्चीपुरिये कोई आदमी हैं?

बचनी : **(कान में)** चुप कर, बापू। मौसा आ रहा है।

(सब चुप। ख़ुशिया सहम जाता है। सीबे के हाथ में डंडा, लोटा। मंच को माथा टेककर बैठता है)

सीबा : नौगज्जे साईं, सुख बरताईं।—लड़की, तू कब आई?

धंतो : डँडों से पीटी। तीन दिन की भूखी।

ख़ुशिया : तू कहाँ रहा? तड़के का?

बचनी : रोटी पकड़ाऊँ? साथ चाय पी ले।

सीबा : चाय वाय तो मैं ने पी ली।

ख़ुशिया : किस के?

सीबा : शेरू की बहू है न? ऊपर के मुहल्ले? पुरखोवाल मायके जिसके?

क़ाबल : पुन्नां?

सीबा : हाँ, विधवा है जो। कहती, साईं जी, भैंस नहीं खड़ी होती। धूप को फूँक मार दो। मेरे नहाते नहाते, बालटी दोह ली उसने।—फिर कहती, परशादा छक लो।

धंतो : पीट-पीट कर मेरी बेटी का ईंधन बना दिया। कँजर के लगते ने।

सीबा : बता कर आई हो?

ख़ुशिया : बताना किसको?

सीबा : यह खरी अक्ल तेरी? बताना क्यों नहीं? जा ओए, क़ाबल, साइकल पकड़, किसी से। लड़की को बैठा पीछे। छोड़ कर आ। ख़ामख़ा फिक्र करेंगे, मेरा बहनोई और भानजा।

धंतो : मैं नहीं भेजूँगी लड़की, ऐसे।

ख़ुशिया : **(हुक्का पकड़ कर)** यहाँ आया था।

बचनी : बापू ने बताया ही नहीं। मेरे बारे में। झूठ बोल कर, मोड़ दिया।

सीबा : क्यों? है मूर्ख!

ख़ुशिया : उन्होंने थोड़ी की हमारी बेटी के साथ?

बचनी : माँ, मुझे तुम छोड़ आओ।

क़ाबल : **(आम उछालता)** बंदरी की तरह! झट मायके, झट ससुराल!

ख़ुशिया : **(झपट्टा मार कर)** हट ओए! आम नहीं उछालते। आँधी आ जाएगी। बाग उजड़ जाएगा।

सीबा : जा, मुन्नी। लड़ाई को बढ़ाते नहीं। अभी तू ने कौन से बरस बिताये हैं, लड़के संग। समझ जाएगा, आप ही। चल, क़ाबल। और फिर लौट के आ, फटाफट। नहलाकर, धूप देवें। और पगड़ी बाँधें तेरे। नौगज्जे की हाज़िरी हुजूरी क़बूल कर आज।

बचनी : कंठहार दे, बापू।

सीबा : साथ लाई थी? है सौदाइन! दे ख़ुशिया।

खुशिया : कंठहार तो··· तू पंद्रह दिन बाद ले जाना। संक्राँति के आगे पीछे। मैं आप आकर पकड़ा जाऊँगा।

धंतो : तू कंठहार पहन कर नाचेगा? मारता नहीं माथे, कँजरों के।

खुशिया : वो ता मुझ से··· गिरवी रख हो गया।

(कई इकट्ठे बोलते हैं)

सीबा : गिरबी?

बचनी : हाय मैं मर गई! **(रोती है)**

क़ाबल : शाबाश!

धंतो : क्या!!!

खुशिया : नंतू सराफ के पास। शहर भेज दिया। आम बिकते ही छुड़ा लाऊँगा।

सीबा : चाँद चढ़ा दिया, धंतो, तेरे आदमी ने।

धंतो : आग लगे तेरे बाग को। मैं तो कहती हूँ, हे नौगज्जा पीर, बुल्ले शाह झुला दे। अंबिया एक न छोड़ना, बूटों पर। मेरी बेटी को बसने लायक नहीं छोड़ा।

खुशिया : तीन हज़ार बचेगा।

सीबा : खड़ी फसल का क्या विश्वास? एक आँधी आ गई, आधे झड़ जायेंगे।

धंतो : छोलिया के दानों के समान हैं अंबियाँ अभी, नाले के किनारे वाले पेड़ों को।

सीबा : बौर ही समझ।

खुशिया : पाव पाव का आम है। बातें बना रही है!

क़ाबल : टीले के ऊपर का गोला तो टपकने वाला है। कौए ने गिराया कल एक। पीला! गद्दर।

खुशिया : बताशा भी अगेता है। और यह सिंदूरी बूटी! देख तो! भरी पड़ी है कि नहीं? है पत्ता दिखता?

सीबा : बाग को क्या एक ख़तरा? आँधी है। मेंह है। ओले हैं। तेला है। एक बार ओले पड़ जाएँ, दाग़ी हो जाता है आम। चोट लग कर। गल सड़ जाता है। मानुष देह होता है, बाग। घड़ी में है, घड़ी में नहीं है। फिर जीवित को सौ बीमारी, सौ दुख। बाग का मान न करिये, जी।

क़ाबल : ख़ामख़ा मत डरा, मौसा।

सीबा : अच्छा, बचनी। रह ले दो दिन। मैं समझा दूँगा धनी राम को। तू तैयार हो, ओए। चलें, ख़ानक़ाह पर।

(चुप)

ख़ुशिया : इसकी तो, महाराज, नांह नुक्कर है।

सीबा : नांह नुक्कर? क़ाबल, मैं तुम्हें यहाँ से लिए बग़ैर नहीं जाऊँगा। धंतो, मन्नत तुम ने आप मनाई थी। नौगज्जा ज़ोरावर है। दो साल रह के, हरिया भाग आया। डरो उससे। बचो।

बचनी : वो कौन आ रहा है? वीरा और भाभी?

धंतो : मोटर आ गई?

क़ाबल : गूँज तो रही थी।

बचनी : वीरा ही है। वो पीछे भाभी नहीं?

धंतो : अरी, भाभी तो हुई। लड़का कहाँ? वा तो अकेले चले आ रहे हैं?

क़ाबल : छिंदा तो है ही नहीं पास।

ख़ुशिया : नन्हा मुन्ना। शहर में छोड़कर कैसे आ गए?

धंतो : सौदाई हो गए दोनों?

सीबा : अनर्थ न हो गया हो।

क़ाबल : बदशगुनी बुढ़िया मत बन, मौसा।

सीबा : **(आँखें फाड़कर)** अदब से बोला कर! संतों को! कहीं उलटी पड़वा ले, अपने सिर।

धंतो : ऐसे एकदम आने का भी क्या हुआ? संदेशा भी नहीं पहुँचा कोई। **(चुप। सारे देखते हैं। हरिया आगे। कोहनी पर पट्टी बँधी है। पीछे घूँघट निकाले, रोती, चिंती)**

ख़ुशिया : हरिया, पुत्र तुम कैसे? अचानक?

धंतो : लड़का?

हरिया : **(रोता)** भौर उड़ गया।

धंतो : **(दुहत्थड़ मार के)** हाय रे मुझे!

ख़ुशिया : कैसे?

हरिया : छोड़ गया हमें। बहुतेरा ज़ोर लगाया।

सीबा : **(थड़े के आगे)** बख़्श ले, नौगज्जे!

(धंतो और चिंती गलबहियाँ होकर रोती हैं। बचनी हरिये के गले लग कर रोती है। रुदन करती हैं)

हरिया : बचनी!

ख़ुशिया : है बता! पता संदेशा नहीं दिया तुम ने? बीमारी एक ही झट में इतनी कैसे बढ़ गई?

क़ाबल : **(आँसू पोंछकर)** छिंदा, यहाँ से जब गया, महीना पहले, अच्छा भला था।

(चिंती ख़ुशिया के गले लग कर रोती है)

ख़ुशिया : बस, पुत्र।

सीबा : सब्र कर, मुन्नी। होनी को कौन टाल सकता है?

धंतो : रे बेटा, जो मैं जानती, तुम्हें कभी न भेजती!

(चिंती सीबे के गले लगकर रोती है)

सीबा : वाहे गुरु! वाहे गुरु! बस, मेरा पुत्र।

धंतो : रे शेरा! मुझे तेरा मुँह देखना न मिला!

सीबा : बैठ जा। बात बता।

ख़ुशिया : हुआ क्या था, बेटा?

क़ाबल : सोकड़े का इलाज कराने लेकर गए थे, यहाँ से तो।

(औरतें चुप)

हरिया : मोगे वाले की दवा खिलानी थी।

ख़ुशिया : खिलाई फिर?

हरिया : काहे को। यह कहने लगी, बिमारी नहीं। बाहर की कसर लगती है।

सीबा : हवा थी। मुझे जो पता। ताबीज़ दिया मैं ने।

हरिया : बोली, साईं का दिया धूप है मेरे पास।

धंतो : कुछ हुआ ही होगा, फिर भी।

हरिया : पता लगता है, बीमारियों का? परसों, एकदम, टट्टियाँ लग गईं। उलटी आई। अभी मैं ने कहा, डॉक्टर के ले जाता हूँ मैं। यह बोली, दाँत निकाल रहा है। शायद, इसी कारण दस्त लग गए। कहती, साँईं जी वाला धूप देती हूँ। बस, तब पता चला, जब आँखें ऊपर को उठा लीं। उलटे सीधे साँस लेने लग पड़ा। हाथों पैरों की पड़ गई हमें। साथ ही हकीम है, पड़ोस में। खाने पीने की वेला। मैं ने कहा, हकीम से दवा लेते हैं। वो बेचारा आया। देखा। शरबत पलाया, चुअरका। होश आ गई। हकीम बोला, ठीक हो जाएगा, सवेरे तक। कहा, नींद आ जाए तो खरी है।—लो जी, सो गए। बड़ा सुंदर साँस लेता। सो गया। न बुखार, न बीमारी। फिर आधी रात, यह उठी, अचानक। इसने मुझे आवाज़ मारी। बोली, टाँगें मार रहा है। साँस घुटता है। **(आँसू दबाता)** देखते देखते, प्राण पखेरू उड़ गए।

धंतो : मैं वर्ज रही। मत ले जा मेरे छिंदे को। हटी नहीं, यह काले मुँह वाली।

सीबा : हवा लग गई लड़के को।

क़ाबल : बीमारी थी कोई।

चिंती : नहीं, क़ाबल। सीबा चाचा ठीक कह रहा। मुझे जो पता।

धंतो : कैसे हुई?

चिंती : ऐन साफ मेरे सामने हुई। यह तो मानता नहीं।

ख़ुशिया : क्या हुआ?

चिंती : वही कसर है, बापू।—चाचा, मैं ने तुम्हें बताया था। कहीं जीने देती है मुझे? रात को फिर हँस रही थी। मेरे सिरहाने खड़ी। बन सँवर कर बोली, तुझे और दूँ पुत्र?—कहे, अब मेरे पास दो हो गए। एक तेरा, एक मेरा अपना।—खिलखिला कर हँसी।

सीबा : सौत बड़ी ज़ालिम, जी।—मैं ने ताबीज़ दिया था?

धंतो : गले में पहना नहीं था?

चिंती : कहाँ! मति मारी गई मेरी। केश नहाई, मैं। कई दिन बाद। खोलकर, कीली से टाँग दिया।

सीबा : किस दिन?

चिंती : परसों, दोपहर। रात को चलता हुआ।

सीबा : मंगलवार को? तेरा भला हो जाए!

धंतो : मंगल को सिर नहा लिया तूने?

ख़ुशिया : विचार कर लेती, मुन्नी।

बचनी : देख तो हैं। लड़का मार डाला।

क़ाबल : क्यों बोले जा रही हो? मंगल को नहाने से क्या बच्चे मरते हैं? हमारा मास्टर बताया करता था। भ्रम है सब। वहम।

सीबा : **(मुँह पर हाथ फेर कर, गुस्से में)** क़ाबल, अगर भूत चुड़ैलें तुम्हें साफ सामने न दिखा दिये, मूत से मूँछें मूँड देना मेरी।—चिंती झूठ नहीं कह रही।

धंतो : ताबीज़ मुड़के गले में नहीं पहना?

चिंती : चेता नहीं रहा मुझे।

बचनी : आग लगे ऐसे चेते को। सोने जैसा मेरे भैया का बूटा। तू ने उखाड़ कर परे मारा।

क़ाबल : ढंग से बोल तू।

धंतो : झूठ है?

ख़ुशिया : बहू को बात तो बताने दो।

सीबा : सौत उस रात भी बोली थी कुछ?

चिंती : आधी रात को, मेरे पास आई। अकड़ कर खड़ी, मेरे सामने, जैसे क़ाबल खड़ा। कहती, "अरी, ला, लड़का पकड़ा। मेरे पुत्र के साथ खेला करेगा।"—मैं हड़बड़ा उठी। छिंदा तड़पने लग पड़ा। मैं ने इसको आवाज़ मारी। हमारे देखते-देखते ठंडा शीत हो गया।

सीबा : सौतन हो सूतक में मरी हुई! वो क्या सहज से मान जाएगी?

धंतो : तो तू काहे का ओझा बना फिरे? उपाय कर कुछ।

सीबा : टोने तो बहुतेरे हैं। टैम जदा लगेगा। चिंती, सोच ले। चालीसा काटना पड़ेगा। काट लेगी?

चिंती : काटना पड़ेगा तो, चाचा, काटूँगी।

सीबा : चालीस दिन मुझे यहाँ रहना पड़ेगा। नहीं तो तू मेरे साथ चल। ख़ानक़ाह पर।

हरिया : जो करना हो, यहाँ ही ठीक है।

ख़ुशिया : चिंती रहेगी हामरे पास। दूजे, चौथे, तू आ जाया करना।

सीबा : सुन, ख़ुशिया, चिंती तो, समझ ले, हैगी मेरी अपनी बेटी। छज्जू के साथ मेरा याराना था।—तड़के उठकर, नहा कर, निरने कलेजे, मंत्र फूँकना है। धूनी दूँगा, चिंती को। चालीस दिन। ख़ानक़ाह से आकर, मेरे से रोज़ यह काम नहीं होगा। मरज़ी है तुम्हारी। नहीं इलाज करवाना, न करवाओ।

धंतो : कराना क्यों नहीं? हमारे क्या दाने हैं नहीं, तेरे जोगे?

सीबा : यहाँ, बाग में, हवा हारे, खाट बिछा दो मेरी।

बचनी : और क्या, मौसा? बल्कि साढ़ू साढ़ू मिलकर आम कमा लो।

ख़ुशिया : बेटा, तू ने कोहनी क्यों बाँधी है?

हरिया : रगड़ लग गई, मामूली सी।

चिंती : सच बता तो।

क़ाबल : भाभी, क्या हुआ?

चिंती : गोली खा के, रशके पर बैठा था। उंघ लग गई। गिर पड़ा नीचे। माँस उधड़ गया।

ख़ुशिया : हरिया, बेटा, तूने तो कोढ़ लगा लिया।

क़ाबल : **(गुस्से में सीबे की तरफ देखकर)** अपने आप थोड़ी बना नशई?

सीबा : मैं क्या, नाली के रास्ते, इसके मुँह में घुसेड़ता था, नशा?

हरिया : छोड़ दिया अब तो। यों ही कभी-कभी, कब्ज़ कुब्ज़ हो तो।

ख़ुशिया : न पुत्र मेरा। छोड़ दे यह कुत्ता काम।

सीबा : रहेगा कुछ दिन?

हरिया : ज़रूरत है मेरी तो रह लेता हूँ।

सीबा : तेरी ज़रूरत नहीं। जो करना है या चिंती ने करना है, या मैंने।

हरिया : शहर को मुड़ जाऊँगा मैं। शाम को। आगे बरसात है। सवारी मिल जाती है।

सीबा : चंगा। चार टके जोड़ ले।

(साइकल पर धनी राम आता है। कागज़ फेंक कर जाने लगता है)

हरिया : धनी राम!

सीबा : कहाँ चला? बात सुन।

क़ाबल : ठहर, जीजा।

ख़ुशिया : काग़ज़ कैसा?

धनीराम : साइकल छोड़ दे, क़ाबल।

हरिया : बैठ तो सही।

सीबा : यह क्या लिखा है?

धनीराम : तलाक! अपनी बेटी को अब यहाँ मरज़ी रखें। मेरी तरफ से छुट्टी। चाहे कचहरी जाकर लिखवा लो, चाहे पंचायत में। इसने मेरे घर में पैर नहीं धरना।

धंतो : नांह, बात क्या हुई?

सीबा : आ। सहज से बता।

धनीराम : बैठूँगा नहीं मैं। मेरे यह कुछ नहीं लगते।

ख़ुशिया : वजह भी पता चले हमें।

धनीराम : इसको पूछ लो, लाडली को।

धंतो : है कँजरी का! क्या पूछें हम इसे? हड्डी पसली एक कर दी मेरी बेटी की। ऊपर से चतुर बनता है।

धनी : मुँह संभाल के बात कर, बुढ़िया।

हरिया : माँ, तू चुप रह।

सीबा : बात समझा कर करते हैं, बेटा।

धनीराम : मामा, सच्ची मत पूछ मेरे से। मुझे शक तो पहले भी था। इसकी है किसी लड़के से बातचीत। यहाँ। जब से हमारे घर गई, रोज़ मायके आने को तड़पती है। भागना चाहती है, उस लड़के के साथ। कंठहार भी इसी करके, चोरी से ले आई। रखो अब, बदमाश को, गोद में!

(साइकल लेकर दौड़ता है। बचनी रोती है)

हरिया : वैद्य जी, रुक जाओ!

चिंती : पाहुने, लौट आ!

क़ाबल : विद्रोही साहिब!

धंतो : चुप कर। ख़ामख़ा। तूफान तोल रहा, कुत्ते का पुत्तर!

ख़ुशिया : कैसी मन घड़ंत बातें करे।

सीबा : नौगज्जा बख़्शे! ख़ुशिया, तेरी भी बड़ी ग़लती है। तू ने पहले नहीं रोका इस को? झूठ क्यों बोला? छोकरा! जल्दबाज़! अगर न माना अब? छूट गई लड़की कि नहीं?

चिंती : चुप कर, बचनी। कुछ नहीं होता।

हरिया : मैं छोड़ आऊँ?

बचनी : कंठहार के बग़ैर, मैं नहीं जाऊँगी।

धंतो : यह जो करता है, उलटी करता है।

सीबा : बहुत बुरी हुई यह तो। मैं जाता हूँ खिच्चीपुर। मना कर लाता हूँ, धनीराम को।

(आँधी की आवाज़)

क़ाबल : अँधेरी चढ़ी!

हरिया : काली बोली!

चिंती : जुम्मे शाह!

ख़ुशिया : ओ हो! तूफ़ान है यह तो!

सीबा : दरख़्त उखाड़ फेंकेंगा यह तो।

ख़ुशिया : उठाओ! खाट कपड़े संभालो।

धंती : **(बचनी को)** चुप कर। मेरे पास रह, बेशक सारी उम्र।

ख़ुशिया : गृहस्थ भी क्या बनाया, रब्ब ने! दुखों की खान। कभी पेट की भूख! कभी औलाद का दुःख! कभी बीमारी, कभी मौत! ख़त्म नहीं होते दुखड़े। ऐसे जीने से तो मरना भला!

(बचनी ऊँचा रोती है। सीबा मंच के आगे हाथ जोड़ कर खड़ा है। क़ाबल चीज़ें उठा कर झुग्गी में रखता है)

चिंती : कहीं सच में न छोड़ दे लड़की।

धंतो : एक बार छोड़ता, बीस बार छोडे। धनिये जैसे मेरी बेटी को और बहुतेरे।

सीबा : नौगज्जे पीर जी! ख़ुशी राम को अब क्षमा करो। उसका परिवार सख़्त सज़ा पा चुका है। आगे कभी हुक्म उदूली नहीं करेंगे। हे लख़दाता, तेरा सेवक, आप यहाँ रह कर, चालीस दिन, तेरी ख़िदमत करेगा। अब बख़्श दे!

ख़ुशिया : **(रुआँसा)** कहें—भूंडा भटारिया, कितना भार? एक मुट्ठी उठा ले, दूजी को तैयार!

(अँधेरी की तेज़ आवाज़। बचनी रोती है। क़ाबल सीबे की पीठ के पीछे मुक्का कस्सता है। दाँत पीसता है। धंतो और चिंती पीछे चीज़ें संभालती हैं। ख़ुशिया, रोने वाला, सामने, ऊपर, सिंदूरी बूटी को ताक रहा है)

(अँधेरा)

(आधी छुट्टी)

दूसरा अंक

(दूसरा दिन। सवेरा। झुग्गी ढीली, गिरी सी। आँधी से बिखरे पत्ते, लकड़ियाँ। नौगज्जे के मंच के आगे, खुशिया मुँह लटकाये बैठा है। धंतो आती है)

धंतो : उठ भी अब। वहीं थूथना लटकाये बैठा रहेगा? मरियल बैल की तरह, घुटने टेक दिये तू ने। अब मौर इकट्ठा करेगा? झाड़ू से?—मसूर के दाने के बराबर अंबियाँ थीं। ख़ामख़ा रक़मों के वादे कर बैठा। इतना वर्ज हटी मैं। हटा ही नहीं। ऐसी नौगज्जे की मार पड़ी, इसकी अक़ल को, रक़म कोयला हो गई। लड़की भी बसने से गई। उठाकर हार पकड़ा दिया। बहनोई मेरा, अगर ले भी आया आज, लड़के को, मना कर, कँठहार के बग़ैर, वो लड़की कैसे ले जाएगा?—रोना बरसों तक। उतारना क़र्ज़े। उठेगा भी कि वहीं फाँसी ले लेगा? सिंदूरी अंबिया से?

खुशिया : **(उठकर)** ऐसे होगी मेरे साथ। मुझे सपने में भी चित्त चेते नहीं आया। ऐसी आँधी, सारी उम्र में नहीं थी देखी। **(ऊपर देख कर, रोना रोकता)** देख, बिटिया मेरी। बाँहें टूट गईं। गुच्छे के गुच्छे गिर गए। है टहनी बची!

धंतो : हर साल मैं तो यही सुनती हूँ तेरे रंडी रोने। नाम रखा था माँ ने, खुशिया! बड़ा उछलती होगी, जन्म कर। रहा दुखिया। दुखी किया, सारी उम्र।

खुशिया : मेरी किस्मत। झड़ गया एक एक बूटा।

धंतो : मेरा अपना जी बड़ा खीझा हुआ।

खुशिया : खीझने के बग़ैर, कुछ और भी आता है तुझे? **(हुक्का भरता है)**

धंतो : शाहों के गई मैं, सवेरे। आगे नर्स बैठी। मैंने सोचा, यह कुत्ती अब कहाँ से आ गई? रतजगे मैं काटती रही, लड़का जमाती। ताबीज़ धागे दिलवाती। आगे नर्स बैठी कुर्सियों मेज़ों पर। सुड़क सुड़क

चाये पिये। लगी हमको तुमको करने। कहती, बच्चे को हाथ न लगाना। साबुन से धो पहले। लड़के को बीमारी न लग जाए। मैं ने कहा, अरी हमने तो कभी सुने नहीं, तेरे साबुन सोढ़े। आधा गाँव मैंने जमाया। बोली, मेरी बदली यहाँ की हो गई है।—ले बता! मैं भी गई रोटी कमाने से। यमराज ले जाये, सरकार को। और उसकी नर्सों को।

खुशिया : मड्डूली की है। बाहमनों की लड़की। ढेरा सिंह बता रहा था। सरपंच ने दरख़ास्त दी, कि बच्चों की मौतें हो गईं, कई।

धंतो : जिसकी आ लगी, उसने मरना ही है। नर्स कँजरी मौत के आगे टाँगें पसार देगी?—चपड़-चपड़ ज़बान चलावे, रास्ते चलते हुए के साथ। क्वाँरी है। पच्चीस साल की। क्या पता, कौन-कौन सी करतूत करती है।

खुशिया : बचनी भी अगर सीख लेती यह काम।

धंतो : काम सिखाने को तो चाहे मैं ही सिखा देती। पढ़ाई बिना रखती है सरकार?

खुशिया : कहीं ससुरी दो जमात पढ़ी होती।

धंतो : पहरा फिरने तक रोती रही। कहे मेरे बाप ने मुझे बसने लायक नहीं छोड़ा।

खुशिया : मैं ने जान कर किया?

(क़ाबल आता है, गाता, खाली टोकरा पकड़े)

क़ाबल : "कम्मियों, बाँध लो सिर पर कफन, छोड़ो राह फकीरों के।"—बापू, आमों के तीनों टोकरे चौधरियों ने रख लिए। अचार वास्ते।

खुशिया : पैसे?

क़ाबल : बीस से बढ़े ही नहीं।

खुशिया : कुल?

क़ाबल : चल, मरी हुई भैंस का चमड़ा ही सही।

धंतो : हरनामो के पास गई। सवेरे उठकर। धनीराम का गीत लेकर।

क़ाबल : गीत वाला तो स्वाद आ गया।

खुशिया : कैसे?

क़ाबल : दीपो और बचनी ने तर्ज़ निकाली। अगर विद्रोही बच्चू सुन ले, तो सातवें आसमान में नाचे। हरनामो कहती है, परसों को बाजे ढोलकी से गायेंगे। महाराज का स्वागत करने के लिए।

खुशिया : तो बात बन जाएगी।

क़ाबल : कौन सी?

खुशिया : (चालाकी पर उछलता) मैं ने तरीका सोचा। मैं ने कहा, तारीफ का भूखा है। सीबे को भेजा। जा, मना के ला। कहना, हम गाँव में धनीराम के गीतों का प्रोगराम रखायेंगे। देखना तू। भागा आएगा। चार बंदे बैठ कर सुन लेंगे। रूठना ठीक ठाक हो जाएगा।

क़ाबल : तेरा तरीका कामयाब हो जाएगा।

धंतो : कंठहार के बिना मानने लगा?

खुशिया : वो भी किसी तरह लखदाता सँवार देगा। मुड़ कर तो आ लेने दे, सीबे को।

क़ाबल : लखदाता राख सँवारेगा?

धंतो : ओए कुत्ते! क्यों भौंके तू? पहले कम हुई हमारे साथ? चल, माथा टेक। माफी माँग, साईं से।

क़ाबल : तुम्हें डर है, तू रगड़ माथे। मुझे नहीं ज़रूरत। (एकतारा उठाता है)

धंतो : क़ाबल, पछतायेगा।

क़ाबल : उठाई हुई तू, बहनोई अपने की।

धंतो : थप्पड़ों से थूथना तोड़ दूँगी। पगलाया हुआ तू, गीतों का। और सिनमों का। बाप जैसा। टुणक टुणक! न खाट में रस्सी, न चूल्हे में आग।

क़ाबल : (गाता) कम्मियों, बाँध लो सिर पर कफन, छोड़ो राह फक़ीरों के।

खुशिया : (जूता गाँठता) दुकान पर मरीज़ कोई आता नहीं। निठल्ला बैठा, गीत लिख लिख कर, काग़ज़ काले करता होगा।

क़ाबल : ऐसे ही है। पर बैठा बैठा सीख तो गया कुछ। क्या पता, फिल्मों में गीत लिखने का काम मिल जाए। लखपति बन जाएगा धनीराम। साथ में हमारी बचनी।

धंतो : ले लेना तू भी, पाँच सात लाख। देखो, कैसे सुपने ले रहा।

क़ाबल : कुछ सपने सच भी हो जाते हैं।

(हरनाम कौर और बचनी आती हैं)

धंतो : तेरे सुपने तो सारे लगे हैं सच्चे होने। जो सातवीं से आगे नहीं गया।

क़ाबल : हमारा मास्टर चरनदास होशियारपुरी एक बार बता रहा था। अकबर बादशाह अनपढ़ था। महाराजा रणजीत सिंह अँगूठाटेक था। हम वर्णमाला फर्न फर्न उठा लेते हैं।

हरनामो : भाई जी,अफसोस न कर, बाग का। महाराज की इच्छा! खिले माथे मान ले।

क़ाबल : मानने को और क्या महाराज की टाँग तोड़ लेनी है, बापू ने।

बचनी : तू उलटा ही बोला कर।

ख़ुशिया : तीन हज़ार कमाता मैं।

क़ाबल : हाँ! लड़की पेट में, गेहूँ खेत में, आ जमाई, पराँठे खा।

हरनामो : शब्द तो तू इतने सुंदर गा लेता है। पर, क़ाबल, ज़बान तेरी कड़वी है। मिट्‌ठत रखनी चाहिए।—बचनी, कर बात अपने बापू से।

बचनी : भाभी, तू आप ही कर ले। मुझे शरम आवे।

हरनामो : शरम इस में काहे की?—बात ऐसे है। मेरा चित्त करे, आज, महाराज के दर्शन कर आयें। दरबार साहिब जाकर। उनके पहाड़ जाने से पहले। दो दिन उनके अंग संग रहकर, साथ ही आ जायेंगी।

ख़ुशिया : खरी वाहवाह! जा, माथा टेक आ। हम तो फलेवाली जायेंगे।

हरनामो : मेरा मन करे, इस बार, बचनी को साथ ले जाऊँ। किराया मैं ख़र्च दूँगी।

क़ाबल : इसने क्या करना है जाकर?

बचनी : अगर पीछे से लेने आ गया मुझे?

धंतो : मेरा बहनोई गया है, इसके ससुराल।

ख़ुशिया : चली जा। बल्कि कह देंगे, कँठहार पहन कर साथ ले गई।

हरनामो : संतों की संगत जितना पुण्य, और किसी काम में नहीं।

(साइकल की घंटी)

क़ाबल : आ गए। मौसा और जीजा।

बचनी : बड़ी उम्र है।

धंतो : कपड़ा बिछा खाट पर।

ख़ुशिया : चाय बना कर ला घर से। झटपट।

धंतो : चिंती ला रही होगी चाय।

(क़ाबल साइकल पकड़ कर खड़ा करता है। ख़ुशिया और धंतो धनी को प्यार देते हैं। धनी का मुँह गुस्से में। सीबा मंच के आगे खड़ा)

सीबा : जय हो नौगज्जे साईं की। **(खाट पर बैठ कर, हुक्का पकड़कर, बूटों पर निगाह मार कर)** बाग की बुरी हुई, भई। रक़म गल गई। किरपा राम भी आएगा। अफसोस करने।

हरनामो : रामसत, भैया जी।

धनीराम : रामसत।

हरनामो : कहीं आपके दर्शन हो गए। महापुरुषों के। **(धनी राम मुर्गे की तरह गर्दन उठाता है, छाती फैलाता है)**

क़ाबल : विद्रोही जी, तेरा गीत खरा निकला। हमने ढोलकी बाजे के साथ

गाया। बचनी ने तर्ज़ निकाली।

हरनामो : रूह खिल गई सब की।

धनी : आपको कहाँ से मिल गया?

बचनी : मैं अख़बार साथ ले आई थी। आती हुई।

धनी : बताया क्यों नहीं तूने? मैं घर में ढूँढ़ता थक गया। मैंने सोचा, पहला गीत छपा है। शीशे में मढ़ा के रखेंगे।

हरनामो : बचनी और दीपो के ऐसे सुर मिलें! धंतो, सुनना तू। जैसे कोयलें कुहक रही हों।

खुशिया : निकाल तो तर्ज, पुत्र।

बचनी : **(लजाती)** मैं नहीं।

हरनामो : सुनायेगी। क़ाबल, शुरू कर।

(खुशिया एकतारा टुणकाता है। बचनी, हरनामों और काबल इकट्ठे गाते हैं)

तीनों : उठो गरीबो, हो इकट्ठे, भिड़ जाओ साथ अमीरों के।
माँगे हक़्क़ न कोई देता, हक़्क़ है सब शमशीरों के।
क़िस्मत अपनी आप बनाओ, मालिक बन तदबीरों के।
कम्मियों, बाँधो सिर पर कफन, छोड़ो राह फक़ीरों के।।

खुशिया : वाहवाह! वाहवाह! **(अकेला गाता)** कम्मियों, बाँधो सिर पर कफन, छोड़ो राह फक़ीरों के।

सीबा : बेटा, तू तो कहता था, समझ नहीं लड़की को। कितना सुंदर गाती है।

धंतो : गीत तो सचमुच सुंदर है।

धनी : बापू, प्रोगराम कब का रखा मेरा?

बचनी : काहे का?

खुशिया : **(अपनी चालाकी छुपाता, जैसे नन्हे मुन्ने को पुचकारता)** प्रोगराम का क्या है? घर की खेती, जब मरज़ी काट लो। आज ही सही, शाम को।—हरनाम कौर, लड़के के सारे गीत सुनने हैं, भई। कइयों ने कहा मुझे। बोलें : पाहुने को बुला, गाँव।

धनी : **(उछलता)** सचमुच?

खुशिया : मैं तो कहूँ, बेटा, अब बेशक घर में ही, राग गाने की मंडली बना लो। तू गीत लिख। बचनी तेरे साथ मिल के गाया करेगी। बारातों के सामने। आजकल, लड़के लड़कियाँ, ऐसे ही गाते हैं। साज़ों के साथ। रकाट भरा लेना। किसी को कह सुनकर, टेपें भरवा लेना।

क़ाबल : शाबाश, बापू! तू ने तो जीजे को शिवकुमार बटालवी बना दिया।

गुरदास मान बना दिया।

धनी : हकीमी छोड़कर थोड़ी कर होवे यह काम।

सीबा : जाने दे, बेटा। काहे को परदे रखे? किरपा राम बता रहा था मुझे। गाँव में तेरी दुकान चलनी मुश्किल है। कई महीने हुए तुम्हें, बेकार, कुत्ते ख़स्सी करते को।

धनी : मैं फिर भी अपने बाप का खाता हूँ। माँगने नहीं चढ़ता किसी से।

ख़ुशिया : पुत्र, गुस्से की बात नहीं। रोज़ी रोटी का सोचना पड़ता है। बचनी अच्छा गा लेती है। इससे, गवा, अपने गीत। शरम इसमें कैसी?—लँगेरी वालों को सुना तूने सीबा राम?—सुनारों का लड़का, और उसकी घरवाली। सैंकड़ों कमा रहे हैं, ब्याहों शादियों पर। साइयों से वक़्त नहीं मिलता, उन को।

क़ाबल : बाजा मैं सीख लेता हूँ। शायद, जीजा, तुझे और मुझे, फिल्मों वाले बुला लें।

सीबा : क़ाबल, तू अब यह काम नहीं कर सकता। बगैर नौगज्जे के हुक्म के।

हरनामो : भैया जी, सलाह तो आपका ससुर दे रहा है अच्छी। पर जो आप मेरी मानो, तो अपनी कला को अच्छी तरफ लगाओ।

धनी : कैसे, जी?

हरनामो : आप तो गुणी हो। महाराज ने आपको कविता की दात बख़्शी है। धंतो, एक तरह की तपस्या होती है यह, कबीशरी। इसे आसान मत समझो।

धनी : लाख रुपये की बात कही आपने। लिखते वक़्त, संत योगी बनना पड़ता है। पास बैठकर, अगर ज़नानी झूठे बरतन माँजने लग पड़े, खाहड़ खाहड़, शेर जीभ पर आते आते फिसल जाता है।

बचनी : कब माँजे मैंने? झूठे बरतन? तेरे पास बैठकर?

सीबा : बस, लड़की। अब नहीं बोलना।

धनी : बाजे ढोलकी के साथ सुनाओ तो।

हरनामो : चलो, मेरे घर। बचनी, आ। क़ाबल, दीपो को आवाज़ मारता आना।

ख़ुशिया : पुत्र, चाय का घूँट तो पी जाता।

हरनामो : चाय मैं पिला दूँगी। आज रोटी भी हमारे घर।

धंतो : रोटी का कोई नहीं, सूबेदारनी।

हरनामो : नांह, जी। गाँव का जमाई भाई है। मेरा नहीं लगे कुछ? **(जाती हुई मुड़कर)** तो फिर, भाई जी, आप की तरफ से पक्की समझूँ? बचनी

बारे?

खुशिया : हम ने इसमें क्या कहना है। लड़का आ गया अब। इसको पूछ ले। धनीराम मालिक है। जैसे इसकी रज़ा, रखे, लड़की को।

हरनामो : भैया जी, बचनी को मैं, महाराज के दर्शन करने ले जाऊँ? दरबार साहिब? परसों आ जायेंगे हम मुड़ के।

धनी : **(रौब में)** कौमरेड विद्रोही की वाइफ का महाराज के जाने का क्या काम? वो तो रजवाड़ा है। ऐशें करता है। मैं लिखता हूँ रजवाड़ों के ख़िलाफ। ग़रीबों का पक्ष लेता हूँ।

बचनी : रजवाड़े क्या होते हैं?

हरनामो : महाराज तो ग़रीब गुरबी के आप राखे हैं। अमीरों के बड़े ख़िलाफ। कहा करते हैं, भाई लालो और भाई भागो की साखी पढ़ो। बाबा नानक ने, ग़रीब की रोटी में से, दूध निचोड़ा। अमीर की रोटी में से, लहू!

खुशिया : चल, बेटा, तूने क्या लेना ऐसी बातों से। सूबेदारनी का मतलब कुछ और है। सत्संग भवन बनाना चाहवे यह।

हरनामो : अगर कीर्तन के वास्ते, लड़के लड़कियाँ, इकट्ठे हो जायें, क्या पता, महाराज तन्खाह ही लगा दें। प्रचारकों को तन्खाहें देते हैं। रागी ढाढी जत्थों को।

धंतो : अच्छा?

हरनामो : और क्या? धंतो, बचनी के गले में बहुत रस है। अगर महाराज को पसंद आ गई, वो संगीत सिखा देंगे इसे।

धनी : तन्खाह नहीं! महाराज तो बचनी को आँवलों का मुरब्बा लगे देने!— क ख ग उठालना नहीं आता।

बचनी : ढंग से सिखाये कोई क ख ग, तो सीख ही लूँ।

धनी : पुड़ी बनाकर खिला दूँ? घोट के पिला दूँ मैं तुम्हें? क ख ग?

खुशिया : चुप रह, लड़की।

हरनामो : सीख लेगी, हौले सहजे। चलो। भैया जी, हो गई पक्की। मैं और बचनी आज चले जायेंगी। महाराज के दर्शनों को।

(धनीराम, हरनाम कौर और बचनी जाते हैं)

क़ाबल : मौसा, एक बार तो तेरा टोना जादू चल गया। तकले जैसा सीधा हो गया, कौमरेड।

सीबा : टोना तो तेरे बापू का चला है।

खुशिया : तुम्हें बताया, सिफ्त का भूखा है।

धंतो : यों दिल से नहीं ख़राब।

क़ाबल : मैं बात कहूँ, बापू? मौसा भी बैठा है। है तो बुरी।

धंतो : न अड़ी कर। मन्नत पूरी होने दे।

क़ाबल : मैं ने तो बचनी के बारे में कहना था।

ख़ुशिया : क्या?

क़ाबल : बचनी को हरनामो के साथ मत जाने दे।

धंतो : क्यों?

क़ाबल : मुझे तो शक है ·· हरनामो अच्छी नहीं।

ख़ुशिया : खोलकर बात बता।

क़ाबल : लड़कियों को कहा करती है, महाराज के अंग संग रहने चलो। दीपो के पीछे भी पड़ी हुई थी। उसके भाई ने झिड़क दिया, मेरे कहने पर।

ख़ुशिया : जा दौड़ के। मना करके आ। धनी को कहते हैं, ले जा।

धंतो : उलटी सोचे, यह छोकरा।

(चिंती चाय लेकर आती है)

सीबा : मौत को खुर न मार, क़ाबल। साधु संतों के बारे में ऐसा नहीं कहना चाहिए।

क़ाबल : **(आँखों में ज़हर भर कर)** साधु संत मेरे से छिपे नहीं। मैं साधुओं की करतूतें जानता हूँ।

धंतो : चुप कर, ओए। बहसते नहीं।

सीबा : अब तुम्हारा ज़िम्मा काहे का? ख़सम साथ है। मेरा भानजा जाने, या लड़की जाने। तू बीच में मामा लगे?

धंतो : इतना धन, दौलत! कारें! जीपें! महाराज के पास। दुनिया पूजती है।

सीबा : अगर बदकार बँदा हो गद्दी बैठा, संगत कभी पीछे न लगे।

क़ाबल : **(एकतारा उठाकर)** महाराज! फक़ीर है! मँगता! मुफ्त की फाड़ने वाला। कोई छोटा फक़ीर, कोई बड़ा फक़ीर।

चिंती : पकड़, चाचा, चाय। क़ाबल, तू ने नहीं पीनी?

क़ाबल : मैं सूबेदारनी के पी लूँगा। **(गाता)** कम्मियों, बाँध लो सिर पर कफन, छोड़ो राह फक़ीरों के।

(जाता है। ढेरा सिंह आता है, हाथ में चिट्ठी)

ख़ुशिया : आ जा ढेरा सिंह, बैठ जा। आमों की छाया में। फल तो गया। छाया ही बची है।

ढेरा : सब्र कर, भैया। महाराज के आगे ज़ोर नहीं चलता। तू भी बदक़िस्मत है। मेरी तरह। आख़िर बुरी, हम दोनों की।

सीबा : मिस्त्री, चिट्ठी आई, लड़कों की?

ढेरा : (**रुआँसा**) चिट्ठी ने तो काटा, कलेजे को। अभी पकड़ा के गया डाकिया। पढ़ा कर आया हूँ, बेला सिंह के पोते से।

खुशिया : आने को नहीं कहते?

ढेरा : कहाँ, यारा। लिखते हैं, तू ही आ जा, कलकत्ते। हम गाँव बिलकुल नहीं आएँगे।

खुशिया : गाँव से उजड़ेगा? इस उम्र में?

धंतो : भाई, तेरी बहुयें नहीं मानी होंगी। पोते पोतियाँ भी तेरे तेज़ हैं।

ढेरा : उन को गाँव के साथ मोह कैसा, धनवंती? मैं तो यहाँ जन्मा, पला। माँ बाप यहाँ जलाये। दो नन्हे मुन्ने इसी भूमि में दबाये। मेरी चप्पे चप्पे से साँझ है। कैसे जाऊँ, विदेसों को?

सीबा : रोटी पकी मिले तो हर्ज क्या है?

खुशिया : बुढ़ापे में गाँव नहीं छोड़ा जाता।—फिर एक बार लिख तू। एक भाई तो आ जाए, परिवार ले कर।

ढेरा : रोटी की बात नहीं, साईं जी। शहर में बुलाने चलाने वाला कोई नहीं। बरामदे में बैठे रहो, खाट बिछा के। पंखी डुलाते, मक्खियाँ उड़ाते। वेला कुवेला, टूक पकड़ा दिया, लड़कियों ने। लड़के कारख़ाने रहें। या दुकान पर। मैं अकेला। किस से बात करूँ?

खुशिया : गाँव में तो सौ मुँह तुँह लगे।

चिंती : शहरों में नहीं बुलाता, जी, कोई।—ले, बापू। (**गिलास पकड़ाती है**)

खुशिया : नहीं, मुन्नी। मैं नहा के पीऊँगा। आमरस लगा है, हाथों पैरों को।—जिगरा रख, ढेरा सिंह। दोबारा लिख काट।

चिंती : ले ताऊ, चाय।

ढेरा : नहीं, पुत्र। मैं पी कर आया हूँ। चाय मैं बना लेता हूँ। तू पी।

खुशिया : भानी की बकरी मिली तो नहीं?

ढेरा : कहाँ से मिलेगी? तुझे बताया, जानवर ले गया, आगे लगाकर।

धंतो : भेड़िया था, जी।

सीबा : पानी सूख गया ऊपर के टीलों में। जानवर नीचे उतर आते हैं।

खुशिया : भानी बेचारी भी, हमारे जैसी! बदक़िस्मत।

ढेरा : और सुन तू। बदक़िस्मत क्या थोड़ी सी?

खुशिया : क्या हुआ?

ढेरा : भुट्टे बीजे, अगेते। चाबू हो चुके थे। वो, खड्ड के किनारे। कहे, बाबा बालक नाथ के मेले पर, भून कर, बेचूँगी। और चार पैसे कमाऊँगी।

खुशिया : मचान बना कर बैठी, चिर की। राखी करती।

ढेरा : वो बकरी ढूँढ़ती रही, तीन दिन। खेत को बंदर पड़ गए। बचा खुचा, राम गौओं ने उजाड़ दिया।

चिंती : ग़रीब मार हुई।

खुशिया : भानी भी, हमारी तरह! पता नहीं कौन से पाप करके आई, पिछले जन्म में। मेरा खेत सारा कुतड़े ने खा लिया। बाग के आगे पीछे रहे हम।

सीबा : पाप का ही फल है सब।

ढेरा : हमारी वीथी से कुल छः बीसियाँ हुईं।

खुशिया : क्या?

ढेरा : गुराही के पैसे।

खुशिया : भाई, महँगाई ने कमर तोड़ी हुई है लोगों की।

ढेरा : रुपए का क्या कुछ आवे?—ज़ोर तो बड़ा लगाया मैंने। है नहीं पैसा लोगों के पास, देने के लिए। क्या करें लोग? तेरा पहले ही बाग उजड़ गया।

खुशिया : चलो, महाराज के पास बहुतेरा धन है।

ढेरा : और क्या? हमारे जैसों के आसरे थोड़ी बैठे वो।

धंतो : हमारे मुहल्ले से कितना हुआ?

ढेरा : तुम्हारा मुहल्ला रहता है अभी। खुशिया, चलेगा? शाम को? मेरे साथ?

खुशिया : मेरे कहे कौन लगेगा?

ढेरा : तेरी मरज़ी। जाने दे। छः बीसियाँ काफी हैं। **(उठ कर)** कार्ड लिख दूँ मैं। जो कहीं रब्ब लड़कों के मन में रहम डाल दे। **(जाता है)**

खुशिया : जा तो ऐसे ही, हलकारा मार आ, एक। टीले ऊपर वाले बूटों को तोता बहुत पड़े।

धंतो : दो गुठलियाँ नहीं बची ऊपर। तोते उड़ावे! **(चिंती को)** दाल धर देना, माश की। नंबरदारों के होकर, आती हूँ मैं। **(जाती है)**

खुशिया : **(अँगोछा, बालटी उठा कर, गाता)** कम्मियों, बाँध लो सिर पर कफन, छोड़ो राह फक़ीरों के। **(जाता है)**

सीबा : उरे आके बैठ। मेरे पास।

चिंती : चाय डालूँ और?

सीबा : डाल दे। यहाँ बैठ। लजाती क्यों तू? देख, पाये पर बैठ गई। उरे हो।

चिंती : कोई नहीं, चाचा। मैं ठीक हूँ।

सीबा : सुन, चिंती। बात समझाऊँ मैं तुम्हें। तड़के शुरू करूँगा मैं, चालीसा। मुन्नी, सौत बड़ी ज़ालिम! जीने नहीं देतीं। सूतक में भी, तू मेरे तावीज़ के आसरे बच गई। नहीं तो सौतन, तुम्हें और तेरे बेटे को, उसी वक़्त उठाकर ले जाती।

चिंती : और क्या? खाट के इर्द गिर्द घूमती रही! गई थोड़ी! मुझे साफ दिखती रही।

सीबा : तुम्हें बताया, शुक्र कर। तू बच गई। हरिये के लिए भी ख़राब है। उसे भी तावीज़ दिया मैंने।

चिंती : वो मानता है कहीं।

सीबा : सौदाई है। मैंने कहा, काला धागा डाल कर, बाजू पर बाँधे रख। ख़तरा है।

चिंती : कहाँ बाँधा। फेंक वेंक दिया।

सीबा : हरिये के स्थान पर भी, फिर, तुम्हें सख़्ती झेलनी पड़ेगी। झेल लेगी?

चिंती : झेलूँगी, जो झेलनी पड़ी।

सीबा : चालीस दिन मुश्किल हैं, बीबा, हम दोनों के लिए।—तेरी सास के कहने पर मान गया मैं।—और छज्जू के साथ याराना था मेरा। साँई लोग था, तेरा बाप। जवानी वेला हम एक ही भट्टे पर ईंटें थापते रहे। कई बरस। जटपुर। हरियाँ बेलाँ के पास। मैं ने सोचा, चिंती जैसी छज्जू की बेटी, वैसी मेरी!—अगर दूसरा कोई परिवार, मुझे हज़ार रुपया भी देना करे, मैं यह सख़्त चालीसा अपने सिर नहीं लेता।

चिंती : चाचा, तू मेरा फायदा नहीं सोचेगा, तो और कौन सोचेगा? बिचौलिया नहीं तू मेरा?

सीबा : तेरा भी बिचौलिया, तेरे ससुर दुखिये का भी बिचौलिया।—देख है! कल की बात लगे। ऐसे ही बैठा हूँ मैं, खाट पर। यहाँ बाग में। संतो मेरे साथ। खिच्चीपुर से आए हम। बहन के घर से। धनी की छटी से। हुक्का पीने बैठ गया मैं, बारू के पास। ख़ुशिये के बाप के पास। बारू भी ऐसे बैठा। कोरें सिये, कुंडी से। इस कुबड़ी अंबिया के पास झुग्गी बाँधा करता था। ग़रीब बेचारा। यह बाग उसी का लगाया है। बागवानी का बड़ा शौकीन था। बारू कहने लगा मुझे, "नसीब चंद, मेरे पुत्र का घर बसा, किसी तरह। इकलौता पुत्र मेरा। तीसवाँ लगा हुआ है। कँवारा बैठा। अपनी छोटी साली का रिश्ता ला दे। ग़रीब को लड़की नहीं देता कोई।

तू ही कृपा कर।'' बोला, ''मैं तेरी की हुई नहीं गँवाता।''—रब्ब की मेहर! कोई वेला होवे। बंदे के मुँह से बात निकल जाये, तो पूरी हो जाती है। संतो को तरस आ गया। सतयुगी औरत थी। कहने लगी मुझे, ''चल, ऐसे ही, मेरे मायके चलें। गोत्र ले ले इनके। धंतो के गोत्र खरे करें।'' मैं बोला, चंगा। बारू को कहने लगी, हँसती हुई, ''भाई, शक्कर ख़रीद तू, मन पक्कीं साथ में देसी घी, पंसेरी। परसों को मुड़े हम, खुशिये के लिए शगुन लेकर।''— नौगज्जे के रंग! वही बात हुई। धंतो का रिश्ता कर दिया।— कितने बरस हो गए! **(रोने वाला)** आप सपना हो गई, संतो। बहन का घर बसा दिया। मेरे उजाड़ा डाल गई। तरसती मर गई, नन्हे मुन्ने को। जब हरिया जन्मा, तो कूदे खुशी से। कहे, बहन मेरी के बेटा हुआ। सवैटर बुना, हरिये के लिए, ऊन का। टोपी बुनी। चाँदी का कड़ा पहनाया। छड़कड़े बनवाये, पैरों को, हरिये को छटी पर। क़ाबल जन्मा जब, तो कहने लगी, अब हम धंतो से, एक लड़का लेकर, पाल लेंगे।—बस! महीना नहीं निकाला। मर गई। बिछोड़ा डाल गई। कोई जीना थोड़ी है, उसके बग़ैर। ऐसे ही दिन-कटी है। हाड़ घसीटता हूँ मैं। इकल्ला। अभी तक भी, आधी रात को कभी आँख खुल जाए, तो उसी के सपने आते हैं।—मरं जाता है बंदा, घर छोड़कर थोड़ी जाता है! हर वेला भुलावा लगे। मेरे चार चुफेरे रहती है। **(आँसू पोंछता है)**

चिंती : कैसे मरी थी, चाचा।

सीबा : मेरी गलती। मूर्खता कर बैठा। सौत संग टक्कर ले बैठा। रसूलपुरिये दित्तू की बहू को सौतन सता रही थी। मैं चालीसा करने के लिए मान गया। सौतन मुझे पड़ गई, उलटी। संतो छीन ली मेरे से।

चिंती : जिगरा नहीं छोड़ते, चाचा।

सीबा : धर्म थोड़ी है कोई जीने का, औरत के बग़ैर। अब मेरी तरफ से कोई मरे, कोई जीवे। सौत मेरा क्या बिगाड़ लेगी। न मेरी बेटी, न बेटा। तेरी सौत तो निकाल के छोडूँगा।

चिंती : असीस दूँगी मैं, मरते दम तक।

सीबा : तो फिर, चिंती, ख़्याल रखना। होती ऐसे है। मैं आज संध्या को मंत्र पढ़ना शुरू करूँगा। यहाँ, मंच पर बैठ के। नौगज्जे का कलमा। सौतन झट तेरे शरीर में घुस जाएगी। वो कोशिश करेगी, कि ओझा, मंत्र पढ़ के, तेरे शरीर में से, उसको न निकाल सके। पर मैं निकाल ज़रूर दूँगा। चालीस रात हमारी ऐसे ही लड़ाई

होगी। मैं कहूँगा, निकल बाहर। वो कहेगी, नहीं निकलूँगी।—तू नहीं बोलेगी। तेरे शरीर के अंदर से, सौत बोलेगी। रोज़ तड़के, तुम्हारी कोठड़ी में, तुम्हें अकेली बिठा कर, मैं उसको धूनी दूँगा।

(पीछे क़ाबल आ कर खड़ा होता है)

चिंती : मुझे कि उसको?

सीबा : तेरा शरीर सौत का हो जाएगा। चालीस दिन। मैं उसकी दुर्गति करूँगा। बेइज़्ज़ती करूँगा। तब जाकर कहीं, डर कर, निकलेगी बाहर, तेरी सौत।

चिंती : क्या करना पड़ेगा मुझे?

सीबा : तू ने क्या करना? करना तो जो कुछ है, मैंने आप करना है। तू चुप चाप, मैं जो मरज़ी करूँ, तू समझना, ओझा चाचा, सौत संग कर रहा है। टोकना नहीं। भूल कर भी, नांह नुक्कर नहीं करना।

चिंती : कोठरी में?

सीबा : आप ही निकलेगी। **(घुसुर मुसर करता)** शरम की मारी। यही तरीका होता है सौत को निकालने का।

चिंती : दूसरा तरीका नहीं कोई?··शहर वाले ने इसी करके ख़ानक़ाह छोड़ी। कहता था, मौसा तुम्हें बुलाना चलाना चाहता है।

सीबा : हरिया कहता है? है! पापी ससुरा! तोहमतें लगावे संतों पर!—सौत से डर, मेरी फाख़्ता। चुड़ैल के साथ साई बेशक जो मरज़ी करे। हरिये को क्या? तू तैयारी कर। नहा, धो अच्छी तरह।

क़ाबल : मौसा, कर दिया शुरू, जादू टोना, भाभी पर?

(सीबा झट पीछे हटता है। चिंती परे खड़ी होती है)

सीबा : घबराना नहीं, मेरा पुत्र। मैं जो हूँ। अब सौत तेरा कुछ नहीं बिगाड़ सकती। चूज़ा था तेरा, वो निगल गई, छीन कर। मैं दोमुँही को दफा करके हटूँगा।

(धनीराम आता हे। दूसरी तरफ से, गीला अँगोछा और बालटी पकड़े, ख़ुशिया आता है)

ख़ुशिया : पकड़ अँगोछा। नहा ले तू भी। टूवल चल रहा है, हुलासा सिंह का।

सीबा : अभी चाय पी है मैं ने। ठहर के सही।

ख़ुशिया : बेटा, कैसा रहा गीत?

धनी : गीत तो मैं ने सुंदर लिखा, पर बचनी भी कमाल करती है।

क़ाबल : जो मैंने एकतारा बजाया?

धनी : ऐसे कील के रख देगा गीत, मैं कभी कल्पना भी नहीं था कर

सकता।

चिंती : बचनी कहाँ है? रोटी का करें कुछ।

धनी : बचनी गई, बस पर। सूबेदारनी संग। महाराज के पास। मैं ने सोचा, चलो जाने दो। बड़ी हद मेरे शायर दोस्त, साहित्य सभा में, मसखरी करेंगे।–कि, विद्रोही साहिब, आपकी वाईफ भी रजवाड़े के दरबार जा चुकी है।

(धंतो आती है)

ख़ुशिया : मुड़ आएगी परसों। महाराज के साथ।

धनी : अच्छा, मैं चलूँ।

धंतो : रह लेता।

धनी : नहीं, माँ जी। दुकान सूनी है। अच्छा, पैरीं पय। चंगा, मामा।

धंतो : साईं राज़ी रखे। **(सिर पर प्यार देती है)**

ख़ुशिया : परसों चौथ आकर ले जाना बचनी को।

धनी : अच्छा, बैठो। **(साइकल पकड़ कर जाता है)**

सीबा : क्यों दुखी राम, नौगज्जे के चरणों में बिठायें क़ाबल को?

ख़ुशिया : मरज़ी है इसकी। जैसे इसका रब्ब कराये।

धंतो : मंगवाऊँ पगड़ी रंगरेज़ से?

क़ाबल : पगड़ी नहीं। तू कफन डाल दे मेरे पर।—मैं घर से भाग जाऊँगा।

सीबा : नौगज्जे की बाँहें बड़ी लंबी हैं। दौड़ कर कहाँ छिपेगा तू?

(रछपाल सिंह साइकल पर आता है)

ख़ुशिया : आज बड़ी जल्दी मुड़ आया, रछपाल सिंह? तू तो कह रहा था, कपड़े खरीदने हैं? नानका भात के?

रछपाल : ख़ुशिया, भैया, जिगरा रख। धंतो, चिंती, दिल सख़्त करो।

धंतो : क्या हुआ?

चिंती : हाय रे मुझे!

रछपाल : मैं ने जाकर, साइकल खड़ा ही किया, खंभे के साथ। भीलो हलवाई बोला, दौड़ जा मुड़के गाँव को। इंतज़ार थी तेरी। हरिये के माँ बाप को ले आ।

क़ाबल : बात क्या हुई?

रछपाल : मैं ने आँखों से देखा। हस्पताल जाकर।

चिंती : हाय मैं मर गई! **(बैठती है)**

धंतो : हाय मेरा लाल!

रछपाल : कहीं नशे की गोली खा कर, बैठ गया, रिक्शे पर। ऊँघ आ गई। पीपल वाले चौक में। अँधेरे में। टरक्क गुज़रा पास से। टक्कर लग

गई। आगे गिर पड़ा। पिछले दोनों पहिये निकल गए, ऊपर से। कुचला गया शरीर।

चिंती : हाय ओए मेरे रब्बा!

धंतो : मेरा पुत्र खा गई, लोगो! चिंती डायन! मेरा बेटा खा गई!

चिंती : नौगज्जे ने ले लिए दोनों। हाय! दोनों!

(बेहोश, गिरती है। क़ाबल दौड़कर पकड़ता है)

क़ाबल : भाभी!

धंतो : पुत्र भी खा गई! मेरा पोता भी खा गई!

रछपाल : पहचाना नहीं गया मेरे से।

धंतो : चिंती डायन खा गई!

(ख़ुशिया पत्थर बना खड़ा है। सीबा नौगज्जे के मंच के आगे)

सीबा : बख़्श ले! नौगज्जे, बख़्श ले!

(लंबी चुप)

ख़ुशिया : **(रोना रोकता)** यह जुल्म है! रब्बा! यह तेरा जुल्म है! ज़ालिम! यह तेरा जुल्म है! जुल्म है! **(रोता है)**

(अँधेरा)

तीसरा अंक

(खुशिया चादर तान कर खाट पर लेटा है। क़ाबल आता है। सब कुछ देख कर, मंच के पास जाता है। गुस्से में पहले पैर मारता है, फिर थूकता है। जाँघों को तेल मलता है। गाता है)

क़ाबल : जग्गा मारा बरगद के नीचे, जग्गा मारा
जग्गा मारा बरगद के नीचे
कि नौ मन रेत भीग गई
जग्गेआ जग्गेआ
तू परदेस गया, द्वार बज्जेआ।
(दो बैठक निकालता है)
बापू! चित्त ठीक नहीं हुआ?—उठ, झुग्गी उखाड़ के ले जायें। अब यहाँ क्या धरा है तेरा?

खुशिया : आज महीना पूरा हो गया, हरिये मरे को। पता नहीं किधर किधर रूह भटकती होगी, मेरे पुत्र की।

क़ाबल : सीबे की करतूत है सब। उसी कुत्ते के पूत ने मरवाया हरिया।

खुशिया : जादू टोना करना था तो क्या हमारे पर?

क़ाबल : टोनों को रोवे। राख करे साला जादू टोने।

खुशिया : फिर तू कैसे कहता है? मरवाया सीबे ने?

क़ाबल : नशई बना कर। और कैसे?

खुशिया : नहीं, बेटा। नशा तो अलग बात है। तुम्हें क्या ज़बरदस्ती नशाबाज़ बना देगा सीबा?

क़ाबल : मेरी बात मत कर। मैं नहीं चढूँगा ख़ानक़ाह पर। कह दे उसको। जाए जहाँ से।

खुशिया : पुन्नां के घर गया हुआ शायद। तड़के का।

क़ाबल : बलि लेनी थी बकरे की, तेरे नौगज्जे ने। मेरा भाई मरवा डाला, तेरे सीबे ने। और साले अब क्या चाहते हैं हम से?

खुशिया : वो तो चिंती को भी ले जाना चाहता है। कहे, विधवा ने क्या करना? क़ब्र पर चिराग़ जला दिया। रोटी खा लिया करेगी।—कैसे

करें? मैं ने तो बड़ा सोचा। मेरा दिमाग़ काम नहीं करता। इन्कार करूँ तो तेरी माँ ने जीने नहीं देना।

क़ाबल : इस धंतो डायन से मैं बड़ा दुखी हूँ। मैं इसकी एक नहीं मानूँगा। मैं चला हूँ, कल शहर। रिक्शा चलाने। उठाए फिर तू सीबे को! और उसकी धंतो को! और उसके नौगज्जे को! मेरे कुछ नहीं लगते। बारीकी ताप, ज़िंदगी भर का। कोढ़! कुनबे को चबाए जा रहा।

खुशिया : दिल का डर नहीं जाता मेरा।

क़ाबल : दिल का डर निकालेगा तो जायेगा। मेमने की तरह मैं-मैं मैं-मैं! सीबे भेड़िये के आगे! धंतो पगलाई लोमड़ी के आगे। बंदा बन तू। हिम्मत कर। जो तेरा बिगाड़ना था, बिगाड़ लिया। अब डर किस चीज़ का है तुम्हें? सीबे के पल्ले है क्या? दानव? दानव तेरे अपने दिल के अंदर है। भूत तो तेरी अपनी कमज़ोरी है। हल्ला बोल। दोनों मिलकर, इस हौए को घर से भगायें। यह फनियर जो झूलता रहा है, बरसों से, तेरे सिर पर—लाठी पकड़! धड़ाधड़! सिर कुचल दे!

खुशिया : माँ तेरी? वो चिंती को जीने नहीं देती। देख, कैसे कलह जगाए नित्य। तेरे सामने ही है सब कुछ।

क़ाबल : मेरी नहीं लगती माँ घड़ां। मेरी माँ मर जाए तो चंगा।—अच्छा, तू जैसे मरज़ी कर। खच्चर बनकर, चढ़ाये रख, सीबे को, पीठ पर। मगर मुझे मत कहना कुछ। अगर आज सीबा ज़्यादा उछला, मैं, कुल्हाड़ा मारकर, सिर फाड़ दूँगा। साथ में धंतो का।

खुशिया : सहज कर। देखते हैं। आता है तो कहूँगा मैं—कि तू नहीं चढ़ेगा क़ब्र पर।

क़ाबल : उठ फिर, झुग्गी उखाड़ें।—भूत कोई आसमान से थोड़ी उतरें? दानव कोहकाफ से उड़कर थोड़ी आवें? घरों के अंदर ही बसते हैं—डायन, और देव, और दानव! हिम्मत करे बंदा—भूतों प्रेतों को ठोक ठोक कर, दरवाज़े से बाहर दे मारे!

(क़ाबल झुग्गी उखाड़ने लगता है। साइकल पर रछपाल सिंह आता है)

रछपाल : क़ाबल, झुग्गी अभी रहने दे।

क़ाबल : क्या बात?

रछपाल : खुशिया, तुम बाप बेटा सलाह कर लो।

खुशिया : काहे की?

रछपाल : कटवाने लगा हूँ मैं बाग। ठेका कर लो।

ख़ुशिया : कटवा डालेगा? नांह भई, सरदारा। पाप न कमा। पुश्तों का काम है, बाग पालना। आम हैं, प्याज़ गोभी थोड़ी, जो आज बोये, कल उग पड़ें। उम्रें लग जाती हैं, बागों पर।

रछपाल : आप ही तो कुर्लाये तू, आठ सौ के नीचे आ गया। मैं तुम्हें आठ सौ तो मोड़ने से रहा। जिनस थी, सवा मन, देनी की, तू ने, वो नहीं दी।

क़ाबल : आँधी ने कुछ बूटों पर छोड़ा हो, तो ही देते।

ख़ुशिया : हमारी क़िस्मत! झड़ गए।—पर बाग मत कटा। बापू ने एक-एक बूटा पुत्रों की तरह पाला था। कहाँ है खड्ड! कनस्तरों की बहंगी बना के, चश्मे का पानी ढोना। हम, बाप बेटे ने। तो बाग लगा तेरे बाप का।

क़ाबल : बाप दादा को लेकर बैठ जाता है। यही कमाई है, सारी उम्र की—बातें!

रछपाल : ज़मीन बेकार जा रही मेरी, ख़ुशिया। मैं लगा हूँ टूबल लगवाने। वो, चबूतरे के पास। सब्ज़ियाँ बेचूँगा, शहर। देख लेना तू। बीस हज़ार की उतरेगी, साल की।

क़ाबल : बीस हज़ार के तो बाले शहतीर निकल आयेंगे।

रछपाल : और क्या। उस रक़म से मैं टूबल लगा लूँगा।—ख़ुशिया, क़ाबल और तू, मिलकर, काट लो। ठेके पर। कुछ तो घाटा पूरा होगा तेरा।

ख़ुशिया : न, भैया। मुझ से नहीं काटे जाएँगे। **(चारों तरफ देखता, रोने वाला)** पचास बरसों से, एक एक बूटा, हरिया समझ के पाला। क़ाबल समझ के पाला।

क़ाबल : बढ़ई लकड़ी से यारी डालेगा, तो खायेगा कहाँ से?—रिक्शे के बारे में नहीं पूछा? सेठ गुरदित्ते से?

रछपाल : पूछना क्या है? सौ रिक्शा है उसके पास। किराया ही लेना है उसने। —फिर सलाह नहीं तेरी? लड़के लगा ले, दो और साथ।

क़ाबल : नहीं। मेरा जी उकता गया, गाँव से।

रछपाल : अच्छा, भई। तुम्हारी मरज़ी। तुम्हारा ही भला सोचा था मैंने। बग्गू राम को कह देता हूँ। पीछे पड़ा है मेरे, कई दिनों से। **(जाता है)** **(धंतो आती है, हाथ में जोगिया पगड़ी)**

ख़ुशिया : मत कटा, मेरे आम, रछपाल सिंह।

धंतो : कटवाने लगा है बाग? खरा बल्कि। बुढ़े ईंधन में अब क्या धरा

है? फलता थोड़ी है।

ख़ुशिया : बुढ़े! दो दो सौ बरस आम का बिरछ फल देता है। बापू बताया करता था। गंगा, सहारनपुर, एक बिरछ देखा उसने। हज़ार साल का होगा। गुच्छे पर गुच्छा।

धंतो : पगड़ी देख, कितना उछाल है, रंग का। द्वारका कहता, दोबारा रंगी। तेरा मौसा लौटा नहीं, पुन्नां के घर से?

(ढेरा सिंह अता है, थैला हाथ में)

क़ाबल : आग लगा के साड़ दे, पगड़ी को।

धंतो : क्या??

ढेरा : क़ाबल, बेटा, क्या बात है?

ख़ुशिया : आजा, ढेरा सिंह।

ढेरा : कैसे तेरी तबीयत आज?

ख़ुशिया : हिम्मत नहीं रही।

ढेरा : पुत्रों के दुख बुरे। क्या करना, भैया। जिगरा रख। मानुष जन्म, दुखों की खान। जो बहमाता लिख गई, झेलना पड़ेगा।

ख़ुशिया : कहा करते हैं—क़ब्रें निहार रहीं, ज्यों पुत्रों को माएँ।

क़ाबल : **(लाठी उठा कर)** बापू, लट्ठ उठा।

धंतो : क्या है?

क़ाबल : साँप! कुबड़ी अंबिया को जा रहा है। तू बरमी के माथे खड़ा हो। मुड़कर बिल में ज़िंदा नहीं जानें देंगे। डरना मत। मैं हूँ साथ। **(दौड़ता है)**

ख़ुशिया : **(लट्ठ उठाकर)** उस दिन वाला! जिसने फाख़्ता के अंडे पिये थे।

ढेरा : ध्यान से, क़ाबल। देखना, पुत्र, बच कर।

धंतो : कौऐ के घौंसले को गया आज।—भाई, क़ाबल ने बताया, घौंसला कौऐ ने बनाया। बीच में अंडे दिये। कोयल ने शैतानी की। कोयल भी अंडे दे गई बीच में।—ताकि, कौआ मेरे बच्चे पाल दे, अपने समझ कर।

ढेरा : ज़ालिम! अंडे पी जावे। पंछियों के।

धंतो : हाय मैं मर गई।

ढेरा : क्या हुआ?

धंतो : इतवार है आज तो। गोगा पूजने का दिन। आज के दिन गोगा मारने से पाप चढ़ता है।

ढेरा : कर लिया क़ाबू? मार साले के!

क़ाबल : **(दूर से)** सिर पर मार, बापू, सिर पर। ऐसे!! फिस्स गया! फिस्स

गया!

धंतो : पाप लगेगा!

ढेरा : बस कर, ख़ुशिया, मर गया। गहरा गढ़ा खोद कर दबाना, क़ाबल। **(चुप)**

ख़ुशिया : **(जोश में, पसीना पोंछता)** कुचल डाला सिर मैं ने! पहली बार! यह पुड़पुड़ी पर मारा! एक ही पलसेटा खाया! वहीं रह गया!

धंतो : इतवार के दिन?

ख़ुशिया : ले, भई, ढेरा सिंह। पहली बार साँप मारा मैं ने। इतनी उम्र गुज़र गई। जीव हत्या करने को, जी नहीं था किया। कभी भी। न मेरा, न मेरे बापू का।—पगड़ी कहाँ है मेरी? फाड़ कर कफन डालें।

क़ाबल : **(डंडे पर लटकाये लाता है)** कफन डाले साले पर। रहने दे तू। मैं लगा हूँ टाँगने, बाड़ पर। च्योंटियाँ आप ही खा जाएँगी।

ढेरा : दबा दे, बेटा।

ख़ुशिया : कफन डालना चाहिए, साँप पर। सियाने कहा करते हैं।

धंतो : गोगे का पाप लगेगा।

क़ाबल : काहे का पाप लगेगा? दुश्मन मारा। ज़ालिम क़त्ल किया। **(जाता है)**

ख़ुशिया : सिर कुचल दिया मैंने! **(बैठता है)** ठाह मारी लट्ठ!

ढेरा : मौत आई थी ससुरे की। जो दोपहरे दिन के, बिलों से निकल कर घूम रहा है।

धंतो : बचनी मुड़ी नहीं? हरनामो के घर से?

ढेरा : बचनी आ गई?

धंतो : हाँ। कहती है, बड़ी मौज कराई, महाराज ने, शिमले।

ढेरा : बादशाही है, धंतो। कमी थोड़ी कोई, महाराज के घर। महल बने हुए हैं, शहर शहर में। फिर धन क्या लोग थोड़ा चढ़ावें? मौजें नहीं तो और क्या?

धंतो : बचनी बतावे : बड़े बड़े धनाढ्य चेले हैं। ट्रक्क भर भर के लाते हैं। सीमिंट के, लोहे के। भवन बनाने के लिए। शिमला में।

ढेरा : लड़का नहीं आया, तुम्हारा जमाई? मेरा ख़्याल है, अब सीधा हो गया।

ख़ुशिया : सीधे को सीधा ही है। नख़रे ही किया करें। जमाई। पहली पहली बार।

ढेरा : कँठहार का क्या हुआ? इतनी रक़म? आमों में तुम्हें घाटा पड़ गया। कैसे छुड़ायेगा?

धंतो : छुड़ायेगा यह, सात चूल्हों की राख! अभी क्या पता, लड़की के साथ कैसे होगी।

ढेरा : **(थैली पकड़ाकर)** ले।

खुशिया : क्या?

ढेरा : भैया, लखपति तो मैं भी नहीं। मगर नंतू सराफ जितना है मेरे पास। दो हज़ार से काम चल जाएगा?

खुशिया : **(मोड़कर)** न, ढेरा सिंह। इतना भार मत चढ़ा मेरे सिर पर।

ढेरा : बचनी के नाम का है यह। तेरा लौटाने का कोई हक़ नही। धीय धियानी है। जैसी जोगिंदरो, वैसी बचनी। इकट्ठी गुड़िया पटोले खेलती रहीं। घड़ी भर बिछोड़ा नहीं करती थीं, इक दूजी का। जैसे तुम और मैं थे। बचपन में। यहाँ कहाँ, ढेरू और खुशिया इकट्ठे। **(रोता)** बेगाना धन, बेटियों का। ब्याह हो गए, बिछुड़ गईं। मुँह देखने को भी तरसे बंदा।

खुशिया : **(आँसू पोंछकर)** सतयुगी पुरुष है तू। बेटी बसती करी मेरी। फिक्रों से साँस सूखा था। हरिया भी गया। पाई पाई मोड़ दूँगा।

ढेरा : नांह! यह मोड़ना नहीं। चिर हुआ, जोड़ के रखा था। पुत्रों बहुओं से अलग। **(आह भर कर)** अब यह मेरे किसी काम का नहीं।

खुशिया : क्या बात हुई? आह क्यों भरी तूने? चिट्ठी आई बेटों की?

ढेरा : **(कार्ड दिखाता)** शाम को मिला, कार्ड। लिखते हैं, गाड़ी चढ़ आ, कलकत्ते की। कहें, घुटनों की दर्दों का इलाज करायेंगे, हस्पताल में। सो, चला हूँ अब।

धंतो : इधर नहीं हैं हस्पताल?

खुशिया : मंदी हुई।

ढेरा : **(चाबी देकर)** यह रही कुँजी। क़ाबल को कहना, हमारे चबारे में सो जाया करे। **(उठकर)** मोटर गूँज रही है। क्या करना, वीरा। पुत्रों के बग़ैर रहा भी नहीं जाता। पोते पोतियाँ याद आवें, हर वेला। मुझे लगे, मेरी हड्डियाँ वहीं बिखरेंगी, परदेस में। **(रोता)** अंबियों को तरसेगी, जब छोड़ गई देस दुआबा।

खुशिया : नदी का पूर, त्रिंजन की सहेलियाँ, सबब से इकट्ठी होवें।

ढेरा : कहा सुना माफ करना, भैया। कबड्डी के साथी थे हम। **(जाता है)**

खुशिया : **(साथ जाता है)** जिंदा रहे तो ज़रूर मिलेंगे। अच्छा, भाई। रब्ब राखा।

धंतो : आखीर बुरी बेचारे की।

खुशिया : **(मुड़के, जाते हुए की तरफ देखता)** एक ग़रीबी ने तोड़ डाले, एक

अमीरी ने। उम्र बीत गई, सेपी का काम करते हुए। बेगार करते हुए, ज़मींदारों की। दुख झेल कर, पुत्र पाले। पुत्र जवान हुए, अमीर बने, तो ढेरू को, गाँव से उजड़ना पड़ा। **(रोता है)**

धंतो : बहुएँ और पोते बुलायेंगे तक नहीं। रोटी का टूक फेंक दिया करेंगे, आगे। दो वेला।

(बचनी, हरनामो, धनीराम आते हैं)

धनी : बापू, पाय लागूँ।

ख़ुशिया : जीता रह, पुत्र। बचनी, कँठहार के बारे में बता दिया?

बचनी : नहीं।

धनी : कँठहार?

हरनामो : झिझक मत, गुरबचन कौर। बता दे सारी बात।

(क़ाबल आता है)

ख़ुशिया : दबाया नहीं?

क़ाबल : सूखी टहनियों पर टाँग दिया, सजा कर! चील झपट कर ले जाएगी।

बचनी : क्या है?

ख़ुशिया : साँप था। मैं ने सिर कुचल दिया। एक ही चोट से।

हरनामो : हार तो छुड़ा भी लिया कल।

धनी : गिरवी रखा था?

बचनी : **(दुपट्टे के नीचे से दिखा कर)** महाराज की कृपा हुई।

हरनामो : शब्द गाया, एक दिन, इसने। बड़े ख़ुश हुए। बोले, गुरबचन कौर, माँग ले जो माँगना है। यह तो शरमाती रही। मैं ने बता दिया। महाराज ने सैक्टरी को कहा। कल, शहर से जाते हुए, कँठहार छुड़ा दिया।

ख़ुशिया : माया की करामात है सब।

क़ाबल : आजकल के राजा इसी तरह के होते हैं। मास्टर चरनदास होशियारपुरी ने एक बार बताया, हमारी जमात को। कहता, मुग़ल बादशाह ने दस हज़ार ज़नानियों का रेवड़ इकट्ठा कर रखा था।

धंतो : भई, इस छोकरे की ज़बान को पता नहीं क्या हो गया है! ज़हर थूकता है।

बचनी : बड़ा खुला दिल है, महाराज का।

धनी : विलायत वाली बात भी बताओ।

हरनामो : नवरात्रों में जायेंगे महाराज, विलायत। हम तीनों को भी साथ ले जाएँगे।

ख़ुशिया : बेटा, तू भी जायेगा?

धनी : हाहो! कहते, गीत लिख। दो चार, और।

क़ाबल : कौमरेड विद्रोही साहिब, तू कैसे मानने लगा, महाराज को? नास्तिक था तू तो? वहमों भ्रमों के ख़िलाफ?

धनी : वहमों भ्रमों के ख़िलाफ ही तो शब्द लिखने को कहा, महाराज ने। कहते हैं—सिर्फ एक सत्य करतार की, एक निरंकार की, उपासना करो।

हरनामो : माँस शराब छुड़ा दिये।

बचनी : महाराज ने आप चिट्‌ठी लिखा कर बुलाया था इसको, शिमले।

क़ाबल : पार्टी वाले कहेंगे, अच्छा इन्क़लाब लाया—कौमरेड विद्रोही!

धनी : पार्टी दूध देगी मुझे? सब खाने के यार हैं। कविता की कला, तो आगे चलेगी। हम ने प्रचार ही करना है। कोई हुआ।

हरनामो : अज्ञान का अँधेरा दूर हो जाता है, महाराज के अंग संग रह कर।

धनी : मेरी आँखें तो, असल में, प्रेम जालंधरी ने खोली।

क़ाबल : प्रेम जालंधरी?

ख़ुशिया : वो कौन हुआ?

धंतो : पीर पैगंबर होगा। नौगज्जे जैसा। या मेरे बहनोई जैसा।

धनी : एक तरह तो, जी, प्रेम जालंधरी पीरों का पीर है। ड्रामे लिखता है। फिल्मों की कहानियाँ भी लिखता है।

क़ाबल : कौन सा मंत्र फूँका जालंधरी ने तेरे पर?

धनी : मज़ाक की बात नहीं, क़ाबल। जालंधरी ने बड़े पैसे बनाये, लेखन से। बापू, मैं ने अख़बार में एक लेख पढ़ा। प्रेम जालंधरी को किसी ने इंटरव्यू किया। कोई प्रोफेसर तनेजा है, हँसराज कॉलेज दिल्ली का। उसने पूछा प्रेम जी को, "आप, एक तरफ, मर्दों औरतों के गंदे डरामे लिखते हो। दूसरी तरफ, दसों गुरुओं पर भी ड्रामा खेला। दोनों विषय आपके मन में कैसे मेल खाते हैं?"—लाख रुपए का जवाब दिया जालंधरी जी ने। बोले, "मैं तो बढ़ई हूँ। औज़ार तीखा चाहिए। रक़म रख जाओ। जिस माप का मरज़ी हो, ड्रामा घड़वा लो। धार्मिक कहो, धार्मिक। इश्क़ मुश्क़ का कहो, तो इश्क़ मुश्क़। लेखक का क्या है? पैसा ही कमाना है। जैसे मरज़ी कमा ले।" —आँखें खोल दीं, जी, जालंधरी साहिब ने मेरी। कार्ल मार्क्स से भी बढ़कर निकला, मेरे लिए तो। जिसने मुझे सरमाये की क़दर सिखाई।

धंतो : गुरु बिना गति नहीं, जी।

क़ाबल : लेखक? तेरे वास्ते, और जालंधरी वास्ते, लेखक कँजरी बन गया। कोठे बैठी कँजरी, जो जेबें भर के सीढ़ी चढ़ आवे।

हरनामो : इस लड़के जैसी गंदी ज़बान नहीं होगी किसी की। कैसे वचन बोल रहा है।

धंतो : यह मास्टर चरनदास होशियारपुरिये की करतूत है। कँजर की। जो लड़कों को उलटी पोथियाँ पढ़ावे नित्य! गाँव के बीच में बैठ कर। हटाता भी नहीं उसको कोई। दो चपेड़ें मारकर।

ख़ुशिया : दुकान छोड़ दी, बेटा?

(मोर बोलता है)

बचनी : तन्ख़ाह लगा दी, महाराज ने। इसकी भी, मेरी भी।

हरनामो : तन्ख़ाह बेशक जमा करते जाना। खाना पीना डेरे का।

बचनी : देखो! मोर! पैल पा रहा! नाच रहा! ऐ है है!

हरनामो : मोरनी भी है। वो! **(सारे देखते हैं)**

ख़ुशिया : घटा चढ़ी है। चढ़ते पासे। काली बोली। मेंह पड़ेगा।

बचनी : कितना मोहक है।

हरनामो : महाराज के रंग हैं।

क़ाबल : मोर के रंग हैं।—कुछ नहीं, जीजा। तूने तो बात गँवा दी। अभी फिल्मों का काम फिर चंगा था। तू गीत लिखता रहता, तो कभी मेरे जैसे का भी दाव लगता।

बचनी : बड़े विद्वान हैं, महाराज। सौ तो उन के पास अँग्रेज़ी की किताब होगी। सिर्फ पढ़ने वाली किताबें। तसवीरों वाली तो क़सम खाने को नहीं हैं। अँग्रेज़ी ऐसे काटते हैं, जैसे, बिजली के गंडासे से, चरीह बाजरा कुतरते हैं।

हरनामो : डिगरियाँ कर रखी हैं उन्होंने। पंद्रह तो स्कूल कॉलेज चलावें, दरबार साहिब के चढ़ावे से।

(चिंती आती है, हाँफती, सहमी)

चिंती : क़ाबल! साँप!

क़ाबल : कहाँ?

चिंती : सूखी टहनियों पर।

ख़ुशिया : वो तो मरा हुआ है। मैंने मारा, लट्ठ से! सिर कुचल दिया।

बचनी : महाराज मुझे भी अँग्रेज़ी सिखाया करते हैं। **(लय से)** चीकें मायने गाल! लिप्पस मायने होंट!

चिंती : मैं रोटी पका कर बैठी हूँ। घर। तुम यहीं रहे।

धनी : चलो जी, लँगर छकें।

खुशिया : आमों का टोकरा एक पाल लगाया है मैंने। भादो में पकने वाला। नवरात्रों को पकेगा। ले जाना साथ। विलायत वाले तरसते होंगे आमों को।

धनी : सत्य वचन जी।

बचनी : **(लय सुर से दोहराती, नाचती जाती)** चीकें मायने गाल! लिप्स मायने होंट!

(धनीराम, बचनी, हरनाम कौर जाते हैं)

खुशिया : **(ऊँचे, थैली निकालकर)** सूबेदारनी, एक बात सुन जा। यह पकड़, दो हज़ार।

हरनामो : कैसा?

खुशिया : मुझे अपना सीमा पर का खेत बेच दे। ढेरा सिंह का पैसा, किसी अर्थ लगाऊँ।

धंतो : तू क्या करेगा?

क़ाबल : सौदाई हो गया?

धंतो : खेती करे! वो बीजा था न मक्का। मढ़ी वाले गोशे में। कुतड़े के खाने लायक हुआ।

क़ाबल : पैसे मुझे दे दे। जीजे की हट्टी में, मैं रख लूँ, सौदा परचून का।

खुशिया : नांह! मैं लगाऊँगा बाग, आमों का! क्या कहेगा बापू मेरा? कि "ससुरे, और बूटा लगाना तो एक तरफ, तू ने मेरा लगाया बाग भी कटवा डाला।" निशानी उसकी क़ायम रखूँगा मैं। पुश्तैनी काम हमारा। मैं नहीं छोड़ूँगा। बापू से बोलूँगा, "तेरे से तो दो बूटे ज़्यादा लगा के आया हूँ!"

हरनामो : भाई जी, सीमा वाले खेत के पास पानी नहीं, दूर दूर तक।

धंतो : रेत बब्बर। पैर धरा नहीं जाता। काँटेदार लूँहदड़े और पौहली और लेह। चारों तरफ।

खुशिया : आग लगाकर जला दूँगा तेरे काँटेदार लूँहदड़े और पौहली और लेह।

धंतो : बेर की झाड़ियाँ हैं। काँटे ही काँटे।

खुशिया : जड़ से उखाड़ फेंकूँगा बेरियाँ, फावड़े से।

धंतो : साँप होंगे झाड़ियों के अंदर।

खुशिया : सिर कुचल दूँगा मैं, लट्ठ मार के। पानी का फिक्र न कर, हरनाम कौर। पहले तो मैं खोदूँगा कुआँ। कच्चा। ढेंकुली लगाऊँगा। आता जाता राही पानी पियेगा। कोस भर वाट में, छाया नहीं कहीं भी। झुलस जाता है राही। एक तो छाया हो जाएगी। दूसरे, आमों की

फसल। साल के साल।

(सीबा आता है)

धंतो : भूत तो नहीं चिमट गया तुम्हें कोई?

ख़ुशिया : **(अड़ी से)** मेरी मरज़ी। मैं तो यही करूँगा। सूबेदारनी, हाँ कर तू। नहीं तो, मैं तेरे खेत के माथे वाला गोशा ख़रीद लूँगा, बिक्कर सिंह से।

हरनामो : चंगा, भाई जी। पुण्य का काम है। कल, पैसे देकर, लिख लिखा कर लेना। **(जाती है)**

ख़ुशिया : वाहेगुरु बच्चे ज़िंदा रखे तेरे।

चिंती : **(पैर छूकर)** चाचा।

सीबा : सुखी रह, मुन्नी। काहे के सौदे हो रहे हैं, दुखिया?

धंतो : पगड़ी दे गया द्वारका रंगरेज़।

सीबा : चिंती, तू भी उठा ले, कुरती टल्ला। जो ले जाना है साथ।

ख़ुशिया : चिंती ने क्या करना है जाकर?

सीबा : सौत से बचाव नहीं करना? चालीसे के ज़रिये?

ख़ुशिया : नांह। हम कुछ नहीं करेंगे। जब हमारा बेटा नहीं रहा, किस लिए सियापे करें हम?

धंतो : तू चिंती को सूखने डालेगा, चीर कर? रखता है यहा!—आदमख़ोर! मेरा पुत्र निगल गई, पोता भी निगल गई।

ख़ुशिया : शुभ भी बोला कर कभी। इस काली ज़बान से।

चिंती : **(विलाप करती)** रे ज़ालिम! मुझे भी ले चल अपने पास!

ख़ुशिया : चुप कर, पुत्र।

धंतो : न यह बदशगुनी मेरे आँगन में पैर डालती, न मेरा पुत्र मरता।

ख़ुशिया : तरस नहीं रत्ती भर, तेरे दिल में?

क़ाबल : तेरी बेटी जैसी नहीं यह?

ख़ुशिया : क़ाबल, बेटा। अगर तू भली करे, एक मेरी मान।

क़ाबल : कौन सी?

ख़ुशिया : मानेगा?

क़ाबल : बात कर तू।

ख़ुशिया : पुत्र, घर की इज़्ज़त है। है भी तेरी उम्र की। मेरा मन चाहता है : तू चिंती संग—घर बसा ले।

सीबा : खरी है। दोनों जने, नौगज्जे की ख़िदमत करो।

धंतो : नांह! मेरे पुत्र को क्या सगाइयों की कमी है? मेर पुत्र के लिए यही बची? ख़सम-खानी!

क़ाबल : काटने दौड़ती है, हर बेला।

धंतो : जाने नहीं देता, चुड़ैल को। ले जा, सांई, जिधर मरज़ी।

ख़ुशिया : क्यों ले जाये सांईं? मेरी बहू बेटी है। क़ाबल रखे या न रखे। मैं कमा कर खिलाऊँगा। अभी क्या मेरे कर पैर नहीं चलते?

धंतो : **(छाती ठोक कर)** बाप का पूत है अगर तू, ख़ुशिया, घुसा के दिखा, चिंती को, मेरे आँगन में। है रांड पीछा छोड़ती, मेरे बेटों का!

ख़ुशिया : तेरा आँगन? तू साली लगे आँगन की?

क़ाबल : बापू, चुप कर। मैं ऐसे करता हूँ—

ख़ुशिया : तू बड़ी थानेदारनी लगी है?

धंतो : चिंती, पैर डाल के दिखा, मेरे कोठे के अंदर। आज हो जाए बात एक तरफ। जो मैं न टाँगें काट कर रख दूँ।

ख़ुशिया : चुप करना है कि नहीं तू ने? कुत्ती राँड! जान कुतर कुतर कर खा गई। जून गला दी मेरी, बदकार ने। **(मुक्का मारने लगता है)**

सीबा : **(रोक कर)** हट ओए, इधर!

ख़ुशिया : घुन है साली! अंदर ही अंदर खा गई मुझे! कोढ़ है!—तू हट जा आगे से।

सीबा : दोबारा हाथ मत उठाना। एक ही बार बता दिया तुम्हें।

क़ाबल : मौसा, बात को बढ़ा न बहुत। वरना पछतायेगा बाद में।

धंतो : आजा! आजा, ख़ुशिया! तुझे देख लूँ मैं, साँढ़ को। सारी उम्र कमा कमा के खिलाती रही। फिर भी कँजर ने क़द्र नहीं की।

ख़ुशिया : चुप कर जा। नहीं तो मैं ज़िंदा नहीं छोडूँगा।

धंतो : **(मुँह पर हाथ फेर कर)** धंतो भी बाप की बेटी नहीं, अगर चिंती को गाँव में रहने दूँ।

ख़ुशिया : **(मुँह पर हाथ फेर कर)** ख़ुशिया भी बाप का बेटा नहीं, अगर चिंती को घर में न रखे।

क़ाबल : बापू, हम नहीं रहेंगे कलमुहीं के पास। भाभी · · चिंती, कल मेरे साथ चल शहर।—जो छंगन मंगन करना है, कर ले। मैं कुटिया वाले साध को लाता हूँ बुला कर। जो दो पौड़ी पढ़नी हैं, पढ़ देवे।

ख़ुशिया : बहुत चंगा, मेरा लाल।

सीबा : मैं पढ़ दूँगा लाँबें चार। ख़ानक़ाह पर जाके।

क़ाबल : मेरी जाएगी जूती। जा दफा हो यहाँ से।

सीबा : अभी तो हरिये की चिता ठंडी नहीं हुई। क़ाबल, होश कर कुछ। दुखिया, फिर मत कहना—नौगज्जे ने मेरा दूसरा भी झपट लिया।

ख़ुशिया : तू? तू भी सुन ले। कुत्ते के पूतः फक़ीर! निकल जा मेरे बाग से।

और नहीं छल सकता तू। मैं ने भी कफन बाँध लिया सिर पर। निकाल के हटूँगा, तुझ देव दानव को!—बेटा, मैं किसी से बात करने लायक नहीं। कमज़ोर आदमी, क्या करे? पर अब मेरा, ये दोनों जने, कुछ नहीं बगाड़ सकते। हरिया ले लिया। इसने मेरा छिंदा ले लिया। ले दे कर, एक तू है। या चिंती है। आप मैं क़ब्र में टाँगें लटकाए बैठा हूँ। क्या पता नए बाग का फल देखने को मिलता है कि नहीं मिलता। **(रुआँसा)** पुत्र, आज सच्ची बताता हूँ मैं तुम्हें। किस मनहूस घड़ी, मेरा बापू, इस बदमाश को कह बैठा, अपनी रखैल का रिश्ता लाने के लिए। जिस दिन की इसने अपनी ज़नानी मारी है, जादू टोनों से, उस दिन से यह झोटा, बहाने बना बना कर, मेरे घर के अंदर घुसड़ा रहता है। पता मुझे सब कुछ है। क्या करूँ? तुम बच्चे थे। मैं इसको कहता कुछ, बदचलन को, तो भी मेरा परिवार बिखर जाता। किसको बताता? क्या करता? चोर की माँ और कोठी में मुँह!

सीबा : झूठी तोहमतें लगा रहा है।

धंतो : तेरी जीभ पर कोढ़ फूटे।

सीबा : निरा तूफान तोला कि नहीं?

धंतो : कीड़े पड़के मरे तू, ख़ुशिया।

चिंती : **(क़ाबल को)** यह मुझे भी उलटे सीधे काम करने को कहता रहता है। तेरा भैया भी इसी लिए ख़ानक़ाह छोड़ आया था।

क़ाबल : तभी साला छावनी डाल के बैठा है हमारे घर में?

ख़ुशिया : **(कुल्हाड़ी उठाकर)** तुझ से मैं टोने करवाऊँ!

क़ाबल : **(पकड़ने दौड़ता)** ठहर सही तू।

सीबा : **(लाठी उठाकर)** पीछे हट जाओ! सिर फाड़ दूँगा। दोनों के।

चिंती : बापू! कुल्हाड़ा मत मारना!

ख़ुशिया : हट जा तू परे! सिर कुचल दूँगा मैं। दानव का।

धंतो : ससुर की रांड! तू भी आजा! तेरे आग लगाऊँ!

(धंतो चिंती से गुत्तम गुत्ती होती है। चिंती सास को नीचे गिराती है। ख़ुशिया सीबे को कुल्हाड़ी मारने लगता है। क़ाबल रोकता है)

क़ाबल : न, बापू! कुल्हाड़ी मत मारना! कुल्हाड़ी रख दे। **(छीन लेता है)**

ख़ुशिया : छोड़ दे तू! गला काटूँगा मैं!

सीबा : **(छूट कर दौड़ता)** धंतो! आ जा! दौड़!

ख़ुशिया : सीबे की रांड! तेरी घंटी मरोड़ूँ पहले।

चिंती : बापू! जाने दे।

खुशिया : कमज़ात! **(धंतो भागती है)**

सीबा : **(दूर से)** नौगज्जा बदले निकालेगा!

क़ाबल : तेरे नौगज्जे की दिया—ठहर तू! **(पीछे भागता है)**

धंतो : **(दूर से)** खुशिया, चिंती रांड तुझे भी खा जाएगी!

खुशिया : नौगज्जा! कहाँ है कोढ़ नौगज्जा? सिर कुचल दूँगा मैं।

क़ाबल : **(दूर से)** रुक जा, कँजर!

चिंती : क़ाबल, जाने दे। आ जा।

खुशिया : भाग गए!

चिंती : छोड़ परे!

खुशिया : छोड़ गए!

चिंती : गाँव छोड़ गए! दोनों!

क़ाबल : **(पगड़ी लिए आता)** पगड़ी उतार ली मैंने भूत की!

(खुशिया पागलों की तरह नौगज्जे के थड़े पर लाठी बरसाता है और गाता है। क़ाबल और चिंती देख रहे हैं)

खुशिया : भूत छोड़ गए! भूत छोड़ गए देस दुआबा! भूत छोड़ गए!
दैत्य छोड़ गए! दैत्य छोड़ गए देस दुआबा! दैत्य छोड़ गए!
जिन्न छोड़ गए! जिन्न छोड़ गए देस दुआबा! जिन्न छोड़ गए!

(परदा)

—खत्म—

(पहला प्रालेख : नवंबर, 1981)

7

कल कॉलेज बंद रहेगा

विश्वविद्यालय
के
हर
परमेन्द्र वालिया
और
शमा तन्हा
के
नाम

लेखक-निर्देशक की तरफ से

काश कि बख़्शे हमें ख़ुदा कुछ ऐसी ताक़त
ख़ुद को देख सकें हम, ग़ैरों के चश्मों से।

—रॉबर्ट बर्न्ज़

क़ौम तंदुरुस्त है या बीमार? अगर आपने यह जाँचना हो, तो कौन सा ढंग अपनाओगे?

आप खोजो उसके स्कूल और कॉलेज। क़ौम की सेहत के बारे में इस से बेहतर सबूत और कोई नहीं।

और आज, हमारे स्कूल और कॉलेज, गले हुए हैं। सड़े हुए हैं। क्या हमारे अंदर, इस सच्चाई का सामना करने लायक, हौसला है?

सच्चाई है क्या? कौन सा रोग है, जो हमारी यूनिवर्सिटी को खाये जा रहा है? और अगर उसकी दवा है कोई, तो कौन सी?

यही सवाल हम अपने नाटक द्वारा उठाना चाहते हैं। ख़ुद हमारे पास भी पूरे जवाब नहीं हैं। ज़्यादा से ज़्यादा हम क्या कर सकते हैं? अपने विश्वविद्यालय की हूबहू तस्वीर उकेर सकते हैं।

सच अक्सर कड़वा होता है। कसैला होता है। डरावना भी। हक़ीक़त की यह तस्वीर हमारी ख़ुशामद नहीं करती। बहुत से लोग इसको पसंद नहीं करेंगे।

तो क्या हम, 'कला के नाम पर', कुछ एक ज़ालिम सच्चाइयों को ढकी रहने दें? क्या हम सच का झूठ बना दें?

नहीं! सच को छुपाना नहीं चाहिए। ऐसा करने से, हम अपनी तरक्क़ी के सब रास्ते, अँधाधुँध, बंद कर लेंगे। आओ, हिम्मत करें। ख़राब से ख़राब हालत को भी जानने की कोशिश करें। हो सकता है, इस जानकारी से, हमें एक दिन, अपने आप, बीमारी का इलाज सूझ जाये।

हमारी शिक्षा प्रणाली के मज़बूत अंग कौन से हैं? इस नाटक में हमने उन पर भी रोशनी डाली है। अच्छाई को, इस वक़्त, निराशाजनक बुराई ने घेर रखा है। आशा है, हमारे दर्शक, इस बहुमूल्य अच्छाई को आँखों से ओझल नहीं करेंगे।

और हम तहेदिल से कामना करते हैं कि भविष्य के विद्यार्थियों और अध्यापकों को, अपने स्कूलों-कॉलेजों की, हमारे जैसी, सियाह तस्वीर खींचने पर मजबूर नहीं होना पड़ेगा।

इला अपार्टमेंट्स (ए-104)
बी-7, वसुंधरा ऐनक्लेव
नई दिल्ली-110096

चरणदास सिद्धू

पहला मंचन

'कल कॉलेज बन्द रहेगा' पहली बार दिसंबर 27, 28, 29 सन् 1982 को कालेजिएट ड्रामा सोसाइटी, दिल्ली, द्वारा श्रीराम सेंटर फार आर्ट एंड कल्चर, नई दिल्ली में खेला गया। कलाकार थे :

प्रिंसिपल	:	राजकुमार साहनी / आशुतोष उपाध्याय
बर्सर	:	पी. रमेश कुमार / हेमंत मिश्र
वार्डन	:	हिमांशु देसाई
स्टाफ सेक्रेटरी	:	राजेश खट्टर
किरण तनेजा	:	वंदना कुलकर्णी
बलबीर बख़्शी	:	वीणा सिद्धू
मनोज सेठी	:	रवींद्र तनेजा / वामिक अब्बासी
मधुर केशवानी	:	चारुता भार्गव
परमेन्द्र वालिया	:	कल्पेश देसाई / संदीप महता
शमा तन्हा	:	प्रमिला सिद्धू
रामचन्द्र	:	किरण भाटिया / सतीश भल्ला
उषा भटनागर	:	ज्ञान कौर सिद्धू

परदे के पीछे

वस्त्र	:	वीणा सिद्धू
वस्तु विन्यास	:	प्रमिला सिद्धू
मंच विधान	:	राजकुमार साहनी, रवींद्र तनेजा
प्रकाश	:	अचल भगत, आशा सिद्धू
मंच व्यवस्था	:	प्रो. सत्यनारायण शर्मा
निर्देशक	:	डॉ. चरणदास सिद्धू

पात्र

पात्र का नाम		उम्र
प्रिंसिपल, डॉ. नन्द गोपाल भटनागर	:	47
श्रीमती उषा भटनागर	:	45
वार्डन, डॉ. रमेश चन्द्र कौल	:	47
बर्सर, शंकर मोहन गुप्ता	:	53
स्टाफ सेक्रेटरी, काशीराम वर्मा	:	48
मिज़ किरण तनेजा, मनोविज्ञान विभाग	:	40
कु. बलबीर बख्शी, गणित विभाग	:	26
मनोज सेठी, अध्यक्ष, छात्र संघ	:	24
मधुर केशवानी, सचिव, छात्र संघ	:	22
परमेन्द्र वालिया, छात्र, प्रथम वर्ष	:	18
शमा तन्हा, छात्रा, प्रथम वर्ष	:	18
रामचन्द्र, चपड़ासी	:	50

समय : आजकल
स्थान : भारत के किसी भी कॉलेज में प्रिंसीपल का कमरा

नोट : इस नाटक की घटनाएँ, पात्र और संवाद सीधे जीवन से लिए गए हैं। नाटक के किसी भी अंश को झूठा अथवा मनघड़न्त साबित करने वाले को नाटककार एक हज़ार रुपए इनाम देगा।

अंक 1

(प्रिंसिपल का कक्ष। पीछे दीवार पर बड़े-बड़े अक्षरों में लिखा है : ''जवाहरलाल नेहरू महाविद्यालय, दिल्ली।'' नीचे बहुत बड़ा मानचित्र है, जिस पर लिखा है : ''भारतवर्ष।'' दायें-बायें शैल्फ हैं जिन पर एक ग्लोब, कई शील्ड और ट्रॉफी सुशोभित हैं। मेज़ पर दफ्तर का सामान : कलमदान, पेपरवेट, फाइलों से भरी ट्रे, फूलदान, ''बी ब्रीफ'' की पट्टी, टैलीफोन, ऐश ट्रे, आदि। प्रिंसीपल की कुर्सी के दायें-बायें चार-चार कुर्सियाँ और सामने दो कुर्सियाँ। बाहर जाने का दरवाज़ा नीचे दाईं ओर है। बाईं ओर लकड़ी के परदे के पीछे प्रिंसीपल साहिब के आराम करने का सोफा तथा बाथरूम।)

(स्टाफ सेक्रेटरी काशीराम वर्मा का प्रवेश। पीछे रामचन्द्र चपड़ासी है)

स्टाफ सेक्रेटरी : प्रिंसिपल साहब तो आए ही नहीं अभी तक। **(पीछे बाथरूम को जाता है)**

रामचन्द्र : इस कॉलेज का प्रिंसिपल जल्दी आया करे तो ऐसी गड़बड़ ही क्यों हो?

स्टाफ से. : **(बाहर आकर)** बाथरूम में भी नहीं।

रामचन्द्र : गरक कर रखा है इसने कॉलेज को।

स्टाफ से. : एक बार फिर सोच लो, रामचन्द्र; बात झूठी न निकले।

रामचन्द्र : वर्मा साहब, मैंने अपनी आँखों से देखा है। शमा ही है।

स्टाफ से. : लड़का कौन है?

रामचन्द्र : पहचानता तो हूँ मैं, पर नाम नहीं पता। साइंस का लड़का है कोई। पैंतीस नम्बर में रहता है। मैं सीधा होस्टल से चला आ रहा हूँ। दोनों को देख कर।

स्टाफ से. : अन्दर से चिटकनी लगा रखी है?

रामचन्द्र : बिलकुल! मैंने पीछे से भी देखा। खिड़की बन्द है? शीशों पर कागज़ चिपकाए हैं। कुछ दिखाई नहीं देता।

स्टाफ से. : शमा? नादिरा की बहन?

रामचन्द्र : हाँ, साब, नादिरा की बहन। जिस लौंडिया की अँग्रेज़ी वाले बेदी साब से बातचीत थी। पिछले साल। मुझ से क्या छुपा है? दोनों बहने गन्दे घर की हैं।

स्टाफ से. : पर शमा की शक्ल नादिरा से नहीं मिलती। देखना, गलती मत करना। इस एक केस से, मैं साले बेदी और वार्डन, दोनों का पत्ता काटना चाहता हूँ। हो सके तो प्रिंसीपल का भी।

रामचन्द्र : क्या बात करते हैं, वर्मा साब। मैं गलती कभी नहीं कर सकता। शमा को तो मैं हज़ार लड़की में से ढूँढ़ निकालूँ। जिस दिन से आपने उस पर नज़र रखने को कहा है, मैंने उसे आँखों से ओझल नहीं होने दिया।

स्टाफ से. : अच्छा, जाओ, प्रिंसिपल साहिब की कोठी। उसको कहो, वर्मा साहिब ने फौरन बुलाया है। वजह मत बताना। **(रामचन्द्र जाने लगता है)** अरे, हाँ। पहले जाकर, पैंतीस नम्बर का बाहर से कुण्डा लगा दो।—चुपके से। और वार्डन को भी बुला के ला यहाँ। जल्दी।

रामचन्द्र : जी, साब! **(मुड़कर)** वर्मा साब, मैंने आपका काम कर दिया। अब मेरा काम मत भूलिए।

स्टाफ से. : ध्यान है मुझे, भाई। देखो, इन्क्रीमैंट तो तेरी मैं वापस दिलवा नहीं सकता। वो तो वार्डन के बच्चे ने जो ऐक्शन रिकमैण्ड किया था, तेरे खिलाफ, वो ले लिया प्रिंसिपल ने। अलबत्ता, केयरटेकर का जॉब तुम्हें ज़रूर दिलवा दूँगा। प्रिंसिपल पर प्रैशर डाल कर।

रामचन्द्र : मेहरबानी होगी आपकी, इस गरीब पर। लीजिए, वार्डन साब तो आ गए।

(वार्डन डॉ. रमेशचन्द्र कौल के हाथ में दो छपे हुए लेख और कुछ कागज़ हैं। रामचन्द्र जाता है।)

स्टाफ से. : बाहर से कुण्डा लगाना मत भूलना।—कहिए, डॉ. कौल, क्या पकड़ रखा है, हाथ में?

वार्डन : हैलो, वर्मा साहिब। प्रिंसिपल नहीं आए अभी तक? **(हाथ मिलाता है)**

स्टाफ से. : अजी प्रिंसिपल ने क्या लेना है अब इस कॉलेज से? बहुत साल कर चुका प्रिंसिपलशिप। होगा किसी पार्टी बॉस के घर तलवे चाटता।

वाइस चांसलर बनने के लिए। और इधर कॉलेज है कि बदमाशी का अड्डा बनता जा रहा है।

वार्डन : क्यों, वर्मा साहिब, ऐसी क्या बात हो गई? फिर रामचन्द्र और साधु सिंह चौकीदार ने रात को कमरा खोल दिया, किसी जोड़े से पैसे लेकर?

स्टाफ से. : क्या कागज़ हैं, डॉक?

वार्डन : कुछ नहीं, यूँ ही बस···

स्टाफ से. : छुपा क्यों रहे हो, यार? देखूँ तो। **(छीन कर)** बड़ा पुलिन्दा इकट्ठा कर रखा है। कागज़ों का। अच्छा! जनाब के आर्टीकल्ज़ के रिप्रिंट हैं।

वार्डन : **(गर्व से)** "द पोस्टल सिस्टम इन जम्मू ऐंड काश्मीर फ्रॉम 1885 टु 1902"! ग्रेट!

वार्डन : जम्मू युनिवर्सिटी के रिसर्च जर्नल में छपा है। दूसरा लखनऊ के हिस्ट्री डिपार्टमैंट ने कह के मँगवाया था।

स्टाफ से. : "द स्पैरड अव् पोस्टल सर्विस इन जम्मू ऐंड काश्मीर, कोलन, 1885 टू 1905"। वाहवा। 1902 से 1905! तीन साल बढ़ा दिए। इसके लिए तो भीषण रिसर्च करनी पड़ी होगी।

वार्डन : मैटर तो तकरीबन वही है, मेरे पीएच.डी. थीसिस वाला···

स्टाफ से. : लेकिन टाइटल में तो हेरफेर कर लिया न। इस पर क्या कम दिमाग ख़र्च हुआ होगा?

वार्डन : दो जगह छप गया। अब गिनती के तो दो आर्टीकल हो गए।

स्टाफ से. : रीडरशिप के लिए अप्लाई कर रहे हो? लास्ट डेट है न आज?

वार्डन : कल है लास्ट डेट तो। रीडरशिप में रखा ही क्या है? मैं तो वाइफ से कह रहा था सुबह—

स्टाफ से. : तू कह रहा था, या तेरी वाइफ कह रही थी? जब से वो रीडर बनी है, तेरे तो उँगली कर रखी होगी उसने? है न?

वार्डन : वाइफ ने क्या कहना है मुझे? वो तो आजकल खुद परेशान रहती है। काम इतना बढ़ गया है कि टिंकू निगलैक्ट हो रहा है।

स्टाफ से. : हाँ यार, मेरे बेटे बता रहे थे, टिंकू के चश्मा लग गया? इंसान बनने दो उसे। क्यों बेचारे को अपने जैसा पीएच.डी. बना रहे हो?

वार्डन : हम कब कहते हैं पढ़ने को। अपने आप लगा रहता है।

स्टाफ से. : ऐक्स्ट्रा करीकुलर ऐक्टिविटीज़ में हिस्सा नहीं लेना था तो माडर्न स्कूल में दाखिला कराने की क्या जरूरत थी?

वार्डन : माडर्न स्कूल भी बस, नाम ही रह गया है। बहुत डिटिरियोरेट हो

गया है। बच्चे मरें या जियें, किसी टीचर को परवाह ही नहीं। ऊपर से फीस इतनी लेते हैं।

स्टाफ से. : दो वेकन्सी हैं तुम्हारे डिपार्टमेंट में? बर्सर बात कर रहा था एक दिन।

वार्डन : माडर्न इण्डिया की भी एक वेकेन्सी है। कल पता चला। इसीलिए आज सोचा अप्लाई कर ही देते हैं।

स्टाफ से. : वैसे तो सुना है प्रिंसिपलशिप भी तीन-चार जगह खाली होने वाली है।

वार्डन : अजी हमें कौन बनाता है प्रिंसिपल? या रीडर? मैरिट को कौन देखता है? कभी कास्टिज़्म। कभी रिजन्लिज़्म।

स्टाफ से. : वार्डनशिप तो मिल गई। और क्या चाहिए? पाँच कमरे की कोठी है।

वार्डन : मैं तो कह रहा था वाइफ से। दोनों रीडर बन गए तो मकान छूट जाएगा। पहली बार हुआ है कि टिंकू को सैपेरेट रूम दे पाए हैं।

स्टाफ से. : तुम्हारे मकान को लेकर ही बर्सर कह रहा था। शायद जल्दी खाली हो जाए।

वार्डन : आप बनना चाहते हैं वार्डन?

स्टाफ से. : नो डॉक, थैंक यू। हॉस्टल का कुत्ता-काम हमसे नहीं हो पाएगा। और बहुत हैं सोश्यली यूज़फुल काम जो बंदा कर सकता है।

वार्डन : मिसिज वर्मा के कॉलेज में तो शायद स्टाफ क्वाटर्ज़ नहीं बने हैं अभी?

स्टाफ से. : यह साले विमैन्ज़ कॉलेज तो हम से ज्यादा यतीम हैं। न क्वार्टर बने हैं, न बनने की उम्मीद है।

वार्डन : वैसे करोलबाग अब बसने लायक रहा नहीं। बहुत कंजैस्टिड है।

स्टाफ से. : पर क्या करें, कौल साहिब। और मकान कहाँ धरे हैं? तीन सौ रुपए में तीन कमरे कौन देगा?

वार्डन : सिर्फ तीन सौ रुपए दे रहे हो?

स्टाफ से. : आज लो तो बीस हज़ार पगड़ी देनी पड़ेगी। दो हज़ार किराया अलग।

वार्डन : इसका मतलब है, आप जब भी मकान छोड़ेंगे, बीस हज़ार खरा कर लेंगे?

स्टाफ से. : बीस हज़ार की ऑफर तो लैंडलार्ड दो साल पहले कर चुका है।

वार्डन : आप तो मार्क्सिस्ट हैं! पगड़ी लेंगे? इल्लीगल है।

स्टाफ से. : मार्क्स यही तो सिखाता हे। साला ब्लैक का लाखों पड़ा है। मेरे

लैंडलार्ड के पास। दीवानों और सोफों और सिराहनों में सिला पड़ा है। ऊपर से साले ने ईविक्शन का मुकद्दमा कर दिया है। ऐसे करप्ट कैपिटलिस्ट से तो पूरा का पूरा मकान छीन कर हम जैसों के नाम कर देना चाहिए।

वार्डन : मुझे विश करो रीडरशिप मिल जाए। आपको वार्डन बनने में कोई दिक्कत नहीं होगी। प्रिंसिपल तो आपसे ऐसे डरता है जैसे··· जैसे···

स्टाफ से. : काश्मीरी लोग नहाने से डरते हैं।

वार्डन : टर्न तो तुम्हारी ही है।

स्टाफ से. : टर्न वर्न कौन देखता है? इस कॉलेज में? प्रिंसिपल तो दोगला है। बे-पेंदे का लोटा। और वो हरामी, बर्सर? मैक्यावैली का साला है। इतना पैसा बनाया ससुरे ने, कुँजियाँ लिखकर। क्वैस्चन आंसर का कूड़ा इकट्ठा करके। तीन मकान हैं। फिर भी कॉलेज से दो कौड़ी का फायदा होता हो तो सबसे आगे टाँगें फैला देता है।

वार्डन : भई गाज़ियाबाद से रोज़ आना-जाना है तो मुश्किल। तभी तो उसकी नज़र इतने सालों से वार्डन्ज़ हाऊस पर लगी है।

स्टाफ से. : मुश्किल क्या है उसके लिए? अम्बार लगा है रुपयों का। स्टॉक्स ऐंड शेयर्ज़ को छोड़कर और कोई बातचीत का टॉपिक नहीं साले के पास। इन्कम टैक्स का एक धेला नहीं देता। परले दर्जे का तिकड़मी है।

वार्डन : खरीद तो सकता है वो दिल्ली में मकान। यह तो सच है।

स्टाफ से. : फिर वो कौन सा रोज़ आता है कॉलेज? हफ्ते में मुश्किल से एक-आध बार नज़र आता है थोबड़ा उसका।

(रामचन्द्र आता है)

रामचन्द्र : प्रिंसिपल साब कहते हैं, अभी आए।

स्टाफ से. : अन्दर ही हैं अभी तक दोनों?

रामचन्द्र : हाँ जी। बाहर का कुण्डा लगा दिया मैंने।

वार्डन : किस को बन्द कर रहे हो, रामचन्द्र? कुछ हमें भी तो पता चले।

रामचन्द्र : वर्मा साब से पूछ लीजिए। मुझे तो आप पहले ही इतनी सज़ा दिला चुके हैं।

वार्डन : भई रामचन्द्र, मैं तुम्हें कितनी बार बता चुका हूँ, तेरे से मेरी कोई पर्सनल दुश्मनी नहीं है। कमेटी का कन्वीनर था मैं। दूसरे मैम्बर सख़्त ख़िलाफ थे तुम्हारे।

स्टाफ से. : चलो, अब बता ही दो इनको, क्या हो रहा है, इनके हॉस्टल में,

ठीक इसी वक्त।

वार्डन : क्या हो रहा है, भई?

रामचन्द्र : **(वर्मा से)** बता दूँ?··· है तो बुरी बात···

वार्डन : कौन सी बात?

रामचन्द्र : मैं बड़ी देर से सोच में पड़ा था। बताऊँ तो पाप लगे है। न बताऊँ, और कुछ ऐसी वैसी हो जाए, तो आप लोग डाँटेंगे। और प्रिंसिपल साब भी डाँटेंगे कि बताया नहीं।

स्टाफ से. : घुमा फिराकर क्या बोल रहा है? सीधी सी बात है। डॉ. कौल डाँटेंगे क्यों?

रामचन्द्र : साब, बात है तो टेढ़ी।

वार्डन : बताओगे भी कि यूँ ही—

राभचन्द्र : आपके होस्टल में, डॉक्टर साब, एक लडक़ी—लड़के के कमरे में है। दरवाज़ा अन्दर से बन्द है। पिछली खिड़की भी कसके बन्द करी है।

स्टाफ से. : हल्ला-गुल्ला हो रहा है अन्दर। इस वक्त। इस हॉस्टल में और होता क्या है?

वार्डन : नहीं, यह बात नहीं होगी। तुमने गलत अन्दाज़ा लगा लिया है?

रामचन्द्र : लीजिए, सुन लीजिए, वर्मा साब। वार्डन साब अन्दाज़ा बता रहे हैं। जैसे मुझे कोई ज़िद्द निकालनी हो, लड़के और लड़की पर!

वार्डन : कौन-सा कमरा?

रामचन्द्र : पैंतीस नम्बर।

वार्डन : पैंतीस में है कौन?

रामचन्द्र : साइंस का लड़का है कोई। नाम तो मैं जानता नहीं। चुपचाप-सा रहता है। मैंने कई बार देखा है। सिर्फ इसी लड़की से बात करता है। कुछ काला धन्धा है सही।

वार्डन : रुको। मैस बिल है मेरे पास। ऑफिस देने जा रहा था। कौन-सा नम्बर कहा तूने? **(लिस्ट पढ़ता है)**

स्टाफ से. : थर्टी फाइव।

वार्डन : परमेन्द्र वालिया, बी.ऐससी. फसट् ईयर। यह लड़का कौन-सा है? मुझे तो ध्यान नहीं।

स्टाफ से. : इतनी देर से वार्डन हो तुम! लड़कों के नाम तक याद नहीं हुए?

वार्डन : देर? छः महीने तो हुए हैं कुल। अक्तूबर में टेकउवर किया था।

स्टाफ से. : मैं तो एक महीने में पर्सनली जान जाता, हर एक स्टूडेंट को। **(चुटकी बजाकर)** यूँ नाम चढ़ते ज़वान पर। डॉ. कौल, सब इंट्रैस्ट

लेने की बात है।

वार्डन : आपकी क्या बात है? आप ठहरे पॉलिटिश्यिन। ए.सी. का इलैक्शन जीतना हो तो लोगों के नाम और पते याद करने की क़ाबलियत आ ही जाती है।

रामचन्द्र : यह तो सही कहा, डॉक्टर साब ने। मैंने भी जब कर्मचारी यूनियन का इलैक्शन लड़ा था तो—

वार्डन : दो सौ लड़का होगा इस तबेले में। किस-किस का नाम याद करें?

स्टाफ से. : चलिए, आराम से लौंडे का नाम याद कर लीजिए। अब तक तो उन दोनों का काम हो चुका होगा। कितनी देर हो गई उन्हें, रामचन्द्र, दरवाज़ा बन्द किए?

रामचन्द्र : एक घण्टा तो हो गया होगा। बाहर से कुण्डी लगा आया हूँ मैं।

वार्डन : (उठकर) एक घण्टा! पहले क्यों नहीं बताया तूने?

रामचन्द्र : देखा, वर्मा साब? वही हुआ न? काम करो, तो बुरे। न करो, तो बुरे।

वार्डन : लेकिन तुम हॉस्टल में कैसे पहुँच गए? तुम्हारी डियूटी किसने लगा दी वहाँ?

रामचन्द्र : लो! एक तो बदमाशों को पकड़ो, जान जोखिम में डालकर। दूसरे, जवाब तल्बी होगी, कटघरे में खड़े करके!

स्टाफ से. : छोकरी कौन है? बाहर की है?

वार्डन : शायद लड़की न भी हो। यह तो वैसे ही सूँघता रहता है।

रामचन्द्र : इन दो आँखों से देखा है, साब। बाहर की नहीं। अपने कॉलेज की है। साइंस में पढ़ती है वो भी शायद।

स्टाफ से. : अपने कॉलेज की है? तब तो मामला सीरियस है। कुण्डी तो कोई भी खोल देगा। ताला लगाना चाहिए।

रामचन्द्र : हुक्म करें, ताला लगा आता हूँ।

स्टाफ से. : लास्ट ईयर की तरह वही धन्धा शुरू हो गया। हॉस्टल नहीं, कॉल गर्ल्ज़ का अड्डा बनता जा रहा है। ड्रग सेंटर तो है ही, कई सालों से।

वार्डन : प्लीज़, मिस्टर वर्मा। आप बात को बढ़ाइए मत। लास्ट ईयर कुछ और वजह थी।

स्टाफ से. : आप क्या हॉस्टल के हर कमरे में जाकर देखते हैं?

वार्डन : अच्छा, तुम जाओ। बुला के लाओ, परमेन्द्र को।

स्टाफ से. : रुको, रामचन्द्र। प्रिंसिपल साहिब को आने दो।

वार्डन : इसकी क्या ज़रूरत है?

स्टाफ से. : जरूरत? क्या कह रहे हो, वार्डन! अगर पिछले साल वाला स्कैंडल फिर खड़ा हो गया, और किसी रिपोर्टर को भनक पड़ गई, तो समझो कॉलेज की मिट्‌टी पलीद हो गई। कोई शरीफ पेयरैंट अपनी बेटी को इस कॉलेज में दाखिल नहीं कराएगा। आप बराए मेहरबानी मामले को सीरियसली लीजिए। रामचन्द्र, तू जा। हॉस्टल के चौकीदार से लेकर, चुपचाप, ताला लगा दे बाहर से।

वार्डन : (दबाव देकर) नहीं। मैं ताला नहीं लगाने दूँगा। क्यों बात को तूल दे रहे हो? कुछ नहीं होगा।—जा, लड़के को बुला के ला।

स्टाफ से. : ऐक्सक्यूज़ मी, डॉ. कौल। इट्स नन् ऑफ यूअर ब्लडी पर्सनल बिज़नेस। कॉलेज का मामला है। पब्लिक इन्स्टीच्यूशन है यह। इसकी रेपूटेशन से खेलने का आपको कोई हक नहीं।

वार्डन : मैं कब चाहता हूँ, कॉलेज की बेइज़्ज़ती हो?

स्टाफ से. : रामचन्द्र, पकड़ चाबी। मेरा लॉकर खोल। तेरह नम्बर। मेरा ताला कमरे को लगाकर आ।

वार्डन : नौ, वर्मा! प्लीज़! ठण्डे दिमाग से सोचो।

स्टाफ से. : अच्छा! अब समझा मैं! तुम जान-बूझकर शील्ड कर रहे हो लड़के को। जब तक किसी टीचर की शह न हो, लड़के की क्या हिम्मत शरारत कर सके। क्यों, यही बात है न?

वार्डन : बिला वजह आप मुझ पर इलज़ाम लगाते जा रहे हैं। मुझे तो पहचान भी नहीं, पैंतीस नम्बर वाले लड़के की।

स्टाफ से. : बिला वजह? खूब! मुझे क्या मिल जाएगा भई, तेरे पर इलज़ाम लगाकर? बैंगन?

रामचन्द्र : लगा दूँ ताला?

स्टाफ से. : भागकर जा। हाँ, और स्टूडैंट यूनियन वालों को बुला। आज दो तो रंगे हाथों पकड़े गए। इनको ऐग्ज़ैम्पल बनाना चाहिए। यह यूनियन के गुण्डे भी हर मामले में टीचर्ज़ को अपोज़ करते हैं। संगीन से संगीन जुर्म हो, हड़ताल करके, गुण्डों को छुड़ा लेते हैं। अब मौका मिला है। मैं देखता हूँ, कैसे नहीं रस्टिकेट करेंगे इन बदमाशों को। चाहे कोई भी लड़का हो, या लड़की हो। रण्डी बाज़ार नहीं है हमारा हॉस्टल।

वार्डन : लिसन टु मी, मिस्टर वर्मा। लैट्स नॉट बि हेस्टी। मैं चलता हूँ। नॉक करते हैं। आओ, रामचन्द्र।

स्टाफ से. : नो, डॉ. कौल! आई कांट अलाउ यू टु लैट ऑफ द क्रिमिनल्ज़। नॉट इन माई प्रैज़ेन्स। वो तो चाँस की बात है, रामचन्द्र को न

प्रिंसिपल दिखा यहाँ, न तुम। उसने मुझे बता दिया। नाउ आई विल सी दैट फुल इन्वैस्टीगेशन इज़ डन्न।

वार्डन : इन्वैस्टीगेशन से कौन रोकता है आपको? बट आइ ऐम द वार्डन ऑफ द हॉस्टल!

स्टाफ से. : ऐंड आई ऐम दा सैक्रेटरी ऑफ द स्टाफ काउँसिल ऑफ दिस कॉलेज! टीचिंग स्टाफ के आगे मैं जवाबदेह हूँ। मैं! तुम नहीं। इन्डिस्पिलिन की वजह से सारे टीचर इन्डिफरैंट हो गए हैं। बात-बात पर स्टूडैंट्स छुरा दिखाते हैं। यूनियन का प्रैज़ीडैंट किसी मर्डरर से कम नहीं। दो-दो क्रिमिनल केस चल रहे हैं साले पर, कचहरी में। हम टीचर पढ़ाएँ भी तो क्यों? बदमाशों को नहीं पढ़ा सकते हम। गुण्डों को नहीं पढ़ा सकते।

वार्डन : वर्मा साहिब, प्लीज़! मैं आपसे डिसऐगरी नहीं कर रहा। लेकिन बेकसूर स्टूडेंट को सज़ा देनी अच्छी बात नहीं। मैं तो सिर्फ इतनी दर्ख़ास्त कर रहा था। जा, रामचन्द्र, बुला के ला लड़के को।

स्टाफ से. : नहीं, रामचन्द्र। तू मनोज को बुला। वहाँ खड़ा है, कैंटीन के बाहर। और अगर वो दिखी, इनकी सैक्रेटरी—जानता है तू?

रामचन्द्र : गोरी सी?

स्टाफ से. : हाँ, मधुर केशवानी। उसे भी बुला। यह रही ताले की चाबी। नम्बर तेरह। **(रामचन्द्र जाता है)** आज देख ही लूँ, सबको। **(दरवाज़े के पास जाकर)** डिसिप्लन कमेटी के दूसरे मेम्बर भी बुला लो। बर्सर और बेदी, किरण तनेजा और बलबीर बख़्शी।

वार्डन : अजीब सीचुयेशन बन गई। प्रिंसिपल साहिब भी नहीं पहुँचे।

स्टाफ से. : **(टैलीफोन घुमाकर)** हैलो, मिसिज़ भटनागर,··· मैं के.आर. वर्मा बोल रहा हूँ। स्टाफ सेक्रेटरी··· हाँ जी··· बाथरूम में हैं?··· कह दीजिए ···सीरियस केस हो गया··· थैंक यू। **(फोन रखकर)** वैसे फोन तो पुलिस को भी कर देना चाहिए। क्या पता कॉलेज की लड़की न हो। कोई परॉस्टीच्यूट हो। कुतब रोड, बारह टूटी की।

वार्डन : पुलिस को बीच में मत लाइए, वर्मा साहिब।
(विराम)

स्टाफ से. : **(कँधे पर दोस्ताना हाथ रखकर)** डॉ. कौल, आइ अंडरस्टैंड युअर पोज़ीशन। यू वाँट टू गैट आऊट ऑफ दिस कॉलेज। पीएच.डी. कम्पलीट हो गई है आपकी। रीडर बन जाओगे। प्रिंसिपल बन जाओगे कहीं। आई ऐम शुअर ऑफ दैट। सो आपको कोई लगाव नहीं रहा इस कॉलेज से। लेकिन मियाँ, हमने तो इसी कॉलेज में

ज़िन्दगी काटनी है। खून-पसीना एक किया है, इस संस्था के लिए, हमेशा। अगर मैंने डिसिप्लिन को यूँ आग लगने दी, तो मैं और मेरे जैसे दूसरे कॉलीग, कहाँ जाएँगे? डोंट बी सैलफिश। कॉलेज की भलाई की सोचो।

वार्डन : रामचन्द्र हॉस्टल में पहुँच कैसे गया?

स्टाफ से. : हाउ डू आई नो? तुम्हीं ने इन्क्रीमैंट रुकवाई है बेचारे की।

वार्डन : बट यू नो, ही इज़ गिल्टी। यह बना रहा था कॉलेज को ब्रॉथल! रामचन्द्र और वो बदमाश चौकीदार, साधुसिंह। जिसको डिसमिस किया है हमारी कमेटी ने। प्रूफ हैं हर चीज़ के।

स्टाफ से. : प्रूफ हों या ना हों, डिसिज़न लेते वक्त तुम ट्रेड यूनियनिज्म भूल गए। वो चौकीदार भूख हड़ताल पर बैठ रहा है। कर्मचारी यूनियन हड़ताल पर चली जाएगी। ऐग्ज़ाम्ज़ शुरू हैं परसों से। देखते हैं, कैसे चलाएगा वाइस चांसलर ऐग्ज़ाम, बगैर कर्मचारियों के। किसी गरीब की रोज़ी रोटी छीनना, खेल नहीं। हो सकता है, टीचर्ज़ यूनियन भी इनका साथ दे। वाइस चांसलर दो दिन में घुटने टेक देगा! करते रहना तुम डिसमिस, चौकीदार को। अगर न वापस लेना पड़ा साधुसिंह को, एक ही हफ्ते के अन्दर, तो मेरा नाम भी काशीराम वर्मा नहीं!

वार्डन : यह प्रिंसिपल जाने या वाईस चांसलर जाने। सच्चाई जो थी वो हमने सामने रख दी। साधुसिंह और रामचन्द्र ने लड़की को फुसलाया। पैसे दिलवाते रहे उसे। दलाली करते रहे। लड़की ने स्टेटमैंट दी है। शी टू इज़ पुअर। यू शुड हैव सम सिम्पथी फार हर आल्सो।

स्टाफ से. : यूनिवर्सिटी पालिटिक्स से नावाकफ हो तुम, दोस्त। दैट्स ऑल दैट आई कैन से।

(लम्बा विराम। वर्मा खिड़की से बाहर झाँकता है)

वार्डन : प्रिंसिपल साहब अभी तक नहीं आए।

(विराम)

स्टाफ से. : **(एकाएक)** डॉ. कौल, उस लड़की को कन्फर्म कर दो न, यार। सरला जैन को।

वार्डन : देखिए, कन्फर्मेशन मेरे हाथ में नहीं है। अड्हाक जाब पर लगाई थी। परमानैंट वेकंसी होगी अगर, तो अड्वरटाइज़ करनी पड़ेगी। यूनिवर्सिटी का रूल है।

स्टाफ से. : रूल वूल छोड़ो, डॉक। काम करने की नीयत हो तो सभी रूल

बनाए जा सकते हैं।

वार्डन : मैं पर्मानैंट वेकैंसी कैसे क्रियेट कर सकता हूँ? प्रिंसिपल से कहिए।

स्टाफ से. : तुम पीरियड-वीरियड बढ़ाओ, यार। आपशनल पेपर बगैरा है तो एक सैक्शन बढ़ा दो। ज्यादा स्टूडैंट अडमिट करो, इस जुलाई को। एक वेकेंसी का क्या है? कोशिश तो करो।

वार्डन : वर्मा साहिब, आप जानते हैं, सरला को पर्मानैंट जाब दिलवाने की पावर मेरे पास नहीं है। अगर वेकैंसी क्रियेट हो भी गई, तो दूसरे कैंडीडेट बुलाने लाज़मी हैं। कॉलेज के हैड ऑफ द डिपार्टमेंट की कुछ नहीं चलती। इन्टरव्यू बोर्ड में यूनिवर्सिटी ऐक्सपर्ट वीटो पावर रखता है। और उस तक मेरी पहुँच नहीं।

स्टाफ से. : बहाने मत गढ़, यार कौल। इस यूनिवर्सिटी में परमानेंट जॉब कैसे लिए जाते हैं, यह तू मुझे सिखाएगा?—तुम कह नहीं सकते? सरला का काम बहुत अच्छा है। बिना वेकेन्सी अड्वर्टाइज़ किए, कन्फर्म कर दो।

वार्डन : प्लीज़ टैल द प्रिंसिपल। वो चाहे तो यूनिवर्सिटी हैड को मना सकता है। नाट मी।

स्टाफ से. : प्रिंसिपल तो तुम जानते हो, हमारे ग्रुप से खार खाता है। प्रागरैसिव्ज़ का तो वो जानी दुश्मन है। हमारी ग्रुपबाज़ी में, बेचारी सरला मारी जाएगी।

वार्डन : सच्ची बात तो यह है, सरला के पढ़ाने के बारे में शिकायतें आई हैं।

स्टाफ से. : एक कॉलीग की बेटी है। जरा सोचो, यार। नौकरियाँ कहाँ मिलती हैं आजकल? हम आपस में अपने बच्चों की हैल्प नहीं करेंगे, तो और कौन हैल्प करेगा उनकी? इन दिस रॉटन कैपिटैलिस्ट सिस्टम? क्या अपने टिंकू की हैल्प नहीं करोगे तुम? या मेरे बण्टी और राजू की?

वार्डन : प्रिंसिपल को रिटन कम्पलेंट की है लड़कों ने। थर्ड यीयर ऑनर्ज़ को एनश्यन्ट इंडिया का फुल पेपर पढ़ा रही है। लेकिन स्टूडैण्ट्स कहते हैं, सारा पीरियड करण्ट पालिटिक्स डिसकस करती है। माई कॉनशैन्स डज़्न्ट अलाउ मी टु—

वर्मा : युअर कॉन्शैन्स! आई नो युअर कान्शैन्स! टिंकू को माडर्न स्कूल में अडमिट कराने के लिए, किस-किसके तलवे नहीं चाटे? तुम मियाँ बीवी ने? ब्राईब देने को तैयार थे कि नहीं?

(मनोज सेठी अन्दर आता है)

कम आन, मनोज, तुम्हारी सैक्रेटरी नहीं आई?

मनोज : मधुर भी आ रही है। **(वर्मा के पाँव पड़ता है)** क्या बात हो गई, गुरु जी? नमस्कार जी।

वार्डन : नमस्कार। खास बात नहीं।

स्टाफ से. : ख़ास बात है या नहीं। यह तो अभी पता चल जाएगा। सिट डाऊन, मनोज।

वार्डन : परहैप्स देअर्ज़ अ गर्ल इन अ ब्वायज़ रूम इन द होस्टल। बाहर से ताला लगवा दिया है, वर्मा साहिब ने।

मनोज : ताला? क्यों?

(मधुर केशवानी आती है)

मधुर केशवानी : गुड मार्निंग, सर। व्हट्स द हैसल?

मनोज : ताला लगवा दिया, गुरु जी ने! छात्रावास में किसी छात्र के कमरे में कोई छात्रा गई होगी, पुस्तक आदि लेने।

मधुर : सो ह्वट्ट? काँट शी?

स्टाफ से. : जस्ट बी पेशन्ट, टिल द प्रिंसिपल कम्ज़।

मधुर : ह्वेयर्ज़ द प्रिंसी? इन द बाथरूम?

वार्डन : मनोज, मैंने कुछ नहीं किया। आई ऐम नॉट रैसपांसिबल।

स्टाफ से. : डोंट वरी, डॉ. कौल। **(जैसे कटघरे में हो)** आई, के.आर. वर्मा, आफ द पालिटिकल साइंस डिपार्टमेंट, टेक द फुल क्रेडिट फार कैचिंग द क्रिमिनल्ज़—इन बेड।

मधुर : इन बेड?

मनोज : पूछ पड़ताल किए बगैर आप किसी छात्र पर आरोप नहीं लगा सकते। चलो, मधुर, हम खोलते हैं द्वार। चाबी दीजिए।

स्टाफ से. : तुम्हें तो चाबी मिलेगी नहीं।

मनोज : क्यों नहीं मिलेगी? **(रौब से)** चाबी पकड़ा दो गुरु जी, वरना···

स्टाफ से. : तमीज़ से बात करो! देखा, वार्डन साहिब? धमकी देता है!

मनोज : चुपचाप चाबी पकड़ा दीजिए। मनोज सेठी दोबारा नहीं बोला करता।

मधुर : दे दीजिए, सर। हम लाते हैं निकालकर, जो भी कोई अन्दर हो।

वार्डन : चाबी तो रामचन्द्र के पास है।

मनोज : **(वर्मा की आँखों में देखता हुआ)** आप प्राध्यापक समझते हैं अपने आपको? जान बूझकर छात्र-छात्राओं को अपमानित कर रहे हैं? ज़रा होश संभालिए, गुरुजी।

वार्डन : मामूली बात हो शायद।

मनोज : मैं अभी ताला तोड़ता हूँ।

(प्रिंसिपल डॉ. नन्दगोपाल भटनागर तेज़ी से अन्दर आते हैं। मनोज उनसे टकरा कर रुक जाता है। रामचन्द्र पीछे आता है)

मनोज : क्षमा कीजिए।

प्रिंसिपल : बाहर देखा, वर्मा साहिब आपने?

स्टाफ से. : क्या हुआ?

प्रिंसिपल : साधुसिंह शामियाना लगवा रहा है गेट के बाहर। कहता है, भूख हड़ताल पर बैठूँगा! अब यूनिवर्सिटी भर के कर्मचारी मेरे पीछे पड़ जाएँगे, हनीबीज़ की तरह। मैंने तो, कौल साहिब, आपको पहले ही बताया था। सख़्त ऐक्शन रिकमैंड करोगे तो मेरे लिए मुसीबत खड़ी कर दोगे।

वार्डन : मैं अकेला तो नहीं था। कमेटी का यूनैनीमस डिसिज़न था।

स्टाफ से. : बैठिए मत, प्रिंसिपल साहिब। चलिए, आपको दिखाएँ आपके होस्टल में लड़के-लड़कियाँ क्या कारनामे करते हैं।

(रामचन्द्र से चाबी पकड़ता है)

मनोज : इन्होंने एक छात्र और छात्रा को, कमरे में, ताला लगा रखा है।

प्रिंसिपल : ओह नो! नाट द होस्टल अगेन!

स्टाफ से. : फार वन्स वी काट दैम··· बैड हैंडिड! चलिए।

प्रिंसिपल : नहीं। मेरा ख़्याल है आप लोग ले आइए उन्हें। आईल सिट हीयर। मुझे जल्दी भी है थोड़ी। वी.सी. साहिब ने बुला भेजा है। मेरा आर्टीकल पढ़ा उन्होंने स्टेट्समैन में।

वार्डन : कौन-सा आर्टीकल, डॉ. साहिब?

प्रिंसिपल : आपने नहीं पढ़ा? यूनिवर्सिटी की एडमिनिस्ट्रेशन को रिफार्म करने के लिए सज्जैशन्ज़ दी हैं मैंने। द वी.सी. इज़ वैरी इम्प्रैसड! डिसकस करना चाहते हैं मेरे साथ।

मनोज : चलिए भी अब।

स्टाफ से. : आप नहीं आएँगे, वार्डन साहिब?

वार्डन : यू आर इनफ्फ।

प्रिंसिपल : नहीं, डॉ. कौल। आप जरूर जाएँ साथ। **(टेलीफोन घुमाता है)**

वार्डन : आप कहते हैं तो···

(मनोज, मधुर, स्टाफ सेक्रेटरी, वार्डन और रामचन्द्र जाते हैं)

प्रिंसिपल : **(फोन पर)** कौन बोल रहा है? **(बच्चा बनकर)** अंशु, डैडी कोर्ट गए क्या?··· अभी नहीं?··· ज़रा डैडी को देना फोन··· हाँ, भाई साहिब, मैं कॉलेज से बोल रहा हूँ··· मेरे पास भी एक अच्छी ख़बर है···

पहले आप… बहुत खूब… टिकट मिल गया?… तो जीत पक्की समझो… इस कॉन्स्टीचुएन्सी से तो गवर्नमेंट के कैंडीडेट को कोई हरा ही नहीं सकता… आई बैट यू… बधाई हो… पक्का ही समझो… कैबनिट मनिस्टर प्रॉमिज़ कर दे तो टिकट ज़रूर मिलेगा… मेरी तो मामूली बात थी… मैंने आज वी.सी. को फोन किया… मेरे आर्टीकल को डिसकस करना चाहते हैं… अभी जा रहा हूँ… मेरा ख़्याल है एक प्वाइंट और हो गया बात करने के लिए… कल लंच पर… नहीं आप ही ज़िकर छेड़ें तो बेहतर होगा… कैजुअली… हाँ, हाँ, क्यों नहीं? अच्छा… अगेन, हार्टी कंगरेच्यूलेशन्ज़! बायी **(फोन रखता है)**

(विराम)

(दूसरा नम्बर घुमाता है)

प्रिंसिपल : हैलो! **(रौब से)** प्रिंसिपल साहिब को दो… डॉ. भटनागर, जे.एन. सी. से… हाँ जी… कहिए सिंघ साहिब, केसा चल रहा है आपका कॉलेज?… अरे भई, मुझे भी अभी पता चला है… लगा तो रहा है टैण्ट… कर्मचारियों की हड़ताल हुई समझो… तुम ठीक कहते हो हमेशा… ये टीचर, जोश में आकर, सज़ा तो सख़्त सुना देते हैं, भुगतना हमें पड़ता है, प्रिंसिपल्ज़ को… अजी वकील क्या? सुप्रीम कोर्ट का जज समझते हैं अपने आपको। ज़रा सी कमेटी पर रख दो टीचर को, बाँछें खिल जाती हैं… भाई जान, वार्डनशिप और वर्सरशिप तो बहुत दूर की बात है। मेरे यहाँ तो वो पचहत्तर रुपए हैं न पर मन्थ?… हाँ… एन.ऐस.ऐस.के… उसके लिए एक दूसरे का सिर फोड़ने की तैय्यार बैठे हैं चार पाँच लैक्चरर… एक बात करना… रिटन कम्पलेंट ज़रूर लिखवा लेना… इन टीचरों का जल्दी ही पेशाब निकलना शुरू हो जाता है… तुम कहो, छुरा दिखाया है तो लिखकर दो… पुलिस केस है… वरना ऐक्शन मत लेना… उलटा स्टूडेंट यूनियन तुम्हारा जीना हराम कर देगी… भाई, मैंने तो तेरे से भी ज़्यादा मुसीबतें काटी हैं… कुछ साल गुज़रने दो, ठीक हो जाएगा… मैंने भी तीन चार को सुपरसीड किया था तेरी तरह। वो आज तक जान नहीं छोड़ते… वो तो हमारे कण्टरी की हिसटरी है! मुगल ऐम्परर बदलेगा, तो वार ऑफ सक्सैशन ज़रूर होगी।… अरे तीनों-चारों एक से हैं… वर्मा भी और बेदी भी… थोड़े फ्रेंडली हो गए थे बाद में। तभी तो मैंने एक को बर्सर बनाया और दूसरे को वार्डन… अरे भई पूछ मत… क्या करें?… मेरा बर्सर, तेरे बर्सर

से भी, गया गुज़रा है··· जब मैं बिल्ज़ पर और चैक्स पर दस्तख़त कर चुकता हूँ, इकट्ठे फटाफट साईन कर मारता है··· ओ.के. ··· ऑल राईट··· आई विल··· याद रखना टैलीफोन जरूर करना··· रणधीर सिंह को··· फाइन··· सिफारिश के बगैर कहाँ काम बनता है?··· ओ.के. ···थैंक यू। **(फोन रखता है। दौड़कर बाथरूम जाता है)**

(तिराम)

(बाहर शोर। फुसफुसाहट करते स्टाफ सेक्रेटरी, वार्डन, मनोज, मधुर, परमेन्द्र तथा शमा तन्हा प्रवेश करते हैं)

स्टाफ से. : प्रिंसिपल साहिब कहाँ गए?

मधुर : बाथरूम में होंगे।

परमेन्द्र : सर, हमारा कसूर तो बताइए।

(बटन बन्द करते हुए प्रिंसिपल का प्रवेश)

प्रिंसिपल : माफ कीजिए।

स्टाफ सेरु : यह रहा रोमियो! और यह जूलियट!

प्रिंसीपल : सिट डाऊन, कौल साहिब। आप भी बैठिए, प्रोफैसर वर्मा। क्या नाम है तुम्हारा?

परमेन्द्र : जी मेरा?··· परमेन्द्र वालिया।

मनोज : बी.एससी. प्रथम वर्ष?

(परमेन्द्र सिर हिलाता है)

प्रिंसिपल : तुम्हारा नाम?.

(शमा शरम से काँप रही है)

मधुर : टेल अस यूयर नेम। घबराओ मत। नो हार्म विल कम टू यू।

परमेन्द्र : शमा··· मेरी क्लासमेट है।

स्टाफ से. : तुम से किसने पूछा है? इसके मुँह में ज़बान नहीं है क्या?

प्रिंसिपल : डरो नहीं, बेटा। नाम बताओ।

शमा : शमा तन्हा।

वार्डन : तुम लोग कमरे में क्या कर रहे थे?

परमेन्द्र : जी, कुछ नहीं।

वार्डन : होमवर्क कर रहे थे मिलकर?

स्टाफ से. : होम वर्क! वाह! खूब डिफैंस सूझा आपको भी, डॉ. कौल।

प्रिंसिपल : एग्ज़ाम शुरू हैं अब तो।

परमेन्द्र : मैथ्स का पेपर है हमारा परसों। शमा मेरे नोट्स उतार रही थी।

स्टाफ से. : नोट्स उतार रही थी, कि कुछ और उतार रही थी?

मधुर : के.आर.! डोंट ऐम्बैरिस हर··· सिर्फ मैथ्स कर रहे थे तुम?

शमा : **(आँसू पोंछती हुई)** हूँ। **(कापी दिखाती है)**

परमेन्द्र : पढ़ रहे थे हम, सर, नथिंग··

स्टाफ से. : अंदर से कुंडी लगा कर?

प्रिंसिपल : पढ़ने के लिए, बेटा, लाइब्रेरी है।—इन अमेरिका, डॉ. कौल, बड़ी-बड़ी लाईब्रेरी हैं।

स्टाफ से. : कॉलेज का इतना बड़ा कैम्पस है।

मधुर : आई डोंट थिंक देयर्ज़ ऐनीथिंग सीरीयस।

वार्डन : आई ऐग्री विद यू।

मनोज : परमेन्द्र, तुम इसको छोड़ो। अपनी ओर से सत्य बता दो।

प्रिंसिपल : ठीक है। अभी भी दोनों अगर सच बोल देंगे, हम लीनिऐंसी करेंगे। क्यों, प्रोफेसर साहिब? कॉलेज के बारे में एक और स्कैंडल नहीं खड़ा करना चाहिए।

वार्डन : बिलकुल।

स्टाफ से. : रामचन्द्र, डिसिप्लन कमेटी के दूसरे मैम्बर नहीं मिले?

रामचन्द्र : मैडम बलबीर बख्शी ने तो इनकार कर दिया। कहती हैं, ऐक्स्ट्रा क्लास है, छोड़कर नहीं आऊँगी।

प्रिंसिपल : मिसिज़ तनेजा तो अभी दिखीं थी मुझे? ऊपर, बरामदे में।

रामचन्द्र : जी, वो बोलती हैं, डरामें की रिहर्सल पर जाना है। दूर, मण्डी हाऊस के पास।

स्टाफ से. : तुमने बताया नहीं, होस्टल के कमरों के अन्दर ज़्यादा लच्छेदार ड्रामे होते हैं।

रामचन्द्र : कहती हैं, मैं ड्रामे के लिए लेट नहीं हो सकती।

मनोज : पिछली तीन मीटिंग में भी नहीं आई।

मधुर : डाइवोर्स केस चल रहा है उनका।

वार्डन : शीज़ गॉट टू स्माल डाटर्ज़ टु टेक केयर ऑफ। एक तो टिंकु से भी छोटी है।

स्टाफ से. : और वो बेदी साहिब हैं। उनको अपने पाउल्टरी फार्म से कभी फुरसत नहीं मिलती। ऐसे इन्डिफ्रैंट लोगों को डिसिप्लिन कमेटी पर रखने का मतलब क्या है?

प्रिंसिपल : आप की स्टाफ काउंसिल ने ही ये नाम प्रपोज़ किए थे।
(अल्प विराम)

वार्डन : बर्सर साहिब भी नहीं आए?

रामचन्द्र : आज नहीं आयेंगे बर्सर साब।

प्रिंसिपल : आफ डे है उनका?

रामचन्द्र : हमें तो उनके सभी दिन ऑफ लगते हैं।

मधुर : रावणचंद्र, यू आर ग्रेट! **(हँसी)**

प्रिंसिपल : **(डाँटकर)** जितनी बात पूछी जाती है, उसी का जवाब दिया कर। चल, बाहर बैठ।

रामचन्द्र : यह कायदा है इस कॉलेज का। एक तो कसूरवार को पकड़ो। लड़के-लड़कियों से दुश्मनी मोल लो। ऊपर से साहिब की डाँट खाओ।

प्रिंसिपल : अच्छा, अब जाओ बाहर बैठो।—इन अमैरिका, सच अ थिंग कैन नैवर हैपन।

रामचन्द्र : **(दरवाज़े से मुड़कर)** कर्मचारी ससुरे हड़ताल न करें तो और क्या करें?

(जाता है)

परमेन्द्र : सर, हमने कुछ नहीं किया। हमें जाने दीजिए, प्लीज़।

वार्डन : परसों एग्ज़ाम शुरू है तुम्हारा? दोनों का?

परमेंद्र : जी, सर। शमा ने कुछ क्लास मिस की थीं, मैथ्स की।

प्रिसिपल : यह सच कह रहा है?

(शमा चुप है)

मधुर : शमा, इज़ ही राइट?

शमा : मैं नकल कर रही थी, यह थ्यूरम।

मधुर : शमा को जाने दीजिए, सर।

स्टाफ से. : नो, मधुर। नाट टिल द केस इज़ फुल्ली इन्वैस्टीगेटिड बाई द डिसिप्लिन कमेटी।

मनोज : जाँच पड़ताल की कोई आवश्यकता नहीं है, वर्मा साहिब। मैंने परमेन्द्र को कभी किसी लड़के अथवा लड़की से बात तक करते नहीं देखा। सीधा लड़का है।

वार्डन : ही मस्ट बी द क्वायटैस्ट रैज़िडैंट ऑफ द होस्टल।

परमेन्द्र : मेरे पेपर खराब हो जाएँगे, सर। मेरा कैरियर तबाह हो जाएगा।

वार्डन : लैट दैम गो, सर।

मनोज : परीक्षा से एकदम पहले इसे व्याकुल नहीं करना चाहिए।

प्रिंसिपल : **(याद करके)** तुम्हारा अडमिशन एम.एस. बेदी साहिब ने करवाया था?

शमा : जी, सर।

प्रिंसिपल : बेसिज़ क्या था, तुम्हारा स्पेशल केस बनाने का?

शमा : जी, मुझे नज़्म लिखने पर, स्टेट लैवल के प्राईज़ मिल चुके हैं।

स्टाफ से. : तन्हा तख़ल्लुस है तुम्हारा?

शमा : जी।

स्टाफ से. : जनाब भी शायर हैं?

परमेन्द्र : जी, नहीं।

स्टाफ से. : कमरे में चारों तरफ शेर तो खूब लिख रखे हैं? वो क्या था, मधुर? स्टडी टेबल के पास? तुमने नोट किया था?

मधुर : **(कागज़ से)** हमने माना कि तग़ाफुल न करोगे लेकिन,
खाक हो जाएँगे हम, तुमको ख़बर होने तक।

स्टाफ से. : वाह ग़ालिब साहिब, ख़ाक हो जाओगे तुम, इनको ख़बर होने तक।

परमेन्द्र : जी, शेर इक्ट्ठे करने का शौक है, सिर्फ।

मधुर : जैनुइन शौक है? या लड़कियाँ सिडियूस करने की टैक्नीक है? **(स्टाफ सेक्रेटरी ज़ोर से हँसता है)**

स्टाफ से. : वैरी स्मार्ट, मधुर। वैल सैड।

परमेन्द्र : जी, मैंने भी कुछ कविता लिखी है। पंजाबी में।

मनोज : हिन्दी में क्यों नहीं लिखते? राष्ट्रभाषा है।

स्टाफ से. : पंजाबी में भी कविता होती है?

प्रिंसिपल : शमा, तुम्हारे फादर क्या करते हैं? शायर हैं?

शमा : जी, नहीं। कचेहरी के बाहर बैठते हैं। अर्ज़ीनवीस हैं।

परमेन्द्र : मेरा कैरियर तबाह हो जाएगा, सर। प्लीज़ फॉरगिव मी।

स्टाफ से. : फॉरगिव? फॉरगिव यू व्हट्ट? **(शरारती लहजे में)** क्या जुर्म किया है तुमने?

परमेन्द्र : जुर्म नहीं, सर।

वार्डन : जुर्म नहीं किया है तो बेटा, फॉरगिव मत कहो। सेअ यू हैव डन्न नथिंग।

मधुर : **(शमा से)** बी कूल। नो?

परमेन्द्र : शमा और मैं तो··

स्टाफ से. : तुम्हारे, यूनिवर्सिटी रोल नम्बर कहीं पास पास तो नहीं?

परमेन्द्र : हैं तो सही लेकिन··

स्टाफ से. : यही बात होगी। माई गैस इज़ करैक्ट। कापिंइग! दैट्स द टैम्पटेशन।

शमा : नज़दीक बैठने का मतलब यह तो नहीं कि··

स्टाफ से. : मतलब तो बनता है। नाउ आई सी इट क्लीयर। डॉ. भटनागर, ये दोनों एग्ज़ाम में नकल की तैयारी कर रहे थे। ऐण्ड ऐज़ अडवांस

पेमेंट, मिस तन्हा· · ·

परमेन्द्र : यह गलत है, सर। बिलकुल झूठ है।

प्रिंसिपल : वर्मा साहिब, देख लीजिए। स्कैंडल न ही उभरे तो बेहतर है। भूख हड़ताल उधर अलग से शुरू है। क्यों, डॉ. कौल? इट कैन अफैक्ट अवर कैरियर्ज़! जाने दे इन्हें?

वार्डन : शुअर। यह मेरी अपलीकेशन फारवर्ड· · ·

स्टाफ से. : **(खड़ा होकर)** आर यू लैट्टिंग दैम आफ?

मधुर : गरीब घर की लड़की को सिड्यूस किया तुमने?

शमा : नहीं, यह बात नहीं।

मधुर : डोंट बि अफ्रेड, शमा। आई विल फाइट यूअर बैटल। आई विल सैटल स्कोर्ज़ विद हिम।

परमेन्द्र : सर, मुझे साइंस टैलण्ट स्कॉलरशिप मिलता है। अगर मैं फेल हो गया, मेरा स्कॉलरशिप बन्द हो जाएगा। मेरा कैरियर खराब हो जाएगा। माई फादर इज़ वैरी पूअर।

वार्डन : व्हट्स युअर फादर?

परमेन्द्र : टीचर थे, सर।

स्टाफ से. : हाई स्कूल में?

परमेन्द्र : प्राइमरी स्कूल में, सर। मेरी चार बहनें हैं। फादर रिटायर हो चुके हैं। आई एम द ओनली सन। मेरा स्कॉलरशिप बन्द हो जाएगा। फिर मैं कभी नहीं पढ़ पाऊँगा।

स्टाफ से. : बेटा, यह बातें बदफैली करने से पहले सोचनी थीं।

प्रिंसिपल : **(घड़ी देखकर)** आई हैव टु मीट द वाईस चांसलर।

स्टाफ से. : प्रिंसिपल साब, शमा तो लोकल है। इसके घर चपरासी भेजो। कल सुबह आए इसका बाप। और तुम कहाँ से हो?

परमेन्द्र : बठिण्डा से।

स्टाफ से. : बठिण्डा कोई दूर नहीं। एक्सप्रेस तार दीजिए। कल यहाँ पहुँचे इसका फादर।

परमेन्द्र : मेरे पिताजी को मत बुलाइए, सर। मैंने कुछ नहीं किया। आइम द ओनली सन।

शमा : मेरे अब्बा हजूर को मत ख़बर कीजिए। खुदा के लिए, रहम कीजिए।

स्टाफ से. : दरवाज़ा बन्द करके दो घण्टे तक 'होमवरक' ही हो रहा था!

परमेन्द्र : दो घण्टे नहीं, सर।

वार्डन : इनको बाहर न बिठा दें अब?

प्रिंसिपल : ठीक है। तुम दोनों बाहर बैठो। जल्दी कीजिए, वर्मा साहिब। आई मस्ट गो।

स्टाफ से. : सुन बे बदमाश। क्यों न बुलवाएँ हम तेरे बाप को, यहाँ? हम अकेले ज़िम्मेदार नहीं हैं, तेरी काली करतूतों के लिए।

वार्डन : छोड़िए, वर्मा साहिब। बच्चों से इस तरह···

स्टाफ से. : छोड़ दूँ? क्यों छोड़ दूँ? यह कॉलेज न मेरे बाप का है न इसके बाप का। पब्लिक इन्स्टीच्यूशन है। इसकी रैपूटेशन को बरकरार रखना हमारा फर्ज़ है। **(धकेल कर)** चलो, बाहर बैठो।

(परमेन्द्र और शमा जाते हैं)

मनोज : लड़का निर्दोष है।

मधुर : नो। लड़का तो मुझे टिपिकल हॉस्टलर लगता है। जो पैसे खिला पिलाकर इन्नोसैंट गर्ल्ज़ को मिसलीड करते हैं। बट शमा इज़ पाज़िटिवली बेकसूर।

वार्डन : इम्तहान के दिन हैं, सर। छोड़ दीजिए।

प्रिंसिपल : आपकी क्या राय है, वर्मा साहिब?

स्टाफ से. : मेरी राय? मैं यहाँ पर्सनल कपैसटी में नहीं बैठा। स्टाफ का इलैक्टिड रिप्रैजैंटेटिव हूँ। अपने कॉलीगज़ को मैं दगा नहीं दे सकता। मैं तो इस केस को छोड़ूँगा नहीं। मुझे लोभ भी कोई नहीं। न तो मैंने अपनी प्रिंसिपलशिप बचा के रखनी है आपकी तरह। न मुझे वार्डनशिप चाहिए। न मुझे, डॉ. कौल, रीडरशिप लेनी है। मैं क्यों कम्परोमाइज़ करूँ? क्यों गुण्डागर्दी से डरूँ?

मनोज : परमेन्द्र गुण्डा लगता है आपको?

मधुर : शमा इज़ इन्नोसैण्ट।

वार्डन : मुझे दोनों बेकसूर लगते हैं।

स्टाफ से. : प्रिंसिपल साब, आपको?

प्रिंसिपल : ऐसा है, कुछ डैफिनिट कहना तो पॉसिबल नहीं। फिर भी सोच लीजिए। जो आप रिकमैण्ड करें···

मनोज : सोचना? क्या सोचना है इसमें?

प्रिंसिपल : इन अमेरिका, सच अ थिंग···

मनोज : गोली मारो, अमरीका को। वर्मा साब को तो बहाना चाहिए, झूठमूठ। सूली पर टाँगना चाहते हैं हम छात्रों को। मैं इनकी रग-रग पहचानता हूँ।

स्टाफ से. : **(हाथापाई के लिए तैय्यार)** बिहेव यूअरसेल्फ, सेठी। आइम टैल्लिंग यू। सुना, प्रिंसिपल साब आपने? जुर्रत देखी इसकी?

(वार्डन दोनों के बीच में आकर लड़ाई रोकता है)

वार्डन : काम डाऊन, वर्मा साहिब। मनोज, प्लीज़।

(अल्प विराम)

मधुर : शमा बेकसूर है।

मनोज : मैं कहता हूँ, परमेन्द्र निर्दोष है।

प्रिंसिपल : **(सोचकर)** मच कैन बी सैड आन बोथ साइड्ज।

(विराम)

वार्डन : **(कागज़ आगे करके)** कल लास्ट डेट है।

स्टाफ से. : आल राईट, हीयर्ज़ माई डिसिज़न। मैं इस केस को स्टाफ काउँसिल में ले जा रहा हूँ। हास्टल में क्या कुछ हो रहा है, इस संस्था को कैसे आग लगाई जा रही है, यह मैं अपने साथियों को बताना चाहूँगा। प्रिंसिपल भटनागर, आप जो मर्ज़ी फैसला करें। हमारी काउँसिल को हक है कि हम इण्डिपैण्डैण्ट इन्क्वारी करके आप से ऐक्शन डिमांड करें। देखते हैं हम, डिसिप्लिन के बगैर कौन पढ़ा पाता है यहाँ? आइल कन्वीन एन इमर्जेण्ट मीटिंग ऑफ द स्टाफ काउँसिल। कल दोपहर को मीटिंग होगी। वी विल बायकाट द ऐग्ज़ामीनेशन।

प्रिंसिपल : प्लीज़, वर्मा साहिब। मैंने ऐक्शन लेने से इनकार कब किया है? अगर आप इतना स्ट्रोंगली फील करते हैं, तो मुझे कोई अब्जक्शन नहीं। कल सुबह डिसिप्लिन कमेटी की मीटिंग बुला लेते हैं। इनके पेयरैण्टस भी बुला लेते हैं। क्यों, कौल साहिब?

वार्डन : जरूरत तो नहीं थी। बाकी आप जानें या वर्मा साहिब।

स्टाफ से. : ठीक है, वर्मा ही चाहता है। आप क्यों लगे चाहने? आपको तो इस संस्था से किसी तरह बाहर निकलना है, रीडर बन के।

वार्डन : आप मेरे पीछे क्यों पड़े हुए हैं? मैं अकेला ज़िम्मेवार नहीं कॉलेज के लिए।

स्टाफ से. : भई, आपका क्या जाता है? हॉस्टल में कोई मरे, कोई जिए। आपके टिंकू को तो सैपेरेट कमरा मिल गया, कोठी में।

वार्डन : शट्ट अप्प वर्मा।

स्टाफ से. : यू शट्ट अप··

(दोनों मारपीट के लिए तैयार हैं, मनोज बीच में आकर)

मनोज : गुरु जी, रुकिए।

मधुर : प्लीज़, के.आर.।

मनोज : शांति, गुरु जी।

प्रिंसिपल : **(घड़ी देखकर)** मेरी वी.सी. से अपायंटमैंट है··· **(खड़ा होकर)** अच्छा तो वर्मा साहिब, कल दस बजे ठीक है?

स्टाफ से. : बारह बजे ठीक होगा। परमेन्द्र का फादर भी पहुँच जाएगा।

प्रिंसिपल : सॉरी, वर्मा साब। मेरा कल लंच है। अशोका होटल में। ऐजूकेशन मनिस्टर की वाइफ चीफ गैस्ट है। हमारे लाइन्ज क्लब की लेडीज ने अरेंज किया है। मेरी वाइफ वाइस प्रैज़ीडेन्ट है। मेरा लंच पर पहुँचना जरूरी है। दस बजे ठीक है, मनोज?

मनोज : इकत्तीस है कल? मुझे न्यायालय में उपस्थित होना है। अपनी ज़मानत के सम्बन्ध में।

वार्डन : परसों पेपर है बच्चों का। मैंने भी सुबह टिंकू को आई स्पेशलिस्ट के पास ले जाना है।

मधुर : इट्स आल राइट विद मी। मेरा एग्ज़ाम तो एप्रिल के लास्ट वीक में है।

मनोज : मैं भी आ जाऊँगा। वकील देख लेगा केस।

स्टाफ से. : **(मधुर से)** उन दोनों से कहो, कल दस बजे कमेटी के सामने पेश हों···

मधुर : ओ.के.।

प्रिंसिपल : बेहतर होगा, स्टेटमैंट लिखकर ले आएँ, अपनी-अपनी। जल्दी निबट जायेंगे।

मनोज : **(वर्मा की आँखों में)** मैं देखता हूँ कल, कौन-सी टाँग तोड़ लेंगे आप, परमेन्द्र की। **(जाता है)**

मधुर : इट्स वैरी हार्ड ऑन दे फीमेल। दैट्स द ओल्ड स्टोरी। द मेल ऑलवेज़ ऐसकेप्स स्कॉटफरी। **(चलती है)**

वार्डन : मेरी ऐप्लीकेशन—

प्रिंसिपल : अभी आया। बाथरूम। **(भागता है)**

स्टाफ से. : **(दरवाज़े के पास रोककर)** मधुर, सुनो। क्या बात है, तूने हमारे घर आना बिलकुल छोड़ दिया?

मधुर : आई हेट युअर वाइफ।

स्टाफ से. : डैडी के पास जा रही हो? वैकेशन में?

मधुर : यैस।

स्टाफ से. : कहाँ पोस्टिड हैं आजकल?

मधुर : मॉस्को।

स्टाफ से. : लक्की गर्ल। कभी आओ घर, वैकेशन से पहले। **(कौल की तरफ देखकर, कानाफूसी)** माई वाइफ इज़ सुप्रिन्टेन्डैण्ट ऑफ ऐग्ज़ामीनेशन

इन हर कॉलेज। द होल ऑफ एप्रिल ऐण्ड मेअ।

(मधुर एक नज़र देखकर, बिना कुछ कहे, जाती है)

प्रिंसिपल : माफ करना, कौल साब। वी.सी. को वेट कराना अच्छी बात नहीं। कल स्ट्रोंग रैक्मैंडेशन लिख दूँगा।

वार्डन : ऐज़ यू प्लीज़।

प्रिंसिपल : ठीक है, वर्मा साब। मैं अभी भेजता हूँ चपड़ासी, सब के घर।

वार्डन : बर्सर साब को तो गाज़ियाबाद से बुलाना पड़ेगा।

स्टाफ से. : और बेदी साब को गुड़गाँव से।

प्रिंसिपल : प्रोफेसर साब, भेजना पड़ेगा तो भेजेंगे। कॉलेज का काम तो करना ही है। बच्चों की भलाई के लिए ही तो हम बैठे हैं यहाँ।

स्टाफ से. : दैट्स द स्पिरिट। **(वार्डन की आँखों में)** हमें खुदगर्ज़ी छोड़कर, संस्था की भलाई सोचनी चाहिए।

वार्डन : लेकिन अगर 'संस्था की भलाई' सिर्फ एक नकाब हो, 'खुदगर्ज़ी' के घिनौने चेहरे पर?

(वार्डन स्टाफ सेक्रेटरी की आँखों में देख रहा है। प्रिंसिपल बीच में पीछे खड़ा, दोनों को)

(अँधेरा)

अंक 2

(दूसरा दिन, सुबह ग्यारह बजे। प्रिंसिपल की कुर्सी के दोनों ओर चार कुर्सियाँ, सामने एक स्टूल। जब मीटिंग के सभी लोग बैठते हैं तो प्रिंसिपल के बायें, क्रमशः वार्डन, एक कुर्सी खाली, मनोज सेठी तथा बलबीर बख्शी। दायीं ओर बर्सर, किरण तनेजा, मधुर केश्वानी तथा स्टाफ सेक्रेटरी)

(परदा उठने पर मधुर और मनोज अपनी-अपनी कुर्सी पर। किरण तनेजा सिगरेट पी रही है। जीन्स पहने है। टेलीफोन झुंझला कर नीचे रखती है।)

किरण : व्हट्ज द स्टोरी, मनोज? **(कुर्सी पर बैठती है)**

मनोज : कहानी तो यह है, जी, कि एक छात्र को परेशान कर रखा है आप लोगों ने। बेचारे की परीक्षा है कल। और आप लोग हैं जो ग्यारह बजे तक इकट्ठे नहीं हो पाए।

मधुर : अकेला परमेन्द्र ही नहीं। शमा भी है साथ में। व्हाई डू यू फॉरगैट हर ऐवरी टाईम?

किरण : लैटर में प्रिंसिपल साब ने लिखा तो था कुछ। मैं पढ़ नहीं पाई। गॉट वैरी लेट फ्राम रिहर्सल लास्ट नाईट। मधुर, व्हाई डोंट यू जाइन अस? हमने स्ट्रीट थियेटर के लिए एक ग्रुप बनाया है। डाउरी के खिलाफ, वाइफ बर्निंग के खिलाफ, छोटे-छोटे प्लेज़ करना चाहते हैं ओपन में।

मधुर : **(सिगरेट लेकर पीती है)** द स्टेज इज़ नॉट माई मीडियम। मैं तो जर्नल निकालना चाहती हूँ। औरतों में जागृति लाने के लिए। या फिर पालिटिक्स हो।

मनोज : और भला कौन समय पर आयेगा? स्वयं प्रधानाचार्य पूरा एक घण्टा लेट हैं। वार्डन साहिब भी उठकर चले गए।

मधुर : द वार्डन्ज़ अ गुड सोल। उसको बुरा भला मत कह। बेचारे का

बेटा बीमार हो गया, अचानक, रात को। वो तो सुबह दस बजे पहुँच गया था। दोबारा घर गया है, बेटे को देखने।

किरण : कौल को तो टिंकु का बाप नहीं, टिंकु की माँ कहना चाहिए। मिसिज़ कौल इज़ टिंकूज़ फादर। बहुत अटैच्ड है बेटे से। ही हैज़ नो लाईफ आफ हिज़ ओन। हम साइकॉलजिस्ट ऐसे फादर को प्रॉबलम पेयरैण्ट मानते हैं। दे किल द ग्रोथ ऑफ द चाइल्ड। कौल अपनी जिन्दगी की डिसअपुआइंटमैंट्स टिंकु के थरू अवेंज करना चाहता है।

मधुर : बट ही लव्ज़ हिज़ सन वैरी मच।

किरण : लव कई किस्म की होती है। सच अ लव इज़ सिक्क। इट्स अ फॉर्म आफ टिरनी।—बादल सरकार एक नाटक कर रहे हैं। नेशनल स्कूल ऑफ ड्रामा के स्टूडैंट्स के साथ। ही हैज़ आस्कट मी टू हैल्प हिम। यही थीम है उसका, सिक्क लव। फैंटास्टिक मैंन! बादल दा!

(वार्डन अन्दर आता है)

वार्डन : अभी तक नहीं आए प्रिंसिपल साहिब?

मधुर : अभी बारह कहाँ बजे हैं? उनका कॉलेज इंडियन स्टैंडर्ड टाईम पर खुलता है।

वार्डन : टिंकू का बुखार उतरा ही नहीं। वाईफ को छुट्टी करनी पड़ी। एक बच्चा हो तो आफत होती है। ज़रा-सी बात हो जाए, जान मुट्ठी में आ जाती है।

मनोज : मुझे भी यही सोच लगी है, गुरु जी। जब से तार मिला होगा, परमेन्द्र के माता पिता क्या सोचते होंगे?

मधुर : डोंट फॉर्गेट शमा!

वार्डन : आया तो नहीं अभी परमेन्द्र का फादर?

मनोज : नहीं।

(स्टाफ सेक्रेटरी आता है)

वार्डन : वर्मा साहिब, प्रिंसिपल घर पर भी नहीं हैं क्या?

स्टाफ से. : साले के साथ बैठा इलैक्शन स्ट्रैटिजी डिसकस कर रहा है।

मनोज : और हम यहाँ प्रतीक्षा कर रहे हैं।

किरण : मैंने तो रिहर्सल पर पहुँचना है। कल शो है।

मनोज : मैं इसी कारण से न्यायालय नहीं जा पाया।

स्टाफ से. : इन प्रिंसिपल्ज़ को भी क्या ब्लेम करें। अपने कॉलीग देख लो।

मनोज : न बेदी जी पहुँचे हैं न बर्सर साब।

मधुर : बलबीर बख्शी तो कॉलेज आई हैं। शीज़ सिटिंग विद सम स्टूडेंट्स।

वार्डन : प्रिंसिपल का आना ज़रूरी है।

मनोज : जरूरी तो बेदी साब का आना भी है। वे छात्र संघ के परामर्शदाता हैं।

स्टाफ से. : डोंट वरी, डॉ. कौल। आपकी रीडरशिप की ऐप्लीकेशन आज जरूर फावर्ड हो जाएगी।

किरण : गोइंग ऐज़ अ रीडर? कॉंगरैट्स, डॉक।

(प्रिंसिपल आता है। मनोज और मधुर खड़े होते हैं। मनोज पाँव को हाथ लगाता है)

मनोज : नमस्कार, गुरुजी।

प्रिंसिपल : सिट् डाऊन, प्लीज़। सुनाओ मनोज, कल से आज तुम्हारा दिमाग ठंडा हुआ कि नहीं?

मनोज : गुरुजी, मैं तो सर्वदा शांति रखता हूँ।

प्रिंसिपल : **(थपकी देकर)** मिसिज़ तनेजा, सुना आपने? यह बदमाश क्या कहता है?

मनोज : बच्चा हूँ आपका, गुरुजी।

प्रिंसिपल : अरे गधे कहीं के, बच्चा तू कहाँ है? कल मुझे वाइस चाँसलर ने खुद कहा, तेरे बारे में। तू चक्कू रखने बंद कर। पुलिस भी डरती है तेरे से।

मनोज : कहाँ, गुरुजी। पुलिस तो यों ही छात्रों का नाम सुनते ही भाग उठती है।

प्रिंसिपल : यूँ तो मैंने वी.सी. को कहा। मैंने कहा, लड़का दिल का अच्छा है। गरीब की मदद करता है। **(पैंट की जेब पर हाथ मार कर)** यह क्या है? चाकू?

मनोज : **(हँसकर)** अजी नहीं।

प्रिंसिपल : **(मुस्कराकर)** तू मुझ से छुपायेगा? बदमाश कहीं का। निकाल।

मनोज : रहने दो, गुरु जी।

प्रिंसिपल : बेटा, तू सुधरेगा नहीं। पकड़ा दे।

(मनोज पिस्तौल निकालकर फटाक से स्टाफ सेक्रेटरी पर निशाना करता है। डर से इकट्ठी चीखें)

स्टाफ से. : **(उछलकर)** आह ह ह!

मधुर : आ उ च च च!

किरण : ओह ह ह!

प्रिंसिपल : गोली तो नहीं इसमें?

मनोज : केवल तीन।

प्रिंसिपल : लाइसेंस है?

मनोज : छोड़िये, गुरु जी। लाइसेंस का पिस्तौल कौन लेता है आजकल। अलीगढ़ से पचास बनवा कर ला देता हूँ अभी आपको। पैसे निकालिए।

स्टाफ से. : पुलिस ने पकड़ लिया तो?

मनोज : तो तीसरा केस भी सही। पार्टी का वकील और कब काम आएगा?

प्रिंसिपल : **(पिस्तौल लेकर)** यह नहीं मिलेगा अब। क्यों रखता है तू इसे जेब में?

मनोज : आत्म रक्षा परमोधर्मः।

प्रिंसिपल : अच्छा, बैठिए। निबटाइये सब जल्दी से। मुझे लंच पर जाना है। अशोका होटल। **(पिस्तौल टेबल पर रखता है)** गोलियाँ निकाल इसकी।

किरण : वाओ!

मधुर : लैट् मी सी। **(पिस्तौल उठाकर देखती है)**

किरण : इट्स डेंजरस! डोंट पले विद इट्!

(बलबीर बख्शी आती है)

प्रिंसिपल : बर्सर साब नहीं पहुँचे अभी तक?

वार्डन : न बर्सर साब, न बेदी साब।

मनोज : बलबीर जी तो आ गई।

बलबीर : मीटिंग खत्म हो चुकी?

किरण : ख़त्म को रोती है! अभी शुरू कहाँ हुई है?

(बलबीर चॉक झाड़ती है, हाथों और कपड़ों से)

बलबीर : आइम सारी, सर। मेरी स्पैशल क्लास थी। मैथ्स की यही मुसीबत है। चारों तरफ चॉक ही चॉक।

स्टाफ से. : कुछ लोग पढ़ाते कम हैं, दिखाते ज़्यादा हैं।

बलबीर : दिखाना किसको है मैंने?

किरण : शायद तुम्हें पता नहीं, ऐक्सट्रा क्लास लेने से ऐक्स्ट्रा इन्क्रीमेंट नहीं मिल जाती।

(कुछ लोग हँसते हैं)

बलबीर : मुझे ऐक्स्ट्रा इन्क्रीमेंट की जरूरत नहीं।

स्टाफ से. : क्यों, कोई खज़ाना हाथ लग गया?

वार्डन : आपको नहीं पता? मिस बख्शी को असिस्टेंट प्रोफेसरशिप ऑफर

हुई है?

किरण : व्हेअर?

बलबीर : शिकागो।

किरण : वाओ!

मधुर : ग्रेट!

प्रिंसिपल : मैं विस्कॉनसिन में था। तीन साल। थोड़ी दूर है शिकागो वहाँ से।

बलबीर : लेकिन मेरा जाना न जाना आप पर डिपैंड करता है, सर। आज, प्लीज़ मेरी लीव जरूर सैंक्शन कर दें। दिस इज़ द लास्ट डे फॉर ऑल फार्मेलिटीज़ टू बी कम्पलीटिड। नहीं तो वो ऑफर कैंसिल कर देंगे।

प्रिंसिपल : अभी रिकार्ड देखते हैं, कितने लोग पहले छुट्टी पर हैं। मेरा ख्याल है आपका केस अकॉमोडेट हो जाएगा।

स्टाफ से. : **(रौब से)** लीव जरूर मिलनी चाहिए।

वार्डन : पीएच.डी. के बगैर जाब मिल गया आपको?

स्टाफ से. : सारी अक्ल पीएच.डी. वालों ने मनॉपोलाईज़ कर रखी है क्या?

वार्डन : दो पेज उरिजनल लिखकर देखना कभी। नानी याद आ जाएगी।

बलबीर : अमरीका में जॉब तो मुझे अपने पब्लिश्ड पेपर्ज़ की बिना पर मिला है। पीएच.डी. थीसिज़ तो मैं आज सब्मिट करने जा रही हूँ। **(तीन कापियाँ, टेबल पर रखती है)**

मधुर : लैट मी सी।**(थीसिज उठाती है)**

किरण : आई विश आई कुड गो टु द स्टेटस। आइल वर्क विद् रिचर्ड शेखनर आन ऐनवायरनमैंटल थियेटर।

वार्डन : शेक्सपीयर? शेक्सपीयर तो मर चुका है शायद?

(मधुर, वर्मा और किरण जोर से हँसते हैं)

मधुर : ओ गॉड! शेक्सपीयर! ग्रेट!

स्टाफ से. : हद कर दी, कौल साब!

किरण : ओ नो! नॉट शेक्सपीयर!

प्रिंसिपल : गलती हो गई कौल साहिब से? शेक्सपीयर ज़िन्दा है क्या?

स्टाफ से. : यू आर अ ग्रेट हिस्टोरियन, डॉ. कौल!

किरण : बट डॉ. भटनागर, यू आर अ पीएच.डी. फ्रॉम द स्टेट्स।

बलबीर : बॉटनी में शेक्सपीयर कहाँ से आ गया?

प्रिंसिपल : थैंक यू, मिस बख्शी।

वार्डन : मधुर, कोई अँग्रेज़ी लिट्रेचर की किताब बताओ। अच्छी सी। टिंकू के लिए।

किरण : टिंकू को ही सब कुछ मत पढ़ाइए। कभी कुछ ख़ुद भी पढ़ लिया कीजिए।

मधुर : **(थीसिस टेबल पर रखकर)** आई कान्ट अण्डरस्टैंड अ वर्ड।

(फोन की घंटी बजती है। स्टाफ सेक्रेटरी अलग उठकर मधुर से कानाफूसी करता है। मधुर सिर फेरकर बार-बार इनकार करती है। बाकी लोग बलबीर का थीसिज़ देखते हैं या बात करते हैं। वार्डन अपनी ऐपलीकेशन देखता है)

प्रिंसिपल : **(फोन पर, चुप होने का इशारा करके)** उषा, मैं बोल रहा हूँ।··· अभी?··· भई, अभी तो मीटिंग शुरू भी नहीं हुई। कुछ लोग पहुँचे नहीं··· उषा, सुनो तो सही··· यह मीटिंग भी बहुत इम्पार्टेंट है··· इन्डिसिप्लिन का केस है··· अच्छा, साढ़े ग्यारह बजे पहुँच जाना ···बर्सर साहिब भी कहाँ पहुँचे हैं··· वार्डन तो हैं··· कार लेकर तुम गेट पर ही रुकना··· क्यों? जीतू कहाँ ले गया?··· उसे बताया नहीं तूने? ···मामा को छोड़ने उसी ने जाना था?··· बहुत बिगड़ गया है लौंडा ···मैंने?··· बिगाड़ा तो तूने है या तेरे भाई ने··· अच्छा, अब ऐसा करो, टैक्सी लेकर साढ़े ग्यारह, पौने बारह, गेट पर ठहरना ··· अशोका तक पन्द्रह बीस मिनट की ड्राईव है··· अच्छा··· भई, मैं बाहर ही मिल जाऊँगा।··· भाई के घर फोन कर देखो··· जीतू अगर वहीं हो तो कहना गाड़ी छोड़ जाए।··· क्यों?··· नीना स्कूल क्यों नहीं गई? मार्निंग शो?··· और··· और लाड-प्यार किया कर ··· जीतू की तरह यह भी चार साल तक बारहवीं क्लास नहीं पास कर पाएगी ···अच्छा भई··· खड़ा रहूँगा।

(चिढ़ा हुआ फोन रखता है)

स्टाफ से. : कोशिश तो करना।

मधुर : आई काँट प्रॉमिज़।

(दोनों वापस आकर बैठते हैं)

वार्डन : आपको लंच पर पहुँचना है?

प्रिंसिपल : एजूकेशन मनिस्टर की वाईफ चीफ गैस्ट हैं। लाइन्स क्लब की मीटिंग है।

स्टाफ से. : कहीं वाइस चाँसलरशिप तो नहीं मिल रही आपको?

प्रिंसिपल : **(ख़ुश)** अजी कहाँ? हमें कौन बनाता है वाइस चाँसलर?

स्टाफ से. : ख़तरा तो कुछ यही नज़र आता है।

प्रिंसिपल : वी.सी. बनने के लिए न अक्ल की जरूरत है न एडमिनिस्ट्रेटिव अबिलिटी की।

मनोज : नितान्त सत्य कहा आपने। अपना वी.सी. ही देख लीजिए।

स्टाफ से. : तब तो भटनागर साब आपका वी.सी. बनना बहुत आसान है।

प्रिंसिपल : थैंक यू फॉर यूअर गुड विशिज़। लेकिन वर्मा साहिब, मैं न तो किसी मनिस्टर का भाई हूँ, न साला। स्कूल और कॉलेज की सारी पढ़ाई स्कालरशिप्स लेकर की थी। माई पेयरेंट्स वर वैरी पूअर। चार बहनें और मैं अकेला भाई। ज़िन्दगी भर स्ट्रगल की है।

वार्डन : पार्टी में तो आपकी स्टैंडिंग बहुत अच्छी है।

स्टाफ से. : पार्टी में इन जैसे और भी बहुत हैं।

मनोज : यह मीटिंग कब आरम्भ होगी?

मधुर : यस, ह्वेन?

बलबीर : मुझे आज थीसिस सब्मिट करना है। चार बजे से पहले-पहले। वरना छः महीने लेट हो जाएगा।

प्रिंसिपल : वर्मा साहिब, मैं ऐसी बातों की परवाह नहीं किया करता। मैंने तो मुल्क की ख़िदमत करनी है। किसी कपैस्टी में करवा ले कोई। यू मस्ट नो, आई ऐम अ टीचर फस्ट, प्रिंसिपल आफटरवर्डज़। दो लड़कियाँ पीएच.डी. कर रही हैं मेरे अण्डर। एक ने तो रिसर्च कम्पलीट भी कर ली है। **(बलबीर से)** तुम्हारी तरह बहुत अम्बीशियस है वो भी। गरीब घर की है। वैरी अबीडियण्ट। इन अमेरिका गर्ल्ज़ लाइक हर...

मनोज : परमेन्द्र को...

मधुर : शमा को–

प्रिंसिपल : वन्डरफुल गर्ल!

वार्डन : अमरीका से डिगरी होने का यही तो फायदा है। हम जैसों का थीसिस बेशक ज़्यादा अच्छा हो, लेकिन यूँ ही बताओ, आगरा से पीएच.डी. की है, कोई लड़की साथ काम करने को तैयार नहीं होती।

स्टाफ से. : कौन-सा काम?

किरण : कितनी सैलरी दे रहे हैं तुझे?

बलबीर : अठारह हजार डालर्ज।

मधुर : एटीन थाउजैंड डालर्ज़!

किरण : वाओ!

वार्डन : हमें भी साथ ले चलिए, बलबीर जी।

किरण : तुम्हारे हसबैंड ने दिलवाया जॉब?

स्टाफ से. : हसबैंड? कमाल है! हमें शादी पर बुलाया तक नहीं। इतनी भी

कंजूसी नहीं चाहिए।

बलबीर : ऐनगेजमैण्ट हुई है अभी तो। कैनेडा में हैं वो। बैनकूवर में। उन्होंने ज़बरदस्ती मेरा बाइओ-डाटा दो चार जगह भेज दिया।

मनोज : धुरन्धर देशप्रेमी हैं आप और आपके मंगेतर। पाला-पोसा, पढ़ाया-लिखाया, भारतवर्ष ने। अब जाकर विदेशों की सेवा करो।

स्टाफ से. : वैल सेड, मनोज। ऐक्स्पलाइट दिस कंट्री फस्ट। दैन गो अबराड टू ऐक्स्पलाइट फारिनर्ज।

मधुर : मार्क्स बाज़ राइट। दि बूर्ज़्वा इंटैलैक्चुअल इज़ अ कटैम्पटीबल—वर्म!

बलबीर : वर्मा?

मधुर : सॉरी, के.आर.। आई डिडण्ट मीन यू।

किरण : बादल दा का 'जुलूस' देखा है आपने? फैंटास्टिक!

मनोज : परमेन्द्र का जुलूस निकाल रहे हैं आप लोग।

मधुर : डोंट फॉर्गेट शमा।

वार्डन : कोई मीटिंग अगर सीधी अजण्डे से शुरू हो जाए तो वो जे.एन. कॉलेज की मीटिंग कैसे हो सकती है?

बलबीर : वर्मा साहिब, आप बहुत स्मार्ट हैं। आप की तरह भाषण देना तो मैं जानती नहीं। लेकिन मैं एक बात जरूर कहूँगी। मैं जहाँ भी रहूँगी, कमा के खाऊँगी। हराम की सैलरी नहीं लूँगी।

स्टाफ से. : **(गुस्से से लाल, खड़ा होकर)** क्या मतलब है तुम्हारा? मुफ्त की कौन खाता है? कल के बैठे हुए हैं, झख मारते। इस कॉलेज का इमेज कायम रखने के लिए। तेरी तरह नहीं, कि मुल्क छोड़कर भाग जाओ। **(कौल को)** या उस कायर की तरह, कॉलेज छोड़कर भाग जाओ। माइंड यूअर टंग, मिस बख्शी। यू आर नॉट द ओनली टीचर हू टीचिज़।

बलबीर : मैंने यह कब कहा?

मधुर : शायद एक-दो टीचर और भी हैं जो कभी कभार क्लास ले लेते हैं।

किरण : **(गुस्से में खड़ी होकर)** डोंट यू वी सारकास्टिक, मधुर।

वार्डन : मैंने कभी क्लास कट की थी तुम्हारी? सब्सिडयरी हिस्ट्री की? दो साल पहले?

किरण : दिस इज़ द लिमिट। आई हैव डन्न टू परोडक्शन्ज़ दिस ईयर। रिहर्सल हो या शो। आई ट्राई टू मीट माई क्लासिज़।

प्रिंसिपल : इट्स आल राइट, मिसिज़ तनेजा। प्लीज़!

वार्डन : फिर डाइवोर्स केस भी तो चल रहा है आपका। है न? मैंटली

अपसेट रहता है इनसान।

किरण : ओह नो। नाट मी। डाइवोर्सज़ डोंट डिस्टर्ब मी। आई एम नॉट ऐन ईमोशनली वीक पर्सन, लाइक यू, डॉ. कौल।

मधुर : जूडो की चैम्पीयन हैं, मिसिज़ तनेजा।

वार्डन : मैं तो आपकी बच्चियों की सोच रहा था। छोटी तो टिंकू की क्लास में है। मस्ट बी अबाऊट नाइन।

किरण : हमने दोनों गर्ल्ज़ को चुआइस दे दी है। डैडी के साथ रहना चाहें तो रहें। नहीं तो मेरे साथ।

बलबीर : इतनी छोटी उमर में यह चुआइस कर पाना पॉसिबल है?

किरण : आई टीच साइकॉलिजी। नाट युअर स्टुपिड मैथिमैटिक्स!

(अल्प विराम)

वार्डन : मधुर, एक बात मैं भी कहना चाहूँगा—

मनोज : कृपया मीटिंग आरम्भ कीजिए।

वार्डन : **(मनोज की आँखों में देखकर)** कुछ स्टूडैंट्स भी कॉलेज में सिर्फ पालिटिक्स की ट्रेनिंग के लिए दाखिल होते हैं।

मधुर : यैस्स। कुछ टीचर्ज़ की तरह।

प्रिंसिपल : इन अमेरिका, सच अ—

(बर्सर शंकर मोहन गुप्ता आता है)

स्टाफ से. : क्लास स्टैण्ड! मिस्टर शंकर मोहन गुप्ता उर्फ बर्सर उर्फ गाज़ियाबाद उर्फ श्योर-सक्सैस सीरिज़ पधार रहे हैं!

बर्सर : सॉरी, भटनागर साब। मुझे ज़रूरी प्रेस जाना था। मेरी अकाऊँटैसी की हैल्पबुक का दसवाँ एडीशन छप रहा है। पब्लिशर पार्टी देना चाहता है। मेरी ऑनर में ·· हाऊ आर यू, मिसिज़ तनेजा?

स्टाफ से. : पहले किस की स्टेटमेंट लें? लड़की की या लड़के की?

बर्सर : लड़के लड़की का मामला है? पहले पता चल जाता तो मैं जल्दी आ जाता। मैंने तो सोचा रुटीन मामला होगा। चक्कूबाजी, मार पिटाई बगैरा।

प्रिंसिपल : **(घड़ी देख कर)** सवा ग्यारह बज गए। **(घण्टी मार कर)** पहले लड़की को बुलाना ठीक होगा। स्टेटमेंट लिखवानी होगी।

मधुर : लिखवाने की क्या जरूरत है?

प्रिंसिपल : नो, मधुर। वी मस्ट हैव कनक्रीट ऐवीडैन्स। द इन्क्वाइरी मस्ट बी फुलप्रूफ।

बर्सर : मैं प्रिंसिपल साब से सहमत हूँ। स्टेटमेंट पर दस्तख़त करवाने ज़रूरी हैं।

प्रिंसिपल : बिलकुल, गुप्ता साहिब। आजकल बात-बात पर स्टूडेंट कोर्ट चले जाते हैं।

(रामचन्द्र आता है)

रामचन्द्र : कुछ लड़के ज़बरदस्ती कर रहे हैं, साब। कहते हैं, आपसे मिलेंगे।

प्रिंसिपल : अभी नहीं। कहो, कल आएँ।

रामचन्द्र : मेरा क्या है? मैं कहे देता हूँ। वो कह रहे हैं, डेढ़ घण्टे से लाइब्रेरी में किताबें इशू करने वाला कोई नहीं। सभी चाय पी रहे हैं कण्टीन में बैठे। मेरी तो झट से इंक्रीमेंट बन्द कर दी। उधर साधुसिंह भूख से तड़प रहा है।

प्रिंसिपल : तुझे कहा न, मीटिंग हो रही है।

रामचन्द्र : मैंने क्या लेना देना है? खिड़कियाँ तोड़ेंगे लड़के तो ही बात सुनेंगे आप।

प्रिंसिपल : बाहर वो लड़की बैठी है?

रामचन्द्र : बैठी तो नहीं जी, खड़ी है।

स्टाफ से. : उसे भेज अन्दर।

प्रिंसिपल : और हैड क्लर्क से उसकी क्लास की एडमिशन फाइल लाओ।

(रामचन्द्र जाता है)

प्रिंसिपल : अगर मैं चला भी गया, तो आप मीटिंग जारी रखें। बर्सर साब चेअर कर देंगे।

बर्सर : माई प्लैज़र।

(शमा आती है)

शमा : गुड मार्निंग, सर।

प्रिंसिपल : बैठो, बेटा। वार्डन साहिब, पहले आप कुछ बताना चाहेंगे?

वार्डन : जी, मुझे कुछ नहीं बताना।

स्टाफ से. : मौके के गवाह तो यहाँ कई बैठे हैं, लेकिन मेरा ख़्याल है इन दोनों को चाँस दिया जाए कि ये खुद ही सच बता दें।

वार्डन : तुम्हारे फादर नहीं आए?

शमा : जी, मेरे अब्बा कॉलेज पढ़ाने के हक में नहीं थे। बुलाते तक नहीं मुझे।

स्टाफ से. : लो सुन लो! शरीफज़ादी की तारीफ!

बर्सर : भाई, कुछ बैकग्राऊँड बता देते तो हमें ज़्यादा मज़ा आता। वरना ये मीटिंगें तो वक्त की बरबादी ही हुआ करती हैं।

(रामचन्द्र फाइल लाता है)

रामचन्द्र : उधर आफिस में मारपीट हो गई, साब।

मधुर : रावण, क्या हुआ?

रामचन्द्र : एक लड़के ने राजपाल के थप्पड़ मार दिया।

मधुर : **(ख़ुश)** रीअली? आइम ग्लैड। ही डिज़र्ब्ज इट।

किरण : राजपाल इज़ वैरी रूड।

प्रिंसिपल : वजह क्या है?

मनोज : किसने मारा?

रामचन्द्र : क्या पता, साब। इतनी लम्बी लाइन लगी है, लड़कों की, दो घण्टे से। राजपाल खिड़की नहीं खोल रहा था। मंजु जी के साथ बैठा बातें कर रहा था। लड़के रोल नम्बर माँग रहे थे। एक ने दे मारा थप्पड़। कर्मचारी ससुरे हड़ताल न करें तो और क्या करें?

मनोज : छात्रों को परेशान करेंगे तो पड़ने चाहिए थप्पड़।

रामचन्द्र : **(स्टाफ सेक्रेटरी से)** अब तो बर्सर साब भी आ गए। केयरटेकर बना दीजिए मुझे आज।

स्टाफ से. : अभी करता हूँ बात।

(रामचन्द्र जाता है)

प्रिंसिपल : रोल नम्बर क्या है तुम्हारा?

शमा : 123, सर।

मधुर : एक दो तीन! कूल!

प्रिंसिपल : **(फाइल से)** साइंस क्यों ली तुमने?

स्टाफ से. : शायरी और साइंस का क्या मेल?

शमा : जी?

वार्डन : क्या प्रोफैशन लेना चाहोगी?

शमा : कोई नौकरी मिल जाए। लैब असिस्टैंट वगैरा। या प्राइमरी स्कूल में।

प्रिंसिपल : बेदी साहिब ने एडमिशन रिकमेंड किया है। नज़्म लिखने पर इनाम पा चुकी है।

बर्सर : नज़्म? तो सुनाओ कुछ।

किरण : ओह नो। आईव टू अटैंड रिहर्सल। जल्दी कीजिए।

बलबीर : पहले तो काफी रैगूलर थी। पिछले महीने से ऐब्सेंट क्यों रहने लगी?

स्टाफ से. : परमेन्द्र की क्लास अटैण्ड कर रही होगी, होस्टल में।

शमा : जी, मैं एक ट्यूशन पढ़ाती हूँ। उसकी वजह से लेट हो जाती थी।

किरण : ड्रामा करना चाहोगी?

स्टाफ से. : नादिरा वाला पार्ट टाइम जॉब तो नहीं करती?

मनोज : बेदी साब को कैसे जानती हो?

बर्सर : भई, पार्ट टाइम जॉब तो मैं भी दे सकता हूँ। लोगी?

मधुर : आप कन्फ्यिूज़ क्यों कर रहे हैं उसे?

प्रिंसिपल : वन एट अ टाइम, प्लीज़। और कोशिश कीजिए, जल्दी ख़त्म हो।

वार्डन : सिर्फ रैलिवेंट सवाल ही पूछे जाएँ तो बेहतर है।

किरण : **(गुस्से से खड़ी होकर)** जो मैंने पूछा है, वो इररैलिवेंट है?

वार्डन : मैंने कब कहा?

किरण : इफ यू आर नॉट इंट्रैस्टिड इन आर्ट ऐण्ड कल्चर, डॉ. कौल, डोंट पोक यूअर इग्नोरैंट नोज़। आई वांट माई स्टूडेंट्स टू नो दैट—शैक्सपीयर इज़ डैड।

स्टाफ से. : ऐण्ड दैट, बादल सरकार इज़ अलाइव!

बर्सर : किसकी सरकार? कांग्रेस की?

बलबीर : कौल साब ने यह कब कहा था—

किरण : **(बलबीर से)** क्लास लेनी ही एजूकेशन नहीं है। बुक वर्म्ज़ लाइक यू प्रूव ईडियट्स इन रीयल लाईफ। रीड साइकालोजी।

बलबीर : बुक वर्म्ज़ की मैरिज ब्रेक अप हो जाती है क्या?

किरण : शट् अप, यू बिच! हाउ डेयर यू जोक अबाऊट माई पर्सनल लाईफ?

वार्डन : नहीं, बलबीर जी। आपको ऐसा जोक नहीं करना चाहिए।

स्टाफ से. : दिस इज हिटिंग अ फियू इंचिज़ बीलो दी वेस्ट।

बलबीर : आइम सॉरी, किरण। मुझे ऐसा नहीं कहना चाहिए था।

बर्सर : **(खुश)** डाइवोर्स हो रहा है आपका?...ऐनीथिंग आई कैन डू टू हैल्प यू?

किरण : नथिंग यैट। थैंक यू। **(बैठती है)**

मनोज : व्यर्थ समय नष्ट किया जा रहा है हमारा। न्यायालय जाना भी छोड़ा मैंने।

वार्डन : मैंने तो सिर्फ इतना कहा था, शमा से वही सवाल पूछे जाएँ जो कल के इंसीडैण्ट से कनैक्टिड हों।

बर्सर : इंसडैण्ट था क्या?

प्रिंसिपल : आपने मेरा लैटर नहीं पढ़ा?

स्टाफ से. : गुप्ता साब 'श्योर सक्सैस सीरीज़' के प्रूफ पढ़ें या आपके लैटर?

बलबीर : पम्मी का पेपर है कल।

मधुर : पम्मी?

बलबीर : आई मीन, शमा।

मनोज : परमेन्द्र की भी सोचो।

बर्सर : परमेन्द्र कौन?

स्टाफ से. : शमा का हम-बिस्तर।

बर्सर : हम-बिस्तर? कब? कहाँ?

शमा : यह गलत है, सर।

बलबीर : आप इतनी जल्दी जजमेंट नहीं दे सकते।

स्टाफ से. : जजमैंट के लिए इसमें रखा ही क्या है? हमने इकट्ठे दोनों को कमरे में पकड़ा है। प्रिंसिपल भी थे यहाँ। वार्डन साब सारा वक्त मौजूद थे। बाहर से ताला लगा रखा था हमने। और क्या प्रूफ चाहिए आपको जजमेंट के लिए।

बर्सर : मामला ज़ोरदार है। कुछ डिटेल्ज़ बताओ, यार।

प्रिंसिपल : मैं तो बाद में पहूँचा था।

मनोज : मैं भी।

मधुर : मी टू।

वार्डन : मैं मौजूद था यहाँ। लेकिन मैं बिलकुल साफ-साफ कहना चाहता हूँ ··· मेरे पास कोई प्रूफ नहीं है कि शमा और परमेन्द्र कोई गलत काम कर रहे थे।

स्टाफ से. : गलत काम हो भी अगर तो आपको क्या जरूरत पड़ी है आप किसी को पता लगने दें? वार्डनशिप रिटेन जो करनी है। टिंकू को सेपेरेट कमरा जो मिल गया है।

वार्डन : (उठकर) दिस इज़ टू मच! आई कांट स्टैण्ड दिस नॉन सैन्स। **(चलने को होता है)**

प्रिंसिपल : प्लीज़, डॉ. कौल।

बर्सर : जोक था, यार।

वार्डन : ऐलीगेशन है!

प्रिंसिपल : मच कैन बी सैड आन बोथ साईड्ज़।

किरण : कुछ लोगों में सैंस आफ हयूमर बिलकुल नहीं होती।

बलबीर : यह कोई मज़ाक नहीं है। वर्मा साब को ऐसा नहीं कहना चाहिए।

प्रिंसिपल : मिस्टर वर्मा, प्लीज़। बैठिए, डॉ. कौल। **(कौल बैठ जाता है)**

स्टाफ से. : मैंने कोई झूठ बोला है? कल का वाक्या कोई आईसोलेटिड इन्सीडैण्ट तो है नहीं।

बर्सर : हुआ क्या है? यह तो पता चले।

प्रिंसिपल : शमा, स्टेटमेंट लिख दो।

शमा : क्या लिखूँ, सर?

स्टाफ से. : जो कुछ तुमने परमेन्द्र के साथ कमरे में किया।

बर्सर : शमा ठीक कह रही है। कुछ सब्जैक्ट लिखने के लिए होते हैं, कुछ करने के लिए।

मधुर : मिस्टर गुप्ता...

बलबीर : घबराने की बात नहीं, शमा। सच-सच लिख दो और घर जाकर एग्ज़ाम की तैयारी करो।

किरण : उस लड़के से तुम्हारा अफेयर चल रहा है? सो व्हट? बी कूल अबाऊट इट।

स्टाफ से. : क्या! आप मामूली बात समझती हैं इसे? आप यही पढ़ाती हैं क्लास में? अफेयर चलाना?

प्रिंसिपल : जल्दी करो, बेटा। मुझे जाना है। **(सब से)** एजूकेशन मनिस्टर की वाइफ ने बुलाया है।

वार्डन : मेरी ऐपलीकेशन अगर...

बलबीर : लीव के बारे में—

मनोज : परमेन्द्र के कमरे में क्यों गई तुम?

मधुर : तुम अपने आप गई थी या वो तुम्हें फुसला कर ले गया था?

बर्सर : भई, उस बेचारी को बोलने तो दो। डिटेल्ज़ तो सुनें हम।

बलबीर : बोलो, शमा।

शमा : एक थ्यूरम समझने गई थी। यह उतारी थी मैंने, कापी में। **(दिखाती है)**

स्टाफ से. : परमेन्द्र ही क्यों? क्लास में दूसरे लड़के हैं। लड़कियाँ हैं।

बर्सर : बिस्तर में घुसकर ही क्यों? लाइब्रेरी है।

प्रिंसिपल : बैचिज़ रखवाए हैं, मैंने। नये। कैंटीन के बाहर, लॉन में। आपने देखे, वर्मा साहिब? उस दिन वी.सी. साहिब आए, सैमिनार पर। बड़े खुश हुए। मुझे कहने लगे, आपने तो कॉलेज का नक्शा ही बदल दिया।

किरण : व्हाई डिडण्ट ही ब्रिंग द नोट बुक फ्रॉम द हॉस्टल?

शमा : दो प्रैक्टीकल भी मिस किए थे मैंने। रीडिंग्ज़ नकल करनी थी।

मधुर : दैट ऐक्सप्लेन्ज़ इट। लैट हर गो, सर।

बर्सर : नकल करनी थी या देखनी थी?

वार्डन : एक ही बात है।

बर्सर : एक बात कैसे हुई? कल ऐग्ज़ाम शुरू है। आई हैव बिन द सुप्रिन्टेंडैंट, मुझे तजरबा है ऐसी बातों का। मैं समझ गया सारी

बात। ये दोनों नकल की तैयारी कर रहे थे। छुपाकर, कागज़ की पर्चियाँ बना रहे थे।

स्टाफ से. : मार्वलस, गुप्ता साब! फॉर वन्स, यूअर ब्रेन हैज वर्कड। ठीक यही वजह है इनके रोमाँस के पीछे।

वार्डन : रोमाँस कहाँ से आ गया इसमें?

बलबीर : वर्मा जी, आप तो हद करते हैं।

प्रिंसिपल : ग़लती मान लो बेटा। हम सख़्ती नहीं करेंगे।

शमा : जी··· अब मुझे अपनी ग़लती का अहसास हो रहा है। मुआफी चाहती हूँ। आईन्दा ऐसा कभी नहीं करूँगी। मुझे परमेन्द्र के कमरे में नहीं जाना चाहिए था।

वार्डन : बस यही लिख दो।

बर्सर : यह तो कुछ भी नहीं हुआ।

स्टाफ से. : पूरी बात लिखो। कमरे के अन्दर जो तुमने ग़लत काम किया, दो घण्टे तक। उसे क्यों छुपा रही हो?

शमा : ख़ुदा कसम, सर, मैंने परमेन्द्र से मज़ाक किया था। मेरा कोई इरादा नहीं था···

मनोज : क्या मज़ाक किया था?

स्टाफ से. : हमारी संस्था की मान-मर्यादा कोई मज़ाक का विषय नहीं। देखो, शमा, अगर तुम चाहती हो कि हम तुम्हारा कैरियर न तबाह करें, तो खुद-ब-खुद, पूरी बात क्लीयर कर दो। हाँ, गलतफहमी में मत रहना। परमेन्द्र से प्राईवेट में मेरी बात हो चुकी है। वो भी स्टेटमैंट लिखेगा। अगर तुम दोनों की कहानी में कोई फर्क निकला, एक न एक तो झूठा साबित होगा ही। ऐसी सूरत में रसटीकेशन से कम सज़ा नहीं होगी।

वार्डन : परमेन्द्र से कब बात हुई आपकी? यों ही तो नहीं कह रहे?

(रामचन्द्र अन्दर आता है)

रामचन्द्र : **(वर्मा के कान में)** सरला जी कह रही हैं, वो लोग काफी हाऊस जा रहे हैं। मीटिंग के बाद आप वहीं पहुँच जाएँ।

स्टाफ से. : अच्छा।

रामचन्द्र : मेरा काम मत भूलिए।

(रामचन्द्र जाता है)

बर्सर : मज़ाक कौन सा किया था तुमने?

स्टाफ से. : गुप्ता साब, यह तो कनफैस कर लिया है इसने कि मज़ाक-मज़ाक में इसने लड़के को ऑफर दी।

मधुर : व्हट्?

स्टाफ से. : कि अगर परमेन्द्र इम्तहान में इसे नकल करवाए तो यह उसके कमरे में दो घण्टे स्पैण्ड कर सकती है।

बर्सर : अडवांस पेयमैण्ट।

मधुर : आई डोंट अंडरस्टैण्ड। कौन सी पेयमेण्ट?

बर्सर : लड़की कौन सी पेयमैण्ट कर सकती है?

स्टाफ से. : नॉट कैश··

बर्सर : बट काईंड··

स्टाफ से. : इफ शीज़—काईंड!!

(रामचन्द्र आता है)

रामचन्द्र : साब, बीबी जी बुला रही हैं।

प्रिंसिपल : **(घड़ी देखकर)** कहो, पाँच मिनट रुकें।

रामचन्द्र : टैक्सी वाले सरदार से लड़ाई करना मेरे बस की बात नही है, साब। वो निकला भी होशियारपुर का। साधुसिंह के गाँव का। आप खुद ही कह लीजिए।

(जाता है)

स्टाफ से. : दिस मीटिंग इज़ टैरिबली इम्पार्टेण्ट। आप रुक क्यों नहीं जाते? देअर आर सम पीपल हीयर हू वाँट द क्रिमिनल्ज़ टू गो अनपनिश्ड।

वार्डन : क्या मतलब है आपका?

प्रिंसिपल : मेरे पी.ए. के कमरे में बैठकर स्टेटमेंट लिखो, और साइन कर दो।

बर्सर : एक मिनट, जी। तुमने आफर क्या दी थी? डिटेल्ज़ बताओ।

शमा : ऑफर नहीं, सर। मज़ाक कहा था।

बर्सर : चलो, मज़ाक ही बताओ।

शमा : परमेन्द्र कहने लगा, थ्यूरम उतारने का फायदा नहीं। मुझे अपने आप समझ नहीं आएगी। मैंने कहा, मैं कागज़ अन्दर ले जाऊँगी। अगर यह सवाल पेपर में आ गया, तो मैं वैसे का वैसा टीप दूँगी।

स्टाफ से. : फाइन, मिस 'तन-हाई'। आप यही बात कागज़ पर लिख दीजिए।

शमा : जोक था, सर।

बर्सर : हो सकता है परमेन्द्र ने इसे ऐज़ जोक न लिया हो। कीमत माँग ली। और तुम उसके कमरे में चली गई।

स्टाफ से. : कीमत चुकाने।

शमा : यह गलत है, सर। हम दोनों में ऐसी कोई बात नहीं हुई।

(रोती है)

वार्डन : शीज़ इन्नोसैण्ट।

मधुर : यैस्स।

बलबीर : बेकसूर हो तो लिख दो जाकर।

(शमा उठती है। मनोज उठकर बर्सर को एक कागज़ देता है)

मधुर : अगर शरारत थी भी तो परमेन्द्र के दिल में। सज़ा सीडियूसर को मिलनी चाहिए।

मनोज : इतनी भोली मत समझिए इसे। परमेन्द्र निर्दोष है। उसको दण्ड नहीं दे सकता कोई।

बर्सर : रुको ज़रा। डॉक्टर साब, मैं आपकी परमिशन से एक-दो सवाल पूछना चाहता हूँ।

प्रिंसिपल : बहुत ज़रूरी हैं क्या? टैक्सी खड़ी है बाहर।

(वार्डन और बलबीर ऐप्लीकेशन्ज आगे बढ़ाते हैं)

मनोज : लड़के के ऊपर इलज़ाम लगाएँगे यदि, तो ये प्रश्न अत्यावश्यक हैं। पूछिए, गुप्ता जी। **(पिस्तौल उठाकर हाथ में लेता है)**

प्रिंसिपल : मनोज, छोड़ो अब। हो गई सारी बात।

मनोज : **(खड़ा होकर)** आप हमेशा यही करते हैं। जान बूझकर छात्रों के कैरियर नष्ट करते हैं। परमेन्द्र को दण्ड दिया तो हम आग लगा देंगे कॉलेज को।

(पिस्तौल सलीके से जेब में डालता है)

मधुर : शमा को बिना वजह सज़ा दी तो, हम लड़कियाँ, सारे शहर की, बसें रोककर, जला देंगी।

मनोज : मेरे होते हुए परीक्षा चला कर दिखाना कल।

प्रिंसिपल : अरे भई, तुम दोनों किस झमेले में पड़ गए? मच कैन बी सैड आन बोथ साईडज़।

वार्डन : शमा, तुम जाओ, बेटा। और जल्दी से परमेन्द्र को भेजो।

बर्सर : **(आगबबूला, खड़ा होकर)** यह क्या बात हुई, साब? मैं पागल हूँ जो चालीस मील से चलकर आया हूँ? अगर मेरी ज़रूरत नहीं थी, तो मुझे बुलाया ही क्यों था? मुझे और काम नहीं है क्या?

बलबीर : गाजियाबाद यहाँ से चालीस मील नहीं है?

वार्डन : अरे आपको क्या बात हुई, गुप्ता साब? आपको तो किसी ने कुछ नहीं कहा।

बर्सर : कुछ नहीं कहा? क्या मतलब है आपका? यह साला कॉलेज है कि चण्डूखाना? यहाँ एक पच्चीस साल की स्टैंडिंग वाला टीचर तो कुछ बोल नहीं सकता। और छोकरे-छोकरियाँ, जो कल पैदा हुए हैं, वो चाहे जो कुछ मर्ज़ी बकते फिरें। इफ आइम नॉट नीडिड, आई

वाक आऊट। फिर कभी कोई मीटिंग नहीं अटैण्ड करूँगा, इस कॉलेज में।

किरण : यू आर अ ग्रेट ऐक्टर, गुप्ता! व्हाई डोंट यू जाइन माई ग्रुप?··· यू नो? डॉ. सिद्धू ने चपड़ासी का रोल किया था हमारे साथ? ब्रेख्ट के 'मदर' में? एम.के. रैना ने डाइरेक्ट किया था। फैंटास्टिक प्रोडक्शन!

प्रिंसिपल : गुप्ता साहिब, स्टूडैण्ट्स की तरफ से मैं मुआफी माँगता हूँ। आप कहिए जो कहना है।

मधुर : मुआफी किस बात की?

मनोज : हमने कोई अनुचित वाक्य नहीं बोला।

मधुर : ये गुस्सा करते हैं तो आइ केयर अ शिट्ट।

बर्सर : सुना आपने? देखी यह धाँधली? स्टूडैण्ट्स का राज है यहाँ। टीचर साले को ही चूहा बनकर रहना पड़ता है।

स्टाफ से. : एक मिनट, गुप्ता। प्लीज़! मेरी मानो। बैठो। पूछो जो पूछना है। मैं तुम्हारे साथ हूँ—ठीक कहा बर्सर साहिब ने। हम टीचर्ज़ के क्या हकूक हैं, क्या प्रिविलिजिज़ हैं··· कैसे ज़लील किया जाता है हमें, बात बात पर··· यह इशू जरूर उठाना चाहिए। डिबेट करना चाहिए। लेकिन इसका फोरम यह नहीं है। यह तो सिर्फ डिसिप्लिन कमेटी की मीटिंग है। हम यह मामला उठाएँगे अपनी स्टाफ काउंसिल में··· कि कैसे, अगर अडमिनिस्ट्रेशन वीक हो, लिजलिजी हो, तो टीचर्ज़—

प्रिंसिपल : **(गुस्से में होश खोकर)** वीक? वीक से क्या मतलब है आपका? क्या वीकनैस है मेरे में? **(खड़ा होकर)** कब नहीं सज़ा दी मैंने कसूरवार को? यह जो मैं मीटिंग कर रहा हूँ, यह लिजलिजापन है? वो जो बाहर, भूख हड़ताल चल रही है, वो लिजलिजापन है? मनोज की जेब से पिस्टल निकाला कि नहीं आपके सामने? क्यों, मनोज बेटे? जब भी कोई टीचर केस लाया है, पूरी इन्क्वाइरी हुई है। डिसिप्लिन कमेटी की चालीस मीटिंग होती हैं हर साल। और क्या चाहते हैं आप? फाँसी लगा दूँ, लड़के-लड़कियों को?

वार्डन : डॉ. भटनागर, लैट्स नॉट गैट ऐक्साईटिड?

प्रिंसिपल : ऐक्साईटिड? व्हाई शुडण्ट आई गैट ऐक्साईटिड? आई ऐम वर्किंग डे ऐण्ड नाईट फार द वैलफेयर ऑफ द स्टूडैंट्स एण्ड टीचर्ज़ ऑफ दिस कॉलेज। फिर भी कहते हैं, अडमिनिस्ट्रेशन कमज़ोर है। मैंने कैंटीन में चाय के पाँच पैसे कम करवाए कि नहीं? छोले-कुलचे

शुरू करवाए कि नहीं? पुराना साइकल शैड गिरवाया कि नहीं? पान-सिग्रेट वाले को अन्दर से उठाकर, गेट के बाहर बैठाया कि नहीं? पीपल के पेड़ कटवाए कि नहीं? फिर भी कहते हैं, अडमिनिस्ट्रेशन कमज़ोर है।

स्टाफ से. : गुप्ता साब ने बजा फरमाया। हम टीचर्स की कोई वक़अत नहीं।

प्रिंसिपल : आपकी वक़अत? मैं पूछता हूँ, मेरी ही क्या वक़अत है यहाँ? दिस इज़ हाउ यू ट्रीट मी? वर्मा साब, चैलंज हैं मेरा आपको। एक भी केस साइट कर दो। जिसमें मैंने डिस्प्लिन कमेटी न बिठाई हो। और जो भी सज़ा कमेटी ने रिकमैण्ड की थी, वो सज़ा नहीं दी। यू नेम ईवन वन इन्सटैण्स व्हेयर आई प्रूव्ड वीक। और मैं अभी, इसी वक्त, प्रिंसिपलशिप से रीज़ाईन करता हूँ।

स्टाफ से. : यह धौंस मत दीजए हमें। रीज़ाइन करना है तो खुशी से करें। इस कॉलेज में और भी लोग हैं, जो कॉलेज रन्न कर सकते हैं। आपसे तो बेहतर ही करेंगे।

बर्सर : आई ऐग्री विद यू।

मनोज : शांति! शांति! गुरुदेव।

प्रिंसिपल : अरे क्या शांति-शांति बक रहे हो?—करो साइट एक भी केस मेरे खिलाफ। लेकिन एक शर्त है। अगर केस झूठा निकला, रिज़ाइन आपको भी करना पड़ेगा।

किरण : **(घड़ी देखकर)** शिट! माई रिहर्सल!

(गुस्से से भरी उषा भटनागर प्रवेश करती है। कुछ लोग खड़े होते हैं)

प्रिंसिपल : जो देखता है प्रिंसिपल पर चढ़ जाता है! जो देखता है प्रिंसिपल पर चढ़ जाता है! आई वोंट स्टैंड इट! ऐट नो कॉस्ट!

उषा : मैं उधर बैठी इन्तज़ार कर रही हूँ, टैक्सी में। तुम यहाँ बैठे शोर मचा रहे हो? कुछ ख्याल है तुम्हें? मनिस्टर की वाईफ पहूँच भी चुकी होगी, अशोका होटल।

बर्सर : आइए, मिसिज़ भटनागर।

वार्डन : इधर बैठिए, जी।

प्रिंसिपल : आइम, सारी, उषा। यहाँ मामला ही कुछ और है। जरूरी है मेरा जाना?

उषा : कमाल करते हो तुम भी! तुम्हारी वजह से मेरे भाई ने इतनी कोशिश की। मैंने क्लब की लेडीज़ को मनाया। और अब तुम खुद ही पीछे हट रहे हो? मैं कितने की रही? भाई साहिब बात नहीं

करेंगे तुम से, सारी जिंदगी।

मनोज : जाइए गुरुजी। छोड़िए परमेन्द्र को।

प्रिंसिपल : नो, मनोज। उषा, दस मिनट और दे दो।

उषा : बर्सर साब चला लेंगे मीटिंग।

बर्सर : माई प्लैज़र।

स्टाफ से. : आई इनसिस्ट, लड़के की स्टेटमैंट प्रिंसिपल की प्रैज़ैन्स में हो।

बर्सर : मिसिज़ भटनागर, वाइस चाँसलर बनवा रही हैं, डॉक्टर साब को?

उषा : इतना आसान कहाँ है, गुप्ता साब। यहाँ ऊँची-ऊँची पहुँच वाले लोग बैठे हैं। हमें कौन पूछता है? भाई साब मेरे—

वार्डन : वकील साहिब?

उषा : हाँ। वो एक दिन एजूकेशन मनिस्टर के घर खाने पर गए। मनिस्टर कहने लगे, यूनिवर्सिटी के लोगों के साथ उनका पर्सनल काँटैक्ट नहीं हो पाता।

स्टाफ से. : रूलिंग पार्टी के आपसी झगड़े ख़त्म हों तभी कोई मनिस्टर अपने डिपार्टमैंट पर ध्यान दे सकता है।

मधुर : राइट।

उषा : यही बात मिनिस्टर ने भी कही। कहता, मिनिस्टरों का सारा वक्त तो अपनी कुर्सी बचाने में लग जाता है।

वार्डन : तभी तो मुल्क भर की यूनिवर्सिटीज़ को आग लगी है। श्रीनगर का सुना आपने?

प्रिंसिपल : अच्छे लोग वी.सी. अपुआइँट किए जाएँ तो क्यों आग लगे?

बर्सर : कभी हमारा भी पर्सनल काँटैक्ट करा दीजिए, किसी मिनिस्टर की वाईफ से।

उषा : आपको मना किसने किया है? अभी चलिए हमारे साथ।
(रामचन्द्र आता है)

रामचन्द्र : टैक्सी वाला सरदार माँ-बहन की गालियाँ दे रहा है। भेज दूँ अन्दर?

बर्सर : उसकी यह हिम्मत?

प्रिंसिपल : कहो, एक मिनट में आ रहे हैं।

रामचन्द्र : कहता है, जो साधुसिंह को भूखा मार रहा है, उसको नहीं ले जाऊँगा टैक्सी में। पैसे ला दो मेरे।

बर्सर : पुलिस को फोन करूँ मैं?

प्रिंसिपल : पैसे दे दो। **(जेब ढूँढ़ता है)** और भागकर दूसरी टैक्सी लाओ।

उषा : **(पर्स खोलकर)** तुम्हारे पास कहाँ से आ गए पैसे?—कितने हैं?

रामचन्द्र : नौ रुपए।

उषा : **(लड़ने को तैयार)** नौ रुपए? कह दो। नहीं दूँगी।

रामचन्द्र : वेटिंग के भी हैं। गाली दे रहा है। भेजूँ अन्दर?

बर्सर : यह लो। दस ही दे दो। टैक्सी रहने दो। मेरे ड्राइवर से कहो, छोड़ आएगा।

(रामचन्द्र जाता है)

प्रिंसिपल : थैंक यू, गुप्ता साब। उषा, तुम दो मिनट बैठो, अन्दर, सोफे पर।

उषा : सिर्फ दो मिनट। बहुत लेट हो गई हूँ मैं।

(अन्दर जाती है)

प्रिंसिपल : शमा, जाओ। लिख लाओ, पूरी बात।

मनोज : बर्सर साब कुछ पूछना चाहते थे।

बर्सर : चलिए अब जाने देते हैं। इन्हें देर हो रही है।

बलबीर : कमाल है! पहले इतना हंगामा किया। अब क्यों नहीं पूछते?

मनोज : ये नहीं पूछेंगे तो मैं पूछना चाहूँगा।

किरण : मेरी रिहर्सल!

मनोज : आपने जाना है, तो जाइए। कीजिए अपना नाटक। परन्तु मैं अपने बंधुओं पर अत्याचार नहीं होने दूँगा।

किरण : डोण्ट ड्रैग माई सेक्रिड आर्ट इंटू यूअर फिल्थी स्टूडैंट पालिटिक्स।

मनोज : एक मेधावी छात्र का मैं विनाश नहीं होने दूँगा। और वह भी ऐसी छात्रा द्वारा जो संभवतः एक वेश्या से कम नहीं।

मधुर : शट अप!

वार्डन : नो! नो!

बलबीर : मनोज!

किरण : माई गॉड!

बर्सर : इंट्रैस्टिंग बात अब लगी बनने।

स्टाफ से. : गो अहैडॅ, मनोज। कम्पलीट यूअर स्टेटमैंट। क्या प्रूफ है तुम्हारे पास?

मनोज : आप माँगते हैं प्रूफ मेरे से? क्यों कच्चे चिट्ठे खुलवाते हैं आप?

शमा : झूठ है। सरासर गलत है।

प्रिंसिपल : डोंट मेक इर्रस्पांसिबल स्टेटमैंटस अबाऊट हर कैरेक्टर।

मनोज : वर्मा साहिब से पूछ लीजिए। इनसे क्या छुपा हुआ है।

स्टाफ से. : मुझे जो कहना है, मैं खुद कह लूँगा। तुम अपनी कहो।

मनोज : अच्छा तो, कुमारी शमा, आप बताइए, इंग्लिश विभाग के प्राध्यापक श्री महेन्द्र सिंह बेदी—

बर्सर : इंग्लिश नहीं, यार। उनका डिपार्टमैंट है, पाउल्ट्री फार्मिंग।

बलबीर : प्लीज़!

मनोज : उनसे आपके क्या सम्बन्ध हैं?

शमा : कुछ भी तो नहीं।

मनोज : वाह! आप तो शायद पहली बार नाम सुन रही हैं, है ना?

शमा : हम बेदी साब के ससुर के टैनैण्ट थे। अब वो हमारे मकानदार हैं।

वार्डन : जो मकान बेदी साब को ससुराल से मिला है? बारह टूटी के पास?

शमा : जी, वही।

मनोज : इसी लिए उन्होंने दाख़िला करवाया यहाँ आपका?

शमा : बेदी साहिब हमारे कुनबे के ख़ैरख़्वाह हैं। मेरे चचा के मानिन्द हैं। मुझे पढ़ाई जारी रखने को उन्होंने ही कहा। हौसला अफज़ाई की। मेरी बहन नादिरा को नौकरी दिलवाई, थोड़े दिन पहले। अपने दोस्त के दफ्तर में।

स्टाफ से. : नादिरा के भी चचा हैं वो।

मनोज : **(हँसकर)** सुन लीजिए, सब लोग। स्वयं निर्णय कर लीजिए।

वार्डन : इस में कौन-सी बुरी बात हो गई?

किरण : आई डांट अंडरस्टैंड अ थिंग।

मधुर : नीदर डू आई।

बलबीर : बकवास है यह सब।

मनोज : बकवास लगता है यह आपको? तो सुनिए। शमा के परिवार के बारे में मुझे पर्याप्त सूचना है। इनके पड़ोस में, तिकोने पार्क में, हमारी शाखा लगती है।

वार्डन : पर तुम तो पटेल नगर रहते हो?

मनोज : दो एक बार मुझे वहाँ उपस्थित होने का सुअवसर प्राप्त हुआ है। सभी पड़ोसी जानते हैं, कि बेदी महाशय के उस मकान में दो ससुराल थे।

शमा : गलत है!

मनोज : यह सत्य है। गऊ की सौगन्ध है मुझे। बेदी साब के नादिरा से अवैध सम्बन्ध हैं।

स्टाफ से. : सारा कॉलेज जानता है यह तो।

वार्डन : नो! आई डोंट।

स्टाफ से. : आपको दीन दुनिया की खबर है कोई? बस वार्डनशिप चाहिए आपको। कोठी चाहिए। रीडरशिप चाहिए।

(कौल उठता है)

प्रिंसिपल : प्लीज़, डॉ. कौल। **(कौल बैठ जाता है)**

मनोज : जो बात मुहल्ले-भर को पता है, वो भला इनके माँ-बाप को नहीं पता? जानकर भोली बन रही है। **(वार्डन टेलीफोन घुमाता है)** यह भी जरूर धन्धा करती होगी। मैं परमेन्द्र के साथ अन्याय नहीं होने दूँगा। मैं अभी इकट्ठे करता हूँ छात्रों को।

(जाने लगता है)

शमा : **(रोती हुई)** झूठ है, झूठ है! मैं··· नादिरा के बारे में, मैं कुछ नहीं जानती। उसकी माँ और भाई-बहन हम से अलग रहते हैं। दूसरे कमरे में।

वार्डन : ऐक्सक्यूज़ मी। **(फोन में)** टिंकु का बुखार उतरा नहीं?. . . क्या कहा?··· एक सौ तीन? मैं अभी आता हूँ··· ऐप्लीकेशन के लिए ही तो बैठा हूँ··· अच्छा।

(फोन रखता है)

बलबीर : तुम्हारी माँ नादिरा से अलग है क्या?

शमा : अब्बा हुजूर ने दो शादियाँ की थीं।

बलबीर : तुम्हारी माँ क्या काम करती हैं?

शमा : जी, वो फौत हो चुकी हैं। पाँच साल हुए।

वार्डन : कितने भाई-बहन हो तुम?

शमा : मेरा हमशीर सिर्फ एक है। मुझ से छोटा।

बलबीर : वो क्या करता है?

(शमा चुप है)

वार्डन : कौन-सी क्लास में है?

शमा : जी, असगर··· दरअसल··· उसका दिल पढ़ने में नहीं लगा।

बलबीर : नौकरी करता है?

शमा : जी··· वो··· असगर—

वार्डन : हाँ?

शमा : हवालात में है।

बर्सर : शाबाश!

वार्डन : क्यों?

शमा : जेब में हाथ डाल दिया होगा किसी के।

मनोज : और कितने प्रमाण चाहिएं आपको, इस परिवार के बारे में?

वार्डन : छुड़वाया नहीं उसे तुम्हारे फादर ने? कचेहरी में हैं वो?

शमा : अब्बा नहीं बुलाते हमें।

बलबीर : पढ़ाई का खर्च कौन देता है?

शमा : टियूशन पढ़ाती हूँ। दो बच्चों को। लिफाफे बनाती हूँ। सीज़न हो तो राखी बनाती हूँ, सदर बाज़ार के एक दुकानदार के लिए। नादिरा की माँ ने हमें अलग कर रखा है।

मनोज : नादिरा वाला धँधा तो सूझा नहीं होगा तुझे?

मधुर : यू शट अप?

मनोज : बकवास बन्द कर तू?

मधुर : बास्टर्ड!

मनोज : कुतिया!

मधुर : तेरे बारे में बता दूँ मैं?

मनोज : क्या बता देगी तू? बता दे जो बताना है।

स्टाफ से. : मधुर, चुप कर। मनोज, रुको—

मनोज : शुरू कर तू एक बार। ताकि आज मैं भी बता सकूँ, तेरे प्रौग्रैसिव यारों के बारे में।

बर्सर : डिटेल्ज़, प्लीज़।

स्टाफ से. : शमा, तुम जाओ। फिर कहे देता हूँ। सच्ची बात लिखोगी तो मुआफ भी किया जा सकता है।

बलबीर : **(दरवाज़े तक ले जाती है)** चुप कर।

(शमा जाती है)

बर्सर : कुनबा ऐसा हो तो लड़की भी क्या करे?

किरण : जुबिनाइल डिलिंक्वैंसी इज़ ऑन द इन्करीज़। कसूर माँ बाप का है, जो बच्चों को प्यार नहीं देते।

वार्डन : ख़राब कुनबे में एक अच्छा बच्चा भी तो पैदा हो सकता है। वी लिव्ड इन अ स्लम इन श्रीनगर।

स्टाफ से. : आप अपने आपको अच्छा समझते हैं?

बर्सर : अच्छी होगी भी तो ऐसे माहौल में कितनी देर तक कोई अच्छी रहने देगा? हुस्न है कि—

बलबीर : मुझे अब भी यकीन है, शमा भोली-भाली है। रह रहकर मुझे अपनी मौसी की लड़की की याद आ रही थी। पम्मी की। पन्द्रह साल की थी। पड़ोसी लड़के को, पम्मी ने, कहीं एक लैटर लिख दिया। मौसा जी को पता चल गया। खूब पीटा उसे। रात को रसोई बन्द की, तेल छिड़का ऊपर और आग लगा ली।

वार्डन : मर गई?

बलबीर : उसी वक्त। बिलकुल शमा की शक्ल पाई थी।

बर्सर : और सचमुच, शमा की तरह, जल उठी।

किरण : अडोलसैंट्स आर ब्रिटल। हैंडल विद केयर।

मधुर : ख़ाक हो जाएँगे हम, तुमको खबर होने तक।

(उषा बाहर आती है)

उषा : चलो भी अब।

स्टाफ से. : मिसिज़ भटनागर, सिर्फ पाँच मिनट और दे दीजिए हमें। अब पूरी बात तो खुल ही गई है। लड़के के पास कहने को कुछ होगा नहीं। ओनली फाईव मिनट्स।

प्रिंसिपल : क्यों, उषा?

उषा : अच्छा, पाँच मिनट से एक मिनट ऊपर नहीं।

(खाली कुर्सी पर बैठती है)

स्टाफ से. : **(उठकर, जोर से)** रामचन्द्र, लौंडे को भेज।

मनोज : सत्यमेव जयते।

मधुर : सच क्या है, यह जानना इतना आसान नहीं।

किरण : आर्ट इज़ द ओनली वे वी कैन अराइव ऐट ट्रुथ।

(परमेन्द्र आता है)

परमेन्द्र : प्लीज़, सर। मुझे माफ कर दीजिए। मैंने कुछ नहीं किया। मेरा एग्ज़ाम है कल।

स्टाफ से. : सिट डाऊन।

प्रिंसिपल : तुम्हारे फादर नहीं पहुँचे अभी तक?

परमेन्द्र : पिता जी को मत बताइए, सर। वो बहुत सख्त हैं। मैंने कुछ नहीं किया।

मनोज : वे नहीं पहुँचे अभी?

(बाहर शोर, झगड़ा, आवाज़ें : ''जाने दो हमें. . . दरवाजा तोड़ दो . . . प्रिंसी : बाहर आओ. . . प्रिंसी : हाय हाय. . . प्रिंसी : हाय हाय)

(रामचंद्र आता है)

रामचन्द्र : हमसे नहीं रुकते, साब। तीस-चालीस हैं।

प्रिंसिपल : कौन हैं?

रामचन्द्र : लड़के लड़कियाँ हैं साब।

प्रिंसिपल : ओफ ओ! कहो उनसे, कल आएँ।

रामचन्द्र : खुद ही कह लो।

उषा : बात क्या है, रामचन्द्र?

रामचन्द्र : हम क्या जानें, बीबी जी? कहते हैं, आफिस वाले रोल नम्बर नहीं दे रहे। कल पर्चा है उनका।

प्रिंसिपल : हैड क्लर्क से कहो, जल्दी दे दो।

रामचन्द्र : हैड क्लर्क कहता है, हाजिरी कम हैं।

बर्सर : तो ठीक है, नहीं मिलेंगे रोल नम्बर।

(प्रिंसिपल खड़ा होता है)

उषा : तुम बैठो। मैं देखती हूँ। **(उठती है)**

मनोज : ऑफिस वाले साल बरबाद नहीं कर सकते इतने छात्रों का। **(जाता है)**

प्रिंसिपल : पहले यह तो निबटा लेते।

मधुर : वो भी उतना ही ज़रूरी है। **(जाती है)**

रामचन्द्र : कहूँ, आधा घण्टा इन्तज़ार करें।

बर्सर : अब साल भर इंतज़ार करें?

रामचन्द्र : लड़के कहते हैं, रिकार्ड ग़लत है।

बर्सर : रिकार्ड कैसे गलत हो सकता है? टीचर्स के रजिस्टर देख लो।

प्रिंसिपल : बर्सर साब, इस लड़के से स्टेटमेण्ट लिखवाकर दो मिनट में डिसिज़न दे दो। बाद में आप और वर्मा साब अटैंडैंस को देख लें। वार्डन साब हैं साथ।

वार्डन : टिंकु बीमार है। यह भी—**(कागज़ आगे बढ़ाता है। बलबीर भी। मनोज और मधुर आते हैं)**

बर्सर : निबटाना उसमें क्या है, जी? जो साल भर क्लास में नहीं घुसे, उन्हें फेल होना पड़ेगा।

मनोज : क्यों फेल होना पड़ेगा? साथ में टीचर्स को भी डिसमिस करो।

स्टाफ से. : तमीज़ से बात कर, बे।

मनोज : आप मुझे तमीज़ सिखाओगे, गुरुजी? पहले स्वयं तो सीखिए।

बर्सर : मनोज, आखिर तुम स्टुडैंट हो। कुछ इज़्ज़त करनी चाहिए। हमारी नहीं तो मिसिज़ भटनागर की ही सोचो। ये कौन-सी रोज़ आती हैं यहाँ।

स्टाफ से. : अटैण्डैंस रूल्ज यूनिवर्सिटी बनाती है। हम रूल्ज़ नहीं तोड़ सकते।

प्रिंसिपल : जो स्टुडेण्ट शॉर्ट है उसे डिटेन करना ज़रूरी है। चलो उषा, उठो— **(चलने को होता है)**

स्टाफ से. : एक सैकिंड, मिस्टर प्रिंसिपल। इंगलिश डिपार्टमैण्ट के मिस्टर पाउल्टरी फार्म एक लाइन सुनाया करते हैं—''रैचिज़ हैंग दैट ज्युरी मैंन्न में डाइन।''

मधुर : वैरी ऐप्ट। **(परमेन्द्र से)** इज़्ण्ट इट? द रेप ऑफ द लॉक।

प्रिंसिपल : क्या मतलब है आपका?

स्टाफ से. : जब जॅजेज़ को खाना खाने को जल्दी होती है, वो ग़रीब मुजरिम को, बिना सोचे समझे, फटाफट, फाँसी की सज़ा सुनाकर, अशोका होटल चल देते हैं।

बर्सर : **(डायरी निकालकर)** अच्छी लाइन है। लिखवा दो, यार। कहीं कोट करेंगे।

मधुर : ट्राँसलेशन लिख लीजिए : "ख़ाक हो जाएँगे हम, उनके खाना खाने तक।" क्यों परमेन्द्र?

मनोज : रुकिए, गुरुजी। जब तक आप सभी छात्रों को रोल नम्बर नहीं दिलवाएँगे, तब तक हम आपको जाने नहीं देंगे। मैं अभी घेराव करने का आदेश देता हूँ।

प्रिंसिपल : घेराव! उषा, भागो।

(उषा आगे और पीछे प्रिंसिपल, भागते हैं। मनोज "पकड़ो, पकड़ो" चिल्लाता हुआ बाहर जाता है। बाहर शोर और हँसी। सभी लोग खड़े हँस रहे हैं। वार्डन अलग से चिन्तित खड़ा है। परमेन्द्र लाश बना स्टूल पर बैठा रहता है। वार्डन आगे आता है)

वार्डन : यह हाल है यहाँ! कोई हँसे कि रोए!

(परदा)

—मध्यांतर—

अंक 3

(हर व्यक्ति ठीक उसी मुद्रा में जो दूसरे अंक के अन्त में थी)

स्टाफ से. : डॉक्टर ऐन.जी.बी. द ग्रेट!

(सभी मुड़कर पीछे जाते हैं। रामचन्द्र हँसता हुआ बाहर जाता है)

बर्सर : वही कहो न, जो तुम स्टाफ-रूम में अक्सर कहते हो, इस खच्चर को।

स्टाफ से. : लेडीज़ हैं, यार।

किरण : आई डोंट माईंड, इफ इट्स अ जूसी वन।

बर्सर : क्या बुलाते हो तुम? खच्चर या हिजड़ा?

स्टाफ से. : डॉ. ऐन.जी.बी. यानि न्यूटर जैण्डर बास्टर्ड।

मधुर : व्हाई न्यूटर जैण्डर?

बर्सर : लो जी, इसमें क्या है? प्रिंसिपल हर बात में न्यूट्रल जो रहते हैं।

वार्डन : गुप्ता साब, प्लीज़। स्टूडैंट्स के सामने ऐसे लफ्ज़ इस्तेमाल करना, अथॉरिटीज़ के लिए।

बलबीर : रियली, मिस्टर गुप्ता, वी ऑट नॉट···

बर्सर : छोड़ो जी। आजकल के स्टूडैंट्स तो हमारे भी उस्ताद हैं। इनके सामने हम ही क्यों झेंपें?

परमेन्द्र : मैं जाऊँ, मैडम?

स्टाफ से. : जनाब आप नहीं जा सकते अभी।

परमेन्द्र : सर, मेरा ऐग्ज़ाम है कल। आइम द ओनली सन।

स्टाफ से. : मेरा ख़्याल है, लंच के लिए घण्टे भर का इंटरवल कर लिया जाए। तब तक ऐन.जी.बी. अशोका से लौट आएगा।

परमेन्द्र : (उठकर) मुझे छोड़ दीजए, सर। मैंने कुछ नहीं किया।

(मनोज प्रिंसिपल को धकेलता हुआ अंदर लाता है। परमेन्द्र फिर बैठ जाता है)

मनोज : यहाँ चालीस छात्रों का एक-एक वर्ष नष्ट हो रहा है। और आप

हैं कि अशोका होटल में भोजन करेंगे?

प्रिंसिपल : भई, खाने की बात नहीं—

बर्सर : इनकी वी.सी. शिप का मामला है। मिनिस्टर की बीवी से—

मनोज : ये वी.सी. बनें या टी.सी.। परन्तु इन्हें इसी समय इन छात्रों के रोल नम्बर देने पड़ेंगे।

मधुर : यैस, यू हैव टू। यू काँट टेक अवे अ यीयर आऊट ऑफ द लाईवज़ ऑफ़ फॉर्टी स्टूडैण्ट्स।

बर्सर : यह नहीं हो सकता।

स्टाफ से. : इट्स इम्पॉसिबल।

वार्डन : मनोज, रूल्ज़ के मुताबिक अगर वो—

मनोज : नियमों का प्रश्न नहीं है, गुरुजी।

बर्सर : और किसका है?

स्टाफ से. : यह मेरी वार्निंग है आपको, डॉ. भटनागर। इफ यू गिव रोल नम्बर्ज़ टु दीज़ स्टूडेंट्स, आई मस्ट टेक द केस टु द स्टाफ काउंसिल।

मनोज : आप चाहें तो मामला संयुक्त राष्ट्र संघ में ले जाएँ। परन्तु आज रोल नम्बर तो इनको देने पड़ेंगे।

बर्सर : पुलिस को फोन करूँ मैं?

मनोज : आप बेशक सीधे प्रधान मंत्री को फोन कर लें। किन्तु जो मैं कहता हूँ, वह हो के रहेगा।

प्रिंसिपल : देखो, मनोज बेटा, ऐसा है, रूल्ज़ को मैं ओपनली नहीं तोड़ सकता। मैं तो हमेशा तुम लोगों की हैल्प करना चाहता हूँ। कोई वजह भी हो उनके ग़ैरहाज़िर रहने की। तभी तो कुछ रियायत की जा सकती है। रिलैक्सेशन दी जा सकती है। बैलिड रीज़न तो हों। क्यों, गुप्ता जी?

बर्सर : बिलकुल।

मनोज : इससे अधिक सशक्त कारण क्या हो सकता है कि आपके प्राध्यापकों के रजिस्टर झूठे हैं।

स्टाफ से. : नॉनसैन्स!

बर्सर : यह कैसे हो सकता है?

मधुर : इज़ इट ट्रू?

वार्डन : मेरा रिकार्ड सेंट-पर-सेंट ऐक्यूरेट है।

बलबीर : मेरा भी।

मनोज : मैं आपकी बात नहीं कर रहा, डॉ. कौल। परन्तु तीन प्राध्यापक हैं इस संस्था में जिनके कारण चालीस छात्रों का पूरा वर्ष बरबाद हो

रहा है। मैं यह कभी नहीं होने दूँगा।

बर्सर : टीचर्स भला क्यों लगे झूठे रजिस्टर रखने?

किरण : यैस, व्हाई शुड वी?

स्टाफ से. : रूल्ज़ आर रूल्ज़।

प्रिंसिपल : या कोई तरीका ढूँढ़ो, रूल्ज़ को स्कर्ट करने का। मैं तैयार हूँ।

स्टाफ से. : **(खड़ा होकर)** ओ.के. डॉक्टर ऐन.जी.बी.। **(थोड़ी हँसी)** तोड़िए आप रूल्ज़। हम स्टाफ काउंसिल में देखेंगे। अगले साल से हम रजिस्टर क्लास में ले जाया ही नहीं करेंगे। क्यों, मिसिज़ तनेजा?

किरण : ओ.के. फॉर मी, आइदर वे।

प्रिंसिपल : भई, फिर मुझे बताओ, मैं क्या करूँ? एक तरफ स्टाफ है, दूसरी तरफ ये लोग?

मधुर : मच कैन बी सैड ऑन बोथ साईडज़।
(कुछ लोग हँसते हैं)

बर्सर : मिसिज़ भटनागर गई क्या?

प्रिंसिपल : उसको भेज दिया मैंने, आपकी कार में।

मधुर : टीचर्ज़ के नाम बताओ, जिनके रजिस्टर ग़लत हैं।

स्टाफ से. : हाँ, नाम बताओ ज़रा। कि यूँ ही कह रहे हो?

मनोज : पहला, महेन्द्रसिंह बेदी। श्रीमान् ने साल भर में क्लास तो लीं केवल तीन, परन्तु तेंतालीस क्लास का रिकार्ड भर कर दे दिया। उन्हें यह तक मालूम नहीं, क्लास में रोल नम्बर हैं कौन-कौन से?

बर्सर : पाउल्ट्री फार्म से फुर्सत मिले तब न?

प्रिंसिपल : देख लीजिए, वर्मा साब। फिर मुझे ब्लेम मत कीजिए। फर्ज़ी हाज़िरी भरेंगे, तो गलतियाँ तो करेंगे ही।

वार्डन : लेकिन बेदी साहिब की गलती से स्टूडैंट्स क्यों सफर करें?

बलबीर : राईट।

किरण : रीयली, दिस बेदी क्रीचर इज़ द लिमिट।

बर्सर : दूसरे कौन से महापुरुष हैं?

मनोज : दूसरे महापुरुष हैं, वाणिज्य विभाग के श्री शंकर मोहन गुप्ता।

बर्सर : मैं? इम्पॉसिबल!

मनोज : तेरह छात्रों के नाम आपने पूरा वर्ष रजिस्टर में चढ़ाए ही नहीं।

बर्सर : इम्पॉसिबल!

स्टाफ से. : शुअर सक्सेस सीरीज़ से फुर्सत मिले तब न?

बर्सर : गलती तो हर इन्सान से हो सकती है, लेकिन इतनी बड़ी नहीं।

स्टाफ से. : प्रिंसिपल भटनागर, मनोज ऐण्ड मधुर, ऑन बिहाफ ऑफ द स्टाफ

काउंसल आई अपॉलोजाइज़ टू यू।

मनोज : तो दिलवाइए रोल नम्बर, अभी।

प्रिंसिपल : पहले, भई, रजिस्टर तो दोबारा भरवा लीजिए। कहीं कल को कोर्ट वोर्ट का चक्कर पड़ गया तो? कम से कम काग़ज़ी कार्यवाही तो सही हो।

मनोज : यह आप जानें या आपके प्राध्यापक। हमें तो चाहिए रोल नम्बर।

प्रिंसिपल : **(खड़ा होकर)** अच्छा, तो मैं चलता हूँ।

मधुर : फैसला?

प्रिंसिपल : हो गया फैसला। हमारा सब का यूनैनीमस फैसला है कि किसी स्टूडैण्ट को डिटेन न किया जाए। वर्मा साब, कल को स्टाफ काउंसल में कोई बातचीत उठे तो आप संभाल लीजिएगा।

स्टाफ से. : आई ऐम नॉट अ पार्टी टु दिस डिसिज़न। आई रिज़र्व माई राईट टु रेज़ द इशु इन द स्टाफ काउंसिल।

वार्डन : तीसरे टीचर का नाम भी बता दो।

किरण : **(डरी हुई)** फॉर्गेट इट नाउ। मैजॉरिटी तो इस डिसिज़न के हक में है।

वार्डन : फिर भी, नाम तो पता चले तीसरे महापुरुष का।

बलबीर : या स्त्री का।

मधुर : येस, हू इज़ द थर्ड?

मनोज : प्रगतिवादी समाज के अध्यक्ष, कॉमरेड काशीराम वर्मा।

स्टाफ से. : टेक केयर, मनोज। यू आर मैलाइनिंग मी। ऐसा वैसा मत समझ लेना मुझे। आइल टेक द केस टु द कोर्ट।

मनोज : अगस्त और सितम्बर, पूरे दो महीने, आप कॉलेज में दिखाई नहीं दिए। जब कि आपके रजिस्टर के मुताबिक आपने कोई क्लास छोड़ी नहीं।

वार्डन : इंटरीगिंग और पॉलिटिकिंग से फुर्सत मिले तब न?
(प्रिंसिपल घंटी बजाता है)

स्टाफ से. : हाँ, हो तो सकता है। इस बार टीचर्स यूनियन और ऐकैडमिक काउंसिल के इलैक्शन इकट्ठे पड़ गए।

प्रिंसिपल : तो ठीक है। मनोज, राजपाल से कहो, रोल नम्बर दे दे। अशोका से लौट कर मैं दस्तख़त कर दूँगा। **(रामचन्द्र आता है)** रामचन्द्र, दर्शन को कहो, यह डिसिज़न रिकार्ड करके हम सब के सिग्नेचर करवा ले।

मनोज : धन्यवाद।

(मनोज और रामचन्द्र जाते हैं)

प्रिंसिपल : मैं अभी आया।

(बाथरूम जाता है)

स्टाफ से. : **(मधुर को दरवाज़े के पास रोककर)** लैट्स हैव सम फन टुडे, मधुर। सरला बगैरा को कॉफी हाऊस से पिकअप कर लेंगे।

मधुर : नो, थैंक यू। **(जाती है)**

(बर्सर चलकर स्टाफ सेक्रेटरी के पास पहुँचता है। किरण फोन कर रही है)

परमेन्द्र : मैं जाऊँ, जी? **(कोई नहीं सुनता)**

वार्डन : **(बलबीर के पास आकर)** देख लिए अपने लीडर? मनोज ने ठीक किया। **(उनकी बाकी बातचीत हमें सुनाई नहीं देती)**

बर्सर : यार, मनोज को कुछ ज्यादा ही सिर पर चढ़ा रखा है प्रिंसिपल ने।

स्टाफ से. : छोड़ूँगा मैं भी नहीं। आज इसको लटका के दम लूँगा।

बर्सर : कुछ करो, वर्मा। इन्सल्ट कर दी साले ने। कॉलेज तो असल में यही चला रहा हे। एन.जी.बी. तो वैदरकॉक है। जिधर से ऐजीटेशन की हवा आई उधर घूम जाता है।

स्टाफ से. : अगर आज मनोज की ऐसी तैसी न कर दी तो मेरा नाम भी वर्मा नहीं। समझ क्या रखा है साले रिऐक्शनरी गुण्डे ने।

बर्सर : देखो, वर्मा। भटनागर अगर वी.सी. बन गया, तो प्रिंसिपलशिप पर झगड़ा होगा। उसको बाद में सुलट लेंगे। मगर इस एक मामले में तो हम दोनों को मिलकर काम करना चाहिए।

स्टाफ से. : मैं भी यही कहने वाला था। कम से कम इस मामले पर तो हमें यूनाइट कर जाना चाहिए। और साले बेदी का पत्ता काटना चाहिए।

किरण : **(फोन रख कर)** शिट! नैशनल स्कूल ऑफ ड्रामा का फोन कभी ठीक नहीं होता। फोन हो या प्रोडक्शन या और कुछ, एन.एस.डी. की हर चीज़—फलॉप!

(प्रिंसिपल, मनोज और मधुर आते हैं)

मधुर : टाइप कर रहा है दर्शन।

मनोज : हस्ताक्षर करते जाइए, गुरुजी।

स्टाफ से. : भटनागर साहिब, सिर्फ दो मिनट और। मनोज, बैठो जरा। परमेन्द्र, देखो, हमें शमा ने सब कुछ बता दिया है। तुम्हारी भलाई इसी में है कि जल्दी से पूरी बात कह डालो।

बर्सर : स्टेटमैण्ट लिख कर साईन कर दो।

परमेन्द्र : जी, क्या लिखूँ?

वार्डन : तुम जो ठीक समझो लिख दो, कल के इन्सीडैण्ट के बारे में।

प्रिंसिपल : प्लीज़, मुझे जाने दीजिए। **(कोई नहीं सुनता)**

बर्सर : शमा को तुम ने रेप किया?

मनोज : गुरुजी!

स्टाफ से. : चुप! हाँ तो, परमेन्द्र, कल तुम दोनों, क्या कर रहे थे?

परमेन्द्र : वो मेरे नोट्स उतार रही थी।

बर्सर : तुमने तो कुछ नहीं उतारा?

वार्डन : व्हट्ट? **(गुस्से में खड़ा होता है। फोन की घण्टी बजती है)**

बलबीर : मिस्टर गुप्ता!

किरण : डोण्ट बी सो वल्गर!

वार्डन : गन्दगी के सिवा आपको और कुछ नज़र नहीं आता हर बात में?

प्रिंसिपल : यैस।··· स्पीकिंग··· ओ.के., ओ.के.··· अभी आया··· फौरन··· तुम बात शुरू करो उससे··· लंच से पहले-पहले मैं··· अभी··· डार्लिंग ··· ओ.के. **(फोन रखता है)** सुनिए, आप इस लड़के को और उस लड़की को जो भी सज़ा दें, मैजॉरिटी डिसिज़न हो। मैं लौट कर सिग्नेचर कर दूँगा। **(वार्डन और बलबीर से)** आपकी एप्लीकेशन्ज़ भी मैं आकर देख लूँगा। **(वार्डन बैठता है)**

किरण : हमें भी कैंटीन से लंच करवा दें न। आफिशियल काम है यह।

प्रिंसिपल : अगर बर्सर साब, बिल पास कर दें, मेरी तरफ से जो मर्ज़ी मँगवा लीजिए।—जो भी सज़ा आप देंगे, मैं इम्प्लीमैंट करूँगा। वर्मा साब, आप देखेंगे, ऐडमिनिस्ट्रेशन वीक नहीं है!

(टाई ठीक करके, कन्धे झटक कर, ऐंठ से जाता है)

किरण : लंच मँगवाओ। गुप्ता, हो जाए कुछ आज।

(बर्सर प्रिंसिपल की कुर्सी पर बैठकर घंटी बजाता है)

बर्सर : हो जाए।

किरण : थ्री चीयर्ज़ फार द न्यू चेयरमैन।

(तालियाँ। रामचन्द्र आता है)

बर्सर : थैंक यू। रामचन्द्र, कैण्टीन में देखकर आओ, खाने को क्या है?

रामचन्द्र : मैं भी कुछ खा लूँ वहाँ?

स्टाफ से. : यहाँ खाना तुम, हमारे साथ। हम दोनों ट्रेड यूनियन लीडर हैं—बराबर के।

रामचन्द्र : खाने में बराबर नहीं, साब। आप तो मेरे से तिगुना खा जाएँ। **(जाता है)**

मधुर : रावण, यू आर ग्रेट!

स्टाफ से. : हाँ भई, शमा और तेरे मैं, क्या रीलेशन्ज़ हैं?

परमेन्द्र : जी, कुछ भी नहीं। क्लासमेट हैं बस।

बर्सर : तुम सरदार थे पहले? यह देखो फोटो।

बलबीर : केस कब कत्ल करवाए तुम ने?

परमेन्द्र : यहाँ दाखिला लेने के बाद।

बलबीर : क्यों?

वार्डन : तुम्हारे फादर सिक्ख हैं?

परमेन्द्र : यैस, सर। पर उनको नहीं पता कि मैंने केस कटवा डाले हैं।

मनोज : अच्छा किया।

वार्डन : तुम हॉस्टल के लड़कों से मिक्स क्यों नहीं करते?

मधुर : लड़कियों से जो मिक्स करता है।

वार्डन : मधुर, प्लीज़। हाँ बेटा, कल शाम, क्या बताया था तुम ने, टिंकू की मम्मी को?

परमेन्द्र : जी, मेरा सोशल बॉयकॉट कर रखा है, सब ने।

बलबीर : सबने? वो क्यों?

परमेन्द्र : रैगिंग में मुझे नंगा किया गया। तीन-चार दफा। एक दिन मैंने इनकार कर दिया। मेरे से हाथापाई करने लगे। कहते, तुम लड़ते हो। तुमसे कभी कोई नहीं बोलेगा।

बलबीर : इस किस्म की रैगिंग होती है हॉस्टल में?

वार्डन : आई डिडन्ट नो दिस! आई थॉट यू आर द अम्बिशियस बुकवर्म टाईप।

मधुर : इन रिऐलिटी, हीज़ द साइलैण्ट सिडियूसर टाईप।

मनोज : मधुर, तू छात्रों पर शत्रुता मत निकाल। छात्र विरोधी कार्य करेगी तो मैं तेरी नेतागिरी सदा के लिए ठप्प कर दूँगा।

मधुर : शट अप, यू रिऐक्शनरी पिग!

मनोज : थप्पड़ मार के बत्तीसी निकाल दूँगा। बड़ी आई साली—

मधुर : यू डॉग! आ, मार के दिखा!

बलबीर : अरे, क्या हो गया तुम्हें?

वार्डन : स्टॉप इट, मनोज!

किरण : दिस फैलोज़ अ बूर! अ सेविज!

स्टाफ से. : आराम से बैठ जा, मनोज। ज़्यादा शोर मत मचा। यू आर नॉट अबव द लॉ।

बर्सर : भई, तुम लोग बाद में लड़ लेना। अपनी यूनियन में जाकर। अभी

तो यह केस निबटाओ। बैठो अपनी-अपनी जगह।

मनोज : हर समय, धौंस जमाती है। मैं चुप रहता हूँ क्योंकि ऋषि मनु जी नारी पूजन की बात कह गए हैं। किन्तु कुछ नारियाँ ऐसी हैं जिनकी पूजा झाँपड़ मार-मार कर करनी चाहिए।

मधुर : यू आर अ ब्लडी स्वाइन! ए क्रप्ट ब्लडी स्वाइन!

मनोज : बताऊँ तुझे मैं, क्रप्ट क्या होता है? तू कम क्रप्ट है? वेश्या कहीं की!

मधुर : बता दूँ सब को? बॉम्बे-गोआ ट्रिप में तुमने क्या कया था, पिछले साल? नादिरा के साथ। तुमने और बेदी ने? बता दूँ?

मनोज : बता दे। ताकि मैं भी बता सकूँ, तुमने क्या गुल खिलाए थे, पिछले साल? एन.एस.एस. कैम्प में? वर्मा साहिब के साथ?

स्टाफ से. : बकवास बन्द कर, मनोज। नहीं तो अभी एक थप्पड़ रसीद कर दूँगा।

मधुर : **(रोती हुई)** झूठ है। सब झूठ है। बदनाम कर रहा है मुझे।

किरण : मनोज, यू मस्ट अपॉलोजाईज़!

बलबीर : बहन की तरह है तेरी।

मनोज : बहन! यह?

मधुर : तू बहुत भाई बनने के लायक है।

मनोज : तू जो सती साध्वी है, मुझे मालूम है।

वार्डन : मनोज, लड़कियों से सभ्य लोगों की तरह पेश आओ।

मनोज : शठे शाठ्यम् समाचरेत्।

स्टाफ से. : यू मस्ट अपॉलोजाइज़!

मनोज : मेरा जूता क्षमा याचना करता है, इस कुतिया से।

बलबीर : अगर इस तरह के लफ्ज़ यहाँ मीटिंग में इस्तेमाल किए जाते हैं, औरतों के लिए, माफ कीजिए, गुप्ता साब, मैं नहीं बैठूँगी। **(उठती है)**

बर्सर : लो, अब यह भी रूठ गई।

बलबीर : रूठने की बात नहीं। यह भला पढ़े-लिखों वाला बिहेवीयर है? कोई बाहर का आदमी देखे तो क्या कभी यकीन करेगा कि कॉलेजों के प्रोफेसर और स्टूडैण्ट, ऐसी बेहूदा हरकतें करते हैं—आए दिन, मीटिंगों में? ऐट लीस्ट आई काँट स्टैंड इट। **(जाती है)**

किरण : रिफ्रैशमैण्ट तो खाती जाओ। मैं तो और भी जल्दी में हूँ।—मैं लाती हूँ मनाकर। **(जाती है। मधुर बाथरूम जाती है)**

बर्सर : और तो और, इसको भी रूठना सूझ गया।

स्टाफ से. : शादी होने वाली है न। अभी से प्रैक्टिस कर रही है, खसम से रूठने की।

बर्सर : (पास आकर) यार, वर्मा, कभी इस पर इश्क़ आज़माई नहीं की?

(वार्डन, मनोज और परमेन्द्र बात करते रहते हैं)

स्टाफ से. : बलबीर पर? सैक्सलैस रोबोट है। कौन बेकार का झंझट करे? रेहड़ी लगाता है इसका बाप। बैकवर्ड घर से है।

बर्सर : तब तो यह क्वाँरी अमरीका पहुँच जाएगी। च च च··पुअर गर्ल। अमरीका वाले क्या सोचेंगे, भारतवर्ष के मर्दों के बारे में? कहेंगे, अण्डर-डिवैल्पड हैं साले। कुछ करो, यार। क्यों नाक कटवाते हो। भारत माता की?

स्टाफ से. : तुम कोशिश करके देख लो।

बर्सर : कहाँ, भई? हमारे साथ तो बात ही नहीं करती। हाँ, हज़ार दो हज़ार खिला-पिला कर भी काम बन जाए, तो मैं तैयार हूँ। कहो इससे, छोटी-सी आऊटिंग करते हैं। दो-चार दिन। किसी टूरिस्ट रिज़ॉर्ट पर। ख़र्च सब मेरा।

स्टाफ से. : माने तो सही। मैं भी खर्च कर सकता हूँ।

वार्डन : सुना आपने, वर्मा साहिब? आप तो मुझे कहते हैं, लैक्सिटी कर रहा हूँ। ज़रा सुनिए, डॉ. ग्रोवर के किस्से। सारा ढाँचा बिगाड़ रखा है। मुझे डिसिप्लिन फिर से इंट्रोडियूस करने में बहुत दिक्कत पड़ रही है। पिछले वार्डन ने लड़कों को इजाज़त दे दी, लड़कियों को कमरों के अन्दर ले जाने की। अब बताइए, मैं एकदम उन्हें कैसे रोक सकता हूँ?

स्टाफ से. : आपको कहता कौन है, रोकने को? आप तो बस रीडर बनिए। और छोड़ दीजिए हॉस्टल। भाग जाइए दुम दबाकर, मैदान-ए-जंग से।

वार्डन : डैम दिस रीडरशिप! वर्मा, कभी किसी बात को सुना भी करो। माइंड में से कभी तो प्रैजुडिस निकाल कर सोचा करो।

बर्सर : तुम्हारे फादर को नहीं पता कि तुम बाल कटवा चुके हो?

परमेन्द्र : जी, नहीं पता।

वार्डन : इज़ दैट सो? इसीलिए घर नहीं गए तुम छुट्टियों में?

स्टाफ से. : पक्के सिक्ख हैं वो? क्या कहते हैं उसे? अमृत छका हुआ और समथिंग?

परमेन्द्र : हाँ जी··सर··पिता जी··इस केस के बारे में मत बताइए, उन्हें, सर··पिता जी मार डालेंगे मुझे··प्लीज़ सर, मेरा कोई कसूर

नहीं। आई हैव फोर सिस्टर्ज़। आईम द ओनली सन।

स्टाफ से. : **(परमेन्द्र से)** तुम्हारे फादर को यह भी नहीं पता कि तुम सिग्रेट पीते हो?

परमेन्द्र : जी सिग्रेट मैंने कभी नहीं...

स्टाफ से. : झूठ मत बोल। एक दिन चौक में, मैं पान लेने गया। यह सिग्रेट सुलगा रहा था। वैसे कमरे में गुरुओं की फोटो तो ख़ूब लगा रखी हैं।

परमेन्द्र : एक आध बार पी है।

बर्सर : सिर्फ तम्बाकू पीते हो, या कुछ और भी डालते हो सिग्रेट में?

वार्डन : बठिण्डा इतनी दूर तो नहीं। अब तक तो तुम्हारे फादर को पहुँच जाना चाहिए था।

बर्सर : कुछ पेयरैण्ट्स भी बड़े केयरलेस हैं।

स्टाफ से. : और ब्लेम देते हैं सारा हम टीचर्स को।

(किरण तनेजा और बलबीर बख्शी आती हैं। किरण वर्मा को कागज़ पकड़ाती है)

किरण : यह लो शमा की स्टेटमैण्ट। **(वर्मा पढ़ता है। बर्सर को दिखाता है)**

बर्सर : साइन करा लिए?

किरण : हाँ।

स्टाफ से. : बकवास लिखा है।

बलबीर : मुझे अभी शमा की क्लासमेट ने बताया, शमा घर में बहुत दुखी है। एक बार सुइसाइड अटैम्प्ट कर चुकी है।

बर्सर : काम की बात तो कोई लिखी ही नहीं।

स्टाफ से. : सो ह्वट? वी नो द ट्रुथ।

बलबीर : आइम कन्विन्सड, शमा सच्ची है।

स्टाफ से. : मिस बख्शी! जब आपको जिन्दगी का कुछ तजरबा हो जाएगा, तब आप समझ पाएँगी, शमा जैसी लड़कियाँ सच बोलती हैं या झूठ।

बर्सर : एक और पीऐच.डी. आपकी बाकी है अभी।

किरण : भई, क्यों ताने दे रहे हैं आप। इनका गाईड कैनेडा बैठा है। बस उनको थीसिज़ सबमिट करने ही वाली हैं।

बर्सर : हाँ, और इनका थीसिज़ है भी बहुत खूबसूरत।

स्टाफ से. : गाईड्स की कमी तो वैसे यहाँ भी नहीं है।

बलबीर : अगर आपको ऐसे मज़ाक के सिवा कुछ नहीं सूझता, तो मेरा लौटना फिजूल था। **(उठती है। मधुर अन्दर आती है)**

किरण : अरे बैठो, भई। अब नहीं। मेरी मानो, अभी चलते हैं। (**बलबीर बैठती है**) हाँ भई, लेडीज़ ऐण्ड जैंटलमन, मैंने कैंटीन वाले को कहा है, बाहर से कबाब मँगवाए। पेस्टरी भी। वैजीटेरियन्ज़ के लिए है चीज़ सैंडविच।

बर्सर : कौन बेवकूफ आजकल वैजीटेरियन होगा?

किरण : मनोज हो शायद।

मधुर : मनोज को तो कुत्ते का कच्चा माँस पकड़ा दो, वो भी चबा जाएगा। पर एक शर्त है। इसकी शाखा वालों को ख़बर नहीं लगनी चाहिए।

स्टाफ से. : परमेन्द्र और मनोज कया सगे भाई हैं?

मनोज : वो क्यों?

बर्सर : चोरी से इसने बाल कटवाए। सिग्रेट पीता है। तुम मीट खाते हो।

स्टाफ से. : ठर्रा भी तो पीता है।

मनोज : मदिरा मैंने कभी नहीं पी।

वार्डन : अब इस बात को खत्म कीजिए, प्लीज। मेरा टिंकू बीमार है।

बर्सर : आई डिक्लेयर लन्च इंटरवल।

(परमेन्द्र उठता है)

स्टाफ से. : एक सैकिंड, परमेन्द्र। सुनो। हम तुम्हारे दुश्मन नहीं हैं। जाओ, खाना खाकर, स्टेटमैंट लिख दो, साफ-साफ। तुम्हारी शमा से यारी है, तुम दोनों प्यार कर रहे थे। अल्टीमेटली, हम जानते हैं, उमर है तुम दोनों की। इसमें अचम्भे की काई बात ही नहीं। तुम अच्छे घराने के लगते हो। टीचर के बेटे हो। बड़े शहर में पहली बार आए हो। गाँव में तुमने इतनी लड़कियाँ देखी नहीं होंगी। सडनली, घर के घुटे-घुटे तंगदिल ऐटमॉसफीयर··· आई मीन—

किरण : रिजिड मौरैलिटी वाला माहौल···

स्टाफ से. : यैस! और एकदम तुम यहाँ आज़ाद माहौल में आ गए। नैचुरल है कि तुम्हारे जैसे लड़के के पाँव उखड़ जाएँ। अभी तुम्हारे पिता आने वाले हैं। हम उन्हें सब समझा देंगे। देखो बेटा, दरअसल मैं तेरे खिलाफ बिलकुल नहीं। लेकिन यह लौंडिया शमा, इसका तुम्हें नहीं पता। यह किस कीचड़ से निकल कर आई है, तुम नहीं जानते। हम तो इसको निकालना चाहते हैं। तुम लिख दो, इसने तुमसे नकल करवाने का वादा लिया और सब कुछ करने को तैयार हो गई। तुम्हें हम छोड़ देंगे। पर इस एक गन्दी मछली को तालाब से जरूर निकाल फेंकेंगे। ताकि हम फ्यूचर की सभी लड़कियों को

बचा सकें। जाओ, शाबाश।

(रामचन्द्र आता है)

वार्डन : ज़बरदस्ती झूठ मत लिखवाओ, टिंकू से।

किरण : टिंकू नहीं। परमेन्द्र से।

वार्डन : आई मीन, परमेन्द्र से।

रामचन्द्र : इस लड़के का बाप आया है। पक्का सिक्ख। किरपान पहने। मैं तो डर के मारे काँपने लगा। **(परमेन्द्र भयभीत है)** स्टाफ रूम में बिठा के आया हूँ।

बर्सर : **(परमेन्द्र से)** हॉस्टल ले जाओ उन्हें। घण्टे भर बाद आना।

वार्डन : प्रिंसिपल साब भी आ जाएँगे तब तक।

परमेन्द्र : सर, मैंने कुछ नहीं किया। प्लीज़! हमने कुछ नहीं किया। पिताजी मार डालेंगे मुझे। चार बहनें हैं मेरी। सर, मैं साइन्स टैलैण्ट स्कॉलरशिप लेता हूँ। प्लीज़ सर, आइम द ओनली सन···

(मनोज बाहर ले जाता है)

मनोज : घबराओ नहीं, यार। मैं जो हूँ। तेरा बाल बाँका नहीं होगा। मरेगी तो शमा मरेगी।

(दोनों जा चुके हैं। रामचन्द्र जाता है)

बर्सर : मरेगी नहीं, बुझेगी कहो।

मधुर : ओह नो! यू काँट टच्च शमा?

वार्डन : यही तो रोना है सारा। वर्मा काँट 'टच्च' शमा! व्हाइल पर्हेप्स बेदी कैन। दैट्स द सोल मोटिव बिहाइंड दिस रेन ऑफ द गिलोटीन।

बलबीर : द एज ओल्ड बेदी—वर्मा राइवल्री।

किरण : कौरव पाँडव महायुद्ध।

स्टाफ से. : कया कहा तूने? इधर आ ज़रा। समझ क्या रखा है तूने? **(दौड़कर वार्डन को गले से पकड़ता है)** तेरी तो भैण को···

बर्सर : अरे, अरे, वर्मा···

मधुर : के.आर. स्टाप इट···

बलबीर : वर्मा, हटो इधर।

बर्सर : छोड़ो भई, क्या करते हो?

(वार्डन स्टाफ सेक्रेटरी को नीचे गिरा लेता है। मनोज भाग कर आता है)

मनोज : क्या बात हुई? अरे! वर्मा साब! अच्छा, दो गुरुजन हमें अनुशासन सिखा रहे हैं? उठिए। **(बाजू पकड़ता है)**

स्टाफ से. : आइल सी यू इन कोर्ट, यू बास्टर्ड। देखता हूँ, तुझे कौन रीडर

बनाता है, मेरे होते हुए।

बर्सर : चलो छोड़ो, यार।

वार्डन : साँढ समझ रखा है, साले ने, अपने आपको। जिसको देखता है, धकेले चला जाता है।

(विराम। वार्डन चलता है)

किरण : **(दरवाज़े पर रोककर)** लंच नहीं खाएँगे यहाँ?

वार्डन : टिंकू बुखार से तड़प रहा है। जब तक देख न लूँ, कुछ नहीं खा पाऊँगा।

बलबीर : लौट कर आएँगे न?

बर्सर : ऐप्लीकेशन तो छोड़े जा रहे हैं।

(कागज़ों को एक नजर देखकर, वार्डन जाता है)

किरण : वो लंच आर्डर किया है मैंने कि आप प्रेयर करेंगे, रोज़ रोज़ इनिडस्प्लिन कमेटी की मीटिंग हो। क्यों, वर्मा जी?

(अँधेरा)

अंक 4

(रामचन्द्र टेबल साफ कर रहा है और खाली बोतलें उठा रहा है। वार्डन और प्रिंसिपल नहीं हैं। बाकी सब डकार मार रहे हैं)

मधुर : अ फाइव स्टार लंच! थैंक यू। रावण द ग्रेट!

रामचन्द्र : रावण? मुझे रावण कहा? सीता जी मान लूँ मैं आज आपको?
(मनोज हँसता है)

मधुर : शट अप!

मनोज : ठीक कहा तू ने, रामचन्द्र। ऐसी हैं ये आज की बिगड़ी हुई छात्राएँ। स्वयं बेशक कुछ बकती फिरें, परन्तु यदि पुरुष जवाब में कुछ कह दे, मिर्च लग जाती हैं।

किरण : एक कप कॉफी भी हो जाती तो··

बलबीर : आई प्रेफर चाय।

बर्सर : दोनों आर्डर कर दो, रामचन्द्र। हमारा राज है।

स्टाफ से. : मुफ्त की तो हरामी को भी हलाल है।

किरण : डिड यू सी? मनोज अकेला आधा कबाब खा गया।

बर्सर : अगर हड्डी होती तो वो भी निगल जाता।
(वार्डन को आता देखकर)

स्टाफ से. : यही तो मुश्किल है। आजकल साली हड्डियाँ तो हर कबाब में मिल जाती हैं।

बलबीर : टिंकू का बुखार उतरा?

वार्डन : सो रहा है, गहरी नींद। मैंने जगाना ठीक नहीं समझा।

किरण : आपका हिस्सा बचा के रखा है हमने। रामचन्द्र, ला दो ऐंटीरूम से।

वार्डन : नहीं, रामचन्द्र, तुम खा लो। मैं नहीं खा पाऊँगा अभी। **(बैठता है)**

स्टाफ से. : **(कानाफूसी)** मधुर, व्हाई आर यू सो चेंजड, सडनली? लेट्स हैव फन अगेन।

मधुर : **(ऊँचा)** नो, थैंक यू। गैट लॉस्ट।

वार्डन : प्रिंसिपल अभी तक नहीं लौटे?

बर्सर : बड़ा तिकड़मी है भटनागर। कुछ न कुछ ले डूबेगा ज़रूर।

किरण : भटनागर या मिसिज़ भटनागर? बिहाइंड द राईज़ ऑफ ऐवरी ग्रेट मैंन, देयर्ज़ अ वुमैन।

मधुर : एण्ड बिहाइंड द फॉल ऑफ ऐवरी वुमन, देयर्ज़ अ मैन।

बलबीर : वैरी गुड, मधुर।

स्टाफ से. : **(बलबीर से)** क्यों, आपको भी तजरबा है किसी फॉल का?

बर्सर : मिस बख़्शी बड़ी गहरी शख़्सीयत रखती हैं।

बलबीर : प्लीज़, डोंट मेक फन ऑफ मी।

वार्डन : **(रामचन्द्र से)** वो सरदार साब अभी भी स्टाफ रूम में बैठे हैं?

रामचन्द्र : जी, हाँ। मैंने कहा, लंच के बाद बुलावेंगे अन्दर।

बलबीर : परमेन्द्र को मारा पीटा तो नहीं?

किरण : यू आर राइट। बड़ा डरावना है। मूछें तीखी, भौंहें तनी हुई।

मनोज : महाराणा प्रताप की तरह?

मधुर : महाराजा रणजीत सिंह लगता है।

रामचन्द्र : पर यह लड़का भी बड़ा कमाल का है। बाप को बुलाया तक नहीं। आँख बचाकर, लाइब्रेरी के पीछे से, सीधा हॉस्टल चला गया।

वार्डन : बात तक नहीं की अपने फादर से? स्ट्रेंज!

बर्सर : बाप कौन सा उसको इनाम देगा?

स्टाफ से. : ऐसी बदमाशियाँ करे कोई बच्चा तो माँ-बाप भी क्या करें?

किरण : आस्क मी। आईम द साइकालोजिस्ट हीयर। घर में रिलिज्यस फैनैटिसिज़्म हो तो बच्चे घर से बाहर जाते ही रिबैलियन करते हैं। माँ-बाप की नसीहत से उल्टे काम करते हैं। बैरी जॉन ने एक प्ले किया था, इसी थीम पर। क्या नाम था?··· आई फार्गेट द नेम। फैंटास्टिक प्रोडक्शन!

स्टाफ से. : बच्चे माँ-बाप पर जाते हैं।

बर्सर : पर गालियाँ हम टीचरों को पड़ती हैं।

वार्डन : इन दैट केस, आप ऐक्स्प्लेन करें, प्रिंसिपल का लड़का, जीतू, क्यों फेल हुआ, तीन बार बी.ए. में?

किरण : यैस, व्हाई? आई वंडर।

मधुर : आई हर्ड, हिज़ डाटर आल्सो फेल्ड इन द हाई स्कूल ऐग्ज़ाम लास्ट यीयर।

वार्डन : भटनागर साब को तो आप नालायक नहीं कह सकते। विस्कॉनसिन

से पी-एच.डी. हैं।

रामचन्द्र : इसका जवाब तो मेरे पास है, सीधा।

मधुर : क्या?

रामचन्द्र : प्रिंसिपल साब के बच्चे, बाप पर नहीं, माँ पर गए हैं।
(हँसी)

किरण : रामचन्द्र, अगली बार हमारे डिपार्टमेंट में वेकन्सी हुई, तो हम तुम्हें लेक्चरर बना देंगे।

रामचन्द्र : आप सब मिलकर मुझे केयर टेकर ही बना दें तो मेहरबानी होगी।

बर्सर : की थी बात वर्मा साब ने मेरे से। हम पूरी कोशिश करेंगे।

रामचन्द्र : धन्यवाद, जी।

स्टाफ से. : अच्छा, जा अब। परमेन्द्र को बुला के ला, हॉस्टल से। इतनी देर में तो छः स्टेटमैण्ट लिख सकता था।

वार्डन : उसके फादर को भी साथ लेता जा। हमारे सामने आने से पहले बाप-बेटा आपस में बात कर लें तो बेहतर होगा।
(रामचन्द्र जाता है)

स्टाफ से. : ज़रा शमा को अन्दर भेजते जाना।

बलबीर : आप बेशक कुछ भी कहें, मुझे नहीं लगता शमा और परमेन्द्र ने कोई कसूर किया है। कौल साब, आपने नोट किया था, परमेन्द्र जब उठकर गया, कितना अपसैट था, मैन्टली?

वार्डन : यैस। जैसे सारा खून सूख गया हो, एकदम।

बर्सर : छोकरी को क्यों बुलाया, भई?

स्टाफ से. : बैठे बोर हो रहे हैं। सोचा, तब तक उससे कुछ शुग़ल करते हैं।

बलबीर : क्यों बेचारी को परेशान कर रहे हैं आप?

किरण : अच्छा, बर्सर साब, आई मस्ट गो। रिहर्सल है।

मनोज : पहले तो आप को बड़ी जल्दी थी। केवल खाद्य सामग्री हेतु रुकी थी?

किरण : आर्ट कैन वेट, द बैली कैन नॉट।
(शमा आती है)

वार्डन : बैठो, बेटा। **(शमा बैठती है)**

बर्सर : यार, शुग़ल की बात कर रहे थे तुम। आज कुछ हो जाए। **(पर्स से सौ का नोट निकाल कर)** भेजूँ रामचन्द्र को?

स्टाफ से. : आई वुड लव टु ड्रिंक टुडे।

बर्सर : साली इस फ़जूल की लम्बी मीटिंग से कुछ तो हासिल हो।

स्टाफ से. : चलिए, मेरे घर बैठते हैं, करोलबाग।

बर्सर : इतनी दूर नहीं, यार। किसी नज़दीक जगह का इन्तज़ाम नहीं हो सकता?

किरण : एक पैग मनोज को भी दे देना। और स्टूडैण्ट यूनियन ऑफिस में बैठकर पी लो। इस वक्त कौन होगा देखने वाला, कॉलेज में। क्यों मनोज?

मनोज : नहीं, जी। मैं क्षमा चाहूँगा। कृपया आप मेरा बिम्ब मत बिगाड़िए।

वार्डन : बिम्ब माने?

मधुर : ही मीन्ज़, इमेज। अपनी पार्टी का फ्यूचर प्राइम मिनिस्टर समझता है, अपने आप को।

स्टाफ से. : अगर ऐसी बोली बोलेगा, कोई अक्लमन्द तो वोट देने से रहा।

बर्सर : बिम्ब! कमाल है। अपनी एक किताब का हिंदी ट्रांस्लेशन करवाया मैंने। दो-दो क्विंटल के शब्द, हर लाइन में। साल भर में दो सौ कापियाँ भी नहीं बिकीं। जबकि इंग्लिश ऐडीशन बीस हज़ार बिकता है।

स्टाफ से. : किसी हिन्दी पी-एच.डी. से तो नहीं करवाया ट्रॉंस्लेशन?

बर्सर : ठीक गैस किया आपने। डॉ. पांडे ने मेरी किताब डुबो दी।

मनोज : पावन मातृभाषा का ऐसा अपमान?

बर्सर : मातृभाषा गई जहन्नुम में। मेरा बीस हज़ार डूब गया, रायल्टी का। मैंने तो कामर्स सिखानी है। कोई हिन्दी प्रचार समिति तो घर में खोल नहीं रखी।

मनोज : यह हम हिन्दी भाषियों की सहनशीलता है। आप जैसे बुद्धिजीवियों के व्यंग्य वाक्य सुन लेते हैं। कभी बंगला या मराठी का मज़ाक उड़ा के देखो। ठोक-ठोक कर लोग आपका सिर कानों के बीच में कर देंगे।

स्टाफ से. : शमा, तुमने अपना तख़ल्लुस़ 'तन्हा' क्यों चुना?

मधुर : 'लोनली', दैट्स व्हट वी आल आर, विदिन अवर स्किन्ज़।

बर्सर : लिट्रेचर तो आपका फील्ड है। मुझे दख़ल तो नहीं देना चाहिए। लेकिन मुझे लगता है, शमा कभी तन्हा नहीं हो सकती।

मधुर : क्यों नहीं?

बर्सर : परवाने कभी किसी शमा को अकेली नहीं छोड़ते। या मर जाते हैं, या मार लेते हैं।

मधुर : दैट्स ग्रेट, फ्रॉम अ कामर्स मैंन।

बर्सर : गाजियाबाद चलो सब, मेरे साथ। डिप्लोमैट पिलाऊँगा। और तंदूरी मुर्गा खिलाऊँगा।

स्टाफ से. : छुट्टी वाले दिन सही। जब कॉलेज बन्द हो।

बर्सर : हाँ, छुट्टी का अपना ही मज़ा है। पर आज भी सूखा क्यों जाने दें? सबब से इकट्ठे हुए हैं। आप जॉइन करेंगी हमारे साथ?

किरण : **(पर्स दिखाकर)** आई लव अ ड्रिंक। बट् सी। इट्स ऐम्पटी।

बर्सर : लेट द ईवनिंग बी आन मी। द रूल इज़, लेडीज़ नैवर पे केश।

बलबीर : वो क्या पे करती हैं?

स्टाफ से. : काइंड।

बर्सर : इफ दे आर काइंड।

वार्डन : **(घड़ी देखकर)** प्रिंसिपल साब को आ जाना चाहिए था अब तक।

बलबीर : अरे, आइम गैट्टिंग लेट।

मधुर : यू आर अ जैनरस कैपिटैलिस्ट, मिस्टर गुप्ता।

स्टाफ से. : कैपिटैलिस्ट कभी जैनरस नहीं होता। मधुर, यू हैवण्ट रेड कार्ल मार्क्स केयरफुली। गुप्ता साहिब जितने की शराब पिलाते हैं, उससे दुगने पैसे निकाल लेते हैं, दोस्तों की जेबों से।

बलबीर : वो कैसे?

स्टाफ से. : पत्तेबाज़ी से।

बलबीर : यू मीन, जुआ खेलकर?

बर्सर : आप तो ऐसे बोल रही हैं, जैसे कोई गुनाह हो जुआ खेलना। इट्स अ हॉबी, लाइक अदर हॉबीज़।

स्टाफ से. : मैंने आज तक गुप्ता को जुए में हारते नहीं देखा। दुर्योधन है पूरा।

किरण : द्रौपदी कौन है?

स्टाफ से. : द्रौपदी की वेकंसी खाली है। है कोई उम्मीदवार?

वार्डन : मैंने भी सुना तो ऐसा ही है। इज़ इट ट्रू, मिस्टर गुप्ता, दैट यू नैवर लूज़?

बर्सर : नहीं भई, ऐसी बात नहीं। इन्सान हार भी जाता है कभी-कभी।

स्टाफ से. : आपको पता है, गुप्ता साब ने अपना पहला मकान कैसे बनाया था?

किरण : नो, आई डोंट। कैसे बनाया?

स्टाफ से. : गुप्ता, बताओ ज़रा इनको।

बर्सर : तुम ही बता दो, भाई, जो बताना है। मैंने तो नकद दाम लगाए हैं, तीनों मकानों पर।

स्टाफ से. : गुप्ता साब ने तीन महीने, लगातार, फैक्ल्टी क्लब में फ्लैश खेली। रोज़ दोस्तों को फुसला कर ले जाते थे। दो पैग व्हिसकी पिलाई और शाम को तीन-चार सौ रुपया जेबों में भरकर ले जाते थे।

और बीवी को दे देते, 'जा भागवान, तू सीमिण्ट खरीद, ईटें मँगवा। कल को और देगा देने वाला।' फॉर फुल थ्री मन्थ्स ही डिड दैट। जब तक दो मंज़िला मकान बन कर खड़ा नहीं हो गया।

बर्सर : **(गर्व से)** आप बहुत बढ़ा-चढ़ा कर बता रहे हैं, वर्मा साहिब।

मधुर : बट इज़ इट ट्रू?

स्टाफ से. : आफ कोर्स, इट्स ट्रू।

बलबीर : जिन दोस्तों की जेबें काट कर आप रोज़ तीन-चार सौ ले जाते थे, वो क्या आपको, ऐण्ड तक, 'दोस्त' ही समझते रहे?

मनोज : मित्रता की ऐसी परिभाषा मैंने पहले कभी नहीं सुनी थी।

स्टाफ से. : दोस्तों को ही फँसाना पड़ेगा। अजनबी फँसता है कोई, रोज़-रोज़?

बलबीर : आप बड़े खतरनाक आदमी हैं, गुप्ता साब। मैं नहीं जानती थी।

मनोज : मित्रघात के बारे में श्री सत्यनारायण जी की कथा में लिखा है—

बर्सर : मैंने कभी किसी साले को मजबूर नहीं किया अपने साथ खेलने को। अपने आप पँछी जाल में फँस जाए तो शिकारी क्या करे?

किरण : आई ऐन्वी यू, मिस्टर गुप्ता। यूअर हॉबी ब्रिंग्ज़ यू मनी, व्हाइल माई थियेटर हैज़ ऑल्वेज़ लॉस्ट मनी।

बर्सर : मेरे से सीखिए, पैसा बनाना, अपने ड्रामों से।

किरण : विल यू गैटॅ मी स्पांसरशिप्स? या ब्रोशर के लिए एडवर्टिज़मैंट्स? आइल बी सो ऑबलाईज्ड।

बर्सर : श्योर।

किरण : लैट्स शेक हैंडज ऑन दैट। **(हाथ मिलाते हैं। बर्सर पर्स जेब में रखता है)**

वार्डन : प्रिंसिपल साब को टैलीफोन करके देखें?

किरण : इस कॉफी को क्या हो गया?

बर्सर : लाओ, मैं फावर्ड कर दूँ तुम्हारी ऐप्लीकेशन। कुर्सी तो प्रिंसिपल की है, और पैन उससे बढ़िया है।

बलबीर : मैंने चार बजे से पहले थीसिस सबमिट करना है। लीव भी चाहिए, एक साल कीं

वार्डन : करूँ डायल?

(टेलीफोन की घंटी बजती है)

वार्डन : जे.एन. कॉलेज··· मैं डॉक्टर कौल बोल रहा हूँ··· प्रिंसिपल साब? यैस सर··· **(सबको)** भटनागर साब बोल रहे हैं··· हाँ जी।··· आप ही की इन्तज़ार है सबको··· बहुत जरूरी है जी··· बिफोर फोर पी. ऐम. ···

बलबीर : मेरा भी कह दो।

वार्डन : ···अशोका ले आऊँ?··· दोनों? अच्छा जी, स्टैम्प लगाता आऊँगा ··· ओ.के. सर··· थैंक्यू···

स्टाफ से. : अपनी-अपनी पड़ी हुई है इन लोगों को। जिन दो के लिए दो दिन से सिर मार रहे हैं उनका नाम तक नहीं।

बर्सर : इनको पकड़ा, यार।

वार्डन : वर्मा साब, आप से बात करना चाहते हैं।

(वर्मा रिसीवर साफ करता है)

स्टाफ से. : मैं वर्मा बोल रहा हूँ··· इनका क्या करना है, जी?··· शमा सामने बैठी है··रामचन्द्र को भेजा हुआ है हॉस्टल··· उसका फादर आ चुका है··· आपकी इन्तज़ार थी··· रस्टीकेशन?··· दोनों को?··· देख लीजिए, बराबर-बराबर सज़ा··· इसका मतलब, एग्ज़ाम नहीं दे सकते··· रोल नम्बर रोक लेते हैं···

बर्सर : वी.सी. शिप का पूछो।

स्टाफ से. : बर्सर साब पूछते हैं, वी.सी. कब बन रहे हैं आप? पक्की उम्मीद है? ···कांग्रेचूलेशन्ज़···

बर्सर : कहाँ के?

स्टाफ से. : हिमाचल? दैट्स द लक्कीऐस्ट थिंग टु हैपन टु ऐनी वन··· फाइव यीयर्ज़ इन शिमला!

(रामचन्द्र हाँफता हुआ आता है)

रामचन्द्र : परमेन्द्र··पँखे से··लटक गया!

मधुर : व्हट!

मनोज : क्या हुआ?

बलबीर : कहाँ है?

किरण : सुइसाइड?

रामचन्द्र : आत्महत्या··पँखे से फाँसी।

स्टाफ से. : ज़रा होल्ड कीजिए जी··रामचन्द्र है।

बर्सर : मर गया?

मधुर : क्या कहा?

किरण : माई गॉड।

मनोज : कमरे में?

रामचन्द्र : पँखे से उसके पिता ने और मैंने उतारा। मरा हुआ। **(वार्डन हाथ में कागज़ों का पुलिन्दा पकड़े अचेत-सा खड़ा है। मनोज और मधुर भागते हैं। शमा पत्थर बनी बैठी है)**

बलबीर : **(आँसू रोकती हुई)** मैं तो नहीं देख पाऊँगी उसे—**(उठती है)**

किरण : नॉर कैन, आई। ऐक्सक्यूज़ मी। **(जाती है)**

बलबीर : **(दरवाज़े से, याद करके मुड़ती है)** पम्मी, मेरे साथ चलना। मैं स्कूटर पर तुम्हें घर छोड़ दूँगी। **(थपकी देती है)**

स्टाफ से. : प्रिंसिपल साब, गज़ब हो गया! परमेन्द्र ने सुइसाइड कर लिया।··· पँखे से··· रामचन्द्र देखकर आया है··· प्लीज़!··· अब तो आपको ज़रूर आना पड़ेगा··· घण्टे भर में?··· जी, बेहतर···

बलबीर : स्टाफ रूम में हूँ। साढ़े तीन बजे तक। **(शमा के हाथ अपने गले को पकड़ते हैं)**

स्टाफ से. : पुलिस···? हाँ जी?··· फादर तो हैं··· बॉडी को ले जाना चाहे शायद ···घर··· जी, वो ज़िम्मेदारी तो खत्म हुई ··· झंझट तो है। ··· उल्टे-सीधे सवाल तो पूछेंगे ही··· यह खड़े हैं। **(बर्सर से)** बात करो।

बर्सर : जी। हाँ जी, भटनागर साब··· नहीं जी काम हो भी घर का, रुकेंगे। क्यों नहीं रुकेंगे?··· शाम तो हो ही जाएगी। **(धीरे से)** वी. सी. शिप मुबारिक··· जा रहे हैं जी··· अभी लिखवा देता हूँ··· कल कॉलेज बन्द रहेगा··· ब्लैक बोर्ड पर बरामदे में··· जी··· ऐग्ज़ाम? ··· लाइब्रेरी और दफ्तर तो हैं, जी··· वो जरूर बन्द रखने चाहिए ··· टैलैण्टिड था लड़का··· साइन्स का स्कॉलरशिप··· अच्छा, जी ··· हम यहीं हैं ··· बाई। **(फोन रखता है)** रामचन्द्र, हैड क्लर्क से कहो, बोर्ड पर लिख दे : कल कॉलेज बन्द रहेगा।

रामचन्द्र : अच्छा जी। **(जाता है)**

(लंबा विराम। वार्डन कागज़ फाड़कर गिराता है)

(अल्प विराम)

वार्डन : नहीं, अब नहीं छोड़ूँगा। हास्टल नहीं छोड़ूँगा।

बर्सर : ज़िन्दगी बाकी पड़ी है, दोस्त। और सोच लो।

वार्डन : **(अपने आप से)** अगर मैं··· किसी माँ का बेटा बचा सकूँ?

स्टाफ से. : अपने बेटे की··· माँ··· उसकी बात तो सुन ली होती।

वार्डन : अपने बेटे की माँ की बात, अब मुझे कभी नहीं सुनाई देगी। परमेन्द्र की माँ की बिलख सुनाई देगी। बूढ़ी माँ की बिलख। बेसहारा माँ की बिलख! **(विराम)** मुझे माफ कर दो! बेटा! मुझे माफ कर दो! **(आँसू पोंछता है। अल्प विराम। शमा से)** चलो, बेटा। **(शमा फूट-फूटकर रो उठती है। चीखकर भागती है)**

शमा : परमेन्द्र!!!

(वार्डन पीछे जाता है। लंबा विराम। दोनों कागज़ वगैरा उठाते हैं)

(रामचन्द्र आता है। बर्सर पर्स से निकालकर सौ रुपए रामचन्द्र को देने लगता है)

स्टाफ से. : ऊँ हूँ! कल कॉलेज बन्द रहेगा!

(बर्सर बात समझ जाता है। मुस्करा कर नोट वापस पर्स में रखता है। खाली स्टूल पर रोशनी ठहर कर, बुझती है)

(परदा)

(समाप्त)

(पहला प्रालेखः मई, 1972 से दिसंबर, 1981)

8
पंज कुएँ वाले

बचपन के साथी जगतसिंह जसवाल को
उसके अठारह साल के बेटे को
तथा
गाँव के दूसरे व्यक्तियों को
जिन्हें
1984 में दिल्ली खा गई

लेखक की ओर से

नवम्बर, 1984 का पहला सप्ताह; दिल्ली। टैक्सियों में, ट्रकों में, जिन्दा जलाए हुए अपने भाइयों की राख हुई हड्डियों को हाथों में उठाकर, मैंने बाबा नानक से पूछा, क्या फायदा तेरी वाणी का? तेरे बोल भी, इस धरती से, जुल्म-सितम को ख़त्म नहीं कर सके? इतनी मार पड़ी, मेरे भाई, बहनें, बच्चे बिलखे, कराहे पर तेरे खुदा को दर्द नहीं आया?

चार-पाँच सालों से मासूमों का, मज़लूमों का, असहायों का, खून हो रहा है। नानक की धरती पर! नानक के नाम पर! रोज़ अख़बार पढ़कर, मैं बाबा नानक से पूछता हूँ, क्या फायदा तेरी वाणी का? जो रोज़ तेरे शब्द गाते हैं, जो रोज तेरे बोलों के आगे सिर झुकाते हैं, तू उनके दिलों के अन्दर भी रहम नहीं डाल सका!

और 2 नवम्बर, 1984, को मैंने अपनी डायरी में अपने आप से पूछा, क्या फायदा तेरे नाटक लिखने का? अमन के बारे में किताबें लिखने का?—अगर ज़ालिमों पर लेख असर कर सकते, तो इस धरती पर से कत्ल और जंग और जबर जनाह कभी के खत्म हो चुके होते।

लेखक क्या करे?

क्या मुहब्बत का सबक सिखाने वाली किताबें बेकार हैं? क्या प्यार का बुलावा देने वाले सोहले कतई बेअसर हैं? क्या पाप के आगे हार मानकर लेखक निठल्ला बैठ जाए? क्या नानक के बोल ' हिन्दोस्तान संभालना' बन्द कर दे?

तलवार के आगे कलम की क्या बिसात?

टॉलस्टाय का पीयेर इन सवालों का सीधा-सा जवाब देता है : "अगर दुनियाँ के जंगबाज़ एकदल हैं, तो क्यों नहीं दुनिया के अमनपसन्द बन्दे भी एकजुट हो जाते?"

पाप तथा पुण्य के, जंग तथा अमन के, इस लगातार चलते हुए युद्ध में, लेखक को चाहिए कि वह निडर खड़ा रहे। और अपने पाठकों को, दर्शकों को, शांति और प्यार का पक्ष लेने की प्रेरणा दे।

हर बच्चा जो इस धरती पर कदम रखता है, अपने सामने ये दो पक्ष देखता है, प्यार का और नफरत का। वह अपनी ज़िन्दगी के लिए कौन-सा पक्ष चुने? कौन-सा

जीवन दर्शन अपनाये? इस सवाल का जवाब उस बच्चे को उस वक्त का लेखक देगा। जैसे-जैसे नई पीढ़ी जन्म लेती है, जवान होती है, वैसे ही उसकी शिक्षा के लिए मुहब्बत का सबक दोहराने वाले नये लेखक पैदा होने जरूरी हैं।

नानक की वाणी बेशक जुल्म को जड़ से कभी नहीं उखाड़ सकी—पर यह बिलकुल बेअसर नहीं है। अगर भाई को भाई कत्ल करता है, अगर बन्दा बन्दे को गोलियों से भून गिराता है, तो लाखों करोड़ों इंसान ऐसे भी हैं जो अपनी जान कुर्बान करके दूसरों को बचाते हैं। शांति का, प्यार का, संदेश देने वाले—बुद्ध, सुकरात, ईसा, मुहम्मद, गांधी जैसे महापुररुष भी—इसी धरती की उपज हैं। उनको नेक किसने बनाया? मुहब्बत का सबक किसने सिखाया? शायद किसी नानक की वाणी ने, किसी सॉफोक्लीज़ की ट्रेजडी ने, किसी टालस्टाय के नॉबल ने।

सो जरूरत है, हर पीढ़ी के आगे कुछ सबक दोहराने की—ताकि वह पशु से इन्सान बन सके। 'पंज कुएँ वाले' में मैंने अपने बुजुर्गों की सीख दोहराने की कोशिश की है।

फिर मेरी इस कृति में नया क्या है?

हर नये नाटक में नया उसका संदेश नहीं होता। स्वच्छ विचारों की दृष्टि से संसार की सभी अच्छी पुस्तकें एक जैसी जान पड़ेंगी। चैखौफ ने कहा है : "कत्ल बुरा होता है। पर यह बात तो आप मेरा नाटक देखने से पहले भी जानते थे।"

हर आलेख में शिक्षा नई नहीं हो सकती। नई होती है उस शिक्षा को गूँथने वाली कहानी और उस कहानी के इंसान। अरस्तु मुआफ करे, नाटक में मैं पात्रों को सबसे बड़ा दर्जा देता हूँ। घटनायें गढ़ना भी इतना मुश्किल नहीं। असली सृजन है जीते-जागते स्त्री- पुरुष—और इस पहलू से, मैं अपने बुजुर्गों से अलग बनने की कोशिश कर सकता हूँ। मेरे नाटक का नया हिस्सा है—दसौंधा सिंह, मलकीत, लच्छू, दरशाँ, गेजो और दलबीर। ये मेरे समकालीन हैं, मेरे गाँव के बाशिंदे हैं। इनके साथ रहकर मैंने यह जीवन जिया है। इन्हें सिर्फ मैं ही चित्रित कर सकता था।

समकालीन सियासी तथा मज़हबी मसलों पर नाटक लिखते वक्त कई खतरों में से गुज़रना पड़ता है। साहित्य आज के अख़बार से भिन्न है। रोज़-बरोज़ की बदलती हुई घटनाओं को ज्यों का त्यों वर्षों तक स्टेज पर नहीं दिखाया जा सकता। न ही नाटक प्रॉपेगेंडा है। नारेबाज़ी से, धार्मिक उपदेश से, नाटक को कैसे ऊँचा उठाया जाये? एक प्रांत से, पूरे देश से, जुड़ी हुई घटनाओं को मंच पर कैसे दिखाया जाये? इन मुश्किलों का हल मैंने ढूँढ़ा है, एक कुनबे की घरेलू लड़ाई में। केवल हाड़-माँस के पात्र ही किसी रचना को देशकाल के दायरे से बाहर ले जा सकते हैं। चरित्र-चित्रण में सफलता ही नाटक का असल इम्तिहान है। विचार या थीम दिल को बाँधने का सामर्थ्य नहीं रखते।

निरंतर दिलचस्पी रखते हैं सिर्फ इंसानी रिश्ते, गहरे, ख़ून के रिश्ते—और अगर मैं एक कुनबे को चित्रित करने में सफल हो सकता हूँ, तो इस नाटक को पूरे प्रांत या देश-विदेश से जोड़ना कठिन नहीं।

किसी बुद्धिमान ने कहा है : हम में से कोई भी 'हैमलेट' नहीं लिख सकता लेकिन हम में से हर व्यक्ति यह समझता है कि वह 'हैमलेट' को 'सुधार' सकता है!

निर्देशक और कलाकारों को एक चेतावनी। कुछ एक वार्तालाप मैंने जान बूझकर, सोच-समझकर, लम्बे लिखे हैं। (**इनको कामयाबी से ऐक्टर निभा चुके हैं।**) यदि आप नाटक खेलना चाहो, तो आसान रास्ता मत ढूँढ़ों। स्पीच को काँट-छाँटकर छोटी मत करो। बल्कि, हिम्मत करके, मेहनत करके, लम्बी स्पीच के साथ इन्साफ करने का यत्न करो। सधा हुआ ऐक्टर अपनी सुर, तान, रफ्तार, भाव, रुख, स्थान वगैरा बदलकर, लम्बी स्पीच को कई हिस्सों में बाँट लेता है, और उकताहट नहीं होने देता।

संसार के इतिहास से एक तथ्य ज़ाहिर है। 'मीरी' और 'पीरी' की तलवारें अलग-अलग व्यक्ति पहनें तो ही गणतन्त्र सफल हो सकता है। इन दोनों पक्षों के बीच का फर्क कोई पीर ही समझ सकता है। लेकिन हर तलवारधारी ऐसा पीर नहीं होता जो यह जान सके कि, तलवार किस मौके पर चलानी जायज है? औरंगजेब जैसा तख़्त का लोभी 'मीर' भी यों तो अपने आपको इस्लाम के पीरों का रक्षक समझता था। और व्यक्तिगत जीवन में, इबादत और संयम के लिहाज़ से, किसी 'पीर' से कम नहीं था।

हर ऐरा-ग़ैरा अपने आपको पीर समझकर तलवार चलानी शुरू कर दे, तो बाबा नानक की रूह ज़रूर तड़प उठेगी। और अगर उस तड़पती रूह की आवाज़ मैं अपने कुछ भाइयों तक दोबारा पहुँचा सकूँ तो अपना आलेख कामयाब समझूँगा।

चरणदास सिद्धू

इला अपार्टमेंट्स (104 ए)
बी-7, वसुंधरा ऐनक्लेव,
दिल्ली-110096

निर्देशकीय

'पंज कुएँ वाले' का नाट्यालेख ग्रीक त्रासदी जैसा है। जैसे यूनानी नाटकों में सत्य की खोज में निकला मानव घटनाओं तथा स्थितियों के उलझाव से निपटता हुआ, स्वयं उसी इन्द्रजाल में उलझकर रह जाता है। उसी प्रकार एक साधारण-सी मौत से आरम्भ होने वाला नाटक, परत-दर-परत खुलता हुआ, समूचे परिवार को अपनी लपेट में ले लेता है।

कहने को तो यह एक परिवार के विघटन की कहानी है परन्तु नाटककार ने मानवता तथा मानव व्यवहार की प्रक्रियाओं की मूलभूत को चित्रित कर, इसे एक सार्वभौमिक महत्त्व का नाटक बना दिया है।

नाटक में हिंसा की अनाटॉमी (**विश्लेषण**) का अध्ययन किया गया है। हिंसा के जो भी कारण रहे हों, उनसे हिंसा ही उपजती है। प्रत्यख परोक्ष रूप से उपजी हिंसा विनाशकारी ही होती है। हिंसा का कारण धर्म का संकीर्ण अथवा अन्धानुकरण हो अथवा धन-सम्पत्ति का लोभ या केवल मानव विकृति जो पाशविक प्रवृतियों की संतुष्टि के लिए हिंसक बन जाते हैं—हिंसा दलगत हो अथवा व्यक्तिगत, उसके शिकार मासूम लोग ही होते हैं।

ट्रॉय का युद्ध हो अथवा महाभारत की लड़ाई, हिरोशिमा और नागासाकी पर अणुबम गिराया जाये अथवा विश्वयुद्ध हो, दो धार्मिक दलों की भिड़न्त हो अथवा दो भाइयों का झगड़ा, हिंसा हमेशा विनाशकारी लीला ही रचती है।

न तो देश के बँटवारे में मरने वाले मिरासी का कोई दोष था न ही धर्मान्धों की भिड़ंत में मरने वाले राम रखे का। किसी के धन-लोभ से मारा जाने वाला जीतू भी निर्दोष है और दो भाइयों के झगड़े में मरने वाला दलबीर भी।

नाटक के पात्र आम आदमी होते हुए कभी-कभी प्रतीक बन जाते हैं। दसौंधा सिंह परिवार प्रमुख है और उसकी वेशभूषा और बानगी से एक वयोवृद्ध पुरुष की छवि मिलती है जो सांसारिक पागलपन से ऊपर उठ गया है और गुरुओं की वाणी का सही रूप में अनुकरण करना चाहता है। गेज कौर, उसके बड़े बेटे मलकीत की पत्नी, स्त्री समाज की कोमलता तथा सौहार्द्र का रूप है; तो दसौंधा सिंह की बेटी दरशां स्त्री विकृति का रूप। मलकीत एक धर्मांध है जो अपने कुकर्मों को सही ठहराने के लिए धर्म की

अपनी मनचाही व्याख्या करता है। लच्छू एक सीधा-साधा परिश्रमी किसान है तो दलबीर हमारे मासूम भविष्य का प्रतीक; जो हिंसा की विभीषिका से बच निकलना चाहता है।

वैसे तो हम इन पात्रों को कम्पार्टमैंट अथवा टाइप नहीं कह सकते। ये किसी भी घर, गाँव, प्रान्त में मिलने वाले आम-से पात्र हैं। वे पूरे काले अथवा पूरे सफेद नहीं हैं। दरशां लालची ज़रूर है पर क्रूर नहीं। उसी प्रकार दसौंधा सिंह भी महात्मा नहीं है।

एक ही दृश्यबन्ध, चुस्त तथा पात्रोचित संवाद, घटनाक्रम तथा कार्य व्यापार की तीव्रता इसे एक सशक्त मंचीय नाटक बनाती है।

नाटककार ने गीतों का प्रयोग कई कारणों से किया है। एक ओर तो ये 'संदेश' देते हैं। दूसरी ओर ये नाटक की घटनाओं पर टिप्पणी करते दिखते हैं, जैसे ग्रीक त्रासदी में कोरस। तीसरी ओर ये नाटक प्रवाह की तीव्रता को तोड़ कर नाटक को 'जीवन का प्रतिरूप मात्र' न होकर 'नाटक' बनाते हैं।

नाटक हर निर्देशक, हर अभिनेता के लिए चुनौती तो है ही, यह हर दर्शक के लिए एक आह्वान है, अपने भीतर और बाहर को समझने-परखने का एक माध्यम।

जे.एन. कौशल

नेशनल स्कूल ऑफ ड्रामा,
नई दिल्ली

पहला मंचन

'पंज कुएँ वाले', पहली बार 6 नवम्बर, 1985 को 'विकल्प' द्वारा कमानी हॉल, नई दिल्ली में खेला गया। कलाकार थे :—

मंच पर

गेजो : मनोज बंसल
दलबीर सिंह : संजीव अरोड़ा
लच्छू : रमेश भतेजा
दरशाँ : सावित्री तलवार
दसौंधासिंह : नरेन्द्र नादिम
मलकीत सिंह : दिलबाग राय

संगीत : वीणा सिद्धू तनेजा (**हारमोनियम**), नूपुर सिद्धू, (**तबला**), आशा सिद्धू, पंकजा सिद्धू, प्रमिला सिद्धू, ज्ञानकौर सिद्धू, आशुतोष उपाध्याय, रवि तनेजा।

परदे के पीछे

स्टेज मैनेजर : टोबी सिंह
शृंगार : मोहन दमनिया, डी.डी. बटू
प्रकाश : सुरेन्द्र नागपाल, रोहित पवार
मंच विधान : गुरुमुख सिंह
संगीत निर्देशक : वीणा सिद्धू तनेजा
सहायक निर्देशक : मनोज बंसल
निर्देशक : जे.एन. कौशल

नोट : साहित्य कला परिषद, दिल्ली ने 1984 में नाट्य लेखन प्रतियोगिता कराई। पूरे भारतवर्ष से 54 आलेख आए। छः प्रसिद्ध रंगकर्मी जज बने। जिन दो नाटकों को बराबर का पाँच हजार रुपये का 'पहला' इनाम दिया गया, उनमें से एक था 'पंज कुएँ वाले'।

पात्र

दसौंधा सिंह	:	उम्र 56
दरशाँ	:	उसकी बेटी 34
मलकीत सिंह	:	उसका पुत्र, 31
लच्छू	:	उसका छोटा पुत्र, 26
गेजो	:	उसकी बहू, 26
दलबीर	:	उसका नाती, 16

गाने वाली पाँच कन्याएँ

समय : आजकल। वैसाखी से तीन दिन पहले।

स्थान : पंजाब के किसी खेत में टिऊबवैल। कोठड़ी। खेती का सामान : फावड़ा, सुहागा, हल, कुल्हाड़ी, बरछा, चारपाई, तख्त। शहतूत और आम के पेड़। सीताफल, घीया, तोरी की बेलें। फूलों के पौधे। टरैक्टर का टायर। तेल का डिब्बा। टिऊबवैल की सिर्फ नाली नज़र आती है, हौज़ आँखों से छिपा है। दीवार पर 'एक ओंकार' लिखा है और खंडा बना है।

आरती—शब्द 1

(संगीत। पाँच कन्याएँ, पाँच रंग की चुन्नी पहने, शब्द गाती हैं)

खुरासान खसमाना कीया, हिंदुस्तान डराया।।
आपै दोस न देई करता, जम्मु करि मुगल चढ़ाया।।
एती मार पई, कुरलाणै, तैं की दरद न आया।।

करता तू सभना का सोई।।
जे सकता सकते को मारे।।
ता मन रोस न होई। रहाउ।
सकता सींहू मारे पै बगै, खसमै सा पुरसाई।।

रतन बिगाड़ि विगोए कुतिं, मुइया सार ना काई।।
आपे जोड़ि बिछोड़े आपै, वेखु तेरी वडिआई।।

जेको नाउ धराए बडा, साद करे मनि भाणें।।
खसमै नदरी कीड़ा आवै, जे ते चुगै दाणें।।
मरि-मरि जीवै ता किछु पाये, नानक नामु बखाणे।।

पहला दृश्य

(गेजो रोटी छाछ लेकर आती है। इधर-उधर देखकर आवाज़ देती है।)

गेजो : लच्छू! रे लछमण!··· किधर गया?··· लछमण सिंहा! **(पीछे दलबीर आता है। मुड़कर)** अरे! मैंने सोचा, लच्छू है।

दलबीर : मामा तो उधर बैठा है।

गेजो : कहाँ?

दलबीर : पाखरदास की कुटिया में।

गेजो : वहाँ क्या कर रहा है? सब कुछ सूना छोड़कर? सुलफा पी रहा है?

दलबीर : सुलफा नहीं। आज तो शायद दूसरा परोगराम बनाए बैठे हैं। लच्छू गामा और मोहणा बाह्मण।

गेजो : शराब फूँक रहे हैं?

दलबीर : लगता तो ऐसा ही है। फुटबाल का बलैडर भरकर मोहणा ले जा तो रहा था, शराब का। **(किताब पढ़ता है)**

गेजो : देखा! कल अभी ज़मीन बाँटी है। ये भी तार देंगे। दोनों भाई मुझे। दिन चढ़ा नहीं। शराब डफ्फने लग पड़ा।—भाइया वी नहीं दिखता यहाँ।

दलबीर : थानेदार को पिलाने के लिए मँगवाई थी, सरपंच ने। वह कहता, ढेर कूड़ा बरैंड नहीं पीऊँगा। ठेके की लाओ। उसे लेकर बैठ गए, मामा लच्छू और मोहणा बाह्मण। साधु की कुटिया में। कुएँ पर।

गेजो : थाना कैसा रे?

दलबीर : जीतू बारे।

गेजो : जीतू?

दलबीर : जीतू झीबरों का। तुझे नहीं पता?

गेजो : नामो झीवरी का बेटा? हाय रे, उसने क्या किया? भाईया नामों के घर गया?

दलबीर : अभी तो सारे वो बैठे हैं, हमारे टूटे कुएँ के पास। शीशम के नीचे।

गेजो : फौजदारी हो गई, जीतू की? किसी से?

दलबीर : फौजदारी का नहीं पता किसी को।

गेजो : नामो का पुत्र तो बेचारा है ही बड़ा सीधा-सादा।

दलबीर : लाश निकाली सब ने। जीतू की। हमारे कुएँ से।

गेजो : हाय मैं मर गई। जीतू मार डाला?

दलबीर : परसों का घर नहीं था लौटा।

गेजो : जुल्म हो गया, नामो गरीब के साथ। न कोई आगे न पीछे। एक ही लाल था बुढ़िया का। किस कसाई ने मार दिया?

दलबीर : लाश ऊपर तैर आई, रहिमे गूजर ने अचानक कुएँ में झाँका। कहता, मुरदे की बू आ रही है। वही बात हुई। रहिमे ने जाकर नामो को बताया। सरपंच को भी। सबेरे का नाना वहीं बैठा है। रोए जा रहा है। नामो झीबरी को गश पड़ रही है।

गेजो : रे तब ही। मैं न कहूँ, क्यों सरपंच मोटर सैकल पर दौड़ा जा रहा था। जब मैं सवेरे लौटी, गुरुद्वारे झाड़ू लगा कर।

दलबीर : लच्छू मामा और मोहणा बाह्मण, कहते हैं, जीतू कहीं शराब पीकर, कुएँ पर आ गया। टूटी मुँडेर पर बैठ गया। गिर पड़ा। चक्कर खाकर।

गेजो : शराब कहाँ पीता है जीतू। उसकी माँ ने जो बताया था मुझे। अभी तो दस दिन भी नहीं हुए। दाने भुनवाने गयी मैं, उसकी भट्ठी पर। मैंने पूछा, आप ही लगी हुई है, अकेली? पुत्तर कहाँ गया? कहने लगी, "बिटिया, रोटी का वसीला करने लगा है। दाने भून कर कहीं गुज़ारा होता है, आजकल? या लोगों का पानी भर कर?" बोली, "दो—सड़के पर रोटी का ढाबा लगा है खोलने। बाई पास के नजदीक। कहता है, ट्रक वाले रुकेंगे, तो होटल चँगा चल पड़ेगा!"— कहिर हुआ है बेचारी के साथ।

दलबीर : नाना कहता है, जीतू अपने आप नहीं मरा। जरूर किसी ने धोखा किया। धक्का देकर कुएँ में गिरा दिया। डॉक्टरी होगी लाश की तो पता चलेगा।

गेजो : हे वाहिगुरु। बेड़ा गरक करना, ज़ालिम का। जिसने गरीब के मासूम पुत्तर को कत्ल किया।

दलबीर : जीतू था तो शरीफ। उसकी इतनी दुश्मनी किसी से हो ही नहीं सकती।

गेजो : रे बेटा, वो खाल का नाका मोड़कर आ—यह लच्छू भी कभी पूरा

करेगा काम कोई। मेंड टूट गयी। देख तो। सैणियों के आधे चावल सिंच गए। हमारी अभी दो क्यारियाँ नहीं भरी—गेहूँ अभी काटने को बची है। है इसको फिक्र? चला है शराब चढ़ाने। अँधेरियों के दिन हैं ऊपर से।

दलबीर : मामी, तू टूबल का बटन बन्द कर दे। पानी खत्म हो गया, कुएँ में। देख, मिट्टी आ रही है नीचे से। मैं मेंड़ बाँध कर आता हूँ।
(दलबीर फावड़ा लेकर जाता है। लच्छू दूर से गाता, झूलता आता है)

लच्छू : लौंडे मर गए कमाई करते, री बिल्लो तेरे बन्द न बने।

गेजो : बड़ा चाँद चढ़ाया, सवेरे-सवेरे। राख कमाओगे, दोनों भाई। बाप से अलग होकर।

लच्छू : बाप मर गया? हमारा?

गेजो : सुख बोल रे।

लच्छू : नहीं, सच, जीतू मर गया। नामो का जीतू। भाइये का धर्म का पुत्तर। जीतू झीवर।

गेजो : कैसे मरा, रे? मुझे तो शक है, मारकर गिराया, किसी ने।

लच्छू : मार कर उसको किस साले ने गिराना था? पाँव फिसल गया होगा। शराबी था। मेरी तरह। या फिर, इश्क मुश्क होगा। लौंडिया के पीछे जान वार दी होगी। मिरज़े की तरह। महीवाल की तरह।

गेजो : शराब के तो, उसकी माँ कहती, कभी जीतू नज़दीक नहीं गया। बोलती, माता राजनी के मन्दिर पर कसम खाई थी।

लच्छू : जाने दे तू कसमों को। कसम का क्या है? अपने ही हैं देवी देवते। मन्दिर गुरुद्वारे। कौन सा जोर लगे है। चाहो तो रोज़ जाकर एक कसम खा डालो। तेरा खसम, तू खुद जानती है, अमृत छका हुआ है। कोई मानेगा भला? जब भी देखता है, मेरी शराब पी जाता है, चोरी करके। पूछो, तो साफ मुकर जाता है। कसम खा लेता है, झूठी।

गेजो : रोटी तो मैं उसकी भी लायी हूँ। कहाँ गया?

लच्छू : वो तो फिर चला गया।

गेजो : कहाँ।

लच्छू : कोट फतूही। बोला, अखंड पाठ है।

गेजो : उसे एकदम कैसे याद आ गया? तड़के आया जब, घर से उठ कर, तो कहता था, गेहूँ काटने लगेगा, तेरे साथ।

लच्छू : गेहूँ कटवायेगा वो, बुरे की माँ का··तुझे बताया, भाभी, मुझे लगता

है, तुम दोनों मुझे ख्वार करोगे।

गेजो : मैं तुझे काहे का ख्वार करूँगी?

लच्छू : तेरा दूल्हा, देख लेना तू, पाठ करने चढ़ा रहा करेगा। खेतों में पाँव नहीं धरेगा। काम सारा मेरे सिर पड़ेगा।

गेजो : मैं जो हूँ, तेरे साथ। बराबर काम कराने को।

लच्छू : मर्दों के काम क्या जनानी कर लेगी?

गेजो : जो तू फावड़ा चलाता है, पकड़ा तो मुझे। देखते हैं, पहले किस का दम लगता है।

लच्छू : पर, तू तो कह रही थी, तेरी औरतों वाली हालत है।

गेजो : हाँ रे, है तो ऐसे ही। महीना ऊपर हो चला है। आज जाऊँगी मैं नरस को दिखाने। बाबा नानक ने किरपा की।

लच्छू : तब तू ख़्याल रख अपना। हम रोटी घर आकर खा लिया करेंगे।

गेजो : अभी कोई बात नहीं। मैंने तो अभी तेरे भाई को भी नहीं बताया।

लच्छू : न भई, भाभी। आग लगा तू, घर के काम को। बचा कर रख अपने आपको। तेरे सामने हो चुकी, मेरे साथ।

गेजो : तेरी बहूटी की बात कुछ और थी। खून नहीं था करमों में, नरस कहती। और सातवें महीने का बच्चा भी कभी बचता है? मुश्किल होता है। माँ का बचाव भी कम ही होता है।

लच्छू : पता नहीं किस कलमुहें का सराप लग गया। रँडुआ होकर बैठ गया। अकेला। **(रोता है)** गैरों के हाथों की तरफ देखता हूँ। रोटी तक घर की नहीं हुई भाग्य में।

गेजो : अरे! लछमण! हौसला रख। वाहिगुरु के आगे किसका ज़ोर? इच्छा मान उसकी।

लच्छू : आज साल भर का हो गया होता, बेटा। अगर जिंदा रहता। बैसाखी से तीन दिन पहले जन्मा था। आज के दिन। यह नहीं पता था ··· बैसाखी मनाते मनाते, चिता जलानी पड़गी, माँ बेटे की।

गेजो : अच्छा, दिल मत थोड़ा किया कर। उसके घर घाटा है? दिन अच्छा आने पर फिर देगा। अभी क्या उम्र है तेरी··· मैं अपने बड़े भैया से कहूँगी। रिश्ता लाये कहीं से, तेरे लिए।··· उठ, रोटी खा।

लच्छू : रोटी नहीं मैं खाऊँगा। पकौड़े खाए गए, बासी। मितली आती है। **(खेत देखकर)** भाभी, यह बात शुगल की नहीं। मैं तो सोचता हूँ, मैंने ख़ामख़ा मलकीत सिंह का कहा मानकर, ज़मीन बाँट ली, बाप से।

गेजो : मेरे मुँह से भी सुना है वाक तू ने? खुद दोनों भाइयों ने लड़ाई छेड़ी। तुमने मेरी मानी? सारा गाँव मिट्टी फेंक रहा है। दोनों के सिर। कहते हैं, बुढ़ापे में, दोनों बेटों ने बाप अकेला करके बाहर फेंक दिया।

लच्छू : अभी मुझे मोहणा बाह्मण भी बता रहा था। बोला, सारा गाँव कहता है, मलकीत सिंह ने जोरावरी की। बाप पर किरपान निकाल ली।

गेजो : वाहिगुरु ने बचा लिया, भाइये को। नहीं तो खून हो जाता। फाँसी आप भी चढ़ता। विधवा होकर बैठ जाती मैं।

लच्छू : कलह कुनबे की है बुरी। बैठे सोते, क्या साला युद्ध छिड़ गया। कभी चित्त चेते नहीं था, पिता से जुदा होना पड़ेगा।

गेजो : जनानी को बुरा कहते हैं। भला, तेरे सामने, कभी मैंने भी कहा, ज़मीन बाँटो। तेरी बहन सारे गाँव में यही कहती फिर रही है। कहती, जो करतूत करती, गुरमेज कौर करती।

लच्छू : तेरा मालिक तो करता ही है। लोग तो कहेंगे ही। तू नहीं थी राजी, तो मना कर देती।

गेजो : मेरी तो बहुत सुनने लगा है वो। मैं लगी थी समझाने एक दिन। मैं बोली, भाइये से अब इतना काम नहीं होता। लछमण के साथ खेती का काम बाँट। किरपान निकाल ली मेरे पर। कहता, पाठी का पवित्र काम छुड़ा कर, मुझे घास काटने पर लगाती है? पंथ की सेवा छुड़वाती है मुझसे?

लच्छू : अगर यह बात थी, तो मुझे क्यों मिलाया साथ? मैं मलकीत का चाकर लगा हूँ? जो उसकी फसल बोऊँ, काटूँ? सुन भाभी, मूर्ख तो मैं हूँ? जो मलकीत सिंह की बातों में आ गया। बाप और बहन से बैर ले लिया। पर एक बात का पढ़ा विचार लो, तुम दोनों। अगर तो तेरा खसम काम करायेगा, मेरे साथ, बराबर, तब तो भाई, मैं हूँ तुम्हारे साथ। नहीं तो, अभी दिन हुए हैं दो। बँटवारा किये। मैं अपना हिस्सा भाइये के साथ मिला लूँगा। मलकीता और तुम अकेले करो खेती। गुलामी नहीं होगी मुझ से। तेरी और तेरे सरदार की।

गेजो : मेरी गुलामी काहे करेगा तू? मैं तो बल्कि अब भी कहती हूँ। बँटवारा किधर का हुआ अभी? खेत ही सँभाले हैं, अलग-अलग। हवेली का रगड़ा तो वैसे पड़ा है। हवेली के ऊपर फिर खड़केगी तुम्हारी। अभी भी, मैं कहती हूँ, दोबारा हो जाओ इकट्ठे।

लच्छू : हवेली बनती है मेरी, अकेले की। तूने सँभाल लिया गाँव बीच का घर। हवेली दो मुझे। सारी की सारी। आखिर मैं भी तो घर बसाऊँगा, फिर से। किसी दिन।

गेजो : घर क्या मैंने अकेली ने छीन लिया? तेरी लाडो बहन भी तो बीच में रहती है। भानूजा भी। वो कहाँ उजड़ेंगे? जब तक भाइया जिन्दा है, ये कब लगे हैं घर छोड़ने मेरा?

लच्छू : यह साली भी मुसीबत है। देखना तू। भाइया अपना हिस्सा दरशाँ के नाम लिख देगा। सारी ज़मीन दलबीर को जाएगी। यह मुझे लगता है, भाइये की देर से स्कीम है।

गेजो : भला तुम दोनों भाई, इसके ससुराल जाकर, ज़मीन का हिस्सा क्यों नहीं दिलवाते? दलबीर के बाप से?

लच्छू : मलकीत सिंह तो परसों का ही मुझे कह रहा है। महीना एक गुज़र लेने दो। कटाई, उड़ाई के बाद, गेहूँ गल्ला उठा कर, चलेंगे। दरशाँ के ससुराल। चानन कुत्ते को कहेंगे। हमारे भानूजे के हिस्से की ज़मीन कर हमारे हवाले।

गेजो : फौजदारी मत कर बैठना। पराए गाँव जाकर।

लच्छू : मैं नहीं करता, फौजदारी। समझाना है तो अपने खसम को समझा। वही कहता है, पिस्तौल देख लेने दे मुझे एक। बात चलाई है किसी से। जत्थेदार ने। किरपानों का काम नहीं रह गया, आजकल। छुपाकर अपने पास पिस्तौल लेकर चलेंगे। माना तो चानन सिंह, ठीक है। नहीं तो, पिस्तौल छाती पर रख कर, कागज़ों पर दस्तखत करवा लेंगे।

गेजो : पिस्तौल?··· हे बाबा नानक, कैसी सोचने लग पड़ा है! किस ग्रंथ साहिब में लिखा है? मारना काटना?

लच्छू : बोलता है, अगर हम दोनों ने, अभी-अभी, दरशाँ और दलबीर को अपने घर से न निकाला, न उनकी जमीन दिलवाई गढदीवाल, तो भाइये वाला हिस्सा गया हमारे हाथों से।

गेजो : लड़ाई मत छेड़ो, लछमण। जितना मिला है, उसी में सबर करो। दूसरे के हिस्से का लोभ चँगा नहीं। "हक पराया नानका, उस सूअर उस गाय।"

लच्छू : पराया कैसे हुआ भई? हमारी ज़मीन है। अगर न आती दरशाँ यहाँ, खसम को छोड़कर, तो उसको हम तीसरा भाग क्यों देते? पूरी की पूरी जमीन हमारी होती कि न? दोनों भाइयों की? इस मामले में झूठ नहीं कहता, मलकीता।

गेजो : कलह नहीं गई घर से अभी। मैं क्या करूँ, गुरु महाराज? मेरा दिल बहुत डरता है। अनर्थ न हो जाए कहीं।

लच्छू : हाँ, साला मरने मारने का काम है तो टेढ़ा। सुलह सफाई से बन्दे का हक मिल जाए, तो ही भला है।

(दलबीर आता है)

दलबीर : जीतू को ले गये। टराली में।

गेजो : बेचारी नामो। अकेला जीव था। गबरू जवान।

दलबीर : नामो ने बयान लिखवाया। पन्द्रह हज़ार रुपया था, जीतू के झोले में। दो—सड़के पर होटल खोलने के लिए। गढ़शंकर जा रहा था। लिख-लिखा करने। ज़मीन का। और सामान खरीदने। देगची, पतीले।

गेजो : पन्द्रह हजार!! उसके पास कहाँ से आ गया?

दलबीर : यही तो थानेदार पूछ रहा था, नामो से। पन्द्रह हजार कहाँ से लिया, जीतू ने? झूठ तो नहीं बोलती तू?···लो भई, ज़ोर लगाया सब ने, नामो ने बताया नहीं, किससे लिए थे रुपये?

लच्छू : झूठ बोल रही है झीवरी। पन्द्रह हजार जीतू साले को किस कँजर ने दे दिया?

गेजो : ब्याज पर ले लिया होगा, कहीं से।

लच्छू : ब्याज पर तो उसे बहुत देने चले हैं, लोग। बड़ा शाह जो हुआ। बहुत मुरब्बे थे, गहने रखने को, साले पत्ते—बटोर के पास।

दलबीर : कहती है, मेरे बेटे के झोले में पन्द्रह हजार पूरा था। जब घर से चला।

लच्छू : सच बोलती है, बुढ़िया? झोले में?

दलबीर : नामो तो कसम-खा रही है।

लच्छू : पन्द्रह हजार?

गेजो : बस, रुपयों के लिए क़त्ल किया लड़का। भनक पड़ गयी किसी को।

लच्छू : पन्द्रह हजार क्या थोड़ा होता है?—पर जँचती नहीं बात दिल को।

गेजो : दलबीर, रोटी खा ले रे।

दलबीर : नहीं, मामी। मैं जा रहा हूँ घर। माँ ने पका ली होगी।

गेजो : सुन रे, बेटा। तू मत यों ही पराया बन। तू जैसे पहले अपने दोनों मामा संग रहता था, वैसे ही रहना। इन तीनों का क्या है? बाप बेटे बँटवारा करें भी अगर खेतों का, तो पुत्तर, तू मत यों दिल में लाना।

दलबीर : मामी, मुझे सब एक जैसे हैं। नाना भी, और दोनों मामा भी।

गेजो : तेरा तो ननिहाल है। तुझे सब बराबर समझने चाहिए।

लच्छू : यह तो जन्मा भी यहीं था।

दलबीर : मामा, अगर मैं ननिहाल जन्मा था, तुमने मेरा नाम दलबीर सिंह क्यों रखा?

गेजो : और क्या रखते?

दलबीर : नानक! नानक सिंह। या···

लच्छू : **(बीड़ी लगाकर)** नाम रखने से क्या फर्क पड़ता है, उए? मेरा नाम लछमण रख दिया, भाइये ने। बोला, मलकीत सिंह, समझो, राम हो गया। छोटा भाई, लछमण।

दलबीर : तो फिर बड़ा मामा अपने दशरथ बाप को मारने क्यों दौड़ा? ज़मीन क्यों बाँटी?

लच्छू : मैं तो दिल से चाहता ही नहीं था।

दलबीर : सुन ले, मामी। नाना कहता है, मैं नहीं चाहता, बँटवारा। बड़ा मामा भी यही कहता है। माँ मेरी भी कहती है, ख़ामख़ा लड़ पड़े। दोनों भैया, बाप से। फिर मुझे समझ नहीं पड़ता, दंगा फसाद घर में कैसे घुस आया?

गेजो : बेटा, जो सच्ची पूछे, तो कुकर्म सब हैं तेरी जनने वाली के।

लच्छू : नहीं, भाभी। दरशाँ सिर मत थोप, सारा दोष। उसने तो बल्कि मना किया था। खुद रोकती रही, मुझे। मलकीते को भी।

गेजो : तू नहीं समझता, दरशाँ की चालें। बेटा उसका सुन रहा है सब कुछ। चाहे तो जाता ही घर बता देवे। मुझे नहीं परवाह। लड़ाई करवाई, तो इसकी माँ ने करवाई, तुम्हारी।

दलबीर : माँ ने किस वास्ते करवानी थी? फायदा क्या था उसको भला?

गेजो : फायदा है, तभी तो लड़वाया, भाइयों को।

दलबीर : खाक फायदा? अपने पाँव कुल्हाड़ा मारा। अब दोनों मामा तो अपनी ज़मीन जोत लेंगे, बीज लेंगे। नाना वाली कौन जोते बोयेगा?

गेजो : तू। और कौन?

दलबीर : पढ़ूँगा मैं तो। कॉलेज तक। खेती अपने बस की चीज़ नहीं।

लच्छू : भाइया तो, अगर काम करने पर आ जावे, हम दोनों जितना अकेला, ही कर लेगा।

दलबीर : बूढ़ा, एक जना। तुम जवान, दो जने।

गेजो : बूढ़ा! अभी से मत बूढ़ा बना, भाइया को।

लच्छू : साठ को भी नहीं पहुँचा अभी तो।

दलबीर : बलवा हुआ जब, सन सैंतालीस में, नाना कहता, उन्नीस साल का था वह। उसी बरस ब्याह हुआ था, कहता।

गेजो : तेरे बड़े मामा का, बलबों के छः बरस बाद का जन्म है। बताया उसने।

लच्छू : तू अपनी माँ को कह, उए। चलो, साथ चलते हैं, हम भी, तुम्हारे। पंच लेकर चलें। तेरे बाप के पास। गढ़दीवाल। ज़मीन का हिस्सा दिलवायें तुझे।

दलबीर : बाप मेरा किधर से हो गया? जब मेरी माँ को छोड़े हो गए पन्द्रह बरस?

गेजो : ना रे, तू अपना हक नहीं लेगा? इतनी ज़मीन है, तेरे जनते की। तीन टूबल लगे हैं, कहते। आधा बँटवा जाकर। नन्हा है अब तू?

दलबीर : बड़ा होकर मुकद्दमा करूँगा मैं।

लच्छू : मुकद्दमें करके ले चुका तू ज़मीन।

दलबीर : और क्या किरपान निकालू मैं? मलकीत मामा की तरह? राक्षसों वाला तरीका मैं नहीं जानता। मैं, पढ़ लिखकर, नौकरी करूँगा। ज़मीन भी खरीद लूँगा। अगर ज़रूरत पड़ी।

लच्छू : मलकीत सिंह कहता है, कानून पूछते हैं डरपोक। आदमी का पुत्तर कोई नहीं जाता, कचहरी।

गेजो : उलटी बात है यह। झगड़ा बुरा है। इन कतलों से, काट कटाइ से, क्या मिलेगा? कैद होगी, या फाँसी। कचहरी की बात ठीक है। पर, बेटा, रकमें खा जाती हैं, कचहरी भी। उम्र गल जाती हैं, फैसले होने तक।

दलबीर : तलवार चलाना, आदमी का काम थोड़ी हैं? जानवरों का है।

लच्छू : संभल कर, उए। तू यों ही मत लड़ाई अपने सिर ले। चौथ यही बात कही थी, भाइया ने। मलकीत सिंह किरपान नंगी करके लपका, मारने को। कहने लगा, छठे गुरु महाराज की बेइज्जती कर दी। जिन्होंने दो तलवार पहनी। एक मीरी की। दूजी, पीरी की।

गेजो : हाँ, बेटा, बड़े मामा के सामने मत कह बैठना। गुस्सा करता है।

दलबीर : जो सच्ची है, वह तो है सच्ची। मामा के गुस्सा करने से, पाप का पुन्न तो नहीं बन जाएगा। पाप तो पाप ही रहेगा।

(दरशाँ आती है)

गेजो : तो क्या, बेटा। चुप रहा कर।

दलबीर : पाप के सामने चुप रहना भी पाप है। पाप को धिक्कारना, पुन्न होता है। बाबा नानक ने धिक्कारा पाप को। जहाँ-जहाँ भी वह गया। पढ़ लो जन्मसाखी भाई बाला की। गांधी ने फटकारा पाप को। डट कर। हमेशा। हमारी सामाजिक ज्ञान की किताब में लिखा है। यह देखो।

दरशाँ : क्या हुआ बे?

दलबीर : कुछ नहीं।

दरशाँ : बहसने क्यों लगा है?

दलबीर : बहसता कौन है? हम तो यों ही बात कर रहे हैं।

दरशाँ : छुपाता क्यों है? सीधी तरह बता। क्या कहते हैं ये?

लच्छू : हम क्या कहेंगे? साधारण बात कर रहे थे।

गेजो : नहीं खायेगा फिर रोटी, लछमण? ले जाऊँ वापस?

लच्छू : ले जा। मैं आप आ कर खा लूँगा घर। अगर मेरा दिल किया। पछौरी बाह्मण ने पता नहीं पकौड़ों में कौन-सी भाँग डाली थी। जी कच्चा-कच्चा हो रहा है।

गेजो : अगर वह लौट कर आ गया, कोट फतूही से, तो घर ही भेज देना। यहाँ काहे बैठी रहूँ।

लच्छू : क्या पता उसका, आयेगा कि नहीं? उछला रहता है, पाठ को ले कर। बीड़ी सिगरेट पीते को भी खीझता है।

दरशाँ : तुझे किस कंजर ने कहा, गुलामी कर? अपनी जमीन आप जोत। गैर की किस लिए जोत रहा है?

गेजो : गैर किस की जोते है वो? वाह! बड़ा भैया पराया हो गया?

दरशाँ : भैया अगर पराया नहीं हुआ, तो क्या बाप पराया हो गया? या बहन परायी हो गई? भानजा पराया हो गया?

गेजो : मैं ने कब कहा, पराये हो गये?

दलबीर : माँ, तू अभी चुप कर जा। रब्ब का बास्ता है। दँगा फसाद दोबारा मत छेड़ बैठना। वो देख लो। नामों का जीतू। मार गिराया कि नहीं? लड़ाई झगड़े में? किसी ने? मामी, तू ही चुप रहा कर।

दरशाँ : पकड़े गए, मारने वाले?

गेजो : मैं चुप की चुप ही हूँ, बेटा। भाई को भाई का दुश्मन बनाना चँगा तो नहीं।

लच्छू : अच्छे भले इकट्ठे काम कर रहे थे। सारे जने मिल कर। क्या भगवान की मार पड़ी। कौरव पांडव की तरह।

दरशाँ : लच्छू, सुन मेरी बात। यह भी सुन रही है, इस बेला। किसी से चोरी नहीं। ऐसे कर। हमारे साथ मिल जा। रोटी हमारे खा। दो हिस्से ज़मीन हो गई। साल खंड में ब्याह करा ले। कह कहलवा कर, रिश्ता ढूँढ़ लूँगी मैं, तेरे लिए। छोड़ पीछा, इन दोनों का। भाइये को मना लूँगी मैं।

गेजो : इसका जादा मोह हो गया अब? बड़ा नहीं भाई लगता तेरा? चालाकी करके बता रही है मुझे। यों कह, सब कुछ लपेट-लपेट रखे जाएगी, पुत्तर वास्ते। खा ले, डायन। भाई भी खा ले। बाप भी खा ले।

दरशाँ : सुन ले! सुन ले, लच्छू! इस कुत्ती ज़नानी की? आप ही छेड़ रही लड़ाई कि नहीं?—कहाँ से निकाल लाया, मेरा भैया, बाँझ झोटी।

गेजो : मैं तो बाँझ हुई या गाभिन। जा तो, तू जमा ले। जमा ले, हरामजादे।

लच्छू : भाभी, बस भी कर।

दलबीर : माँ, घर चल! आ!

दरशाँ : हट उए इधर। इस रंडी को मैं पूछूँ। क्यों री, मैं तेरा क्या लेती हूँ? भाई पीटी, मैं अपने बाप के घर बैठी हूँ।

गेजी : जिस कुत्ती को, जूते मार-मार कर, खसम ने निकाल दिया—पन्द्रह बरस बात नहीं पूछी, वो भाइयों भौजाइयों की कब लगी बनने?

दलबीर : माँ, मिन्नत है मेरी। चुप कर।

दरशाँ : रंडीये, जो तेरी काली जबान है, मुझे सब पता है। बाप बेटों को लड़ा दिया तू ने आ कर। ऐसी चुड़ैल निकली तू। केकयी। आग लगा दी कुनबे हमारे को।

लच्छू : उए खत्म करो।

गेजो : तेरा कुनबा! तेरा कुनबा किधर से हो गया री? जा दफा हो? जहाँ की तू है।

दरशाँ : कुतिया, तेरी मैं एक नहीं चलने दूँगी। जितनी देर मेरा बाबुल ज़िंदा है, मैं और मेरा पुत्तर, हम सेवा करेंगे। तुम कंजरों को दर्द है कोई? बुढ़ापे में निकाल फेंका। बाँटते हैं जमीन, देवर भाभी, जुट बना कर।

लच्छू : मैंने नहीं बाँटी बँटायी। लड़ाई तो असल में मलकीत सिंह और भाइये ने की। इसके साथ क्यों सींग फँसाती है?

गेजो : देख ले, लछमण। वही बात हुई न? मेरे सिर कसूर देते हैं। भला मैंने भी कहा तुझे, अलग हो जा? भाइये से?

दलबीर : मामी, मत हिला दबे अँगारों को दोबारा।

गेजो : शराफत का जमाना ही नहीं आजकल। दादा हगौना। इतना लाड चाव करते हैं, इसके पुत्तर का। हर वेला, चारों खुर उठा कर, ऊपर चढ़ी रहती है।

दरशाँ : सास नहीं न घर में टकरी तुझे। आती को चाबियाँ संभाल दी।

गेजो : ख़ज़ाने संभाल दिये, जो तू ने, और तेरे भाइयों ने, मुझे, वो ले ले मोड़ कर। ताने मत मार। तीन साल हुए, गौने आई को। पेटी भरी पड़ी है, सूटों से। जो मेरे भाइयों ने दिये थे। अभी तक तो चुनरी सरीखी नहीं ओढ़ी, तेरी और तेरे 'कुनबे' की।

लच्छू : भाभी, जाने दो। घर चल।

दरशाँ : यह देख लेना, गेजो बँदी। समझती मैं सब कुछ हूँ। जो तेरे और तेरे दो ख़समों के दिल में है, मुझे पता है।

गेजो : हैहा री वेश्या। सुन ले, लछमण, सुन ले। फिर तू कहेगा, बोलती है भाभी। यह कंजरी, मुझे अपने जैसी समझती है। सारे गाँव की रखैल। जैसे आप, ससुराल पहुँचते ही, धूल फाँकने लगी थी, मजदूरों कमीनों के साथ। बाड़ की ओट में। छोड़ दी बदचलन। खसम ने। दुःखी होकर। किसी को पूछ लो बेशक, इसके ससुराल में। मेरे पास सब खबरें पहुँचती रहती थी। नन्हीं थी जब से सुनती आई हूँ, करतूत तेरी।

दरशाँ : हाय री रांड। मर जायें तेरे भाई। खण्डहर बने तेरे। मैं बताती हूँ तुझे। कमजात।

गेजो : आ तो उरे। जो टाँगें पकड़ कर चीर ना दूँ, आधों बीच में।
(चोटी पकड़ती, फँसती हैं)

दलबीर : माँ, हट जाओ।

लच्छू : भाभी!

दलबीर : भाइया आ रहा है। वो देखो।

लच्छू : हट जाओ। भाइया आ गया।

गेजो : आ लेने दो, पाठी को। आता ही होगा। टुकड़े कटवाऊँगी तेरे।

दरशाँ : **(छाती पर हाथ मार कर)** कलगी वाले की कसम है मुझे। गेजो छोरी, टूटा प्याला हाथ पकड़ाऊँगी तेरे। बाप की बेटी नहीं दरशन कौर, अगर न तेरे से भीख मँगवायी, दर-दर की।

गेजो : आ लेने दे आज, सरदार मेरे को। किरपान से चुटिया काटूँगी तेरी।

दलबीर : चुप करो, तुम्हें कहा। भाइया आया।
(दसौंधा सिंह की लम्बी सफेद दाढ़ी है। नामधारियों वाली सफेद

पगड़ी। दलबीर और लच्छू दरशाँ और गेजो को अलग कर देते हैं। गेजो घूँघट निकाल कर एक तरफ खड़ी हो जाती है)

दसौंधा : वाहिगुरु! वाहिगुरु! हे रब्ब, यह कैसी सजा दे रहा है तू मुझे? कौन से पाप किये हैं मैंने? क्यों मेरा परिवार मरने मारने पर आ गया है? क्यों मौत पीछे पड़ गई है हमारे? क्यों डूबने चले पंज कुएँ वाले? क्यों? क्यों?

(रोता हुआ दसौंधा सिंह चारपाई पर बैठता है। बाकी बिना हिले खड़े हैं। पाँच कन्याएँ गीत गाने आगे आती हैं।)

गीत 2

नानकी का भाई, बहनो, बाँटता प्यार है।
मक्का हो या मन्दिर हो, पूजने तैयार है।।

कोई कहे, नानक, अल्ला का दुलारा है।
कोई कहे, राम और कृष्ण अवतारा है।।
तृप्ता का तारा, तारे कुल संसार है।
नानकी का भाई, बहनो, बाँटता प्यार है।।

टीका हो, जनेऊ हो, नानक के यार सब।
गीता और कुरान मनके, नानक के हार सब।।
सब का ही राखा, साँझा, सत करतार है।
नानकी का भाई, बहनों, बाँटता प्यार है।।

सच्चे सौदे करता वह, भूलकर जात पात।
गाँव गाँव घूमे देता, सिखिआ वो दिन रात।।
भरम भुलेखे सब, करे तार तार है।
नानकी का भाई, बहनों, बाँटता प्यार है।।

मक्का हो या मन्दिर हो, पूजने तैयार है।
नानकी का भाई, बहनो, बाँटता प्यार है।।

(अँधेरा)

दूसरा दृश्य

दसौंधा : सतगुरु नानक, रहिम डाल मेरे परिवार के दिलों में। दया कर।

दरशाँ : सब कुछ बाँट बँटवा कर, अभी रंडी को सबर नहीं होता।

गेजो : तू ने दिया? तू कौन होती है, देने वाली? लिया है तो हमने अपना हिस्सा खुद लिया है।

लच्छू : भाभी, खत्म भी कर बात अब।

दसौंधा : लड़कियो, मैं छाती पर धर कर ले जाऊँगा ज़मीन? सब तुम्हारे लिए ही है। क्यों तुम मेरी जून गलाने पर तुली हो? चार साँस बाकी हैं। चैन से जीने दो।

दरशाँ : घर से निकालना चाहती है हमें। घर से भी, हवेली से भी। पूछ लो इस से। लच्छू भी बैठा है सन्मुख। अकेली हथियाना चाहती है। दोनों जगह। घर भी, हवेली भी।

दसौंधा : हथिया ले फिर।

दरशाँ : क्यों हथिया ले? बड़े साहब की बेटी! कल की भूतनी, श्मशान का आधा! सारी उम्र, मेहनत मजदूरी करके, घर मैं बनाती रही। और यह, कल आ कर, घर वाली बनकर बैठ गई।

गेजो : तेरा नहीं मैं लेती। लूँगी तो अपने ससुर का लूँगी। या खसम का। तू जो बाप की बेटी है, तो दरशण कौर, तू भी अपने ससुर का संभाल जाकर। घर और हवेली। हया कर। मायके का बँटवारा कर रही है तू।

दरशाँ : तू मामी लगती है? मेरी और मेरे ख़सम की? मेरा नहीं हिस्सा इस जमीन में? बेटियों का बराबर हिस्सा बनता है। लेकर रहूँगी मैं। जोर लगा ले, कँजरी।

दसौंधा : दरशाँ, मत बढ़ा बात को। तेरा तीजा हिस्सा बनता है। जो अब मेरे पास है। मेरे बाद हो गया अकेली का। तेरा और दलबीर का।

लच्छू : हवेली? वो तीन जगह कैसे बाँटेंगे? और घर? कैसे बँटेगा?

दसौंधा : तुम पगला गए सारे? तुम्हारी रोटी, दोनों भाइयों की, अलग पकने लगी है। और तुम क्या चाहते हो?—रसोई बना ले, सेहन में, गुरमेज कौर। डेक काट लो, यह। शहतीर चंगा बन जाएगा, डेक का। नहीं तो चलो, हम छत लेते हैं रसोई। कलह खत्म करो किसी तरह।

दलबीर : घर में ही अब क्या बाड़ गाड़ोगे?

दसौंधा : सारा गाँव होय-होय कर रहा है। हँसी उड़ाते हैं लोग। कहते हैं, देख ले, दसौंधा सिंह, तेरी औलाद की करनी। कि झँडासिंह की संतान ने चाँद चढ़ा दिये। कि एक तेरा बाबा था, झँडासिंह। एक बेटा मेरे बाबा का, मुसलमान बन गया। शेरसिंह से शेर मुहम्मद बन गया, फातां तेलन के पीछे। ज़मीन बँटवा कर, उसी के गाँव बस गया। रसूलपुर। अलग हो गया। बेशक हद से हद लगती थी, माना नहीं शेरा चाचा। कहता, अपने गाँव नहीं बसूँगा—पूत कपूत हो गया। बाबा मेरा, बाप से कुबाप नहीं बना। कहने लगा, बेटा, यहाँ रह, हमारे पास। एक ही घर में, एक ही हवेली में।—मरते दम तक, मेरे बाबा ने अपने दो बेटों में फर्क नहीं किया। मुसलमान हो चाहे सिख, कहता, पुत्तर तो पुत्तर होता है। मखौल भी उड़ाते रहे लोग। बोलते, देख लो भई पंज कुएँ वाले सब धर्म ईमान छोड़ बैठे हैं। कि झंडा सिंह तो काफिर है। इसको भाईचारे से बाईकाट करो। बाबा कहा करता, एक बार करते, बीस बार बाईकाट करो। पुत्तर और बहू थोड़ी छोड़ दूँगा मैं? तुम्हारा कहा मान कर? न कोई हिन्दू, न काई मुसलमान। सतगुरु नानक के वचन ज़िंद जान से जिये हमारे बाबा ने। सारी उम्र ऐसे गुजारी। दिवाली बैसाखी पर चाचा शेर मुहम्मद और चाची फातां यहाँ आया करते। ईद पर भाइया और मैं उनके जाते, रसूलपुर। हमने तो यों गुजारी। आगे औलाद? राख डाल रही है, मेरे जीते के सिर।

गेजो : भाइया, मुझे दोष मत दे। जो करते हैं, तेरे पुत्त करते हैं। या बेटी करती है। मेरी तरफ से चाहो तो सदा इकट्ठे रहो। मैंने कभी नहीं कहा, बाँट बटैया करो।

लच्छू : मैंने कब कहा?

दलबीर : तो भला फिर, मामा, लड़ाई किसने करवाई? खेत किसने जुदा-जुदा करवाये?

दरशाँ : खेत बँटवाये हैं इसके खसम ने। या इसने। अन्दर से सीख देती रही, मलकीत सिंह को। अब चतुर बनती है, मेरे सन्मुख।

दलबीर : एक दूजे सिर डाले जाते हैं। समझ नहीं आई बात।

दसौंधा : समझ क्या आना है, बेटा। किस्मत बुरी हो जब कुनबे की, यों ही मत मारी जाती है। वो देख तो नामो का पुत्तर जीतू। मर गया। ऐसे ही। अपनी मूर्खता से।

दलबीर : अपनी मुर्खता से? नाना, वो कैसे?

दरशाँ : मुंडेर पर बैठ गया कहीं। घूँट पी कर। चक्कर आया, गिर गया कुएँ में। डूब गया।

दलबीर : क्यों, नाना, सच है यह?

दसौंधा : नाँह। अपने आप नहीं मरा जीतू। किसी ने जानकर मारा है। अव्वल तो दो तीन जने थे। जिन्होंने कुएँ में गिराया।

लच्छू : **(भयभीत)** यह कैसे पता चला?

दसौंधा : थानेदार ने चार चुफेरा देखा। क़ातिल लड़ते रहे जीते के साथ। जूते का एक पाँव करतार सिंह के गेहूँ से मिला है। गेहूँ एक मरला रौंद डाला, लड़के से जूझते हुए। और छोटी किरपान मिली वहाँ से। मुरकी भी एक, कानों की।

(दरशाँ का हाथ खाली कान को जाता है)

गेजो : मुरकी? वो कैसे पहुँच गई वहाँ? सोने की थी?

दसौंधा : पुलिस कहती है, मारने वालों के साथ जनानी भी थी एक।

दलबीर : तो फिर, नाना, इसमें जीतू की मूर्खता कैसे हुई? क़त्ल हुआ जब उसका?

दसौंधा : पन्द्रह हजार रुपया। झोले में डाल कर चल पड़ा। किसी को खबर लग गई। रास्ते में पकड़कर छीन लिया। लड़के को कुएँ में फेंक दिया।

लच्छू : तो पैसे की बात सच्ची है।

दलबीर : नामो जो बता रही थी।

दरशाँ : यों ही तूफान तोल रही है नामो। इतनी रक्म कहाँ से आ गई, उन कँगालों के पास?

दलबीर : नाना, कहाँ से लिया था पन्द्रह हजार, जीतू ने?

दसौंधा : कहीं से हुआ। था जरूर जीतू के पास।

लच्छू : झोले कैसे में? मेरे कहने का मतलब है, गड्डी नोटों की—कैसे झोले में संभाली थी उसने?

दरशाँ : तू ने क्या लेना देना झोलों से? लूट लिया जिसने लूटना था। छोड़ बात।

गेजो : रोटी डालूँ? खा कर, चल, गेहूँ काटें। मैं भी लगती हूँ तेरे साथ।

फिर कहेगा, काम नहीं कराती बराबर का।

लच्छू : काट लेंगे गेहूँ भी। आ लेने दो मलकीत सिंह को। तू जा गाँव। अभी नहीं जी करता मेरा रोटी खाने को।—क्यों, दरशाँ, रुपयों की बात सच्ची होगी?

दरशाँ : भाईये को पता होगा।

दसौंधा : मैं झूठ बोलता हूँ?

लच्छू : भला तुझे किधर से ख़बरें दे गई नामो? कि, उसके छोकरे के पल्ले पन्द्रह हजार है?

दसौंधा : यह भी सुन लो फिर। जान तो गई बेचारे की। पाप मेरे सिर चढ़ गया। पता नहीं कौन से कुकर्म कराता है, वाहिगुरु मेरे से। नामों के घरवाला, राम रखा, भी समझ लो मैंने मरवाया, पुत्तर जीतू भी।

दलबीर : जीतू का बाप? तूने कैसे मरवा दिया, नाना?

दसौंधा : सिर घूम गया था मेरा। मैं कह बैठा, रामरखा, चल, कुंभ पर चलें, हरिद्वार। लँगोटी का यार मेरा। धर्म भाई। पगड़ी बदल का। भाइया मेरा, रोक रहा हमें! कि, गंगा जाना है तो, कुंभ के बाद जाना। भीड़ भड़क्के में मत फँसो। बुरा हाल होता है, मेलों की भीड़ में। मैं नहीं माना। जिद की। चल पड़े। पहुँच गए हरिद्वार, गाड़ी बैठकर, सैले से। वहाँ, मीलों तक, हथेली जितनी धरती खाली न मिले। मूढ़ लोग। हमारे जैसे। कहें, हरि की पौड़ी नहा कर सीधा स्वर्ग को जायेंगे।

दलबीर : हरि की पौड़ी? जहाँ गुरु नानक ने पण्डों का वहम दूर किया था?

दसौंधा : वही। वहमी ससुरे।

लच्छू : वहम काहे का? वेदों शास्त्रों में लिखा है। यों ही थोड़ी मानते हैं लोग? लाखों करोड़ों?

दलबीर : गंगा नहा कर क्या स्वर्ग पहुँच सकता है बन्दा? कबीर जी का दोहा है एक, हमारी किताब में—

लच्छू : जाने दे उए तू। कुल दुनिया उल्लू है क्या? सदियों से पूजा होती आई है, गंगा माई की।

दसौंधा : गंगा माई ने औरों को तो कुछ दिया होगा या न दिया होगा। नामों से उसका पति छीन लिया।

दलबीर : कैसे?

दसौंधा : नंगे साधुओं का टोला आया एक। मूसले पकड़े हुए ससुरों ने। उधर से आ गए शिव के पुजारी, खण्डे पकड़े। कहते, आगे होकर, हम पहले स्नान करेंगे। वो कहें, हम करेंगे। पुलिस ने मनाने की

कोशिश की। कौन माने साला? रब्ब को उठाते फिरे, कँजर के पुत्त। फँस पड़े आपस में। दे मूसले पर मूसला। दे खंडा गर्दन पर। दे तिरसूल पेट में। हम दोनों, डर गए! कोने से चिमट गए। हलवाई की दुकान से। यों पड़ा आकर, एक मूसला रामरखे की कनपटी पर। खील की तरह खिल गई खोपड़ी। फव्वारा पड़ा, लहू का, मेरे मुँह पर। वहीं ढेर हो गया।—हे वाहिगुरु। वो दिन मत दिखाना किसी को।—भगवान के नाम पर लड़ते हुए, तीर्थ स्थान पर, बूचड़ों ने मेरा भाई मार डाला।

दलबीर : यतीम हो गया, जीतू।

गेजो : कहते हैं, नामो ने बड़े कष्ट उठाए। लोगों का पानी भर भर कर, बेटा पाला। सुबह शाम।

लच्छू : पानी क्या नामो अकेली ने भरा? सारे झीवर भरा करते थे पानी। राम रखा आप कौन सा डी.सी. लगा था? दाने भूनता था। आमों के नीचे से पत्ते इकट्ठे कर के।

गेजो : सिर का साईं ज़िंदा हो तो अलग बात है। विधवा का हाल होता है कोई?

दलबीर : डलिया भी तो बनाती है नामो। कागजों की। गाचनी मिला कर। मेरे से कई बार कापियाँ माँगी हैं, पुरानी।

गेजो : पेट खातिर करना पड़ता है। उसकी कौन सी ज़मीन है। पुत्तर पालना पोसना आसान है क्या?

दरशाँ : जीतू को, भाइया, तू ने दिया था रुपया? पन्द्रह हजार?... बोलता नहीं?

लच्छू : दिया होगा। इसी ने दिया होगा।

दसौंधा : हाँ। मैंने ही दिया था।

लच्छू : ठीक ही कहता था, मलकीत सिंह।

दसौंधा : क्या कहता था?

लच्छू : गाँव सारा झूठ थोड़ी बोलता है।

दरशाँ : जाने दो, लछमण। हो गई जो होनी थी। हम ने क्या लेना है, बेगानों के बारे में बात करके?... चल बेटा, टूबल चला। पानी दें धान को।

दलबीर : बड़ा मामा आ गया।

(मलकीत सिंह साइकल पर आता है। गले में छोटी कृपाण और बगल में बड़ी कृपाण)

दसौंधा : बता तो सही मुझे। क्या कहता है मलकीत सिंह?

गेजो : कुछ नहीं कहता, भाइया। छोड़ बात को।

दसौंधा : नामो का पुत्तर कत्ल हो गया। केस लगेगा थाने। कचहरी चढ़ना पड़ेगा। कत्ल क्या छुपे रह सकते हैं? एक दिन ये बातें निकलेंगी, आखिर। मैं पेश हूँगा, कचहरी। नामो गरीब के बारे में जो भी मलकीत सिंह कहता है, कह ले। तू भी कह ले। जीतू के कातलों का खुराखोज तो मैं ढूँढ़ कर दम लूँगा।

मलकीत : कँजरपना छुपा कर रखे, तो ही चँगा है। बुढ़ापे का। बेशर्म! आप तो तू सारी उम्र नामो कुत्ती के पीछे घूमता रहा। पुत्तरों को तो बदनाम मत कर। तेरा साला लगता था, जीतू झीवर? ढूँढ़ रहा है तू, खुरा खोज, कातिलों का! यह मत समझना, बाप करके लिहाज करूँगा मैं। गुँडापना नहीं चलने दूँगा तेरा और नामो का। कसम है मुझे भी दसवें पातशाह की। ''हम मो काज जगत में आये। धर्म हेतु गुरुदेव पठाये।'' पापी का नाश तो मैं करके हटूँगा। पापी चाहे मेरा बाप हो, चाहे भाई।

गीत 3

जहाँ भाई भाई को काटता
 वो देश है कैसा?
जहाँ सन्त धर्म को छोड़ता
 वो वेश है कैसा?
भाई रे, ज़रा रहम कमाना।
 भैया रे, माँ भूमि बचाना।।
न बलि चढ़ावो भाई की,
 ले नाम प्रभु का।
खून बहाना, मारना
 नहीं धर्म गुरु का।।
ऋषियों की संतान हो, मिल जुल कर बैठो।
 नानक के पुत्त पौत्रे, इक जिन्द बन बैठो।।
भाई रे, मेरी माँ के जाये।
 मत इक दूजे पर लट्ठ चलाए।।
गुस्से में जो होकर अन्धा।
 लाठी गोली का पकड़ा धन्धा।।
कोई भाभी मेरी विधवा होवे।

कोई पुत्त भतीजा ज़िंदगी भर रोवे।।

मत रुतबे खातिर, धरती माँ रौंदो।

मत जुल्म सितम कर, पशुओं को पहुँचो।।

भैया रे, माँ भूमि बचाना।

भाई रे, ज़रा रहम कमाना।।

(अँधेरा)

तीसरा दृश्य

मलकीत : ऐसे कंजर बाप को बन्दा जीते जी कब्र में दबा दे।

दसौंधा : अगर, पुत्त, मैं कंजर हूँ, तो मेरे में है हिम्मत, कबूल करने की, अपना कंजरपना। नामो है मेरी भौजाई। कसम खाई थी मैंने। असवारा साहिब के आगे। जिस दिन राम रखा की चिता जलाई। मैंने वादा किया, नामो, जीतू आज से मेरा तीजा पुत्तर है। मैं, मरने से पहले, अपनी जमीन का तीजा हिस्सा इस के नाम लगाऊँगा। जितना मेरे से बन पड़ा, माँ बेटे को, मैं खर्च भी देता रहूँगा।

मलकीत : सीधा कह, रखैल है तेरी, नामो।

दसौंधा : हे बाबा नानक, सहाई हो मेरा।—सुनो, बेटा। लोगों की मत मानो। बहुतेरा कुछ भौंकते हैं लोग। मेरी बात पर यकीन करो। अभी गुरु ग्रंथ साहिब सिर पर उठवा लो मेरे। मैंने नामों को हमेशा, सच्चे दिल से, अपनी बहन समझा है। जो मैं झूठ बोलूँ, मुझे दरगाह में शरण न दे सच्चे पातशाह।

मलकीत : उए जाने दे चरित्तर।

लच्छू : भाइया, हो गई जो होनी थी। गुजर गई तेरी। हमने पहले भी कभी कहा था? अगर हमारी माँ जिन्दा होती, तो भी भला हम बुरा मानते। चलो, बातचीत करके, गुजार भी ली अगर तू ने, नामो से, तो कौन सा जुल्म हो गया? मेरी तरफ से भाई तुम्हें छुट्टी। जो मरजी कर।

दरशाँ : भाइया, मैं भी तो इसी घर में रही हूँ। पता मुझे भी सब है। रखैल के पुत्तर को पुत्तर बनाकर, जमीन के हिस्से देता है तू। तीजा हिस्सा जीतू का हो गया? वाह! मैंने जो सेवा की है तेरी, सारी उम्र? रोटी पकाई, तेरी और तेरे बेटों की। पन्द्रह साल हुए तुम्हारा अन्दर बाहर झुलसती को। आज, तू कौन और मैं कौन? निकाल फेंक बाहर, दलबीर को। घर से भी, हवेली से भी। दे दे मेरा

हिस्सा, जीतू झीवर को। भला तुझे कलगी वाला माफ कर देगा? कोढ़ होगा तेरे हाथ पाँव को। कीड़े पड़ कर मरेगा। जो तू चला नामो से घर लुटाने।

मलकीत : पुत्तर होते जो ग़ैरत वाले, चिर के गला काट चुके होते, ऐसे बाप का।

दसौंधा : तू अब काट दे गला। अब क्या मैं भाग रहा हूँ?

लच्छू : अच्छा, भाइया, अपना कर, और खा। चंगा हुआ, मलकीत ने बँटवारा करा दिया। एक दिन यह बात बाहर तो निकलनी ही थी। चोरी यारी भी छुपी रहती है?

गेजो : भाइया, सच्ची बात है, मुझे तुम पर यकीन है। नामो बेचारी की ख़ामख़ा निन्दा अच्छी नहीं।

दरशाँ : नामो रण्डी को तू हमारे से ज़ादा जानती है?

दसौंधा : चंगा, भई, तो सुनो। मैं सतगुरु नानक को अपने अंग संग, हाज़र नाज़र समझ कर कसम खाता हूँ—

मलकीत : महाराज का नाम क्यों पलीद करता है तू, बदचलन?

दलबीर : मामा, बात तो करने दो नाना को। ज़बरदस्ती मत तोहमत लगाये जाओ तुम, सयाने पर।

दरशाँ : जाने दे उए तू। डरामा कर रहा है। सयाना बनता है। अपनों को छोड़ कर, बदमाश पनहारिन को जमीन देता है।

दसौंधा : गुरमेज कौर, पुत्त, तू ही सुन मेरी। मैं और नामों, हमेशा सगे बहन-भाई की तरह रहे हैं! अगर मैंने नामों के साथ बुरा काम किया हो, तो वाहिगुरु देख रहा है, मैंने माँ अपनी के साथ बुरा काम किया। मैंने अपनी बेटी दरशण कौर से बुरा काम किया। **(रोता है)** उए, पागलो, राम रखा, समझो, कत्ल करवाया मैंने। हरिद्वार ले जाकर। साधुओं से। अब, यह लड़का मर गया, जीतू। यह भी एक तरह से मेरे हाथों कत्ल हुआ है। पता नहीं नामो कैसे कर्म लिखवा कर लाई थी। मेरे हाथों इतने जुल्म हुए बेचारी पर।·· सुन, गेजो। बेटी, मैं रिखी मुनि तो नहीं। यह नहीं मैं कहता, मैंने नामों के बारे में यह बात सोची नहीं। सोचता तो मनुख बहुत कुछ है। मन पर ज़ोर चलता है किसी का?·· माँ मरी जब इनकी, प्रीतम कौर, एक बार मेरे दिल में आई थी। मैं चार सयाने इकट्ठे करके, गाँव के, चादर डाल लूँ, नामो पर। वो भी शायद राजी हो जाती। फिर मेरे दिल में आई, कसम मत तोड़ उए दसौंधा सिंह। बहन बनाया था तूने नामो को। बाबे नानक को हाज़र नाजर समझकर। वो दिन और

आज का दिन। मैली आँख से नहीं देखा नामो की तरफ।

गेजो : चल भाइया, यों मत तड़फ। जो महाराज को मनजूर है, वही होता है। तेरा क्या कसूर है? राम रखे के मरने में? या जीतू के मरने में?

दसौंधा : कसूर मेरा है ही, पुत्र। ढाबा चला था खोलने। दो-सडके पर। कहने लगा, ताऊ,पन्द्रह हज़ार लगता है। बिक्कर सिंह के खेत से दस एक मरले जगह खरीदनी है। और कोठा बनाना है। आगे बरामदा। चार छः खाट और बैंच। और मेज। और बरतन बालटी हो गए। बोला, टरक्क बहुत गुजरने लगे हैं। जब का बाईपास बना है। कहता मुझे, ताऊ, बैंक से कर्ज़ा ले दे। जामन बनकर। मैंने कहा, बेटा, बैंक का तू कैसे लौटायेगा? सूद लेंगे वो इतना। चल, क्या हुआ? मैं गहने रख देता हूँ। कुबड़ी शीशम वाला खेत। रूपे खत्री के पास। ऐसे पन्द्रह हजार दिया लड़के को।

मलकीत : सच बोल तो। गहने रखा है कि जीतू के नाम लगाया है?

लच्छू : लगाया कि नहीं? **(चुप)**

दसौंधा : लगाया तो नहीं था अभी। पर चौथ जब तुम लट्ठ उठाकर आ बरसे मुझ पर, तो बेटा, पक्की धार ली थी मैंने। अपना हिस्सा जीतू को देकर मरूँगा। पटवारी के साथ बात भी कर ली थी मैंने। शहर चलने के लिए मेरे साथ।

दरशाँ : मैं? मैं कहाँ गई? मेरा हिस्सा?

दलबीर : बीबी, मुझे नहीं चाहिए, नाना की ज़मीन। बड़ा होकर, मैं आप कमा लूँगा। बहुतेरी ज़मीन खरीद लूँगा।

मलकीत : कमाल की झटपट की। रातों रात पन्द्रह हज़ार भी दे छोड़ा। अपने 'तीजे' पुत्र को।

दसौंधा : तू ने तो अपना हिस्सा संभाल लिया। तुझे क्या? मैं अपने हिस्से की जमीन चाहे बेच दूँ, चाहे जला दूँ।

दरशाँ : चल, बेटा, टूवल चला।

मलकीत : अभी क्या झगड़ा खत्म हो गया?—सुनो मेरे से, आखिरी बात।— हवेली आती है हमारे दो के हिस्से। मेरे और लछमण सिंह के। तू बना ले अलग। ढेरों के पास के खेत में। फिरनी पर। और घर भी कर दे खाली।

लच्छू : टूवल की बात भी कर ले, भई। पानी भी बाँटना पड़ेगा।

दलबीर : इन्होंने चला रखा था सवेर का। धान सींचने को। अब अन्दर पानी खत्म हो गया।

दसौंधा : मिट्टी आ रही है?

दरशाँ : (देख कर) और क्या? सिर्फ मिट्टी निकल रही है। देख तो। कितनी चालाकी की? अपना सींच लिया, धड़ाधड़। हमारी बारी, मिट्टी और कीचड़।

दसौंधा : हिस्से आता पानी लो, भई। ऐसे नहीं मैं चलाने दूँगा टूवल।

मलकीत : तू बहुत गवर्नर लगा हुआ है न? जो पानी हथियाता है सारा?

लच्छू : दो हिस्से हमारे। एक तेरा।

मलकीत : तीजे हिस्से के भी जो चार पैसे बनते हैं, ले ले। टूबल लगा ले अपना, अलग। कल से यहाँ पाँव नहीं धरना।

गेजो : क्यों नहीं धरना पाँव? देख तो। कलह बढ़ाए जा रहा है।

मलकीत : तू भौंकना बन्द कर। तुझे कितनी बार कहा है? तुझे बहुत नेह है, ससुर से? और ननद से? मिल जा इनके साथ। क्यों लछमण सिंह? हम आप ही सेंक लेंगे, दो वेला।

दसौंधा : ज़ोर जबरी तो मैं होने नहीं दूँगा। चाहे मेरी जान चली जावे। पानी मिलेगा तुम्हें हिस्से आता। हवेली रखेंगे साँझी। घर भी रहेगा साँझा। जितनी देर मेरे साँस चलते हैं, मैं इनके टुकड़े नहीं होने दूँगा।

मलकीत : तुझे दहसिर को देख लूँगा मैं। न जलाई तेरी लंका, तो लानत भेजना मुझ पर। जूते के जोर से लूँगा, हवेली। और यह कुआँ। हक़ हलाल के बदले न जान तली पर धरी तो मलकीत सिंह दशमेश पातशाह का सिपाही काहे का हुआ? "इस मारग पैर धरीजे। सिर दीजे, काण न कीजे।"

लच्छू : तू क्या अकेला मालिक है? हवेली का और घर का? और इस कुएँ का?

मलकीत : अकेले का हो चाहे साझे का हो। इस झीवरी के यार को बीच में से निकाल कर साँस लूँगा मैं।

दसौंधा : बस! वही मरासी का सराप लग गया मुझे। छत्तीस सैंतीस बरस हो गए, आज। ऐसा पाप कमा बैठा मैं। उस मरासी की रूह बदला लेकर जाएगी। मुझे मेरे पुत्तरों के हाथों कत्ल करवायेगी। बख्श ले! सतगुरु नानक, मुझ पापी को बख्श ले।

दलबीर : मरासी कौन सा, नाना?

लच्छू : था एक, रसूलपुर का। मेरे जन्म से पहले की बात है। बलवों की।

दलबीर : किया क्या था, नाना, ने?

मलकीत : गर्दन काटी थी, दुश्मन की। बुरा किया?

दलबीर : क़त्ल किया? नाना, तूने? क्यों?

दरशाँ : सन सैंतालीस के दंगे फसादों में बहुतेरा कुछ हुआ। चुप कर। छोड़ बात को। घर चल। रास्ते में मशीन से आटा उठाते जाना। रोटी पकाऊँ मैं।

दलबीर : तू ने आदमी मारा?

दसौंधा : खिमा कर, वाहिगुरु। ख़िमा कर। पास बुला ले मुझे अपने।

गेजो : रोटी लाई हूँ मैं। खा लो।

मलकीत : मैं खा आया हूँ। भोग वाले घर से।

गेजो : लछमण, तू?

लच्छू : नहीं, अभी नहीं।

गेजो : **(चलते हुए)** दलबीर, यह बालटी ले चल।

मलकीत : **(झोला पकड़ा कर)** पकड़।

गेजो : क्या है?

मलकीत : महा प्रसाद है। किलो एक।

लच्छू : माँस लाए हो? वाहवाह? कहाँ से? कोट फतूही के अड्डे से? भून इसे, भाभी। चंगा लुहसन मसाला डालकर।

दसौंधा : गेजो, बिटिया, रुक जरा। **(झोला लेकर)** यह झोला कहाँ से लिया तू ने?··यह झोला तो मेरा है। मैंने इसमें डालकर पैसे दिए थे, जीतू को। पन्द्रह हजार।

मलकीत : बकवास मत कर यों ही। तेरा झोला! **(छीन कर गेजो को देता है)** जा तू।

दसौंधा : तुझे कहाँ से मिला है?

मलकीत : कहीं से मिला हो? तुझे क्या?··· तू अभी तक यहीं खड़ी है। तू भी जा उए।

दरशाँ : जा, बेटा। **(दलबीर और गेजो जाते हैं)**

दसौंधा : सच बता। कहाँ से मिला तुझे झोला?

लच्छू : तेरा है तो ले ले तू। शोर क्यों मचाता है?

दसौंधा : कसम खा, गुरु ग्रंथ साहिब की।

दरशाँ : देख, दुअन्नी के झोले पीछे। लाल लोहा हो गया।

दसौंधा : मिला कहाँ से तुम्हें?

मलकीत : जो सच पूछो तो मुझे, कल सवेरे, बाड़ के पास से मिला। वहाँ से।

दसौंधा : कौन सी बाड़?

मलकीत : बाहर अन्दर बैठा था। भगतसिंह की मोढ़ी ईख में। वहीं पड़ा था, बाड़ के पाँव में। खाली। मैं ने उठा लिया।

दसौंधा : खाली?

मलकीत : और क्या नोहट थे अन्दर?

दसौंधा : थे। नोहट थे। पन्द्रह हज़ार।

लच्छू : कौन से नोट? जीतू वाले?

दसौंधा : हाँ। जीतू के पास था यह झोला। रकम अन्दर थी।

मलकीत : यों ही भौंक रहा है।

दरशाँ : अरे! धीमे बोलो। कोई सुन सना न ले।

लच्छू : भाइया, कसम खा। रकम थी अन्दर?

दसौंधा : वाहिगुरु गवाह है। **(रोता है)** चंगा भई मलकीत सिंह। अगर तुझे यही मन्जूर है तो यही सही। मेरा पुत्तर जीतू तूने मारा है।

मलकीत : कब मारा मैंने? ख़ामख़ाह! कोई और सुनेगा तो क्या कहेगा?

दसौंधा : औरों ने, बेटा, क्या कहना है। मैं जो हूँ, कहने वाला।··ओ यार राम रखा! ऐसे की है मैंने कसम पूरी। अपने पुत्तर से तेरा पुत्त कत्ल करवा दिया।

लच्छू : भाइया, यों ही मत तू झूठ का सच बनाये जा।

दरशाँ : कत्ल का मामला हे। देखा, अनर्थ कर रहा है कि नहीं? सुनता गिनता कोई अगर पुलिस को बता दे? फाँसी लगवायेगा कि नहीं, बेटों को।

मलकीत : मुझे झोला खाली पड़ा मिला था, खेत में। चल, गुरुद्वारे चढ़ा ले मुझे।

दसौंधा : अब तो, पुत्तर, थाने जाकर ही बताऊँगा।
(चलता है)

लच्छू : कहाँ चला तू?

दरशाँ : रुक जा, भाइया।

मलकीत : अगर गाँव के बाहर पाँव डाला तूने, मैं पेट मे किरपान घुसेड़ दूँगा।

दसौंधा : ''खून के सोहले गावीये नानक।'' **(जाता है)**

लच्छू : भाइया!

दरशाँ : मत जा, भाइया?

मलकीत : **(छोटी कृपाण निकालकर)** गाँव की सीमा नहीं पार करने दूँगा मैं।

लच्छू : **(पकड़कर)** उए मीतिया! यह काम मत करना।

मलकीत : छोड़ दे मुझे!

दरशाँ : मीतिया! हट जा!

लच्छू : **(फावड़ा उठाकर)** अगर पाँव बढ़ाया आगे, फावड़ा सिर पर मारूँगा।

दरशाँ : हाय मैं मर गई! लच्छू!

लच्छू : बता, पन्द्रह हज़ार था झोले में? नहीं तो फावड़ा पड़ा, कनपटी पर।

दरशाँ : जरूर होगा। भाइया झूठ क्यों कहेगा?

मलकीत : मुझे झोला खाली मिला है। भगतसिंह के खेत से।

लच्छू : झोला · उसके पास था। दरशाँ, तुझे याद है?

दरशाँ : हाँ। बगल में था तो सही।··· मुझे यह थोड़ी पता था, अन्दर रकम है।

लच्छू : इसको खबर थी। मैंने तो दौड़ने की सोची, बाद में। एकदम यहाँ पहुँच गया, टूवल पर। तेरे पीछे-पीछे। यह वहीं खड़ा रहा। कुछ देर। गेहूँ में।

मलकीत : खाली था थैला।

लच्छू : सब पौलसी है तेरी। निकाल मेरा हिस्सा। साढ़े सात हजार। धोखा करना है तो भाई से? कंजर, इतना ही फुद्दू समझा है तूने मुझे?

दरशाँ : मेरा हिस्सा? मैंने नहीं दिया पूरा साथ, तुम दोनों का?

लच्छू : तेरा हिस्सा जमीन का दिलाने के लिए तो मैं साले की बात मान गया। जीतू से छीनकर। नहीं तो मुझे क्या ज़रूरत थी लड़का कत्ल करने की?

मलकीत : झोला खाली था। बाजां वाले की कसम लगे मुझे। कलगीधर की कसम लगे।

लच्छू : चुपचाप, सवेरे तक, हम दोनों का, पाँच-पाँच हजार पकड़ा दे गिनकर। और सुन। आज से हो गया तेरा और मेरा साझा खत्म। तेरे जैसे औरंगज़ेब का साथ कभी पूरा नहीं होता। अपनी ज़मीन तू आप जोत। और मैं जोतूँगा अपनी, अकेले की। हवेली और घर, आधे-आधे मेरे।

दरशाँ : यह कुआँ?

लच्छू : कुआँ और टूबल मेरा बनता है। तू टूटा कुआँ ले ले। जिसमें जीतू मार कर गिराया तूने। मरम्मत करा ले, टूटा कुआँ।

दरशाँ : तू हमारे साथ मिल जा। भाइये के साथ और मेरे साथ। इसे करने दे खेती, अकेले को।

मलकीत : उए झोला खाली था। न बढ़ाओ झगड़ा।

लच्छू : तेरे जैसे चालाक मैंने बहुतेरे देखे हैं। बाँट दे कल मेरा हिस्सा। नहीं तो जहाँ तूने जीतू को भेजा है, साथ मिलाकर हमें · कल वहीं, पुत्तर, तू भी पहुँचेगा।

मलकीत : सच मान ले, लछमण सिंह। जोराबारी मत कर। मैंने तुम दोनों के साथ धोखा नहीं किया। पैसे होते तो मैंने हिस्सा दे दिया होता।

लच्छू : परसों है बैसाखी। कल सांय तक पूरा कर दे सब बाँटने-बँटवाने

का काम। थाली-गिलास भी मेरे अलग कर दे। हर चीज़ का हिस्सा मेरा पकड़ा दे। जुदा। नहीं तो, यह देख ले, मित्तर, आख़िर आ गई तेरी।

मलकीत : तेरी आखिर नहीं आएगी क्या? वो जो थाने को चला जा रहा है? उसका भी सोचा है कुछ?

लच्छू : उसको मैं मोड़कर लाता हूँ। मानाते हैं उसे।

दरशाँ : अगर न मुड़ा?

मलकीत : तीनों मोड़कर लाते हैं। चलो। ले लीजो, जो बनता है हिस्सा। रकम का। पन्द्रह हजार तो है झूठ। था तो कम। पर बूढ़े को रोको पहले। ···अगर बहुत बुरी की, न माना अगर, किसी तरह इसे भी अलग करो। जबान बन्द करो इसकी। नहीं तो, देखना, तीनों सूली चढ़ेंगे।

दरशाँ : सूली? हाय मैं मर गई!

(दलबीर आता है)

दलबीर : नाना को क्या हुआ?

लच्छू : क्या बात?

मलकीत : बस अड्डे को गया?

दलबीर : नहीं। गुरुद्वारे को जा रहा था। रोता। मैंने पूछा, नाना, कहाँ जा रहे हो? बोला, वाक लूँगा। गुरुग्रंथ साहब से। अखण्डपाठ सुनूँगा। जो महाराज का वाक हुआ, वैसे ही करूँगा। मैंने कहा, किस बात के बारे में वाक लोगे? कहता, पुत्त, गरीब मरासी की बद्दुआ परिवार को खा गई। खंडहर बनेगा हमारे। उस गरीब की भाषा पूरी होकर रहेगी।

दरशाँ : अब नहीं मुड़ेगा वह।

लच्छू : जिद का पक्का है। थाना जरूर जाएगा।

मलकीत : कैसे करें फिर?

दलबीर : हाँ, मामा, तुझे ग्रंथी ने बुलाया है। कहता है, पाठ पर बैठना है। ढाडे ठुआणे वाला पाठी नहीं पहुँचा। बेअन्त सिंह भी घर नहीं।

मलकीत : क्यों भई, क्या करें अब? बुलावें भाइये को यहाँ? गुरुद्वारे से? डालें उसका भोग? करें बूढ़े की अन्तिम अरदास?

(तीनों एक-दूसरे को देखते हैं। दलबीर अलग खड़ा हैरान है।)

(अँधेरा)

(मध्यान्तर)

चौथा दृश्य

(सायंकाल। मलकीत सिंह पाठ समाप्त कर रहा है। बोतल पकड़े झूलता हुआ लच्छू आता है।)

मलकीत : नानक नाम चढ़दी कला, तेरे भाणे सरबत का भला। वाहिगुरु। वाहिगुरु

लच्छू : लेगा घूँट?··· चल, भाभी के होने वाले बेटे के नाम पर हो जाये दो घूँट।

मलकीत : सतगुरु ने कृपा की, मुझ पर। यह वेला सतगुरु का धन्यवाद करने का है या शराब पीने का?

लच्छू : बेटा जन्मे पर शराब पीते नहीं क्या?

मलकीत : जीने जोग तो हो गए। नहीं तो बच्चे बिना, जिंदगी है कोई? बन्दा करे भी अगर, जमीन-जायदाद का, तो किसके लिए? बच्चे के लिए ही तो करता है। बेटों बगैर बन्दा जैसा संसार में आया, जैसा नहीं आया।··· गया तो नहीं?

लच्छू : कौन?

मलकीत : **(खीझ से)** भाइया। और कौन?

लच्छू : भाइया मराये ऐसी-तैसी। और साथ में तू मरा। बात जाती रही। तेरी भी, पुत्तर। और मेरी भी।

मलकीत : थाने बता आया?

लच्छू : नहीं बताकर आया, तो बता देगा। तेरी-मेरी ढिंबरी··टैट हो गई।

मलकीत : है कहाँ? उए फिर डप्फ लेना। पहले बता, कहाँ है भाइया?··· पुली पर मैं खड़ा हूँ, इतने घण्टों से। वहाँ से तो गुजरा नहीं। थाना किधर से चला गया?

लच्छू : देख लेना, मित्तर। सूली पर झूलेंगे हम दोनों। जीतू को नाहक मरवाया तूने। आज मैं प्रसाद लेकर गया। न प्रसाद मेरा शिवालय कबूल हुआ। न हनुमान के मन्दिर। न देवी के मन्दिर। **(बीड़ी**

निकालता है)

मलकीत : क्यों, ससुरे, वहम में पड़ता है? पाखण्ड में पड़ता है? गुरु महाराज, सैकड़ों बरस पहले, कह गए। बुतपूजा बुरी बात है। तुझे अक्ल न आई। भला रब्ब कोई बन्दर मुँह पत्थरों में घुसकर बैठता है?. चढ़ाने चला प्रसाद, बाटों को! किस निकम्मे मज़हब को मानता है उए तू? हिन्दू बनता है! जिन्होंने गुलाम बना के रखा, ग़रीबों को। सदियों तक। शूद्र कहकर। चांडाल कहकर। हिन्दुओं जितना तो जालिम कोई नहीं। जो ज़ात-पात के नाम पर, मज़लूमों का लहू पीते रहे, हमेशा। सीसा ढालकर कानों में डालते रहे। चांडाल कहकर गाँव से बाहर निकालते रहे। कोढ़ियों की तरह। बन्दे को नीच समझकर नफरत करना, इस जैसा पाप कौन सा है? कहते हैं, मनु रिखी था। बाहमणों को ऊँची जात बताने वाले को बाहणम तो ज़रूर ऋषि मुनि कहेंगे। किसी 'शूद्र' से पूछकर देख। जिसके खिलाफ नफरत फैलाई मनु ने। युग-युगांतर। वह लगायेगा आग कि नहीं? उन शास्त्रों को, जो जात-पात की बात करते हैं? गोली मार ऐसे धर्म को।—पता है तुझे, मैंने सिंह सजने की कसम किस दिन खाई?—बेअन्तसिंह, दोस्त मेरा, मेरे साथ था। आदि धार्मियों का लड़का। जुलाहों का। हम दोनों एक ही थाली में खाते थे। एक दिन परसा बाहमण गली में सामने से आ गया। परसा, मोहणे का बाप; जिसके साथ शराब डफ्फता है तू, नित्य। बेअन्त सिंह का हाथ, अनजाने में, परसे बाहमण को छू गया। सौ गाली निकाली कुत्ते ने। बोला, चमार ने भ्रष्ट कर दिया। नहाना पड़ेगा मुझे। नीची जात को सिर चढ़ाए जा रही है सरकार। भ्रष्ट कर रही है हिन्दू धर्म।—आग लग गई, बेअन्त सिंह के। और मेरे। गाली सुनकर। दिल किया, खड़े को आग लगा दूँ, बाहमण को। गद्दार। जिन्होंने छोटे साहिबजादों को पकड़वाया। शहीद करवाया। सिरहन्द में—मनों मैल, परसे बाहमण के कपड़ों में। बेअन्त सिंह के मुँह पर थूका, कंजर ने। नीची जात कहकर। कसम खाई उस दिन हमने। मैंने और बेअन्तसिंह ने। हम दसवें पातशाह के सिंह सजेंगे। गुरु महाराज ने सब जातियों को एक ही कटोरे से अमृत छकाया। कुल संगत को, एक पंगत में बैठकर, लँगर छकने का हुक्म दिया। खुद अपने चेलों के हाथों अमृत छका। छुआछूत को धिक्कारा। इनकलाब ले आए, मेरे सत्य गुरु। बाहमणों के जुल्म को खत्म किया। नीची जातियों को सबके बराबर बैठाया। चिड़ियों को बाज से लड़ाया।

''मानस की जात सब एको पहचान बो।'' ''एक नूर से सब जग उपजिया, कौन भले कौन मन्दे?'' यह सबक सिखाये जो, वही सच्चा धर्म है। सिक्ख सौ कोस आगे हैं, जालिम हिन्दुओं से। पत्थर पूजकों से।—वहम छोड़ उए। सिंह सज। मेरी तरह। बेअन्त सिंह की तरह। यह गधी चूसनी बन्द कर। देख, रख दे परे बीड़ी। मैं कुएँ पर नहीं पीने दूँगा। खेत से बाहर होकर पिया कर। रख दे मैंने कहा। रहिरास वेला। बता पहले; भाइया कहाँ है? बाद में, उधर जाकर, राख खा लेना।

(जलती दियासिलाई बुझा देता है)

लच्छू : **(आँसू रोकता है)** चंगा भई, मलकीत सिंहा। तेरी मर्जी। तेरा कहा मान कर, मैंने अपनी जून गँवा ली। एक ही मानस जून मिली थी। वो जीतू को कत्ल करके गँवा ली। बड़े भाई का कहा मानकर। ज्ञानी का। पाठी का। बोला, धर्म कहता है, क़ाफिर है जीतू। मखौल उड़ाता है गुरुओं का।·· देख, आज मैं तीनों मन्दिरों पर प्रसाद चढ़ाने गया। ठोकर लगी, प्रसाद मिट्टी में। भगवान की ऐसी मार पड़ी, प्रसाद नहीं मेरा कबूल किया, देवी-देवताओं ने।

मलकीत : हमारे वंश का होकर जो पत्थर पूजे, उसके साथ, ऐसे ही होनी चाहिए।

लच्छू : हुअं! शापग्रस्त वंश! पंज कुएँ वाले!

मलकीत : ठोकर क्या हनुमान की पूछ ने मार दी तुझे? शराब चढ़ाने वाले को ठोकर ही लगेगी।

लच्छू : दो जगह से धक्के खाकर, फिर हौसला नहीं हुआ, कि गुरुद्वारे जाऊँ। मैंने सोचा, कातिल को तो गुरु भी नहीं झेलेंगे। वो भी बैसाखी के दिन? बरस के सबसे ज़ादा पवित्र दिन?

मलकीत : बैसाखी तो कल है। भाई ने चाँदनी लगवा दी कि नहीं?

लच्छू : चाँदनी की सूझती है मुझे इस वेला?

मलकीत : मेरे बारे में तो नहीं पूछ रहा था, ग्रंथी?

लच्छू : क्या पता, भैया, तेरे बारे में पूछने का। जो कोई गली में मिलता था, मुझे लगा, अभी कहेगा मुझसे, ''तूने और मलकीत सिंह ने जीतू को कत्ल किया?·· फाँसी लगोगे दोनों।''

मलकीत : किसने कहा? गाँव के किसी आदमी ने?

लच्छू : आँखें कहती हैं, सबकी। शक सबको हम पर होगा।

मलकीत : शक को सिर पर उठायेगा? जब सबूत नहीं कोई। मौके का गवाह नहीं।

लच्छू : मुझे लगा···(रोता है)

मलकीत : देख तो? नन्हा बनता है! चुप करके बात बता।

लच्छू : नानक बाबा गुरुद्वारे के आगे खड़ा था। मुझे कहता, लछमण पुत्र, जीतू को कत्ल करके, अब मेरी बाणी सुनने गुरु घर आ गया?

मलकीत : सपने आ रहे हैं तुझे।

लच्छू : मैं वहीं से मुड़ आया। बाबा ने मुझे असवारा साहिब के आगे मत्था नहीं टेकने दिया।

मलकीत : कान बजते हैं तेरे। बन्दा बन।

लच्छू : भूसे में चार बोतलें दबाई थी मैंने। दो निकली हैं। तूने तो नहीं पी ली।

मलकीत : भौंके क्यों जा रहा है तू? यह बता, भाइया सरपंच के पास तो नहीं गया?

(दरशाँ आती है)

लच्छू : चोरी से क्यों पिया करता है तू? सामने नहीं पी सकता? भला मैं तेरी मुखबरी करने चला हूँ? तेरी पार्टी के पास? और तेरे जत्थेदार के पास? ले पकड़, पी ले। यों ही मत लबों पर जीभ घसीट।

दरशाँ : वहीं बैठा है।

मलकीत : कहाँ?

दरशाँ : गुरुद्वारे।

मलकीत : क्या कहता है?

दरशाँ : गुमसुम बैठा, पाठ सुन रहा है। और रोये जा रहा है। बेटे ने कहा, "नाना, रोटी खा ले।" बोला, महाराज का वाक लेकर उठूँगा।

मलकीत : इसका मतलब, अभी तक उसने किसी को बताया नहीं।

लच्छू : बताना है उसने, बहादुर बेटों के बारे में! क्या बतायेगा थाने जाकर? कि, पंज कुएँ वालों के परिवार से हूँ मैं? दसौंधा सिंह पंज कुएँ वाला। मेरे दोनों पुत्त क़ातिल हैं। फाँसी चढ़ा दो।

मलकीत : धीरे भौंक। साला। चुप ही नहीं करता। देख ले, दरशाँ। फँसा के रहेगा यह तीनों को।

दरशाँ : लच्छू, क्या कर रहा है तू? आप तो मर। हमें क्यों मरवाता है?

मलकीत : सरपंच के पास तो नहीं गया न अभी?

दरशाँ : मैंने बताया न, उठा ही नहीं। बेटा भी नहीं हिला पास से।

मलकीत : हट उए, बोतल परे रख। बात सुन एक मेरी। ध्यान से। दरशाँ तू भी सुन।

दरशाँ : भाइया रुकेगा नहीं। मुझे लगता है, वो थाने जाकर सब कुछ सच-

सच बता देगा।

मलकीत : यही डर मुझे है।

लच्छू : बताता है तो बता दे। जाये, मैं कहता हूँ। मुसीबत खत्म हो। चौथ की एक पल नींद नहीं आई। शराब पिला कर क़त्ल तू ने करवा दिया। अब पैर पैर पर जीतू का भूत दिखता है! सारी ज़िन्दगी कैसे काटूँगा? मैं तो कहता हूँ बल्कि, जल्दी जाये थाने।

मलकीत : दरशाँ, इसे समझा ले। मुझे मत दोष देना फिर!

लच्छू : समझाना तूने क्या है उए? रुपये निकाल। साले ने धोखा किया, हमारे साथ। बहन भाई के साथ। दरशाँ, तुझे बताया, इसे पता था, पन्द्रह हज़ार का। वो इसने खुद हथिया लिया। और हमें साथ कातिल बनाकर फँसा लिया। अब हम न आगे जाने के रहे, न पीछे मुड़ने के। एक कत्ल कर लो, सारी उम्र के लिए कातिल बन गए।

दरशाँ : दे देगा हिस्सा पैसों का।

लच्छू : निकाले फिर। देर काहे की?

मलकीत : ले लेना। चाहे अभी गाँव चलकर ले लेना। पहले एक काम खत्म कर ले।

लच्छू : कौन सा?

मलकीत : भाइये वाला।

दरशाँ : क्या?

मलकीत : दरशाँ, देख, बस नहीं चलता अब मेरा भी। मैं नहीं कहता, तुम मेरे साथ मिलो। पर, मजबूरन, अब यह काम करना पड़ेगा।

लच्छू : कहीं भाइये को मारने की तो नहीं सुझा रहा यह?

मलकीत : और चारा क्या है?

दरशाँ : ना रे, भैया। यह जुल्म मत करना।

मलकीत : चंगा, तू रोक ले उसे। मत जाने दे, थाने।

लच्छू : हम कैसे रोक सकते हैं? अगर न रुका?—भाइया जीतू को सचमुच पुत्तर समझता था। मुझे भरोसा है, नामों को भाइये ने कभी बुरी आँख से नहीं देखा। धर्म का पुत्त मारा हमने उसका। पक्का। अब वो हमारा लिहाज क्यों करे?—फिर तू किरपान निकालकर लपक रहा था उस पर, चौथ। अब क्यों कर माफ करे वो?

मलकीत : हमारी तो नहीं मानेगा। दरशाँ की बात और है। इसके कहे शायद मान जाये।

लच्छू : हाँ, दरशाँ मना ले तो मना ले। या फिर दलबीर करे मिन्नत उसकी। दलबीर से प्यार है बहुत। शायद हमारी जान बख्श दे।

दरशाँ : मनाते हैं, हम सभी। अगर कहा मान जाये।

मलकीत : एक बात पक्की धार लो। अगर तो गया रुक—न गया थाना, कह देवे, मलकीत सिंह भोग पर गया था कोट फतूही—तू था गेहूँ काट रहा, दरशाँ थी घर—गवाही अन्त तक यही देवे—अगर केस बना हम पर—इसकी झूठी गवाही हमें बचा लेगी—नहीं तो दोनों तुम, अपना पढ़ा विचार लो। काम तो उसका आर पार लगाना पड़ेगा।

दरशाँ : हाय रे मेरे वीर, मेरे बाबुल के साथ यह कहर मत कमाओ।

लच्छू : (हँसकर) ले भई, मीतिया, इस जनानी को जरा रहम नहीं आया, जीतू पर। न जीतू की माँ पर। तू तो लगा था उस पर गुस्सा निकालने, जाती बार का। कि, साला गुरु महाराज के खिलाफ बोला। मज़ाक उड़ाया गुरु घर का। कि, उस पाप के बदले कुएँ में गिराऊँगा तुझे। और वो बेचारा हाथ जोड़े तेरे आगे। मिन्नत करे। और यह पीछे से मुझे इशारे किए जाये गेहूँ में खड़ी। जल्दी कर। फेंक कुएँ में। कोई आ न जाये। और आज इसे रहम आ रहा है, 'बाबुल' पर!

दरशाँ : बाप तो बाप होता है, काफिरो। क्यों तुम औरंगजेब बन रहे हो?

मलकीत : औरंगजेब तो बुढ़ा हुआ, जो पुत्तों को फाँसी लगवाने की सोच रहा है। काफिर झीवरी के पुत्तर के बदले में।—साले को सौ बार टोका सुलह सफाई से। भाई नरैण सिंह ने भी समझाया। बेअन्त सिंह ने भी। भई उए, झंडा साहिब के पास से धुआँ निकालता मत गुज़रा कर। हटा ही नहीं।

लच्छू : मेरी बात सच्ची निकली, दरशाँ। असली गुस्सा तो इसको यही था। जीतू के खिलाफ। ज़मीन नाम लगाने का तो बहाना था।

दरशाँ : तेरे सामने तो कहता था भाइया कल। मेरे हिस्से की ज़मीन, तीजा हिस्सा, जीतू के नाम लिखवानी थी। दलबीर पराया हो गया। जीतू उसका अपना बन गया।

मलकीत : साफ कहा बुढ़े ने। इसके दिमाग को पता नहीं क्या हो गया?

लच्छू : दिमाग मेरा ठीक है, भैया। तू ने मुझे एक नरक में तो गिरा दिया चौथ। अब दूजे क़त्ल में मत फँसा।

मलकीत : फँसा तो तू है। मैं तुझे क्या फँसाऊँगा? अब तो तुझे मैं फाँसी से बच निकलने का रास्ता दिखा रहा हूँ।

दरशाँ : इतना जुल्म मत सोचो। मैं मना लूँगी। दलबीर मना लेगा। क़त्ल

न करो, भाइया मेरा।

मलकीत : चंगा। देख ले मना कर। अव्वल तो, लछमणा, तेरे सन्मुख बता रहा हूँ मैं। इस लड़की का भी इतबार नहीं रहा।

दरशाँ : क्या?

मलकीत : जब तक बाप जिन्दा है, इसकी उम्मीद बनी रहेगी—कि, भाइया दलबीर के नाम जमीन लगा देगा।

लच्छू : मुझे लगता है—अब जोते बायेगा अकेला दलबीर।

मलकीत : कैसे?

लच्छू : दलबीर, या फिर भाभी गेजो के होने वाला नन्हा मुन्ना।—गई नहीं वो नरस के पास, दरशाँ? कह रही थी सुबह, उलटी आती है।

दरशाँ : मैं क्या जानूँ, गई कि नहीं? महाप्रसाद तो बड़ी प्रीत से छोंक रही थी। दंदासा मलकर। चुन्नी ओढ़कर, शनील की। जैसे आज ही बेटे की छटी मनानी हो।

लच्छू : याद रखना मेरा कहा, मलकीत सिंह सरदारा। तू तो सोच रहा है, वोट जीतने की। हवेली छीन कर, टूवल छीन कर, पैसे हथिया कर, सारे—तू तो सपने देख रहा है कुर्सी के। गद्दी के।—कि, हमारी पार्टी राज करेगी, सूबे पर। लेकिन सन्तों का वाक याद रखना। लछमण यती का वाक याद रखना। तू भी फाँसी लगेगा। मैं भी फाँसी लगूँगा। दरशाँ भी। और जमीन जोतेगा दलबीर अकेला। बन्दे, तेरी और मेरी, बोले सो निहाल हो जाएगी।

दरशाँ : बदशगुने बोल मत निकाल मुँह से।

लच्छू : जीतू के खंडहर बन गया। दसौंधा सिंह के खंडहर बन जाएगा। पंज कुएँ वालों के खंडहर होगा।

मलकीत : उलटी भाषा बोलता है साला। पकड़ा। **(बोतल छीनकर पीता है)**

लच्छू : पी ले। पी ले। क्या खबर, दो दिन हैं भी कि नहीं। छक जा, अमृत समझ कर।

मलकीत : सुन लो, मेरा फैसला। दोनों।

दरशाँ : वो भाइया नहीं आ रहा? बेटे के साथ? देख, लच्छू।

लच्छू : आये भई। जल्दी आये। अपने साहिबज़ादों को दर्शन दे। बड़ा नाम रोशन किया साहिबज़ादों ने, दसौंधा सिंह का। साहिबज़ादा मलकीत सिंह! और साहिबज़ादा लछमणदास जी महाराज।

मलकीत : सुन उए। थूथनी बन्द रख जरा। अगर तो मान गया, दरशाँ के कहने पर, तो खरी वाहवाह। नहीं तो—

लच्छू : मैं गँडासा मारूँ? गर्दन पर? यही न?

मलकीत : गँडासा नहीं? मेरी सलाह है—

लच्छू : न ओ भाई। यह काम तू ही कर।

मलकीत : बहस करने का टैम नहीं अब। फँसे को फटकन क्या? तीनों के बचने का एक ही रास्ता बाकी है। यह काँटा निकालो।

दरशाँ : कैसे?

मलकीत : काटना नहीं। खून ही खून—दिख पड़ेगा। पकड़े जायेंगे हम।

लच्छू : कुएँ में गिराना है इसको भी? जीतू की तरह?

मलकीत : नहीं। मैंने सोच रखा है। लछमण सिंह, यह काम तुझे करना पड़ेगा। जितना तू झिझकता है। जितना तू बचना चाहता है— उतनी बच्चू, तुझे जिम्मेवारी उठानी पड़ेगी।—दरशाँ, तू पकड़ना टाँगे। टखनों के पास से। यह गला घोट देगा।

दरशाँ : **(रोती हुई)** हाय उए रब्बा! मेरे से मत कराओ यह काम।

लच्छू : तू? तू कहाँ चला?

मलकीत : मैं भागकर नहीं जाने लगा कही। डरपोक मत समझ मुझे।—मैं किरपान निकाल कर खड़ा रहूँगा। तुम दोनों में से जिसने भी रत्ती माशा ढील दिखाई, मैं उसकी गर्दन उड़ा दूँगा।

लच्छू : उड़ा दे भैया गर्दन। सारे गाँव की गर्दनें उड़ा दे। एम.एल.ए. बनाने के लिए जो कह दिया तुझे तेरे जत्थेदार ने। मिनिस्टर बन जाइयो। तुझे कोई पकड़ने वाला नहीं रहेगा। राज करना। मौज मारना। कत्ल करके, बाप और भाई।

दरशाँ : पास आ गए हैं। चुप करो।

मलकीत : लच्छू, जैसे मैंने समझाया है, वैसे ही करना। नहीं तो पछतायेगा।

लच्छू : लाश का क्या करेगा?

मलकीत : गला घोट कर, दबा देंगे। उस कुबड़ी शीशम के नीचे। जौहड़ किनारे। कल बैसाखी है। हम कहेंगे, वैसाखी देखने गया है, अनन्दपुर साहिब। दो चार दिन के बाद कहेंगे, दरबार साहिब स्नान करने गया है। फिर हजूर साहिब गया है। उधर डूब गया। मैं जा आऊँगा। हजूर साहिब। कि, पाठ रखाने गया है।

लच्छू : अगर न यकीन किया किसी ने? पुलिस को खबर कर दी? कि, जीतू के बाद अब—

मलकीत : नहीं तो, दूजे चौथे, लाश निकाल कर बेईं नदी में गिरा देंगे। कहेंगे, हाथ पाँव धोने लगा होगा। बाहर अन्दर जाकर। बेईं में गिर पड़ा। डूब गया।

(दलबीर दसौंधा सिंह की उँगली पकड़कर लाता है)

लच्छू : दरशाँ, तू बात छेड़ पहले।

मलकीत : ढील मत करना।

लच्छू : शायद मान जाये।

मलकीत : माने भी पक्की तरह। मैं खतरा सिर पर नहीं लूँगा। रात रात में। **(दलबीर दसौंधा सिंह को खाट पर बैठाता है। दरशाँ पास आती है। लच्छू एक तरफ शराब पी रहा है। मलकीत तलवार निकालता है)**

गीत 4

कहते नहीं ग्रंथ, कि तलवार चलाओ।
भाई हो, मत भाई पर, हथियार चलाओ।।
नदियों सींची धरत यह, विद्वान जमाती।
वेदों की, कतेबों की, महफिल रमाती।।
यहाँ पीर फकीरों, सदा बुल्ले लूटे।
यहाँ लालो आगे, भागो से टूटे।
सज्जन ठग यहाँ, कई सीधे हो गए।
वली कंधारी जैसे, भी आकड़ खो गये।।
राजे शींह, मुकद्दम कुत्ते।
उन राजाओं के सिर, मारो सब जुत्ते।।
ज़ालिम हैं जो करते, घर बार के टुकड़े।
मात पिता और बच्चे, परिवार के टुकड़े।।
कहते नहीं ग्रंथ, कि तलवार चलाओ।
भाई हो, मत भाई पर, हथियार चलाओ।।

(अँधेरा)

पाँचवाँ दृश्य

दरशाँ : भाइया, खाया नहीं कुछ?

दलबीर : नांह। सवेर का भूखा है।

दरशाँ : हवेली को चल। मैं रोटी पकाती हूँ।

दलबीर : मामी को संदेश भेजा है मैंने। कहता है, यहीं सोयेगा, कुएँ पर। मामी महाप्रसाद के साथ रोटी लाती होगी।

दरशाँ : भाइया, कैसे करेगा फिर? मैंने कुछ नहीं किया। यह सोच ले तू। जीतू ने बेगाना रहना था, हमेशा। चालाकी तेरी समझ आ गई मुझे भी। जीतू को साथ मिलाने जा रहा था, खेती में? किस लिए दिया था पन्द्रह हज़ार?

दलबीर : माँ, क्यों तंग करती है तू? बैठी रह, चुप करके। हो गया जो होना था।

दरशाँ : तू धीरज रख जरा, बेटा। बात करने दे।

मलकीत : दलबीर, पुत्त, जा तो ऐसे ही, तू रोटी उठा ला। मामी अपनी को क्यों तकलीफ दे अँधेरे में?

लच्छू : ला भई, मास खायें। यहीं सही डेरा आज। सारी रात। कल उठकर बैसाखी मनायें। आधा खेत बाकी है।

मलकीत : और क्या? मैं तो कहता हूँ दोनों हम, चल, रातों रात, काट डालें खेत। दे दाँती पर दाँती। आधे का हिस्सा है। दरशाँ भी लग जाये साथ।

दलबीर : मामा, मैं भी लगता हूँ।

दरशाँ : नहीं, तू रहने दे। हवेली सो तू। पशु सूने हैं।

मलकीत : जा फिर, ला रोटी।

दलबीर : जाता हूँ अभी।··· नाना, नहा लो। टूबल चलाऊँ?

दसौंधा : हुमस तो है।—चल, पुत्तर जाने देते हैं।

दरशाँ : टूवल में तो कीचड़ आ रहा है। लच्छू, आगे के लिए, टैम तय

करके चलाया करो, भई। हमारे हिस्से का पानी मत लो। सच्ची बात है। लड़ाई मत शुरू करो।

दलबीर : हवेली चल कर नहा ले, नाना। गाँव वाले कुएँ पर।

दसौंधा : नहीं, बेटा। **(रोता है)** नहा हो गये बहुतेरे तीर्थ। पाँच कुएँ वाले कहलाते थे। इलाके में नाम था। आज, खण्डहर बनने को आये हैं।

दरशाँ : नहीं बनते खण्डहर। कुछ नहीं बिगड़ा अभी भी। तू अपने पुत्तरों को बचा अब। जाने दो। मूढ़ मती हो गई तो हो गई। जीतू तो मुड़कर जिंदा होगा नहीं। इनको क्यों मरवाता है तू? पुत्तर तो लाखों करोड़ों में नहीं मिलते।

दसौंधा : पुत्तर! मैं कहता हूँ, स्वर्ग में बैठी प्रीतम कौर भी मेरी तरफ देखकर रोती होगी। किस को पता था, ऐसे निकलेंगे पुत्त।

दरशाँ : छोड़ बात को अब।—आज के बाद, बात नहीं करना। किसी को बू तक न आवे इस मामले की।

मलकीत : सच्ची बात बता देते हैं हम तुम्हें। दरशाँ ने सुना। पटवारी ने भी शक डाल दी हमें। कि, तू तीजा हिस्सा जीतू के नाम लगा देगा। नहीं सहार सके हम। अपना हक, क्यों दें हम? पराए को?

लच्छू : पकड़, भाइया। चढ़ा ले घूँट। माफ कर दे पुत्तरों को। थाना-वाना मत जा। ठीक है? खत्म कर कलह। सुख से, वैसाखी है सवेरे। हम भी चैन करें। डर उठे दिलों का।

मलकीत : अगर तू नालिश न करे, तो हमारा पुलिस कुछ नहीं बिगाड़ सकती। मौके का गवाह कोई नहीं।

दसौंधा : मिरासी का सराप ले बैठा मुझे। सैंतालीसवें के पाप नहीं धोये गए। सारी उम्र। बाबा नानक, अब तो बख्श दे। ताकत दे मुझे। मैं तेरा धर्म कमा सकूँ। तेरे दिखाये रास्ते पर चल सकूँ। बल दे मुझे।

दलबीर : नाना, भई यह बात समझा मुझे आज। बार-बार, गुरुद्वारे बैठा, मिरासी का नाम बुड़बुड़ा रहा था तू। सन सैंतालीस बुड़बुड़ाता रहा। बता तो सही। हुआ क्या था?

दरशाँ : खाक हुआ था। जा तू। यों ही दिल हिल गया है इसका, आज।

मलकीत : जा उए, रोटी ला तू। और मामी अपनी को मना कर दीजो। मत आये यहाँ।

दलबीर : बात सुन कर जाता हूँ। बता, नाना। कौन था मिरासी?

दसौंधा : सुन ले, बेटा। कहीं काम आयेगी तेरे। बड़ा होकर जो कहानी सुनाई तूने, किसी को, अपने ननिहाल की–कि–कैसे, पाँच कुओं

के मालिक, फाँसी लग कर मरे थे। टुकड़े-टुकड़े हो गए। तब, हमें याद करके, सुनाया करना। शायद हमारे पापों की कहानी सुनकर, किसी माई के लाल के दिल में दया धर्म जाग उठे। जिस तरह, महाराज बाबा नानक की साखी सुनकर, बन्दा सीधे रास्ते चलने की कसम खाता है।

दलबीर : सैंतालीस में हुआ क्या था? तेरे साथ?

मलकीत : जाने नहीं देता बात को। भाग तू।

दलबीर : ठहर, मामा।

दसौंधा : तेरे से दो तीन बरस बड़ा था मैं। उन्नीस बीस बरस का। नया नया ब्याह हुआ था। कहने लगे, हिन्दू मुसलमानों के फसाद होने वाले हैं। उधर, पाकिस्तान में, आग लगनी शुरू हो गईं। हिन्दू-सिक्खों की बहन-बेटियाँ लगीं, जिंदा ही, कुओं में छलाँगें लगाने। मेरा चाचा, रसूलपुर वाला—

दलबीर : जो मुसलमान हो गया था?

दसौंधा : हाँ। मेरा बाप गया उसके पास। कहा, शेर मुहम्मद, तू आजा हमारे गाँव। हवेली संभाल ले। दंगे फसाद खत्म हो जायेंगे तो लौट आना। दोनों भाई इकट्ठे रहते हैं। चाचा नहीं माना। बोला, कुछ नहीं होगा। सदियों से इकट्ठे रहे हम। एक ही कुनबे के बन्दे। पाकिस्तान क्या भाई को भाई से अलग कर देगा? चाची फातां के रिश्तेदार भी नहीं माने। कहन लगे, सरदार गुरदित्त सिंह, मुड़ जा अपने गाँव को। कौन से दूर बैठे हैं हम। इक दूजे से। खेत से खेत लगते हैं दोनों गाँवों के। लो जी, भाइया आ गया। कोई फिक्र न फाका। डर न अंदेशा। —उधर से, हमारे गाँव में आ उतरे, चार पाँच लड़के। शहर से।अमृत छका हुआ। साथ उनके तीन चार मोने भी थे। गत्तका के खिलाड़ी। गाँव को इकट्ठा किया, हिन्दू सिखों को। ये लड़के कहते, टकुये निकाल लो। बरछे बनाओ। चँदा इकट्ठा किया गाँव से। घर-घर से। गरीब बुढ़े फिंड़ी और पाना। जुलाहे, भिखारी सरीखे, दोनों भाई, निपूते। मरने किनारे। उनसे भी पाँच-पाँच रुपए निकलवा लिए। कहते, हथियार खरीदने हैं। सिक्ख कहते, ननकाना साहिब बचाना है। अंबरसर बचाना है। मोने कहते, गउ बाह्मण की रक्षा करनी है। वेद बचाने हैं। मन्दिर बचाने हैं। धर्म के रक्षक कहलाने वाले, लग पड़े रोज। सिखाने, हम लड़कों को। तलवार चलाना। बरछा चलाना।—एक दिन, किस्मत बुरी बेचारे की। रब्ब वह दिन न दिखाए किसी को।

गाँव में से एक आदमी चला जा रहा था। डरता डरता। करतार सिंह जुलाहे ने पकड़ लिया। बोला, कौन है भई तू? वो बेचारा, डरा तो था ही। काँपने लगा। अगर तो कहता, मैं रसूलपुर का हूँ, मिरासी। घर को जा रहा हूँ। तो शायद, छोड़ ही देते। मुँह से निकल गया, मैं पुलिस में काम करता हूँ, अरदली। लाहौर। कहता, बलबे शुरू हो गए। मेरी चार बेटियाँ हैं। एक मेरी माँ है, विरध। जनानी मेरी। छः औरतों के पीछे, कहता, मैं अकेला मर्द हूँ। सगा चाचा ताऊ भी कोई नहीं मेरा। मैंने सोचा, जाकर देख आऊँ। कहीं हमारे देहात में भी यही गड़बड़ न हो। बेटियाँ मेरी नन्हीं हैं। ख्वार होंगी। बोला, मैं बेटियों को देखने आ गया। नसराला गाड़ी उतरा था। सुख रहा तो शायद मैं साथ ले जाऊँ, लाहौर। गड़बड़ के बाद लौटकर गाँव छोड़ जाऊँगा।—बस! सच बोलने की देर थी। पकड़ लिया लौंडों ने। बोले, पाकिस्तानी जासूस है। गाँव को आग लगाने आयेंगे, रात को। रसूलपुर के मुसलमान। इस को जाने मत दो। मेरे बाप ने बहुतेरा कहा। उए, रसूलपुरीये तो भाई हैं हमारे। आधी जमीन उस गाँव की हमारी है। दो कुएँ हमारे परिवार के हैं। रसूलपुर तो समझो है ही हमारे गाँव का मुहल्ला। कहाँ माने लौंडे लपाड़े। बोले, इसको तो कत्ल करके, दबायेंगे।—गाँव के बाहर ले आये। उस कुबड़ी शीशम के नीचे। जौहड़ किनारे। कहते—फावड़ा दिया—खोद गढ़ा। बहुत ही मिन्नत की उसने। गिड़गिड़ाया। कहता, मैं ग़रीब सा मिरासी। उए, यारो, मेरी बूढ़ी माँ। चार मेरी बेटियाँ। नन्हीं मुन्नी। बहुत गिड़गिड़ाया। नानक के नाम पर। राम के नाम पर। कृष्ण के नाम पर। कहे, उए मुझे हिन्दू बना लो। सिक्ख बना लो। उए मेरी चार बेटियाँ। ख्वार होती फिरेंगी। गढ़ा खोदे, साथ में, ज़ारो ज़ार, रोता जाये। मैं कह बैठा, छोड़ दो इसको। मैं इसके साथ रसूलपुर जाता हूँ। देखकर आता हूँ। अगर सचमुच यह बाल बच्चेदार है, जासूस नहीं, मत मारो इसे। झट सारे जने कहते, ले भई, दसौंधा सिंह, यह शिकार तो तेरा है। और अभी-अभी अमृत छका है तू ने। सिक्खी का बाना पहना है। दसवें पातशाह का नाम लेकर, काट दे गला। पकड़ किरपान। मैं मना करता रहा। कहाँ माने ससुरे। वो बेचारा रोये जाये, गढ़े में बैठा। घेरा डाले खड़े थे सब। भाई रौणक सिंह ने अरदास सोधी। ग्रंथी ने। बोला, हे कलगी वाले सच्चे पातशाह, तेरा सिक्ख, दसौंधा सिंह, पंथ की रक्षा के लिए, भगौती बरत कर,

गुरु घर के दुश्मन को दोजख पहुँचाने चला है। इस सिंह की सेवा को चरण-कमलों में कबूल करना। जैकारा बुलाया, ऊँचे। मैं अँधा हो गया। **(कंप-कपी रोकता)**—उए सच्चे पातशाह!

दलबीर : कत्ल कर दिया?

दसौंधा : गर्दन वो गिरी। खून उछलकर—वो गिरा। बूछाड़। आधे आदमी छींटों से भीग गए। जीभ दो तीन बार बाहर निकली। अल्ला, अल्ला करती—ठण्डी हो गई। मैं ने गढ़े में देखा—टाँगे काँप रही थी। बाजू काँप रहे थे। मुझ से नहीं देखा गया। मैं किरपान फेंक कर दौड़ा! आकर सारी रात गुरुद्वारे में बैठा रहा। महाराज से पूछता रहा। यह क्या करवाया मेरे से? दसवें पातशाह, तू ने मेरे से क्या करवाया?

दलबीर : अच्छा, नाना, तब ही। मैंने देखा है, तू जब भी जोहड़ वाले खेत को जाता है, कभी सीधी पगडण्डी नहीं गया। चक्कर लगाकर जाता है।

दसौंधा : वहीं दबा पड़ा है बेचारा। कुबड़ी शीशम के नीचे। हमारे टूटे कुएँ के पास।

मलकीत : बरस बीत गए सैंतीस अठतीस। वहाँ क्या मिरासी का भूत बैठा है अब?

लच्छू : **(हँसकर)** मिरासी बड़ी शैतान कौम होती है। क्या पता साले का भूत अभी भी वहीं घूमता हो। और अब तो जीतू भी मिल गया होगा, साथ। भूतों का जुट हो गया।

दलबीर : नाना, तेरे चाचे के साथ कैसे हुई थी? पहुँच गए सभी, पाकिस्तान?

दसौंधा : हमारे गाँव के, रातों रात, गये रसूलपुर। आग लगा आये। हमें नहीं बताया। चोरी की। कहते, अगर पंज कुएँ वालों को पता चल गया, तो बात बिगड़ गई। गुरदित्त सिंह अपने परिवार को बचाने की करेगा। मना कर देगा। मौका लगने पर रसूलपुरिये हमारा गाँव जला देंगे। सो, हम पहल करें।

दलबीर : बच गये वो?

दसौंधा : रात को, भाग कर मक्की में छुप गए। नन्हें बच्चे लेकर। फसल के बीच चलते, छुपते-छुपाते, पहुँचे, वो सड़क पर। चगरां के नजदीक। हरियावेलाँ के पास। वहाँ निहंगों का जत्था आ रहा था। आगे से। उनकी निगाह चढ़ गए।—महीने भर बाद में, बाप मेरे ने, झाड़ियों में से, हड्डियाँ उठा-उठाकर दफनाई।

दलबीर : धर्म खातिर ही कर रहे थे दोनों तरफ के।

इसौंधा : यही तो, पुत्तर। कातिल तो अपनी करतूत को धर्मयुद्ध ही कहता है।

दलबीर : वाणी भी रहम नहीं डाल सकी उनके दिल में?

दसौंधा : रहम!—गुरुद्वारे हमारे—तारीख भी याद है मुझे। इक्तीस अगस्त—इतवार का दिन। अरदास सोधी। बाहमण, खत्री, बनिये, वो भी साथ मिल गए। मन्दिर में आरती करके। बजरंगबली के नारे लगाते। चढ़ कर चल दिये, सारे जने। बरछे और किरपान लेकर। फौज बनकर।

दलबीर : मुसलमान क़त्ल करने?

दसौंधा : बाईस बस्तियाँ थीं, पहाड़ियों के साथ-साथ मुसलमानों की। जत्थे जुड़कर चल पड़े। गाँव पर गाँव। क़तलो ग़ारत मचा दी।

दलवीर : तू भी साथ था?

दसौंधा : अँधी जवानी। अँधे धर्म के राखे। मुझे भी जबरन साथ घसीट लिया। देखा न जाये मेरे से। राम रखा बच गया। जीतू का बाप। वो मुझे कहे। मत जा, दसौंधा सिंहा। नहीं देखा जाएगा तुझ से।—किसी की रोटी तवे पर। कोयला बनी। कोई दूध पिलाती नन्हें को। बूढ़ा बेसहारा कोई। दो-दो, तीन-तीन बरस के बच्चे। बरछों से बींध दिये। तलवारों से चीर दिये।

दलबीर : यह काहे का धर्म हुआ? रूह काँपती है सुनकर।

दसौंधा : साथ ही साथ, ससुरे, लूटते जायें। छोटे, मज़दूर लोग, खाट बिस्तरे तक ढोये जायें। मुसलमानों की भैंस, बैल—हाँक कर लाते जायें। कोठियों में से गहने, पैसे निकाल कर, निहंग जेबें भरते जायें। उछलें सभी। कि, मुसलमान गये। अब सारी ज़मीन हमारे हिस्से। लोभ लालच होता है बन्दे को। जमीन का लोभ। माया का लोभ। जुल्म करता है बन्दा अपने लोभ लालच खातिर। नाम थोपता है धर्म के। नाम लगाता है बाबा नानक के। ज़ालिम कैसे बचेंगे?

मलकीत : मुसलमानों ने कम की थी क्या? उन्होंने कुरान का नाम लेकर नहीं मारे, हिन्दू और सिक्ख? मसजिदों की खातिर नहीं मारे, काटे?

दलबीर : बाणी तो मैं ने भी पढ़ी है। भाई बाले की जन्मसाखी का पाठ किया है। मैंने तो कहीं नहीं पढ़ा—गुरु नानक ने कहा हो, कत्ल करो। बेकसूरों पर गोली चलाओ। बम्ब फेंको।

दसौंधा : कौन सा महापुरुष कहता है, कत्ल करो? पर पापियों को कोन समझाये?

लच्छू : लो, भाभी आ गई, दिखती। रोटी लेकर।

दलबीर : मामी है।

लच्छू : क्यों, मैं तो कहता हूँ, जाने दें बात। रोटी खायें।

मलकीत : नहीं। रोटी काम पूरा करके खायेंगे। क्यों, दरशाँ?

(गेजो आती है)

लच्छू : हमारी भी रोटी लाई हो, भाभी?

गेजो : हाँ।

मलकीत : तू काहे आ गई यहाँ? हम घर आ कर खा लेते।

गेजो : भाइया भूखा होगा। और तुम्हारा क्या पता था मुझे? मैं ने सोचा, शायद गेहूँ काटने न बैठ गए हों, दोनों। भाइया, हाथ धो ले।

मलकीत : **(दलबीर को)** जा उए, बालटी पानी की ला। भगत सिंह के रहट से।

लच्छू : अपना टूवल चला ले, मिनट भर। कीचड़ हुआ भी तो, नीचे बैठ जायेगा। पीने जोग ऊपर आ जाएगा।

मलकीत : नहीं, बेटा। जा तू। **(दलबीर जाता है। अलग होकर)** नरस के पास गई थी?

गेजो : हाँ।

मलकीत : क्या कहती है?

गेजो : गोलियाँ लिखकर दी हैं। कहती है, खून की कमी है। बच्चेदानी में चंगी खुराक पहुँचनी चाहिए। ताकत की गोलियाँ मँगवा, शहर से।

मलकीत : सतगुरु की कृपा हुई। एक सौ एक रुपए का प्रसाद चढ़ाऊँगा मैं। पटना साहब जाकर। जहाँ दसवें पातशाह जन्मे थे।—अच्छा, अब जा घर। बरतन हम ले आयेंगे। उठ, भई।

दरशाँ : ठहर न लें।

मलकीत : नहीं। अब हील हुज्जत का काम नहीं।

(गेजो जाते-जाते मुड़ती है)

दरशाँ : क्यों, भाइया, तू अब बात छोड़ेगा कि नहीं?

दसौंधा : कौन सी?

मलकीत : थाना जाने की।

लच्छू : हमारे खिलाफ बयान मत दे।

गेजो : तुम्हारे खिलाफ? क्यों, तुम ने क्या किया?

दसौंधा : वाक लेना था, महाराज का। पाठ सुनता रहा। वाक मिल गया। गुरु मुझे शक्ति दे, मैं अपना धर्म पूरा कर सकूँ।

मलकीत : कौन सा? **(तीनों घेर लेते हैं)**

दसौंधा : बदकिस्मत मैं। जिसके पुत्तर कातिल।

गेजो : हाय रे।

दसौंधा : सच्चे पातशाह नानक देव की बात याद आई मुझे। जीतू भी तो एक तरह मेरा ही खून था।

दरशाँ : साफ-साफ बात कर। इधर-उधर की मार रहा है।

मलकीत : कसम खा। थाना नहीं जाएगा।

लच्छू : हमारे हक में गवाही देना—अगर पुलिस ने पकड़ लिया हमें, शक में।

गेजो : शक काहे की?

मलकीत : गई नहीं तू?

गेजो : जीतू को तुम ने गिराया कुएँ में?

दसौंधा : नानक बाबा ने हक कमाया। जब गुरुगद्दी देने का मौका आया, महाराज ने जो सच्चा सेवादार था, गुरु घर का, भाई लहणा, उसे गद्दी पर विराजमान किया। अपने सगे बेटों को—श्रीचंद को, लखमीदास को—गद्दी नहीं दी।

मलकीत : ख़ाहमख़ाह बोले जा रहा है। बता झटपट, अपने ही बेटों को मरवायेगा तू? या बचायेगा?

दसौंधा : मैं जालिम को क्यों बचाऊँ? कानून के हाथों से? मैं सच्च का पास करूँगा। थाना जाकर आप बताऊँगा। सुबह। यही धर्म है। सिक्खी सिदक़ है।

दरशाँ : भाइया, जिद न कर।

मलकीत : लच्छू, हो उधर। **(तलवार नंगी करके)** दरशाँ, पकड़ टाँगें।

गेजो : हाय मैं मर गई।

दसौंधा : **(फावड़ा उठाकर)** आओ। तुम्हारे जोगा हूँ मैं।

गेजो : हाय उए! बचाओ लोगो!

मलकीत : चुप! मुँह खोला जो, पहले तेरी गर्दन उतार दूँगा।—जल्दी कर उए। गला दबा।—देख, साला, काँप रहा है खड़ा।

गेजो : **(आगे होकर)** मुझे मारो पहले। मुझे मार तू पहले।

मलकीत : हट जा एक तरफ।

गेजो : बाप मेरा फिर मारना। पहले मुझे क़त्ल करो।

लच्छू : भाभी, तू हट जा।

मलकीत : हटी नहीं तू। **(पेट पर लात मारता है)** हटती नहीं परे! कुत्ती साली!

गेजो : हाय मेरे रब्बा!

दसौंधा : **(फावड़ा मारने लगता है)** ठहर तू।

दरशाँ : **(फावड़ा पकड़ कर)** भाइया।

लच्छू : हट उए! भाभी! **(गेजो गिरती है)**

दरशाँ : दाँत भिंच गए।

लच्छू : मर गई, साले। देख लहू! गर्भ से लहू बह चला! धार की धार!

मलकीत : मैं कहता रहा, मत हो आगे।

लच्छू : भाभी! दरशाँ, कपड़ा डाल। लहू लुहान हो गया।

दरशाँ : गेजो! बेहोश है।

लच्छू : मर गई, कुत्ते, भाभी मर गई।

मलकीत : गुरमेज कौर!

दरशाँ : साँस तो आ रहा है।

लच्छू : चादर ला। खून ही खून हुआ पड़ा है।

दसौंधा : हे सच्चे पातशाह। मेरी बेटी को बचा। मेहर कर, बाबा नानक।

(दलबीर पानी लेकर आता है)

दलबीर : मामी, क्या हुआ?

लच्छू : बेटा, दौड़। भगत सिंह को कह। टराली ला। मिन्नत है मेरी! भाभी को शहर ले जाना है, अभी। डॉक्टर के पास। भाग।

(दलबीर दौड़ता है)

दसौंधा : मेरी बेटी बचा ले, सतगुरु नानक। मेरी गेजो बचा ले।

गीत 5

चढ़ सिकंदर आया, दूर यूनान से।
सूरे कर इकट्ठे, कुल जहान से।।
थामना चाहवे, रावी और चनाव को।
रौंदना चाहवे, पैरों तले पंजाब को।।
सोचता मन में, हिन्दियों में एका नहीं।
भाई संग भाई को, बैठे देखा नहीं।।
हिन्दी हिन्दी, इक दूजे को काटेंगे।
बाप और बेटे, घर आँगन को बाँटेंगे।।
पैसा करेगा जुदा, बहन को भाई से।
लड़ें मरें परिवार, कुएँ और खाई से।।
सोच-सोच सिकन्दर, भागा हिन्द को।
हुए इकट्ठे हिन्दी, लेकर जिन्द को।।
बुजुर्ग हमारे, जुड़ गए आ चुफेरे से।
दीवार बनकर, भिड़ गए आ लुटेरे से।।

ब्यास किनारे पहुँच, सिकन्दर अड़ गया।
हर यूनानी, वीर हिन्दी से, डर गया।।
सदियों से ही, साक्षी कुल इतिहास है।
एके में ही, वीरो, सुख का वास है।।

(अँधेरा)

छटा दृश्य

(दूसरा दिन। दोपहर। लच्छू बोतल लेकर एक तरफ बैठा है। दसौंधा सिंह थका टूटा आकर खाट पर बैठता है)

दसौंधा : वाहिगुरु। बख्श ले। सच्चे पातशाह, बख्श ले। **(दलबीर आता है)**

दलबीर : नाना, रोटी घर जाकर खायेगा, कि यहाँ लाऊँ?

दसौंधा : रोटी क्या खायें, बेटा। जान ही नहीं रही हड्डियों में।

लच्छू : पकवाई किसी से, रोटी?

दलबीर : संती ने तंदूर गर्म किया था। पीछे वाली ने। मैंने आटा दे दिया। उसने हमारी भी पका दी। माँ भी आ गई। दाल रखी है उसने। खानी है तो चल।

लच्छू : भाभी उठी तो नहीं दोबारा?

दलबीर : एक बार थोड़ा उठी। पानी माँगा। फिर आँख लग गई।

लच्छू : दवा का नशा चढ़ा है।

दसौंधा : पापिओ, कौन शरण देगा अब तुम्हें?

लच्छू : एक ही कामना थी बेचारी की। माँ कहने वाला हो कोई। पाठ करती नहीं थकती थी। रोज गुरुद्वारे झाड़ू लगाना। सारी सर्दियाँ। माघ महीना नहाई। गुरुपुर्ब से पहले। अब हुई तो यह हुई।

दसौंधा : नरक में बसोगे तुम!

लच्छू : मलकीत सिंह का कसूर है।

दसौंधा : तू कौन सा कम है? देखना बेटा तू, उस गरीब का शाप लगेगा तुझे। बेऔलाद प्रेत जायेगा, इस दुनियाँ से। दोनों तुम, तड़फ-तड़फ कर मरोगे। पानी पिलाने वाला कोई नजदीक नहीं आएगा, मरते हुओं के।

दलबीर : बैसाखी की छुट्टी निकली। कोशिश तो मैं और मामा ने बहुत की। अगर चंगा डॉक्टर मिल जाता, तो शायद यह बात न भी होती।

दसौंधा : बरस के बाद आने वाला दिन, बैसाखी। अभी तो लड़की कहती एक दिन, गुरमेज कौर, भाइया, मैं आनन्दपुर साहिब जाऊँगी। माथा टेकने। कीरतपुर नहाऊँगी। बोली, खालसा के जन्म दिन पर वहाँ जायेंगे। यह नहीं पता था, पंथ का जन्म दिन मनाती मनाती, अपनी बच्चेदानी खो बैठेगी।

लच्छू : लात भी साले ने ऐसी मारी। वो तो शुक्र करो, जान बच गई।

दलबीर : नरस ने कोशिश तो बहुतेरी की। टीके लगाये इतने।

लच्छू : इतना बड़ा लोथड़ा मास का। जो दबाया मैंने। अन्दर सारा बाहर आ गिरा।

दसौंधा : अभी क्या पता महाराज को क्या मंजूर है। खून तो पूरा निकल गया।

लच्छू : सवेरे, रब्ब भली करे, बड़े हस्पताल ले चलेंगे।

दसौंधा : हस्पताल में क्या दोबारा बच्चेदानी डाल देंगे डॉक्टर?

लच्छू : जान तो बचे किसी तरह।

दलबीर : जब होश आई, सुबह, दस एक बजे, माँ ने बताया। नरस कहती है, बच्चेदानी गिर गई। चेहरा देखा मैंने मामी का। मरी हुई हो जैसे। कहने लगी, अब जी कर क्या करूँगी? क्यों बचाया मुझे?

(मलकीत सिंह आता है)

लच्छू : कहीं वही बात न करे। कुएँ खाई में छलाँग न लगा दे। बच्चे का अफसोस बहुत करेगी वो।

मलकीत : मूर्ख जनानी को क्या करे कोई? कूद कर आगे हो गई। मना करते- करते।

लच्छू : जो करता है, कुत्ते के पुत्तर, तू ही करता है। तू ने ही परिवार का नाश किया है। उठा रखी है तू ने पार्टी सिर पर। और जत्थेदारी। चला साला बनने एम.एल.ए.। और मिनिस्टर।

मलकीत : यों ही मत भौंके जा उए। मुझ से कुछ और सुनेगा। उलटा सीधा। पवित्र दिन कुछ करा मत बैठना मेरे से।

लच्छू : **(टकुआ उठाकर)** क्या कर लेगा भई तू? आ तो इधर।

दसौंधा : यों ही मरोगे अब तुम! नाहक मरा नामो का बेटा। नाहक पीटा मेरी बहू को। तुम सालो ऐसे ही मरोगे, फँस-फँसकर। कृष्ण के वंश की तरह। यादवों की तरह। फँस-फँसकर। कहते हैं, यादवों की आखिर आई जब, सरकण्डे की तलवारें बन गई थी। आपस में लड़-लड़कर मर गया, कुनबा सारा।

मलकीत : लच्छू, बहुतेरा हो गया, तेरा मेरा साथ। उठा ले कल, अपना

बोरिया बिस्तरा। हो जा जुदा। हवेली भी खाली कर दे। घर भी। और यह कुआँ भी।

लच्छू : तू साला लगता है, अकेला? हवेली का? और घर का? और कुओं का?

दलबीर : नाना, तू छुड़ा किसी तरह। नहीं तो, आज फिर कुछ होकर रहेगा।

दसौंधा : तू जा, बेटा। घर जा। गेजो का हाल चाल देख। मरने दे, ससुरों को। नहीं तो कल आ जाएगा, थाना। पकड़कर ले जाएगा।

दलबीर : नहीं, नाना। तू सयाना है। माफी दे। परिवार है तेरा। मत जा, थाने।

(दरशाँ आती है)

मलकीत : मान जा, भाइया। तू भी कह उए। लो दरशाँ भी आ गई।

दरशाँ : क्या बात?

मलकीत : कलह खत्म करो। तीनों हम माफी माँगते हैं तेरे से। हाथ जोड़ते हैं। जो होना था हो गया। तेरे सामने ही है। **(रोना रोकता हुआ)** कितनी सजा दी है वाहिगुरु ने मुझे। निपूता जाऊँगा मैं संसार से। बैसाखी का दिन है। दसवें पातशाह को हाज़र नाज़र समझ कर, हम तीनों वायदा करते हैं, कसम खाते हैं। तुझे कुछ नहीं कहेंगे। सारी ज़िंदगी। तू खुशी-खुशी रोटी खा। ज़मीन भी चाहे हमारे नाम मत लगवा। वैसे ही हिस्से बाँट दे। नाम तेरे ही रहे। पर अब थाने मत जा। क्यों भई, लछमण, खाता है न कसम तू भी?

लच्छू : **(बीड़ी सुलगाकर)** मेरी तरफ से ऐसी तैसी मरावो। जाये थाना, मैं तो कहता हूँ। मरना ही है एक दिन। देख तो, पुत्तर ढूँढ़ती-ढूँढ़ती, गेजो, मरने लगी है कि नहीं। **(आँसू पोंछकर)** ऐसे ही करमो चली गई। सूतक में। बरस हो गया। क्या पता बन्दे के साँस का। मैं तो कहता हूँ, चंगा। मीतिया, तू भी चढ़ फाँसी। मैं भी चढ़ूँ।

दरशाँ : तू ने आप मरना है तो मर। हम दोनों को क्यों फँसाता है।

दलबीर : माँ, तू भी साथ थी?

दसौंधा : जा, तेरा बेड़ा गरक हो।

दलबीर : **(रोता हुआ)** जीतू को गिराते वक्त, कुएँ में, साथ थी तू? इन के?

लच्छू : साथ बता रहा है। यही तो रोज़ ख़बरें लाती थी, किधर-किधर से। सुराग सूँघती फिरती थी। कहती, मेरे दलबीर के हिस्से की जमीन, भाइया जीतू झीवर को कैसे दे सकता है? इस कुतिया ने ही मरवाया जीतू। डायन है डायन। बच्चे खानी। अभी देख तो, भाभी का बच्चा खा गई। एक ही कौर में। किलो भर मास। डकार गई।

(**बोतल को मुँह लगाता है**)

मलकीत : क्यों टऊँ-टऊँ किये जा रहा है, कुत्ते! डाले जा रहा है आग अन्दर, गटागट।

दलबीर : नाना, एक बार माफ कर दे सबको।

दरशाँ : भाइया, छोड़ दे हमें। मिन्नत है।

मलकीत : मान जा, भाइया। हम बालक तेरे।

लच्छू : अच्छा, भाइया। लो, मैं भी पाँव हाथ लगाता हूँ तेरे। अपने करके नहीं। मैं निपूता। जिंदा, मुआ बराबर हूँ। चल, इन दोनों के लिए सही। दलबीर की माँ करके सही। गेजो भाभी के सुख सुहाग के लिए सही। मैं भी मिन्नत करता हूँ तेरी। थाना रपोट मत करना।

मलकीत : अगर ज़रूरत पड़े तो, गवाही हमारे हक में देना।

दलबीर : कह दे हाँ, नाना।

दसौंधा : देख तो, पंथ बचाने चला। जीतू को कत्ल करके। कहता, मखौल किया गुरुओं को, जीतू ने। उए कँजर, सतगुरु मेरे भला मखौल से डरने वाले हैं? महाराज के दरबार की तेरे जैसे रक्षा करेंगे? कातिल, जो कुल दुनियाँ के आप रक्षक हैं, उनका तू रक्षक बनता है? शर्म कर, पापी। पाप करने को तेरा अपना दिल करता है। लोभ तुझे अपना है। जत्थेदारी का लोभ। लीडरी का लोभ। गद्‌दी का लोभ। पशु तेरे अपने अन्दर हैं।—देखो जरा, इस लालची पशु को। कामी पशु को। गुरु महाराज का नाम लेकर लगा है गरीबों को कत्ल करने। डूब कर मर जा, ऐसा। भला बाबा नानक कत्ल करने को कहता है? दिखा बाणी। कहाँ लिखा है, भोले बन्दे कत्ल करो?— कितने कत्ल किये थे मेरे सतगुरु ने? कौडे राक्षस को कत्ल किया था गुरु जी ने? सज्जन ठग को कत्ल किया था गुरु जी ने? निदंक हमरे कपड़े धोये। मूर्ख, कबीर जी कहते हैं, बाणी में, निंदक हमरे कपड़े धोये। बता मुझे, कहाँ लिखा है, निंदक को कत्ल करो। राक्षस! बचाने चला है मेरे सतगुरु को, निंदकों से। देखो तो। कुल जहान के मालिक। यह बचाने वाला जन्मा है। लानत है तुम पर। औरंगज़ेब साला। लगा धर्म के नाम पर गरीबों के सिरों पर आरी चलाने। गरीबों के पुत्त कत्ल करने।

दलबीर : क्षमा कर दे, भाइया। दया कर।

दरशाँ : कर दे माफ। इस नन्हे का कहा मान ले।

मलकीत : (**पाँव पड़ के, आँसू पोंछता हुआ**) मेरी भूल बख्श। मैंने अहंकार किया। दसवें पातशाह, भूल बख्शे मेरी। मैं पंथ का राखा नहीं

समझता अपने आप को। गुरु का पंथ सदा चलेगा। पर मेरे क़त्ल करने से नहीं। ज़मीन का लोभ हो गया था मुझे।

(चुप)

दसौंधा : बाबा नानक, ताकत दे मुझे। तेरे धर्म का पालन कर सकूँ। इन्साफ का साथ दे सकूँ। इम्तिहान की घड़ी है। शक्ति दे मुझे। **(लम्बा वक्फा)** अब कुछ भी हो, मैं धर्म नहीं छोड़ूँगा। ज़िंदगी भर के पापों का प्रायश्चित्त एक ही है। मेरे अपने बच्चे ही क्यों न हों चाहे। मैं सच का साथ दूँगा। पुलिस को बताऊँगा। बेशक जान चली जाए मेरी।

(चुप)

लच्छू : चलो, हो गया फैसला। **(घूँट लेकर)** अच्छा हुआ। **(दरशाँ और दलबीर को)** रो क्यों रहे हो तुम। मरना तो है ही एक न एक दिन। रोना बन्द कर, दरशाँ।

मलकीत : मौत तेरी बुला रही है तुझे। तेरी मर्ज़ी। अपनी तरफ से सब कोशिश कर ली हमने। अब अगर मरना ही है तू ने तो हम क्या करें? उठ, लच्छू। कर बात एक तरफ।

लच्छू : करता रह तू जो करना है। मेरे से कुछ नहीं होगा। · · वो कौन? गेजो भाभी? यह कैसे आ गई चलकर? **(जाता है)**

मलकीत : तू क्यों आ गई। मरती मरती उठकर? **(लच्छू गेजो को पकड़ कर लाता है)**

लच्छू : क्यों तकलीफ की तूने? इस हालत में?

दलबीर : मामी!

गेजो : **(झोला पकड़ा कर)** पकड़ो। भागने की करो। दोनों भाई।

मलकीत : क्या हुआ?

गेजो : थाना आ गया। दोबारा। सरपंच के चबारे बैठे हैं। शराब पी रहे हैं। रोटी खा रहे हैं।

मलकीत : तुझे कैसे पता?

गेजो : नामों को बुलाया उन्होंने। सब सबूत मिल गए। नामो से पूछताछ की। जल्दी करो।

दसौंधा : नामो आप बता कर गई?

गेजो : हाँ, भाइया। कहने लगी, मेरा बेटा तो गया। ज़िंदा नहीं होगा मुड़कर। दसौंधा सिंह ने, सारी उम्र, मेरा भाई बनकर, मदद की मेरी। जिस दिन का मेरा मालिक मरा। अपनी सगी बहन समझा मुझे। बोली, मैं नेकी का बदला चुकाऊँगी। अगर उसके बेटे किसी

तरह बच सकते हैं तो बचा ले। छुपकर पुलिस से बताने आई, घर।

दलबीर : शाबाश नामो के।

दसौंधा : रब्ब का रूप निकली।—बेटा गंवा कर भी, दया नहीं छोड़ी।

गेजो : रोवे, ज़ारोज़ार। कहती, पुत्तरों के दुःख बुरे।—मैं तो हो ही गई निपूती। बेऔलाद। मेरा भाग्य। पर, दसौंधा सिंह तो न हो निपूता।

मलकीत : अब कैसे करें?

लच्छू : खाक करेगा तू? फँस गए तो फँस गए।

गेजो : कहती, सरपंच के घर से, पुलिस पकड़ने आ रही है। कहीं दौड़ सकते हैं, तो दौड़ जायें।

लच्छू : भगौड़े बनकर, भला, पुलिस से कितनी देर तक बच पायेंगे?

दलबीर : मामा, ठीक कहती है मामी। शायद कोई बात बन जाए। तुम अभी कहीं चले जाओ।

मलकीत : मैं तैयार हूँ। साइकल किधर है?

दलबीर : साइकल छोड़कर कहाँ जाओगे? गाड़ी चढ़ोगे यहाँ से, उस स्टेशन पर साइकल मिल गया, तो पुलिस को पता लग जाएगा।

दरशाँ : नाले के साथ, दरख्तों में से, पैदल जाओ। टेशन तक।

मलकीत : चंगा, दलबीर, मुझे चिट्ठी डालना। मारफत ग्रंथी अव्वल तो यों कर। चिट्ठी लिख कर जत्थेदार को दे आया करना। वो आप आगे पहुँचा दिया करेगा।

दलबीर : जत्थेदार कौन?

मलकीत : गुरमेज कौर को पता है। बेअन्त सिंह को पता है। बन्द लिफाफा हो। सरनामा वो आप ऊपर लिखकर डाल दिया करेगा। तू लच्छू कहाँ जाएगा? मैं साथ नहीं ले जाऊँगा। दोनों इकट्ठे रहे तो झट पहचान हो जाएगी।

लच्छू : मैं कहीं नहीं जाऊँगा।

गेजो : नहीं, लछमण। तू भी क्यों फँसता है? मिन्नत है मेरी। जान बचा किसी तरह।

दरशाँ : तुझे पकड़ कर पीटा जो पुलिस ने? सारा सच बक उतरेगा। मुझे भी पकड़ावेगा।

मलकीत : चल उए तू, हरिद्वार रिखीकेश। साधु हो जा। पीना सिगरट और सुलफा। मलँगों के साथ मिलकर।

दलबीर : चला जा, मामा।

लच्छू : चंगा फिर। यही सही। निकाल मेरा हिस्सा, पैसों का।

मलकीत : इसमें से कौड़ी नहीं दूँगा। तू अपने पास से निकाल। जो दबा कर रखे हैं। या भाइया से निकलवा।

गेजो : अब कहाँ से निकाले वो? गाँव मत जाना। भागने की करो।

दसौंधा : मेरे पास कहाँ से दबे पड़े हैं, उए?

लच्छू : साढ़े सात हजार गिन दे। आधा।

दरशाँ : मेरा हिस्सा?

मलकीत : तू ज़मीन जोत। आधी। तू और गेजकौर।

लच्छू : यही चाहती थी तू।

गेजो : तेरे दिल की सब पूरी हो गई।

लच्छू : पकड़ा, जल्दी से।

मलकीत : पैसा मैं नहीं दूँगा एक भी। तुझे रकम देकर, मैं किस माँ को मौसी कहूँगा? परदेस में?

लच्छू : क्यों नहीं देगा तू? **(टकुआ संभालता है)**

मलकीत : मैं जा रहा हूँ दूर। दक्खिन में।

लच्छू : साले, पैसे बगैर में कहाँ जाऊँगा?

गजो : गहना भी कोई नहीं लाई मैं घर से।

लच्छू : आधे रुपये रख दे। चुपचाप।

मलकीत : नहीं देता। क्या कर लेगा तू?
(कृपाण निकालता है)

लच्छू : बताऊँ तुझे?

दलबीर : मामा!

गेजो : लच्छू!

मलकीत : आ फिर।

लच्छू : जय बजरंगबली!
(लच्छू टकुआ चलाता है, मलकीत कृपाण। बीच में खड़े दलबीर के लगते हैं। वो गिर जाता है)

दरशाँ : बेटा!

गेजो : हाय मैं मर गई!

लच्छू : उए पगले! तू क्यों आ गया आगे?

दलबीर : हाय माँ! नाना! माँ!

दसौंधा : उए काफिरो! जालिमों!

मलकीत : बस! खत्म!

लच्छू : मर गया! **(टकुआ गिरा कर भागता है)**

मलकीत : अच्छा, गेजकौर। सतश्री अकाल!

(नंगी कृपाण पकड़े भागता है। गेजो और दरशाँ बैठी रो रही हैं। दसौंधा सिंह लाश उठाकर खड़ा होता है। भगवान से पूछता है)

दसौंधा : एती मार पई कुरलाणै, तैं की दरद न आया?

शब्द-गीत

एती मार पई कुरलाणै
तैं की दरद न आया।
    करता तू सभना का सोई।।
    जे सकता सकते को मारे
ता मन रोस न होई।।
एती मार पई कुरलाणै, तैं की दरद न आया।।

(अँधेरा)

(समाप्त)

(पहला प्रालेख : जुलाई, 1983)

□□□